【工商管理经典译丛·运营管理系列】

服务管理学

(第2版)

Service Management and Operations, second edition

[美] 西格尔·梅塔瓦 (Cengiz Haksever)
巴里·伦德 (Barry Render)
罗伯塔·S.拉塞尔 (Roberta S.Russell) 拉塞尔·G.穆迪 (Russell G.Murdick)

韩经纶 魏海燕 刘军 等译 韩经纶 审校

推荐序

上海理工大学顾宝炎教授送来他的译著《服务经营管理学》请我写序。改革开放以来，为了配合管理教育的发展，有许多国外优秀管理著作的中文版相继问世，但关于服务管理方面的译著总的来讲还不多，现有南开大学张全成、范秀成等翻译的《服务管理：运营、战略和信息技术》一书，而这部《服务经营管理学》则是这方面的另一本佳作。

服务业今天已渗透到我们社会的各个方面，其在整个国民经济建设和社会进步协调发展中的重要性已越来越在实践中显现。正如本书中所介绍，在美国，服务业为全社会提供了80%的就业岗位，创造了75%的国内生产总值（GDP），在雨后春笋般创立的新企业中，70%属于服务业，服务输出也越来越成为全球化国际贸易中的重要组成部分。长期以来，我们比较偏重于对于工业、制造业等领域中的管理问题研究，对于服务业方面的经营管理研究则是较为薄弱，其原因一方面是我国的服务业还不够发达；另一方面是对服务业研究的缺乏，这也是制约我国服务业更好发展的原因之一。因此我认为引进这部著作是正当其时，很有意义。

自工业革命以来工业社会的经济活动，是以提供由机器制造的商品为其基本特征的，机器和能源成为制约生产的主要因素，制造业则成为其主导的行业；而当今后工业社会的经济活动，是以提供各类社会服务为其基本特征的，信息和知识成为人们竞争的主要内容。服务业从一开始就是以"为人服务"为对象的，而对人的管理比对物的管理难度要大得多，复杂得多。服务业研究的难度还在于，它涉及行业领域的广泛性和多样性，它不如采掘业、制造业、建筑业等行业的行业界限比较清晰。服务业不仅涵盖了包括商业、运输、通信、金融、保险、娱乐业、酒店业等这些经济型的行业，而且还涵盖了包括政府部门在内的为社会提供服务的非经济型的公共行政管理和服务机构。无论对于制造业还是服务业来说，经营管理都是很重要的，而这一点对于服务业来说则更为重要。这是因为服务业所面对的境况和挑战相对于制造业来说，难度更大，也更复杂。因此，探索服务业的发长和发展规律及其经营管理的特征，成为急迫需要研究的课题。

既重视定性研究又重视定量研究，这是这本书的一个特色。长期以来，我一直认为，努力做到定性研究和定量研究两者之间的结合和平衡，是管理科学研究中非常重要的问题。对两者的任何偏向，都是对管理科学发展极为不利的。虽然每个学者的研究重点和专长会各有侧重，但在对于管理科学的总体把握上，一定要两者相结合，缺一不可。缺乏定性研究可能会造成在方向上的失误；缺乏定量研究则会使一些想法流于空谈而无法付诸实施。我国服务业发展要从粗放型向集约型转变，加强定性研究和定量研究的结合，可以说是当务之急。本书不仅提供了这方面的理论知识，而且提供了许多有趣而很有启示的案例，相信对我国的管理学界同行们会很有参考价值。目前在各高校，管理门类下的管理科学与工程和工商管理二个一级学科的许多研究课题，都在日益互相交叉、渗透、融合和难解难分，这也说明在我国对此问题管理学界正在日益形成共识。

对于管理科学的研究，不仅要注重对国外先进管理理论和方法的引进，也要注重对我国管理经验的成果和理论的探索。世界各国的国情、历史、文化等都不尽相同，甚至在国内也存在各地区之间的不平衡。全球化和国际接轨并不是意味着"全球一律"，恰恰相反，其基本点正是在于建立在各国、各地区差异基础上的互补性。我们不仅希望看到国外优秀著作的引进，我们更期望有立足于我国管理实践基础上的管理学著作问世。在这方面，由成思危副委员长主持的《管理科学文库》已经在做出努力，并已出版了一批由我国管理学者所撰写的优秀管理著作；同时，需要加强对我国服务业实践的研究，尤其是期望有立足于我国管理实践基础上的服务业经营管理方面优秀著作的早日问世。

当然任何一部著作都会有其局限性，如果说这本译著所探讨的服务经营管理还有不足的话，那就是还缺乏对服务文化和服务业全球合作上的深入探讨。

我国的 MBA 教育发展经过了 10 多年的努力，全国已有 87 所院校成为工商管理专业学位的培养单位。为了适应全面建设小康社会的战略目标，我国的 MBA 教育，无论在学校规模和学生规模都会有一个大的发展，在教育质量和课程结构上也需要有个新的提高。在 MBA 教育中，加强对服务经营管理方面课程的设置，也应成为值得注意的重要方向。

最后，感谢顾宝炎教授和时启亮教授为我们提供了这样一本优秀的译著，也希望我们全国管理学界同行们共同努力，为我国管理学科的发展不断做出新的贡献。

是为序。

郑绍濂

复旦大学管理学院名誉院长、教授

全国工商管理专业硕士教育指导委员会副主任

2004 年 5 月

译者前言

2003年春天闻洁女士来到上海，带来几本英文版优秀管理原著，希望我能从中选一些译成中文介绍给中国读者。结果我选了两本：一本是这本《服务经营管理学》（Service Management & Operations）；另一本则是《实用研究方法论：计划与设计》（Practical Research：Planning and Design）。我选中这两本书的出发点是一样的，那就是这类图书向国内介绍得比较少，而在实际上又是非常需要、非常有用。

随着我国改革开放的深入和市场经济的推进，服务业在我国得到很大的发展。无论是劳动密集型的服务业、知识密集型的服务业、资金密集型的服务业、技术密集型的服务业，还是政府行政型和社会志愿型的服务业，都得到了长足的发展，并且逐步延伸到商业、运输、物流、金融、教育、咨询、通信、旅游、酒店、医药卫生，以及政府机构和社会团体等各个领域。

服务行业的发展，面对的第一个问题就是服务质量。对于消费者来说，服务质量的标志就是"满意"；如果服务质量不高，消费者就会感到"不满意"；因此提高服务质量首先就是要提高"满意度"。由于服务业中的生产和供给与消费者的消费和反馈几乎是同步进行的，这样就几乎不存在"过程纠正"的可能性。加之由于服务业成长带来的竞争激烈，国内外服务业的比较和渗透，也加剧了对服务质量提高的要求。严格把关，努力提高服务质量，千方百计地降低差错率，提高满意度，成为服务业发展中的当务之急。

服务质量的提高，要面对的另一个问题是服务成本。服务质量的提高，引发了服务成本的上升。若是缺乏足够的服务成本，则会导致服务质量的下降，从而又引发出诸如"承诺"和"诚信"问题，也即"说话不算数"。但是如果不对服务的成本加以有效的控制，服务业的发展也会面临难以为继的危机。因此，既要强调服务质量的提高，又要强调对服务成本的有效控制，在这两难之中就要取得某种平衡，而且这种平衡既要保证服务质量的上升，又要保证服务成本的控制。近年来，包括确立政府服务成本的各种成本意识，都已经提上了日程。

为了达到平衡的目标，我们面临的核心问题是要建立起一套有效的服务经营管理体系，以此来支持上述目标的实现。这样就使提高服务质量不再停留在空谈的口号上，而是有了扎实的基础。而如何构筑这样的服务经营管理的体系，正是本书的主题，也是本书研究的意义和重要价值所在。

本书不仅为我们如何构筑有效的服务经营管理体系提供了理论性和知识性的指导，而且也提供了一些实用的定性和定量方法，以及大量应用的案例。相信这本书能为我们各个领域服务业的发展，提供很多很有针对性和实用性的帮助。本书所论及的，正是我国服务业发展所急需解决的问题，对这些知识的掌握、理解、消化和应用，必将有助于对推动我国服务业的发展做出重要的贡献。

上海理工大学时启亮教授主持了本书的翻译工作，组织了包括苑晓燕、潘莉、历佳、陈颖、戴时玲、庄恒、倪晓军、潘文婷在内的八名同学，对原著进行了粗译。时启亮教授又认真对照原著加以逐字逐句地进行复译。最后由顾宝炎教授对全书进行了统校。全书五易其稿，目的在于既要准确地保持原著的风格，又要在中文上体现出条理通达，深入浅出和行文流畅的特点。尽管我们做了大量的努力，但诠释不当之处在所难免，恳望国内同行专家和广大读者不吝赐教，提出批评建议，以利于我们今后重印时改正。来信请致：gubaoyan@hotmail.com

我国服务业的发展正处在一个方兴未艾的关键时期，全国人民正在为全面建设小康社会而共同努力，这是一个千载难逢的战略机遇。我们期望与广大同行和专家一起，为我国服务业的发展，为服务业在小康社会中做出更大的贡献而地不懈努力。

最后，我们要感谢复旦大学管理学院名誉院长、全国MBA工商管理硕士教育指导委员会副主任郑绍濂教授，在百忙之中为本书的出版写序，对本书作了热情的推荐。感谢中国人民大学出版社闻洁工作室刘小丽和刘蕴莉女士为本书的出版进行了艰辛的编辑工作。感谢闻洁女士为中国服务业的发展四方奔走，积极地穿针引线，她的"引见"使本书能最终能与中国读者见面起了决定性的作用。

顾宝炎
上海理工大学教授
2004年5月

英文版序言

《服务经营管理学》一书的第1版在10年前问世，与第1版相比，本书有许多显著的变化。我们对其中的7章做了重要的修改，并新增了7章。全书分为4篇，增加了许多新的案例。

新增加的内容包括服务管理中的各种对象、服务的全球化、服务的设计与开发，以及服务的生产率研究等等。这些专题都已经成为经营者和学者们的重要话题，值得进行进一步的探讨。新增的另外3章涉及的内容是服务管理以客户为中心、服务的竞争与战略以及政府与私营非营利机构的管理。

第Ⅰ篇从第1章到第6章属于**服务概论**。它向学生介绍服务的一般概念，并提供若干重要领域的背景资料。其中第1章介绍服务在社会中的作用。第2章介绍服务的特征，讨论服务对象的重要性。第3章介绍消费者作为服务对象的地位，以及消费者对服务的需求和购买服务的动机所在。第4章从全球的视点来考察服务，并讨论经济全球化带来的挑战。第5章初步涉及服务质量、顾客满意度以及价值创造三大主题，并介绍服务战略对竞争的影响。第6章研究服务机构中营销活动与经营活动的相互关系。

第Ⅱ篇重点介绍如何用一流的服务**创造客户价值，提升客户满意度**，如何为此建立服务体系。第7章阐述的是服务管理中技术的作用。第8章展示的是服务设计的原理，讨论如何将制造业中保障质量、创造价值的行之有效的技术应用于服务业中。第9章的重点是讨论如何开发人力资源，以此去创造客户价值，提升客户满意度。该章还在补遗中专题讨论如何评价工作和劳动。第10章是两个有关服务体系建立的重要话题：如何配置服务设施；如何定位服务场所。

第Ⅲ篇的话题与**服务系统的运作**及服务机构的管理者所面临的挑战有关。如何应对服务的需求与供给，这是一大难题。这一话题在第11章中述及。第11章的补遗讨论的是与此有关的两个重要话题：排队现象与模拟现象。第12章介绍一般服务质量与具体服务质量的基本概念。该章补遗中讨论质量保障的技术支持。服务机构的管理者所面临的另一大难题是如何提高员工工作的劳动生产率。第13章着重讨论这一话题。该章中还将简要叙述数据汇集分析方法。因为这是评价服务机构效率的十分有效的方法。在第三部分的结尾，本书讨论服务业的一个重要分支：政府机构及非营利服务机构。我们将讨论这类机构的性质，以及机构管理者所面临的挑战。

第Ⅳ篇与**服务经营的技术与方法**有关。其中包括服务预测、交通工具的调度、服务方案设计、服务过程及服务结果规划、保障服务经营的存货系统等等。在服务管理中需要量化控制的经管人员应该格外关注这一部分。

本书是从多学科的综合视角来编写的。各专题的讨论都涉及到多领域的理论。这些领域包括经济学、心理学、市场营销学、国际管理学、决策学、人力资源管理和管理科学等等。本书可作为服务管理学课程的教材。教学中，教师可以用计量经济的方法，也可以不用这种方法。当然，本书也可按传统的模式处理，只强调服务，作为经营管理学课程的教材。

本书所涉及到的内容若用常规的教学安排无法在一个学期中完成。但是，本书的各章都相对独立成篇。所以教师在教学中可以自主选择章节作为教学内容。也可以自己编排各章的顺序，以适应不同的教学目的。

有些教师在教学中十分注重案例分析，留出一大块时间组织学生讨论案例。他们在选择教科书时，喜欢案例多一些的教材，特别是案例十分详尽的教材。也有一些教师尽管使用案例，但是分配的时间却不多。他们倾向于使用含有简短案例的教材。我们试图采取折衷的方式，即在大部分不做计量分析的章节末尾编排一个短案例和一个长案例。每章的末尾，我们还设计了讨论题。若是需做计量分析的章节，我们编制了一些练习题。这种安排与第1版相似。

森吉若·哈克塞弗
巴里·伦德尔
罗伯塔·S·拉塞尔
罗伯特·G·默迪克

目　录

第 I 篇　服务概论

第1章　今日社会中的服务业 (3)
1.1　本章概述 (3)
1.2　服务的定义 (5)
1.3　经济领域中的服务业 (6)
1.4　服务业发展动因理论 (10)
1.5　本书概要 (13)
1.6　本章提要 (14)
讨论题 (15)
参考文献 (15)

第2章　服务特征与互动 (17)
2.1　本章概述 (17)
2.2　生产系统的一般概念 (17)
2.3　服务的特征 (19)
2.4　自成系统的服务机构 (22)
2.5　服务中的交互作用 (25)
2.6　本章提要 (35)
讨论题 (36)
案例 2—1　沃尔特·迪斯尼：人人都是表演明星 (37)
案例 2—2　沙利文汽车公司 (39)
参考文献 (44)

第3章　消费者：服务管理的核心 (48)
3.1　本章概述 (48)
3.2　消费者及其需求 (50)
3.3　消费者行为及消费者决策模型 (52)

3.4　购买服务的特征 …………………………………………… (57)
　　3.5　美国消费观念剖析 …………………………………………… (60)
　　3.6　对未来的展望 ………………………………………………… (61)
　　3.7　本章提要 ……………………………………………………… (64)
　　讨论题 ………………………………………………………………… (64)
　　案例 3—1　奥希斯洗衣有限公司 ……………………………… (65)
　　案例 3—2　Merrill Lynch 理财服务公司 ……………………… (67)
　　参考文献 ……………………………………………………………… (69)

第 4 章　服务业的全球化：国际竞争中的服务管理 ………………… (71)
　　4.1　本章概述 ……………………………………………………… (71)
　　4.2　服务的国际贸易 ……………………………………………… (72)
　　4.3　服务企业面向全球的原因 …………………………………… (75)
　　4.4　服务业所处的国际环境 ……………………………………… (79)
　　4.5　全球化的形式 ………………………………………………… (80)
　　4.6　本章提要 ……………………………………………………… (84)
　　讨论题 ………………………………………………………………… (85)
　　案例 4—1　Peters & Champlain 会计师事务所 ……………… (85)
　　案例 4—2　必胜客在莫斯科：好事多磨 ……………………… (91)
　　参考文献 ……………………………………………………………… (100)

第 5 章　服务战略与竞争 …………………………………………… (102)
　　5.1　本章概述 ……………………………………………………… (102)
　　5.2　价值 …………………………………………………………… (103)
　　5.3　战略 …………………………………………………………… (109)
　　5.4　制定富有竞争性的服务战略 ………………………………… (117)
　　5.5　本章提要 ……………………………………………………… (123)
　　讨论题 ………………………………………………………………… (124)
　　案例 5—1　战略经营使沃尔玛蒸蒸日上 ……………………… (125)
　　案例 5—2　NovaCare 股份有限公司 …………………………… (127)
　　参考文献 ……………………………………………………………… (143)

第 6 章　服务定位与营销 …………………………………………… (145)
　　6.1　本章概述 ……………………………………………………… (145)
　　6.2　营销活动与经营活动的整合 ………………………………… (146)
　　6.3　商品营销与服务营销的差异 ………………………………… (148)
　　6.4　营销组合 ……………………………………………………… (153)
　　6.5　营销战略 ……………………………………………………… (157)
　　6.6　本章提要 ……………………………………………………… (165)
　　讨论题 ………………………………………………………………… (166)

案例 6—1　联邦快递的营销与经营战略 ································ (166)
案例 6—2　票价之战 ·· (170)
参考文献 ··· (174)

第Ⅱ篇　构建服务体系

第 7 章　技术及其对服务与服务管理的影响 ···························· (179)
7.1　本章概述 ·· (179)
7.2　操作技术与信息技术 ··· (180)
7.3　服务技术 ·· (181)
7.4　服务企业对技术投资的原因 ······································· (182)
7.5　技术是一项竞争优势 ··· (184)
7.6　技术在服务业中的应用 ·· (187)
7.7　信息系统 ·· (192)
7.8　企业资源规划系统 ·· (196)
7.9　技术与服务的未来 ·· (198)
7.10　本章提要 ·· (199)
讨论题 ··· (200)
案例 7—1　大卫与哥利亚为互联网信息优势而争斗 ··············· (201)
案例 7—2　国家技术大学 ·· (203)
参考文献 ··· (208)

第 8 章　服务及服务传递系统的设计与开发 ···························· (211)
8.1　本章概述 ·· (211)
8.2　设计的重要性 ··· (212)
8.3　质量与价值设计 ·· (215)
8.4　服务设计的原则 ·· (223)
8.5　服务设计过程 ··· (229)
8.6　本章提要 ·· (238)
讨论题 ··· (240)
案例 8—1　贷款步骤流程化 ·· (241)
案例 8—2　联合航空公司的穿梭航班 ··································· (243)
参考文献 ··· (255)

第 9 章　服务业中的人力资源管理 ··· (258)
9.1　本章概述 ·· (258)
9.2　人力资源管理的实质 ··· (259)
9.3　新的挑战 ·· (269)
9.4　服务行业员工的类别 ··· (275)

9.5 服务性企业的组织结构 ……………………………………… (279)
9.6 本章提要 ……………………………………………………… (281)
讨论题 ……………………………………………………………… (282)
案例 9—1 欢乐泳池有限公司 …………………………………… (282)
案例 9—2 Lewis 食品公司运输车队的管理模式 ……………… (284)
参考文献 …………………………………………………………… (289)

第9章补遗 服务业工作与劳动的核算 …………………………… (292)
S9.1 本章概述 ……………………………………………………… (292)
S9.2 时间研究方法 ………………………………………………… (293)
S9.3 预定时间标准法 ……………………………………………… (297)
S9.4 工作抽样法 …………………………………………………… (300)
S9.5 本章提要 ……………………………………………………… (302)
讨论题 ……………………………………………………………… (302)
练习题 ……………………………………………………………… (302)
参考文献 …………………………………………………………… (304)

第10章 服务设施配置及服务场所设计 …………………………… (306)
10.1 本章概述 …………………………………………………… (306)
10.2 宏观位置选择 ……………………………………………… (307)
10.3 宏观位置选择中的定量方法 ……………………………… (311)
10.4 微观地点选择 ……………………………………………… (315)
10.5 服务设施布局的目的 ……………………………………… (320)
10.6 影响服务场所布局的因素 ………………………………… (321)
10.7 服务场所设施布局策略 …………………………………… (322)
10.8 办公场所布局 ……………………………………………… (328)
10.9 零售商店布局 ……………………………………………… (330)
10.10 仓库和储藏室的布局 ……………………………………… (332)
10.11 本章提要 …………………………………………………… (333)
讨论题 ……………………………………………………………… (334)
练习题 ……………………………………………………………… (335)
案例 10—1 Red River 血液中心 ……………………………… (341)
案例 10—2 Des Moines 国家银行 …………………………… (341)
参考文献 …………………………………………………………… (343)

第Ⅲ篇 服务系统的运营

第11章 服务供求管理 ………………………………………………… (349)
11.1 本章概述 …………………………………………………… (349)

11.2　服务业中供求匹配何以成为一种挑战 …………………… (350)
　11.3　需求管理 …………………………………………………… (351)
　11.4　供给管理 …………………………………………………… (358)
　11.5　本章提要 …………………………………………………… (362)
　讨论题 ………………………………………………………………… (362)
　案例11—1　按护理深度预测对护理人员的需求 ………………… (363)
　案例11—2　校园警力总供给计划的制定 ………………………… (367)
　参考文献 ……………………………………………………………… (369)

第11章补遗　排队与模拟 …………………………………………… (371)
　S11.1　本章概述 ………………………………………………… (371)
　S11.2　排队系统的基本形态 …………………………………… (373)
　S11.3　排队绩效的度量 ………………………………………… (373)
　S11.4　单一渠道排队模型 ……………………………………… (374)
　S11.5　多渠道排队模型 ………………………………………… (376)
　S11.6　更复杂的排队模型与模拟的应用 ……………………… (378)
　S11.7　用模拟方法安排日程 …………………………………… (379)
　S11.8　计算机在模拟中的应用 ………………………………… (381)
　S11.9　本章提要 ………………………………………………… (382)
　练习题 ………………………………………………………………… (383)
　案例S11—1　冬园酒店 …………………………………………… (388)
　参考文献 ……………………………………………………………… (389)

第12章　服务质量管理 ……………………………………………… (392)
　12.1　本章概述 …………………………………………………… (392)
　12.2　服务质量的重要性 ………………………………………… (393)
　12.3　质量的定义 ………………………………………………… (394)
　12.4　服务质量的方方面面 ……………………………………… (395)
　12.5　服务质量的缺口模型 ……………………………………… (397)
　12.6　创造优质服务 ……………………………………………… (400)
　12.7　创造优质服务的其他方法 ………………………………… (403)
　12.8　强化优质服务 ……………………………………………… (406)
　12.9　本章提要 …………………………………………………… (411)
　讨论题 ………………………………………………………………… (412)
　案例12—1　Falls Church 综合性医院 …………………………… (413)
　案例12—2　芝加哥第一国家银行的质量管理 …………………… (415)
　参考文献 ……………………………………………………………… (422)

第12章补遗　全面质量管理的工具与方法 ………………………… (424)
　S12.1　本章概述 ………………………………………………… (424)

S12.2 "计划—试行—研究—执行"循环 ……………………………… (424)
S12.3 TQM 的工具 …………………………………………………… (425)
S12.4 过程控制图 ……………………………………………………… (430)
S12.5 本章提要 ………………………………………………………… (439)
练习题 ……………………………………………………………………… (441)
案例 S12—1 《莫里斯敦每日论坛报》 ………………………………… (443)

第 13 章 服务生产率及绩效评估 ……………………………………… (445)
13.1 本章概述 ………………………………………………………… (445)
13.2 生产率的含义 …………………………………………………… (446)
13.3 生产率的重要性 ………………………………………………… (447)
13.4 美国近期生产率增长减缓的原因 ……………………………… (449)
13.5 生产率的提升 …………………………………………………… (451)
13.6 服务生产率的提升 ……………………………………………… (452)
13.7 测定服务效率的数据汇总分析法 ……………………………… (458)
13.8 本章提要 ………………………………………………………… (470)
讨论题 ……………………………………………………………………… (471)
练习题 ……………………………………………………………………… (472)
案例 13—1 黑兹尔公司 ………………………………………………… (475)
案例 13—2 Marriott 公司的空中服务部 ……………………………… (476)
参考文献 …………………………………………………………………… (486)

第 14 章 政府与私营非营利服务机构管理 …………………………… (489)
14.1 本章概述 ………………………………………………………… (489)
14.2 政府与私营非营利机构的界定 ………………………………… (491)
14.3 政府与私营非营利机构的意义 ………………………………… (493)
14.4 政府机构的属性 ………………………………………………… (494)
14.5 私营非营利机构的属性 ………………………………………… (498)
14.6 本章提要 ………………………………………………………… (506)
讨论题 ……………………………………………………………………… (507)
案例 14—1 普雷斯克岛州立公园 ……………………………………… (507)
案例 14—2 温哥华公共水族馆 ………………………………………… (517)
参考文献 …………………………………………………………………… (525)

第Ⅳ篇 服务经营管理的技术与方法

第 15 章 服务需求预测 ………………………………………………… (529)
15.1 本章概述 ………………………………………………………… (529)
15.2 需求预测是制定经营规划的基础 ……………………………… (530)

15.3　服务预测的对象与形式 …………………………………………… (531)
15.4　影响预测方法选择的因素 ………………………………………… (532)
15.5　时间序列预测模型 ………………………………………………… (535)
15.6　因果预测：回归分析预测法 ……………………………………… (544)
15.7　预测的一般方法 …………………………………………………… (546)
15.8　本章提要 …………………………………………………………… (549)
讨论题 ………………………………………………………………………… (550)
练习题 ………………………………………………………………………… (550)
案例 15—1　南北航空公司 ………………………………………………… (556)
参考文献 ……………………………………………………………………… (557)

第 16 章　车辆的路线确定与时间安排 ……………………………………… (560)
16.1　本章概述 …………………………………………………………… (560)
16.2　解决路线确定与时间安排问题的目标 …………………………… (561)
16.3　路线确定与时间安排问题的特点 ………………………………… (562)
16.4　规划服务车辆的路线 ……………………………………………… (565)
16.5　服务车辆的时间安排 ……………………………………………… (573)
16.6　路线确定与时间安排中的其他问题 ……………………………… (576)
16.7　本章提要 …………………………………………………………… (577)
讨论题 ………………………………………………………………………… (577)
练习题 ………………………………………………………………………… (578)
案例 16—1　抽血医生的路线确定与时间安排 …………………………… (580)
参考文献 ……………………………………………………………………… (581)

第 17 章　项目管理 …………………………………………………………… (583)
17.1　本章概述 …………………………………………………………… (583)
17.2　项目计划 …………………………………………………………… (585)
17.3　项目安排 …………………………………………………………… (585)
17.4　项目控制 …………………………………………………………… (587)
17.5　项目管理技术：PERT 法与 CPM 法 …………………………… (588)
17.6　PERT/成本分析法 ………………………………………………… (597)
17.7　PERT 法在服务业中的应用 ……………………………………… (599)
17.8　对 PERT 法与 CPM 法的评价 …………………………………… (602)
17.9　本章提要 …………………………………………………………… (603)
讨论题 ………………………………………………………………………… (604)
练习题 ………………………………………………………………………… (605)
案例 17—1　海湾社区医院 ………………………………………………… (609)
参考文献 ……………………………………………………………………… (610)

第 18 章　线性规划与目标规划在服务业中的应用 ………………………… (611)

18.1 本章概述 …………………………………………………………… (611)
18.2 线性规划的一般介绍 ………………………………………………… (612)
18.3 线性规划问题的图解 ………………………………………………… (614)
18.4 线性规划问题的计算机求解 ………………………………………… (617)
18.5 线性规划问题的建模 ………………………………………………… (620)
18.6 目标规划 …………………………………………………………… (627)
18.7 本章提要 …………………………………………………………… (632)
讨论题 …………………………………………………………………… (632)
练习题 …………………………………………………………………… (633)
案例 18—1 西北综合医院 ……………………………………………… (638)
案例 18—2 尚克市场调查公司 ………………………………………… (639)
参考文献 ………………………………………………………………… (640)

第 19 章 服务存货管理 …………………………………………………… (643)

19.1 本章概述 …………………………………………………………… (643)
19.2 服务业存货的特点 …………………………………………………… (644)
19.3 物料输入的决策问题 ………………………………………………… (646)
19.4 服务业的存货控制系统 ……………………………………………… (647)
19.5 独立需求商品的存货控制系统 ……………………………………… (648)
19.6 存货规划 …………………………………………………………… (650)
19.7 非独立需求商品的需求计划 ………………………………………… (653)
19.8 本章提要 …………………………………………………………… (659)
讨论题 …………………………………………………………………… (660)
练习题 …………………………………………………………………… (661)
案例 19—1 Western Ranchman 服装店 ……………………………… (663)
案例 19—2 Touro 医院 ………………………………………………… (665)
参考文献 ………………………………………………………………… (666)

附录 标准正态曲线围出的区域 ………………………………………… (667)

第Ⅰ篇

服务概论

第1章　今日社会中的服务业
第2章　服务特征与互动
第3章　消费者:服务管理的核心
第4章　服务业的全球化:国际竞争中的服务管理
第5章　服务战略与竞争
第6章　服务定位与营销

第1章 今日社会中的服务业

1.1 本章概述
1.2 服务的定义
1.3 经济领域中的服务业
1.4 服务业发展动因理论
1.5 本书概要
1.6 本章提要
讨论题
参考文献

1.1 本章概述

当代社会，人们对服务管理的方方面面都产生了浓厚的兴趣。在20世纪的80年代和90年代，有许许多多与服务及服务管理有关的书籍、文章、科研成果问世。它们既见诸于专业文献中，也出现在通俗读物里。这一现象的出现，要归功于当代历史的两大发展：(1) 发端于20世纪80年代的质量评价运动。它使得消费者、新闻媒体、学者们都认识到美国服务业的总体质量是不尽如人意的。在国际市场上，它们难以参与竞争。(2) 越来越多的人认识到服务已不再是所谓的"第三产业"，它不是经济领域中无足轻重的部分。经济学家们曾经普遍认为服务是不太重要的。但是到了20世纪下半叶，服务业在美国乃至所有的工业化国家中都发挥着越来越重要的作用。

人们越来越多地关注服务质量和客户满意度，这就促使许多服务机构的老总们积极采取行动。甚至于曾经遭到几乎所有的人指责的服务巨头——美国联邦政府的行政长官们和各级管理人员也无一例外地感受到了这种压力。① 在20世纪80和90年代，绝大多数服务行业做了大量的工作去提高服务质量，满足客户需求。其结果是许多企业的服务质量都有了显著的提高。但是，不管是在美国还是在世界的其他地方，服务的质量依然停留在中等水平上。这一推断，可以在图表1—1中得到证实。

图表1—1　经济部门调查的美国客户满意指数（ACSI）（范围0~100）

	1994	1995	1996	1997	1996—1997百分比变化
ACSI 全国指数	74.5	73.7	72.2	71.1	—1.5
部门：					
制造业					
非耐用消费品	81.6	81.2	79.0	78.5	—0.6
耐用消费品	79.2	79.8	78.8	78.4	—0.5
服务业					
交通、通信、公用事业	75.5	75.1	75.5	71.6	—5.2
零售业	75.7	73.6	74.6	73.2	—1.9
金融、保险业	75.4	74.8	74.1	74.5	0.5
其他服务业	74.4	74.2	71.2	67.7	—4.9
公共管理与政府机构	64.3	61.9	59.2	62.4	5.4

资料来源：American Customer Satisfaction Index 1994—1997, University of Michigan Business School, ASQ (American Society for Quality), Arthur Andersen. Copyright 1998, The Regents of the University of Michigan.

图表1—1中列出的是1994—1997年美国顾客满意指数（ACSI）。该指数用以表示顾客对商品及服务质量的满意程度。它是在对七大消费领域40多个行业中的200多家企业的客户进行调查而得出的结果。② 调查中，要求消费者比较他们对商品及服务的期望值与他们的实际感受，由此测得客户满意度。从表中可以看出，自1994年以来，客户对商品及服务质量的总体满意度是下降的。从1994—1997年，在三大领域，客户满意度下降，而金融业和保险业则微升。调查发现，对政府提供的服务，人们的满意度有明显的上升趋势，这一结果是出乎意料的。可是，问题出在另一面，在所有的服务领域中，人们对政府的满意度依然是最低的。

ACSI统计资料所揭示出来的最重要的内容，或许是近年来没有一个领域服务的客户满意度可以与人们对商品的满意度相媲美。难以想像，某一个行业的客户满意度会达到百分之百，似乎这种可能性根本就不存在。但是，无论是政府机构还是私营企业，都有大量的工作要做。所有的服务

---

① 联邦政府及其服务质量的改进，可参见前美国副总统戈尔的著作《政府中秘而不宣的事实——呈克林顿总统》（The Best Kept Secrets in Government: A Report to President Clinton）载 Washington, DC, National Performance Review, September 1997.

② 见 Claes Fornell, Michael D. Johnson, Eugene W. Anderson, Jaesung Cha 和 Barbara E. Bryant 所著《美国客户满意指数：性质、目的及调查结果》（The American Customer Satisfaction Index: Nature, Purpose, and Findings）载 Journal of Marketing, vol. 60 (October 1996), pp. 7-18.

机构的管理者都面临着巨大的挑战，这一点是毋庸置疑的。老总们会不会起而应战，将客户对服务的满意度提升到与对商品的满意度同样的水平呢，甚至于略胜一筹，我们将拭目以待。本书的宗旨就是要帮助服务业的管理者们做出决策，并将决策付诸实施。第1章先对服务做一个界定，并且试图说明服务在整个社会中的作用。

1.2 服务的定义

社会通过增加自然资源的价值来获得物质收益。在高级社会中，有许多企业去采掘原材料，通过加工使它们增值，然后将在产品变成产成品。还有另外一些企业，他们为生产提供便利，对产品进行分配，或是提供一项无形的产品，提高我们的生活质量。这后一类企业所提供的产品就是**服务**。

所谓服务，就是提供时间、空间、方式或是心理效用的经济活动。服务的方式可以是一种劳动，一种行为，也可以是一种展示，总之，它是无形的。家庭女佣帮助雇主节约了**时间**，因为他可以不必自己动手做家务。百货商店和杂货铺销售各类商品，它们提供的是一个便利的**空间**。数据库将各种信息归集在一起，使管理人员用起来得心应手，它提供的实际上是一种**方式**。夜晚外出到餐厅聚一聚，或是到影院欣赏一场电影，这是在一周紧张的劳作间隙求得一种**心理**的放松。

服务也可以看作是一种商品的对等物。所谓**商品**，是指一种有形的标的，它可以通过创造和销售等环节供消费者日后使用。但是服务却是无形的，并且是极易消逝的。它一般是在创造的同时就被消费，或是创造与消费几乎是同步的。这样一来，对商品和服务的定义就似乎很直截了当了，但是实际上，商品和服务并不总是泾渭分明的。比如购买一辆汽车，我们购买的究竟是一件商品，还是购买运输服务？电视机显然是一件商品，但是如果没有电视节目，电视机就会变成一件摆设。走进快餐店，我们究竟是去购买快餐食品还是去购买烹饪这种服务？实在说不清。

在现实生活中，几乎所有商品的购置都是在**服务推进**下完成的。同样，每一项服务的提供，也都有伴随着的**商品在支撑**（facilitating goods）。所以，理解如何区别商品和服务的关键所在，是应该懂得这两个概念是没有一道清晰的分界线的。它们只是不可分割的统一体的两端。图表1—2所显示的就是这样的一个统一体。

在图表1—2中，前三项可以归类到"商品"，因为它们的物质含量较高。在自助加油站，几乎没有什么服务。销售的汽车是一件有形的商品。

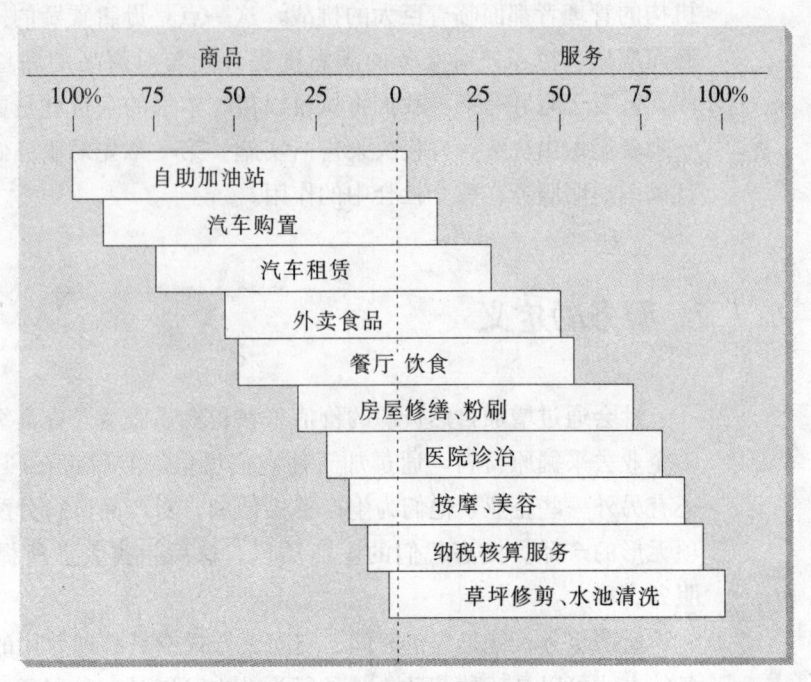

```
                    商品                            服务
        100%  75   50   25   0   25   50   75   100%
         |    |    |    |    |    |    |    |    |
                   ┌─────────────┐
                   │  自助加油站  │
                   └──┬──────────┴──┐
                      │  汽车购置   │
                      └──┬──────────┴──┐
                         │  汽车租赁   │
                         └──┬──────────┴──┐
                            │  外卖食品   │
                            └──┬──────────┴──┐
                               │  餐厅 饮食  │
                               └──┬────────────┴──┐
                                  │房屋修缮、粉刷 │
                                  └──┬────────────┴──┐
                                     │  医院诊治     │
                                     └──┬────────────┴──┐
                                        │  按摩、美容   │
                                        └──┬────────────┴──┐
                                           │ 纳税核算服务  │
                                           └──┬────────────┴──┐
                                              │草坪修剪、水池清洗│
                                              └─────────────────┘
```

图表 1—2　各种商品与服务的比较

资料来源：Earl W. Sasser. Jr., R. P. Olsen, and D. Daryl Wyckoff, *Management of Service Operations* (Boston, Allyn and Bacon, 1978), p. 11.

虽然租赁出去的汽车也是一件商品，但是汽车租赁却包含了一定的服务内容。外卖的食品可以看成是一半商品一半服务。余下的项目，则主要应归类在"服务"中了，因为这些项目中虽然包含有一些有形的物质，但其主要内容却是服务。比如，餐馆提供的不仅仅是食品和饮料，还提供就餐的场所、厨师的烹饪技术、侍者的服务以及幽雅的就餐环境。注册会计师为你核算纳税金额，可以算是纯粹的服务，因为消费者几乎没有收到物质的东西（填妥的所得税申报表或许可以另当别论）。请读者自己对图表 1—2 中的其他项目做一些分析。

1.3　经济领域中的服务业

从宏观的角度分析，我们的经济可以分为三个不同的领域来探讨：采掘业，包括农业和采矿业；制造业，包括制造业和建筑业；服务业。对美国来说，服务业的作用不可低估。本书将从以下五个方面来阐述服务业的重要性：就业、国内生产总值、新增企业数、国际贸易以及对制造业的影响。

就业　服务业的作用，最鲜明地表现在就业方面。当今美国的经济可以称之为服务经济。其原因是绝大多数的就业岗位在服务业。专门从事经济走势分析的专家约翰·奈斯比特（John Naisbitt）曾经说过："1956年，从事技术、管理和文案工作的白领人数在美国历史上第一次超过了蓝领。以制造业为标志的美国逐步进入了一个新的时代。有史以来，第一次出现了这样的现象，即绝大多数的人为信息而奔忙，而不是为制造产品而劳作。"[1] 到了20世纪90年代，服务业的岗位所占的比重逐渐上升至75%（参见图表1—3）。据估计，这一数字到2005年将达到80%。也就是说，如今想要成为就业大军中的一员，他的岗位80%的可能在服务业。图表1—4显示的是自1950年以来服务业岗位数量突飞猛进的趋势。

图表1—3　　　　　　对2005年就业岗位人数的预测　　　　　　（单位：百万）

行业	1970年	%	1980年	%	1990年	%	2005年*	%
采掘业	4.08	5	4.34	5	3.93	4	3.84	3
农业	3.46		3.36		3.22		3.40	
采矿业	0.62		1.03		0.71		0.44	
制造业	22.96	31	24.64	26	24.20	21	22.49	17
建筑业	3.59		4.35		5.12		5.50	
制造业	19.37		20.29		19.08		16.99	
服务业	47.31	64	64.75	69	84.50	75	107.25	80
运输、通信、公用事业	4.52		5.15		5.79		6.43	
批发业	4.01		5.29		6.17		6.56	
零售业	11.03		15.02		19.60		23.09	
金融、保险、房地产业	3.65		5.16		6.71		7.37	
其他服务业	11.55		17.89		27.93		42.81	
政府（联邦、州、地方）	12.55		16.24		18.30		20.99	
就业岗位总数	74.35	100	93.73	100	112.63	100	133.58	100

＊预测数据

资料来源：U. S. Bureau of the Census, *Statistical Abstract of the United States*, 1997 (Washington, DC, 1997)

国内生产总值　　所谓国内生产总值（GDP）是指以市场价格来核算的美国所提供的所有商品和服务的总产出。换言之，GDP代表了美国国内与资源和劳动相关的商品和服务的总价值。在未来的几年中，服务创造的价值将占到GDP的75%。图表1—5显示的是自1970年以来美国GDP的分解数据以及它的构成变化。从图中可以清楚地看出，在美国经济中，服务业创造了大部分的价值。当然，这并不意味着制造业有朝一日会退出历史舞台，或者无足轻重，但是它确实告诉人们，越来越多的经济活动会出现在服务领域。从图表1—6中可以看出，自1986年以来，采掘业在GDP中所占的比重一直稳定在3%左右。据估计，在21世纪的最初几年，制造业在GDP中所占的比重会徘徊在20%左右，而服务业将占到77%左右。

---

[1] 见John Naisbitt著《大趋势：改变我们生活的十个新的发展方向》（*Megatrends: Ten New Directions Transforming Our Lives*）载New York, Warner Books, 1982, p.12。

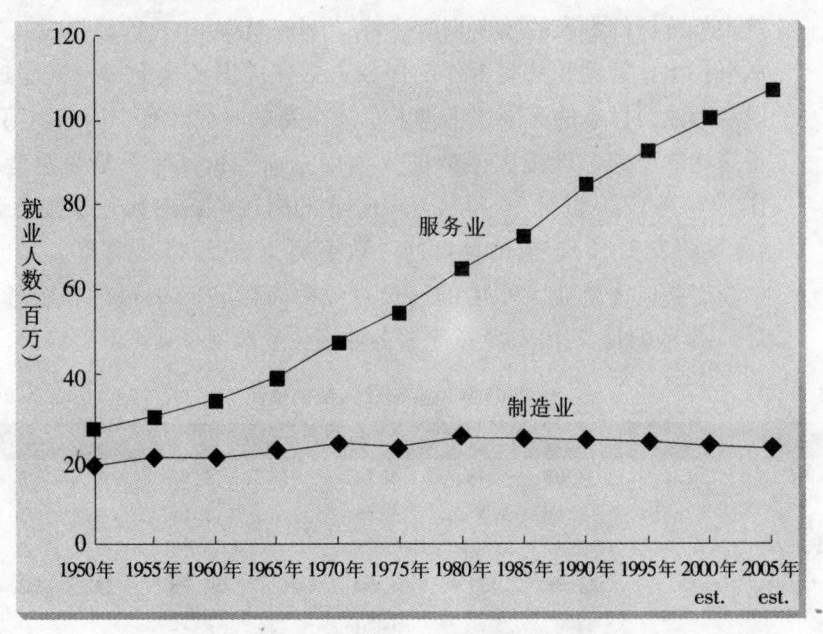

图表1—4　服务业就业岗位数突飞猛进

资料来源：U. S. Bureau of the Census, *Statistical Abstract of the United States* (Washington, DC, 1997).

图表1—5　按行业统计的国内生产总值（单位：10亿美元）

行业	1970年	%	1980年	%	1990年	%	2000年	%	2005年*	%
采掘业	48.5	5	179.4	7	221.0	4	246.3	3	270.3	3
农业	29.8		66.7		108.7		136.4		153.8	
采矿业	18.7		112.7		112.3		109.9		116.5	
制造业	300.7	30	713.0	16	1 276.6	22	1 814.3	21	2 091.8	20
建筑业	51.1		128.6		245.2		339.0		392.5	
制造业	249.6		584.4		1 031.4		1 475.3		1 699.3	
服务业	684.5	66	1 864.3	67	4 228.8	74	6 704.1	76	7 940.5	77
运输、通信、公用事业	88.1		242.1		482.1		736.6		858.6	
批发业	72.1		195.2		367.2		573.5		671.6	
零售业	100.2		245.9		503.5		764.1		892.7	
金融、保险、房地产业	146.0		418.3		1 024.1		1 669.7		1 991.2	
其他服务业	120.5		377.3		1 059.4		1 787.3		2 156.0	
政府（中央、州、地方）	157.6		385.5		792.5		1 172.9		1 370.4	
其他**	1.9		27.5		17.4					
合计	1 035.6	100	2 784.2	100	5 743.8	100	8 764.7	100	10 302.6	100

* 作者的估计数

** 不足1%

资料来源：《总统经济形势报告》(*The Economic Report of the President*)，载 Department of Commerce, Bureau of Economic analysis (Washington, DC, U. S. Government Printing Office, 1998)。

新增企业数　　现有企业的发展会提供一些就业岗位，但是另一些就业

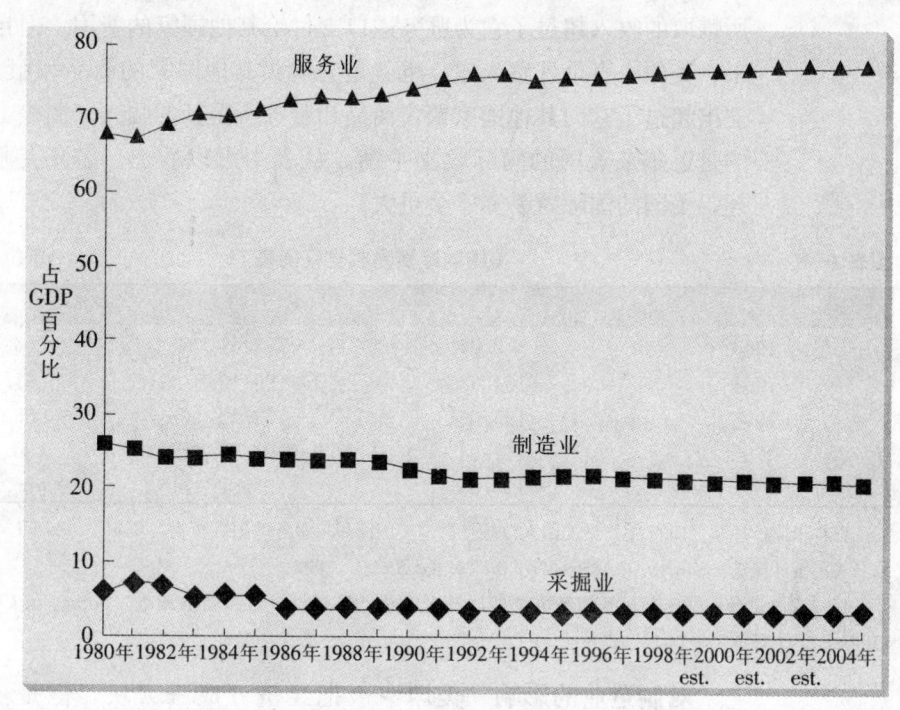

图表1—6　按行业划分的 GDP 统计数据

资料来源：《总统经济形势报告》（*The Economic Report of the President*），载 Department of Commerce，Bureau of Economic Analysis（Washington，DC，U. S. Government Printing Office，1998）。

岗位却是新建企业创造的。图表1—7说明了绝大多数的新企业是在服务领域中产生的。新的私营企业中，约有70%是提供服务的公司。也可以这样说，服务业是"可以有所作为的地方"，是企业家们大显身手的地方。

图表1—7　　　　　　　　　　新增企业数统计

行业	1985	%	1990	%	1995	%
采掘业	6 063	2	3 349	2	2 763	2
制造业	56 398	23	36 116	23	29 152	17
服务业	184 487	74	115 581	73	113 446	67
其他行业	2 282	1	3 884	2	22 797	14
合计	249 770	100	158 930	100	168 158	100

资料来源：Dun & Bradstreet Corporation 公司统计资料《十年新增企业数》（*A Decade of Business Starts*），载《美国统计概览》（*Statistical Abstract of the United States*），1997，p. 547。

国际贸易　在美国的对外贸易中，服务业同样发挥着重要的作用。在20世纪的60和70年代，服务输出占美国出口总额的22%。但是到了20世纪80和90年代，服务输出占到了出口总额的近30%。毫无疑问，美国也从国外输入服务，目前占进口总额的20%左右。需要指出的是，自1971年以来，美国的服务出口始终大于服务进口。换句话说，美国从服务出口所赚取的收入超过了它为服务进口支付给其他国家的费用。但自1976年以来，美国一直是外贸入超，也就是为购买其他国家的商品和服务，美国的支出超过了它向其他国家销售商品和服务所得到的收入。图表1—8所显示的是近年来美国的国际收支平衡。从表中可以看出，若不是服务贸易入超，美国的国际贸易赤字会更大。

图表 1—8 　　　　　美国国际贸易收支平衡表　　　　　（单位：10亿美元）

年份	合计	商品	服务
1993	−72.04	−132.61	60.57
1994	−104.38	−166.12	61.74
1995	−105.06	−173.42	68.36
1996	−111.04	−191.17	80.13
1997	−113.68	−198.97	85.29

资料来源：1993—1995年：据美国人口统计局"美国商品与服务的国际贸易，资料 Series FT - 900 (1995)"，载《美国统计概览》*Statistical Abstract of the United States*，1997。

1996—1997年：据美国商务部经济统计局及人口统计局资料《当前经济调查》*Survey of Current Business* (1998.5)。

对制造业的影响　美国一般把经济分成三大块，但是，这三块却并不是各自独立的。其中，制造业与服务业的关系最密切，谁也离不开谁。有些服务项目，若是离开了商品就不存在。比如汽车修理与汽车的关系就是如此。同样，有些商品若是离开了服务，也难以生存。很好的例子是体育场馆。若没有足球、棒球和橄榄球在其中比赛，这些场馆是没有意义的。治疗疾病的药物，其生存的基础是研究与开发。

当然，制造业与服务业的关系绝不仅仅停留在后者利用前者的产品这一简单的水平上。离开了门类繁多的服务行业，绝大多数制造业就难以进行生产。图表1—9显示的是制造业对服务业的依存关系。有些服务一般企业内部就可以提供，比如会计核算、产品设计、广告宣传和法律诉讼等等。但是，另一些服务项目却要由企业外部提供，比如金融、通信、运输、治安以及消防等等。

1.4　服务业发展动因理论

多年来，经济学家一直在研究促进经济发展的动因。较早在这一领域中做出贡献的经济学家是费舍尔（A. G. B. Fisher），他提出了第一产业、第二产业、第三产业的理论。[①] 第一产业是指农业、畜牧业、渔

---

① 见 A. G. B. Fisher 著《物质生活进步的经济意义》（*Economic Implications of Material Progress*），载《全球劳动力市场回顾》（*International Labor Review*），(1935.07)，pp. 5 - 18；《第一产业、第二产业与第三产业》，载《经济检索》（*Economic Record*），(1939.06)，pp. 24 - 38。

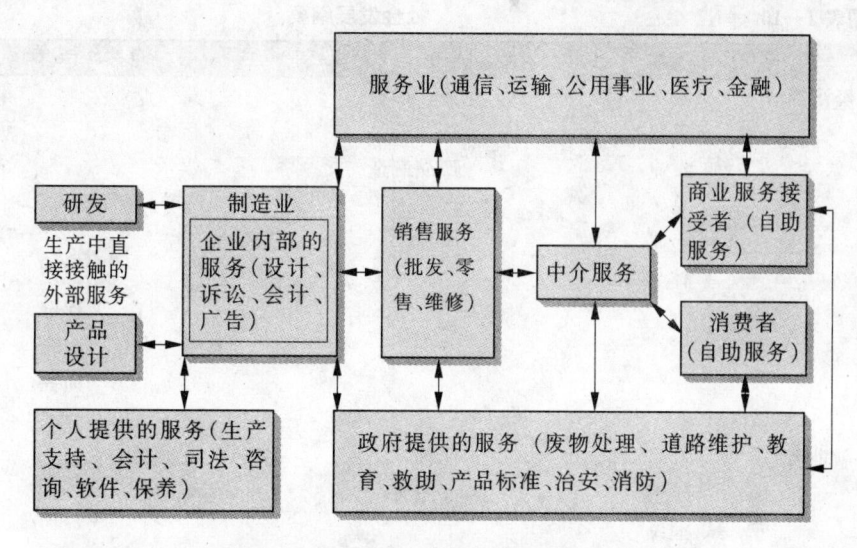

图表 1—9　制造业与服务业的交互关系

资料来源：见 J. B. Quinn 和 T. L. Doorley 著《服务业中的政策问题》（*Key Policy Issues Posed by Services*），载 B. R. Guide 和 J. B. Quinn 主编：《服务业与技术：经济发展、贸易与就业政策》（*Technology in Services: Policies for Growth, Trade, and Employment*）（Washington, DC, National Academy Press, 1988），pp. 211-234。

业、林业、狩猎业及采矿业。第二产业主要包含制造业和建筑业，也有一些著作中将采矿业纳入第二产业。第三产业则是指运输、通信、贸易、行政以及个人服务。费舍尔认为，要确定一个经济活动的归属，只要看其雇佣的劳动力在这些领域中所占的百分比的大小。他同时指出，随着国民收入的提高，对劳动力的需求会从第一产业转向第二产业，然后再转向第三产业。

社会学家丹尼尔·贝尔（Daniel Bell）将人类社会的发展分成三个阶段。[①]

前工业社会　前工业社会经济活动的基本特征是采掘业，也就是农业、渔业、林业及采矿业。在这一阶段，生活的内容主要是与自然抗争。技术水平很低，或者甚至根本就没有技术。人类的生存靠的是原始人的体力，所以生产水平很低。生产中的成就依赖于季节、雨水和土质等因素。社会生活则以家庭为核心，至多延伸到家族成员。由于生产水平低下，人口众多，所以在农业和家庭手工业方面都不可能充分就业。在这一阶段，大多数人都在为生存而挣扎，填饱肚子往往是他们的唯一目的。因此，大多数人在个体或家庭手工业中就业，或是等待在这一领域中就业。（参见图表 1—10）

[①] Daniel Bell 在其所著的《迎接后工业社会的到来：对社会发展的大胆预测》（*The Coming of Post-Industrial Society: A Venture in Social Forecasting*）一书中提出了"前工业社会，工业社会，后工业社会"的理论（New York, Basic Books, 1973, pp. 123-129）。

图表 1—10　　　　　　　　　　　社会发展纲要

	前工业社会	工业社会	后工业社会	
经济领域	第一产业 采掘业： 农业 采矿业 渔业 林业	第二产业 制造业： 产品制造 产品加工	第三产业 运输 娱乐 第五产业 保健 教育 研究 行政	第四产业 贸易 金融 保险 房地产
就业者	农民 矿工 渔民 非技术工人	半技术工人 工程师	专业技术人员 科学家	
技术 设计 方法论	原材料 与自然抗争 依赖常识	能源 与组合后的自然抗争 实验加经验	信息 人与人之间的竞争 理论抽象：模型，仿真， 决策理论，系统分析	
时间观	面向过去 临时应对	适应当前 规划	面向未来 预测	
发展原理	因循守旧：受土地 及资源的局限	经济发展：投资决策 取决于政府或个人	理论知识的汇集与编辑	

资料来源：Daniel Bell 著《迎接后工业社会的到来：对社会发展的大胆预测》（*The Coming of Post-Industrial Society：A Venture in Social Forecasting*）（New York，Basic Books，1973，p. 117）。

工业社会　工业社会经济活动的基本特征是商品制造。生活变成了与改造后的自然的抗争。经济生活和社会生活都变得机械而有效率。机器以及驱动机器的能源制约着生产。人力被机器取代了，生产力也就得到了极大的提高。人们看重的是用较少的付出取得较多的回报的艺术。经济领域里的格言是最大化和最优化。劳动分工越来越细。由于技术的进步，人们拥有了新的、运转更快的、更专业化的机器设备。这些机器设备不断地提高生产力，不断地取代工人。工作的场所将人、原材料、机器设备和市场融为一体，目的当然是有效地从事商品的生产与销售。当今的世界是一个计划的世界，人们在最佳的时间，用最佳的比例将生产的各种要素汇集在一起，以此加速商品的流动。同时，工作的场所也成了官僚滋生和等级森严的场所。在这里，人被作为物一样对待，因为对物的协调远比对人的协调要容易得多。在自由的市场经济社会中，个体成了社会生活中的一个单元。个体所拥有的商品的量成了生活水准的标志。

后工业社会　后工业社会经济活动的基本特征是服务的提供。生活变成了人与人之间的竞争。重要的不再是体力，也不再是机器的动力或是能源，而是信息和知识。经济生活的主要特征是专业人士。社会越来越看重人们所拥有的技能和知识。正因为如此,高学历成了进入后工业社会和优质生活的通行证。判断一个人的生活水准的高低,就看他能享有多少保健、多少教育和多少娱乐活动。一方面,人们都希望获得更多的服务,比如保健、教育和文化娱乐;另一方面,由于市场机制的不完善,难以满足人们的这些需求。这就给政府,尤其是州、县一级的政府提出了更高的要求。

从工业社会到后工业社会的转型期中,还可分为若干阶段。第一阶段是发展运输业和公用事业,为工业的发展与产品的分配创造条件。第二阶段是发展批发业和零售业,还包括金融、保险、房地产业以适应不断增长的人口和大众的商品消费。在这以后,随着个人收入的增加,食品消费的比重下降了。增加的收入的剩余部分首先是用来购买耐用消费品,比如住房、汽车和家用电器等等。收入中若还有剩余,则会被用作服务消费,比如用以接受教育,享受医疗保健、度假、旅游、上饭馆和进娱乐场所,或是参加体育活动。正是这种消费倾向导致了向个体提供服务的产业的发展。

服务业的发展还有其他一些原因,有些与上述原因有内在的关系,有些则是研究人员独立的新发现。我们将这些原因归纳如下:①

- 农业与制造业生产效率提高,将解放了的劳动力转移到服务业;
- 从农业和采掘业流向制造业的工人再流向服务业;
- 相对优势理论在国际贸易中的应用;
- 高收入工业化国家 GDP 中的投资比重减少,或是低收入国家 GDP 中的投资比重增长;
- 人均收入的增长;
- 城市化的进展;
- 政府管制的放松;
- 人口迁移的加速;
- 国际贸易的发展;
- 服务业与制造业的共生共荣。

1.5 本书概要

本书将全面探讨服务业的管理与经营,重点是如何创造价值和提高客

---

① 若要更深入地了解与服务业发展有关的理论,请参看 P. W. Daniels 所著的《世界经济领域中的服务业》(*Service Industries in the World Economy*),第1章,pp.1-24 (Oxford, UK, Blackwell Publishers, 1993); Steven M. Shugan 所著《服务业发展的原因初探》(*Explanations for the Growth of Services*),载 Roland T. Rust 和 Richard L. Oliver 编撰的《服务质量:理论与实践的新发展》(*Service Quality: New Directions in Theory and Practice*) (Thousand Oaks, London, Sage Publications, 1994, pp. 223-240); J. N. Marshall 和 P. A. Wood 著《服务与空间:城市与区域发展的主要特征》(*Services and Space: Key Aspects of Urban and Regional Development*),第2章,pp. 9-37 (Essex, England, Longman Scientific and Technical, 1995)。

户满意度。因此，书中的讨论都将围绕这一主题展开。尽管我们的讨论不能完全脱离传统的有关经营管理类的教科书，但是这些讨论又与传统的教科书有很大的区别。我们的讨论涉及到各类企业的经营知识与经验，但是又不局限于这一领域。讨论还将涉及决策、营销、跨国管理、人力资源、管理学、宏微观经济学、心理学以及社会学等学科的理论与实践。采用这种多学科、跨学科研究的方法，目的是帮助现在及未来的管理者们充分了解服务业管理的复杂性。

全书分为4篇。第Ⅰ篇从第1章到第6章，从服务概论谈起，介绍服务的一般概念。第2章介绍服务的特征，讨论服务对象的重要性。第3章介绍消费者及其需求，以及消费者购买服务的动机所在。第4章介绍服务的全球化以及全球化的形式。第5章涉及价值创造以及服务策划等话题。最末的第6章讨论如何为服务定位，如何为服务营销，目的是为了适应竞争并创造利润。

第Ⅱ篇的主题与服务体系的建立有关。要建立一套具有竞争力的服务体系去创造客户价值，提升客户满意度，就需要有效地利用投入。这种投入包括技术（在第7章阐述）、服务设计与开发（在第8章阐述）、人力资源（在第9章阐述）以及定位服务场所、配置服务设施（在第10章阐述）。

第Ⅲ篇的主题对管理者至关重要，因为他们要有效地经营一个服务体系。在这一部分中，第11章谈管理的需求与供给；第12章介绍服务质量以及服务质量的提高；第13章讨论服务的生产力及其核算方法；第14章简要介绍政府机构及非赢利服务机构的管理，因为这些机构在我们的经济与社会生活中正发挥着越来越重要的作用。

第Ⅳ篇涉及的是服务管理与经营中的计量方法。各章讨论的是制造业与服务业中广泛应用的行之有效的计量方法。第15章讲预测。第16章讲交通工具的最优化调度。第17章讲服务项目管理。第18章讲线性规划及目标方案设计。最后的第19章谈服务经营中的存货系统。

1.6 本章提要

本章从宏观的角度观察了服务的概念。我们界定了服务及服务经济，也讨论了服务对我们的社会的重要性。我们从就业、国内生产总值、创办的新企业数目比较、国际贸易、对制造业的贡献等多方面讨论服务业对美国经济所发挥的重要作用。随后，书中提到了20世纪下半叶工业化国家服务业发展迅速的现实与相关理论。本章还提到了三种产业模式（第一产业、第二产业和第三产业）的理论并讨论了各产业模式转换的原因。

讨论题

1. 要为服务下定义为什么很不容易？所谓"以商品作支撑"（facilitating good）指的是什么？
2. 为什么服务业对美国的经济十分重要？
3. 第一产业、第二产业和第三产业各是什么含义？
4. 前工业社会的特征是什么？
5. 工业社会的特征是什么？
6. 后工业社会的特征是什么？
7. 对工业经济来说，为什么服务经济会紧随其后？
8. 哪些现象显示美国已经进入了服务经济？
9. 其他国家的情形如何？比如，能否认为日本从总体上正在进入服务经济？
10. 有人认为，"本无所谓服务业，有的只是一些行业中的服务含量多一些或少一些。"[①] 试评论这一种说法，说明你的观点。

参考文献

1. Bell, Daniel, *The Coming of Post-Industrial Society: A Venture in Social Forecasting* (New York, Basic Books, 1973).
2. Bureau of the Census, *Statistical Abstract of the United States* (Washington DC, 1997).
3. Clark, Colin, *The Conditions of Economic Progress*, 3rd ed. (London, Macmillan, 1957).
4. Daniels, P. W., *Service Industries in the World Economy* (Oxford, UK, Blackwell Publishers, 1993).
5. *The Economic Report of the President* (Washington, DC, U. S. Government Printing Office, 1998).
6. Fisher, A. G. B., "Economic Implications of Material Progress," *International Labour Review* (July 1935), pp. 5-18.
7. Fisher, A. G. B., "Primary, Secondary and Tertiary Production,"

---

① 见 Theodore Levitt 著《服务业中生产线方法的应用》（*Production-line Approach to Service*），载 Harvard Business Review (1972年9—10月, pp. 41-52)。

Economic Record (June 1939), pp. 24 – 38.

8. Foot, Nelson N., and Paul K. Hatt, "Social Mobility and Economic Advancement," *American Economic Review*, vol. 43 (1953), pp. 364 – 378.

9. Fornell, Claes, Michael D. Johnson, Eugene W. Anderson, Jaesung Cha, and Barbara E. Bryant, "The American Customer Satisfaction Index: Nature, Purpose and Findings," *Journal of Marketing*, vol. 60 (October 1996), pp. 7 – 18.

10. Gore, Al, Vice President of the United States, *The Best Kept Secrets in Government: A Report to President Clinton* (Washington, DC, National Performance Review, September, 1997).

11. Levitt, Theodore, "Production-line Approach to Service" *Harvard Business Review* (September-October 1972), pp. 41 – 52.

12. Marshall, J. N., and P. A. Wood, *Services and Space: Key Aspects of Urban and Regional Development* (Essex, England, Longman Scientific and Technical, 1995).

13. Naisbitt, John, *Megatrends: Ten New Directions Transforming Our Lives* (New York, Warner Books, 1982).

14. Shugan, Steven M, "Explanations for the Growth of Services," in Roland T. Rust and Richard L. Oliver (eds.), *Service Quality: New Directions in Theory and Practice* (Thousand Oaks, London, Sage Publications 1994), pp. 223 – 240.

第 2 章 服务特征与互动

2.1 本章概述
2.2 生产系统的一般概念
2.3 服务的特征
2.4 自成系统的服务机构
2.5 服务中的交互作用
2.6 本章提要
讨论题
案例 2—1　沃尔特·迪斯尼：人人都是表演明星
案例 2—2　沙利文汽车公司
参考文献

2.1 本章概述

如何界定服务业或服务组织，一直都是学习生产管理学生的一个难题。要说到服务业与制造业有何区别，人们往往会说制造是起点，而服务是终点。这样做，是试图用一定的标准来判断产品、生产过程以及对产品的消费，并以此区别服务业与制造业。

本章的重点是关注生产体系的一般理论和服务业的独特之处。书中还将讨论服务的过程。因为是这一过程决定了消费者与服务组织之间的关系，决定了消费者对于服务质量的评价、消费者的满意度以及回头消费的倾向。

2.2 生产系统的一般概念

简单地说，所谓**系统**（system）就是为实现共同目标而构成的从投入到产出整个过程中的一系列要素的组合。生产系统就是在投入转化为产出的过程中发生经济上或其他方面的增值。图表 2—1 是生产系统的一般状况。

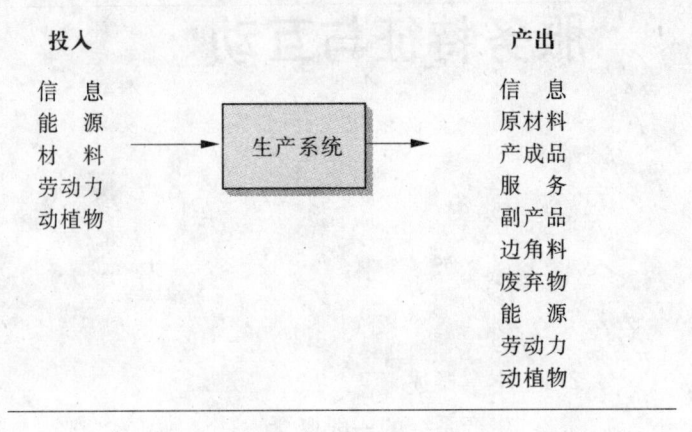

```
投入                              产出
信息                              信息
能源                              原材料
材料    →  生产系统  →           产成品
劳动力                            服务
动植物                            副产品
                                 边角料
                                 废弃物
                                 能源
                                 劳动力
                                 动植物
```

图表 2—1　一般生产系统

生产系统是由相关的实物要素组成的，共有 5 种类型：
1. 开采大自然中的原材料或能源
2. 动植物的生长和变化
3. 有形产品的转化系统
4. 无形产品的转化系统
5. 混合产品的转化系统

图表 2—2 列举了上述各项内容。可以看出，按照通常的定义方式，**服**

图表 2—2	生产系统的种类
开采类	**无形产品转化类**
开采地球（或月球）表面的资源	信息咨询
开采海底世界	电影
加工处理海水或其他水资源（如盐湖）	广播
从大气中提炼各类气体	体检
	幼儿园、托儿所
动植物类	政府管理机构
农业	
牧业、渔业	**混合产品转化类**
微生物的培植与繁衍	餐馆
	图书出版部门
有形产品转化类	理发店
按订单制作	汽车修理店
批量生产	外科诊所
个体产品的连续生产	
整体产品的连续生产（如化学制品、布匹、橡胶、交流电等，产品的个体差异不明显）	

务（services）出现在后两类中。比如，餐饮业通常被视为一种服务，但是它既有有形产品，又有无形产品。具体来说，顾客享用的食品是有形产品，而愉悦的用餐经历则属于无形产品。制造业也可以归入两类，即第3类和第5类。一个生产企业的产品不会是归入第4类的无形产品。然而大多数所谓的"制造"企业的产出都是有形产品与无形产品的**混合物**（combination）。如果一个汽车"制造商"在制造过程中一直和消费者保持沟通，那它究竟是制造商，还是主要是"服务"机构呢？

按照上述分类，可以发现，不能简单地把"服务"和"生产"对峙起来。更确切地说，企业就像渐进变化的光谱，都有其有形产品和无形产品（如图表2—3所示），只是所占的比例各不相同。无形产品是服务业的一个重要特征。下一节我们将讨论服务业的无形产出性及其他一些重要特征。

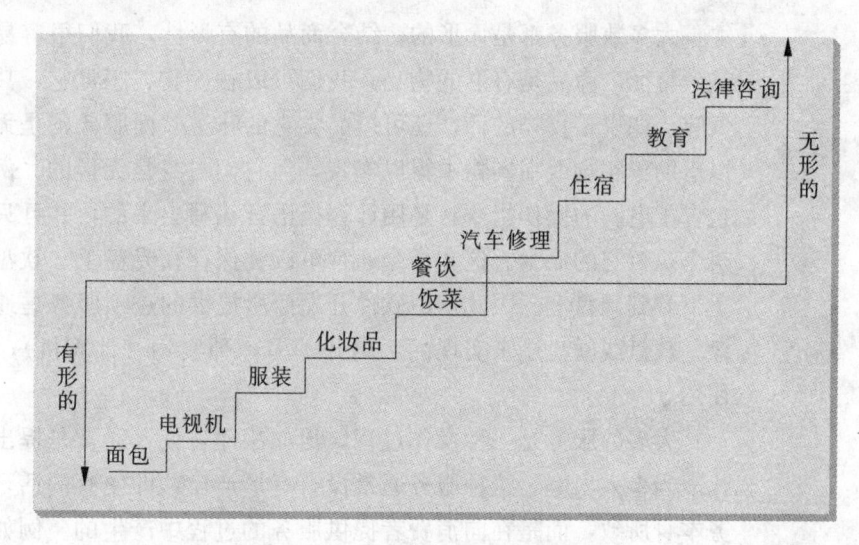

图表 2—3　有形性与无形性的渐进变化

资料来源：Adapted from G. Lynn Shostack, "Breaking Free from Product Marketing," *Journal of Marketing*（April 1987）.

2.3　服务的特征

多年来，研究人员和分析师们一直在使用一种或多种标准来归纳服务的特征。他们总结出了大多数服务项目的各种共同特征。以下是四个服务所具有的区别于生产性产品最明显的特征[1]——也是服务业的主要特征：

---

[1] 参见 W. Earl Sasser, Jr., R. Paul Olsen 和 D. Daryl Wyckoff 合著的《服务业的管理：课文、案例和文献》（*Management of Service Operations: Text, Cases, and Readings*）（Boston, Allyn and Bacon, 1978）, pp. 15 - 18；以及 Roland T. Rust, Anthony J. Zahorik 和 Timothy L. Keiningham 合著的《服务营销》（*Service Marketing*）（New York, HarperCollins, 1996）, pp. 7 - 10。

1. 无形性（intangibility）；
2. 不可分割性（inseparability）；
3. 不可保存性（perishability）；
4. 多变性（variability）。

虽然以上并不是所有服务的共性，但是服务确实反映了这些特征的大部分，所反映出的一些其他特征，也是这些基本特征的变体。我们将会详细地讨论这些特征，目的是为服务部门的管理人员提供一些解决问题的思路。

无形性

大多数服务都是无形的。结合商品的有形性，我们很容易理解服务的这个特征。商品是有形的物品，我们可以触摸它、感觉它，甚至闻到它的气味；如果是食物的话，还可以品尝它的味道。而服务则是无形的，它可以借助于实物或在实物中得以实现，但它们自身是无形的。例如，软件中包含了电脑的操作指令，是用计算机语言编写出来的，并且只能通过计算机来执行它的命令。这些指令通常可以被保存在光盘上、软盘上或是从网上下载到硬盘上。因此，由软件开发商所提供的这项服务是通过实物（光盘、软盘或硬盘）来实现的。离开了另一种实物（计算机），它就无法被使用。

大多数服务是一种操作过程。比如法律咨询，通常是提出建议，并且代表当事人出庭。这种服务通常没有有形产出，即便有的话，那也不是服务本身所致，而是在向消费者提供服务的过程中产生的。例如，咨询服务的真正成果并不是那份帮助顾客解决经济纠纷的报告，而是报告中提出的平息纠纷的主意。有些服务是有形产出和无形产出的结合体，比如餐饮业，加油站或者室内装潢。虽然制造业也有无形产出（例如，对商品质量的担保，技术信息以及公司的信誉），但主要还是有形产品。无形性是服务业区别于其他产业最鲜明的特征。

对于大多数服务而言，购买服务并不等价于拥有其所有权。这是与无形性相关的很重要的一点。而购买商品则是拥有了所有权。例如，消费者购买了一套音响，他就不仅拥有了其使用权还拥有其所有权，并且可以任意处置它，比如听音乐，或作为礼物赠予他人，用它换一台电视机或者卖了它。而服务的购买者则没有这种处置权。如果你买了张百老汇演出的票，你只可以在特定的时间观看那场演出。看过表演，你行使了这项权利，一切也就终结了。如果想再看一遍的话，只有重新买票。换句话说，也就是你并不拥有什么。除非这项服务是依附于实物的。比如说，如果你买了一张百老汇演出的影碟，那你就拥有了其所有权。

不可分割性

大多数情况下,服务的提供与消费是同时进行、不可分割的。而对于大多数商品而言,这两个过程可以而且通常是分开的。电视机可以在某个地方的工厂生产,然后被运往世界各地的批发商和零售商,最后卖给各地的消费者。但购买电视机以后并不要求消费者立即使用,它可以被无限期地存放在包装箱中。而医生给病人诊断这种服务是即时消费的。

不可分割性的第二种形式,是消费者不能脱离服务过程。换句话说,大多数服务都不能存储到以后消费,消费者必须当场享受服务。电视机的生产不一定要有消费者伴其左右,但是医生的诊断则必定要以病人的存在为前提。教室里的演讲,球场上的足球赛,摇滚音乐会,乘火车旅行,都体现出上述两种形式的不可分割性。这些服务的提供与消费是同步发生且不可分割的,要享受此类服务,消费者必须亲历其间。

不可分割性的第三种形式是对某些服务的共同消费。有些服务是大量消费者同时分享的。例如:一场戏剧表演、一场音乐会或是一次海上旅行都是针对一群消费者的。在此类服务中,虽然每个人的体验可能有所不同,但任何一个顾客陶醉或疯狂的举动都会影响到所有人的情绪。因此,在有些服务中,个人的经历与周围消费者息息相关。

不可保存性

大多数服务都是提供与消费同步进行的,所以可以认为它们是不可储存的商品。譬如有些顾客要求通过电话提供报时服务,那么一旦报时完成,服务即告结束。宾馆的客房、航班上或剧场里的座位以及律师的咨询时间,都是不可储存以供日后使用的。

然而,若是站在顾客的角度看问题,对这种不可保存性又有另外一种解释。尽管顾客不能把所提供的服务带回家,但是他却可以在购买服务以后长久地享用它。譬如,一位外科医生做一次心脏移植手术,那么他所提供的就不仅仅是一次手术,而是病人的终生受益。甚至是一场电影,散场后许久依然能让人回味,给人以教益。

服务所具有的这种不可保存性,以及人们对服务需求的多样性都给管理者提出了要求。他们应该谨慎地分配服务力量,主动地满足服务需求。

多变性

大多数服务是一部分人为另一部分人服务。服务的对象可能是顾客的身体、思想或财产。但无论那种情况，服务的提供者和消费者都是互动的。服务的质量如何，取决于互动的结果以及消费者的感受。由于是供需双方的相互作用，服务效果难以预测。美容店、服装设计公司以及人才交流部门的服务项目都是因人而异的。

一方面，这意味着即便是同一种服务，由同一位服务人员为几位不同的顾客提供，也会产生不同的效果；另一方面，一个人不可能每次都提供完全一样的服务；他的生理和心理状态对于服务相当重要，然而一个人的身心状态不可能每天都保持一致。

服务质量的不确定性以及顾客满意度的难预测性，都给服务管理者提出了极大的挑战。这就造成了一个严重的后果：大多数服务从业人员反对以一个统一的标准来衡量服务的质量。虽说使衡量的尺度标准化并非完全不可能，但是难度是很大的。因为每个顾客在服务前和服务中的要求是不同的。许多情况下，服务的定位取决于服务人员，譬如顾问、房地产经纪人或是医生。个体的服务必须顺应消费者需求。正是由于服务结果的多变性，使得服务管理和服务的质量控制变得十分困难。此外，多变性也使得如何衡量服务的产出成为服务机构所面临的一项具有挑战性的课题。

2.4 自成系统的服务机构

本章一开始就介绍了生产系统的一般概念，这里将要讨论的是这一概念在服务组织中的应用。在本书第1章，服务被定义为"提供时间、空间、方式或是心理效用的经济活动"。换句话说，服务是在一道道程序中所采用的行动。许多服务的过程和它的产出常常是同一体，或者是两者密切相关。服务的过程，常常就是服务机构各个组成部分协同一致的结果。为叙述方便，我们在图表2—4中列举了整个体系中最关键的环节。让我们来仔细观察这种自成系统的服务组织。

服务组织是以为顾客提供服务而设立存在的，并以此确定其使命、战略和政策。由**经营系统**（operations system）来设计服务的项目以及与市场营销、财务资金、人力资源合作的传递系统（delivery system）。经营系统还要负责自身的日常运作，调配提供服务的资源，并为职工培训创造条件。**营销系统**（marketing system）则负责与消费者打交道，包括广告、销售、促销、配送以及市场调研等等。在很多情况下，经营系统的运作和营销系统的运作是互相交织的。例如，经营人员在提供服务的同时，还会去推销公司的其他服务项目，充当营销人员的角色。总之，服务的成功取决于其**经营系统**和**营销系统**两者的紧密合作，而关键则在于服务以及传递系统的设计。

第2章 服务特征与互动

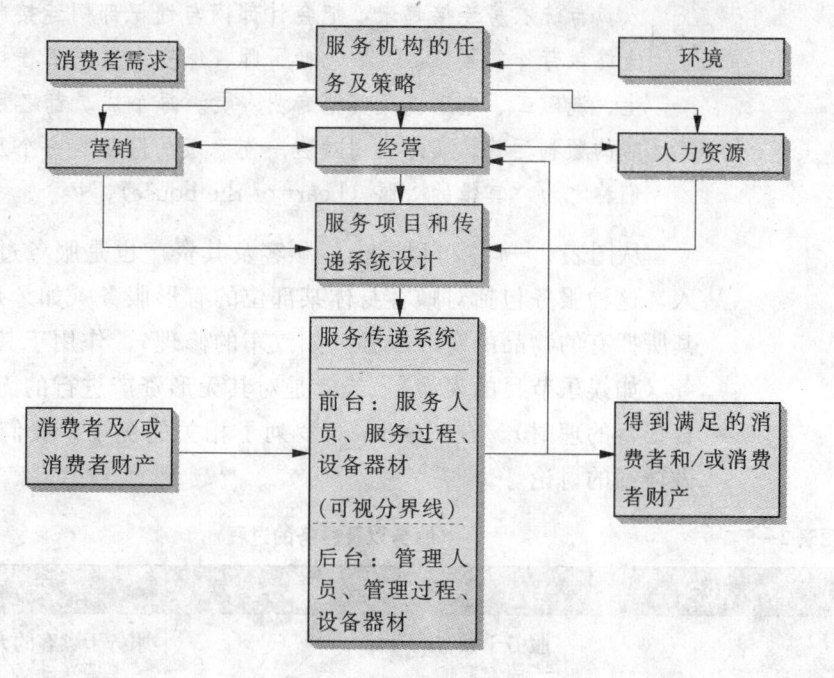

```
消费者需求 → 服务机构的任务及策略 ← 环境
         ↓        ↓         ↓
      营销  ←  经营  ←  人力资源
              ↓
         服务项目和传递系统设计
              ↓
         服务传递系统
         
消费者及/或     前台：服务人     得到满足的消
消费者财产  →  员、服务过程、 → 费者和/或消费
              设备器材          者财产
              （可视分界线）
              后台：管理人
              员、管理过程、
              设备器材
```

图表2—4 服务体系

营销系统收集并向经营系统提供其所关心的消费者需求信息。这是整个设计过程的主要信息来源。在服务设计中，要考虑服务组织的发展目标、发展战略、现有条件和资源。在服务设计中，还要考虑其他因素，包括环境因素，比如法律和政府制定的法规以及行为规范等等。设计的目的在于确定对消费者的需求提供什么样的满足。设计传递系统是为了弄清何时、何地以及如何满足消费者需求。该系统由机器设备、服务过程和服务人员构成。服务人员在整个过程中占据主导地位，是服务成功与否的关键。而服务人员的选拔、雇佣和培训都是**人力资源**（human resources）部门的责任。本书第8章中将会详细介绍服务及其传递系统的设计过程。

服务的传递系统可以分为两部分：前台和后台。前台是顾客看得见的部分。在这里，顾客与服务人员直接进行互动，他们能够接触到服务器材，体验服务的过程。后台部分，顾客是看不见的，它由支持前台服务的职员、设备、器材以及管理或服务过程等组成。一条虚拟的"可视分界线"把传递系统的这两个部分区分开来。后台的运作看似与顾客无关，但如若出错，可能严重影响到前台服务的正常进行以及顾客的满意度。Marriott International 公司的总裁兼首席执行官马里奥特（J. W. Marriott, Jr.），以大酒店为例形象地描述了后台的运作情况：

在每个大酒店中都藏有一个顾客听不见，也看不见的群体。在门后，在地板下，有着一座迷宫，它把卸货区与厨房连接起来，把保安人员与洗衣房连接起来,把会计部门与通讯部门连接起来。那里有一支终年劳作的队伍,其中包括厨师、保安人员、工程技术人员、服务生、洗碗工、电工以及其他专业人员。每个成员都各尽其职,保证酒店的顺利运营。宾馆业内对这一支隐蔽的队伍有一个形象的称谓,我们称之为"宾馆的心脏(heart of the house)。"[1]

从图表2—4中可以看出,顾客及其资产也是服务过程中的一种投入。这种服务包括对顾客身体某部位的有形服务(如牙病的防治),对其所拥有的物品的有形服务(如汽车的修理),作用于其头脑的无形服务(如娱乐节目的表演),或者是对其无形资产进行的无形服务(如投资银行的理财)。在图表2—5罗列了相关的例子,我们将对这些例子做详细的讨论。[2]

图表 2—5　　　　　　　　　　　服务以及服务的过程

投　入	有　形　的	无　形　的
顾　客	**服务于顾客的身体** 旅客运输 心脏移植 免疫注射 身体治疗 罪犯管理	**服务于顾客的大脑** 娱乐活动 文化教育 艺术展览 音乐表演 电视节目
资　产	**服务于顾客的财产** 维修保养 衣服干洗 房屋清扫 环境美化 包裹投递	**提供信息服务** 网络服务 金融服务 会计服务 保险服务 软件开发服务

资料来源:Adapted from Christopher H. Lovelock, *Services Marketing*, 3rd ed. (Upper Saddle River, NJ, Prentice Hall, 1996), p.29.

1. **服务于顾客的身体**:对顾客的身体提供有形服务。此类服务要求被服务对象当场接受服务。如一次心脏移植手术或是航空旅行。在这种情况下,顾客将会与服务机构及其雇员和服务设备有一段长时间的接触。

2. **服务于顾客的财产**:对顾客所拥有的物品提供有形服务。这种服务只要求被服务的物品在场,顾客本人的在场与否并不重要。顾客经常将物品送来,或者由服务人员上门提供服务。消费者只需要介绍一下基本情况,提一些服务要求,然后就可以离开,直到服务结束。例如汽车修理、

---

[1] 参见 J. W. Marriott, Jr. 和 Kathi Ann Brown 合著的《服务业的灵魂》,(*The Spirit to Serve:Marriott's Way*)(New York,Harper Business,1997),pp.17 – 18。

[2] 参见 Christopher H. Lovelock 所著《服务营销》(*Services Marketing*),3rd ed. (Upper Saddle River,NJ, Prentice Hall,1996)。

土地平整和草坪修剪等等，除非消费者想在现场督促服务的进行，否则服务人员与消费者的接触时间是十分短暂的。

3. **服务于顾客的头脑**：对顾客的头脑提供无形服务。享受这种服务的是人的思想而不是肉体。此类服务如电视和广播，顾客与服务机构交流的仅仅是信息。在另一些情况下，比如传统形式的教育、音乐会和咨询，顾客本人则必须在场。因此在后种情况下，消费者的满意度就取决于服务人员的行为。另外，周围的具体环境、服务组织的政策以及其他的消费者也会对消费者享受服务产生很大的影响。

4. **提供信息服务**：对顾客的无形资产提供无形服务。这种服务是为顾客管理钱财、文字记录和数据资料等等。顾客与服务机构接触，提出自己的要求，然后就可以离去。鉴于服务的特征以及现有的技术水平，我们已经不需要顾客与服务机构直接面对面的交流。比如现在的许多银行业务都是通过电话、邮件，甚至自动取款机来完成的。但对于部分特定的服务，有些消费者仍然比较偏爱人工操作，例如，开一个储蓄账户或者申请家庭抵押贷款等等。

服务系统的产出可以是享受了服务的顾客本人，也可以是已经增值的顾客的资产。服务业管理人员主要是在顾客反馈的基础上监控服务的过程，以确保服务人员所提供的服务能和顾客的需求相吻合。换句话说，正是顾客和服务人员的反馈意见才使质量保证成为可能。

2.5 服务中的交互作用

伦纳德·贝里（Leonard. L. Berry）教授把服务描述为"一种行为、一种操作，或是一份努力。"[1] 虽然有些服务可能导致实物的产生，如一份咨询报告，但所有服务的共性在于消费者身体、思想、财产及信息构成的变化。这些变化就是通过一系列有意识的行为［即服务**过程**（process）］产生的。消费者只要和服务组织发生交往，那么他的身体、思想、财产或信息就会进入服务过程。这也就是人们所理解的服务双方的相互作用。至于顾客对该服务的满意与否则取决于双方相互作用的结果。这种相互间的作用不仅涉及到消费者和服务人员，还涉及其他消费者、服务传递系统以及配套设施。

服务中的**交互作用**（service encounter，也称之为服务互动性——译者注），也称为"真实的瞬间"（moment of truth），是指一段经历。**在这段**

---

[1] 参见 Leonard L. Berry 著的《与众不同的服务营销》（*Services Marketing Is Different*），*Business*（May-June 1980）。

经历中，顾客与服务组织的某一个方面交往，并感受到服务的质量。[①]

真实的瞬间一词来源于西班牙斗牛中的术语，是用来形容斗牛士在拿出"杀手锏"结束斗争之前面对公牛的瞬间。这种说法是由理查德·诺曼（Richard Normann）[②]首次引用到服务管理的文献中的，它形象地描述了服务组织与服务对象相互作用的重要性。斯堪的纳维亚航空公司（Scandinavian Airlines System，SAS）前总裁简·卡尔松（Jan Carlzon）以不懈的努力扭转了公司财务亏损的状态，使该公司成为经济效益最好的航空公司之一。他的工作使更多的人了解了什么是"真实的瞬间"。他是这样阐述服务中相互作用的重要性的：

> 去年，我们公司承载了1 000万名旅客，几乎每位旅客平均与公司的5位雇员有过交往，这种交往平均每次要持续15秒。这就意味着SAS这个概念一年中在我们顾客的头脑里出现了5 000万次，每次15秒。这5 000万次的"真实的瞬间"最终决定了SAS公司的成败。我们就是利用这些瞬间向顾客证明SAS是他们最佳的选择。[③]

必须强调的是，服务的相互作用是随时随地都可能发生的。例如：一位顾客进入一家服务机构，先向服务人员咨询，然后填写表格，或者在服务过程中与服务人员沟通。顾客看到外面张贴的广告、由服务组织做的电视促销，看见街上一辆服务公司的宣传车，看到报纸上或者听别人讨论一种全新的服务或一家服务组织，或者是收到一张服务的账单，如此等等，这些都属于服务的相互作用。管理人员必须清楚：在服务过程中，不管消费者接触到的是什么、是谁，他始终认为自己是在和服务机构打交道。也就是说，如果服务人员的态度极其恶劣，顾客不会理会那个粗鲁的打工者，而是对那家服务公司的形象大打折扣。当一位顾客坐在一个脏乱的候车室里，他所联想到的是公司经营的混乱，而不是负责清洁的职工的无能。如果一位技术员未能如约去为顾客维修电缆线，顾客得出的结论是，这个电缆公司不可靠。简单地说，大多数消费者把服务的质量问题归咎于服务机构，认为服务机构应该对这项服务负全部责任。因此，卡尔松认为，其公司的品牌是在服务中由顾客"产生"出来的这一观点是完全合乎情理的。

除非是在接受服务的瞬间，很少有顾客会想到一项服务或提供服务的机构。而这种瞬间是十分短暂的。所以，服务机构能够给顾客留下好印象的短暂机会是有限的。与此相反，造成差错和失去顾客的机会却是

[①] 参见 Karl Albrecht 著的《享受美国的服务》（*At America's Service*）（New York，Warner Books，1988），p. 26。

[②] 参见 Richard Normann 著的《服务管理》（*Service Management*）（Chichester，John Wiley & Sons，1984）。

[③] 参见 Jan Carlzon 著的《真实的瞬间》（*Moments of Truth*）（Cambridge，MA，Ballinger，1987）。

时时都会出现的。因此,对那些与顾客相互作用的机会,服务机构不能顺其自然,否则它就难以满足顾客的需求,难以保持自己的市场份额。因此,我们在设计和管理这种机会的同时,首先应该认真理解其中的关系。

服务的特征

服务的过程可简可繁,通常它是由机构内几方面通力合作完成的,是由一系列的过程,而不是由一个单独的过程组成的。假如一个音乐爱好者去听一场摇滚乐演唱会(参见图表2—6)。毫无疑问,这个例子中或许还可以包括更多的相互作用的机会,我们在例子中只罗列14项。这14项中,大多数都涉及到摇滚乐队,但同时还会涉及到其他一些与音乐会有关的机构。如开音乐会的场地很可能不是乐队或组织者所拥有的,而是租用的。除了提供场地外,演出的管理者可能还要提供售票服务、停车服务及安全服务。同样,提供乐队T恤的厂商可能是另一家机构,它要为使用乐队名称的特许权向乐队付费。而休息场地很可能又属于另一家机构。显而易见,其他服务机构所提供的服务也很可能会影响到乐迷们的情绪。一旦发生不愉快的事情,乐迷们就会将其归咎为乐队演出组织者的不力;从而得出"音乐会非常精彩,但组织混乱"这样的结论。但如若全场很太平的话,乐迷们可能根本不会在意这许多服务的存在。

图表 2—6 　　　　　　　　服务的相互作用:看一场摇滚音乐会

1. 一位音乐爱好者从报纸上看到一则广告,一支著名的摇滚乐队近期将来本地开一场音乐会
2. 她打电话向剧场询问音乐会的具体时间、票价及剧场的地理位置,根据录音获得了她想要知道的信息
3. 她拨打另一个电话,以信用卡预购音乐会入场券
4. 在当地的电视新闻中,她得知这个摇滚乐队已经抵达的消息
5. 音乐会当天,她驾车去剧场,在入口处,她看到了该乐队的宣传旗帜
6. 保安人员领她到停车场的入口处
7. 她付费后停好车
8. 她走到售票窗口,报出自己的名字,然后拿到预订的入场券
9. 她走近入口处,看到拥挤的人群和保安人员
10. 她向检票人员出示了入场券,然后进场
11. 她买了一件该场音乐会的纪念T恤
12. 她走到休息区买了瓶饮料
13. 在导引人员的引导下,她找到了自己的座位
14. 她欣赏了音乐会

以上的例子相当简单,更复杂的服务会涉及到律师和当事人之间的委托关系以及医生和病人之间的诊断关系。服务的难度取决于该项服务对于

知识面和技术的要求、风险的大小以及顾客的情绪。

对于大多数服务机构而言，这种"或成之或毁之"的服务中的相互作用仅限于消费者和服务人员之间。不难看出，这种互动具有以下特征[①]：

1. **服务互动是有目的性的**。不论是谁主动，所有的服务都是带有目的性的。病人去医院诊断和治疗是为了身体健康；电视上的商业广告是为了争取更多的当前或未来的消费者；一辆棕色货车上联合包裹服务（United Parcel Service）的标志 UPS 也是一种暗示——"联合包裹服务"为您提供快递服务。

2. **服务双方是互利的**。对于服务人员而言，大多数服务只是他们日常工作的一部分。服务人员通过自己的劳动，得到应有的报酬，这只是他们的一项工作。但也有这样一种可能，顾客在接受服务的同时也是在尽自己的职责。例如，秘书打电话叫技术人员来修理办公室的复印机。这种情况下，服务的双方都是在工作。当然也有很多例外，如律师参加公益性咨询活动，或者志愿者在济赈厨房帮厨等等。

3. **服务双方不必事先相识**。在大多数情况下，顾客和服务人员往往素不相识。离开了服务场所，他们一般不会有什么交互活动。然而，在服务中他们无须相互介绍，却能配合默契，达到双方的满意。比如：观众在剧院购票，乘客向司机询问交通路线，或是食客在快餐店买三明治等等。这种服务一般不会带来持久的效应。但是，另一些服务却不仅需要正式的介绍，还需要向顾客收集相关的信息。比如：病人第一次去看牙病，首先要挂号，填写姓名、住址、电话、年龄、过敏史、保险公司以及以往的相关病史等。医生和病人就这样相识了。

4. **服务范围受到限制**。虽然服务中也会有礼节性的问候和短暂的交谈，但这种与服务无关的活动持续时间很短。大多数的服务双方都会受到服务性质的约束。一般医生不会教病人该如何修车；同样，汽车修理工也不会给病人开药方。

5. **信息的交流受到服务内容的制约**。服务的从业人员大多会为了服务中的交互活动而与顾客交流信息。虽然在一些非正式的服务场合会有与服务无关的信息交流，但是与服务相关的信息交流依然是占主导地位的，而且是不可或缺的。例如，在美发厅，顾客与美发师之间常常会以天气或时尚为交谈话题。但是，美发师最需要了解的，依然是顾客希望将头发留多长、做什么发式，是否要用洗发水等等与服务相关的信息。又如金融理财专家为顾客提供电话咨询服务，很可能就是直奔主题，集

[①] 参见 J. A. Czepiel，M. R. Solomon，C. F. Surprenant 和 E. G. Gutman 合著的《服务中的相互作用初探》（*Service-Encounters: An Overview*），载 J. A. Czepiel，M. R. Solomon，C. F. Surprenant 编著《服务中的相互作用：服务业职工与顾客互动管理》（*The Service Encounter: Managing Employee/Customer Interaction in Service Businesses*），(Lexington, MA, Lexington Books, 1985)，pp. 3-15。

中讨论顾客的需求。但是也有例外的情况,人们很难区分何为服务话题,何为非服务话题。比如旅行社为一对夫妇安排一个假期旅行计划,除了向他们介绍一些旅行的相关信息外,工作人员还会向这一对夫妇讲述自己的旅行体验。这种话题可以算是"聊家常",但是它也能给顾客提供所需的信息。

6. **服务双方各尽其职**。为了保证服务的高效率,服务人员与顾客在服务中的交互活动也需要遵循一定的行为规范。有些规范是约定俗成的,另一些规范则需要服务的从业人员向顾客做一些说明。比如一项绿化工程,顾客应先向合同方说明自己的意向,如草地和花园的形状以及花卉的品种等等。合同方就必须依照顾客的要求作业。但对于医生和病人,情况则恰恰相反,病人必须回答医生所提的问题并且听从医生的指示。

7. **暂时忽略服务双方的社会地位**。在服务中暂时忽略服务双方"既有的"社会地位,这是有些服务中的一项重要特征。例如,律师的社会地位向来受到尊崇,但他却可能为社会地位极低的罪犯提供服务;一个大法官也会因为违反交通规则而被巡警拦住,进而听从他的指示。

服务交互活动面面观

由于个人在服务交互活动中的目的不同,所以对服务的具体操作也会有不尽相同的描述。毫无疑问,服务中人与人之间的互动会受到社会因素的影响,但是,它同样也会受到经济、生产、契约以及就业等因素的影响。[①]

- **社会交往** 当顾客与服务人员接触,形成人与人之间的互动时,服务就可以视作一种社会现象。服务的双方都必须按照社会上的惯例行事,这些惯例已经在已往的实践中得到了认可。在许多国家,适当的问候、礼貌与客气都是服务双方最基本的素质。有时双方会在服务的过程中聊天,比如天气和最近的体育赛事,但谈的最多的还是和服务相关的内容。还有一点就是服务的标准是统一的,所有的顾客都会受到同等的对待。
- **经济交往** 有些服务表现为顾客与服务机构间资源的交换。具体地说,一个服务机构以提供劳动力、技术、技能或信息的形式来满足消费者的需求或者使其获得物质上的利益;消费者也相应地以货币、时间或劳动力等资源来回报。
- **类似生产的流程** 服务机构为了满足消费者饮食和教育等方面的需

---

① 参见 P. K. Mills 编著的《服务业的管理:后工业时代的机构》(*Managing Service Industries: Organizational Practices in a Postindustrial Economy*)(Cambridge, MA, Ballinger, 1986), pp. 22-24。

求，需要不断配置其资源，包括劳动力、技术、信息和设备器材。只要正常发挥它们的作用就能满足消费者的需求。因此，服务是服务机构将其资源转化为消费者利益的过程。虽然大多数资源是由服务机构提供的，但有时也可能由消费者提供。

- **契约行为** 也可以认为，所谓服务是服务机构与顾客间的一种契约关系。顾客雇佣服务机构按照自己的意愿提供服务。通过契约，顾客授权给服务机构或该机构的雇员，让其代理行使某种权利，或是代为处置某种财产。因此，双方都在契约的权限范围内行使权利和义务。例如一个外科医生在病人的授权范围内为其手术。由于病人在手术中很可能昏迷不醒，所以这期间医生必须为病人拿主意。他可以在病人的授权范围内做任何决定，而且有义务保证病人利益最大化。

- **准雇佣现象** 有些服务要求顾客的积极参与和配合，比如在餐馆的色拉吧，顾客可以亲自下厨做色拉。在这种情况下，消费者自给自足。因此，从某种程度上说也是暂时地受雇于服务机构。很明显，这并不是普通意义上的雇佣，然而却对双方都有利：餐馆节省了雇佣工人的成本，再通过降低价格让利于顾客。所以可以说是餐馆"支付"了顾客的劳动。

服务的要素构成

一般服务是由4个基本要素构成的：顾客；服务人员；传递系统；配套设施。

顾客

顾客是服务中最关键的要素。服务的最终目标就是为了使顾客满意。顾客对于服务的感知在很大程度上决定了他对服务质量的评判、他的整体满意度以及他能否成为回头客。因此，在服务及其传递系统的设计中，就必须设法最大限度地、有效地满足顾客的需求。以往服务的种种迹象提醒我们，首先顾客是一个人，他希望得到别人的理解和尊重，也希望获得和别人同等的待遇，享受同样或平等的服务。不管是何种类型的服务，这些都是最基本的要求。

然而，许多情况下，服务机构为了保证服务的顺利进行，它们不会满足于这些基本的要求。尤其是在直接向消费者本人提供有形服务的时候更是如此。在提供"对人体的服务"时，必须精心设计、安排。这样做的主要原因是因为顾客的身体在接受服务，而且时间往往会很长。这使得顾客有机会更真实地感受服务的质量。因此，顾客的舒适、安全和总体的满意与否就和服务机构的形象息息相关。如果只是服务于顾客的所有物,而且不要求顾客亲临现场,那么服务机构的注意力就会转移到高效的服务操作上,设身处地的为顾客考虑服务效果以及该如何缩短服务时间,提高服务效率。

如果在服务中要求顾客参与其事,那顾客肯定可以得到一些实惠。在这种情况下,服务机构必须向顾客明确操作要领,并且保证所用器械的工作性能良好及操作简单。如果提示引导不明确的话,可能导致服务质量不高,进而造成顾客的不满。另一方面,顾客通过自身行为也可能在很大程度上影响服务的效果。如果一位顾客未能按要求提供必要信息,没有按照指示去做,没有很好地扮演他应该扮演的角色;换句话说,也就是他不太容易对付,那就可能会增加服务人员的工作难度,导致双方的不满,甚至影响到其他消费者的情绪。

服务人员

服务的提供者或雇员是服务中另一个关键的人力因素。作为一个正常人,他希望得到顾客和同行的尊重,得到顾客和上司的赏识。服务人员必须掌握相关的专业知识,接受一定的训练才能上岗服务。但要保证服务成功,仅仅具备这些条件还是不够的。

服务人员不仅代表了公司的形象,而且也是确保服务传递系统正常运转的基础。他的言行举止在顾客看来都是公司形象的象征。正如前文所述,服务人员的行为是受消费者的信任和委托,并代表消费者最佳利益的。然而,当顾客的最佳利益与公司的政策相冲突,或者受到"可做与不可做"的严格戒律所限制时,这种双重角色也给服务人员带来了麻烦。还有在有些情况下,服务人员和顾客同时要承担一定的风险和压力。例如,当顾客本人在服务中存在一定的风险(如接受外科手术),或其财产有风险(如干洗衣服)时,服务人员不仅需要具备一定的专业技能,还要能尽量缓解顾客的心理压力。这就要求他们必须了解消费者的心理。

另一个应该记住的是,一次服务机会对于顾客而言可能是第一次,也可能是难得的体验;而对于服务人员则是一日或一周内无数次的机械运动。年复一年重复相同的服务,这就决定了服务人员更看重的是服务效率,而不像顾客那样看重整个服务的过程。顾客经验不足,对服务的过程往往十分关注,有时甚至会心情焦虑,感情用事。只有理解了这一切,服务人员才可能设法使顾客满意。帮助服务人员提高人际交往能力,如态度友好热情、服务周到,这很大程度上是管理层的责任。为公司的目标,为顾客利益,服务人员有时必须隐藏起自己的真实感受去与顾客交往。总之,服务人员必须站在顾客的角度来审视服务的过程。因此，他们需要参加一些培训，树立这方面的行为意识；显然，这种素质的培养不可能一蹴而就，单单靠培训不一定能达到预期的效果。所以，管理层在挑选服务人员的时候，一定要特别留意他们与人沟通的能力。

服务质量难以控制的原因在于服务提供与消费的同步性及无形性。与制造业产品制造不同的是，服务在提供与传递前是不可测的。即便是服务后，也很难评价服务质量的好坏。"你的律师是否把你的案情介绍清楚了？"，"你的纳税咨询人是否已经考虑到了所有的扣项？"，"你的医生诊断是否正确？你的症状是否因为他的治疗而有所缓解？"等等，类似这样的问题可能没人能给予满意的回答。为保证服务质量，管理层一般在服务中对投入要加以控制，也就是说，要注意选择服务的对象以及合适的服务人员，测试他们的技能，检查相关的资质，并为服务人员提供相应的培训，并制定明确的工作准则来规范和约束他们的行为。

服务机构非常看重顾客的感受，但也不能忽略服务人员的工作积极性。有些公司甚至考虑得更长远一些。关于这一点，全美最好的航空公司之一，西南航空公司（Southwest Airlines）的首席执行官赫布·凯莱赫（Herb Kelleher）是这样认为的：

> 商业领域中一直有人困惑："服务人员、顾客还有股东，到底谁最重要？"……我却从来没有担心过这个问题。我认为最重要的是服务人员。如果他们情绪好了、满意了、尽力了、精力充沛，那就会给顾客提供高质量的服务。顾客开心了、满意了，就会经常光顾。股东们自然也就喜笑颜开了。[①]

服务传递系统

一个服务传递系统不仅包括设备、易耗品、服务过程、服务方案和服务流程，还包括规章制度和公司的文化。许多服务机构都认为，只要他们的职能部门按照相关领域既定的原则，高效地组织运作，他们就能使顾客满意。例如，一家会计公司或许会认为，如果将其服务过程定位在最准确地收集并记录会计信息上，那么对顾客的服务就是最佳的。又如，一家医院的管理层或许会认为，如果他们的设备和服务过程都很好，实验室也能高效的运作，这样就能保证病人得到最好的治疗。但遗憾的是，这样做往往都会惹怒消费者，并把他们推到竞争对手的怀抱中。

自然，我们现在所谈的都是服务中可视的部分，即顾客能直接接触到的部分（参见图表2—3）。这一部分服务必须按照顾客的意愿定位和操作。

---

① 见 Kristin Dunlap Godsey 著《慢慢攀上新高地》（*Slow Climb to New Heights*），载 Success (October 20, 1996)。

而后台的运作则应该对可视分界线以上的部分形成支撑。一旦此前提成立，提高后台运作效率就不会成为带来任何妨害的事了。

在设计传递系统时另一个需要考虑的关键因素是核心服务。正如洛夫洛克（Lovelock）[①]所指出的，许多服务是由一项核心服务和一些附属服务组成的。使顾客满意的必要条件是无可挑剔的核心服务。如果核心服务不尽如人意的话，就算附属服务再优秀，顾客也不会满意。因此，核心服务的提供在整个传递系统的设计和安排中至关重要。附属服务存在只是为了支持和强化核心服务。这些内容将在本书第8章详细论述。

实体设施

所谓实体设施是指服务中或服务机构中顾客所接触到的一切有形部分。由于后台的设备（可视分界线以下的部分）并没有和顾客直接接触，因此它们不属于实体设施。实体设施中还有一套子系统，有人称其为服务环境（servicescape）[②]。它是集服务、消费于一体的一整套实体设施。例如，服务机构所在的建筑的外部设计、停车场、环境绿化、建筑内的配套设施及用具、器材设备、指挥信号、采光和环境温度以及设备的噪音水平，还有楼内的清洁卫生等等。其他一些有形的物品，如服务过程中的表格、易耗品、宣传手册以及服务人员的衣着和制服，都属于实体设施的组成部分。

成功的服务少不了配套的实体设施，尤其是为消费者本人提供的服务更是如此。首先，因为大多数服务的供给与消费是同步进行的，顾客的满意度会受到这些实体设施的影响。如果服务的对象是顾客的身体，那么配套的实体设施的首要作用就应该是保证消费者安全与舒适。一般情况下，顾客接受服务的时间越长，配套的实体设施就显得越重要。

另外，这些实体设施可能同时影响到服务的双方。消费者调查显示，实体设施会影响到顾客的消费行为和购买决定。例如，巴纳斯和诺布尔（Barnes & Noble）图书公司拥有并经营一个连锁书店。该公司在书店的环境设计上采用了一整套变革的理念。他们的超级书市设有沙发、靠背椅以及可供顾客阅读用的桌椅，还有一个咖啡吧，为顾客提供香醇的咖啡和美味的点心。图书行业的一位经营者对此的评价是："巴纳斯和诺布尔公司了解书店对于社会发展的意义。他们了解咖啡、宽敞的空间、沙发和椅子的真谛。他们懂得，书店是可以成为我的起

[①] 见 Christopher H. Lovelock 著《服务中的竞争：配套服务中的技术与团队建设》（*Competing on service: Technology and Teamwork in Supplementary Services*），载 *Planning Review* (July/August 1995), pp. 32-47。

[②] 见 Mary Jo Bitner 著《实体环境对顾客与职工的影响》（*The Impact of Physical Surroundings on Customers and Employees*），载 *Journal of Marketing*, vol. 56 (April 1992), pp. 57-71。

居室的延伸部分的。"[1]

由于服务人员的大多数时间是在服务场所内工作的，因此他们对工作的满意度、工作热情和服务质量同样受到配套的实体设施的影响。这些设施应该保证服务人员的工作尽量少受到阻碍，方便顾客的流动，并保证整个服务系统的正常运转。例如，在较大型的服务场所内（如综合性医院、大城市的机场、地下交通系统，或者一个大型娱乐场所），如果指示标牌设置合理，既可以缓解人流拥挤的压力，避免交通阻塞，还可以节省职工为顾客指示方向所花费的时间。

在服务中其他顾客的影响

许多服务的提供与消费是针对一大群人的。有些服务可以由消费者独自在家享用，如通过互联网接受服务、听音乐、听广播、看电视等等。然而，其他一些如乘火车、飞机或轮船的旅游、参加娱乐活动、欣赏体育赛事或接受传统方式的教育等等，都是由许多消费者共同参与的。在这种情况下，某个消费者或一群消费者的行为就会影响其他消费者享受服务。飞机上一位喝醉酒的旅客可能会给其他人和机组人员带来不愉快。然而，如果一群志趣相投、有着相似社会背景的海上旅行者则可能因为巧遇而拥有一段难忘的经历。管理层有义务从以下几方面保证服务质量：[2]

1. **选择正确的消费群**。服务机构可能根据正式的或非正式的规定来限制服务的对象，仅向一定层次的消费者提供服务，以保证顾客间都能给予正面的影响。正式规定可能包括对年龄的限制，如"仅对成人开放"和对着装的要求，如一些饭店有进入者必须穿礼服的要求；或者有些俱乐部仅向会员开放等等。非正式的规定包括有针对性的宣传广告、定价策略以及对实体设施的定位。例如，城郊的购物中心多年来一直是青少年光顾的乐土，但是这帮孩子时常会捣乱，比如大声喧哗，为争抢食物而打架，甚至互相弹射，这使得成年购物者非常反感。于是，购物中心的投资者与管理公司就设法选择大多数青少年较少光顾的专卖店，以此来调整顾客的构成，缩小可供青少年聚众打闹的空间，同时他们再刻意装饰内部环境，使其恍若一座华丽的殿堂。[3]

---

[1] 见 Patrick M. Reilly 著《巷战勇士：Borders Group 公司与 Barnes & Noble 公司对垒——一场真正的战争》(*Street Fighters：Where Borders Group and Barnes & Noble Compete，It's a War*)，载 *Wall Street Journal*（September 3, 1996）。

[2] 见 Adrian Palmer 和 Catherine Cole 所著《服务营销：理论与实务》(*Services Marketing，Principles and Practice*) (Upper Saddle River, NJ, Prentice Hall, 1995), pp. 110-111。

[3] 见 Louise Lee 所著《赶走青少年，购物中心变得清高》(*To Keep Teens Away，Malls Turn Snooty*)，载 *Wall Street Journal*（October 17, 1996）。

2. 按照顾客的意愿，规范行为准则。 为了保证场所内的服务令顾客满意，管理层可以制定行为准则并张榜公布。公共场所内所张贴的"请勿吸烟"的标记以及游泳池旁张贴的"请勿奔跑、跳水、打闹嬉戏"的警戒都是为了避免不愉快的事情发生。

3. 促进顾客间的正向交流。 在景点度假或乘船旅游时，如果同伴间沟通良好的话，可以大大地提高旅客们的游玩兴致。管理者可以安排顾客举行集会和各种集体活动，促进彼此间的交流，共同享受快乐时光。然而在另一个完全不同的环境中（如医院），同病相怜的病人间的交流也能减轻一点他们的忧虑，缓解他们对治疗风险的恐惧。多伦多的肖尔代斯（Shouldice）医院是腹疝外科手术的专科医院，它们只对健康状况良好的病人进行手术。从病人到达医院的那一刻起，肖尔代斯医院就为他们创造了许多机会在一起交流，比如组织了一些活动，安排病人们相互认识、介绍自己的经历。其中有一项活动是晚茶点聚会，在那里，将要做手术的病人可以和当天刚刚做手术的病人互相安慰。

2.6　本章提要

所谓生产系统就是一系列要素的组合。这些要素共同作用，通过投入到产出这个过程达到创造价值的共同目的。生产系统可以归纳为5大类：（1）开采大自然中的原材料或能源；（2）动植物的生长和变化；（3）有形产品的转化；（4）无形产品的转化；（5）混合产品的转化。服务业包含在最后两种系统中。服务的无形性和不可保存性使其区别于商品生产。由于服务会涉及人类本身的活动和他们多变的需求、感受以及期望，因此服务的产出也呈现出多变性。绝大多数服务的供给与消费是不可分割的。服务另一个显著的特征是，它涉及到了顾客，有时在服务的过程中还需要顾客的参与。正是由于这些特性，所以很难衡量服务的质量和产出，而对其效率的评价则往往凭主观判断。

服务系统由3个主要的子系统组成：经营系统、营销系统和人力资源系统。经营系统是提供和传递服务的，由前台和后台构成。前台与后台之间由虚拟的可视分界线划分开来。服务及其传递系统可以分为4种类型：（1）服务于顾客本身，即有形的服务直接作用于顾客；（2）服务于顾客的物品，即直接对顾客的商品或其他实物施行有形的服务；（3）服务于人的头脑，即无形服务直接作用于顾客的大脑；（4）提供信息服务，即直接为顾客的无形资产提供无形服务。

所谓服务的交互活动是指消费者与服务机构的任何组成部分的接触，并感受到了服务的质量。这些服务的交互活动对于服务机构至关重要，因为它们直接影响到顾客的满意度。这就是为什么把这种交互活动称作"真实的瞬间"的原因。管理者必须了解交互活动的特性与作用。大多数服务是顾客与服务人员之间有目的的相互作用。在这种交互中，服务人员也不完全是付出，这也是他们的职责所在。服务的双方不必事先认识，他们的相识相知是限定在一定的范围内的。大多数服务双方都会交流与服务相关的信息。顾客和服务人员的角色是固定的，有时他们也会暂时地游离自己既有的社会角色。

对服务中的交互活动的感知因人而异。有人把它看作是社会交往，有人把它看作是经济交往。也有人认为它等同于生产过程，或者是顾客与服务机构之间的契约关系。此外，由于有些服务中需要投入顾客的劳动，所以也有人把它称之为是对顾客的"准雇佣现象"。

服务中的交互活动有4个基本要素：（1）顾客；（2）服务人员；（3）服务的传递系统；（4）实体设施。"其他顾客"也可以被列为第五个要素。因为他们有时也会影响到顾客的服务体验。只有考虑到以上各种因素及他们的内在联系，才能设计出高效的服务系统，为顾客创造新的价值。

讨论题

1. 服务的概念是什么？
2. 服务业产出的特征有哪些？能否衡量服务产出的单位？
3. 说明以下特征在服务中是如何体现的？
   a. 分散性
   b. 与顾客的接触性
   c. 顾客参与性
4. 如何从以下几方面区分服务业和制造业？
   a. 对效率的衡量
   b. 对生产能力的衡量
   c. 质量控制
5. 服务可以大批量提供吗？为什么？
6. 为什么服务业的劳动力较制造业的更集中？这会给管理带来什么问题？
7. 讨论服务人员的作用。服务人员的个人行为会对公司形象造成什么影响？
8. 讨论"服务一体化"这种观点。服务系统的各个组成部分是怎么影响服务结果的？

9. "前台"和"后台"操作意味着什么？如何区分两者？为什么必须把两者区分开来？

10. 试描述服务中交互活动的特征。

11. 讨论顾客在服务交互中的作用。顾客的行为是如何影响服务中"真实的瞬间"的？

12. 讨论在服务于顾客本身时服务人员所起的作用。在这种服务中需要怎样的态度和技能？

13. 讨论在提供信息的服务中服务人员所起的作用。在这种服务中需要怎样的态度和技能？

14. 服务的传递系统是什么？列举一种你比较熟悉的服务传递系统。

15. 服务中的交互活动是"人与人的相互作用"，这一特征有何深层含义？

16. 讨论在服务于顾客本身的交互活动中，实体设施所起的作用。

17. 讨论在服务于顾客财产的交互活动中，实体设施所起的作用。

18. 在服务中其他顾客扮演的是什么角色？讨论管理者该采取什么样的举措以保证众多消费者都对服务满意。

案例 2—1

沃尔特·迪斯尼：人人都是表演明星

沃尔特·迪斯尼（Walt Disney）公司是一个多种经营的跨国性娱乐公司，它同时经营了影视娱乐、日用消费品制作以及主题公园和各种娱乐场所。

由于迪斯尼主题公园和娱乐场所一直为顾客提供高质量的服务，已经声名大振。它成功的主要原因在于仔细分析游客的期望值，深入调查顾客不同的服务要求。为了提供高质量的服务，公司格外关注职工的作用，因为是他们直接参与顾客的交互活动。

该公司的服务宗旨是令顾客开心，这一宗旨作为公司的一种文化理念已经为所有员工所接受。所有新雇员一旦被雇佣，就要学习迪斯尼的发展历史，培养一种迪斯尼特有的人生观，接受公司的整套文化理念。沃尔特·迪斯尼为达到经营目标，惯用的招数是将其主题公园办成大型的娱乐舞台，并提供令人满意的服务。花钱到这个乐园里来的人们，都被视做贵宾而不仅仅是来客。同样，服务人员在这项服务中扮演的是舞台上的各种角色，他们穿着和服务内容相配套的服装，而不仅仅是普通制服。

在了解了公司的基本文化理念后，公司会让每个成员明确自己的职责，包括他（她）的角色要求，向谁汇报，如何穿着，以及如何有针对性地提供服务。雇员需要广泛了解顾客的各种需求，例如，为他们指路，向他们推荐最好的用餐地点等等。

新雇员往往被安排担任一些特殊的角色，他们的称号就足以显示该公司文化的优势：

角色/称谓	作用
维护向导	街道清洁工
饮食向导	餐馆服务员
交通向导	司机
安全向导	警察

沃尔特·迪斯尼公司按照来宾对舞台角色的期盼来"安排角色"（role scripting）。由于他们出色地协调了服务人员与来宾的互动，所以这些来宾的期盼都能得到超额的满足。为了保证服务人员都能扮演好自己的角色，迪斯尼公司为其员工提供了很多培训机会，包括上岗前培训，定期的岗位培训以及公司通讯都可以让员工们了解最新的发展动态。万一雇员遇到了培训中未涉及到的突发性问题，他可以打电话向后台求助，以及时满足顾客的需求。

为了保证管理层能了解前台雇员的工作情况，每个管理层成员每年都有一周时间到第一线直接为顾客服务，以了解基层工作。另外，每个管理层成员还要带他（她）的家人作为游客来迪斯尼游玩一天，从而可以站在宾客的角度感受一番。

公司还让雇员时常检验自己的服务质量。在选择新雇员时，公司让在职职工出主意，以此作为选择的主要标准。另外，所有的雇员都必须填写一份调查表，表明自己在公司服务期间的真实感受。待分析结果出来以后，可以从结果中判断服务人员的工作满意度。迪斯尼的理念是，如果服务人员对自己的服务满意了，那么顾客也一定会满意的。

资料来源：见 Adrian Palmer 和 Catherine Cole 著《服务营销：理论与实务》(Services Marketing, Principles and Practice) (Upper Saddle River, NJ, Prentice Hall, 1995), pp. 105-107。

案例思考题

1. 根据上下文判断，"安排角色"一词的含义究竟是什么？
2. 一个紧要事件可以被视作是顾客和服务人员间的交锋，可能是愉快的，也可能是不愉快的。沃尔特·迪斯尼公司是怎样判断造成紧要事件的原因并以此衡量顾客的满意度的？
3. 列举任何一种可能在迪斯尼乐园出现的服务中的交互活动。或者写明该项服务的具体步骤，或者画一个流程图来描述并分析这项服务。试分析此项服务中在幕后支持服务人员的后台工作人员的作用。

案例 2—2

沙利文汽车公司

站在威尔逊大道上看这家汽车代理公司，眼前是一片节日气氛。一串串红色、白色、蓝色的三角旗在傍晚的徐风中欢快地舞动。一排排新型的轿车在夕阳下闪闪发光。展厅入口处的两旁有许多天竺葵，为整个花坛增色不少。在威尔逊大道和维多利亚街的交界处有一个大大的旋转标志，那是福特汽车的标识，同时也向路人昭示那个企业就是沙利文（Sullivan）汽车王国。旗帜下面还写着："买车请到沙利文！"

在高大、雄伟的展厅内，陈列了三款福特的新车型：一辆深蓝色的小货车、一辆红色的敞篷车和一辆白色的"金牛座"（Taurus）。每辆车都擦得锃亮。有两拨人在和销售人员聊天，一位中年男子坐在敞篷车的驾驶座位上试车。

楼上豪华、舒适的经理办公室内，卡罗尔·沙利文·迪亚兹（Carol Sullivan—Diaz）在手提电脑上又分析完了一张数据表。她感到很累也很沮丧，因为她的父亲沃尔特·沙利文（Walter Sullivan）因为突发性心脏病于4周前去世了，享年仅56岁。为老沙利文打理资产的银行叫他女儿暂时顶替这个代理商经理的职位。从她搬进父亲的办公室后，唯一明显的变化是在办公室里安装了传真机和激光打印机。因为她一直忙于分析企业的经济状况，无暇顾及其他的事项。

打印出来的数据令沙利文·迪亚兹十分悲观。因为公司的财务状况已经有18个月持续恶化，当年的上半年一直是赤字经营。新车的销售量也在下降，显示了地区经济状况的不景气。为了赚取利润，公司采用了各种促销手段，以期减少新车的存量。据业内人士分析，今后的市场销售情况不会有起色。因此，她认为公司销售部门的财务状况也不会好转。公司的服务部门稍有盈利，但收入不及相同规模的汽车销售商的平均水平，而且还在走下坡路。

卡罗尔上周拒绝了比尔·弗希利希（Bill Froelich）想要购并公司的提议。现在她不得不思考自己是否走错了一步棋。弗希利希的开价比两年前给她父亲的报价低得多，那时父亲就曾经拒绝做这笔交易。但是，那时公司的盈利状况也比现在好得多。

沙利文家族

沃尔特·沙利文于1977年买下了一家小型的福特汽车销售公司，并重新取名为沙利文汽车销售公司。由于他的精心经营，公司在整个城市里小有名气。6年前，市郊公路网枢纽附近区域房地产业发展迅猛，他为了将公司迁址于此而负债累累。

公司新址处原先也是一家汽车销售商，但房子已经有近30年的历史了。沙利文保留了原先的修配车间，但却推倒了前面的展示大厅，重新竖起了现在这座引人注目的现代化大厅。在公司迁移到这个比原来大许多的新址时，他重新把公司命名为沙利文汽车公司。

沃尔特·沙利文也成为众所周知的人物。在广播、电视的商业广告中，他是一位顶级的公众人物、企业家，活跃于各种社交场合。他在汽车销售理念中主张薄利多销，强调以公司的发展为重。做销售是他最大的乐趣。

卡罗尔·沙利文·迪亚兹年仅28岁，是沃尔特和卡门·沙利文（Carmen Sullivan）的3个女儿中的老大。在获得经济学学士学位后，她继续深造获得MBA学位，然后从事于健身业管理工作。之后嫁给圣卢克（St. Luke）医院的外科医生罗伯特·迪亚兹（Roberto Diaz）。她还有两个年仅20岁的双胞胎妹妹，盖尔（Gail）和乔安妮（Joanne），她们都在本地的大学就读，和妈妈生活在一起。

沙利文·迪亚兹在校读书期间，曾在她爸爸的公司里做过兼职秘书，帮着记过账，还为销售部门做过销售计划，所以她对整个公司的操作流程了如指掌。在商学院读书时，她下定决心要从事保健业管理的工作。毕业后，她在一家大型的教学性医院圣卢克医院做院长的行政助理。两年后，她加入了城市健康计划委员会，做一名营销部经理的助理，她做这份工作至今快有3年了。她的职责就是吸纳新成员的加盟、处理纠纷、市场调研以及制定人员编制计划。

卡罗尔的上司批了她6周的假期专门处理她父亲的事情。还剩两周了，她怀疑自己所需要的时间要比6周长得多。她和她的家人对汽车销售都毫无兴趣，然而，她还是做好了要暂时离开她的保健事业来扶持公司的思想准备，因为实在没有其他的选择。卡罗尔原来的本职工作做得相当出色，她相信将来她还是有机会找到一份保健管理的工作的。

汽车销售公司

与其他的汽车销售公司一样，沙利文公司也是既经营销售又提供相关服务，人们习惯上称之为"前场服务"和"后场服务"。然而，公司并没有设立专门修理汽车的车间。公司既销售新车，也销售二手车。因为有相当一部分来购车的顾客在购买新车的时候会转让二手车。沙利文公司会以拍卖的方式买入一些保存完好的二手车进行转售。如果顾客买不起新车，就常常会考虑用二手车代替。但在选择二手车时，有时也会被说服转而购买新车。

公司的前场包括1位销售主管、7位销售人员、1位行政主管和1位秘书。其中1名销售人员已经辞职，下周末就会离开。服务部门满编的时候包括1位服务部主管、1位服务质量督察、9位技工以及2位文员。当公司业务繁忙的时候，或是个别文员生病或去度假，或是像目前一样有人员空缺的时候，公司人手就不够了，这时沙利文的双胞胎姐妹经常兼职做文员。文员需要安排维修保养的日程、记录每笔订单、打电话与顾客联系、告知维修项目和协助顾客取车以及收修理费。

沙利文·迪亚兹由亲身经历体会到，服务部门的文员工作压力很大。因为几乎没有人习惯没有车的日子，哪怕只是1天。当汽车抛锚或出现故障时，车主往往急于知道要修理多久、若汽车过了保修期，那么修理费和配件费会有多高。如果第一次没有完全修好，需要返修，顾客就会很不满意。

要排除机械故障一般不难，尽管更换零部件价格不菲。但是有些看似小问题，就像漏水、漏电那样，一般很难诊断和修复，可能需要顾客往返多次才能解决。这种情况下，零部件和原材料的花费相对都比较低，但劳务费增长很快，因为每小时的工时费是45美元。顾客时常很不讲理，在电话里对文员大呼小叫，或者与文员和技工争论，或要求和服务部主管单独交涉。

文员跳槽很频繁，这也是老沙利文让卡罗尔（最近轮到了她的双胞胎妹妹）"坚守岗位"的原因。她不止一次地看到被激怒的文员与投诉的顾客反唇相讥，或是挂断无理取闹的电话。盖尔和乔安妮现在轮流填补职位的空缺，但好几次她们都有课，公司只剩下1个文员值班。

按照国家标准，沙利文汽车公司是一家中等规模的代理商，年销售量大约是1 100辆，新车和二手车各占一半。去年，公司的新旧车销售收入和服务收入分别由前年的3 050万、360万降至2 660万和290万美元。虽然每辆车的单价很高，但利润却很低。服务部门则恰恰相反。汽车销售行业中要求汽车销售的净利润（也就是毛利中的一部分）应该是销售总收入的5.5%左右，而服务部门则要求在25%左右。一般的汽车销售公司其销售总利润的60%来自汽车销售，而另外40%则来自售后服务。毛利中还要除去各种费用，如人员工资、租金、抵押分期付款以及公用事业费等等。

沙利文·迪亚兹发现，在过去的12个月中，销售净利润是4.6%，服务净利润是24%，两项都低于上一年度，而且也不足以支付公司的各项费用。老沙利文从未提及财务困难，她也是在父亲去世后才从银行得知公司资产的抵押分期付款已经拖欠了两个月，对此她深感震惊。再做进一步分析时她发现，在过去的半年中，公司的应付账款急剧上升。所幸的是公司为老沙利文投保了一大笔寿险。这笔保险金可以用来支付到期的抵押贷款、付清所有到期的账款，还能留一部分以防不测。

由于大的经济环境不景气，汽车消费量的增长空间显然不大。然而，通过近期的促销努力，存货量下降到了可以接受的范围以内。经过和公司销售经理拉里·温特斯（Larry Winters）的商谈，沙利文·迪亚兹认为，如果不再增加销售人员，再减少一点库存，同时设法更有效地利用广告和推销的手段，降低成本的可能性还是有的。虽然温特斯在应变能力方面不如沃尔特·沙利文，但是他在晋升前就是公司的首席销售代表，而且在现在的职位上也表现出了非凡的领导才能。

沙利文·迪亚兹在审核了服务部门的业绩后，很想挖掘潜力来扩大其销售量，增加总的销售额。老沙利文以前并不是很重视零配件的销售和售后服务，把他们视作汽车销售的附属物。"在那里的顾客看上去并不是十分富有，"他曾经这样对女儿说过，"可是在大堂里，不论谁买了辆新车，所有人都会替他感到高兴的。"修理部因为隐藏在展厅后面，所以在公路上几乎看不见。那幢楼很旧，油腻腻的，但所有的设备器材都是现代化的，完好无损。

公司规定，需要检修汽车的顾客必须在早晨8:30以前把车开到公司。顾客停好车后，要从一个边门进入服务部的办公楼，等待文员来做修理登记。文员的办公室狭窄拥挤，墙面剥落，里面的窗户正对着汽车维修场地。文员将待修理汽车的有关信息记在一大张纸上，顾客就一直等候在旁边。这期间电话铃声此起彼伏，不时地打断文员的工作。存放顾客档案资料的橱柜排列在远处的墙边。

如果只是日常普通的检测，例如换机油或是调试汽车，公司很快就能给顾客报价。如果是较复杂的工作，公司会在检查好汽车后，在中午之前打电话告诉车主维修的报价。公司要求顾客在修理好汽车的当天下午6：00之前把车开走。好几次，卡罗尔建议她父亲用电脑来进行文档处理，但都未被接受。

年近50岁的公司服务部经理里克·奥伯特（Rick Obert）自从公司搬到现在的地址后就一直担任该职务。沙利文家人都认为他技术高超，并且能管好那一班技师。然而不足之处是，他对待顾客的态度非常粗暴，极爱与人争论。

顾客情况的调查结果

沙利文·迪亚兹调查的另一组数据是有关顾客满意度的。这项调查由福特汽车公司所属的研究机构进行，调查结果每月向汽车代理商提供。

福特新车的购买者在一个月内都会收到一份公司的调查卷，要求车主以5分制的形式为代理商的销售部门、汽车款式和汽车性能评分，告知满意度。问卷中还要求购买者表明是否会将代理商、销售代表和制造商推荐给他人。问卷中还问及是否有人向该顾客推荐过代理商的服务部门，当车需要修理时是否有人告知过该如何处置。最后还有一项和顾客有关的数据调查。

在顾客买车9个月后，公司还会进行第二次调查。这次问卷调查的第一个问题就是问顾客是否对该车满意，是否到代理商那里接受过任何服务。如果有过，车主就需要从14个不同的方面，从服务人员的态度到所提供服务的质量进行一一评分，最后给代理商一个总的评价。

顾客还需回答以后他们会到那里去做汽车保养；发生了小故障、大故障会到那里去维修；会到那里去进行汽车装潢等等问题。问卷中提供的选项是：（1）销售商；（2）福特的另一家代理商；（3）"其他地方"；（4）"自己动手修理"。最后，是有关顾客对于代理商销售过程以及整体服务的满意度，还问他们是否还会从同一个代理商处购买福特公司的其他产品。

代理商们每个月都能收到一份报告。报告中不仅有前一个月顾客对他们服务的评价，而且还汇总了近几个月的顾客意见。为了方便福特公司各代理商之间的比较，这份报告通常还包含了地区性和全国性的一般评价。在总公司完成分析后，会将填好的调查问卷还给各代理商，因为上面写有顾客的名字，代理商从中就可以知道那些顾客对本公司的服务是满意的，那些是不满意的。

在对购买新车的顾客的月调查报告中，沙利文汽车公司在多数项目中都得到了平均以上的评价。令卡罗尔费解的是，近90%的调查对象在被问及如果需要服务，沙利文公司是否及时告知如何做时都做了肯定的回答，但是其中只有近1/3的人被介绍到服务部去。卡罗尔希望销售经理拉里·温特斯能给自己一个解释。

汽车售后 9 个月的调查结果令卡罗尔十分心烦。虽然顾客对本公司汽车的评价与全国的平均水平相当，但顾客对沙利文公司服务的整体满意度却始终很低，在所有福特代理商中排名在垫底的 25% 中间。

有关服务的最坏评价是接受报修的速度太慢、修理时间安排不合适、提供服务的时间不合理以及服务部门的环境不好等等。在维修所需时间的长短、配件的提供以及维修的质量（"是否已经修好了"）等方面，对公司的打分接近平均水平。在人际关系交往方面，比如服务人员的态度举止、对顾客问题的领悟力以及解说工作进展的能力方面，对公司的评价也不尽如人意。

当沙利文·迪亚兹逐份翻阅问卷的时候，她发现顾客对于服务态度的打分相差悬殊。从"非常满意"到"非常不满意"各档次都有。于是，她查阅服务记录，并且审查了几十位顾客所填写的购车后 9 个月的问卷。其中有一部分可以判断出是那一位服务人员提供的服务。她妹妹的那些老客户对公司的评价较高；而刚刚辞职的吉姆·费斯凯尔（Jim Fiskell）的客户对公司的评价则低得多。

恐怕最令人担忧的是，当顾客被问及是否会再次光顾沙利文公司服务时的反映。一半以上的人表示他们会去福特的其他代理商或"其他地方"去做汽车保养（如换机油、加润滑油或调试汽车）、修理小的故障或是维修电路。大约有三成的顾客称会选择其他地方进行汽车的大修。9 个月后，顾客对于销售商服务的整体满意度降到了平均水平之下，而再次到沙利文公司购买新车的可能性更是远远小于到公司购买其他福特产品的可能性。

一次不愉快的经历

沙利文·迪亚兹把她打印出来的文稿放在一边，随手把手提电脑关了。该回家吃晚饭了。她看到面前只有两种选择。不是以难以接受的低价转让公司，就是利用一两年时间扭转财政危机。在后种情况下，如果财务状况好转，那么以后可以较高的价格转让，要么聘请一位总经理代家族来经营沙利文汽车公司。

据公司的财务主管说，附近一家汽车代理商老板比尔·弗希利希打算以沙利文公司净资产的公平市场价买下这个汽车公司，再加 15 万美元的商誉。然而，经验告诉她，在行业景气的时候，商誉的折算方式是当年每销售一辆汽车就值 1 000 美元。

卡罗尔走出办公室，叫住从展厅出来正准备上楼的销售部经理拉里，她说："我有个问题要问你。"

"洗耳恭听，"拉里答道。

"我已经看过顾客的满意度调查表了。我们的销售人员怎么就没能把新顾客介绍去服务部呢？这也是我们销售工作中的一部分，但看来这一点只做到了三分之一！"

拉里·温特斯有些犹豫。他说："卡罗尔，这一点我基本上没有给他们规定要求。我们当然向他们提到过服务部。但是有些这里的销售人员不怎么愿意把顾客从这里带到后面的维修车间去。反差太大了。我想您理解我指的是什么。"

突然，楼下传来一声大叫。一个大约 40 岁的男子，身着风衣和牛仔裤，正站在门道里怒斥一位销售人员。两位经理从他夹杂着污言秽语的激烈的言辞中只听到："……来了三趟了……到现在还没修好……服务这么差……谁是这里的负责人？"展厅里的其他人都停下自己的事，看着这位不速之客。

温特斯看看年轻的老板，又看看其他人。"要说你老爸有什么受不了的事情，那就是这样的家伙。在展示厅里吵着嚷着要见老板。你父亲一般都会回避！不过别担心，汤姆（Tom）会处理的，想法子让他离开展厅。真是个神经病！"

"别这样，"沙利文·迪亚兹说道，"我来处理这件事！我在圣卢克医院工作时体会到，你不能让人在大庭广众下发泄不满，应该把他们劝到一边，设法让他们冷静下来，看看究竟发生了什么事。"

她快步下楼，暗自思忖，"我在保健中心还学了些什么可以用来解决这里的问题呢？"

资源来源：见 Christopher H. Lovelock 著《服务营销》(*Services Marketing*)，3rd ed. (Upper Saddle River, NJ, Prentice Hall, 1996), pp. 122-126. Copyright © 1996 by Christopher H. Lovelock.

案例思考题

1. 同样是对汽车，推销汽车和推销服务有何区别？
2. 针对汽车公司的实例，试比较销售部门和服务部门的异同。
3. 销售部门和服务部门在汽车代理行业中分别被称作"前场"与"后场"。这个说法在服务管理文献中是否等同于"前台"与"后台"？如果不是，试阐述汽车公司中的前台和后台。
4. 如果有位顾客来公司买辆新车或修车。一般的服务交互活动会是怎样的？汽车公司该如何保证使顾客满意？
5. 经营汽车代理和在保健中心服务有什么相同之处？
6. 画一张汽车服务的流程图（带到班里，向同学们展示一下）。
7. 沙利文·迪亚兹该如何应付展厅中愤怒的顾客？
8. 你能否就以下主题向卡罗尔·沙利文提些建议：
   - 提高服务质量；
   - 拓展服务部门的市场；
   - 拓展公司业务；
   - 比较及时转让公司与先扭转公司财务状况的利弊。

参考文献

1. Albrecht, Karl, and Ron Zemke, *Service America*！(Homewood,

IL, Dow Jones-Irwin, 1985)

2. Albrecht, K., *At America's Service* (New York, Warner Books, 1988).

3. Bateson, J. E., "Perceived Control and the Service Encounter," in J. A. Czepiel, M. R. Solomon, and C. F. Surprenant (eds.), *The Service Encounter: Managing Employee/Customer Interaction in Service Businesses* (Lexington, MA, Lexington Books, 1985), pp. 67–82.

4. Berry, Leonard L., "Services Marketing is Different," *Business* (May-June 1980).

5. Berry, L. L., *On Great Service: A Framework for Action* (New York, Free Press, 1996).

6. Bitner, Mary Jo, "Servicescapes: The Impact of Physical Surroundings on Customers and Employees," *Journal of Marketing*, vol. 56 (April 1992), pp. 57–71.

7. Carlzon, J., *Moments of Truth* (Cambridge, MA, Ballinger, 1987).

8. Chase, R. B., "Where Does the Customer Fit in a Service Operation?" *Harvard Business Review*, vol. 56, no. 6 (November-December 1978), pp. 138–139.

9. Collier, David A., *Service Management: The Automation of Services* (Reston, VA, Reston Publishing Co., 1985).

10. Czepiel, J. A., M. R. Solomon, C. F. Surprenant, and E. G. Gutman, "Service Encounters: An Overview," in J. A. Czepiel, M. R. Solomon, and C. F. Surprenant, (eds.), *The Service Encounter: Managing Employee/Customer Interaction in Service Businesses* (Lexington, MA, Lexington Books, 1985), pp. 3–15.

11. George, W. R., M. G. Weinberger, and J. P. Kelly, "Consumer Risk Perceptions: Managerial Tool for the Service Encounter," in J. A. Czepiel, M. R. Solomon, and C. F. Surprenant (eds.) *The Service Encounter: Managing Employeel/Customer Interaction in Service Businesses* (Lexington, MA, Lexington Books, 1985) pp. 83–100.

12. Godsey, Kristin Dunlap, "Slow Climb to New Heights," *Success* (October 20, 1996).

13. Grove, S. J., R. P. Fisk, and M. J. Bitner, "Dramatizing the Service Experience: A Managerial Approach," in T. A. Swartz, D. E. Bowen, and S. W. Brown (eds.), *Advances in Services Marketing and Management: Research and Practice*, vol. 1 (Greenwich, CT, JAI

Press Inc., 1992), pp. 91 - 121.

14. Grönroos, C., *Service Management and Marketing* (Lexington, MA, Lexington Books, 1990).

15. Heskett, James L., *Managing in the Service Economy* (Boston, Harvard Business School Press, 1986).

16. Heskett, J. L., W. E. Sasser, Jr., and C. W. L. Hart, *Service Breakthroughs: Changing the Rules of the Game* (New York, Free Press, 1990.

17. Lee, Louise, "To Keep Teens Away, Malls Turn Snooty," *Wall Street Journal* (October 17, 1996).

18. Lovelock, Christopher H., "Classifying Services to Gain Strategic Marketing Insights," *Journal of Marketing*, vol. 47, no. 3 (summer 1983), pp. 9 - 20.

19. Lovelock, Christopher H., "Competing on Service: Technology and Teamwork in Supplementary Services," *Planning Review* (July/August 1995), pp. 32 - 47.

20. Lovelock, Christopher H., *Service Marketing*, 3rd ed. (Upper Saddle River, NJ, Prentice Hall, 1996).

21. Marriott, J. W., Jr., and Kathi Ann Brown, *The Spirit to Serve: Marriott's Way* (New York, NY, Harper Business, 1997).

22. Mills, P. K., *Managing Service Industries: Organizational Practices in a Postindustrial Economy* (Cambridge, MA, Ballinger, 1986).

23. Mills Peter K., and Newton Margulies, "Toward a Core Typology of Service Organizations," *Academy of Management Review*, vol. 5, no. 2 (April 1980), pp. 255 - 266.

24. Mills, Peter K., and Dennis J. Moberg, "Perspectives on the Technology of Service Operations," *Academy of Management Review*, vol. 7, no. 3 (July 1982), pp. 467 - 478.

25. Mills, P. K., and D. J. Moberg, "Strategic Implications of Service Technologies," in D. E. Bowen, R. B. Chase, and T. G. Cummings (eds.), *Service Management Effectiveness* (San Francisco, Jossey-Bass, 1990), pp. 97 - 125.

26. Normann, Richard, *Service Management: Strategy and Leadership in Service Businesses*, 2nd es. (Chichester, England, John Wiley, 1991).

27. Nyquist, J. D., M. J. Bitner, and B. H. Booms, "Identifying

Communication Difficulties in the Service Encounter: A Critical Incident Approach," in J. A. Czepiel, M. R. Solomon, and C. F. Surprenant (eds.), *The Service Encounter: Managing Employee/Customer Interaction in Service Businesses* (Lexington, MA, Lexington Books, 1985), pp. 195–212.

28. Palmer, A., and C. Cole, *Services Marketing, Principles and Practice* (Upper Saddle River, NJ, Prentice Hall, 1995).

29. Reilly, Patrick M., "Street Fighters: Where Borders Group and Barnes & Noble Compete, It's a War," *Wall Street Journal* (September 3, 1996).

30. Riddle, D. I., *Service-Led Growth: The Role of the Service Sector in World Development* (New York, Praeger Publishers, 1986).

31. Rust, Rolalnd T., Anthony J. Zahorik, and Timothy L. Keiningham, *Service Marketing* (New York, Harper-Collins, 1996).

32. Sasser, W. Earl, Jr., R. Paul Olsen, and D. Daryl Wyckoff, *Management of Service Operations* (Boston, Allyn and Bacon, 1978).

33. Schmenner, Roger W., "How Can Service Businesses Survive and Prosper?" *Sloan Management Review*, vol. 27, no. 3 (Spring 1986), pp. 24–35.

34. Shostack, L. G., "Planning the service Encounter," in J. A. Czepiel, M. R. Solomon, and C. F. Surprenant (eds.), *The Service Encounter: Managing Employee/Customer Interaction in Service Businesses* (Lexington, MA, Lexington Books, 1985), pp. 243–253.

35. Zeithaml, Valarie A., and Mary Jo Bitner, *Services Marketing* (New York, McGraw-Hill, 1996).

第3章
消费者：服务管理的核心

3.1 本章概述
3.2 消费者及其需求
3.3 消费者行为及消费者决策模型
3.4 购买服务的特征
3.5 美国消费观念剖析
3.6 对未来的展望
3.7 本章提要
讨论题
案例3—1　奥希斯洗衣有限公司
案例3—2　Merrill Lynch 理财服务公司
参考文献

3.1 本章概述

成功的制造业和服务业如今都清楚地意识到，消费者是一家公司最珍贵的资产。早在几年前，就有一位公司领导人令人信服地证明了这一观点，他就是斯堪的纳维亚航空公司的前任首席执行官简·卡尔松（Jan Carlzon）。他使得一家企业起死回生，成了全欧洲最典型的案例之一。他说：

> 看看我们的资产负债表，在资产这一栏，我们拥有价值数十亿的飞机。但如果仅仅这样想就错了，这是自欺欺人。我们应该把去年公司运输的比较满意的乘客数量填在资产一栏。因为乘客是我们唯一的资产，这是一些对我们的服务满意，愿意再次来我们公司消费的人。[1]

---

[1] 见 Jan Carlzon 著《真实的瞬间》（*Moments of Truth*），Cambridge, MA, Ballinger, 1987。

有一本畅销书《服务在美国》(Service America)，它的作者之一卡尔·阿尔布雷克特(Karl Albrecht)更进一步地拓展了卡尔松的观点，他把消费者描述成**珍贵的资产**(appreciating asset)。"所谓珍贵的资产是指随时间的推移而增值的资产。如果客户的满意度和忠诚度随着时间的推移而提高，这就是资产的增殖"。[1] 也有一些研究结果可以证明这一观点。据弗雷德里克·赖克赫尔德(Frederick F. Reichheld)和厄尔·萨瑟(W. Earl Sasser, Jr.)[2] 推测，服务公司只要能多留住5%的顾客，利润就能翻一番。他们还推算出要求提供特殊服务而又忠实于企业的顾客所创造的价值。例如，一家信用卡公司把其顾客的流失率由20%降为10%，账户的平均有效寿命就会由原来的5年增加到10年，延长了一倍，顾客所创造的价值也由130美元增加到300美元。如果消费者的流失率再减少5%，公司的人均利润将会增加75%，高达500美元。图表3—1介绍了一家具有传奇色彩的服务公司——比恩公司(L. L. Bean)是如何诠释顾客的含义的。

图表3—1   L. L. 比恩公司对于客户的理解

顾客的含义
● 顾客对公司永远是最重要的，不论是上门购买还是通过邮件订购都是如此 ● 顾客并不依赖我们，而是我们依赖于顾客 ● 顾客并不是我们工作的负担，而是我们工作的动力。我们为他服务并不是帮他的忙，他给我们服务的机会是在帮我们的忙 ● 顾客不是我们争论和斗智的对象，在和顾客的争论中，公司从来都不是赢家 ● 顾客向我们展示他的需求。我们的职责是满足这些需求以获得双赢 [这条标语贴在地处缅因州弗里堡特(Freeport)市 L. L. 比恩公司十分显眼的地方]

资料来源：Tom Peters and Nancy Austin, *A Passion for Excellence* (New York, Random House, 1985), p. 95。

客户的重要性在美国20世纪80年代刚提出的产品质量理论和可持续发展理论中体现的淋漓尽致，而在其他任何管理理论中都没有那么明显。在这个理论中明确地把消费者置于核心地位。1987年，在美国联邦政府和私营企业的共同努力下，建立了"马尔科姆·鲍德里奇国家质量奖"(Malcolm Baldrige National Quality Award, MBNQA)，这标志着产品质量理论和可持续发展理论已经上升到一个重要的发展阶段。**消费者决定质量**(customer-driven quality)是MBNQA奖项创造的核心价值之一。消费者满意度是公司申请这项奖金的主要依据。

不论是制造商还是服务提供商，凡是成功的公司都会了解其消费者，懂得他们的需求。尽管获知的途径各不相同，但一般他们都会竭尽全力去

---

[1] 见Karl Albrecht 著《经历美国的服务》(*At America's Service*), New York, Warner Books, 1988, p. 24。
[2] 见Frederick F. Reichheld 和 W. Earl Sasser, Jr. 著《零流失率：质量与服务》(*Zero Defections: Quality Comes to Services*), 载 Harvard Business Review (September-October 1900), pp. 105-111。

搜集此类信息。有时消费者并不能清楚地表达他们的需求，但这并不意味着企业可以不做此努力。在本书第2章中讨论了服务的交互活动（service encounters）以及所谓的"真实的瞬间"。读者应该能够记得，许多服务的交互活动包括与客户面对面的交流。这种交流与制造商品（比如在工厂生产一台电视机）截然不同，与将商品运往零售商，然后零售商把它们卖给遥远的陌生客户也完全不一样。几乎所有的服务提供商都会与顾客有接触——有的是语言交流，有的是身体接触。因此，服务的客户就不会是无名无姓或是无影无形的。他们也会有情绪的波动，或开心，或生气，但无论在何种情况下，我们都不可能也不应该忽略他们的感受。所以，了解顾客对服务的不同理解，追求每次服务交互活动的完美，这并不是了解顾客及其需求的唯一理由。服务提供商需要这样的信息，以便有助于设计高效的服务及其传递系统，从而满足顾客的需求，同时有效地为服务定位、营销、预测并管理消费者需求。

　　了解顾客和他们的需求可以有多种形式，比如市场调查、上门了解、组织兴趣小组，或者商品试销等等。但是本书的宗旨并不是对这些手段逐一进行讨论。这一章试图通过顾客行为理论和人口统计方法提供了解顾客及其需求的一般方法。尽管服务机构一般都是把服务的对象当作一个整体，本章在叙述时将重点讨论服务对象的个体，比如一个人，或是由几个人组成的群体，比如一个家庭。

3.2　消费者及其需求

　　消费者购买商品和服务是为了满足自己的需求。有临床经验的心理学家亚伯拉罕·马斯洛（Abraham Maslow）博士创立了一种需求层次理论来解释人们的行为动机。[①] 马斯洛按照需求程度的不同把消费者需求分成5类：生理需求、安全和保障需求、社会需求、尊重和地位需求以及自我实现需求。人们总是在先满足了基本需求后才去追求更高层次的需求，但这也不是绝对的。对大多数人来说，不会有一种需求得到100%的满足；相反，需求层次越高，满足的水平就会越低。从理论上说，需求程度影响着人们的行为。需求越是得不到满足，行为的动机就越强烈。然而必须指出的是，消费者行为并不是完全受控于单独一个需求，而且基本需求也并不能决定所有的行为。图表3—2所列的是各种需求层次。为了表述方便，图中的需求是各自独立的，但在马斯洛理论中阐述得很清楚，各层次之间是

[①] 见 Abraham H. Maslow 著"人类行为动机理论"（A Theory of Human Motivation），载《心理学研究》（*Psychological Review*），vol. 50 (1943)，pp. 370–396。

有重叠部分的。一些需求的满足可能是另一些需求得以实现的前提。例如，当一个人饥饿时，也许他首先做的事并不是去寻找食品，而是先找一个舒适的地方，或是找一个伴。

图表3—2　马斯洛的需求层次理论

　　生理需求（physiological needs）是维系人类生存最基本的需要，比如食物、空气、水、性、衣着和住所。这些构成了人类最基本的需求。如果这些需求长期得不到满足，其他的需求就都会被置之不顾。如果生理需求得到了一定程度的满足，那么安全和保障需求（safety needs）就应运而生。只有这第二层次的需求基本得到满足，人们才会去考虑后几个层次的需求。所谓安全保障指的是个体的安全，不受野生动物伤害、不被罪犯攻击、不遇到极度的高温或低温或是其他的自然灾害。属于这一类需求的还有健康、秩序、安定、正常的生活和工作以及熟悉的环境和伙伴等等。马斯洛把第三类需求定义为爱的需求（love needs），然而将其归类为社会需求或许更合适，因为它不仅包括对爱的需求，还包括对情感、归属以及友谊的需求。大多数人都渴望"被人认可，受人尊敬，得到尊重"。[①] 这些需求被称为尊重和地位需求（esteem needs），它包括对权力、成就、充实、自信、独立、自由以及得到他人尊重的渴望。比如渴望得到良好的声誉、被人认可、受人关注、重视和赏识等等。个人价值的自我实现，可以称为自我实现的需求（self-actualization needs）。只有当生理需求、安全需求、社会需求和尊重需求均得到满足后，自我实现和满足需求才能得以实现，个人的潜能才能被发挥。根据马斯洛的理论，大多数人并不能完全实现前4个需求，因此也无缘去满足第五个层次的需求。

　　马斯洛理论为管理者从总体上了解人类行为，并具体了解消费者行为提供了一个有用的框架。许多服务的提供都是为了满足消费者不同层次上的需求。比如，一个健身中心可能满足人们健康长寿的需求；提供人寿保险、家庭财产保险是为了满足消费者的安全需求；婚介服务（或许也可以

---

① 见 Abraham H. Maslow 著 "人类行为动机理论"（A Theory of Human Motivation）。

包括健身中心）可以通过为单身者创造与异性见面的机会来满足其社会需求；学习一种技能或接受高等教育可以帮助人们满足尊重和自我价值实现的需求。

3.3 消费者行为及消费者决策模型

尽管马斯洛的理论很实用，且被广泛接受，但它并不能有效地解释现代消费者的购买行为。现代消费者的生活方式、偏好、预期和需求都因人而异。人们很难把他们归为某几个可以严格界定的群体。他们或许存在一些共性，但更多的是不同点。何况，消费者的特征随着时间的推移而改变，其生活方式、偏好、预期和需求也一直在不断地变化。这些挑战与大多数二战后出现的其他挑战（如新产品的快速问世、产品生命周期缩短、注重环境因素、消费者保护意识增强、公共政策的影响、服务业范围的扩大以及非营利组织和国际市场的影响等等）一样，要求人们将消费者行为的变化作为一个独立的领域来进行研究。[1]

消费者行为学专家研究消费者是如何做出购买决定的。他们还调查消费者购买的对象、动机、购物频率以及购物的时间和地点。对消费者行为的研究还借鉴了其他研究领域的观念和理论，如心理学、社会学、社会心理学、人类文化学和经济学等等。

研究消费行为的营销学专家已经创建了许多消费者决策模型。本小节将简要叙述由霍金斯（Hawkins）、贝斯特（Best）和科尼（Coney）[2] 创立的一个模型，它由一个普通消费决策模型演变而来。这是一个描述性模型，将消费者决策描述成一个受制于消费者生活方式并能满足多种需求的过程。

消费者的生活方式是影响其需求和态度形成的关键因素。所谓生活方式即消费者如何生活。它包括消费者购买的商品和服务，他会做出何种评价，以及他如何看待自己。个人或家庭的生活方式是许多因素共同作用的结果，如图表3—3所示。这些因素可以分为两类：外因和内因。

外因

所谓外因是指个人影响范围以外的控制力，然而个人还得在这个外因形成的环境中生活和工作。因此，这些控制力影响到个人的生活方式，影

---

[1] 见 Leon G. Schiffman 和 Leslie L. Kanuk 著《消费者行为》（Consumer Behavior），4th ed. (Upper Saddle River, NJ, Prentice Hall, 1991), pp. 9-10。

[2] 见 Del I. Hawkins, Roger J. Best 和 Kenneth A. Coney 著《消费者行为》 (Consumer Behavior), 5th ed. (Homewood, IL, Irwin, 1992), pp. 16-23。

第3章 消费者：服务管理的核心

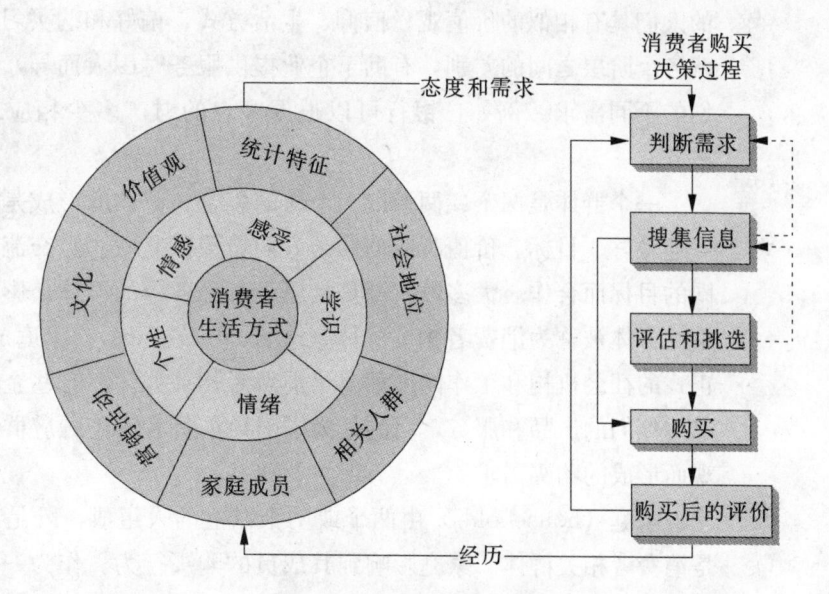

图表 3—3　消费者行为模型

资料来源：Adapted from Del I. Hawkins, Roger J. Best, and Kenneth A. Coney, *Consumer Behavior*, 5th ed. (Homewood, IL, Irwin, 1992), p.22.

响到个人对周围环境的感知，影响到他的思维方式和决策方式——包括购买决策。

文化（culture）是一个社会的特征，正是由于这个原因，它几乎影响着我们所有的行为和思想。文化是深厚的，但不是一成不变的，它会随着时间的推移而逐渐改变。然而文化并不是一系列左右人们行为的处方，它只不过是限定绝大多数人的行为举止的一个范围。显然，文化是我们思考和行为的指南，因此在我们的消费决策中起着至关重要的作用。

价值观（Values）是我们从父母家庭、宗教组织、学校和生活环境中学到的文化的一部分。所谓文化价值观是指广为接受的信仰，人们依靠这种信仰来辨别是非。价值观可以分成以自我为导向、以他人为导向和以环境为导向3种。以自我为导向的价值观考虑的是个人——它反映了个人的目标和对生活的总体态度；以他人为导向的价值观反映了个人与整体关系的社会约束；以环境为导向的价值观则反映了社会对个体与经济环境、自然环境之间的关系的约束。

各种统计特征（如年龄、性别、受教育程度、收入、职位以及人口分布和人口密度等等）构成了社会的**人口统计学**（demographics）。人口统计信息被营销专家和管理者广泛地应用，从而提供对潜在客户的客观评价，揭示一些人口统计重要特征的趋势，如年龄、收入分配和人口的迁徙等。

社会地位（social status）是根据一些可确定的人口统计特征（如受教育程度、职位和收入）来衡量一个人相对于其他人的地位。具有相同或相似社会地位的个体被归为同一个社会阶层。大体上，处于同一个社会阶层的人们具有相似的价值观、信仰、生活方式、偏好和购买习惯。区别和了解各个阶层之间的差别，有助于企业提供服务时因人而异，满足各阶层人们的不同需求。例如：银行可以根据客户的财产多少相应地提供不同的服务。

一个群体是两个或两个以上个体的集合。群体的形成是由于有相似的兴趣爱好、目标、价值观或信仰的人们希望彼此联系、交流信息或为了共同的目标而合作。大多数人都是从属于各种各样的群体。影响客户购买决策的群体被称为**消费者相关群体**（reference groups）。家庭成员、朋友圈、正式的社会机构和工作同事都属于消费者相关群体。有些企业向特定人群宣传他们的产品和服务，目的是为了引导消费者出于顺应群体规范和价值观而形成的购买需求。

家庭（households）由两个或两个以上的人组成，既是普通消费群又是消费者相关群体。家庭影响到其成员的购买行为。作为一个整体，他们共同购买和消费大量的商品和服务。电话通讯、有线电视、电、垃圾回收、小区保安以及防盗防火措施等等服务都是以家庭为对象提供的。因此，对于这些服务的提供而言，家庭人口和消费方式的变化通常比人口总体特征的变化更为重要。

营销活动（marketing activities）侧重于构建和维持与客户的互利关系。他们从内因和外因两个方面进行交流。销售代表必须准确地理解内因，因为内因在客户购买决策中起着极为重要的作用，这是由服务的无形性决定的。服务机构通过促销的方式使无形产品有形化来影响内因，比如有些企业所采用的"走出去接触客户"（Reach out and touch someone）的推销方式就是很好的例子。

内因

内因是指根植于一个人体内或头脑里的内在因素。尽管内因必须与外部环境相适应，但是它是因人而异的。也就是说，即使是同一件事，不同的人也会做出不同的反应。

情绪（emotions）是强烈而难以控制的感情，经常会受到外界事物的影响。恐惧、愤怒、喜悦、悲伤、无奈、厌恶、期待和惊讶都是最常见的情绪。[1] 生理上的任何变化，如心率加快、流汗增多或呼吸急促可以看成是一个人情绪变化的前奏。情绪有积极和消极之分。绝大多数情况下，消费者寻求商品和服务是为了达到积极的效果。然而，一部伤感的电影或书

---

[1] 见 R. Plutchik 著《情感：集心理变化之大成》（*Emotion: A Psychoevolutionary Synthesis*）（New York, Harper & Row, 1980）。

籍也未必是不好的消费经历。探险旅游、看电影、看书、听音乐，总之，所有娱乐性服务都能反映出一个人的情绪。

个性（personality）是一种心理特征，因人而异。在消费者制定购买决策和对待广告宣传的态度中，个性有着举足轻重的影响。然而这种影响只在选购品种繁多的商品时有效，而对于偏好某种品牌的人则作用不大。

动机（motive）是一种内在动力，来自于某种需要或愿望，并刺激和驱使人们去实现这种需要或愿望。这种内在动力通常在需求没有得到满足时产生。因此人们就通过自己的行为来减轻由于需求未得到满足而带来的压力。回顾马斯洛的需求层次理论可以得知，一些动机是根源于生理需求，而另一些则产生于社会需求和心理需求。对于管理者而言，了解他们提供的商品或是服务能满足什么样的动机是相当重要的。例如，夜间邻里遭盗窃的现象有所滋长，就可能激发人们的安全需求，这种需求导致人们需要购买住房安全系统以及相关的服务。

人们学习很多知识就是为了生存并在社会中发挥作用。**学习**（learning）可以被定义为人们获得知识的过程，它会使长期记忆发生改变。我们在已获得的信息转变为长期**记忆**（memory）的基础上继续学习。我们大多数的价值观、人生观、偏好、品位和行为都是学习的成果。哪些商品和服务能够满足需求这样的知识也是通过学习获得的。在做出购买决策以前，消费者必须清楚存在那些替代品、商品的价格、性能和质量如何。有关消费的信息来源有很多，包括亲朋好友的介绍、大众传媒的宣传、广告以及机构推荐等等，也可以来自个人的经验。

感知（perception）就是我们如何去观察周围的世界。它是我们在环境中对各种各样的信息作出选择，重新组合，并利用这些信息刺激的过程。所谓刺激（如声音、光线、图像、气味等等）是一种信息输入，它作用于我们的感觉器官（如眼睛、耳朵、鼻子、嘴巴和皮肤等等）。感知是一种主观现象，它因人而异。不同的人对于一系列刺激的感受是截然不同的。因为消费者做出购买决定是基于他们自己的感知，所以商家为了赢得消费者对于自己商品和服务的认可，也是使出了浑身解数。

态度和需求

态度是我们对于周围事物（如产品、服务、零售商店或广告）倾向的外在表现，或赞成，或反对。态度是在环境中培养起来的，是前面讨论过的内、外因共同作用的结果。而需求就不一样，有些需求是后天习得的，有些则是先天具有的，比如对于食物和水的需求。态度和需求都受到个人生活方式的影响，同时也反映了一个人的生活方式。

消费者的决策过程

霍金斯、贝斯特和科尼模型刻画了在内、外因影响下的**消费者生活方式**（consumer lifestyle）；反过来，消费者生活方式也影响了刺激消费决策的态度和需求（如图表3—2所示）。但必须强调的是，这种影响往往是间接的、和风细雨式的。由于人们需要了解这种内在的关系，并利用这种关系来促进营销活动，所以学术界就发展了一个研究的分支，称作消费心理学（psychographics）。消费心理学试图运用心理学来解读消费者，并按此对消费者进行分类。开始，消费心理学只注重研究消费者的行为、兴趣和观念，但是最近，它也逐渐深入到人生观、价值观、人口统计特征、传媒方式以及使用率（usage rates）等领域。[1]

需求认知与信息搜集 当一个消费者意识到一种需求的存在时，如何满足那个需求就成了消费者关注的问题。如果购买一种商品或是服务就可以解决问题的话，那么消费者就要开始决策了。第一步，消费者会搜集相关的信息。他需要搜集两种信息：一是有哪些衡量高效决策的标准，二是有哪些现存的品牌。这一阶段消费者所花费时间的长短取决于需求的性质。比如，高三学生在选择将要就读的大学时要花费大量的时间。然而，一个想清洗其西服的消费者在选择干洗店时却不要花那么长时间。

评价和选择 消费者为了满足其需求，在选择商品和服务时需要一个衡量的标准。他们同样需要把选择面缩小到一个可控范围之内。之所以这样做，是因为大多数消费者处理信息的时间，精力和能力都有限。经过这一轮的筛选所获得的替代品集，或者说品牌集，就是所谓的**待选替代品集**（evoked set）。所确定的选择商品和服务的标准被称为**评价标准**（evaluative criteria）。在信息搜集的过程中，消费者可能同时从这两方面着手展开实际工作，在搜集到充分的信息后，他或许还会继续这样的工作。消费者和需求的性质决定了所定标准的特征、数量和重要性。有些标准被广泛运用于对服务的选择中，比如价格、质量、便捷性、易得性、服务人员的友善与否以及公司的信誉等等。

服务场所的选择与购买 在许多情况下，选择何种服务及何种服务机构是同时进行的。另一些情况下，消费者需要选择到何处去购买既定的品牌。显然，与服务相关的方方面面，比如销售人员是否能够帮助顾客选购、他的服务态度、商店的规模和布局以及销售的氛围等等，都影响着消费者的购买决策。

---

[1] 见 Hawkins, Best, and Coney, pp. 327-328。

购买后的评价

购买、使用过商品和服务后，或许会发生以下一些情形：（1）效果和消费者期望一致，消费者期望得到满足；（2）效果超出了消费者期望，因此消费者非常高兴。这是一种**正面的确认**（positive disconfirmation）；（3）效果低于消费者期望，因而消费者不满意，这是一种**负面的确认**（negative disconfirmation）。只有在正面确认或一般满足的情况下，消费者才最有可能成为回头客。与购买商品相比，消费者会更多地进行服务售后评价并搜集相关的信息。当选择服务并消费时，他们更多的是进行购买后的评价而不是购买前的评价。这是因为许多服务的质量只有在亲身体验后才能评价。消费者使用过的商品或接受过的服务就成为他们生活方式和今后的决策依据（如图表3—3所示）。有关使用和购买后的评价的信息对于经营者和营销管理人员都相当重要，因为该信息影响到产品策略和设计决策。

3.4 购买服务的特征

上文中讨论的一般模型适用于大多数的商品和服务。然而，消费者在购买服务的决策过程中也有一些独特之处，需要单独进行讨论。

不同的标准

消费者对服务的评价不同于对商品的评价。这种区别缘于服务的无形性以及人的参与性。正是有了人的参与，导致服务结果的多样化。要了解这一点，可以从消费者在评价服务时所涉及的3个方面入手（如图表3—4所示）。[1]

1. 搜索所得质量（search qualities）。搜索一般是在做出购买决定之前进行的。大多数商品的搜索都容易进行，所以评价相对比较简单。搜索所得质量的好坏通常用作衡量商品质量的标准，包括价格、款式、颜色、尺寸、是否适用、感觉如何以及气味如何等等。对于服务而言，可供搜索的对象通常较少，一般包括价格、服务的地点、备选对象数量、服务水平及

---

[1] 见 Valarie A. Zeithaml 著"消费者对商品及服务的评价的差异"（How Consumer Evaluation Processes Differ Between Goods and Services），载 J. H. Donnelly 和 W. R. George（eds.）编著的《服务营销》（*Marketing of Services*），Proceedings of the 1981 Conference on Services Marketing (Chicago: American Marketing Association, 1981)，pp. 186-190。

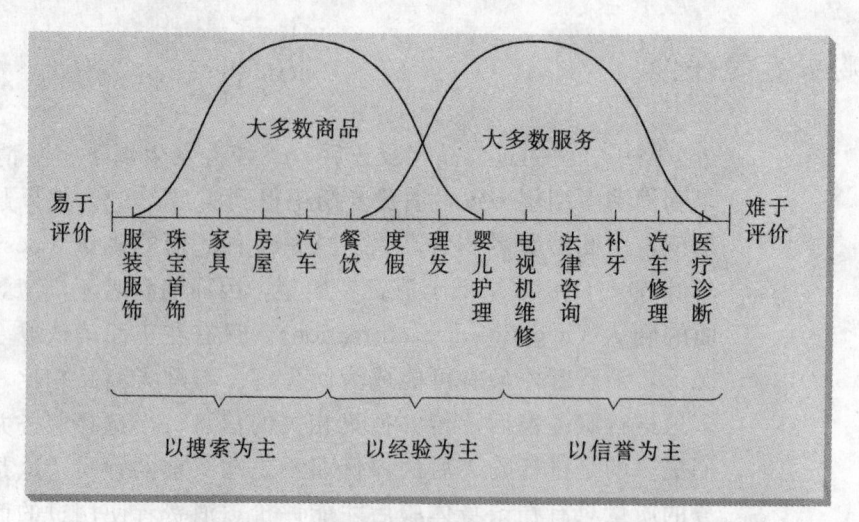

图表 3—4　消费者评价商品和服务的综合图解

资料来源：Valarie A. Zeithaml, "How Consumer Evaluation Processes Differ Between Goods and Services?" in J. H. Donnelly and W. R. George (eds), *Marketing of Services*, Proceedings of the 1981 Conference on Services Marketing (Chicago: American Marketing Association, 1981), p. 186—190.

服务的便捷度（如营业时间）等等。

2. 经验所得质量（experience qualities）。所谓经验所得质量是指只有在消费中或消费后才能判断的质量，例如：食品的味道、衣服的耐穿性以及对工作人员服务的满意度等等。

3. 信任所得质量（credence qualities）。有些商品和服务的特征是消费者不知晓的，或是无力去做出评价的，甚至于在消费的过程中，以及消费以后依然无法做出恰如其分的评价。这样的质量，就是信任所得质量。有些服务是由专业人员提供的，比如医疗和法律服务；有些服务需要特别的专业知识和技能，比如汽车修理，这些服务的质量就主要依靠信任了。对于这类服务，普通的消费者即缺乏专业技能，又不具备评价的相关信息，所以常常不能对质量进行评价，甚至在接受服务以后，依然不了解是否真的需要寻求这样的服务。

图表 3—4 是按搜索所得质量到信任所得质量的高低排列的消费者对商品和服务的评价。

不同的信息渠道

目前共有 5 种基本的信息来源：[①] 记忆渠道（个人经验）、人员渠道（亲朋好友）、独立渠道（消费者群体）、营销渠道（销售人员和广告）以

[①] 见 Hawkins, Best, and Coney, p. 471。

及实验渠道（观察或尝试）。在购买服务时，消费者主要依赖于记忆和人员渠道。消费者之所以这样，是因为大众传媒提供的是搜索质量，而几乎不提供经验质量的信息。熟知该项服务的朋友和专家可以提供经验质量的可靠信息。再者，因为一些服务机构是地方性的小公司，它们缺乏资金和专门技术去做宣传广告，所以人们很难从非人员渠道去获取信息。[①]

较小的待选替代品集

前面提到过的供消费者在购买时考虑的有限的替代品被称为待选替代品集（evoked set）。服务中的替代品要比商品中的少，主要原因是一个特定品牌的商品可以在不同的零售处买到。但是服务机构几乎只卖一种品牌——他们自己的品牌。因此，对于大多数服务而言，一旦选定某个品牌，只有在唯一的地点才能买到该品牌的服务。一些服务机构，比如银行，可能在各地设有分支机构。在这种情况下，一旦选定某个银行，所面临的问题就是选定离你最近的支行进行操作。替代品有限的另一原因是在某一个地域需求只能支持少数几个服务机构；因此，消费者一般不可能找到可以互相替代的企业来提供该项服务。

品牌转换和重复购买行为

在服务业中品牌转换是不常见的。消费者在一生中做出购买服务的决策次数并不多，除非有重大事件或问题出现，他们一般不会再做考虑。例如：一位消费者在一家银行开了支票账户或储蓄账户，他就会一直接受该银行的服务，直到他搬到另一个地方或对该银行的服务感到不满为止。对于一些服务，所要决定的只是买还是不买，因为该项服务是不可替代的。大多数公用事业设施就属于这种情况。比如：煤气、电、水和电话通讯服务等等。服务业中品牌转换行为不多见的另一个原因是转换成本和潜在的风险。服务品牌的转换成本可能比商品的要高。转换成本可以是货币形式的，比如设备安装费和注册费，也可以是非货币形式的，比如可能扰乱一个人正常的生活方式、花时间搜集信息、评价替代品、进行决策以及学习新系统和服务须知等等。

风险感知

调查表明，通常消费者在服务消费中感知的风险要比购买和使用商品

---

① 见 Valarie A. Zeithaml 和 Mary Jo Bitner 著《服务营销》（Services Marketing）（New York, McGraw-Hill, 1996) p. 61.

的大。① 消费者认为服务风险比商品风险大表现在：服务的时间、服务的方式、接受服务的成本、服务的社会影响以及服务造成的心理影响等等方面。同样有些调查表明，消费者在商品和服务中感受的生理风险是等同的。其主要原因是服务的无形性以及服务供给与消费的同步性。若消费者对该服务不熟悉，或者不是经常的消费者，他就会面临很多未知数，而未知数就是风险。风险感知的另一个原因是服务的无标准性。即使相同的公司由同一个人提供服务，实际的服务和服务的结果也会有差别。风险感知的第三个原因是一些服务并没有承诺或保证，或者有承诺和保证，但却是毫无意义，如果牙医拔错了你的牙，那么货币赔偿是无济于事的。鉴于以上原因，一些服务购买成了习惯性的（如理发时要固定的理发师）或者是自动的（如电话通讯服务）。

3.5 美国消费观念剖析

前一节是从微观上阐述消费者的情况的，也就是说，观察了个体消费者，以及内外因对其生活方式的影响。生活方式又反过来影响了他的购买决策。这自然是了解客户和为其设计合适的服务流程的关键。然而，我们还应该了解消费者群体，看他们是如何行为以及如何改变他们的消费行为的。这一节将观察美国居民（简称美国人）的文化特征。

说起美国的特征，人们往往会说她是一个由世界各国的移民组成的国家。因此，美国拥有丰富的、多元的文化和种族背景。这就引出了一个明显的问题："这样一个人口众多、种族复杂的国家可以被精确的归结为少数几个文化特征吗？"根据两项最近的研究结论，答案是肯定的。以下是定义美国人的5种文化特征。②

  1. **坚持个人主义，坚持选择**。美国人坚信选择自由，这是在宪法中载明了的。个人主义和选择是我们追求幸福的支配力量。正是因为选择，才把英国的清教徒送到了普利茅斯殖民地；也正是因为选择，才把源源不断新移民送到了美洲的东海岸和西海岸。由于有了选择的自由，消费者就会要求有越来越多的商品和服务的替代品以供选择，

---

① 若要了解更多的研究成果，请见 William R. George, Marc G. Weinberger 和 J. Patrick Kelly 著"消费者风险感知：服务交互活动中的管理方法"（Consumer Risk Perceptions: Managerial Tool for the Service Encounter），载 J. A. Czepiel, M. R. Solomon 和 C. F. Surprenant (eds.) 著《服务交互活动：服务业中职工与顾客交互活动的管理》（The Service Encounter: Managing Employee/Customer Interaction in Service Businesses）（Lexington, MA, Lexington Books, 1985），pp. 83-100。

② 见 Josh Hammond 和 James Morrison 著《美国种族的构成》（The Stuff Americans Are Made Of）（New York, Macmillan, 1996）；以及 Leon G. Schiffman 和 Leslie L. Kanuk 著《消费者行为》（Consumer Behavior），4th ed. (Upper Saddle River, NJ, Prentice Hall, 1991), pp. 410-424。

从而满足个人的需求。

2. **难圆的梦**。美国人是喜欢做梦的。我们在全国范围内缔造了这样的一种生存环境，它告诉人们，"无所不能"。美国人都同情弱者。于是，广告商们就利用这一特点设计广告。阿维斯（Avis）公司的广告语是"我们排名第二，我们会更加努力"，其弦外之音是"我们仅次于赫兹（Hertz）公司"。

3. **追求完美**。美国人希望什么东西都要大（非常大）越大越好。如果不能追求更大的话，那就追求更多。由于追求更多，也得到了更大。人们追求成就，希望成功，这就刺激了消费。商品和服务的丰富是成功的重要标志。

4. **赶着时间跑**。美国是世界上节奏最快的国家。人们时刻都在赶着时间跑。我们生活在现实中，很少或根本不考虑过去（昨天已经成为历史）。美国人信奉"时间就是金钱"、"时间不等人"。因此高效的、能减少或消除零星琐事的商品和服务成为他们文化的重要组成部分。

5. **注重创新**。他们的每一个个体都在始终如一地追求新形象、探索新观念、新方法、寻找新颖的产品、享受新型的服务。美国人的进取心很强，他们是在发展中进步。一旦站稳脚跟，就有可能向新的领域迈进。不断迈进是美国的主要特征。广告中宣称如"新"、"全新"、"改进型"或"更耐久"等等，就是在迎合他们对变革和进步的热望。美国人也特别希望显得年轻，显得朝气蓬勃。所以，"年轻心态"、"精神焕发"、"今年20，明年18"等等都是人们喜欢的词汇。它们常常被广告商用来推销各种商品和服务。这与近年来人们注重健康和活力是紧密相关的，而且反过来又推动了人们对健康的关注。

3.6 对未来的展望

在展望21世纪的时候，我们会发现一些与商品和服务有关的发展趋势。①

年龄分布

最重要的趋势可能要属美国人口的"老龄化"或"成熟化"。1970年，65岁以上的老人少于2 000万，但是预计到2050年，这一数字将会翻两

---

① 若不特别注明，本小节所有的人口统计数据均出自《美国统计摘要》（*Statistical Abstract of the United States*）一书，116th ed. (Washington, DC, U. S. Department of Commerce, 1996)。

番，增加到 8 000 万。到那个时候，每 5 个美国人中就会有 1 个年龄是在 65 岁以上。这一年龄分布上的变化将会给社会、经济和政治生活带来重大影响。

除了保健以外，老年人将会需要更多其他的服务。必须指出 65 岁以上的群体并不是完全一样的，由于健康状况的不同，他们的需求也会截然不同。[①] 他们将是一群经验丰富的、成熟的并接受过良好教育的消费者。这一群体中的很多人在思想上很年轻，并且追求积极的生活方式——他们会经常旅游、在外用餐和度假。这将会给娱乐业、保健业、航空旅游业、宾馆业和餐饮业提供发展的机会。这些老年人也会享受那些以前由他们提供给别人的服务，比如修剪草坪、烹饪、房屋修缮、铲除积雪和日常维修等等。随着年龄的增长，他们的行动能力也越来越差，除了医疗保健以外，他们对行动方面的服务需求也会增加。另外还会产生其他的需求，例如为采购和看病的交通服务、日用品的送货上门服务以及各类商品的上门销售服务等等。同时，他们对于生命安全及心理安全的需求也会增加。

家庭

家庭是一个很重要的消费单位。需要何种商品和服务取决于家庭的性质和规模，以及成员的年龄。根据国家统计局（Census Bureau）的预测，2000 年美国家庭数是 1.032 亿个；2005 年将达到 1.088 亿个；2010 年将达到 1.148 亿个。家庭数目的增长会带动与家庭相关的商品和服务需求量的增加。由此引发的相关服务有草坪修剪、积雪铲除、土地平整、电话安装、自来水供给、垃圾清理、电力供应、有线或卫星节目传播以及包裹和报纸的投递等等。与之相关的由各级政府提供的服务量也会增长，如邮递、公安、消防、公园和娱乐设施等等。

教育、职业和收入

美国消费者受教育的程度将会更高，信息也会更加灵通。由于经济发展越来越依赖于知识，高薪和富有挑战性的工作将会青睐那些有高学历和精湛技能的人。很明显，现在和将来的技术将会改变教育传递的方式，甚至还会改变教育的性质。远程教育、互联网、电视和卫星链接就是我们教育体系中技术在各个层次中的应用。由于知识和技术更新换代的速度越来

---

① 见 W. Lazer，P. LaBarbera，J. M. MacLachlan 和 A. E. Smith 著《2000 年以后的营销活动》（Marketing 2000 and Beyond）（Chicago, American Marketing Association, 1990），pp. 81-82。

越快，因此学习和教育将会成为终生奋斗的内容。这一趋势将会造成新需求的不断涌现，人们会要求用更高效的学习工具和学习方法以更新知识、提高技术水平。

个人收入所得是影响消费决策和生活方式的关键因素。在美国，收入分配越来越显现两极分化的趋势，这是使许多人困惑的事情。[①] 根据国家统计局的统计数据，在1973—1992年期间，除了处于最上层的20%的员工以外，男性职工的实际工资收入是下降的。收入的两极分化导致的一个结果是**两极营销**（two-tier marketing）。"企业将他们的产品和广告设计成面向两个不同的美国……如今，一个又一个行业的市场被分为两个分支——有私人理财服务，也有支票兑现服务；有互联网高速数据处理服务，也有电话储金卡服务；有真皮装潢的跑车销售服务，也有整修一新的二手车销售服务。"[②]

对未来的几项预测

在本章结束以前，我们还想罗列一些由美国营销协会（American Marketing Association，AMA）汇编成册的对未来的总体预测。这些预测分别来自于有远见卓识的未来学家、企业高层管理人员和学者。[③]

- 人们将由关注材料和商品的流动转向关注信息的流动。数据库、人工智能系统、高级传播系统和知识等等将会占有越来越重要的地位。
- 人们将由关注消费转向关注保护。他们会更加强调有效利用资源、保护环境、减少污染、强调小型化、强调再利用以及强调保护世界的明天。
- 许多企业将由关注地区，关注国家转向关注整个世界。
- 在信息和知识创新的推动下，烟筒林立的企业将被高科技企业所替代。
- 许多劳动密集型企业将转化为知识密集型企业。企业的特色将表现为吸收高学历的职工和管理层人员、注重研究、注重软件开发、注重建设先进的交互系统以及利用计算机操作。
- 产品的标准性和同质性将被产品的个性化、多样化以及客户专门化所替代。

---

① 见Lester C. Thurow著《资本主义的未来：如今的各派经济力量如何构造未来的世界》（*The Future of Capitalism: How Today's Economic Forces Shape Tomorrow's World*）（New York，William Morrow，1996），以及Tom Morganthau著"未来世界"（The Face of the Future），载*Newsweek*，January 27，1997。

② 见David Leohart著"两极营销"Two-Tier Marketing 载*Business Week*，March 17，1997。

③ 见Lazer等著《2000年以后的营销活动》（*Marketing 2000 and Beyond*），p.36。

3.7 本章提要

本章主要介绍了消费者行为的基本理论，概述了美国消费者的文化和人口统计特征。书中提到了马斯洛的"需求层次理论"，目的是用以解释某些消费者的需求。马斯洛理论宣称人类的需求具有层次性：生理需求或本能需求，如饥饿和口渴就属于基本的需求；安全和保障需求、归属和社会需求、尊重和地位需求以及自我价值实现的需求的优先度依次递减。人们试图按既定的优先等级来满足这些需求，然而，有时基本需求还未得到完全满足而更高层次的需求已经崭露头角了。

霍金斯、贝斯特和科尼的"消费者行为模型"揭示了消费者的生活风格是如何在一系列内外因素的共同作用下形成的。外因包括价值观、人口统计特征、社会地位、周围的人群以及家庭结构和营销活动。内因是指情绪、个性、动机、求知欲、记忆力和感知能力。这个模型把生活方式描绘成是决定消费者态度和需求的关键因素，进而解释了为满足那些需求，消费者在做出购买决定前通常所采取的步骤。在决定的过程中总是先了解各种需求，再进行信息搜集和评价，然后挑选品牌及购买场所，最后一步就是购买后的评价，对产品价值和满意程度进行估计。

服务的购买决策与产品的购买决策截然不同。消费者往往尽量缩小服务的选择面，这称为备选替代品集。服务替代品一般比产品替代品的范围要小得多。服务一般是注重经验质量与信任质量，而产品则注重搜索质量。消费者在购买服务时感知的风险更大些，而且一旦选中了品牌就不轻易更换。

本章还介绍了美国的文化概况和发展趋势。其中最显著的变化是将来美国人口的老龄化。

讨论题

1. 试解释何种类型的服务可以满足马斯洛需求层次理论中的各种需求。
2. 试解释"生活方式"的含义以及它是怎样影响消费者的服务购买决策的。
3. 试解释外因是如何影响我们对服务的需求的。
4. 试解释内因是如何影响我们对服务的需求的。
5. 消费者购买商品和服务时的决策过程有何异同？
6. 结合本章马斯洛"需求层次理论"和"消费者行为模型"中的决策

过程，试判断以下服务需求各属哪个层次，购买时的决策过程如何？
    a. 大学教育；
    b. 晚间的娱乐活动（如电影、音乐会或体育赛事）；
    c. 牙病防治；
    d. 由于特殊用途（如生日聚会、结婚宴请或慈善募捐等等）而租用一个场所（如餐馆或宾馆的舞厅）；
    e. 乘飞机旅行。

7. 试区分以下服务的搜索质量、经验质量及信任质量。参见图表3—4，判断它们分别属于渐进图中的哪一类。
    a. 比萨店；
    b. 消防部门或其他提供紧急服务的部门；
    c. 管理学研讨会；
    d. 汽车租赁公司；
    e. 工商管理硕士（MBA）人才培养。

8. 请回忆购买商品和服务的5个可能的信息渠道：记忆渠道、人员渠道、独立渠道、营销渠道以及实验渠道。在进行购买决策时，哪种渠道与哪类服务的关系最密切？请举例说明。

9. 服务部门可以采取什么措施来减轻消费者对于服务风险的顾虑？

10. 消费者本人应该采取什么措施来减轻对服务风险的顾虑？

11. 第5节中给出了美国人的5种共性。哪种服务将有助于消费者保持或提升这些共性？

12. 第6节中对美国未来的消费者做了预测。现有的服务项目中哪些会面临更大的需求？21世纪初，会对哪一些新的服务提出需求？

案例 3—1

奥希斯洗衣有限公司[*]

在美国，有30%的家庭中没有洗衣机和烘干机，因此洗衣店有相当大的市场。45 000家洗衣店每周有2 000万以上的美国人光顾。80%的洗衣店中机器的使用时间都超过10年了，而其中的大多数又都因为店主不参与经营而被忽略了。那谁还愿意去光顾洗衣店呢？那里的机器都不能正常运行，塑料椅也很破烂，油漆的地面很硬，也很脏。所有这些，再加上异味，加上人们本来就讨厌这种工作，使得人们都不愿意去那里消费。

许多情况下，困境往往意味着未被开发的市场机遇。奥希斯（Oasis）洗衣有限公司的管理层发现了一个广阔的市场，只要环境适宜、干净、舒适就有市场需求。并

---

[*] 资料来源："An Oasis for Hip Consumers," *Marketing News*, February 19, 1990, p. 2.

且实际上无人与之竞争。

大市场策略

坐落在加州圣何塞（San Jose）市的奥希斯洗衣有限公司是迎合高层次的消费者的，它创建于1987年的春天。尽管奥希斯吸引了各种类型的顾客，但是它主要的目标市场是年龄在18～34岁之间、收入是中等偏上水平的消费者群体。因为这部分消费者宁愿买录像机和影碟机，也不愿购买洗衣机和烘干机。

第一批奥希斯店的特色在于它们配备了大屏幕电视机、电子游戏、快餐柜、服务人员、休息室以及许多用以平整、折叠服装和服饰的桌子。由于许多消费者并不喜欢水洗，所以他们还提供静电洗烫和干洗服务。虽然第一批奥希斯洗衣店赢得了顾客的欢心，但是它们并没有盈利。在第一家店堂里，洗衣设备只占1/3，其余的2/3都是娱乐设施，如日光浴沙龙（tanning salon）等。它看上去更像是一个迪斯科舞厅，而不是洗衣房。这家店看上去很漂亮，但并不能满足太多消费者的需求，一旦店里来了8～10个顾客，就已人满为患了。新开的分店可容纳30～40人，并且显得很宽松。

造声势

奥希斯意识到无论洗衣店多漂亮，顾客依然不愿久留。对相关人群的调查结果也证实了这一点。一般情况下，消费者总是认为洗衣店"很肮脏、设备陈旧，工作人员穿着雨衣走来走去，怪怪的。"奥希斯想要消除消费者内心对于洗衣店的恐惧，树立他们的消费信心。公司采用精神分析法进行市场决策，而不是仅仅着眼于增加盈利。

因为洗衣店的主要顾客群是上班族，所以奥希斯及其广告代理决定利用广告牌造声势，宣传奥希斯洗衣店。4块广告牌中有3块内容直接取之于对相关人群的调查提纲。第一块广告牌上画着一个大盖篮，里面的脏衣裤堆积得盖不住，旁边是一条措辞激烈的广告语：你买一次性内衣内裤，就是因为怕去洗衣店吗？（调查对象中有一位就是这样承认的）

第二块广告牌上画着监狱里的囚室。广告语是：大多数人宁愿来这里，也不愿去自助洗衣店。

第三块广告牌画着医院的手术室，上面写着：我们的洗衣店和这里一样干净。

自从奥希斯1987年开办以来，竞争者越来越多地进入该市场。但是奥希斯的管理层把这看成是一件好事。因为它有助于增强人们对洗衣店的认知，形成一种新的态度。到1990年底，奥希斯计划把连锁店的数量扩大一倍，达到40个。为了扩大公司的规模，他们考虑增加一些特许经营店，在一个市场区域内再增设5～8个连锁店。其他的特殊营销措施还包括组织老人晚间聚会和组织年轻人活动，目的是吸引这部分人群在业余时间来光顾。

资料来源：Del I. Hawkins, Roger J. Best, and Kenneth A. Coney, Consumer Behavior, 5th ed. (Homewood, IL, Irwin, 1992), pp. 582-584.

第3章 消费者：服务管理的核心

案例思考题

1. 从年龄、收入、社会地位、价值观、相关人群及家庭特征几个方面，描述一下洗衣店的潜在消费者市场。
2. 对于像奥希斯这样的洗衣店的发展潜力如何？未来的需求量可能增加、保持不变、还是减少？从人口特征的角度来证明你的答案。
3. 你是否认为利用精神分析理论去做广告宣传要比直接宣传奥希斯洗衣店的特色效果更好？
4. 讨论在接受洗衣服务时，消费者可能感知的风险。管理层可以采取何种措施来降低消费者的风险感知？
5. 奥希斯洗衣店为吸引其潜在的顾客，还可以提供哪些附加服务或采用哪些促销手段？

案例 3—2

Merrill Lynch 理财服务公司

虽然女性投资者手中所掌握的金融资产数目巨大，但直到不久以前，类似 Merrill Lynch 这样的理财服务公司才意识到各类女性投资者的独特需求。有些事实是明摆着的。由女性控制的金融资产多达数十亿美元，比男性控制的还要多。除了其本身一生中所控制的金融资产外，因为女性比男性长寿，所以在家庭存续的后期，女性又会获得大量的股票、债券、共同基金和存单等等。

然而，女性投资市场在不久前还是被严重地忽视了，人们没有把它看成是一个重要的市场机会。对女性投资市场的消费者调查分析显示，对这一市场的需求、人口特征、生活方式、收入、投资意识以及对投资品种的了解都存在着很大的差异。其他一些区别，诸如对传媒的选择等等，也显示着这一投资群体的极大的不同。在对上述这些信息经过定量分析以后显示，目前存在着3类市场，每一类市场对理财服务的需求、人口特征、消费者生活方式、投资意识以及对理财服务的了解和对传媒的选择等等都有其独特之处。

每一类女性投资群体都代表了一个特定的市场机遇。为了针对单个的或全部的这些群体设计一种高效的营销策略，首先必须了解每个女性投资者群体的特征。

职业女性

这部分女性投资市场的规模最小，但增长却很迅速。她们都比较年轻（年龄在30～40岁之间）、受过高等教育、积极地追求自己的事业。和其他的女性职工相比，她们的收入很高，并且还随着她们事业的发展而逐渐增加。这个群体中既有单身女性也有已婚女性，但大多数身边都没有孩子。

尽管她们的人口统计特征很鲜明，但是对于理财服务的需求也有很大的差别。这部分女性收入较高，她们有的是单身，有的虽然已婚，但是往往夫妇双方都有收入。正因为如此，她们的纳税额很高。因此，她们的需求集中到如何增加金融资产，同时又不增加税负上。同样，因为她们并不缺钱花，所以更青睐长期的投资回报，而不是眼前的债券利息或股票红利。

单亲

这一部分人是第二大群体，而且数目还在不断增加。这些投资者都是单身的中年女性（35～45岁之间），但身边都有孩子。她们单身的原因无外乎离婚或是丧偶。因为这种事情大都发生在中年阶段，这些特殊的女性投资者往往缺乏理财的经验，而又突然面临这样的难题。她们需要眼前的收入，而且还得精打细算。

对于这部分人而言，安全是首要的。为人父母的责任感以及收入的有限，使她们一般会要求不丢失本钱。因此，她们更青睐于保持平稳增长的投资。这部分投资的主要目的是维持日后的生计，或者是供养孩子将来接受教育。不管是那一种情况，这些消费者都不会愿意拿未来当赌注。

老年投资者

这部分人群在理财服务的女性中占有最大的比例。这些女性投资者年龄较大（年龄在55岁以上），而且一般都是单身。与"单亲"不同的是，这些女性投资者身边没有孩子，自主支配收入的空间很大。而且，她们中的许多人知识面较广，并且对各种投资品种都很了解。

与前两类投资者不同的是，这部分女性投资者需要现钱。许多情况下，这些女性靠投资取得的利息或是红利来过日子。对于她们而言，投资收入是唯一的经济来源，所以她们注重投资的安全性，希望把风险控制到最小。因此，她们理想的投资方式应该是安全的、能够取得丰厚的现金回报的各类证券。

尽管形形色色的女性投资者之间存在许多不同点，但是上述这3类女性投资者在基本需求、人口统计特征和生活方式等方面的差异是明显的（如图表3—5所示）。基于这些不同点，就必须针对每一类人群量体裁衣，制定相应的个性化的营销策略。这种策略是否可行，取决于每个策略是否能在产品的供给和市场的沟通上满足各类消费者的特殊需求。

图表3—5　　　　　　　　　　女性投资者分类

种类	基本需求	投资经验	主要的人口统计特征
职业女性	避税，长期增长	有限或一般	受教育程度高、专业水平高、25～40岁
单身女性	安全，未来收益	无或有限	未婚、身边有孩子、35～55岁之间
老年投资者	眼前收益，安全	有限或丰富	一般是单身、55岁以上

资料来源：Del I. Hawkins, Roger J. Best, and Kenneth A. Coney, *Consumer Behavior*, 5th ed. (Homewood, IL, Irwin, 1992), pp. 210-212.

案例思考题

1. 女性投资者中，统计特征（如年龄、收入、婚姻状况）不同会导致哪些理财需求的差异？
2. 在本案例中提及的3个群体中，每个群体内部还可以如何依照统计特征进一步划分？市场内部细分会有什么优缺点？
3. 每个群体的理财需求以及在做出购买理财服务的决策时，受到哪些内因和外因的影响？
4. 你认为这3类女性投资者中，最有可能通过哪种宣传媒介（如电视、杂志、报纸、广播、直邮等等）获知理财服务的相关信息？请解释你的观点。

参考文献

1. Albrecht, Karl, *At America's Service* (New York, Warner Books, 1988).

2. Bateson, John E. G., "Understanding Services Consumer Behavior," in Carole A. Congram and L. Margaret (eds.), *Handbook of Marketing for the Service Industries* (New York, American Management Association, 1991), pp. 135–149.

3. Booms, B. H., and M. J. Bitner, "Marketing Strategies and Organization Structures for Service Firm, " in J. H. Donnelly and W. R. George (eds.), *Marketing of Services* (Chicago, American Marketing Association, 1981), pp. 17–52.

4. Carlzon, Jan, *Moments of Truth* (Cambridge, MA, Ballinger, 1987).

5. Day, Jennifer Cheeseman, *Population Projections of the United States by Age, Sex, Race and Hispanic Origin: 1995 to 2050*, U.S. Bureau of the Census, Current Population Reports, P25–1130 (Washington, DC, U.S. Government Printing Office, 1996).

6. George, William R., Marc G. Weinberger, and Patrick J. Kelly, "Consumer Risk Perceptions: Managerial Tool for the Service Encounter, " in J. A. Czepiel, M. R. Solomon, and C. F. Surprenant (eds.), *The Service Encounter: Managing Emplyee/Customer Interaction in Service Businesses* (Lexington, MA, Lexington Books, 1985), pp. 83–100.

7. Grönroos, Christian, *Service Management and Marketing* (Lexington, MA, Lexington Books, 1990).

8. Hammond, Josh, and James Morrison, *The Stuff Americans Are Made Of* (New York, Macmillan, 1996).

9. Hawkins, Del I., Roger J. Best, and Kenneth A. Coney, *Consumer Behavior*, 5th ed. (Homewood, IL, Irwin, 1992).

10. Lazer, William, Priscilla LaBarbera, James M. MacLachlan, and Allen E. Smith, *Marketing 2000 and Beyond* (Chicago, American Marketing Association, 1990).

11. Leonhart, David, "Two-Tier Marketing," *Business Week* (March 17, 1997).

12. Maslow, Araham H., "A Theory of Human Motivation," *Psychological Review*, vol. 50 (1943), pp. 370–396.

13. Morganthau, Tom, "The Face of the Future," *Newsweek* (January 27, 1997).

14. Plutchik, R., *Emotion: A Psychoevolutionary Synthesis* (New York, Harper & Row, 1980).

15. Reichheld, Frederick F., and W. Earl Sasser, Jr., "Zero Defections: Quality Comes to Services," *Harvard Business Review* (September-October 1990), pp. 105–111.

16. Schiffman, Leon G., and Leslie L. Kanuk, *Consumer Behavior*, 4th ed. (Upper Saddle River, NJ, Prentice Hall, 1991).

17. *Statistical Abstract of the United States*, 116th ed. (Washington, DC, U.S. Department of Commerce, 1996).

18. Thurow, Lester C., *The Future of Capitalism: How Today's Economic Forces Shape Tomorrow's World* (New York, William Morrow, 1996).

19. Zeithaml, Valarie A., "How Consumer Evaluation Processes Differ Between Goods and Services?" in J. H. Donnelly and W. R. George (eds.), *Marketing of Services*, Proceedings of the 1981 Conference on Services Marketing (Chicago: American Marketing Association, 1981), pp. 186–190.

20. Zeithaml, Valaric A., and Mary Jo Bitner, *Services Marketing* (New York, McGraw-Hill, 1996).

第4章
服务业的全球化：
国际竞争中的服务管理

4.1 本章概述
4.2 服务的国际贸易
4.3 服务企业面向全球的原因
4.4 服务业所处的国际环境
4.5 全球化的形式
4.6 本章提要
讨论题
案例 4—1 Peters & Champlain 会计师事务所
案例 4—2 必胜客在莫斯科：好事多磨
参考文献

4.1 本章概述

自从州、城市乃至村镇自成一体并相互开展贸易以来，对外贸易便应运而生了。早在 4 000 年前，中东及亚细亚地区（现在的土耳其）的贸易活动就已经非常活跃了。古埃及人与这一地区的商人进行贸易；居住在现今伊拉克境内的古苏美里亚人也与亚细亚、叙利亚人有着贸易往来。[1] 如今，国际贸易依然存在，并且每年都在不断地健康发展。这么多年以来，服务的国际贸易与商品的国际贸易共存共荣；如果没有服务贸易，商品的国际贸易也不可能存在。

这一章将主要讨论服务业的全球化。服务业的全球化不仅包括国际贸易，还包括在其他国家的投资，以便为当地居民生产并提供服务。与国际贸易不同的是，服务业的对外直接投资只是近年才在世界经济中发挥出举

---

[1] 见 R. Vernon, L. T. Wells 和 S. Rangan 著《国际经济中的经理人》（*The Manager in the International Economy,*）7th ed. (Upper Saddle River, NJ, Prentice Hall, 1996), pp. 3-4。

足轻重的作用的。[1]

　　服务业的全球化在美国经济中也起着非常重要的作用。1960年，美国商品出口总值为197亿美元，服务出口为63亿美元；同年，商品进口总值为148亿美元，服务进口为77亿美元。[2] 到1997年底，这些数据已经有了突飞猛进的增长：商品出口额高达6 782亿美元，服务出口额达2 532亿美元；同样，商品进口额也增至8 771亿美元，服务进口额达1 679亿美元（如图表4—1所示）。从这些数据可以看出，1997年，美国的商品贸易出现1 990亿美元的贸易逆差，但是服务贸易却有853亿美元的贸易顺差。事实上，美国的对外贸易在1971～1997年之间（1973年和1975年除外）都处于赤字状态，然而同期的服务贸易却一直保持顺差的态势。换言之，如果没有服务业的贸易顺差，公众关注的贸易赤字问题或许会更加严重。可以认为，服务贸易不仅占据了美国国内生产总值（GDP）75%以上，而且在对外贸易中也扮演了重要的角色。它在整个美国经济中举足轻重。

　　这一章主要了解服务贸易、服务业对外直接投资、跨国服务企业的运营环境和全球化的不同形式以及当今服务全球化的趋势等等。

4.2　服务的国际贸易

　　如果没有了服务业，国际贸易就不可能存在。不仅国内贸易如此，在国际竞争舞台上也是如此。国际间商品和服务贸易中最基本的服务包括交通运输服务、通讯服务、保险服务、法律服务和金融服务。当本国的企业向另一国出口商品或服务时，或国外的企业向美国进口商品和服务时，以上服务就是在国际范围内进行的贸易。举例来说，若有一家美国船运公司为一个美国制造商运送一批销往俄罗斯的机床，这一行为其实是向俄罗斯出口运输服务。同样如果是一家俄罗斯的船运公司来负责这次运输任务，那么，这家俄国公司就在向美国出口其运输服务。与此同时，为商品提供保险、为买方提供融资、帮助划拨资金以及为买卖双方提供通讯服务的公司都卷入了这宗国际贸易。很明显，国际贸易不可能离开以上这些服务以及其他的一些服务而单独存在。

---

[1] 见K. P. Sauvant 著"服务的可贸易性"（The Tradability of Services），载P. A. Messerlin 和 K. P. Sauvant 著《乌拉圭回合：世界经济中的服务业》（*The Uruguay Round, Services in the World Economy*），(Washington, DC, The World Bank, 1990), pp. 114-122.

[2] 本节的数据取自"1997年总统经济报告"（Economic Report of the President）(Washington, DC, United States Government Printing Office) 以及美国商务部 U. S. Department of Commerce、美国经济分析局 Bureau of Economic Analysis、美国人口统计局 Bureau of the Census 发布的《当前经济情况调查》（*Survey of Current Business*）(May 1998)。

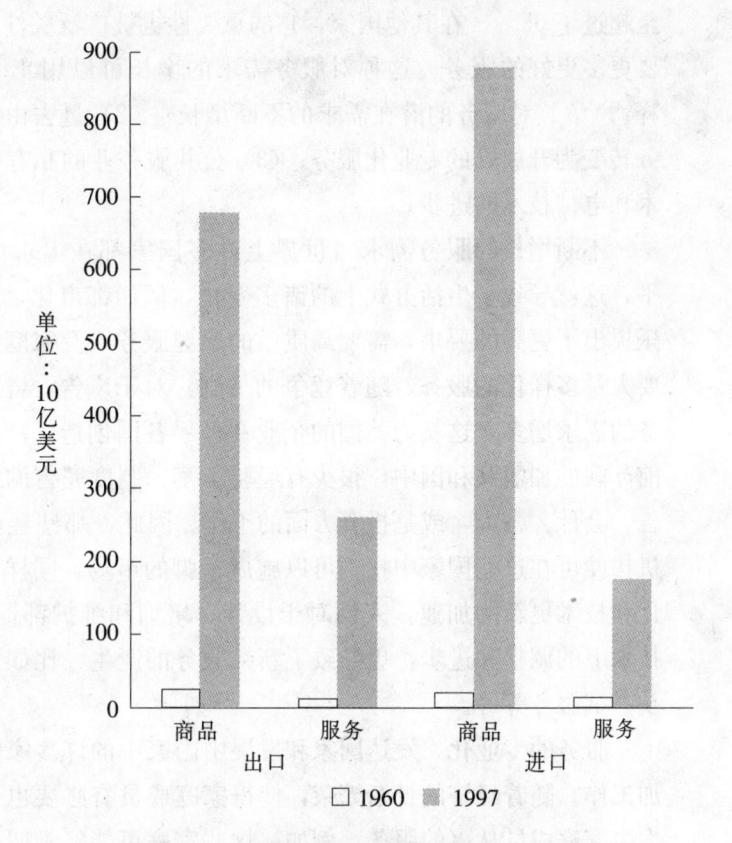

第4章　服务业的全球化：国际竞争中的服务管理

图表 4—1　美国商品与服务国际贸易增长示意图

资料来源：*Economic Report of the President*，1997（Washington，DC，United States Government Printing Office，1997）；and U. S. Department of Commerce，Bureau of Economic Analysis and Bureau of the Census，*Survey of Current Business*（May 1998）。

在以上这些例子中，服务只是间接地参与了国际贸易。当然，也可以直接进口或出口服务。比如，一位美国制片商把他电影的欧洲版权出售给一家位于伦敦的发行公司，这就是一种服务出口。一个美国汽车制造商聘请了一位意大利设计师为其设计下一款车型，也就是从意大利进口服务。简而言之，当向外国人买进或卖出服务时，就是在进行国际间的服务贸易。

在过去的几十年里，服务业的国际贸易总额一直在不断增长，其中有两个根本的原因：(1)许多国家对服务的需求普遍增长；(2)全球商品贸易的增长。

服务需求的普遍增长

几十年来，在许多国家服务对于经济发展的影响日益明显。在工业化国家，20世纪90年代初期，服务业在国内生产总值中所占比例已达到甚至超过了 65%。在其他国家，它的重要性也被广泛关注。家庭和企业都需要更多更好的服务。这种对服务需求的增长可以用 4 个方面的发展来解释：[①]（1）对服务的潜在需求的不断增长；（2）过去由家庭内部提供的服务转变为开放式的专业化服务；（3）公共服务业的私有化；（4）计算机技术和电信技术的进步。

不断增长的服务需求 世界上许多国家都在追求更高标准的生活水平，这就导致了生活方式上的诸多变化，例如都市化，对旅游、度假和娱乐提出了更高的要求，需要高质量的保健服务以及家庭服务等。企业也需要大量多样化的服务。随着竞争的加剧，对于广告、咨询、法律和投资服务的需求增多，这就为美国的企业在世界各国创造了新的商机。比如，在前苏联的加盟共和国中，很少有经验丰富、制度完善的组织在从事有关广告、会计、咨询、或是投资方面的工作。因此，那些经验丰富的国际服务机构便可在这些国家中找到可以施展拳脚的市场。同样，随着商品的复杂化和技术更新的加速，人们对于设计、培训和维护都提出了更高的要求。技术上的调整和进步，也导致了新兴服务的诞生，比如危险垃圾的处置以及考试服务等等。

服务的专业化 发达国家和发展中国家中的许多家庭都是夫妻双双参加工作。随着经济的日渐繁荣，使得家庭成员有必要也有能力购买一些过去由家庭成员从事的服务。例如，这些家庭可能经常叫食品外卖。这是美国快餐公司在许多国家得以不断扩张的原因之一。例如，到 1999 年为止，多米诺比萨（Domino's Pizza）公司已经在 62 个国家拥有 1 744 家连锁店。同样，许多企业过去由内部人员操作的一些非关键工作，现在也聘请企业外人员来完成，比如工资核算、保安、器具保管以及办公楼日常维护等等。在许多情况下，向外寻求服务的主要原因在于聘请专业服务公司可以节约费用。这样的服务公司由于设备、程序和方法的标准化，又因为生意做得大，所以有能力购买专门的设备和材料，它们可以按规模经济的模式从事生产。当一些大公司求购服务时，专业从事这些服务的外国公司就会乘虚而入。

公共服务业的私有化 服务需求增长的第三个原因是，在发达国家和发展中国家，一些政府服务部门也开始私有化。例如：在许多发展中国家以及前苏联加盟共和国中，电信业、保健业和教育业都在私有化。

计算机和电信技术的进步 计算机技术以及电信网络中声音与数据的传输能力的进步日新月异。它们对服务贸易同样有着重大的影响。技术的

---

① 前 3 项发展见 Michael E. Porter 著《国家竞争优势》(*Competitive Advantage of Nations*), (New York, The Free Press, 1990), p. 242。

进步使许多服务贸易变得简便,加快了信息交流的速度,为新兴服务业提供了机会。有些服务靠数据和信息的交换和处理进行,例如新闻、金融数据的采集和传播、数据库和软件的传递等等。在这些服务中,上述影响最为明显。

这些发展不仅促进了贸易的增长,也促成了服务业对外直接投资的增加。不论是由于收入的增加、生活方式的改变,还是由于服务的细化(这些都可以从各国对不同服务的需求增加中看出来),各国的市场越来越吸引跨国服务企业的关注。在服务部门私有化之前,许多服务领域(如电信、教育、卫生保健等等)都没有向市场开放,主要是政府垄断经营。现在既然这些领域开放经营了,那么不仅国内行业竞争会更加激烈,而且将会有外国企业的参与。

商品国际贸易的增加

随着国际贸易额的增长,对于特定服务的需求也在增加。运输、通讯、保险、金融和法律都是国际贸易中必不可少的服务。国际贸易中的货物标的必须经由轮船、火车、卡车或是飞机在各国间运输。有时候,贸易一方需要到对方去进行交易,这便涉及到旅游业。例如飞机运输和宾馆服务。交流在贸易双方从开始谈判到完成交易的过程中相当关键,这就有赖于提供电话、电报服务,邮件和包裹传递服务以及快递服务的企业。为了能将货物安全地从一个国家运达另一个国家,在运送过程中免受损毁和偷窃之灾,企业要寻求提供保险的服务。一方输出货物或服务;另一方必然要付款,银行使这一切成为可能。律师则是为贸易双方准备必需的文件以及处理相关国家的有关法律、法规方面的事情。除了这些行业,许多其他服务的提供者,比如职业广告人、会计师、通关专家、翻译以及其他相应的人员,随着国际贸易的发展也将会有用武之地。

4.3 服务企业面向全球的原因

这一节将着重讨论服务业通过国际贸易或对外直接投资实现其服务全球化的原因。首先,为了叙述方便,我们在图表4—2中给出了一些重要术语的定义。从这些定义中可以看出,各种不同类型的企业之间最主要的差别在于其竞争战略及其组织方式。了解了这一区别之后,我们就可以交叉使用**全球化**(globalization)和**国际化**(internationalization)这样的术语了,它们都表示企业用这样或那样的形式登上国际舞台。这样的企业最终可能发展成为"全球型"的或者是"跨国型"的公司。

图表 4—2　　　　　　　　从国际化的视角对企业分类

本国企业（domestic enterprise）在本国境内经营，大多数情况下是从本国供应商处购买材料，然后销售给本国消费者	进口商/出口商（exporter/importer）出口商一般通过独立的经销商在国外销售其商品和服务。进口商是在其本国内销售外国公司的产品
国际型企业（international enterprise）在国外拥有销售、分配或者生产机构和设备。国外部分彼此间独立经营，并且与当地企业开展竞争。然而，经营策略、技术及资源分配都是统一的。技术转让是总部和各国分公司之间的纽带	多国型企业（multinational or multidomestic enterprise）同一家公司在多个国家设点，每一家都是由当地的管理者经营。多国公司往往希望被视作本土化公司，以便获得一定的竞争优势。但是本土化的经营又受到全球统一资源、技能和技术的调控
全球型企业（global enterprise）它把世界视作一个单一的市场，在这个市场内是单一经营。它在全球范围内的商品都有统一的标准。其产品可以在任何国家内生产和销售。该企业在全球制定了一个统一、集中的经营和竞争策略	跨国公司（transnational corporation）跨国公司集国际型、多国型、全球型企业的优点于一体。它像国际型企业一样转移技术，像多国型企业一样实行本土化，又像全球型企业具有高效率。换句话说，跨国公司与以上3种形式的公司相比都占优势

资料来源：Adapted from Stephen H. Rhinesmith, *A Manager's Guide to Globalization*, 2nd ed. (Chicago, Irwin Professional Publishing, 1996), pp. 5 - 11; and Christopher A. Bartlett and Sumantra Ghoshal, *Managing Across Borders: The Transnational Solution* (Cambridge, MA, Harvard Business School, 1989).

公司在国外投资是为了降低成本、拓展市场或者只是作为一种战略部署。由于国内市场开始饱和，于是许多服务企业将目光投向国外，寻找新的商机。他们相信，在改变服务理念以及传递系统后，在国外市场中也能取得与国内一样的成功。这一假设并不完全正确，因为许多国际型企业发现，在走向全球化的进程中将会面临相当大的挑战。洛夫洛克和伊普（Yip）列举了服务型企业走向全球化的8大原因。[①]

消费者的普遍需求

西奥多·莱维特（Theodore Levitt）可能是发现全世界消费者的偏好趋同这一趋势的第一人。他说："由于世界人民的偏好都大致相同，所以任何地方的任何事情都变得越来越相似。"[②]

符合跨国标准化的消费者服务只局限于部分的服务业，这样的服务应该是不涉及消费者的，或是能有效控制消费者行为的，或是企业能够对客户专门化进行控制的。快餐业和航空服务业就是全球服务的两个例子。在这两种情况下，客户的参与很有限，而且客户专门化的程度也不高。有些服务企业有机会在全球范围内提供一项标准化的核心服务，并且根据国别

[①] 见 Christopher H. Lovelock 和 George S. Yip 著 "为服务型企业提供全球化策略"（Developing Global Strategies for Service Businesses），载《加州管理研究》（*California Management Review*），vol. 38, no. 2（winter 1996），pp. 64 - 86。

[②] 见 Theodore Levitt 著 "市场的全球化"（The Globalization of Markets），载《哈佛商业评论》（*Harvard Business Review*），(May-June 1983), pp. 92 - 102。

差异，另外设计一系列精心挑选过的附加服务。例如，梅德俱乐部（Club Med）全球范围的核心服务是梅德俱乐部式的度假服务，但是它也利用各地的娱乐项目来丰富其核心服务。

全球型消费者

当一家全球型的企业在国外开设分公司时，一些服务企业也会跟随他们走进同一个市场。当年福特汽车公司在匈牙利建厂时，库珀斯和利布兰德（Coopers & Lybrand）会计师事务所就是这样做的。[①] 该事务所发现，它的一个竞争对手已经在匈牙利建点，可能要与自己的客户建立业务关系，于是赶紧在这个新市场设立了一个分支机构。客户们也在各种领域追求服务的连贯性，例如航空公司对飞机维护的要求、全球制造商对厂房、机器的保养和维修要求等等。

另外，许多美国旅行者感觉在国外去麦当劳餐馆比去当地餐馆更舒适。同样，他们更热衷于从他们所熟知的美国公司处租车。

全球渠道

互联网为许多商品和服务的销售和分配开辟了一条国际通道。诸如金融服务、娱乐服务、软件开发服务和旅游服务均可通过这个电子渠道购买。因此，就连非常小的服务企业也可以通过网络提供他们的服务，而不需要特地在国外设立办事处。

全球的规模经济

服务业几乎不能为规模经济提供什么机会，主要原因在于，大多数服务的要求受到地理位置的影响，因此，建立大型的服务场所，在经营过程中发展规模经济一般是不可能的。许多情况下，服务设施和雇佣员工水平都超出平均需求。所以服务机构中的设施闲置现象也很普遍。如果规模经济成为可能，就会刺激服务机构走向全球化。

便捷的物流

许多年来，旅游和运输的费用一直在下降。这就使得一些原先在国外

[①] 见 Gary W. Loveman 著 "服务的国际化"（The Internationalization of Services），载《哈佛商学院模型注释》（Harvard Business School Module Note），9-693-103（June 7, 1994）。

难以实现的服务变得经济可行。较低的航空旅行费用带动了全世界旅游业的发展。同样，一些专业服务，如发达国家的医疗保健和高等教育，许多发展中国家新兴的中产阶级现在也能承担得起。例如，许多中东国家的病人都慕名去伦敦医院就诊。同样，美国医院和医生也吸引了世界各地的病人，而进入美国学校也是各国学生心中的梦想。

技术进步

许多服务中会产生、加工或使用信息。计算机和通讯技术的进步不仅扫除了服务全球化的障碍，还为新兴服务业以及服务的生产、传递创造了机会。它还同样有助于服务业的对外直接投资。例如：

> 印度已经在班加罗尔（Bangalore）的周边地区建成了一个声誉鹊起的电脑软件工业。它的出口额在1990—1993年间翻了一番多，高达2.7亿美元。印度现在还专门为瑞士航空公司（Swissair）和英国航空公司（British Airways）这样的航空公司设计管理平台。中国香港的有些网页制作公司聘用中国大陆的技术人员。在澳大利亚西部的珀斯市（Perth），联邦快递公司的控制系统控制着它设在新加坡、马来西亚、斯里兰卡、印度尼西亚和中国台湾办公机构的空气调节、照明、电梯以及安全监控等操作。[1]

政府的政策和法规

各国政府能够并且实际上也确实在限制进口贸易和外商直接投资。他们采取了许多措施，例如关税和进口配额、出口补贴、扶持本地产品、限制外汇交易和外国资本流入以及限制外国资本在企业中所占的比重等等。在绝大多数情况下，这些限制的主要目的在于保护民族工业、抵制外来竞争、维护国际收支平衡、扩大外汇储备等等。这种强行限制和人为障碍会减少国际贸易额和外商直接投资额。相反，如果取消或者减少这些限制，将会促进服务全球化的形成。从现在的国际形势来看，有这种发展趋势。

可转移的竞争优势

许多服务公司得以走向全球的一个重要原因，是他们有能力把在国内成功的服务的理念和分销系统在国外复制。一家企业开发出一种新型的服

---

[1] 见"现代通信技术——自由地交流"（Telecommunications Survey），载《经济学家》（The Economist），September 30，1995，pp. 27–28。

务项目或是分销方式以后，他们不必担心会触犯其他企业的专利。他们的优势在于所拥有的自己的经营网络和管理诀窍，否则从理论上说，任何服务和分销系统都是可以模仿的。例如，任何银行和金融机构都可以开办信用卡业务，但是如果该卡不是从属于某个现存的网络，比如维萨卡（Visa）、万事达卡（MasterCard）或运通卡（American Express）的话，它不可能有许多成功的机会，因为建立这样一个网络是一项耗资巨大、富有挑战性的工程。然而，已经建成的公司（如运通卡公司）就可以凭借其多年来在国际市场上运作所形成的网络和管理经验以及管理诀窍，比较容易地开办新型服务，在国外开拓业务。

4.4 服务业所处的国际环境

任何公司进入国际经济舞台，不论是以进出口业务或是对外直接投资的形式，都必须知道他们经营所处的环境，比如政治条件、政府职能、经济、社会和文化环境以及技术条件等等。大多数情况下，跨国公司是不可能改变这些环境的。因此，他们必须接受这个既定的事实，并学会降低在这些环境下所面临的风险。他们在国际市场上的成功与否往往就取决于这些环境及其适应程度。一家致力于全球化的服务公司必须站在国际角度思考和行为。一家全球性公司必须牢记它不再是和单一的文化、宗教信仰或一系列单一的规则、惯例打交道，因此必须屏弃其本土化的服务方式。英国航空公司的首席执行官罗伯特·艾林（Robert Ayling）试图将其公司纳入国际轨道，最近他在强调这一重要性时说道："我们并不想把英式的东西填进人们的肚里"，[1] 我们将在以下的段落中讨论这些环境因素。

政治条件 所有的跨国公司在选择跨国经营和投资时，首先考虑的是投资国的政局是否稳定。政治不稳定，如内战或是政府的前途未卜，都会增加跨国公司的投资风险。

政府职能 政府可能会对国际贸易和外商直接投资设定许多限制。许多政府与跨国公司交往的主要目标是最大限度地降低风险（如国家安全风险），同时又要从跨国公司那里获取最大的收益。许多政府都会要求外国公司在其国内经营时要有本地的贸易伙伴。另外一个普遍要求就是跨国公司必须雇佣一定比例的本地员工，并且为他们开设培训课程。政府也可能在许多专业服务领域要求许可经营，如建筑工程设计、会计和金融服务业等等。

---

[1] 见 R. B. Lieber 著 "高高地飞起，飞向全球"（Flying High, Going Global），载《财富》（*Fortune*）（July 7, 1997）。

经济环境 由于收入水平的提高，人们对服务的需求也总体增加。在评估一个新市场的潜力时，跨国公司通常是参考一些统计数据，比如国内生产总值等。候选国当前的经济发展水平和未来经济的走势也同样重要。最后，在国外投资时还有另一个重要因素必须考虑到，那就是该行业的竞争强度。

社会和文化环境 了解一国的文化和社会环境对于服务业管理者而言相当重要，因为服务会涉及到与消费者打交道。如果在设计与客户的交往方式时欠谨慎，未考虑驻在国的社会文化规范，往往就会发生文化冲突，受损失的当然是跨国服务公司了。

技术环境 提供高质量的、可靠的服务取决于可靠并且现代化的通讯基础设施，还有用于提供服务的必要设备以及维护这些设备的服务。一个发展完善的金融服务体系（比如银行体系）对于跨国公司在国外的成功经营也至关重要。

4.5 全球化的形式

服务业涉足国际业务的途径多种多样，这与制造业是相似的。一般说来，这些形式可以归结为国际贸易和对外直接投资两种。这一节将会对这些形式做一回顾，并且会提到那一类的服务可以选择那种形式。

国际贸易

进出口贸易 服务出口是指本国的服务公司向国外居民出售服务。同样，若本国居民从国外购买服务，那就是服务进口。服务的性质（具体地说就是无形性、不可分割性、不可保存性、与客户接触以及客户参与等）限制了服务进出口的机会。以信息和知识为基础的服务，或是可以远距离传送的服务最可能进行跨国贸易。这些服务中的一部分被融入了实物产品中，如光盘中的音乐、录像带里的电影以及软盘或 CD-ROM 中的软件等等。例如，印度班加罗尔（Bangalore）的软件工程师就是在向世界各地的顾客出口其服务。但也有其他形式的服务贸易。旅行者到国外旅游其实是在旅游国享受进口服务。专业人员特地赶到对方国内提供出口服务（比如咨询专家去别国讲学、咨询）是另一种形式的进出口贸易。

特许经营 特许经营也称许可证经营，这是指两家公司之间签订协议，规定一方（称被许可方）有权使用对方公司（称授权方）的专利权、技术或商标从事商品或服务的销售活动。授权方收取款项作为让渡这些权利（即"特许权"）的补偿。特许经营是国际服务贸易的又一种形式。

契约化管理（management contracting）　契约化管理是企业出口的又一种形式，这是指企业具有专业从事某种服务管理的特殊能力。此类服务企业有偿地提供管理方法以及管理人员。契约化管理已经出现在宾馆管理、航空管理以及零售管理等行业中。

海外直接投资

有些服务因其性质使其出口困难或不可能出口，此时该类服务企业除了在国外设立机构，推销其服务以外，别无他途。在大多数经济体中，服务的重要性日益增强，这带动了服务业中的对外直接投资也有所增加。联合国的统计资料显示，20世纪90年代中期，服务业占了海外直接投资股票的半壁江山，其金额占到海外直接投资资本额的60%~65%。[1]

如果是从事对外服务贸易，那么在服务售给外国人时就能获得销售收入、销售佣金、服务费用或是利息；而从事海外直接投资则是靠建立在外国的企业经营来获利，这就是两者的区别。[2] 当然，也会有一些有趣的例外。例如：一家保险公司纽约人寿（New York Life）一夜之间就可以把寿险索赔转到爱尔兰。这个索赔经过电讯线路的处理并传回到该公司位于纽约的数据处理中心，而理赔支票或答复则是通过邮局寄给顾客的。在一个完全不同的行业里，美国航空公司（American Airlines）在巴巴多斯（Barbados）设立了一个信息和数据服务中心，专门处理会计数据和机票。这两种情况下，在国外设立分部的作用都是降低劳动力成本，而不是从海外投资中获取利润。[3] 不论动机如何，海外直接投资都意味着在国外设有服务机构并聘用员工，因此承担了比出口贸易更大的风险。

海外直接投资可能采取多种形式。直接投资的形式之一是公司拥有一家国外公司的少量股权，该投资者就会在外国公司的管理层中拥有部分发言权，但并没有对该公司的控制权；第二种形式可能拥有一半的股权；第三种是拥有大部分的股权，这样跨国公司就拥有了更多的控制权。在所有这些形式中，所有权、管理责任和风险都是由两家或多家公司共同承担的。最后一种形式，是跨国公司拥有一家外国公司全部所有权。在这种情况下，投资者对该公司拥有全部控制权，并单独承担企业经营的全部风险。

---

[1] 见《1996年全球投资状况报告：投资、贸易及国际政策协调》（World Investment Report 1996: Investment, Trade and International Policy Arrangements），(New York, United Nations, 1996), p. 87.

[2] 见 J. J. Boddewyn, M. B. Halbrich 和 A. C. Perry 著 "跨国服务公司：定义、计量及理论"（Service Multinationals: Conceptualization, Measurement, and Theory），载《国际经济研究》（Journal of International Business Studies）(fall 1986), pp. 41-57.

[3] 见 B. M. Hoekman 和 P. Sauvé 著《服务贸易自由化》（Liberalizing Trade in Services）(Washington, DC, The World Bank, 1994), p. 6.

联盟

20世纪90年代，服务业的一项重要发展就是各种公司（包括竞争对手）联盟的涌现。大多数联盟并没有涉及到权益结构的改变，仅仅是致力于共享销售网络和资源。许多情况下，合作者间互相取长补短。例如，1996年7月，微软公司和AT&T公司对外宣称将进行分销联盟。他们同意各自都销售对方的产品。按照协议，AT&T公司将向其用户（使用AT&T公司互联网上网服务的用户）推荐微软的互联网浏览器。作为交换，微软也将在其Windows95的软件包中编入AT&T公司的网络服务。[1]还有一个家喻户晓的公司联盟是微软和NBC联合创立的MSNBC新闻频道。

航空业的联盟看似更有意义。最近的一次联盟是1997年宣布的星际大联盟（Star Alliance），形成了一个由5家主要国际航空公司组成的网络。这5家航空公司是联合航空公司（United）、加拿大航空公司（Air Canada）、汉莎航空公司（Lufthansa）、斯堪的纳维亚航空公司（Scandinavian）（SAS）和泰国航空公司（Thai）。20世纪90年代，航空业中出现了许多联盟的案例，包括德尔塔航空公司（Delta）、瑞士航空公司（Swissair）、萨贝航空公司（Sabena）及奥地利航空公司（Austrian Airlines）间的联盟；西北航空公司和荷兰KLM皇家航空公司的联盟；美国航空公司和英国航空公司的联盟。这些联盟都为对方拓展了路线网络，共享旅客和收入，使他们得以协调航班、票价、客户旅行计划制定、折扣、常年客户接待安排等工作，甚至还包括一些地勤工作。[2]对于乘客而言，这些联盟将有利于他们更便捷地换乘，到达世界各地（包括两个航班间的行李转托）。

服务全球化的趋势

前文中关于服务全球化的讨论已经表明，有些服务的贸易比其他服务要来得容易，有些服务要依靠在当地的服务设施才能为居民提供服务。在这一节我们要讨论某些服务领域的全球化趋势，讨论哪些服务要通过国际

---

[1] 见 J. J. Keller 著"微软公司和AT&T公司协商同意销售对方的互联网产品"（AT&T and Microsoft Agree to Market Each Other's Product's for the Internet），载《华尔街日报》（*Wall Street Journal*）（July 26, 1996）。

[2] 见 S. McCartney 著"航空业为改善海外旅行经历而联盟"（Airline Alliances to Alter Overseas Travel），载《华尔街日报》（*Wall Street Journal*）（June 11, 1996）；S. McCartney 著"AMR与British Air联盟，共享客户和利润"（AMR and British Air to Share Profits, as Well as Passengers, From Alliance），载《华尔街日报》（*Wall Street Journal*）（June 12, 1996），和 A. Q. Nomani 著"航空界联盟引出反垄断问题"（Airline Pacts' Antitrust Question Sparks Controversy），载《华尔街日报》（*Wall Street Journal*）（January 3, 1997）。

第4章 服务业的全球化：国际竞争中的服务管理

贸易实现全球化，哪些则要通过海外直接投资来实现全球化。

范德默维和查德威克（Vandermerwe and Chadwick）两人按照全球化潜在的可能性以及全球化可能采取的方式把服务分成6大类。① 他们从两个方面着手对服务进行分类：（1）"与商品的相关性"；（2）"消费者与制造商间相互作用的程度"（如图表4—3）。第一方面代表了商品在服务传递中的重要性；第二方面则代表了在服务传递中，服务提供商和消费者间相互作用的程度。

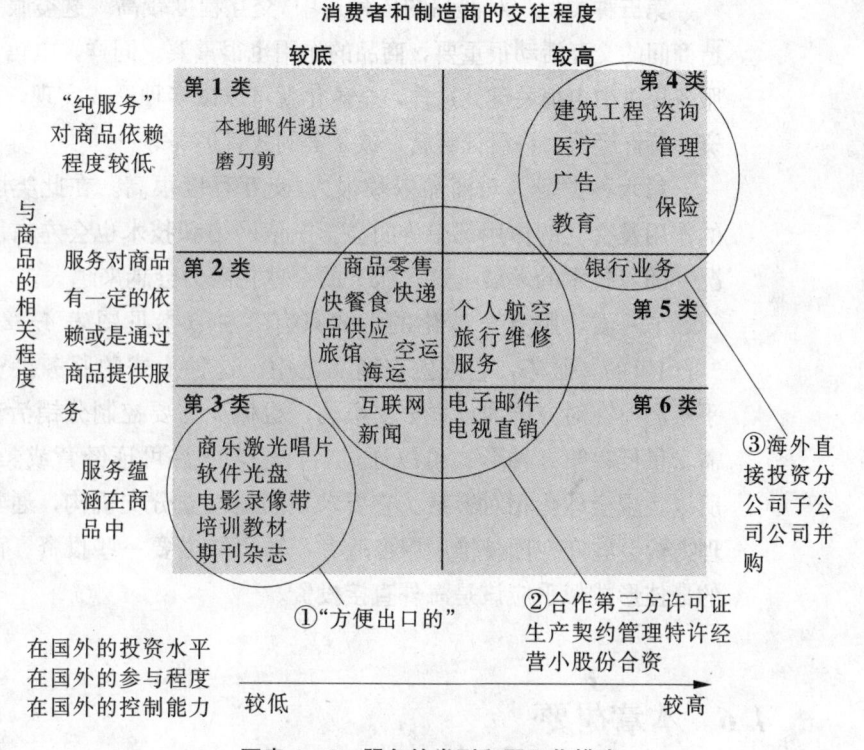

图表4—3　服务的类型和国际化模式

资料来源：Sandra Vandermerwe and Michael Chadwick, "The Internationalization of Services," *The Service Industries Journal* (January 1989), pp. 79-93.

第一种类型　对商品依赖小/交互程度低。这种类型是比较"单纯"的服务。在服务中，消费者与制造商之间交互很少，商品的作用并不明显。由于任何国家都能提供此类服务，所以这种服务的全球化潜力极其有限，跨国公司在这一市场中的获利空间也很小。

第二种类型　对商品依赖适中/交互程度较低。在这类服务中，需要一定的交互活动，商品的作用相对明显。由于起中介作用的商品易于出口到国外，因此这类服务的全球化潜力较大。

---

① 本小节的资料主要取自于 Sandra Vandermerwe 和 Michael Chadwick 所撰写的论文《服务的国际化》The Internationalization of Services，载《服务行业研究》(*The Service Industries Journal*) (January 1989), pp. 79-93。

第三种类型 对商品的依赖很大/交互程度较低。这类服务有的是直接包含在商品中，也有的可以通过电信网络转移，它们几乎不需要消费者和制造商之间的接触。这是服务出口中最方便的一种。

第四种类型 对商品依赖小/交互程度较高。这类服务大多是专业服务，其特征是服务者与客户间的交互程度很高，但商品的作用并不是很突出。这种服务的全球化要求人员的流动，通常是服务提供商去客户的所在国，也可以分公司或子公司的形式在对方国内设立分支机构。

第五种类型 对商品的依赖适中/交互程度较高。这类服务中客户与制造商间的交互活动很重要，商品的作用也很重要。同样，电信设备和技术在服务提供中也很关键。这样，全球化就可以以多种形式实现，如对外直接投资、特许经营、许可证经营，或是契约式管理等等。

第六种类型 对商品依赖很大/交互程度很高。在此类服务中，商品的作用及交互的作用都十分明显。电信网络和技术也会左右服务的供给状况。随着技术的发展，这类服务的全球化潜力会越来越大。

乍一看，服务全球化的形式只有3种（参见图表4—2）。第1种是"可出口的"服务，它内生在商品之中。这种形式的服务投资需求小，几乎不需要在对方国内设立分支机构，也极少需要控制分销活动，对服务的需求量低；第2种形式可以通过特许经营、许可证经营或契约管理实现，所以实现全球化相对容易。它要求在当地设立分支机构，通常服务企业管理人员会驻守在国外推广服务业务，这可能需要一些投资。而第3种服务的最佳形式似乎应该是海外直接投资。

4.6 本章提要

本章讨论了服务全球化和与之相关的问题。服务的全球化可以通过国际贸易实现，也可以通过对外直接投资实现。本章回顾了全球化的原因、跨国服务企业的经营环境、实现全球化的不同途径以及当前服务全球化的趋势。服务需求的整体增长以及商品国际贸易量的增加是国际服务贸易增长的主要原因。服务企业走向全球，目的是充分利用东道国的普通消费者需求，利用全球消费者的需求、全球性供给渠道，利用规模经济、畅通的物流渠道以及东道国政府有利的政策和制度，还利用可转移到海外市场去的技术优势和竞争性优势。

本章还强调了服务机构在决定是否推行全球化或是在国外设立分支机构之前，必须了解国际市场竞争形势及影响因素。文章还讨论了服务企业走向全球的3种不同形式：国际服务贸易、对外直接投资和对外联盟。本章最后展望了服务全球化的趋势。

讨论题

1. 美国是如何"出口"和"进口"服务的？试举例说明个人及企业是如何从事服务的进出口业务的。
2. 服务的"对外贸易"和"对外直接投资"有什么区别？在资源保障和风险方面两者之间有何区别？
3. 试说明服务对外贸易的形式。
4. 试说明对外直接投资的形式。
5. "消费者的普遍需求"指的是什么？这种需求对于服务全球化有何重要意义？
6. "全球型消费者"对于服务公司的全球化有什么意义？
7. 服务全球化是如何形成规模经济的？
8. 电脑和电信技术在服务全球化的过程中起到了什么作用？
9. 试说明东道国政府在鼓励和限制服务全球化中所起的作用。
10. 何谓服务企业的"国际化环境"？这种环境是由哪几部分构成的？
11. 何谓企业联盟？建立联盟有什么好处？试举一例说明近期服务企业间的联盟。
12. 从不同的全球化形式的角度，讨论3种类型的服务。

案例 4—1

Peters & Champlain 会计师事务所

皮特·德莱斯甫斯（Piet de Lesseps）收到罗伯特·波洛特（Robert Poirot）给他发来的传真。罗伯特·波洛特是一家大型建筑施工企业蒙蒂尼·范·伯恩（Montini Van Buren, MVB）的审计主管。由 ABNZ 斯通·钱普莱（ABNZ Stone Champlain）公司和彼得斯·汉斯（Peters & Heinz）会计师事务所合并而成的彼得斯和钱普莱会计师事务所（P&C）是世界六大会计师事务所之一，而皮特·德莱斯甫斯则是该事务所很有影响力的合伙人。波洛特的公司也是最近经合并后成立的公司。它在世界范围寻求合作伙伴以强化其公司审计工作。德莱斯甫斯认为这正是在世界范围提升 P&C 公司形象的大好机会。

波洛特在传真里声称，董事会打算将全球范围内服务于 MVB 的会计公司由原来的 34 家精简为 1 家。他们正在征询六大会计师事务所的意见，MVB 公司决定先选 3 家，经过进一步讨论后，最终再决定其中的一家。

傍晚时，德莱斯甫斯会见了布鲁塞尔办事处的负责人雅克·范·克雷伯（Jacques van Krabbe），讨论 MVB 公司的要求。两人都意识到，从全球的角度看问题，若能得到这份合约，的确对他们公司有很大的吸引力。因为德莱斯甫斯认为，他们公司负责 MVB 公司的比利时业务已有多年。接到这笔业务的意义远大于寻觅本国的一个大客户。这或许是 P&C 公司在全球范围内一次潜在的胜利。对方也断言，最好让地处巴黎的 P&C 会计事务所欧洲办事处去拿实施方案。

范·克雷伯又看了一眼传真，"皮特，要抓紧！"他说，"现在已经 12 月初了，波洛特在来函中称方案要在 1 月底之前完成。"

蒙蒂尼·范·伯恩（MVB）建筑工程公司

MVB 是一个跨国性的建筑工程公司。它是由意大利米兰的蒙蒂尼（Ing. Umberto Montini SpA）公司与总部设在布鲁塞尔的法、比合资公司范·伯恩，Van Buren, Walschaert, Lesage SA 于 1990 年整合而成的。范·伯恩公司的专长是隧道、水电站、灌溉工程和港口建筑的设计。蒙蒂尼公司则以其桥梁设计和建造的创新而闻名，该公司也曾积极参与机场的建设。两家公司还都在大型高速公路的建造方面接到过许多订单。范·伯恩近年来效益一直很好，但蒙蒂尼在此前的 3 个财政年度中却有两年亏损。合并以后的公司在卢森堡设立总部，同时也在布鲁塞尔、米兰和巴黎处理其他一些主要的行政管理工作。

MVB 参与了世界上许多大的建筑项目的设计和施工。有时作为工程咨询，有时作为主要承包商，也有时是转包商。对于相当庞大的工程项目，MVB 可能会和其他公司合作。目前的主要工程有英吉利海峡隧道的开凿、新建阿尔卑斯山铁路隧道工程的前期设计、印度尼西亚的深水港，加拿大、印度和阿根廷的水电站大坝、墨西哥城的地铁、三大洲几座大的桥梁、尼日利亚、澳大利亚和其他一些欧洲国家的机场扩建以及世界各地的高速公路建设，主要集中在一些亚非国家。MVB 接手的大多数工程都要实施 3～5 年，甚至更久，但有时他们也竞标规模较小的项目，这样容易提高知名度，拓展新市场，接受重要的技术挑战。许多项目是由政府机构委托授权的，有些工程则是跨越国界的工程，比如桥梁和堤坝的建设等等。

MVB 在 53 个国家都设有分支机构，有些是开拓业务的销售部门。有 34 家以上不同的会计师事务所在世界各地对其会计报表进行审计。当地事务所占了一半以上，余下的工作就由世界六大会计师事务所承担，主要是 P&C 事务所，琼斯·皮特曼（Jones Pittman, JP）事务所和库尔森和斯图尔特（Coulson & Stuart）事务所，这些事务所还承担卢森堡合并账户的审计工作。P&C 为包括比利时在内的 7 个国家内的 MVB 公司做审计。许多业务关系早在十多年前，甚至更早就建立了。比如在比利时，德莱斯甫斯在 12 年前就和范·伯恩公司有过初步的合作。

客户所关注的问题

两天后，德莱斯甫斯就到卢森堡去与罗伯特·波洛特会面。在那之前，他已经了解到波洛特的一些情况。波洛特是法国人，刚在 4 个月前来到 MVB 的麾下。就是他说服董事会专门由一家会计师事务所为其公司做审计。然而,在同各国一些伙伴公司的电话交流中,德莱斯甫斯也了解到,MVB中的许多部门都不赞成这个计划,因为合并前两家公司在各地的办事处各自为政,蒙蒂尼公司和范·伯恩公司合并后,这些部门都发生了相应的变化。事实上,P&C已经失去了对MVB合并后的委内瑞拉首都加拉加斯办事处的审计资格,接手工作的是另一家六大会计师事务所之一的琼斯·皮特曼事务所。但在其他3个地方,P&C公司却是赢家,前两个是和当地事务所合作的,而第三个则是在战胜另一家六大事务所之一的马丁·阿蒙森(Martin Amundsen)后取得了审计资格。

德莱斯甫斯对波洛特的才智、专业技能以及对其本人对新公司的远大抱负印象深刻。波洛特开门见山,首先承认自己是MVB的新员工,然后以"你比我更了解这个公司!"作为开场白。他告诉德莱斯甫斯,在世界范围内为公司寻求审计单位的决定要听取大量其他高层行政领导的意见,包括总经理加勒里(Garelli)先生(蒙蒂尼公司的前任首席执行官)、副总经理布鲁赫特(Brecht)先生(范·伯恩公司的前任首席执行官)、财务经理达马托(D'Amato)先生和他的副手布鲁格对Brugge先生,并且还需要得到董事会的批准。波洛特还说,他以前在一家大型医药公司任职时曾经和P&C公司有过接触,但是印象不深。"但是我会公正地处理这项建议的。"他声称,"现存的所有业务关系都会有所变动,我们的宗旨是,只选择一家会计师事务所为我们世界各地的分公司做审计。"波洛特还强调,MVB不想拖泥带水,审计服务是审核各种方案的唯一标准。

带着波洛特的一席话,德莱斯甫斯离开了卢森堡。但是他担心MVB公司其他与此次选择相关的人员能否在挑选合作对象时与审计部经理达成共识。从他自己在比利时为MVB公司工作的经验来看,他知道,该公司对相互竞争的六大会计师事务所之间的差异知之甚少,所以很可能尽力压价。然而,他也不敢肯定这个决定是否是前蒙蒂尼行政官员(如总经理加勒里)的真实意愿。还有财务经理,因为加勒里是听达马托的。

几天后,德莱斯甫斯设法在巴黎安排加勒里和P&C公司在纽约的合作伙伴克里斯托弗·迪博尔德(Christopher Diebold)见了一次面。加勒里当时正好在巴黎视察MVB公司的法国办事处。安排在加勒里下榻宾馆的会见短暂而热烈。加勒里告诉他们两人,他曾经以私人名义委派波洛特负责在世界范围内选择新的审计师,并且对波洛特提交董事会的报告很满意。他还强调了公司结构的纵横关系。公司既是按地理区域划分,也是按工作性质划分,比如隧道掘进、桥梁架设和航海设备制造等等。

早在好几年前,德莱斯甫斯和范·伯恩公司合作时,他就认识了该公司财务部副经理米歇尔·布鲁格(Michel Brugge)。达马托快到退休年龄了,但看形势,他的副手可能在以后的两年内或更早一点接替他的位置。布鲁格过去就曾告诉过德莱斯甫斯,他不愿意看到任何公司取代库尔森和斯图尔特事务所为其合并报表做审计。看来布鲁格在挑选新的审计事务所方面说话算数,所以加勒里大概也不会去违背他

智囊团群策群力

在分别与波洛特和加勒里会面以后，德莱斯甫斯很快回到布鲁塞尔成立了一个智囊团。巴黎的欧洲办事处为他提供了一名笔杆子兼市场调查专家玛丽·劳雷·科特（Marie-Laure Cot）。米兰办事处的合作伙伴乌戈·比安奇（Ugo Bianchi）对建筑工程行业十分熟悉，她同意与该团队最初的工作阶段出一点力。

在圣诞节的前两天，这个智囊团首次召开了全体会议。科特夫人准备了一整套MVB全世界各公司运作的主要信息资料，其中包括一张MVB公司在53个国家的办事处的名单及其各自目前所聘用的审计师事务所（参见图表4—4）。

图表4—4　1991年12月时MVB在全球的分公司以及审计事务所的名称

地区/国家	会计师事务所*	地区/国家	会计师事务所
欧洲/近东		**中南美**	
奥地利	地方事务所	厄瓜多尔	地方事务所
比利时	P&C	圭亚那	地方事务所
塞浦路斯	FBG-WB	巴拿马	JP
丹麦	JP	委内瑞拉	JP
芬兰	地方事务所		
法国	地方事务所	**北非/阿拉伯国家**	
德国	C&S	埃及	地方事务所
希腊	地方事务所	伊拉克	地方事务所（已关闭）
匈牙利	无审计事务所	科威特	地方事务所
意大利	C&S	摩洛哥	地方事务所
荷兰	P&C	沙特阿拉伯	DMC
挪威	地方事务所		
葡萄牙	地方事务所	**中非及南非**	
西班牙	地方事务所	象牙海岸	地方事务所
瑞典	JP	肯尼亚	C&S
瑞士	DMC	尼日利亚	FBG-WB
土耳其	地方事务所	南非	地方事务所
英国	地方事务所	津巴布韦	地方事务所
北美及加勒比海地区		**亚太地区**	
巴拿马	地方事务所	澳大利亚	P&C
加拿大	P&C	中国香港	P&C
多米尼加共和国	JP	印度	地方事务所
牙买加	地方事务所	印度尼西亚	地方事务所
墨西哥	地方事务所	日本	地方事务所
特立尼达与多巴哥	P&C	马来西亚	C&S
美国	C&S	新西兰	地方事务所
		新加坡	P&C
中南美		中国台湾	DMC
阿根廷	JP	泰国	地方事务所
巴西	MA		
智利	地方事务所	合并报表（卢森堡）	C&S
哥斯达尼加	地方事务所		

＊只有六大会计师事务所才注明具体的公司名称。P&C即Peters & Champlain会计师事务所；FBG—WB即FBG—Wills Boswell会计师事务所；JP即Jones Pittman会计师事务所；C&S即Coulson & Stuart会计师事务所；DMC即Davis, Miller & Campbell会计师事务所；MA即Martin Amundsen会计师事务所。

在会议开始,德莱斯甫斯对与会者说了如下的一番话作为开场白:

能否得到提名并通过,将对P&C公司产生重大影响。我们并不是仅仅对全球业务所带来的收益感兴趣,而是看中这个机会,把我们合并以后经常谈论的"一家公司,全球分布"的观念在P&C公司中得以实现。若要按照这种模式经营,光是显示我们拥有世界上强大的地方事务所网络还是不够的,我们应该要让人们感觉到我们是真正的跨国公司。

我们面对的是文化上的巨大差异。一方面,总部设在比利时范·伯恩公司的最高管理层都是佛兰芒人(比利时民族——译者注),但他们给为数不多的法国人相当大的自主权,尤其是在英吉利海峡隧道工程的施工中更是如此。法国人永远不会容忍被布鲁塞尔人差使!以往的蒙蒂尼公司总部设在意大利,在瑞士和德国的业务也不少,但是范·伯恩在那里却不可能有太大的发展空间。这次合并大大增强了公司在全球的竞争力。合并前,这两家公司分别活跃于约35个国家,而合并后的MVB公司在53个国家经营业务。而且他们拥有一支更雄厚的专家队伍:蒙蒂尼公司在桥梁、高速公路和机场建设方面声名显赫,而范·伯恩则在大坝、隧道和港口建设方面业绩斐然。

从我和MVB公司有关人士的对话中不难得出结论,他们把审计工作视做一种商品,一种廉价的商品。这一点在范·伯恩显得更为突出。布鲁塞尔总部会列出一张会计师事务所的清单,供各国办事处自行选择。他们一直声称专业技能不如价格重要。

波洛特告诉我,他认为6家会计师事务所的业务水平相当,但MVB关心的是其全球覆盖面,以及审计和反馈信息的方法,也就是如何向他们反馈通过审计得到的信息。他说,与审计人员相比,他更关心这一点。他非常想知道我们打算如何审计、内部如何组织以及如何安排报告程序等等。他一直低调处理合并财务报表,却十分注重我们可能提供的反馈信息。

研究审计程序

德莱斯甫斯从座位上站起来,走到白色写字板前面,拿起一支蓝色的书写笔草草地在白板上画一个长方形的框,分成4块。他在第一块最上面写了"制定方案",第二块的顶部写了"执行过程",第三块是"报告内容",第四块中写了"反馈调查"。然后转向人群说道:

你们可以像这样描述审计的过程。你们按照自己认为重要的工作范围设计审计方案。然后将方案运用到各种工作中,比如预算,这是预先计算一笔生意的利润。在反馈调查中,你就可以判断是否真正盈利了。我的意思是,每一个阶段都会有成果。制定方案阶段的成果是审计方案及实施计划;执行阶段则是审计项目及工作记录;在报告阶段我们有审计报告和管理建议书;最后,在调查反馈阶段则有发票。

德莱斯甫斯用笔把4部分底端的全部成果圈了起来(参见图表4—5)。"有些客户认为整个部分就是商品,"他说,"但我认为商品应该包含大量具体成果。通过部分成果的升值,就可以把你的服务和其他人的区分开来。"然后他在"管理建议书"、"审计方案"和"实施计划"下面划上线,他又补充道:

　　管理建议书增值的可能性最大。建议书的内容和价值都取决于审计方案和实施计划的内容。比如确定工作的薄弱环节等等。你只有在了解自己需要做什么,哪些是重要环节以后才能着手工作,才能以书面的形式向领导层提出建议。也只有这样,你才有可能针对领导的经营方式提出有价值的建议。

　　审计不只是数字的增减,而是要懂得企业经营、风险分析等等。在面对跨国经营时,必须从全球的角度来理解经营,会变得极为重要。即使只是从事本地业务,那么也要考虑地方环境、地方需求、地方法规以及其他等等。像MVB这样的公司,我们所接触到的高层虽然只是很少的一群人,但他们确掌控着一家巨大的跨国公司,而且让人丝毫感觉不到他们在掌控着这样巨大系统中,有任何不胜任之处。他们认为审计人员有助于他们更游刃有余地开展跨国经营。因为经过审计,他们所面对的数字是可靠的,他们可以更好地了解,是否掌控着整个经营,现在都拥有一些什么样的客户,以及从这些资产中可望集结起来的现金流,这些正是在管理建议书中所要反映出来的观点。

图表 4—5　　　　　　　　　　德莱斯甫斯勾勒的框架

阶段	制定方案	执行过程	报告内容	反馈调查
	重要问题	重要问题	重要问题	重要问题
成果	审计方案 审计方法	审计项目 审计报表	审计报告 管理建议书	发票

　　德莱斯甫斯算是抛砖引玉。到会的一位高层领导卡罗琳·奥布赖恩(Caroline O'Brien)提出了一个观点:

　　波洛特先生说凡是与合并报表无关的材料他都不需要。但是我们还得遵守许多国家对财务报告的法律法规。他希望我们降低费用,但是我想他未必知道MVB公司要合法生存所需要的审计量远远大于纯粹满足日常经营所需要的审计量。

　　"这一点提得很好,"德莱斯甫斯表示赞同,"我想波洛特还需要多多地

MVB 的情况。但是事实依然是，审计服务市场正在由尊重事实兼顾成本的市场转向了价格导向型市场。"

资料来源：Christopher H. Lovelock, *Services Marketing*, 3rd ed. (Upper Saddle River, NJ, Prentice Hall, 1996), pp. 628–632. Copyright © 1992 by IMD (International Institute for Management and Development), Lausanne, Switzerland. IMD retains all rights. Not to be reproduced or used without written permission directly from IMD, Lausanne, Switzerland.

案例思考题

1. 对于 P&C 公司而言，MVB 公司的潜在价值是什么？
2. MVB 公司的真正意图是什么？它们为什么要把原先的 34 家会计师事务所精简为 1 个？
3. 与其他 5 大会计师事务所相比，P&C 公司的优势是什么？
4. MVB 公司的决策机构是什么？由哪些人组成？他们的影响力有多大？
5. 审计师如何通过自己的工作为顾客创造价值？
6. 设法制定一套方案提交 MVB 公司筛选，要能进入第二轮竞争。

案例 4—2

必胜客在莫斯科：好事多磨

概述

1990 年 9 月，必胜客（Pizza Hut）在前苏联的莫斯科开了两家餐馆。那是同莫斯科市政府签订了合资协议后的产物。在向市场经济转型的过程中，当地的政治、金融、社会和经济结构瞬息万变，但是在这种多变的环境下，双方的合作依然是有利可图的。自从俄罗斯实行改革（以市场为导向，注重生产、注重产品及服务的销售）以来，那里发生了翻天覆地的变化。1991 年，米哈依尔·戈尔巴乔夫政治变革的失败最终导致了他的下台，然后是叶利钦上台执政。

百事可乐公司的发展历程

必胜客已经位居比萨食品市场供应的首位，处于行业龙头地位。1977 年，它被百事可乐公司收购。早在 1972 年，百事公司就已经与前苏联建立了早期正式的贸易关系。当时，前苏联和百事公司签了一份协议，用 Stolichnaya 牌伏特加酒去换取百事可乐，由百事公司在西方国家代理销售伏特加酒以赚取硬通货。百事可乐成为前苏联的主要消费品，前苏联也成为百事公司世界范围内的第四大市场。

百事公司对前苏联市场非常看好，与前苏联的高层领导有着频繁交往。这说明该公司的决策者在努力开拓前苏联市场。据公司的一份报告称,百事公司的总裁唐纳德·肯德尔(Donald Kendall)"亲自出马,争取于20世纪80年代中期在前苏联开连锁餐馆。"

肯德尔早在20世纪50年代就曾几次访问前苏联,向赫鲁晓夫介绍百事可乐的经营理念,并且进行协商谈判。20年左右的协商和蓄势待发,最终使百事可乐成为前苏联最知名的国外品牌。这段历史对于公司建立一整套运营机制是一段十分宝贵的财富,并且为必胜客在莫斯科的合作经营奠定了良好的基础(参见图表4—6)。

图表4—6　　　　　　　　创建合资企业的大事年表

	1972年	签订百事可乐与伏特加酒的互换协议
9月	1987年	与莫斯科市政府签订意向书
	1988年	进行可行性研究
2月	1989年	签订合同
	1989年	莫斯科总经理亚历克斯·安东尼亚德(Alex Antoniadi)到任
1月	1990年	基建工程开始
4月	1990年	签订价值30亿美元的贸易合同
6月	1990年	员工聘用工作结束,培训开始
9月	1990年	最早的两个餐馆开张
4月	1991年	安迪·拉法雷特(Andy Rafalat)返回伦敦

资料来源:Pizza Hut,"Pizza Moscow," 1991。

早期的观点

按照在前苏联开展如西方和欧洲国家所熟知的那种餐饮业务,在文化上是格格不入的。肯德尔行为做事并没有一定之规,他有的只是一个信念,觉得这件事必须要做。按照必胜客国际公司法国部的财务副经理史蒂夫·毕晓普(Steve Bishopp)的说法,是肯德尔第一个想出了在前苏联开店的主意,"唐(Don)一直和前苏联有生意上的来往,他发现和前苏联发展业务往来的机会很多;毕竟在他统领公司时,必胜客也是公司业务中的一项。"

从克里姆林宫政治局的一封信中可以看出,前苏联在20世纪80年代中期并没能满足全国家庭的需求。酗酒成为令人瞩目的社会问题,政府也在探索,试图创造一个可供家庭成员餐饮和娱乐的居家环境。必胜客决定提供一个健康的无酒精场所,同时也可以帮助解决这个社会问题。肯德尔提出了任务,然后他邀请了必胜客的经理们共同来决定实施方案。

1985年,百事可乐公司派一个工作组去莫斯科评估比萨店的运营情况。一位工作组成员说:"从刚刚登上飞机的那一刹那间开始,我们就意识到惯用的贸易规则将不起任何作用了。我们要以客观的眼光,要用常识来解决问题,这样才能公正地反映事情本质。"

百事可乐公司欧洲、非洲和中东分公司技术服务部当时的主管安迪·拉法雷特（Andy Rafalat）在总结运营情况时说："我们都知道有潜在的客户群存在，但我们也清楚体制绝不允许公司自由经营。那年（1985年）11月份的一天，我们踏进了一片充满着未知数的土地，说它充满着未知数，是因为没有任何的参照系。"

根据必胜客工作组报告的有关前苏联人（尤其是在莫斯科的青少年人群中）对于比萨的熟知程度和接受程度的资料，百事公司决定选择必胜客作为他们打入前苏联市场的先锋队。有一份公司的文件说，"选择比萨打头阵，主要是因为这种食品相对简单、便宜，而且绝大多数配料都很容易采购。"面粉、番茄酱、食油和做色拉的其他材料都可以在前苏联市场购买。

直到1987年年初，前苏联才批准合资经营的模式。于是，肯德尔拜访了莫斯科市市长。那年9月，他与市政府负责食品供给的局长莫索比谢比特（Mosobschepit）签署了一份意向书。这是第一份前苏联与美国公司签订的合资协议书。

谈判是在1989年取得最终成功的。但是许多基础工作都要归功于肯德尔在美国的业务拓展以及和前苏联、东欧政界的接触所使用的十分简单的方法。一位公司的管理人员说道，"他是一个大型跨国公司的总裁，也是个很特别的人。他总是定期安排时间走访这些市场。他不单单是认识他们的领导，还了解那些市场的体系究竟是如何运作的。他把这个当作自己的必修课。他很主观，因为他对情况相当熟悉，所以有自己的见解。一位主要执行官能花时间了解市场行情，并且清楚所有问题，还能在第一线指导工作，这种现象非常难得。"

肯德尔精通交际，懂得如何为生意去打交道。他在华盛顿拜会了前苏联大使。"唐是可以有机会见到这位大使的，那不单是一个大使，还是一个有家庭的男人。大使喜欢在周日的早晨溜到必胜客，和别人分享他的思想以及对俄罗斯人心灵和精神的深入剖析。"

人际关系是根本。肯德尔设法让许多机构向他发出邀请信。在20世纪80年代的早期和中期，西方的商人几乎没人知道如何与前苏联这个当时世界第一大官僚政府建立贸易关系，而肯德尔却一直与其保持着往来。他还提醒百事公司和必胜客的管理者也应该去贸易往来国看看。正是由于肯德尔的坚持不懈导致了如何与前苏联做生意的实施方案最终的诞生。他的这种坚持不懈表现在他与各种机构首脑的频频会晤、接触以及信件往来方面。

实施方案

从1987年开始，前苏联的法律有所改动，批准企业间的合资经营。按照拉法雷特的说法："现在任何一家公司都可以和前苏联的企业合资经营，就像是私人企业一样运作。我们开始意识到企业本土化经营的重要性。……我们还明白了'土生土长'的重要性，也就是使用当地设备和资源以达到效率最大化。"

1987年签订了一份记载了双方合作经营目标和期望的意向书。在筹划过程的早期，就考虑开办两家莫斯科餐馆，一家接受卢布，而另一家接受硬通货。按当时的设想，合资企业会使本地资源优势发挥最大化，而且这一优势日后可能将日益明显。

在经营的过程中，卢布和硬通货的现金流量都会是净流入。虽然卢布不可能在短期内为照顾股东利益而兑换成投资方的本国货币，但是硬通货是能够做到这一点的。制订方案的人认为，前苏联的潜在市场广阔，第一家餐馆可以帮助公司站稳脚跟，同时认为"从长远看，卢布终将是可自由兑换的。"再者，开两家餐馆也可以视作一种有意义的实验，从中可以观察在前苏联的公司究竟会如何运作。公司还会和前苏联官方建立联系，培养一支在本地工作的骨干队伍。公司的报告称，新闻报道也会使必胜客的全球经营得到额外收获。百事公司的主要动机是，"为实现在这个潜在的广阔市场里开一家有一定影响力的餐馆这个长期目标"走出第一步。

合同的前期谈判

1987年开始的谈判大约持续了两年时间才结束。双方都希望能充分利用合资经营这种形式所带来的新的商机。在那时，他们认为这几乎是最时髦的事情。他们都很愿意为必胜客效劳，而对是否能对公司进行控制无所谓。但文化和语言差异在某种程度上成为完善协议过程中的障碍。

"我们的语言不同，表达的意思也不同，这是因为我们的体制完全不同，几乎没有一样事物具有可比性。……甚至连辞典都不起任何作用，怪得很……谈判持续了将近两年（18个月）。我觉得对谈判的持久性我们是有准备的……谈判如何进展、如何相互了解、以及和莫斯科方谈判的方式都得根据他们的意愿和法律，他们对'比萨改革'和市场力量的逐渐接受程度而变化。"

1987年签订意向书以后，事态发展得并不顺利。对方并没有按照原定的时间安排行事，他们推迟了到英国考察的时间，故意不对必胜客的代表拜访供应商进行安排，不安排翻译许多重要的文件，甚至告诉公司以前选定的餐馆地址现在不算数了。看来他们对克服障碍根本没有诚意，也不懂如何去克服障碍。这就显示了他们不了解以市场为导向的企业应该如何运作。

"我们的谈判队伍规模小，变化灵活。其中包括一位律师斯科特（Scott），他负责起草协议的详细文本，为谈判双方提供可选方案。还有我们的副总裁戴维·威廉姆斯（David Williams）先生，他具有在多国进行合资经营谈判的宝贵经验；而我非常了解本地的情况，花很长时间在莫斯科看了许多店址，学习俄罗斯人的经营之道，尝试了解供应商的公司结构以及我们需要做什么。随行的还有我们的财务主管，帮助提供相关数字并进行计算。整个小组搭配得很好。"

"然而我们发现，俄罗斯人的谈判方式截然不同。看上去他们没有经营的真正诚意，谈判成员也是频繁更换。这对他们完全是一件新鲜事，所以根本不知道该如何面对一支搭配精良的谈判小组。我们最大的问题就是谈判需通过翻译进行。经过许多天,甚至若干周的谈判,我们才开始真正意识到其中巨大的差异,我必须认识这些差异并克服他们。"

"我们用了几周,甚至几个月的时间讨论细节,事后证明都是作无用功。例如,我们花了几天的时间协商要排多少根电话线。当我们到达莫斯科后,这些努力都被证明是无用的,因为他们根本就没有权力去申请一根电话线。我们中没人知道究竟该如何解决这些事情。这只是在那里做贸易的一个小插曲。我们需要不断地学习、探索。"

重申问题、创造机会

必胜客谈判小组的成员都认为这些困难难以逾越。但是安迪·拉法雷特说,"我们的字典里没有失败这个词。在企业中,如果管理不力或缺乏经验都可能出现问题。"一般说来,人们认为新的商机来自技术或市场的改变,而公司则认为,发挥现有资源优势比追求新的商机更有价值。

必胜客工作组在对莫斯科市场做了更深入的了解后,感觉成功在望。以前有些事情对于别人来说可能是困难重重,而今对于必胜客往往都是机遇。就是这种不变的信念推动了合资项目向前发展。最终,前苏联方面履行了其必要的义务,双方还是签订了一份正式的合同。合同是在1989年2月份签订的。最早的两家餐馆计划在1989年底开张。这个合资公司的董事会将由6人组成,双方各3人,由一位苏联人担当董事长。由董事长和副董事长共同决定所有重要事宜。

合同详细规定了双方的权利和义务。必胜客将要提供管理人员并负责人员培训,而对方则需要处理协商一些地方性问题,例如入境签证、报关手续、水电气的申请安装以及易耗品的采购等等。双方还商定了议事程序,说明合资双方该如何解决争端,以及如何贯彻一系列的指令。在必胜客和新的合资子公司之间还签订了一份特许经营的一般协议,具体规定了首笔特许费为2.5万美元,以后每月的服务费用(特许权使用费)定为毛销售额的4%。

在进行合资谈判的同时,还做了两项可行性研究。尽管早期的许多假设后来被证明是错误的,但这些研究在为合资工作创造基本的经营条件方面还是起到了一定的作用。

"必胜客需要提供管理人员并负责人员培训,而对方则需要处理协商一些地方性问题,例如入境签证、报关手续、水电气的申请安装以及易耗品的采购等等。合同中同时还规定了企业所赚取的外汇在何种情况下可以动用。首先是支付必胜客的特许费,然后才是其他费用……百事公司可以先于前苏联的合作方提取外汇。"

为合资企业融通资金

必胜客和莫斯科市政府建立的首家合资企业的融资基础正是早些时候百事公司所签下的协议。1990年,百事公司和前苏联官方签订了一份价值30亿美元的对等贸易协议(参见大事年表)。按照这份协议,伏特加与百事可乐的贸易一直要持续到2000年,要新增25座生产百事可乐的工厂,使总数达到50座。协议中还增添了一项新的内容:建造10艘前苏联商船供销售或跨国租赁。这种易货贸易为头两家必胜客餐馆的融资打下了基础。

按照市场汇率计算,这个项目的前期费用是很低的。必胜客能够用卢布支付硬通货。它先向前苏联银行借款,然后按照官方汇率兑换成硬通货。新企业的投资总额为296万美元,双方投资比例如下:

前苏联方	金额(千美元)	必胜客	金额(千美元)
土地及建筑	1 200	设备	856
		方案和图纸	184
开办费	120	开办费	200
装修费	200	装修费	200
合计:	1 520		1 440
	(51%)		(49%)

策略和组织

安迪·拉法雷特于1988年被派遣到莫斯科担任全职的首席执行官。拉法雷特说:"迄今为止,我参与这个项目已经有3年半了。一旦意识到即将要开始,我才真正明白了一个项目背后必定要有一个人在策划。必须有人领导。自然而然地,要把方案变成现实,我必须领导这个项目,并且要真正把握它。然后我又认识到,也许需要真正把落脚点转回到前苏联。"

"然后我们又开始考虑如何去聘用主要负责人、如何让他们在伦敦和前苏联接受培训、如何制定规章制度。我们要采购货物,要安排物流,但是这一切又都必须在一个完全没有商业意识的基本条件的地方进行。莫斯科根本没有商业氛围。"

"我对家人说,我们将在冬天时搬去莫斯科。孩子们不得不转学,我们也必须重找住所,还要学着适应那里的环境,连购物和服务都不方便。最终在1990年的2月份,我们还是搬到了莫斯科。"

管理层的策略是为公司配备前苏联员工。随着他们的技能日益成熟,拉法雷特也将撤回他所驻扎的伦敦,把主要精力集中在开拓潜在的市场,而不是仅仅监督日常的公司运作上。

一支管理人员队伍建成了,总经理亚历克斯·安东尼亚德在日常业务管理中顺带把必胜客的管理理念灌输到整个系统中(如图表4—7)。以前亚历克斯·安东尼亚德在莫斯科经营了5家餐馆,他把这些经营经验、业务关系以及食品、员工的高质量标准都引进了新公司。他的职责是传播必胜客有关食品的清洁卫生、食品的质量、员工表现和服务的高标准的文化。

在刚刚上任总经理一职后,安东尼亚德就接受了前往伦敦接受培训的建议。公

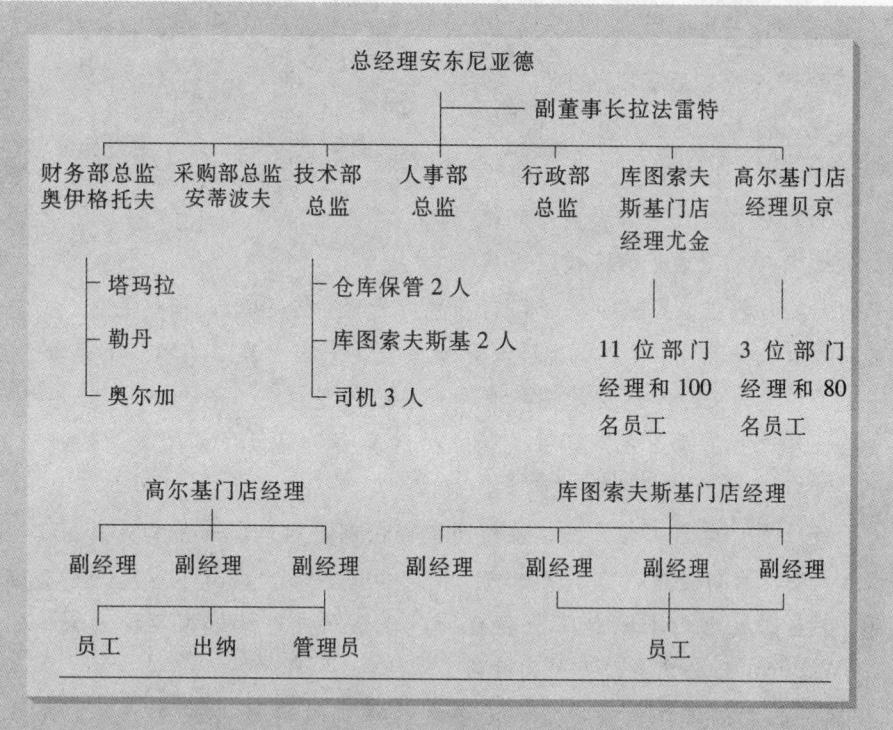

第4章 服务业的全球化：国际竞争中的服务管理

```
                    总经理安东尼亚德
                         │
                         ├──── 副董事长拉法雷特
       ┌────┬────┬────┬──┴──┬────┬────┬────┐
      财务部 采购部 技术部 人事部 行政部 库图索夫 高尔基门店
      总监  总监  总监  总监  总监  斯基门店 经理贝京
      奥伊格 安蒂波夫              经理尤金
      托夫
       │          │
       ├塔玛拉    ├仓库保管2人
       ├勒丹      ├库图索夫斯基2人    11位部门    3位部门
       └奥尔加    └司机3人           经理和100   经理和80
                                    名员工      名员工

           高尔基门店经理              库图索夫斯基门店经理
         ┌─────┼─────┐           ┌────┬────┼────┬────┐
       副经理 副经理 副经理       副经理 副经理 副经理 副经理
         └──┬──┴──┬──┘                    │
           员工  出纳  管理员               员工
```

图表 4—7 必胜客莫斯科公司的人员分工图

司允许他亲自挑选餐馆的管理人员——贝京和萨夏·尤金。安东尼亚德本人一丝不苟的工作作风影响着必胜客莫斯科公司的管理标准。由于工作兢兢业业，安东尼亚德很快在当地出了名。他有着一些老朋友，再加上拉法雷特在公司中一直坚持与合作伙伴对话交流，这就为有效地维系这份合作关系打下了坚实的基础。在从众多的国家机构和管理部门处获取批文的过程中，安东尼亚德的人际关系网也起到了关键作用。

必胜客公司对拉法雷特实行的是一种**不干涉主义**（laissez faire）的策略，授权给他全部的企业经营权。这似乎是公司的一贯风格。正如一位总经理所说："公司一个又一个地推出新的理念、开拓新的市场，一旦成功了，这些项目都会被移交给一个小团队，甚至移交给一个个人，由这样的团队或个人掌管和负责。这就保证了该项目责任到人，不论成败，都有明确的责任人。"

由于有了充分的自主权，拉法雷特就相沿成习，尽快地把管理权力和责任传递到当地的雇员手中。

前两个餐馆的选址和建设

1988年，由于意识到选址迫在眉睫，决策者根据以下的要求对头两家餐馆候选位置进行评估：

1. 面积：250～300平方米；
2. 一层楼面；

3. 店面宽度至少10米；
4. 店面进深是店面宽度的1倍；
5. 往来人流量大；
6. 有停车场；
7. 靠近办公楼、商店和公寓住宅；
8. 附近有接受硬通货的宾馆、饭店。

早期选定的地理位置被否决了，前苏联方选了一个相对低档些的地段。这就暗示了对方将该项目进行下去的诚意不足，或者说是完全忽略了该项目的性质。最终，公司提供了详尽的必胜客选址地图，有两处备选地址供苏联合作方定夺，一个在高尔基大街；另一个在库图索夫斯基大街。必胜客公司提供了两家餐馆的建设草图，与1998年的可行性研究报告一并递上。

1990年1月，建造工程开始。虽然两家餐馆都是对已有建筑的改造，但工作量还是相当大的。最初是雇佣前苏联的施工队，但成效不大。迫不得已只好重新和一支具有跨国施工经验的西欧施工队签合同，合作双方付给这家英国泰勒—伍德罗(Taylor Woodrow)公司600万美元的施工费。

"按照必胜客的工作质量要求，大多数的建筑材料需要进口，施工人员也要从国外聘请，90%的建筑材料以及全部的表面涂料都是取材于国外。苏联合伙人很难理解为什么施工需要用进口水泥，然而工程竣工时间和材料质量一样都是关键。没有一家本地的供货商能够很快地对需求做出反映，交货也不及时。同时，本地提供的机器设备也非常不可靠。比如，泰勒·伍德罗公司不能保证在需要吊车的时候能获得使用，工人们不得不挥手拦截过路的车辆，付钱让他们帮助提升重物。"

建筑队的工人们来自6个不同的国家：英国、瑞典、意大利、葡萄牙、波兰和前苏联。西方的工人还要帮助前苏联的建筑工人，教他们许多建筑技术。

经过大约8个月的修建，两家餐馆于1990年9月11日开张了。响亮的鼓号声和隆重的开业典礼吸引了许多媒体记者，为它们做了一次免费的新闻宣传。

人员配备及材料采购

尽管必胜客早期曾公开表明将实行"本地化"，但这有时相当难。例如，厨具必须与必胜客的规格相配套，因此需要进口，陶瓷器皿和餐馆用具也是如此。而且根本没有前苏联供应商会做必胜客需要的产品。

"前苏联人告诉我们，在发展的每个阶段都要雇佣一些本地人。在以往的谈判中，我们一直在说到'本地化'一词；但每次说到这句话，我们就会联想到去哪里寻找本地管理人员和本地员工加入我们的新企业。我们一直尽量尝试使员工本土化，并且还要尽可能地在前苏联把这种观念点点滴滴落在实处。我们也确实是这样在思考。"

"我们开始重点关注本地员工的聘用。如果说有什么令我感到害怕的话，我想就是如何利用本地劳动力资源工作。亲眼目睹了大多数前苏联食品厂的悲惨遭遇（混乱的管理人员、混乱的食品储存和食品配送）后，我们意识到，必须把整个食品生产流程理顺。但是暂时我们还不想充当食品制造商的角色。"

"我们向供应商发出明确通知，无论市场价如何，我们都愿意按照市场价以卢布购买它们的商品，并希望和它们进行谈判。我们向整个供应圈发出了信号，表明必胜客开张了，愿意按市场价购买它们的商品。"

尽管本意是想在当地购买所需的食品原材料，但必胜客还是签订了一份最初免关税的食品进口协议。这将在5年多的时间内减少进口费用，并且可以增加硬通货的积累。我们的产品还可供出口，为前苏联创造更多的外汇。如果尽可能多利用本地食品供应商的话，还能使收取卢布的餐馆收入的流通性差的卢布发挥更好的作用。如果采购和销售使用同一种货币，也会使企业将来的经营利润规避汇率波动的风险。安东尼亚德与本地供应商之间的联系网络对于企业至关重要，但也加大了在莫斯科以外其他城市再创企业的难度。在莫斯科以外，需要招聘当地员工，建立一整套当地供销网络，重复莫斯科的经营模式。

一些供应商和必胜客签订了长期供货合同。蔬菜由许多合作方提供。其他产品（如面粉）则是根据地方计划，由政府专门配给。尽管有一家乳酪厂被指定为必胜客生产莫泽莱拉牌（Mozzarella）意大利干酪，但到了冬天乳酪的质量就没保证了。所有的乳酪都不得不从西方国家进口，一些肉类产品、一些供家庭使用的生面团和调味品也是如此。其他产品，如木制桌椅和土耳其食用油也都是进口的。

前景

拉法雷特认为，将来在前苏联或许会有5 000个门店，他把这样一个光明的前景摆在了"……所有的乐观的人们的面前。"拉法雷特是这样描述20世纪80年代中期前苏联国界背后的世界的："那是一个很神秘的世界，语言相对难懂，对其文化我们也几乎一无所知。"它是"……不可预测的荒蛮的东方国度，除非勇猛无比，谁都不敢与之接触。然而，有些人，有些乐观主义者却认识到，尽管现在情形如此，但这个地区将会为后代提供无穷的机会。这些机会将会产生巨大的回报。这种回报不仅仅是商业意义上的，它还体现在为两种文化架起了一座桥梁，这座桥将会缩小文化差异和未知世界之间的距离。"

经过前期谈判和建设，现在首要的任务就是要发展和完善主要的经营系统。需要雇佣并培训一部分职工；同时还需要健全管理和调控系统，建立一个全新的财务系统，也就是综合清算系统，这样就可以正确反映交易中使用的两种货币——硬货币和卢布。拉法雷特和安东尼亚德负责协调整个系统，负责职工报酬的核算、定价、采购、原材料储存和配发、营销活动以及售后跟踪服务等等。他们的指导思想是

"……设想在整个前苏联，从敖德萨（Odessa）到海参崴（Vladivostok），建立一个强大的餐饮连锁店体系。"

资料来源：Kamal Fatehi, *International Management：A Cross-Cultural Approach*（Upper Saddle River, NJ, Prentice Hall, 1996），pp. 419-427.

案例思考题

1. 什么是合资企业？它们和其他形式的合作协议有何不同？
2. 试阐述合资企业在与政府机构（比如莫斯科市政府）和私营机构打交道时所遇到的困难。
3. 试分析必胜客的管理者面临的主要环境因素。哪些将会成为市场进入的障碍？哪些会成为发展的障碍？哪些又会带来商机？
4. 必胜客的管理层把哪些问题看成是商机？
5. 哪些因素与企业在美国本土开创时的情形非常相似？哪些是在前苏联所特有的因素？
6. 前苏联的经济环境这样不稳定，必胜客公司为什么还要从事这项风险经营呢？
7. 如果没有一个像百事可乐这样的著名跨国公司的支持，一个小企业可能在莫斯科成功经营吗？为什么？由于百事公司的赞助合作，必胜客没有遇到，而其他小企业可能遇到的风险会有哪些？请详细说明。
8. 是哪些因素使得必胜客公司相信自己的餐馆在莫斯科一定能成功？

参考文献

1. Bartlett, Christopher A., and Sumantra Ghoshal, *Managing Across Borders：The Transnational Solution* (Cambridge, MA, Harvard Business School Press, 1989).

2. Boddewyn, J. J., M. B. Halbrich, and A. C. Perry, "Service Multinationals：Conceptualization, Measurement, and Theory," *Journal of International Business Studies* (fall 1986), pp. 41-57.

3. *Economic Report of the President*, 1997 (Washington, DC, United States Government Printing Office, 1997).

4. "Telecommunications Survey—Communicating Freely," *The Economist* (September 30, 1995), pp. 27-28.

5. Hoekman, B. M., and P. Sauvé, *Liberalizing Trade in Services* (Washington, DC, The World Bank, 1994).

6. Keller, J. J., "AT&T and Microsoft Agree to Market Each

Other's Product's for the Internet," *Wall Street Journal* (July 26, 1996).

7. Levitt, Theodore, "The Globalization of Markets," *Harvard Business Review* (May-June 1983), pp. 92 – 102.

8. Lieber, Ronald B., "Flying High, Going Global," *Fortune* (July 7, 1997).

9. Lovelock, Christopher H., and George S. Yip, "Developing Global Strategies for Service Businesses," *California Management Review*, vol. 38, no. 2 (winter 1996), pp. 64 – 86.

10. Loveman, Gary W., "The Internationalization of Services," Havard Business School Module Note, 9 – 693 – 103 (June 7, 1994).

11. McCartney, Scott, "Airline Alliances to Alter Overseas Travel," *Wall Street Journal* (June 11, 1996).

12. McCartney, Scott, "AMR and British Air to Share Profits, as well as Passengers From Alliance." *Wall Street Journal* (June 12, 1996).

13. Nomani, Asra Q., "Airline Pacts' Antitrust Question Sparks Controversy," *Wall Street Journal* (January 3, 1997).

14. Porter, Michael E., *Competitive Advantage of Nations*, (New York, The Free Press, 1990).

15. Rhinesmith, Stephen H., *A Manager's Guide to Globalization*, 2nd ed. (Chicago, Irwin Professional Publishing, 1996).

16. Sauvant, Karl P., "The Tradability of Services," in P. A. Messerlin and K. P. Sauvant (eds.), *The Uruguay Round, Services in the World Economy* (Washington, DC, The World Bank, 1990), pp. 114 – 122.

17. Vandermerwe, S., and M. Chadwick, "The Internationalization of Services," *The Service Industries Journal* (January 1989), pp. 79 – 93.

18. Vernon, Raymond, Louis T. Wells, and Subramanian Rangan, *The Manager in the International Economy*, 7th ed. (Upper saddle River, NJ, Prentice Hall, 1996).

19. *World Economic and Social Survey 1996* (New York, United Nations, 1996).

20. *World Investment Report 1996: Investment, Trade and International Policy Arrangements* (New York, United Nations, 1996).

第5章 服务战略与竞争

5.1 本章概述
5.2 价值
5.3 战略
5.4 制定富有竞争性的服务战略
5.5 本章提要
讨论题
案例 5—1 战略经营使沃尔玛蒸蒸日上
案例 5—2 NovaCare 股份有限公司
参考文献

5.1 本章概述

一家企业如果能一直为利益共享者创造价值,那么它就能生存并蓬勃地发展下去。这里所谓的承担风险的人一般包括消费者、雇员、股东、供应商以及企业所在的社区。若该企业提供的价值能等同于或更胜于对手,它将成为一家有竞争力的企业。为什么创造价值如此重要呢？一位消费者只有明白他得到了优质的服务,他才会成为一个满意的消费者。一位满意的消费者将成为忠实的消费者,而一位忠实的消费者就会长期地选择该企业进行消费。他还会帮助公司招揽新消费者。一位满意的消费者从企业购买其他服务的可能性也更大一些。因此,他们不仅是企业长期收入的来源,而且能口口相传为公司做免费的广告和推销。一般说来,消费者在服务中感受到的价值越高,他就越愿意支付更高的价钱。只要企业能长期地令消费者满意,它的收入就会持续上升。

服务企业要具有竞争力,它还必须为其他的利益共享者提供价值。例如,一家服务企业可以通过利润或较高的股价来为股东创造价值。感到满意的消费者为企业创造收入,但经理人员必须能控制成本,不能危及企业创造价值的能力。

公共服务机构的性质与企业是有本质的区别的。这样的机构没有**股东**（shareholder），但是它却有**利益共享者**（stakeholder）。比如纳税人、政府官员、工会组织或任何需要利用这项服务的人。大多数利益共享者也是消费者。当然，利益共享者无法从公共服务机构的工作中得到任何收入。但是，他们能从较高质量的服务、较低的税收负担（这是有效工作的结果）或增加的服务种类和拓展的服务范围中获取价值。许多公共服务机构是微利或根本没有收入的。因此，他们得靠公共基金得以维系，例如，警察、消防员、幼儿园到中小学12年义务教育机构等等。美国邮政服务公司这样的公共服务机构创造了大量的收入，但其仍然依靠公共基金运营。[①] 这两个例子都表明，感到满意的利益共享者是公共机构得以继续生存的最好保障。

最后，当作为公司的内部顾客的雇员们感到满意时，他们将为公司创造价值。如果雇员喜欢他们的工作和工作环境，享有工作保障，能得到公平的、足够的工资和津贴，他们就会感到满意。满意的外部顾客为公司创造收入，从而使公司能为这些雇员提供诱人的薪金和较好的工作保障，令他们满意。感到满意的雇员更有可能为其内外部的顾客创造快乐并使其满意。这样就形成了一个良性循环。

5.2 价值

价值理念的历史沿革

经济价值的概念已被哲学家和经济学家研究和讨论了2000多年。[②] 亚当·斯密（Adam Smith，1723～1790年）认为，存在着两种不同的价值：**使用价值**（value in use）与**交换价值**（value in exchange）。在其著名的著作《国富论》（*The Wealth of Nations*）中，他写道：

> 具有巨大使用价值的商品常常在交换中的价值很小或者没有价值；反之，具有巨大交换价值的商品在使用中常常也会没有价值。水是最有用的东西，但用它却不能买到任何东西；即没有什么可以与之

[①] 美国邮政服务公司已盈利多年，从1982年起就未得到任何纳税人的资助。该公司1995—1997年间连续3年盈余超过10亿美元。见 Mary Beth Regan 著"邮政公司辉煌的一年"（The Post Office Delivers a Banner Year），载《商业周刊》（*Business Week*）（1998.1.19）p.38；Douglas Stanglin 著"无需返回寄件人"（Don't Return to Sender），载《美国新闻与世界报道》（*U. S. News and World Report*）（1996.10.7）。

[②] 参见 Hannah R. Sewall 著《亚当·斯密以前的价值理论》（*The Theory of Value Before Adam Smith*），载 New York, Augustus M. Kelley Publishers, 1968；Jeffrey T. Young 著《古典的价值理论：从亚当·斯密到斯拉法》（*Classical Theories of Value: From Smith to Sraffa*），载 Boulder, CO, Westview Press, 1978。

交换。相反，钻石几乎没有什么使用价值，但人们却常常用大量的其他商品来交换它。①

另一位非常著名的经济学家艾尔弗雷德·马歇尔（Alfred Marshall, 1842—1924年），用**边际效用**（marginal utility）和**边际成本**（marginal cost）的微观经济术语来定义价值。马歇尔认为，当边际效用等于边际成本时，就形成了均衡价格，即价值。② 因此，边际分析理论表明，交换价值不是全部由商品的使用来决定的，而是由商品的最终消费来决定的。在市场上形成的商品价格不仅反映了其对消费者的边际效用，而且反映了制造商品的最终边际成本。

最近，在管理和工程各个领域的学者们已越来越关注价值的概念和测算，当然他们也会给出不同的定义。从简单地将价值与"价格"划等号到复杂地为价值给出定义。例如，哈佛商学院教授迈克尔·波特（Michael Porter）认为：

　　……价值是买方愿意为之付钱的东西……高级的价值则来源于提供与竞争者同等的利益却收取较低的价格，或者价格虽高，但所提供的利益远高于价格。③

然而，德·马勒（De Marle）则用完全不同的方法来定义价值。它的方法是以科学和工程学为基础的，并关注商品的设计：

　　价值是一种激励人们行为的原始力量。它可分成两部分，既关注人，又关注他们所期望的商品。价值是介于我们和我们需要的商品之间的潜在能量。它会吸引我们去关注周围感兴趣的事物。当这种吸引力非常大时，我们就会竭尽全力去获取、拥有、使用和交换这种有价值的物品。④

价值的定义

为叙述方便，我们在此书中将价值定义如下：**所谓价值是指商品或服务的一种用于满足消费者的需求或使消费者受益的能力。**

根据这一定义，商品和服务只有在满足消费者需求或使消费者（个人

---

① 参见亚当·斯密著《国家财富的性质及来源初探》，(An Inquiry into the Nature and Causes of the Wealth of Nations) 载 New York, The Modern Library, 1937, p. 28。

② 参见 Phyllis Deane 著《经济理论分析》(The Evolution of Economic Ideas) 载 London, Cambridge University Press, 1978, p. 118。

③ 参见 Michael E. Porter 著《比较优势：创造非同一般的业绩》(Competitive Advantage: Creating and Sustaining Superior Performance) 载 New York, The Free Press, 1985, p. 3。

④ 参见 David J. De Marle 著 "价值力量"（The Value Force），载 M. Larry Shillito 和 David J. De Marle 编著《价值的核算、设计及管理》(Value: Its Measurement, Design, and Management) (New York, John Wiley & Sons, 1992), pp. 3-4。

及机构)受益时才有价值。价值是主观的,它的存在取决于消费者的感觉以及消费者的特殊需求。一辆车对于需要交通工具的人而言是很有价值的,而同样这辆车给那些住在没有马路的小岛上的人来说则毫无用处。

还需要指出的是,商品和服务的价值对于消费者而言,要么存在,要么不存在;如果一样东西对某个消费者来说没有价值,那么,进行改进后(如提高质量或降低价格)依然不会有价值。比如牛排可以满足饥饿人的需要,因此对他而言是有价值的。然而,同样这块牛排,无论其在非素食者眼中有多么上乘,多么可口,多么合算(甚至是免单的),但它对于素食者而言都是毫无价值的。社区里的日托中心可能对单亲家庭或有孩子的年轻夫妇是很有用的,而对单身或没孩子的夫妇或家中有成年孩子的家庭就没有用了。

服务价值模型

本书中的服务价值模型是根据主要讨论消费价值的蔡泰姆尔(Zeithaml)模型修订而成的。[①] 这个模型将感知质量、内部属性、外部属性、货币价格以及非货币价格作为感知价值的组成部分。我们增加了时间,将它作为组成服务价值的第六个要素,拓展了模型。(如图表5—1所示)

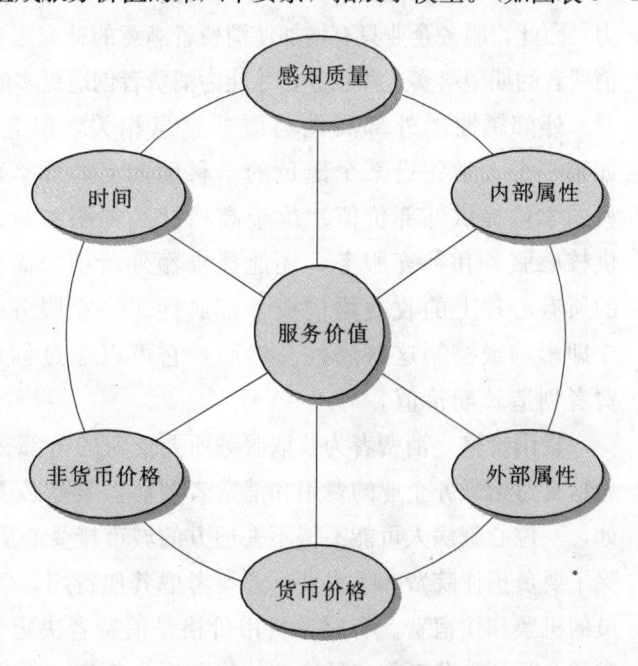

图表5—1 服务价值模型

---

① 参见 Valarie A. Zeithaml 著 "顾客对价格、质量、价值的感知:封闭模型和实证"(Consumer Perceptions of Price, Quality, and Value: A Means-End Model and Synthesis of Evidence),载《市场营销学报》(*Journal of Marketing*), Vol. 52 (July 1988), pp. 2 - 22。

感知质量 质量通常被定义为"适用度"。这一定义同时适用于产品和服务。然而,对于服务质量而言,更适合的定义应该是"消费者满意度"或"外部和内部消费者满意度"。[1] 这个定义通过强调质量存在于消费者的眼中这个重要的事实,抓住了服务质量的核心。消费者是质量的最后裁决者。只有消费者感觉到了,质量才可能存在。消费者的期望是通过相互之间的口口相传、个人的需求、以往的经验以及与服务企业对外的宣传而形成的。

内部属性 服务的内部属性是向消费者提供的收益。它可以分成两部分:核心服务和补充服务。核心服务是消费者期望从服务中受益的最基本、最低的要求。例如,在民航飞行中,核心服务就是"将消费者从一个机场安全地、舒适地送往另一个机场"。而补充服务则包括座位安排、食品、饮料、报纸、电影、靠垫和毯子的供应,以及与入口处的航空公司代理商联系航班信息等等。

有些补充服务的作用是传递核心服务。如果没有他们,就无法完成核心服务。另一些服务则是用作为消费者提高服务价值。补充服务是否重要,取决于服务的性质。显然,若一个服务企业不能提供核心服务,那么就无法长久地生存下去,因此,根据消费者的期望提供核心服务是为消费者创造价值的第一步,也是关键的一步。但是,光有核心服务还不足以提升企业的竞争力。因此,服务企业只有增加使消费者满意的补充服务的种类,并尽量根据消费者的期望落实这些服务,才能为消费者创造更多的价值。

外部属性 外部属性与服务息息相关,但它们存在于服务之外。如果一个大学凭借某个出色的学科而闻名,那么就能为该学校这一学科的学位提供外部价值。位于高档社区的服务设施不仅能为消费者提供核心服务和补充服务,还能提供额外价值。简而言之,与服务相关的所有心理上的收益均构成外部属性。一家服务企业通常无法直接或立即影响或控制这些属性。然而,它可以通过创造这样的属性来为消费者创造长期价值。

货币价格 消费者为获取服务所要支付的全部费用就是货币价格。它包括支付给服务企业的费用和消费者为获得服务必须支出的其他费用。例如,一位心脏病人可能不得不去远方的城市接受心脏搭桥的外科手术。他除了要负担住院费和手术费,还要考虑其他费用,例如,他自己及陪同人员的机票和住宿费。有时,货币价格是消费者决定消费行为的重要因素。常常会听到消费者将"低廉的价格"视为价值。因此,如果一个服务企业能降低价格,并且不影响服务质量,那么它就能为消费者创造更大的

---

[1] 参见 J. M. Juran 和 Frank M. Gryna 著《质量策划及分析》(*Quality Planning and Analysis*),(New York, McGraw-Hill, 1993), p. 5。

价值。

非货币价格　除了金钱外,消费者为了得到服务还必须做出的其他付出,都可以称为非货币价格。非货币的付出包括为寻找恰当的服务及其提供者而花费的时间、为获得服务而感觉到的不方便、往返途中所花费的时间以及接受服务过程中的等候时间。非货币价格还包括在服务前、服务中、服务后心理上对风险和忧虑的承受。例如,在手术前病人感到异常的焦虑是很正常的。在服务前或服务中感受到的心理压力,(例如,无止境的排队等候、在牙医治疗时感到的疼痛等等)这些都是消费者要付出的非货币价格。

时间　在创造服务价值时,时间起到三方面重要的作用:

1. **获得服务需要时间。**一般服务几乎无需消费者参与,因此,消费者就不用花费大量的时间。例如,乔迁以后的电话移机,常常只要打个电话到当地电话局即可,花不了消费者几分钟。但是,有些服务需要花费大量的时间。例如,大学教育一般至少需要 4 年去完成。为了搜索服务、等候服务、获取服务而花费的时间常常是以失去其他活动或收入为代价的。一般而言,使用一项服务需要的时间越少,消费者所获得的价值就越高。

时间和服务质量之间也有重要的联系。例如,服务质量要素中的"敏感度"(responsiveness)就被定义为"主动帮助消费者并提供及时的服务"。[1] 在许多服务失败的例子中,时间往往是关键的因素。当一项服务失败时,即使服务公司采取了必要的措施纠正,消费者也已失去了时间,而失去的时间是无法用纠正的措施来弥补的。例如,由于机械故障被迫取消的航班,此航班的乘客一直要等到故障被排除,或找到另一家航班代替,这就耽误了时间。尤其是一些乘客因此错过了重要的商业谈判或重大的活动(例如婚礼),那么对他们而言,损失就是巨大的。

就像先前所谈论的,时间也是影响感知非货币价格的一个重要因素。在进行购买决策时,消费者会考虑为获取服务而付出的时间。例如,周末游乐园常常很拥挤,游客要排很长的队。这意味着他们要么花费比平时更多的时间,要么放弃一些活动。因此,一些消费者宁愿在平时去游乐园。减少服务时间对许多消费者而言就是增加服务价值。有时,服务收益对消费者很重要,他们甚至愿意为节省时间而支付额外的费用。例如,从纽约飞到巴黎,一般的喷气式飞机要 7 个小时,而超音速协和飞机只需 3 个半小时,但其费用是前者的 3 倍。对一些消费者而言,节省飞行时间是很有价值的,他们愿意为此支付额外的费用。

---

[1]　V. A. Zeithaml, A. Parasuraman, and L. L. Berry, 著《服务质量传递:顾客认知和期望之间的平衡》(*Delivering Quality Service: Balancing Customer Perceptions and Expectations*) 载 New York, Free Press, 1990, p. 26。

2. **节省时间的服务可替代其他服务。**许多服务不断地代替现有的服务,他们以有效的方法创造价值,以更快的速度提供同样的服务,并为消费者节省了时间。大多数此类服务都受到消费者的热烈欢迎。联邦快递(Federal Express)取代了常规的邮递业务;信件和小件包裹已无需美国邮政服务公司花上几天的时间,而是可以隔夜送达。传真通过电话线提供了更快捷的服务。航空旅行刚刚问世时,为消费者提供了一个新的选择,与陆地交通相比,它拥有更多的优点。成千上万原先使用火车、汽车或轿车旅行的人们,转而选择飞机每天来往国内城市间,因为这样可以节省时间。若是出国旅行,飞机对那些有时间意识的人们更是唯一的选择。

3. **由服务带来效益的时间跨度。**由服务带来的效益可以在不同时间段为客户创造价值。我们分成以下四种可能性来讨论:

a. 即时的短期价值。许多服务能为客户提供即时的效益,但是持续时间很短。例如,理发可立即使消费者受益,并可维持几个星期;然而,效益随着时间而流逝。宾馆能为消费者提供一个立刻休息的机会,但到结账时一切都结束了。

b. 即时的不定时期的价值。电话、电视、保安、信件递送、营养咨询及各种疾病疫苗接种这些服务能为消费者提供即时的收益,并能持续很长的时间。

c. 未来的短期价值。一些服务能在不久的将来或一个确定的时间为消费者或潜在的消费者提供价值。例如,在社区里建一所新的小学,可能使该地区居民财产增值;但是,对一些家庭而言,这样的价值只能在将来体现出来。如果一对夫妇有一个学龄前的孩子或打算将来要孩子,那么他们能在未来从此项服务中受益。一旦利益产生,其持续的时间也不长,只能持续到孩子毕业。

d. 未来的不定时间的价值。大学教育或年轻人牙齿整形这类服务需要很长的时间,但却使接受者受益终生。这类服务的利益主体通常要到服务完成后方能显现出来。例如,大学生一般要在毕业后才能在其专业领域找到一份全职的工作。当然,偶尔也会有人回到服务提供者那儿去更新服务(例如,为毕业生提供一些关于新技术的课程),但是多数服务即使没有这些更新,仍会持续地创造利益。

总而言之,一家服务机构可以通过改进服务质量来为消费者创造价值,即设计满足消费者需要的核心服务和对消费者有价值的补充服务。机构还可通过创造可感知的内部属性间接地来创造价值。这就需要长期地提供高质量的、可靠的服务,采用广告和建立高品质的服务形象来完成。但服务的货币价格降低时,消费者就会感觉到价值被提高了。此外,如果压缩一项服务的等候、递送和获得的时间,并很快地呈现收益且持续较长的时间，那么，其还会为消费者提供额外的价值。例如，新泽西州机动车检验部（New Jersey Motor Vehicles Department）通过延长工作时间（每周有一天工作到晚上 7：00，周六工作到中午）来增加服务时间，从而使驾车者不会为了验车而影响工作。在加拿大多伦多，肖尔代斯（Shouldice）医院擅长疝气手术，能使患者比其他医院的病人缩短一半的时间恢复健康，并且其复发率仅为 0.8%，而美国的医院也要 10%。这就意味着，总体上说，在此医院接受治疗的病人受益时间较长。

本小节提供的服务价值模型为消费者创造价值构建了一个战略框架。它是通过设计、开发和传递服务而形成的。服务的设计、开发以及服务传递系统的设计将在本书第 8 章中讨论。本章的其他各节将集中讨论服务战略及与此相关的问题。

5.3 战略

当消费者意识到商品和服务中的价值时，他们就会购买。只要是他们感到满意或者更进一步，感到快乐，消费者就会一直购买该商品和服务。服务机构的生存和发展与这一点紧密关联。那么，服务机构该如何完成这一重要的任务呢？显然，成功的企业绝不会采用杂乱无章、随心所欲的方法，因为企业的成功不是偶然的。他们通过员工和经理人的共同努力来使顾客满意，从而创造价值。当然，仅仅有战略，成功是无法得到保障的。这一节将回顾竞争战略的基本概念，并且讨论一个成功的服务战略是如何为消费者创造价值的。首先要提到一些基本概念和定义。

战略的定义

布鲁斯·D·亨德森（Bruce D. Henderson）提出以下战略的定义和观点：

> 所谓战略是指有目的地探寻一种行动计划，该计划是用于发展和构建企业竞争优势的。对许多企业来说，这是一个反复的过程，从认知企业目前的状况和企业所拥有的优势开始……你与竞争对手的差异是你最基本的优势。[1]

---

[1] 见 Bruce D. Henderson 著"战略的探源"（The Origin of Strategy），载《哈佛商业评论》（*Harvard Business Review*）（November-December, 1989）

从这个定义我们清楚地认识到，服务机构必须充分了解其所处的环境，从而发展有效的战略。然后，它可以根据自身的优势制定计划来响应和改善环境。如何有效地发展战略将在本章后面再做讨论；然而，必须注意到的是，并非所有的企业都能严密地，一步一个脚印地去制定一个具有竞争性的战略。战略可能会以不同的形式出现：①

- **计划性战略**（strategy as plan） 战略可能作为一种计划，为了实现一定的目标而在行动之前制定，从而使领导们引导企业向一定的方向发展。
- **策略性战略**（strategy as ploy） 战略有时是一种策略，"就像一种取胜对手的特别技巧"。
- **模式性战略**（strategy as pattern） 在一系列的行动中采用统一的行为或主题，也可以算做一种战略，这种模式有时是预先设定的，有时却并不是。
- **定位性战略**（strategy as position） 这一定义意味着，企业在一个环境中确定自己所处的地位或创造一个适当的位置，这表明企业是在应对竞争并设法生存下去。
- **视角性战略**（strategy as perspective） 战略也可能被定义为一家企业的"个性"，即观察世界的一种固有的方法。

战略可能同时以一种或多种形式出现。这样，人们就应该对战略做出更为全面的描述，而不仅仅是简单的定义。以下是另外一些在讨论战略时要用到的定义：

- **战略目标（或目的）**（strategic goals or objectives） 战略目标能为企业确定努力的方向。换言之，根据战略目标可以判断企业为生存和竞争会做哪些工作。
- **策略**（tactics） 策略是以行动为导向的计划，持续时间比战略短。其主要的作用是使企业顺利完成某个特定的任务，从而有助于实现战略目标。战略和策略的区别主要取决于它是在企业的哪一个层面上行动、行动的规模，或领导者的视角。例如，在首席执行官眼中的策略可能对下一级的管理人员就是战略。②
- **政策**（policies） 政策是指一种范围。在这个范围里，企业进行经营活动。当各种目标产生分歧时，它还可作为解决争端的方法。

---

① 见 Henry Mintzberg 著 "制定战略的 5 个 Ps" （Five Ps for Strategy），载《加州管理论坛》（*California Management Review*）（1987 年第三卷）。

② 见 James B. Quinn 著《应变战略：逻辑渐进》（*Strategies for Change: Logical Incrementalism*）载 Homewood, IL, Richard D. Irwin, 1980。

为什么一家企业需要战略

明茨伯格（Mintzberg）为此提出了4个主要原因：[1]

首先，一家企业需要战略来制定路线以达到既定的目标，包括如何应对竞争对手，保持竞争力和繁荣。从这个意义上说，战略明确了发展的方向和努力的目标。其次，战略帮助企业将行为和精力集中到特定的目标上，并且促进这些行为的协调。使企业做有目标，行有方向。换句话说，一个战略可以帮助全公司向着共同的目标努力。第三，战略能决定一个公司，正如性格决定一个人一样。所以，战略不仅对公司外的人，而且对公司成员都具有意义。最后，明茨伯格认为，"一以贯之"（providing consistency）可能是需要战略的最显著的理由。一个恰当的战略能为企业及其成员消除不确定性。它能以始终不变的方式帮助企业成员应对、解释、处理面临的事务及各种信息。减少不确定性会使员工工作更有效、压力更小。从这个意义上说，战略也可简化员工工作任务的多样性。例如，它减少了学会应对每一项新情况的必要性，为员工提供处理多数情况的标准方法。

以上提到的是为什么一般的企业需要战略的原因，但是它们也揭示了服务公司除了要设计服务和服务传递系统以外，还需要制定竞争战略的重要性。

了解竞争的环境

一家企业在深刻地认识到其经营环境的情况下，才能制定出有效的战略。如果它不知道竞争对手、行业情况和竞争规则，这家企业是没有能力发展有效的战略的。波特[2]认为，在任何一个行业，都有5种力量在决定其竞争环境：新的竞争者的闯入、替代品的威胁、卖方的讨价还价、供应商的讨价还价，以及现有竞争环境的激烈程度（如图表5—2所示）。一个企业发展一种战略是为了决定其如何应对竞争者，更重要的是，如何为发挥自身的优势改善环境和竞争规则。

新的竞争者 新的竞争者进入某个行业常常对现有的企业提出了新的竞争性挑战。如果该竞争者为该行业引入的设备和劳动力是先前所没有的，那么它就为此行业注入了新的生产力。一个新的竞争者意味着新的挑战，甚至是更加激烈的竞争，因为他们除了带来新的生产力，还带来了新

---

[1] 见 Henry Mintzberg 著《战略理论之二：再谈企业制定战略的重要性》（The Strategy Concept II: Another Look at Why Organizations Need Strategies），载《加州管理论坛》（California Management Review）（1987 第三卷），pp. 25-32。

[2] 见 Michael E. Porter 著《竞争优势》（Competitive Advantage），pp. 4-5。

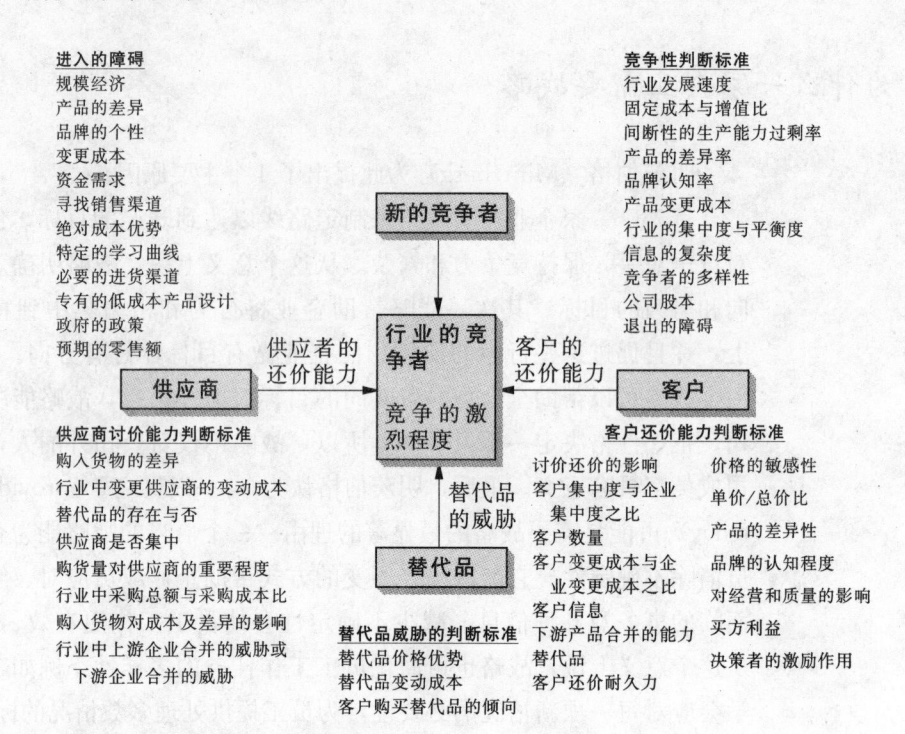

```
进入的障碍                                    竞争性判断标准
规模经济                                      行业发展速度
产品的差异                                    固定成本与增值比
品牌的个性                                    间断性的生产能力过剩率
变更成本                                      产品的差异率
资金需求                                      品牌认知率
寻找销售渠道                                  产品变更成本
绝对成本优势            新的竞争者             行业的集中度与平衡度
特定的学习曲线              ↓                 信息的复杂度
必要的进货渠道                                竞争者的多样性
专有的低成本产品设计                          公司股本
政府的政策           供应者的  行业的竞争者  客户的   退出的障碍
预期的零售额         还价能力            还价能力
                  供应商      竞争的激烈程度     客户

供应商讨价能力判断标准                        客户还价能力判断标准
购入货物的差异                                讨价还价的影响      价格的敏感性
行业中变更供应商的变动成本    替代品          客户集中度与企业   单价/总价比
替代品的存在与否              的威胁          集中度之比         产品的差异性
供应商是否集中                                客户数量           品牌的认知程度
购货量对供应商的重要程度      替代品          客户变更成本与企   对经营和质量的影响
行业中采购总额与采购成本比                    业变更成本之比     买方利益
购入货物对成本及差异的影响    替代品威胁的判断标准  客户信息      决策者的激励作用
行业中上游企业合并的威胁或    替代品价格优势    下游产品合并的能力
  下游企业合并的威胁          替代品变动成本    替代品
                              客户购买替代品的倾向 客户还价耐久力
```

图表 5—2　行业结构的组成

资料来源：Reprinted with the permission of The Free Press, a Division of Simon & Schuster, Inc. from COMPETITIVE ADVANTAGE: Creating and Sustaining Superior Performance by Michael E. Porter. Copyright © 1985 by Michael E. Porter。

的思想、新的技术和新的服务。对现有的企业而言，这就会造成客户的流失、市场份额的减少以及利润的下降。

对一个企业来说，这种威胁的严重程度取决于行业进入障碍的高低以及企业应对挑战的能力和决心。以下是波特列出的进入市场的种种障碍：[1]

- **规模经济**（economies of scale）　如果生产能力提高（比如工厂规模扩大），随着产量的增加，单位成本就会下降。这种现象不仅制造业存在，服务业也同样存在。这是因为随着服务对象的增加，固定成本会分摊在更多的人身上。

- **产品的特异性**（product differentiation）　如果某个行业现有的企业拥有品牌的认知度、忠实的客户、产品的特异性，那么潜在的竞争者就可能要克服重重障碍进入市场。例如，许多银行在进入信用卡市场时，在一段时间内提供无需年费和低利率的维萨卡（Visa）或万事达卡（Mastercard），以此来吸引其他信用卡公司的客户。

---

[1] 见 Michael E. Porter 著《竞争战略：行业及竞争者分析技术》（*Competitive Strategy: Techniques for Analyzing Industries and Competitors*）New York, The Free Press, 1980, pp. 7-14。

- **资金需求**（capital requirements） 要进入某些行业成为参与者，必须投入巨额的前期资金。这里的投资不仅包括装备和设施，还包括广告、研发和建立一个接受订单和处理订单的系统。显然，大量投资的需求使许多服务性行业，如航空业和医疗业等等都只能由拥有巨额资产的公司经营。
- **变更成本**（switching costs） 新的竞争者要面临的另一障碍就是客户，他们可能不情愿或根本不愿意由于成本差异而转向另一家企业。例如，他们可能不愿放弃对于熟悉事物的适应或改变已养成的习惯。
- **寻找销售渠道**（access to distribution channels） 要寻找或建立一个新的销售渠道可能对新的进入者都是一个巨大的障碍。某些行业现有的竞争者可能已和分销商有了特殊的约定，以防止他们去接受新的或其他现有的竞争者。例如，维萨信用卡公司规定不允许其美国的成员银行发售美国运通卡。[1]
- **与规模经济无关的成本劣势**（cost disadvantages independent of scale） 对于新的竞争者的另一个障碍可能是现有企业已获取了与企业规模或经营规模无关的成本优势。其中的一些优势来源于学习曲线，因为这些企业比竞争对手经营的历史更长一些。
- **政府政策**（government policy） 联邦、州或地方政府都可能在许多行业对新的竞争者设置障碍。例如，在医疗、法律、教育等行业需要许可证经营。
- **预期的竞争**（expected retaliation） 另一个重要的影响新竞争者的因素是现有竞争者的预期行为。如果该行业的企业有过与新竞争者激烈交锋的历史，那么潜在竞争者应在遭受现有竞争者强烈反击之前三思而后行。

现有竞争者的激烈对抗 竞争者的对抗可能以各种形式出现，例如价格战、广告、新产品的推出，改进对消费者的服务和保障等等。以下是现有竞争者激烈对抗的原因：[2]

- **势均力敌的竞争对手**（equally balanced competitors） 当某行业各个公司在规模、资源上实力均等时，他们的竞争是激烈而持久的。
- **行业增长缓慢**（slow industry growth） 在一个增长缓慢的行业里，竞争意味着一些人获取的市场正是另一些人所失去的市场。
- **高额的固定成本**（high fixed costs） 高额的固定成本迫使公司竭

---

[1] 见 Suzanne Oliver 著"信用卡行业烽烟四起"（The Battle of the Credit Cards），载 *Forbes*（July 1, 1996），pp. 62–66。

[2] 见 Michael. E. Porter 著《竞争战略》（*Competitive Strategy*），pp. 17–21。

尽全力，从而导致激烈的价格竞争。
- **缺乏特异性或转换成本**（lack of differentiation or switching costs）
如果把服务视为商品，也会产生价格的竞争。
- **产量导致的过剩生产力**（capacity augmented in large increments）
如果产量上升到能破坏全行业的供求平衡的话，这将导致生产力过剩，从而造成价格战。
- **竞争者的差异**（diverse competitors） 当竞争者的战略、目标、个性大相径庭时，他们通常无法理解对方的意图，最终将会导致直接的冲突。
- **异军突起**（high strategic stakes） 有些企业从事多种经营。但是他们会追求在特定行业中的绝对优势，以此作为整体战略的一部分。
- **退出障碍**（high exit barriers） 资产的专门化、劳动合同、政府和社会的限制都可能成为退出某一行业的障碍。

替代品 一种服务的替代品是另一种服务，它能提供同样的基本功能或所有的功能。某项服务应该具备何种功能，或何种功能有价值，这取决于客户的需求。如果人们需要的仅是食物，那么他们会选择超市的冷冻食物或熟食店的三明治作为饭店食品的替代品。然而，如果某些人希望能和同伴在快乐的气氛中享用一顿正餐，这些冷冻食物和三明治就无法替代了。替代品的出现会减少行业的预期利润。

购买者（客户） 客户会给一个行业中的企业带来竞争压力，因为他们寻求并希望得到低廉的价格、优良的品质或更多的服务，这就促使企业间相互竞争。如果客户的购买行为构成企业销售的主体，那么就会对竞争者产生巨大影响。

供应商 同样，供应商也可能以较高的价格或较低的品质给同行业的企业造成压力。服务业一个重要的供应商团体是劳动力（蓝领、白领或专业人士）。有组织的劳动者在一个行业里起着重要的作用，近些年的棒球队员罢工就是一个很好的例子。

一般竞争战略

构建一个战略应该考虑到上述5种力量及它们的内部联系。具体说来，一个企业在制定战略时要考虑自身的优势和劣势，这不仅包括行业现有的机遇和挑战，还包括能力和资源。[1] 还需要考虑企业的价值观，尤其是实施战略的人的价值观。还有政府政策、社会焦点及其相关问题所产生的影

---

[1] 参见第3章中 Kenneth R. Andrews 著《公司战略理论》（The Concept of Corporate Strategy），Homewood，IL，Irwin，1987.

响。① 图表5—3概括了竞争战略和内外部环境的关系。因此，每个企业的战略都具有自己的特色。然而，我们还是可以将战略定义成各种模式。波特提出了3种一般的战略，每一种都有其获取竞争优势的独特方式。② 这一节主要讨论他对这些一般战略的分类和描述。

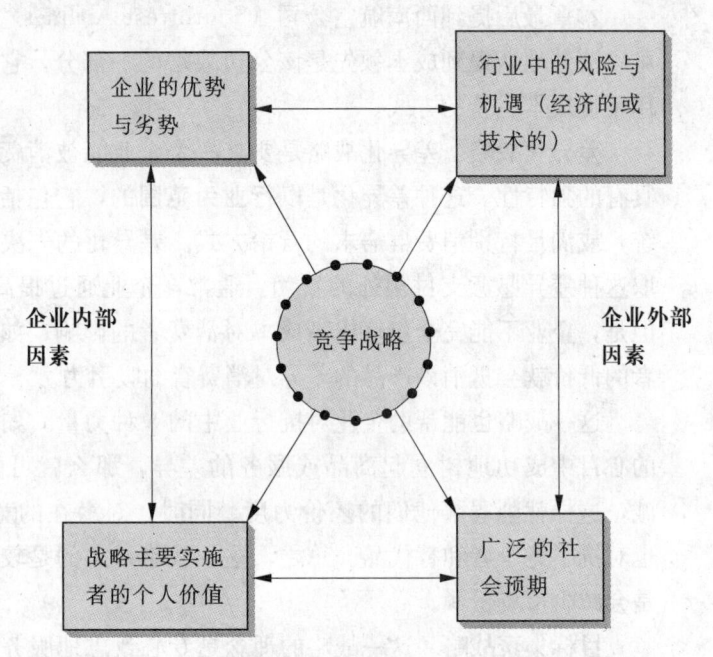

图表5—3　竞争战略结构图

资料来源：Reprinted with the permission of The Free Press, a Division of Simon & Schuster, Inc. from COMPETITIVE STRATEGY: TECHNIQUES FOR ANALYZING INDUSTRIES AND COMPETITORS by Michael E. Porter. Copyright © 1980 by The Free Press.

成本领先战略　如果一家公司想成为其行业中低成本的制造商，那么它需采用成本领先的战略。一般而言，低成本的制造商会推出一系列标准化的、但不是很花哨的产品（商品或是服务）。一个行业中往往会有许多企业运用低成本战略，而不是仅仅局限于市场上某一特定的部门。低成本制造商的成本优势来源于规模经济、学习曲线效用、创新或专有技术以及优惠的原材料渠道等。然而，关注成本并不意味着可以忽略差异竞争。为了具有竞争性，企业要在特异性上赶上或至少接近竞争对手。如果在特异性方面不能与竞争对手平起平坐，那么至少也应该接近对手，其目的是保证企业为获取和保持市场份额而降低的价格不会影响到成本优势。采用成本领先战略必须注意控制成本，使其不超过最低限额，同时尽力利用学习曲线效用。

---

① 见 Michael E. Porter 著《竞争战略》（*Competitive Strategy*），p. xvii。
② 见 Michael E. Porter 著《竞争优势》（*Competitive Advantage*），pp. 12–20，和《竞争战略》（*Competitive Strategy*）pp. 34–46。

成本领先战略以各种方式使企业抵抗了来自行业内的5种力量。消费者无法再就降价给企业施加过多的压力，因为它们已经处于最低水平了。由于这样的企业具有一定的规模，它成了供应商的大客户，所以供应商要价的能力就被削弱。成本领先战略还可以对抗新的竞争者和替代品的出现。

本章最后提到西南航空公司（Southwest Airlines）的经营方式。我们可以清楚地认识到成本领先是该公司战略的一部分，它在所有航线上都采用了低成本运营的方式。

差异化战略 差异化战略是要求一个企业能被消费者认可其在某方面具有的独特性。这种差异化是以**行业为范围**的，它包括产品属性、递送系统，或满足特别消费群需求的营销方式。差异化的先决条件是消费者为获取这种差异愿意支付额外的费用。通常，企业通过提高成本来创造差异。但是，企业不能完全忽略提高成本对消费者的影响；如果价格过高，竞争者的低价就会抵消该产品的差异对消费者的吸引力。

这一战略也能帮助企业对抗行业中的5种力量。如果企业能在消费者的心目中成功地树立起商品或服务的差异，那么就可能赢得消费者的忠诚，这样就削弱了他们的还价力度。同时，对潜在的竞争者设置了障碍，也对抗了竞争者和替代品。总之，这一战略带来的是较高的边际收益，但是会减少市场份额。

目标集聚战略 这一战略的理念是专心致志地服务于部分有限的潜在市场。由于服务的对象有限，企业就能对产品、经营方式以及相关活动进行专门设计，从而有效地服务于选定的市场。这种战略可以有两种形式：**以成本为目标集聚和以标新立异为目标集聚**（cost focus and differentiation focus）。这与前文提到的两个一般战略的区别在于：后者涉及到整个行业或行业中众多的企业，而以成本和差异为目标集聚则限定在一定的市场范围内。他们利用成本或差异来赢得选定市场的竞争优势。

要想使目标集聚战略获得成功，就必须保证特定的服务对象不在竞争对手的视线范围之内。你的竞争对手的服务对象应该是整个行业或相对更大的服务群体。比如，如果公司选定了一部分服务对象，服务成本不高，那么，以成本为目标集聚的战略就会成功。多伦多肖尔代斯医院仅提供腹股沟疝气的手术治疗，并且他们只接受健康的病人。所以，医院选择医治的病人医疗成本不高。因此，这家医院的收费仅是竞争者的1/3。

如果公司能够明确部分市场的特殊需求，并且给予满足，以差异为目标集聚的战略可能会在服务中获得成功。例如，专事汽车维修保养的吉菲润滑油（Jiffy Lube）公司、米达斯消声器（Midas Muffler）公司、AAMCO公司就各自满足特定的车主的需求。当然，对于有限的市场也可以同时采用成本和差异为目标集聚的战略，并获取成功，肖尔代斯医院的例子就是明证。

零散型产业　服务业表现得最为明显的特点是零散型产业。在一个行业中,如果没有一家企业能占有垄断的地位或巨大的市场份额,该行业就可以称作零散型产业。这些行业里通常有众多的中、小型企业,没有任何一家企业有能力影响整个行业的运作。在许多服务业中,如干洗业和汽车修理业都普遍存在这种情况。图表5—4解释了形成零散型产业的原因。

图表 5—4　　　　　　　　　形成零散型产业的原因

总的进入壁垒低
不存在规模经济或经验曲线
高运输成本
高存货成本或无规律的销售波动
在与顾客或供应商交往中无规模优势
某些重要方面的规模不经济性
市场需求的多元化
产品差异明显(尤其与企业形象相关的产品)
存在退出障碍
地方法规限制
政府禁止垄断
行业的历史较短

资料来源:Michael E. Porter,*Competitive Strategy*:*Techniques for Analyzing Industries and Competitors* (New York, The Free Press, 1980), pp. 196–200.

5.4　制定富有竞争性的服务战略

当一项服务能满足客户的需求或为其提供收益时,就能够创造价值。客户能从服务中获取的价值越高,他们愿意支付的价格就越高。客户从服务中感知了价值,他们就会感到满意,而一个满意的客户无疑就是企业未来的一张保单。因此,一项服务战略必须为客户创造价值。这一节将集中讨论如何制定为消费者创造价值的服务战略。然后以美国西南航空公司(Southwest Airlines)作为实例进行讨论。

詹姆斯·赫斯克特(James L. Heskett)在他所著的《服务经济中的管理》(*Managing in the Service Economy*)[①] 一书中,提出了"战略服务观"的概念。它包括4个基本要素和3个综合要素。在图表5—5中归纳了这些要素以及一些相关问题。

---

① James L. Heskett,《服务经济中的管理》(*Managing in the Service Economy*) (Boston, Harvard Business School Press, 1986)。

战略服务观的基本要素

目标市场的细分 正如许多商品一样,许多服务仅仅对某些人有价值,一个服务机构不可能满足所有人需要的。因此,它必须慎重地选择和确定自己能够并且愿意服务的对象。这就是所谓的**市场细分**(segmentation)。市场细分就是确定一个客户群,这些人有共同的性格、需求、购买行为或消费模式。有效的市场细分的结果是形成一个客户群,他们会在上述这些方面或其他一些方面非常相似,但是又与其他的群体有着明显的差异。这种市场细分的基础是地区特征、人口统计特征、心理特征或其他的有关特征。

服务理念 所谓服务理念是指树立为消费者、雇员和其他利益共享者服务的观念。一项服务必定与客户或者为客户提供的利益相关联。服务的理念出自于企业对经营活动的定义。换句话说,只要回答了"我们在从事怎样的经营活动"这个问题,就定义了服务的理念。当然,对于企业经营活动的定义应该是很宽泛的,它应该包含企业未来可能的发展,因为技术是会进步的,消费模式也会变化,而且还可能出现其他的机会。如果定义太狭窄,企业可能会在遭受行业内相关企业的意外冲击时措手不及。但是,定义也不能太过宽泛,超出企业的能力和权限。

经营战略 经营战略是有关公司经营、融资、营销、人力资源规划和控制的一系列战略、计划和政策的总和。其目的是把服务的理念变成一个活生生的东西。经营战略包括了聘用、公司制度、质量和成本的控制以及使价值高于成本的各种方法。

服务递送系统 服务递送系统指的是一个公司在服务供给的过程中如何应对和运作。这个系统包括设施、布局、技术和所使用的设备、递送服务流程、员工的工作培训以及对服务中员工及客户的作用的描述。服务递送系统必须最大程度地使消费者满意。许多服务的观念是可以被竞争者仿效的,但是一个设计合理的服务递送系统却无法简单抄袭。因此,这也成为潜在竞争者的一道障碍。

战略服务设想的整合要素

整合要素有助于基本要素的融合,从而形成一体的服务战略。在制定计划时,它们能提供导向、方便服务计划的实施。整合要素包括公司定位、提升成本效益和战略系统整合等等。

定位 所谓定位是指一家公司该如何区别于其他竞争者。这除了需要具有满足消费者需求的理念之外,还需要充分了解如何满足消费者需求、公司的实力有多强以及有关竞争者的服务产品和服务实力的确切信息。有

第5章　服务战略与竞争

图表 5—5　战略服务构想的基本要素与整合要素

目标市场细分	市场定位	服务理念	价值/成本杠杆	经营战略	战略/系统的整合	服务递送系统
重要市场细分的共同特征是什么？	服务理念如何满足消费者需求？	依据给消费者带来的成效，什么是服务的重要成份？	若要达到价值/成本最大化，如何通过某些服务流程的标准化（或是通过某些要素通过客户专门化）来选择某些容易实现该目标的服务项目，协调供求关系来实现？	战略的重要组成是什么？是经营、营销、还是融资、机构、人力资源、控制？	战略和递送系统内部该如何统一？	服务递送系统的重要特征是什么？（可考虑人的作用、技术、设备、布局、程序）？
细分市场的衡量标准是什么？（按人口统计学标准？还是按心理学标准？）	竞争者是如何满足这些需求的？	这些服务的重要成份的被目标细分市场整体感知？如何被市场细分感知？如何感知？		应该将注意力集中在哪一方面？	递送系统能否满足战略的需求？	该系统对企业的经营能力影响有多大？如何？正常情况下如何？发挥到极致时如何？
不同的细分市场各有什么重要性？	拟议中的服务与竞争对象有何差异？	这些服务的重要成份被员工感知？	能否采用奖励或是表扬、曝光、监督、小组管理、消费者参与、有效利用数据来进行质量控制？	如何控制质量和成本？如何核算？如何实施激励和奖惩？	如果不能，应该对经营战略或是服务递送系统作哪些调整？	该系统在多大程度上影响质量标准？影响企业竞争者的服务与竞争者的进入？
每一个细分市场的具体需求是什么？	这些差异的重要性体现在哪里？	如何传递服务理念？			如何通过对经营战略和递送系统的协调来提高质量、提高生产力、降低成本、提高服务人员的士气和忠诚？	
对这些具体要求的满足程度有多大？	什么是优质的服务？	如何进行服务的设计、递送、营销？	这样做给潜在的竞争者带来怎样的进入障碍？	服务质量、成本核算、生产力和忠诚、服务者的士气，哪个方面可以用作抗衡竞争者？	这种协调在多大程度上能设置竞争者的进入障碍？	
以什么形式满足？谁去满足？	应该采取哪些措施使客户的预期与企业的服务能力相一致？					

整合要素

基本要素

资料来源：Reprinted by permission of Harvard Business School Press. From *Managing in the Service Economy* by James L. Heskett. Boston, MA,1986, p.30. Copyright ©1986 by the President and Fellows of Harvard College; all rights reserved.

了这些基础，公司要针对选定的细分市场的特征去贯彻公司的服务理念，确定一系列有特色的服务项目。所谓有特色，是指成本、服务项目、广告和促销以及分销渠道和递送系统的特异性。

价值/成本杠杆 一个设计得当，定位合理的服务能给消费者带来独特的利益，这样就能创造出价值或者创造出优于竞争者的价值。一般而言，有特色的服务收费可以高一些，但是提供有特色的服务往往成本也比较高。如果公司能在控制成本的前提下，成功地提供这种可感知的独特的价值，那就提高了成本效益，并能获取比竞争者更高的边际收益。换句话说，当可预见的额外价值以货币来度量时远远超过了制造成本，价值就超出了成本。显然，这需要娴熟的技巧。有多种策略可用来提高成本效益，其中包括提供一些消费者重视的个性化服务，使某些服务标准化，在服务的关键环节上牢牢地控制质量，调节市场供求以及让一些消费者参与到服务的创造中来等等。

战略/系统的整合 服务企业应该使目标市场和服务理念、服务理念和经营战略保持一致。除此之外，经营战略还必须与递送系统相吻合，这样才能保证整个体系的完整性。一个成功的企业是通过精心设计雇佣制度、服务流程和设施来统一经营战略和服务递送系统的。同时，企业还要十分注重员工的报酬、晋升和奖励制度。成功的服务企业都有清醒的意识，没有满意的员工，他们就不会有满意的消费者。

实例：西南航空公司

本章将以一个实例作为结束。这一实例说明一个优秀的服务公司是如何通过战略来获得成功的。尽管无法证明西南航空公司（Southwest Airlines）是否有意识地采取战略服务构想，但是其经营策略与上述模型相符。[①] 该公司的经营策略可概括为图表5—6，它与图表5—5为同一个框架，其中包括战略服务构想的组成要素以及它们的相互关系。

西南航空公司是由罗林·金（Rollin W. King）创立的。初创时，该公司获准在得克萨斯州3个最大的城市（达拉斯、休斯敦和圣安东尼奥）间经营航空业务。西南航空公司选择在达拉斯的洛夫菲尔德（Love Field）设立总部。它购买了3款新型的波音737飞机，从1971年6月18日起开始运营，往返于德州的3个城市之间。它的每条航线的票价仅仅为20美元。而竞争者则要27或28美元。因此，给人留下了深刻的印象。

[①] 这个实例的资料来源除另有注明外，均来自于Southwest Airlines homepage：*www.southwest.com/press/factsheet.html*；Kristin Dunlap Godsey，"Slow Climb to New Heights," *Success* (October 20, 1996); Kenneth Labich, "Is Kelleher America's Best CEO?" *Fortune* (May 2, 1994); "Southwest Airlines (A)," Harvard Business School Case 575—060 Rev. 2/85.

图表 5—6　　　战略服务构想在西南航空公司的应用

目标细分市场	定位	服务理念	提高成本价值	经营战略	战略系统的整合	服务递送系统
具有成本意识的旅行者（企业，个人和家庭）；	短途，点到点（而不是中心接驳系统）的航线；在目标城市间的多班次运输；"另类"的形象；每项工作中都把企业文化放在中心位置；	安全、低价的大众交通，不花哨（no frills）；方便的航班安排；点到点、一站式飞行，为旅客节约时间；使空中旅行成为一种乐趣；	尽管企业树立的形象是"不花哨"，但依然供应标准化的饮食（一份自选的饮料，一小包贴有"花架子"标签的花生）；点到点飞行既降低票价，又节省时间；空勤人员用幽默去愉悦乘客。制服也有趣（早期是紧身短裤，如今是宽松的运动短裤）；	快速地登机、离机以保证飞机准时到达，也为乘客节省了时间，增加了飞机的利用率；通过使用一种类型的飞机，来降低成本（包括培训、飞行记录、零配件库存、维修和空勤人员的调整）；坚持员工优先的原则（诸如与员工共享利润，就业保障，以公司为家等等）；雇用的员工要具有幽默感，并且知道"如何制造快乐"；就必要的技术、责任感、主人翁意识对员工进行培训。在保障安全的前提下，鼓励创新；严格，谨慎的投资增长保持低成本运营；鼓励员工像企业家那样去思考；	不拘一格、出奇制胜地组织广告和促销活动；不出票，预订的乘客凭身份证登机；不预留座位，保证快速登机。凭编号塑料牌按序登机，降低成本；一次安排30名乘客同时登机以节省时间；20分钟内完成登机、离机工作；使用公司专用术语，如love potions（指饮料），love bites（指花生米），love machines（指出票机），Luv Lines（指《公司员工通讯》）；创造浓郁的企业文化；承诺"公司与你共存共荣"，员工占有公司13%的股份，并参与利润的分配；	一个高效的飞机维护以及登机、离机系统；单一的飞机型号：波音737，确保递送系统的标准化。员工递送服务时充满幽默感；

到1975年，该航空公司将航线扩展到了11个城市。1978年，它成为美国盈利最高的航空公司之一。到1998年年底，西南航空公司已持续盈利了26年，没有裁员，没有意外事故。1971年公司初创时仅拥有员工95人；到1998年，人数已增加到了26 000人。在1989年，公司收入超过了10亿美元，因而从一家只有3架飞机，3条航线的地方性航空公司一举跻身到了主流航空公司的队伍。

西南航空公司的经营之道是：为乘客提供可靠、安全的飞行，为员工提供工作保障，同时尽可能地使效益最大化。公司顾问，早期的首席执行官霍华德·帕特南（Howard Putnam）对公司做了如下描述："我们不是一家航空公司，我们从事的是大众交通。"[①] 西南航空通过保持低成本，控制增长速度使公司获得高额利润。它采用高效的运作系统，其中包括售票、维护、行李处理、培训和机上服务等来实现低成本运作。例如，当一架飞机到达空港后，西南航空公司可以让其在20分钟后再度起飞，而行业的平均用时为45分钟。

西南航空公司只使用波音737飞机，它可以在需要时将一架飞机的空勤人员换到另一架飞机上工作。由于仅使用一个型号的飞机，所以培训、

---

① 见Scott McCartney著"激战前夜：西南航空与东北航空旗鼓相当"（Turbulence Ahead: Competitors Quake as Southwest Air Is Set to Invade Northeast），载 Wall Street Journal（October 23, 1996）。

记录、维护和库存等等的成本都很低。多数西南航空公司的飞机只飞行约1个小时，这就意味着无需提供正餐。公司的售票系统也很简便。乘客事先进行预订，在入口处只要出示有照片的身份证即可。在西南航空公司的飞机上不事先安排座位，在乘客到达入口处后，他们会拿到一张印有号码的塑料登机牌，从而确定登机顺序。这种战略保持了低廉的成本和简便的操作。航空公司无需印制登机牌，而且塑料登机牌可以反复使用，在入口处也只需较少的工作人员。

许多大的航空公司采用中心接驳系统（hub-and-spoke system）先把乘客从各地接到中心机场，然后再送往各自的目的地。然而，大多数西南航空公司的航线都是短途，是点到点的飞行，所以乘客可以直达目的地。这种安排，加上20分钟后飞机就能再度起飞，就可以使飞机在空中飞行更长的时间，为航空公司和乘客节约了时间和费用，从而形成了高效率的运作。乘客节约了时间是因为他们无需为了转机而在中心机场等候。西南航空在行业中赢得了成本优势。例如，图表5—7显示，该公司的每位乘客每英里只需7美分，但同行业其他航空公司要比它昂贵得多。就每位员工服务的乘客数和每架次所需的工作人员数来看，该公司有极高的劳动效率。此外，西南航空的销售系统也有助于保持低成本。许多航空公司使用电脑预订系统，通过旅行社为乘客订机票，而西南航空没有使用这个系统。代理商必须打电话到公司进行预订，所以许多乘客就自己打电话，进而为公司每年节约了3 000万美元的佣金。

图表 5—7　　　　　　　　　　　西南航空靠生产力盈利

	AMR	Delta	Northwest	Southwest	UAL	USAIR
每英里单座成本（美分）	8.9	9.4	9.1	7.0	9.6	10.8
每个乘务人员服务乘客数（人）	840	1 114	919	2 443	795	1 118
每架次工作人员数（人）	152	134	127	81	157	111

资料来源：Kenneth Labich, "Is Herb Kelleher America's Best CEO?" Reprinted from the May 2, 1994 issue of *Fortune* by special permission ; copyright 1994, Time Inc.

另外，西南航空公司的高效运作系统还反映在按时准点上。美国运输部1996年7月公布的"航空运输客户报告"（Air Travel Consumer Report）的资料显示，西南航空在准时抵达率上位居第一，并且每1 000个乘客中投诉行李运输错误的人也最少。[①]

西南航空公司有鲜明的企业文化和雇佣制度。公司董事长兼首席执行官赫布·凯莱赫（Herb Kelleher）始终将员工放在第一位，以此来突显企业文化。他的理论是，如果雇员感到高兴、满意、乐于奉献，他们才会使消费者快乐和满意；满意的消费者会到企业来重复消费，这就会给股东带

[①] 见 Susan Carey 著 "圣路易斯城蓝皮书：TWA 公司尽力改进服务"（St. Louis Blues：TWA Struggles to Improve Performance），载 *Wall Street Journal*（September 27, 1996）。

来快乐。① 1998年,《财富》杂志将该公司列入了全美最适合工作的企业之一。②

公司雇佣制度要求员工具有幽默感,在招聘信息和广告上强调,优先录用身心健康并且知道如何创造快乐的人。西南航空有一个利润分配计划,公司把约15%的净利润分给员工,而且员工占有公司13%的股份。当员工被录用后,要经过技能、团队工作等培训。公司还尽力培养他们的责任感和主人翁意识,鼓励员工在不危及安全的情况下尝试创新。非正式的企业文化和喜好幽默的态度并非意味着西南航空公司经营的杂乱无章。他们十分谨慎地控制着企业的发展,避免发展过快。

其他航空公司试图模仿西南航空的成功战略,但收效甚微。例如,1994年,联合航空公司(United Airlines)在加州开通了"联航穿梭巴士"(Shuttle by United)的业务,试图模仿西南航空的低成本和快速运作。但联航在运营了16个月后,只达到单座每英里8美分,远远高于西南航空7.1美分的水平。③ 结果,联航撤掉了许多在加州的航线,而西南航空却扩大了其在该地的业务。凯莱赫对竞争者说:

> 他们可以模仿飞机。他们可以模仿我们的售票方式以及所有其他的硬件,但是他们无法复制西南航空的员工和他们的工作态度。④

5.5 本章提要

一个服务企业的生存和成功的基础是为消费者、雇员、供应商和股东创造价值的能力。满意的雇员会使消费者满意;满意的消费者意味着会选择到该企业重复消费,也就意味着该企业的生意兴隆。而服务企业的成功就是供应商的生财之道,同时也会使股东快乐。因此,价值创造应该是一家服务企业战略的关键。

首先,我们把价值定义为,为满足消费者需求或向消费者提供利益而提供商品或服务的能力。随后,我们提出了服务价值模型,用以说明服务企业该如何为消费者创造价值。这一模型有6个组成部分:可感知质量、内部属性、外部属性、货币价格、非货币价格和时间。如果消费者获得的价值与其对服务的期望是相吻合的或是超过了他们的预期,那么他们会感

---

① 见 Kristin Dunlap Godsey 著"慢步攀上新高峰"(Slow Climb to New Heights)。
② 见 Anne Fisher 著"全美最适合工作的100家企业"(The 100 Best Companies to Work for in America),载 *Fortune* (January 12, 1998), pp. 69-95。
③ 见 Scott McCartney 与 Michael J. McCarthy 著"西南航空围歼联航穿梭巴士"(Southwest Flies Circles Around United's Shuttle),载 *Wall Street Journal* (February 20, 1996)。
④ 见 Kristin Dunlap Godsey 著"慢步攀上新高峰"(Slow Climb to New Heights)。

到满意，企业也创造了价值。可感知的质量越高，服务的可感知价值也就越高。服务的内部属性是指为消费者提供的利益。为了给消费者创造价值，一个服务企业必须提供完善、可靠的核心服务。外部属性与服务相关，但独立于服务体系之外，这就是指与服务相关的所有心理上的收益。

消费者为了获取服务的支出总和就是货币价格。如果企业可在不影响质量的前提下以低价提供同样的服务，消费者便可得到额外的价值。除了货币资金以外，消费者为了获取服务而发生的所有可感知付出，就是**非货币价格**。

时间在创造服务价值时起着重要的作用。一个服务企业为了给消费者创造价值，可以通过以下3个途径：减少使用服务所花费的时间，或是与相似的服务相比减少服务时间，或是延长服务的受益时段。

企业的生存和成功与价值创造的成效紧密相关。为了做到这一点，企业必须有一个战略。所谓战略就是有意识地制定一个行动计划，这会增加和整合企业的竞争优势。战略也可以被视为是一项计划、一种策略、一个模型、一个定位或一种观念。

任何行业的竞争环境都存在着5种力量：新竞争者的加盟、替代品的威胁、消费者的讨价还价、供应商的讨价还价以及现有竞争者的激烈对抗。

在本章中讨论了3种基本战略（成本领先、差异化、目标集聚），并将其作为制定战略的出发点。然后，提出战略服务构想，这是发展服务战略的特殊方式。这个模型有4个基本要素（目标市场细分、服务理念、经营战略和服务递送系统）和3个整合要素（定位、价值/成本杠杆、战略/系统整合），整合要素将基本要素融合在一起。最后，我们用西南航空公司作为实例来说明如何将这个模型实际应用于服务企业中。

讨论题

1. 使用价值与交换价值有何区别？交换价值的概念是否可应用于服务中？为什么？
2. 服务中的价值是什么？为什么它是主观的？
3. 简略地描述本章中提出的服务价值模型。
4. 服务中的可感知质量是什么？它对服务的重要性表现在哪里？
5. 请解释服务中的内部属性和外部属性。
6. 请解释服务的非货币价格。它是如何影响消费者的购买决策的？
7. 请解释时间在服务价值创造中所起的重要作用。
8. 对服务企业而言，战略意味着什么？

9. 是否每个服务企业都需要制定一个战略？为什么？
10. 了解竞争环境对服务企业的重要性。
11. 简述竞争环境中存在的各种力量。
12. 市场进入的障碍是什么？请结合服务行业的实例来说明。
13. 请解释成本领先战略。
14. 请解释差异化战略。
15. 请解释目标集聚战略。
16. 成本集聚战略和成本领先战略之间的区别是什么？
17. 请描述战略服务构想的基本要素。
18. 请描述战略服务构想中的整合要素。它们在模型中起着怎样的作用？

案例 5—1

战略经营使沃尔玛公司蒸蒸日上

在20世纪80年代，零售业发生了巨大的变化。折扣商店最好地反映了这一现象。随着消费者价值意识的提高，这部分市场发展迅速。市场的扩张使非折扣的连锁商店遭受重创。例如，西尔斯（Sears）公司的许多顾客流入到折扣商店，进而被迫模仿折扣商店的一些经营策略。即使在这些折扣商店之间也存在着激烈的竞争。在1962年排名前10位的折扣商店，30年后一家都不存在了。在激烈的竞争中，较弱的连锁店必然由于高额的负债、经济的颓势、人口和社会的变化而倒闭。在20世纪90年代中期来临之际，似乎在实力最强的3个竞争者间将会展开一场殊死之战。

按商店数量，这3个竞争者中最大的是凯玛特（Kmart）公司，它在1992年有2 200家连锁店。销售额胜于凯玛特的是沃尔玛公司（WalMart），它有1 590家连锁店。第三是塔吉特（Target）公司，这是戴登·赫德森（Dayton Hudson）公司的一家分公司，它有420家连锁店。在1990年，这3家连锁店占全国折扣商店业务的70%。当时，沃尔玛公司仅与凯玛特公司35%的市场能进行直接的竞争。随着沃尔玛连锁店的增加，到1995年，两家公司有超过75%的市场在进行着直接的较量。而3家公司之间有40%的市场彼此重合。1991年，沃尔玛开设了165家新连锁店，重点在加州，而那儿已经是凯玛特公司和塔吉特公司的主要市场了。沃尔玛的网络进一步从南部根据地发展到东北部和西部。另一方面，塔吉特公司也从加州和中西部的重要市场拓展到佛罗里达州。

值得关注的是，这3家零售企业已采用了广泛相似的经营模式和相近的战略。它们集中在相似的产品市场上。凯玛特集中经营一些与家庭生活息息相关的商品，包括服装、家居时尚、家居办公、维修配件、户外活动用品、玩具、娱乐用品和药品等等。塔吉特瞄准了一些喜好时尚服饰的消费者，因为这些消费者追求较高的质量和价格。同时，它们还经营与其他折扣商店相似的日用品。沃尔玛经营范围基本上与凯玛特相似。分析家们预测，这样的折扣市场只能容纳这3家大型商店中的两家。由于相似的经营战略，所以只有能够最有效实施战略的连锁店才会取得成功。

　　凯玛特最大的优势之一就是它比沃尔玛成立得早，因而占据了许多城市零售的最佳位置。调查表明，地理位置对消费者选择商店产生的影响是在所有因素（如价格、产品种类、质量等等）中居首位的。在过去的10年中，人们越来越关注便利，所以凯玛特商店的优越位置无疑是一项宝贵的资产。然而，凯玛特的许多经营年代较长的商店规模相对较小，这就是它的弱点。当人们已将70 000平方英尺作为满足消费者预期的最低要求时，许多凯玛特的商店仍只有40 000平方英尺。

　　这3家公司都通过低价来吸引消费者。只有最能有效地降低运营成本的企业，才能成功地保持低价位。这3家公司在付款扫描系统上都投入了大量的资金，用来反映实时销售数据，这些数据能够瞬时传递到电算化存货系统中。然而，在信息传递方面，沃尔玛是行业中的领头羊，它的卫星交流网络和计算机系统能获得瞬时销售信息。在降低供应商的成本方面，沃尔玛也表现得出类拔萃。它第一个提出供应商可以通过计算机接受订单，并且将供应商视为合作伙伴，而不是对手。因此，它们就可以共享信息和了解新产品开发情况，这些对沃尔玛都是有利的。

　　这3家企业都采用了通过员工的工作赢得消费者满意度的战略，并且都投入大量资金培训和激励员工。但在这一方面，沃尔玛比竞争者做得更有成效。它通过对销售人员（公司将他们称为"合作者"）的培训和利润共享奖励激发出难以想像的员工忠诚。

　　总的来说，沃尔玛似乎要比竞争对手更能满足消费者的需求。在伯恩斯坦（Burnstein）公司所做的一项调查中显示，如果一个城市中同时存在上述3家商店，消费者最满意的是沃尔玛，最不满意的是凯玛特。

　　沃尔玛在许多方面的成功战略形成了经营上的良性循环。由于销售额较高，所以能支付得起额外的广告费用和公关费用，反过来，这些又创造了更高的销售额，扩大了购买和分销的整体经营规模，从而形成了较低的价位和较高的销售额。

　　最后一点要说明的是，沃尔玛在实施战略上比竞争者更为有成效。到1991年1月底为止，沃尔玛已获得税前年利润20亿美元，而凯玛特以同样的销售量仅有10亿美元的税前利润。今后，沃尔玛和凯玛特都打算拓展传统的折扣商店，它们都加入了折扣商店会员俱乐部——沃尔玛加入的是Sam's俱乐部，凯玛特加入了Pace俱乐部。它们尝试在各自的商店中除了出售原有的商品之外，还买一些食品杂货。一些评论人士担心，如果沃尔玛公司参与到完全不同，且竞争激烈的食品杂货行业，其蒸蒸日上的业绩是否会下滑，因为这些行业已是Kroger公司和Safeway公司的天下了。

　　资料来源：Adrian Palmer and Catherine Cole, *Services Marketing: Principles and Practice* (Upper Saddle River, NJ, Prentice Hall, 1995), pp. 322-324。

案例思考题

1. 凯玛特公司和塔吉特公司盈利增长的战略是什么？这些战略带来哪些风险？如何使这些风险最小化？
2. 竞争者如何使用战略定位增加利润？
3. 地处堪萨斯州乡村的一个小镇，沃尔玛正计划在到达此地的公路上设点。假设要你为该小镇的小商店业主们提供咨询服务，他们该如何与沃尔玛竞争？

案例 5—2

NovaCare 股份有限公司[*]

NovaCare 股份有限公司是国内最大和发展最快的一家为医疗机构提供康复服务的公司之一。从 1988 年起，NovaCare 每年的收入增长 37.5%，1991 年达到 1.51 亿美元。它主要为由于中风、退化性神经紊乱、畸形而导致身体残疾的病人提供语言康复、职业病康复以及肢体康复治疗。1991 年，NovaCare 在 32 个州获得 3 000 多份合约，提供约 1 800 件康复设施（如图表 5—8 所示），尽管 NovaCare 拥有出色的业绩，但是仍然需要解决一些重要的战略事宜。

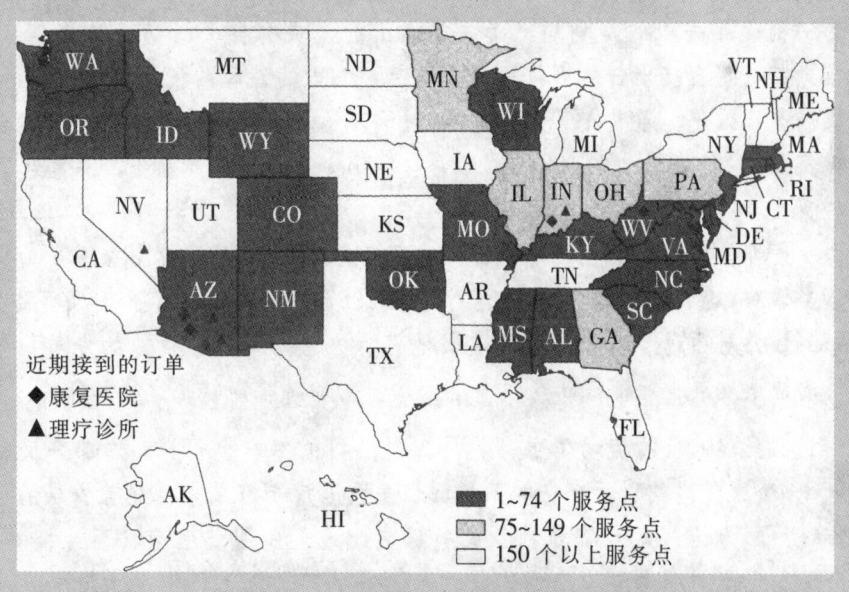

图表 5—8 NovaCare 的服务网络

其中主要的战略就是 20 世纪 90 年代初期如何在日新月异、暗礁四伏的医疗行业中正确地自我定位。其次，就是如何在康复行业发展和组建专业队伍，提供

---

[*] 感谢 William Little 和 Patricia Higgins 对此项研究提供帮助。对 NovaCare 股份有限公司的慷慨支持，我们在此深表谢意。

效率最高,质量最好的服务。第三,就是如何为实现上述目标而完善信息、控制和奖励机制。在这些战略中,一个十分重要的因素是开发一个NovaCare公司的专用网络(NovaNet)。这是一个信息系统,用于收集各区经营、管理和账单处理的数据。公司刚完成了一项专用网络的试验性测试,但是并未达到预期效果。首席执行官约翰·福斯特(John Foster)还拿不定主意,究竟是把专用网络直接投入使用,还是再进行完善,或是转作其他的用途。专用网络可能成为公司未来发展战略的关键。

NovaCare公司的早期发展

NovaCare是从一家名为专用网络Inspeech的公司起家的。一群医生投资合作组建了Inspeech公司,每个人独立经营,从事各自的专长工作。Inspeech公司提供共同的服务支持,其中包括他们并不擅长的融资和专业管理。到1985年,Inspeech公司已成为国内最大的语言康复机构,它拥有120位医生,年收入达500万美元。但是,Inspeech公司却遭遇了经营危机,公司陷入了财务困境,同时融资渠道也日见枯竭。为了寻求资金和管理上的资助,Inspeech将公司卖给了Foster管理公司(Foster Management Company)。这是一家拥有1.3亿美元风险基金的公司。约翰·福斯特是Foster管理公司(FMC)的资深股东。

公司易主的初期,由于注入了新的资本,人们着实激动了一番。但是此后,医生们的工作效率突然下降。他们开始对新的管理动机提出了质疑。他们认为:FMC公司作为"商人"关心的是利润,而并非像医疗人员那样关心病人的康复。因此,约翰·福斯特决定直接出任首席执行官。同时,公司的管理队伍既强调病人的治疗,也重视提高生产效率。整整花了18个月的时间,这支新的管理队伍设法理顺经营方式,且充实FMC的资金。在1986年11月,Inspeech通过公开融资,筹集到了4 000万美元的资金。

Foster管理公司认识到在疗养院中有一系列互补的康复治疗。关系最为密切的是语言康复、肢体康复和职业病康复治疗。在1987年,公司丰富了后两项服务。于是,Inspeech公司通过开拓市场和借鉴其他医疗方法,得到了快速的发展。不幸的是,公司的快速发展也伴随着产生了一些问题。约翰·福斯特是这样解释的:

> 我们医疗人员的流动率很高,员工对公司的怨言也不少。这部分反映了在并入19个康复机构以后存在的不协调。多数医疗专家从未在经营成功的大公司工作过。因为这些人大都是独立的行医者。他们是康复医生,因此极其敏感,把经营和生产的观念灌输给他们是件很困难的事。因为他们原本就有一种特定的思维方式,表达方式也不一样。他们尤为关注医疗的质量,通常认为产量和质量是互相排斥的。

在1985年年初,公司陷入了低谷。顾客对公司提供的各种服务感到困惑,公司股价下滑,医疗人员纷纷离去,公司失去了经营目标。一位部门副经理哈尔·普赖斯(Hal Price)这样描述那段时期:

我们感到困惑……我们有不同的标准，不同的利益……这都归咎于融入了不同的经营方式，又没有下功夫去弥合分歧。尽管实际财务状况不好，但我们认为按照各地的医疗设施水平，我们提供的服务是上乘的。

据人力资源部副经理巴德·洛希兰多（Bud Locilento）称，1988年7月公司重组时，按地域分成了4片，每片都有一个机构专门负责业务。他说：

我们原先采用高度集中的管理模式。这样，当公司快速发展时就失去了整体的效率。于是公司决定采用分权模式。我们通过开拓新市场，细分现有市场来发展公司。采用这个方法我们对公司进行了机构改革。

一个新的设想

除了进行大范围的分权以外，公司在并入许多康复机构，取得快速发展之后，开展了一项称作"康复计划"（healing event）的活动。在1989年，公司将名字改为NovaCare，表明了它将提供更为宽广的系列康复服务。它还着手制定并公布了一套全新的企业构想和公司文化文件。这包括一份企业构想陈述、企业目标陈述和企业信念陈述。约翰·福斯特说，"这些在形成企业文化，处理员工与管理人员关系上是不可或缺的。这是公司和雇员的协议，也是公司的成绩报告单，每个人都可据此来评价公司的业绩。"NovaCare企业目标陈述的开首语如下：

本公司主要是一家医疗机构，所有的投资和管理资源都是为了帮助医生和病人进行成功的交互活动。

直接从事康复医疗工作的人员是公司的主体。公司所有雇员和资源都要为医生给病人的治病提供服务。各部门的管理人员要为一线医务人员服务。同样，设备维修人员也要支持部门管理人员，以保障制定高质量的康复治疗方案。这一机制将使每个一线医务人员能做出最准确的判断。

以下是公司企业构想陈述的要点：
- "我们采用创新的、日益进步的技术使病人受益于我们的专业治疗。
- 员工是我们最有价值的资产，我们确保每位员工的个性、专业技术和职业生涯得到发展。我们为自己的所作所为而自豪，我们为自己的企业而奉献。我们要培养团队精神，创建便利有效的交流环境。
- 我们的客户包括国家级的和各个地方的医疗机构，我们的共同目标是提高病人的生活质量。在每个社区，客户把我们视作为提供最好医疗服务的伙伴。公司的声誉是建立在及时回应、高标准和有效的质量保证体系之上的。我们的关系是公开和积极的。
- NovaCare的员工追求完美。
- 我们的道德和行为规范要求我们竭尽全力，臻于完美。"

公司的信念陈述可分为4个部分：(1) 尊重个人；(2) 服务客户；(3) 追求卓

越；(4) 真实诚信。对这几个部分用了长达 16 页的篇幅进行了详细的说明，并且广泛分发，时时强调。约翰·福斯特称，我将大量时间花在阐述目标和信念上。要不了多久，公司的宗旨就不会仅仅是"在这儿感觉挺好"，而应是一系列明确的价值和准确的目标。事务部副经理，拉里·莱恩 (Larry Lane) 赞同这种看法，他说："目标和信念的陈述用鲜明的语言表达了这样一种理念，就是创造优异，医疗工作至上，用服务、宣传、培训来保障专业技术的提高。这些观点是我们成功的关键，是日常经营的基础。"

专业技术人员的招募问题

对专业医疗技术人员的供给远远满足不了需求。在 1991 年后期，公司在医疗部门雇用了约 2 300 位全职的医师。但此时公司还缺少 800 个全职医师。如果能招募到，他们立刻就能为公司创收。公司在 8 个地区动用了 23 个招聘人员，在康复治疗业内，这是最大规模的招聘活动了。公司提供事业的阶梯，形成不同的专业机会，这在其他企业里是没有的。接受过专业培训的技术人员有机会从门诊医师、团队领导人、小区诊所负责人、地方经理人、区域经理人以及诊所咨询人员一直晋升到部门副主任。此外，医师也可以选择从事管理工作，比如招聘、销售或质量保证等等。

公司对全国的薪金水平做了详尽的调查，以确保其酬金具有竞争力。公司对医疗工作给予丰厚的奖励，超过了行业的平均水平。从区域经理这一级开始，根据工作表现，公司用股份作为奖励。它还在门诊和管理培训项目上投入大量资金。有时在公司里，有时在高校，公司组织医疗学术研讨会，并为医疗人员开发了一套互动式视听图书馆，供学员在家中自学。同时要求所有的地方经理人员和区域经理人员必须参加系统的管理培训课程。由于这些项目的实施，NovaCare 在 1990 财政年度招募到的新员工比 1988 财政年度增加了 130%，医疗人员流动数从 55% 降到了 27%。它的全职医疗人员（不包括从合作公司聘请的医师）年增长 33%。然而，人员缺乏的难题依然存在。约翰·福斯特估计，每次人员流动都会使公司损失招聘费用 5 000 美元，减少收入 20 000 美元。

一家医师的公司

约翰·福斯特说："NovaCare 是一家由医师管理的医疗公司。它是一家较为年轻的公司，管理严格，生机勃勃，女性占 90%，"这就是公司特有的性质。他说："医疗人员对病人较为关心，相互联系密切。公司雇佣了许多在职母亲。这就显而易见地会面临培训、旅行、再教育和晋升等问题。"1991 年，公司四处寻求其所在领域的医疗人员，其中包括：

- **语言病理学**——用于诊断和治疗由于中风、脑外伤、退化性神经紊乱或癌症引起的发音、讲话、吞咽和听觉障碍。语言病理学的专家应该是具有学士学位和临床专业硕士学位的持证医师。

- **职业病治疗**——通过提高肌肉和神经中枢反映，来医治日常生活中缺少基本活动的疾病。职业病治疗专家是有临床专业学士学位的持证专家，通过资格考试的助理医师可以在职业病治疗专家的指导下参与治疗。职业病治疗包括：恢复感觉中枢功能；培训功能补偿技术以提高独立生活能力（如吃饭、如厕、洗澡等等）；设计、装配、调试辅助器具。
- **肢体治疗**——改进肌肉和神经反映，增强病人身体力量和活动范围。肢体治疗专家是具有学士学位的持证医疗人员。肢体治疗是利用刺激（如热、冷、水、电、按摩或运动）进行治疗。

NovaCare公司各种医疗方法收入分类统计请见图表5—9。

图表5—9   1978—1991年NovaCare公司收入分类统计

	1987年	1989年	1991年 全年	1991年 第2季度	1991年 第3季度
语言病理学	79%	51%	39%	39%	38%
职业病治疗	16%	30%	39%	39%	40%
肢体治疗	5%	19%	22%	22%	22%

资料来源：Estimates by Alex Brown, Inc.

一家倒置的机构

NovaCare公司称自己的组织是一个"倒置"（inverted）的机构。整个公司都服务于医师为病人的治疗。约翰·福斯特说自己是"在倒置的机构中位置最低的人，我和医疗人员之间的所有人的存在，都是为了服务医疗人员……理解这一点尤为重要。这个道理不仅是这一行业的医疗人员应该明白，而且公司所有的成员都要据此了解自己的作用和相对重要性。"人力资源部副主任巴德·洛希兰多（Bud Locilento）说："如今我们的目标是使每一位医疗人员有充分的权威感，能为病人，为顾客也为他们自己的福利做出抉择，而不是让他们感觉到像是在金字塔形的机构里逆流而上。"

经营和维持一家倒置的公司需要不断的培训、授权和强调。有时听到管理人员称呼"我的头儿，"他们指的是自己的顶头上司，而不是企业的核心任务，这着实令人费解。福斯特先生始终在寻求获得企业内的反馈意见（他称之为"指示"）的方法。他成立了一个主席委员会，由来自全国的15～20人组成，每年碰面两次。这些人士是来自于不同部门的代表，有医师，也有经营管理人员。他们反映出各自部门的观点和想法。在每次开会之前，代表们会让当地工作小组去收集信息和反馈意见，用于会上讨论。公司还有每月两次的业务通讯，从中医疗人员可以获得信息，表彰公司中发生的佳绩，提出需要反馈意见的事项，并强调公司的构想。NovaCare的医疗人员因为都在相距遥远的康复中心独立工作，所以他们都需要独立决策。然而在正规的学校教育中，他们并没有学到这些，同样，他们也没有应对康复中心出现的形形色色的情况的心理准备。

以医疗人员为中心

对病员进行筛选，或者说判断接受谁来治疗，什么时候安排治疗，这对 Nova-Care 公司整体和各个康复中心都是利益攸关的事情。公司能够胜任的医师是有限的，各方面又都希望使病人的利益最大化，那么在确定谁需要治疗、谁治疗的效果不大、谁支付得起医疗费用这些问题上，往往是十分棘手的。不同的保险机构对那些治疗属于承保事项是有不同的规定的。遗憾的是，当医师在接受培训时，他们仅被告知如何处理具体的病例，没有人教授他们如何去区分病人，看他们谁在经济上负担得起治疗费。日常事务部的副主任拉里·莱恩（Larry Lane）说："我们的宗旨是授权医疗人员，让他们首先进行专业的判断，然后再考虑其他的事项，难道有什么规定限制首先按专业判断行事吗？"

明确了这一点，医疗人员就可以对病人进行判断和诊断，决定治疗方案了。他们必须明确长期的医治目标，根据个案来做出得以成功的判断。按照承担经济责任的中介——保险公司的观点，只要医疗人员为病人选择一个合理的治疗方案，该疾病又属于支付范围（还要显示病人的病情有进展），治疗就要继续下去。然而，医师治疗的时间、医术和他的精神状态也是应该考虑的重要问题。有些康复治疗会给医疗人员造成沉重的负担。比如，长期医治老年病或严重的伤痛，医师身体上和精神上都可能会感到精疲力竭。因此，在病人、病症、治疗场所等问题上，要允许医师有所变化。还有一点很重要，医疗人员不应该在多个医疗机构之间来回奔波。要让医疗人员自主判断取舍，作出一些平衡。

支持机构

对一线医疗人员（或称直接从事医疗工作的人，DCPs）提供支持的机构是按区域划分的。每位医疗人员属于一个组，被称为一个地区（district），每个地区年收入约为 100 万美元，平均有 15 个全职医疗人员。他们由地区经理进行协调。这些地区经理则由区域（area）经理协调，而区域经理则由部门（division）副主任协调。一个区域每年约有 700 万美元～1 000 万美元的营业额。每个部门有 3～4 个区域经理，全国按地理位置划分成 4 个部门。4 个部门的副主任由主管一线运营的副主任协调。1991 年，公司经营管理以周为单位，医疗人员每周安排计划，并与地区经理保持沟通。每到周五，医疗人员就打电话给地区经理，汇报在 1 周内的门诊情况和经营业绩。地区经理综合这些数字并进行汇总，在下周一向公司总部汇报。

有一位区域经理对一周的工作做如下描述：

我们全公司从周二到周四工作。周五一线医务人员打电话给地区经理汇报他们看了多少病人，做了几次检查，在准备和建档上花费了多少时间，以及提供了多少组治疗。周一，我要花 9 个小时打电话，与各个地区经理讨论每个医师的报告。下午 3 点之前，我要将其向部门经理汇报。周二早上 8 点前，由他汇总这些信息之后递交公司管理层。可见，我们要花费 20%～25% 的时间进行信息交流。

地区经理的工作就是处理和发展与客户、医师的关系。一位部门副主任哈尔·普赖斯（Hal Price）说道："我们努力地减少营业点的数量，以便地区经理能尽量花时间倾听顾客的心声，解决他们的问题，经常地对他们进行安慰。你必须经常与营业点的管理人员和员工接触……因为与员工的关系对公司来说十分重要，所以地区经理的关键作用就是确保员工愉快的工作。"从一个地区上看，管理的关键就是营业点的数量和医师人数之比。换一种说法就是："在一个点上，有多少病人得不到治疗？"

NovaCare公司的财务主管蒂莫西·福斯特（Timothy Foster）（他与约翰·福斯特没有关系）对这个问题是这样看的：

> 我们经营的关键问题是如何根据给客户提供服务时所要花费的时间进行定价，一个病人一个价。给病人治疗15分钟，我们就按一定的费率收费。任何一个医师都能在2~3个营业点工作，这就是我们经营的前提。如果将一个全职的医师固定在一个营业点，就会入不敷出。我们既要考虑单个营业点的工作，也要考虑把几处营业点联合起来操作。
>
> 因为医师是固定成本，所以我们要从事最优化经营和生产。这就像律师那样，要最有效地利用时间。然而另一方面，一个营业点上的护士长则要从事与收费无关的工作，比如团队组织、回答咨询、提出建议以及在职进修等等。所有这些工作对营业点的经营质量和长期发展都是有利的。但是我们不鼓励医师去做这些工作，因为我们的奖励制度依据的是个人的工作效率。如果没有需要去直接治疗病人，他们就应该从一处营业点快速地转移到另一处营业点。

客户的复杂性

NovaCare公司与为病人提供康复服务的连锁康复中心以及独立执业者签约。合约期一般为1年，但可以在90天内或更短的时间内由任何一方取消合约。NovaCare公司从康复中心按治疗费抽成，一般由第三方付款（如保险公司）。如果第三方付款人拒付，NovaCare就要向客户补偿。为了公司的成功，NovaCare必须与各类客户打交道。这些客户群的需求和期望各不相同。所谓客户群，是指可以影响康复营业点经营，或是与公司续约的人群。

- **病人** 病人希望能得到良好的治疗，并且想与医师建立良好的个人关系。尽管他们一般不是直接付款人，但作为服务的最终接受人，他们也会影响第三方付款人，比如保险公司或当地的医保基金管理机构。病人的承保人——通常也是服务的最终付款人，他们会告知康复医院病人不满意，于是服务就会被取消。

- **护理主任** 护理主任以服务为宗旨，他们是直接满足病人需要的人。然而，护理主任也要协调一个护理区域内医师与病人的关系。

- **康复中心的管理者** 康复中心的管理者除了管理财务以外，还要关注服务质量和经营效率。管理者的薪酬常常根据财务状况来计算，因此，管理者所追求的就是与 NovaCare 公司签约的康复机构良好的资金运作，同时使风险最小化。
- **参与经营的业主** 参与经营的业主除了处理一些常规事务外，一般不负责诊所的事务，他们主要的责任是资金的运作。
- **第三方付款人** 第三方付款人关注的是以最低的成本获得最大化的治疗效果。

每个客户群从治疗和康复服务中都有各自一系列特定的需要和期望。有的希望服务能顺利一些，少一些摩擦；有的希望治疗效率高一些，服务有所值；有的希望少一些消极的情况，如法律诉讼或名誉损失等等。

NovaCare 公司不仅向单个康复医院提供服务，而且在全国范围内为许多连锁康复中心服务。对这一类的客户，NovaCare 公司提供一项额外的服务。首席运营官阿诺德·伦奇勒（Arnold Renschler）博士说：

> 我们为主要客户提供季度报告，告知我们是如何来为他们创造收益的。我们的报告细致到对单项治疗、独家治疗点进行分析的程度。这是一家小型公司没有能力做到的。我们有一个全职的文员专门关注日常工作的变化、康复费用支付的变化以及潜在市场的变化等等。他被视为公司主要客户全部常规事务的资料库。

NovaCare 公司的全体员工总共只有 100 多人。员工的规模及机构被严格控制住了，使之与收益相一致。随着时间的推移，这个比率还在逐渐缩小。巴德·洛希兰多把这个归因于"人员素质提高了，对技术和制度的依赖提高了，同时把许多管理工作移到第一线去处理。"

激励机制

一个精心设计的薪酬系统有利于 NovaCare 这个高度分权的、"倒置"的公司的发展。从 Inspeech 时代开始，公司就将生产力划分成一个个 15 分钟的"单位收费时间。"公司的基本利润是从为病人直接服务中获得的。但是所谓的"单位"也包括为病人建立档案、咨询其他专家、为诊治做准备、参加病人会诊会议和任何服务病人的直接行为所需要花费的时间。1984 年 10 月，生产力标准为每周每位医师 100 个单位（或 25 个小时）。除此以外，还有一个奖励机制。医师的剩余时间可以去加强实习，去开拓市场，或是联系固定的客户群。然而，注重业绩的医师总是去寻求机会增加实践，并和医生或其他康复中心的人员一起工作，然后将需要康复治疗的病人划入自己圈子中。

NovaCare 已开发出与时代发展合拍的营销方案，目的是帮助与公司签约的医疗人员服务的康复中心吸引社区内的相关人员。NovaCare 希望潜在的相关人员（如医生、护士、病人、康复中心的主任等等）能认识到公司服务提供的可行性和服务的品质。康复医师是实现公司服务理念的关键。每个医疗人员的奖金是根据其完成协议标准规定的每周治疗病人的单位数量来发放的。然而，因为在康复中心，语言和职业病治疗的收益较高，所以肢体治疗的薪酬系统有所不同。

NovaCare 公司的收益全部来自于服务。这取决于医师与病人（以及康复机构、管理人员）建立和发展个别联系的能力。公司的收入受到每位医师的工作时间、取酬时间以及医师的人数限制。NovaCare 公司的管理层一再对医师强调，所谓生产力实际上就是服务质量。他们进一步向专家们指出，"在提高效率的过程中，要提高技术，提高医疗质量，要展示医疗队伍的专业水平。"

质量和收益控制

尽管政府机构、保险公司或其他付款人没有明确地定义或评估医疗质量，但是它确实是康复服务的一个不可或缺的因素。NovaCare 根据自身系统和管理实践已经"为一线服务制定了一个标准"，并且在康复行业中发挥着领头羊的作用。哈尔·普赖斯称，"我认为，国内没有一家公司可以与我们相媲美。别人无法像我们一样持之以恒、水平如一的为客户提供服务。"NovaCare 一直在设法通过细小的改进来完善服务。控制质量是医师的一个基本职责。

地区经理的工作业绩仅仅根据经营收益进行测评。他们不对成本管理负责。对他们进行奖励的依据是：(1) 生产率；(2) 按照预算测算的生产总值；(3) 人员滞留水平；(4) 经过个人同意的补充目标。生产率、服务收益和人员流动率在评估地区经理工作表现时各占 30%，其余 10% 为补充目标。

区域经理和部门主任的奖励则由 3 个因素决定：(1) 总体经营利润；(2) 人员流动率；(3) 补充目标。它们分别占 50%、30% 和 20%。这里的经营利润是指综合考虑经营净收入和经营净利润。

NovaCare 的战略和未来市场

NovaCare 的基本战略是通过提供康复医疗服务谋求公司的总体发展。其手段是内部的增长和外部的加盟。制定这个战略是为了利用一些外部机制：(1) 对康复服务需求的增加；(2) 人们对医疗费用的关注增加以及老年人对服务需求的上升；(3) 各地小型企业与康复医疗中心对细分市场的竞争。到 1991 年，美国的医疗服务业出现了危机。美国在医疗上每人要支出 2 500 多美元，合计超过 7 个亿（原文如此，似应为 7 000 亿美元——译者注）。仅医保一项就是英国全国医疗服务支出的 2 倍。估计美国至少有 20% 的医疗费用用于经营管理。美国最为关注的是医疗服务的质量。但是，据国会预算办公室预测，1996 年，联邦政府在医疗服务上的预算费用将上升 20%。国内广泛争论的几个问题是：(1) 未来如何支付医疗服务费用；(2) 如何让多数人从医疗服务系统中受益；(3) 如何为不断增加的老年人和残疾人提供优质的医疗服务。

有一份关于康复市场的行业报告提到：

> 1990 年康复医疗市场年收入为 110 亿美元，在 20 世纪 90 年代，整个市场预计每年增加 15%～20%。
>
> 若管理得法，运作有序，经营毛利可超过 20%。我们估计市场会扩大是基于以下几个原因：

- 由于人口老龄化以及总人口规模的扩大，行为受到限制的人数在上升。
- 由于消费者和第三方付款人都越来越意识到康复医疗的重要，康复服务的供给在增加。
- 由于技术的进步，接受康复服务并从中受益的病人增加了。
- 人们会越来越关注身体健康、生活独立和生活质量。
- 与接受急诊治疗相比，接受康复治疗的成本效用更高。越来越多涉足医疗保健的承保人逐渐认识到了康复治疗的经济效益。调查表明，花1美元用于康复治疗，可以在其他方面节约11美元~38美元。

根据医保基金的规定，除住院病人和急救病人的费用以外，其他治疗费用都可以作为医疗费用报销。1987年医保允许的康复治疗的覆盖面扩展到非住院病人的职业病治疗，1989年又扩展到吞咽性疾病。因为此类治疗与急救治疗相比有着显著的成本效用，所以管理当局和第三方付款人都认同了康复治疗服务。目前能提供康复治疗的主要场所包括急诊医院、专业康复医院、综合性门诊康复中心、护理中心、康复学校、非住院诊所、精神病医院和家庭病床等等。在所有这些提供服务的机构中，小型康复中心（指床位数不足350个的机构）通常与第三方企业签约来管理康复服务需求。图表5—10反映了估计的契约式医疗市场。

图表5—10　　1988—1993年估计的契约式康复医疗市场规模　　（单位：百万美元）

	话语康复治疗			职业病康复治疗		
	1988年（美元）	1993年预计（美元）	综合增长（%）	1988年（美元）	1993年预计（美元）	综合增长（%）
康复中心	250	365	8	250	550	17
医院及其他机构[a]	300	420	7	300	460	9
家庭病床	250	365	8	300	505	11
合计：	**800**	**1 150**	**8**	**850**	**1 515**	**12**

[a] 所列收入系康复机构的毛收入。

资料来源：Robertson, Stephens & Co. estimates.

依据行业数据统计，1988年，有71%的康复中心外聘人员来从事职业病康复治疗，因为90%的康复中心是提供语言康复治疗的。同一数据表明了健康服务占康复中心的费用支出不足1%。许多康复中心提供肢体康复治疗服务，但其中67%是签约经营。根据1987年通过的"Omnibus预算调节法案"（Omnibus Budget Reconciliation Act）的规定，从1990年10月1日开始，所有的康复中心都必须能提供完全的3种康复治疗。然而，由于成本和其他一些因素的制约，这一规定很难在企业内实施。根据行业协会的调查，1989年，在12.9万持证医师中，仅有1.4万人长期在医疗机构中工作。有统计显示，每10家康复机构中，只有不到1名语言疾病专家，每8家康复机构中只有1名职业病治疗专家。与此形成对照的是，NovaCare的签约机构中这一比例分别是3∶1和2∶1。图表5—11表示的是康复服务结构的变化。

图表 5—11　按康复点产业结构和契约类型分类（1990—1991 年）

契约类型	1990-12-31	1991-06-30	1991-12-31	9个月百分比变化
康复点总数	1 813	1 724	1 797	−0.5
纯粹话语康复治疗	815	589	574	−29.6
纯粹职业病康复治疗	45	49	59	31.1
纯粹肢体康复治疗	49	51	49	0.0
话语康复与职业病康复治疗	321	348	365	13.7
话语康复与肢体康复治疗	44	23	22	−50.0
职业病康复与肢体康复治疗	29	33	34	17.2
话语康复、职业病康复与肢体康复治疗	510	631	694	36.1
契约总数	3 227	3 390	3 606	11.7
话语康复治疗契约总数	1 690	1 591	1 655	−2.1
职业病康复治疗契约总数	905	1 061	1 152	27.3
肢体康复治疗契约总数	632	738	799	26.4

资料来源：Alex. Brown, Inc., reports.

NovaCare 的竞争压力源自于一些地方机构、一些个体经营者以及社区内的小服务机构。最大的地方性公司自身的规模可达 NovaCare 的 1/3 到 1/2。许多 NovaCare 的康复中心客户是国内企业。所以除了积极地吸引加盟以外，公司主要的营销策略还是增加现有市场的消费群，这样就可以减少因来回奔波造成对员工士气和生产率的影响。通过对治疗方案的整合，引导康复机构关注其他医疗服务项目；公司已实现了规模的扩张。图表 5—12 反映了 NovaCare 快速的增长。图表 5—13 则显示了公司股票在股市的走势。

图表 5—12　1988—1991 年 Noracare 公司财务状况分析（除每股收益外，单位均为千美元）

	1991 年	1990 年	1989 年	1988 年
服务净收入	151 532	102 110	69 975	56 612
毛利	56 403	39 478	25 586	11 505
毛利率（%）	37	39	37	20.3
经营利润	29 875	19 534	8 999	3 162
经营利润率（%）	20	19	13	5.6
流通证券交易亏损	——	——	——	(2 468)
净收入（亏损）	20 315	12 382	5 107	(1 045)
每股净收益	0.64	0.43	0.19	(0.04)
营运资本	66 721	41 680	33 294	31 515
资产总额	127 489	87 912	73 609	72 386
受馈赠总额	1 037	14 075	15 908	18 915
负债总额	13 975	25 107	23 831	27 781
股东权益	113 514	62 805	49 778	44 605
平均投资回报率（%）	23.0	22.2	10.9	(2.4)
全职医师年平均数	1 929	1 375	(资料缺)	(资料缺)
全职医师人均创收	79	74	(资料缺)	(资料缺)
医师年均流动率（%）	27.0	32.0	39.0	(资料缺)

资料来源：*Rehabilitation Today*, November-December 1991, and company reports.

图表 5—13　　　　　　　　1989—1992 年 NoraCare 公司股票行情　　　　　　　　（单位：美元）

实物资产			总计		
1988 年	1993E 年	CGR	1988 年	1993E 年	CGR
300	420	7%	800	1 335	11%
1 000	1 470	8	1 600	2 350	8
550	900	10	1 100	1 770	10
1 850	2 790	9	3 500	5 455	9

股票价格数据

	1988 年	1989 年	1990 年	1991 年
高	$7\frac{5}{8}$	$8\frac{1}{4}$	$11\frac{9}{16}$	$29\frac{7}{8}$
低	$1\frac{15}{16}$	$2\frac{7}{16}$	$6\frac{1}{2}$	$12\frac{3}{4}$

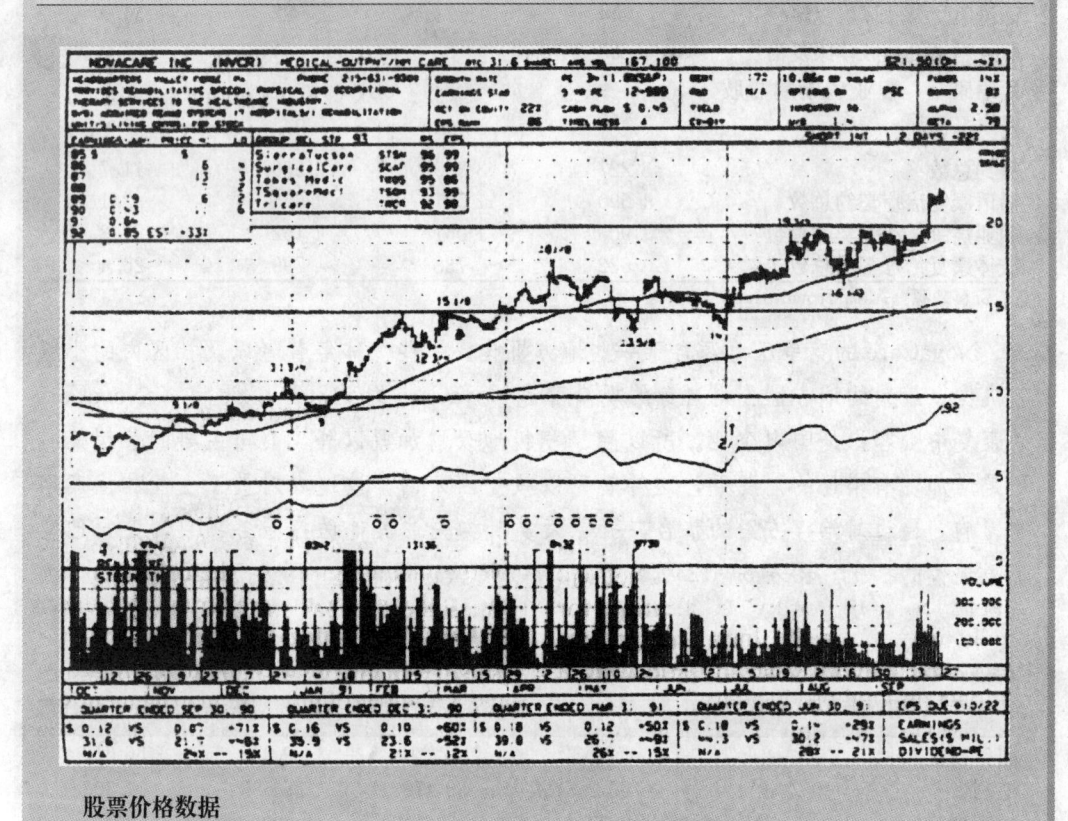

每股收益

	1989 年		1990 年		1991 年		1992E 年	
	金额 (美元)	同比增长 (%)	金额 (美元)	同比增长 (%)	金额 (美元)	同比增长 (%)	金额 (美元)	同比增长 (%)
第一季度	0.04	（忽略）	0.08	100.0	0.14	75.0	0.19	35.7
第二季度	0.04	（忽略）	0.09	125.0	0.15	66.7	0.21	40.0
第三季度	0.05	（忽略）	0.12	140.0	0.17	41.7	0.23	35.3
第四季度	0.07	（忽略）	0.14	100.0	0.18	28.6	0.24	35.3
全年	0.20	（忽略）	0.43	115.0	0.64	48.8	0.87	35.9

各类收入统计

	1991 年	1992 年
康复治疗服务	91%	87%
康复中心其他收入	——	11
利息收入	9	2
合计	100%	100%

年度财务资料（单位：百万美元）

	1989 年	1990 年	1991 年	1992 年（E）
年度总收入	70.0	102.0	151.5	281.8
现金流量	6.0	13.3	21.2	34.5
税前利润	11.2%	18.6%	20.2%	17.0%
每股投资收益	12.8%	22.0%	23.0%	（资料暂缺）
单位资产增值	7.0%	15.3%	19.0%	（资料暂缺）

资料来源：Alex. Brown & Sons，October 2, 1991.

在 NovaCare 公司 1990 年的年度报告中，公司对全新的专用网络（NovaNet）进行了描述：

在试验基础上，公司建设了手提电脑网络，使每位医师能够每天记录和传送账单、工资单、工作情况和门诊资料信息。这个创新设计的目的是：(1) 缓解大多数医师的管理负担，增加服务病人的时间；(2) 减少为信息收集和数据处理发生的销售费用、总务费用和管理费用；(3) 加快账单传递，缩短应收账款的到款时间；(4) 改善公司获取和交换诊断数据的能力，从而达到一定的质量标准。管理层认为这种惠及个人的系统将更有利于雇主对专业医师的选择。

NovaCare 公司在诺瓦网信息系统的建设上投入了 700 万美元～1000 万美元，这是在系统建设上的最大一笔投资。这个系统可以帮助每个医师对每天的服务结果进行汇报。约翰·福斯特称："我们相信，Nova 网在短期内会在提高医师的工作效率上产生效益。从长远来看，利用所收集到的数据，公司在提高生产力上会整体收益。"

Nova 网系统由两个组成部分——管理部分和诊疗部分。管理部分用于减少重复的报表、多余或错误的数据输入以及文档处理工作。文档的质量对 NovaCare 公司的客户十分重要。他们要据此去顺应州政府和联邦政府制定的医疗标准。当然，这些文档也用以帮助 NovaCare 公司自身以及客户去划拨治疗费。另一个目标是帮助医师腾出时间，使他们能更多地为病人治疗。这个系统的开发目的是替代现有的手工操作系统和电话汇报方式。设计的部分理念是自动连接前台的工作（从医师处收集数据）但又不改变后台的处理系统。因为后者包括账单处理系统（由医疗共享系统公司 Shared Medical Systems 提供）以及许多其他的内部管理系统。

Nova 网有许多基本的优点，它提供准确的数据，可以用来编制报告和出账。它还能为医师减轻管理工作的负担。此外，Nova 网为医师提供了一个交流场所，这是先前所没有的，他们可以通过电子方式与上级或其他同事进行交流。使许多医师兴奋的是网络将提供治疗病人所需要的技术。NovaCare 公司管理层曾经希望生产率能提高3%，即每周医师出账103个单位，而不是现行的100个单位。但是现在公司具备了更大的发展潜力，因为医师平均有35%的时间用在非直接治疗病人上，即建档、开会和在服务点之间奔波。管理层也希望能扩大地区经理的交流范围（目前他们平均联系15个医师），而且要提供更多时间来增进与医师和客户之间的关系。

Nova 网是公司各个方面的人员设计而成的，其中包括一个由公司部门负责人（如公司审计部主任、分管管理信息系统的副总裁、分管医疗服务的副总裁以及分管经营的副总裁等等）组成的方案委员会。在这个委员会的监督下，由一个小型的设计组明确系统的范围和主要目标。这个组由医师和部分职员组成。负责这个项目审查和成本效益分析的专家们预测，公司能在1.7年内收回原有的投资，在5年内回报率为33%。管理人员从各自的角度看到了系统其他不可测算的优点，比如质量控制、道德建设、灵活应对、信息交换和战略应用等等，这些都能发挥更为长远的作用。问题是如何能以最优状态运行这个系统，在达到预期短期目标的同时，获得长期的收益。

NovaCare 公司只有一个小型的系统开发小组，它充分利用了外部服务。只要能与本公司的目标兼容，它就充分利用外部资源。在确定 Nova 网的范围后，公司与 CompuServe 公司签约开发和使用这个系统。CompuServe 是一家编制 PC 软件的公司，提供通讯网络交流，拥有"800个支持平台"回答用户的问题。NovaCare 公司董事会批准了这个项目，系统设计从1990年1月开始启动。

实施和问题

在 Nova 网试运行之前，有一项调查数据反映了医师是如何利用时间的。在其试运行一个阶段后，就该数据前后进行了比较，结果发现服务病人的数量没有因此而得到上升。分管医疗服务的副总裁帕特·拉金斯（Pat Larkins）认为，"我们的医师需要适应这个技术，我认为你们无法仅仅通过告诉他们如何输入信息来达到预期数量上升的效果。而是应该告诉他们如何利用这些信息来改变已经养成的习惯。"然而，由于没有获得预期的效果，管理人员开始寻求其他提高生产效率的方式来支付其短期内系统运行的费用，并且立足于发展长远战略。

同时，各政府部门增加了对医疗信息的需求。负责医保工作的医疗基金管理委员会（The Health Care Finance Administration，HCFA）试图为基本数据格式和电子数据传输确定标准。政府和承保机构特别关注医保基金是否能有效地向病人提供优质的服务。尤其是医保基金管理部门，他们更为关心的是资金的使用效果。约翰·福斯特说：

> 作为行业内最大的服务供应商，我们应该有收集、使用数据的规模经济，这种规模经济是其他机构无法具备的。事实上，如果我们能合理地开发这个系统，它能为其他竞争者设置最终的进入障碍。只要我们能综合利用我们的各种战略，进一步深入现有市场并开拓新市场，Nova 网将成为公司最主要的战略

投资。

阿诺德·伦奇勒博士则认为，

> 公司内有一个一直争论不休的话题："在 Nova 网成功地用于医疗工作之前，我们是否需要继续扩展成功的管理功能（这种成功的功能现在已经具备）？"一旦解决了这个问题，管理功能的升级可以立即开始。但是，要提高生产力，要保持一贯的治疗方式，要衡量治疗的效果，问题的关键还在于医疗功能的开发……如果只是开发管理功能，医师们会由于缺少医疗功能而不加认可。

但是，如果 NovaCare 不继续前进，公司会在公众和雇员中遇到麻烦。对内而言，许多医师有试验阶段的经验，他们会希望能从网络中获得帮助。对外而言，NovaCare 公司已宣布了 Nova 网的计划，由此许多投资人、客户、股东可能已经有了从网络开发中获益的预期。

NovaCare 公司必须谨慎行事，因为它是在一个极其规范的环境中运作的：80%～90%的账单依靠医保基金支付。蒂姆·福斯特（Tim Foster）称："任何医疗企业的最大战略威胁是管理环境以及政府机构，或私人偿付医疗费用的不确定性。"政府管理和对现行法律的解释可能会很快刺激新的治疗方法的问世，或是改变现行的治疗方式，也可能暂停一些治疗方式。当然这也会影响费用的支付。第三方付款人常常尽力去解释法规，然后改变费用的支付方式。所有这些，以及不断更新的康复治疗需要和医疗技术是康复企业面临的长期挑战。

NovaCare 的其他威胁包括来自康复中心对病人的竞争。许多康复中心试着减少"疗养栖息"（hotel and beds）在业务中的份额，而转向利润更高的业务。有些康复中心的规模扩大了，它们可能会接受大量的病人，以适应驻院医师的数量。要是这些康复中心联合起来，NovaCare 公司的医疗点和病人就会减少，站点也会更分散。此外，如果政府实施大规模的医师培训计划，医师供给将由短缺变为剩余，这会严重影响到 NovaCare 的收益。NovaCare 高层领导必须关心的问题是，如何最恰当地对全公司、机构、管理和激励机制进行定位，以及如何发挥 Nova 网信息系统未来的最大效益。（图表 5—14 对 NovaCare 公司的竞争者进行了简要的描述）

图表 5—14　　　　　　　　　　竞争者情况简介

1991 年 10～11 月间，《康复治疗管理》（Rehab Management）杂志撰文介绍了康复业最大的几家服务供应企业。以下略做介绍：

Baxter Health Care Corp's Physical Therapy Division：该企业是 Baxter 公司在 1984 年以 8 亿美元收购的。原先公司经营运动员服用的药物。成为 Baxter 公司属下的子公司。1991 年，公司进行扩张，在 5 年内建立了 150 家康复中心。它的经营理念是关注非住院病人市场。康复中心每年要接治约 10 万位病人，并且建立了治疗、效果和质量控制的数据库。

MedRehab, Inc：该企业有 3 种基本的业务：向长期医疗点（350 个康复医疗点）提供契约式服务；自主经营的 39 个门诊所；向 51 家医院提供肢体康复、职业病康复、语言康复和呼吸道疾病康复治疗服务。MedRehab 公司在 1987 年 5 月成立，它吸纳了许多现有的地区性康复公司。MedRehab 注重从住院服务向向非住院服务的转化，且每年的转化率高于 80%。它在全国有 75 所大学培训肢体、职业病和语言治疗方面的专家。

续前表

HealthSouth Rehabilitation Corp：这是一家成立于1984年的企业，1986年股票上市。它的宗旨是建立非住院病人康复中心和医院，这样的机构比住院服务成本效益要高一些。在第一个5年里，它建立了40个医疗诊所，并以相同的速度继续发展。因为在美国3 000个县中仅建立了175个综合康复诊所，因此 HealthSouth 看到了其发展的潜力。由于谨慎地进行资金运作，该企业的资产负债状况十分理想，所以发展迅速，而且价格很有竞争力。

Rehab Hospital Services Corp：该企业1979年建立，1985年由 National Medical Enterprises 公司收购。从那时起，它从6个医疗诊所发展到现在的33个诊所、18个管理站和两个过渡性生活中心。公司自己原先有1个非住院康复诊所，现在又在筹建3个。它计划每年建立5~10个独立式医院。在1991年，Rehab 成为国内最大的康复治疗公司。它有着积极的管理，并且向各方面拓展业务。既丰富内涵，又吸引外部加盟。在向外公布的文件中，它强调通过"推荐一两位客户营销方式"（one to two referral marketing）拓展业务。在其每个领域内，公司都尝试培养"风险管理者"，鼓励管理者承担风险，积极把握机会。公司认为其显著的优势在于人力资源的实力。

Continental Medical Systems：该企业1986年成立，业务遍布36个州，在11个州有22家手术康复医院，在18个州有57家非住院中心和4家契约式医疗公司。公司有7 500多名员工。1991年它建成了6家新医院，并计划在1992年再建8家。公司的目标是到了20世纪90年代中期资产达10亿美元。它已收购了其22家手术康复医院中的3家和4家契约式服务公司。

Healthfocus, Inc：1963年该公司成立时是一家合资企业。1971年被 Hyatt 收购，1980年又被 American Medical International（AMI）并购。公司在1985年成立康复分公司，后来又被公司职员杠杆收购。Healthfocus 在13个州有55家独立的诊所，在31个州有85家医院。1991年，它提出"职业健康活动"的口号来增加其康复中心和医院的业务。

其他还有一些较小的具有特殊服务项目、设施或能力的地区性医疗机构。但是，由于上述"七巨头"（加上 Novacare 公司）的成功，兼并的价格正在急速上升。

资料来源：Henry Mintzberg and James Brian Quinn, *The Strategy Process：Concepts, Contexts, and Cases*, 3rd ed. (Upper Saddle River, NJ, 1996), pp. 517-529. Case Copyright © by James Brian Quinn.

在谈论公司的目标和信念时，约翰·福斯特说：

> 在我们做出这些决定并环顾周围杰出的成功企业时，我们认识到，一个高度诚信的企业才能获得高额的资金回报和理想的销售利润。因此，我们深信，如果我们所做的是正确的，我们就一定会获得丰厚的经济回报。质量、生产率和诚信是我们长期服务于股东的最好承诺。

案例思考题

1. 现今 NovaCare 公司竞争性战略的基础是什么？它应该如何发展一个长久的竞争性战略来抗衡其潜在的竞争者？

2. NovaCare 未来发展的方向是什么？公司应该开发哪些新业务？为什么？以怎样的先后顺序？如何判断重要的时机？有哪些制约因素？如何应对？

3. NovaCare 公司的发展对其组织机构会有什么影响？对管理形式会有什么影响？从 NovaCare 公司的角度看（或者从医师的角度、客户的角度、病员的角度），公司成功的关键是什么？NovaCare 该如何处理各种因素之间的冲突？

4. NovaCare 公司应该如何给 Nova 网定位，以便其在未来发挥最大的作用？它是否应该按计划继续发展？Nova 网要成功应首先开发什么功能？Nova 网如何为 NovaCare 公司明显的竞争性战略服务？在运行 Nova 网时最重要的问题是什么？Nova 网会如何影响公司的其他机遇？

参考文献

1. Andrews, Kenneth R., *The Concept of Corporate Strategy* (Homewood, IL, Irwin, 1987).

2. Carey, Susan, "St. Louis Blues: TWA Struggles to Improve Performance," *Wall Street Journal* (September 27, 1996).

3. Deane, Phyllis, *The Evolution of Economic Ideas* (London, Cambridge University Press, 1978).

4. De Marle, David J., "The Value force," in M. Larry Shillito and David J. De Marle (eds.), *Value: Its Measurement, Design, and Management*, (New York, John Wiley & Sons, 1992).

5. Fisher, Anne, "The 100 Best Companies to Work for in America," *Fortune* (January 12, 1998), pp. 69 - 95.

6. Godsey, Kristin Dunlap, "Slow Climb to New Heights," *Success* (October 20, 1996).

7. Henderson, Bruce D., "The Origin of Strategy," *Harvard Business Review* (November-December 1989).

8. Heskett, James L., *Managing in the Service Economy* (Boston, Harvard Business School Press, 1986).

9. Juran, Jospeh M., and Frank M. Gryna, *Quality Planning and Analysis* (New York, McGraw-Hill, 1993).

10. Labich, Kenneth, "Is Herb Kelleher America's Best CEO?," *Fortune* (May 2, 1994).

11. McCartney, Scott, and Michael J. McCarthy, "Southwest Flies Circles Around United's Shuttle," *Wall Street Journal* (February 20, 1996).

12. McCartney, Scott, "Turbulence Ahead: Competitors Quake as Southwest Air Is Set to Invade Northeast," *Wall Street Journal* (October 23, 1996).

13. Mintzberg, Henry, "Five Ps for Strategy," *California Management Review* (fall 1987).

14. Mintzberg, Henry, "The Strategy Concept II: Another Look at Why Organizations Need Strategies," *California Management Review*

(fall 1987), pp. 25-32.

15. Oliver, Suzanne, "The Battle of the Credit Cards," *Forbes* (July 1, 1996), pp. 62-66.

16. Porter, Michael E., *Competitive Strategy: Techniques for Analyzing Industries and Competitors* (New York, The Free Press, 1980).

17. Porter, Michael E., *"Competitive Advantage: Creating and Sustaining Superior Performance* (New York, The Free Press, 1985).

18. Quinn, James B., *Strategies for Change: Logical Incrementalism* (Homewood, IL, Irwin, 1980).

19. Regan, Mary Beth, "The Post Office Delivers a Banner Year," *Business Week* (January 19, 1998), p. 38.

20. Sewall, Hannah R., *The Theory of Value Before Adam Smith* (New York, Augustus M. Kelley Publishers, 1968).

21. "Shouldice Hospital Limited," Harvard Business School Case 683-068 Rev. 6/89.

22. Smith, Adam, *An Inquiry into the Nature and Causes of the Wealth of Nations* (New York, The Modern Library, 1937).

23. "Southwest Airlines (A)," Harvard Business School Case 575-060 Rev. 2/85.

24. Stanglin, Douglas, "Don't Return to Sender," *U.S. News and World Report* (October 7, 1996), pp. 49-50.

25. Young, Jeffrey T., *Classical Theories of Value: From Smith to Sraffa* (Boulder, Colorado, Westview Press, 1978).

26. Zeithaml, Valarie A., "Consumer Perceptions of Price, Quality, and Value: A Means-End Model and Synthesis of Evidence," *Journal of Marketing*, vol. 52 (July 1988), pp. 2-22.

27. Zeithaml, Valarie A., A. Parasuraman, and Leonard L. Berry, *Delivering Quality Service: Balancing Customer Perceptions and Expectations* (New York, The Free Press, 1990).

第6章
服务定位与营销

6.1 本章概述
6.2 营销活动与经营活动的整合
6.3 商品营销与服务营销的差异
6.4 营销组合
6.5 营销战略
6.6 本章提要
讨论题
案例 6—1 联邦快递的营销与经营战略
案例 6—2 票价之战
参考文献

6.1 本章概述

　　服务营销与商品营销是不同的,这一点目前正受到研究营销学的学者和从事营销活动的实践者越来越多的关注。这个重心的转移除了服务经济的显著增长这一原因外,还有许许多多其他的因素。由于政府对航空运输、公路运输、金融和通信这类行业管制的放松,原先由政府法规决定的营销战略(如服务供给、定价、促销等等),现在需要企业自己运用营销战略来做出决策。随着新的竞争者进入市场,一些企业的市场变得越来越小,越来越细。而对于另外一些企业则是市场机遇逐渐增多。面对这些发展,原先的"4Ps"即**产品**(product)、**渠道**(place)、**价格**(price) 和**促销**(promotion) 已不足以应对整个服务市场。因此,一些营销学者又提出了 3Ps,即**参与者**(participants)、**物质环境**(physical evidence) 和**流程**(process),来扩充传统的

4Ps。[①]

产品设计、流程设计、产品质量和区位选择等等作为传统经营管理的课题，也与提供服务厂商相关。另一方面，服务经营的管理者和研究人员对营销领域中的问题也越来越感兴趣，例如，客户满意度、服务交互活动、回头客（customer retention）以及客户行为等等。这些事项在本书中也会提及，目的是帮助管理人员处理服务企业管理中所面临的各类问题。有些问题会重合（或称整合），这是因为服务中的营销和经营活动往往是密切相关的。本章的目的是为了探求营销和经营的整合；区别商品和服务营销活动；拓展传统营销组合使之于服务活动相一致。同时，本章还要讨论一些战略性问题，如市场细分、目标确定、服务定位以及如何留住消费者这也称为**关系营销**。

6.2 营销活动与经营活动的整合

在本书第 2 章中提到了服务的重要特征，包括无形性、易蚀性、不可分离性和多样性等，这些都强调了客户参与，也就是服务生产中客户要参与其中，并且客户要对服务供应商作出自己的判断。这些特征使服务活动成为一种特殊的交互活动，企业的经营、营销和人力资源等职能部门都与之相关。也正是因为有了这些特征，要求上述 3 个部门通力合作，进而创造出价值和客户满意度。这种情况与一家制造企业是完全不同的。对制造业来说，商品在监督下被生产出来，然后运往当地仓库，再放置到消费者可以买到的商店或货架上。当商品离开工厂后，由营销人员对货物负责，只有他们与消费者接触。换句话说，他们是经营者与客户之间的纽带。而且，在制造业中，经营和营销的责任容易定位和区分，两者一般不会发生关系，即使发生关系，也与客户无关。然而，在多数服务业，都无法区分经营和营销的功能。生产者与消费者也难以隔离。处于第一线的员工必须同时具备两种功能。

在多数服务企业，经营起着核心作用。因为它可以将服务系统和服务流程融合在一起，并且将服务递送至客户手中。但是，他们能够而且也应该要求营销人员参与许多决策，求得营销人员的支持。比如服务设计、区位选择、日程安排和消费者留滞等等。此外，营销部门可以单独地，或与经营部门协调配合发挥重要作用，如收集客户需求信息和满意度信息、评

[①] 见 B. H. Booms 和 Mary Jo Bitner 著 "服务企业的营销战略和组织机构"（Marketing Strategies and Organization Structures for Service Firms），载 J. H. Donnelly 和 W. R. George 编写的《服务营销》（*Marketing of Services*）（Chicago, American Marketing Association, 1981), pp. 47-52。以及 A. J. Magrath 著 "从事营销活动，4P 是不够的"，When Marketing Services, 4 Ps Are Not Enough, 载 *Business Horizons* (May-June 1986), pp. 44-50。

估和选择细分市场、定价、预测市场需求和收集竞争者，特别是他们在市场中的地位的信息等等。①

其他一些传统的营销工作，如广告和推销等则主要由营销部门承担。一些服务企业依然会保留营销部门进行这些传统的营销工作。不管营销部门是否保留，经营和营销两者功能的合作及协调是至关重要的。否则，价值创造和客户满意度就会大打折扣。有些企业（如联邦快递）已成功地做到了这一点。案例6—1将介绍联邦快递的经营和营销部门是如何平衡和相互支持的。

尽管人们认识到营销和经营整合的重要性，但整合却绝非易事，而且会存在问题。最主要的问题来自于部门管理者的宗旨和目标的差异及矛盾。历来对经营管理者的考评和奖励的依据是产出、经营效率和成本。要取得高额的产出和经营效率，就意味着长期经营同一种产品（即商品或服务），这也就意味着缺乏多样性和客户专门性。在一些服务企业，劳动力成本非常高。降低劳动力成本可能会导致消费者长时间的等候、劣质的服务质量以及消费者总体满意度的低水平。然而，营销经理则有着不同的标准：营销收入和客户满意度。通常这都取决于产品的品种和对客户需求的及时反应。而且，还有一个同样重要的因素是当面向消费者递送服务。在服务进程中，消费者要有输入（就是参与），有时还得提供劳动力。消费者的行为具有多样性，使服务供应者不容易把握。因此，他们造成了服务输出的多样性。经营者和营销者之间还对许多事项有完全不同的目标（参见图表6—1）。②

由于服务供应者在创造服务价值和客户满意度中起着关键的作用，所以人力资源对服务管理也起着重要的作用。一家服务企业必须选择、聘用和培训适当的员工，并且使他们乐于为公司服务。这些常常是人力资源部门的任务和职责。人力资源部门的作用将在第9章中做更详细的讨论。

---

① 见 Christopher H. Lovelock 著《服务营销》(*Services Marketing*) 3rd ed. (Upper Saddle River, NJ, Prentice Hall, 1996), p. 511。

② 如要详细了解经营和营销目标的差异以及如何弥合，请见 Benjamin Schneider 和 David E. Bowen 所著《如何在服务游戏中占上风》(*Winning the Service Game*), (Boston, Harvard Business School Press, 1995), pp. 200-218. 还可参阅 Christopher H. Lovelock 的两篇文章"服务管理的一项基本技能"(A Basic Toolkit for Service Managers) 和"营销人员了解服务经营的要诀：协作"(The Search for Synergy: What Marketers Need to Know about Service Operations), 均载于 Christopher H. Lovelock 著《服务营销、经营及人力资源的管理》(*Managing Services Marketing, Operations and Human Resources*), 2nd ed. (Upper Saddle River, NJ, Prentice Hall, 1992), pp. 17-30 和 pp. 392-405。

图表 6—1　　　　　　　　　　经营和营销的争议

争议点	经营目标	营销关注
改进生产	减少单位生产成本	战略可能会降低服务质量
制造决策与采购决策的拉据	发挥比较优势与降低成本之间的平衡	只考虑制造可能会降低质量损失市场；只考虑采购会过分依赖供应商，损坏公司形象
经营网点的定位	降低成本同时方便供货商和职工	消费者可能感觉场所缺少吸引力，不够便捷
标准化	降低成本保持质量；简化操作；减少雇佣成本	消费者偏好多样性，追求消费者专门化和细分市场
批量加工及零星加工	寻求规模经济，希望持续生产，有效利用设备	消费者被迫等候，感到"拥挤"，被其他消费者厌恶
经营场所布局和设计	控制成本，相似的经营活动标准化以提高效率，保障安全	消费者可能感到困惑，徒劳往返，经营场所无生气，不方便
工作设计	使失误、浪费和欺诈最小化，有效利用技术，简化任务使之标准化	注重经营的职工角色单一，不能及时满足消费者需求
学习曲线	依据经验来减少单位产出所花费的时间和成本	较快的服务不一定是较好的服务；节约成本也不一定就有较低的价格
经营场所的管理	通过减少资源浪费来降低成本	服务会供不应求；需求旺盛时难以保证质量
质量控制	保证服务符合预定的标准	符合经营需求的质量可能无法满足消费者需求和偏好
排队管理	计划平均吞吐量，最优化利用设备，维持客户秩序	排队等候中客户会感觉厌恶、烦躁，认为公司拖沓

资料来源：Christopher H. Lovelock, "The Search for Synergy: What Marketers Need to Know about Service Operations," in Christopher H. Lovelock, *Managing Services Marketing*, *Operations and Human Resources*, 2nd ed. (Upper Saddle River, NJ, Prentice Hall, 1992), p. 403.

6.3 商品营销与服务营销的差异

通常，货物要经过生产、销售和消费3道程序。然而，多数服务首先经历的是销售，然后是同时进行生产和消费。[①] 这种特别的次序，以及将一项服务的生产（由经营部门负责）与消费（由营销部门负责）联系在一起，大大改变了营销在服务企业中的作用。从商品生产企业调入服务性企业的营销经理能证实两者的区别。商品和服务营销活动的区别与以下几方面有关：

- 产出的有形性；

---

① 这一观点首先见诸于 W. J. Regan 著 "服务的变革"（The Service Revolution），载 *Journal of Marketing*, vol. 27 (July 1963), pp. 57 – 62。

- 机构的特征；
- 所有权、使用权和消费；
- 营销活动的范围；
- 客户的角色。

有形性

本书的前几章从经营管理角度阐述了处理服务无形性特征的难度。对付营销的无形性同样有其难度。事实上，服务中无形的元素越多，其与商品营销的原则和方法差异性就越显著。[①]

例如，消费商品的营销往往试图采用抽象的关联来增强对实体物质的感受。可口可乐（Coca-Cola）品牌意味着真实和年青；胡椒博士（Dr. Pepper）品牌暗示着创新和冒险；七喜（7-Up）则是灵巧、利索和轻松的象征。有形的商品给人以无形的形象。

然而，在服务营销中必须使用相反的战略。服务已经是无形的了，就没有必要再用抽象的营销战略。营销人员要做的是为服务的实施提供有形的证明。因此，一项投资管理服务如果通过广告被描述为"合理的分析"，"谨慎的投资组合"及"有实力的调查"，这是无法取得信任或赢得消费者，像斗牛士梅里尔·林奇（Merrill Lynch）那样勇往直前的。使无形变为有形的例子在保险业中俯拾即是：

- "来到 Allstate 保险公司，您就有了**依傍**。"（You're in good *hands* with Allstate.）
- "我已攀上了**崖壁**。"（Prudential 公司广告语）（I've got a piece of the *rock*.）
- "Traveler 公司为您撑起**庇护伞**。"（Under the Traveler's *umbrella*.）
- "Nationwide 公司为全国百姓**遮风避雨**。"（Nationwide's *blanket* of protection.）

同时提供商品和服务的企业可以采用混合营销的战略。例如，麦当劳公司（McDonald's）将其食品定位在**营养**（比如"两片全牛肉馅饼"）、**有趣**（比如塑起 Ronald McDonald 的身像）和**有益**（比如提出"我们尽力为你服务"、"今天你应该休息"等口号）上。与之对应的是，公司的服务营销是通过有形的环境，包括色彩、门店图画的风格、外观装饰和金色的拱门等等来实现的。由此我们可以清楚地看出商品营销和服务营销有差异也

[①] 这一观点 G. Lynn Shostack 在其所著"摆脱产品营销的阴影"（Breaking Free From Product Marketing）中有着详细的阐述。见 *Journal of Marketing*（April 1977），pp, 73-80。本节中的许多例子取自于 Shostack 的文章。

有相似之处。哈佛大学商学院教授西奥多·莱维特（Theodore Levitt）对此有简洁明了的描述："……无形服务和有形商品营销之间有相似之处，这主要是两者都有内在的无形性。营销关注的是赢得客户和维系客户。在赢得客户的过程中，产品的无形性起着重要的作用。但是若想要维系客户，如果产品的无形性太过明显，就会产生一些特殊问题。"[①]

机构的特征

本章开始曾经提到，制造企业的经营人员除了偶尔处理一些销售的事项（比如定制商品）外，一般不从事营销工作。在企业里，营销是独立的部门。反之，如果企业提供的是与消费者接触的服务，那么在提供服务的同时就是在开展营销活动。此外，许多服务企业，尤其是大公司，都有独立的营销部门开展传统的营销工作。这两种营销活动分别被称作**面对面营销**（service interface marketing，SIM）和**功能营销**（functional marketing，FM）。

图表6—2对比了强接触型服务（high-contact services）（指面对面的服务）和弱接触型服务（low-contact services）（指非面对面服务或大范围服务）营销活动之间的差异。在面对面服务中营销机构可以很小甚至被取消。占主导地位的是面对面服务的营销活动。非面对面服务包括制造业、公用事业和信用卡系统等等，他们的营销工作主要由正式的营销部门承担。营销在公司结构中发展得非常成熟。

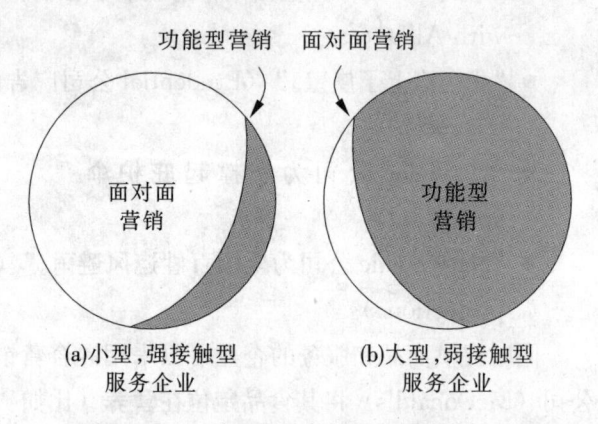

(a)小型，强接触型服务企业　　(b)大型，弱接触型服务企业

图表6—2　系统组织的营销与非正式营销对照

人们已经意识到了整合服务业中营销和经营功能的重要性。为了将这种整合规范化，一些研究人员建议服务企业重组，从而使营销、人力资源

[①] 见 Theodore Levitt 著 "无形产品的营销及产品的无形性"（Marketing Intangible Products and Product Intangibles），载 *Harvard Business Review*（May-June 1981），pp. 94–102。

和经营工作配合得更为紧密。①

所有权、使用权和消费

虽然推销技巧可能就是意味着服务，但是一家生产和营销商品的企业主要是出售实物。例如，IBM把自己定位在为消费者提供系统服务，而并非仅仅出售硬件。生产香水的企业强调自己是美好生活的创造者，而不强调香水本身。

服务企业营销活动的关键往往是服务本身。即使是隐含的服务，也是服务比包装更重要。如果服务与包装相比处于次要地位，那就说明交易的主体是商品。从所有权、使用权和消费的角度来看，商品和服务差异很大。我们可以购买服务，但是我们并非会由于这个交易而拥有任何东西。我们获得的仅仅是从服务中受益的权利，通常只是在一段有限的时间内。例如，购买机票，乘客购到的是交通服务，也就是将他及行李从甲地送往乙地。这个购买行为使他有权在特定的航班上有个位置。但是乘客除了有一张印好的机票外，不会拥有任何东西。机票仅仅是购买服务的一种象征或凭证，它本身没有价值。现在，一些航空公司甚至不用机票，乘客仅需要出示有照片的身份证即可登机。所以，乘客具有的是在特定的日子乘坐特定的航班的权利，而且不是无限期的，这不同于商品，他的权力仅限于一次性使用。

几乎所有的服务都是这样的——消费者仅仅在一定时间内获得服务的使用权。例外的情况很少。如果服务包裹在一些实体商品中时（比如书或音乐磁带），就会有例外发生。然而，即使在这种情况下，所有权也仅局限在那一本书或是那一件实体产品中，因为消费者购买的是享用服务的权利而不是所有权。换句话说，他不能复制这本书或磁带再出售给他人。正是由于存在着这些不同的所有权、使用权和消费模式，所以服务营销中会出现另一种机遇和挑战。

营销活动的范围

人们可以用所谓的营销组合这一基本的营销概念来定义营销行为。一家企业的营销组合由企业与目标市场交流、满足目标市场需求的各种活动

---

① 见 Christian Grönroos 著"服务企业营销战略与组织机构创新"（Innovative Marketing Strategies and Organization Structures for Service Firms），载 *Emerging Perspectives on Services Marketing*，Proceedings of the 1983 Conference on Services Marketing（Chicago，American Marketing Association，1983）；还可参见 Christopher H. Lovelock 著《服务管理：营销、经营与人力资源》（*Managing Services：Marketing, Operations and Human Resources*），2nd ed.（Upper Saddle River，NJ，Prentice Hall，1992）。

组成。但是这些活动都是企业可以实施控制的。

传统的以商品为导向的营销组合包括 4 个部分：产品、价格、渠道和促销。只要稍加调整，这 4 个部分也适用于服务营销。然而，在服务环境中还一些其他的要素，企业以此来控制、协调与消费者的交流，并满足消费者需求。[①] 这些要素包括雇员、客户和服务的实体环境以及服务的过程。由此，目前的商品营销组合的要素 4P 就应该扩充到 7P，以适应服务市场。增加的 3P 是：

- **参与者**（雇员和消费者）；
- **实体环境**（建筑、制服及其他有形物质）；
- **过程**（提供服务的实际程序和活动流程）。

服务业扩充的营销组合将在下一节做更详细的阐述。（请参阅第 2 章，在该章中已讨论过服务交互活动中的 3P）。

消费者的作用

研究服务业消费者的行为要比制造业和零售业更为复杂，因为消费者要参与服务的创造和传递。此外，因为在多数服务中，服务的购买和消费是同时进行的，所以在服务交互中必须考虑消费者行为。

消费者对服务的评价与对商品的评价是不同的。多数商品评价起来是比较容易的，因为购买前消费者可以观察、触摸，有些质量可以计量。购买后还可根据实际感受来做出评价。然而，对许多服务的评价就比较难，因为人们要根据实际经历来评价质量。有时候，他们会认为某些服务应该有某些品质，但是他们自己又不明就里。以下是归纳出的 3 条质量判断标准：

- **搜索质量**（search qualities） 指消费者购买商品或服务前就能决定的属性，例如颜色、款式、大小、质地、气味、核心服务及附加服务的品种及价格、服务期限以及服务时间等等。
- **经验质量**（experience qualities） 指购买后或使用中能判断出的属性，例如味道、耐用性、苦痛、快乐和舒适等等。
- **信任质量**（credence qualities） 指消费者即使在使用后依然无法知晓或是由于缺乏专业知识难以做出评价的属性，例如阑尾切除手术和制动器换衬等等。

[①] 这些产品组合的扩展理念取自于 Mary Jo Bitner 和 Valarie A. Zeithaml 著"服务营销的基本要素"（Fundamentals in Services Marketing），载 *Proceedings of the 1988 Conference on Services Marketing* (Chicago, American Marketing Association, 1989), pp. 7–11. 最早提出营销组合理念扩展的是 B. H. Booms 和 Mary Jo Bitner, 请参见其论文"服务企业的营销战略和组织机构"（Marketing Strategies and Organization Structures for Service Firms），载 *Marketing of Services*, Proceedings of the 1981 Conference in Services Marketing (Chicago, American Marketing Association, 1983), pp. 47–52.

对经验质量和信任质量的营销远比对搜索质量的营销困难。对一些质量属性使用不同的评价方式也意味着消费者购买服务时,他们购买前和购买后的行为区别于购买商品。显而易见,对服务的营销活动在购买服务之后比购买之前要重要得多。

6.4 营销组合

就如前面提到的,服务的营销组合有7个部分(7P)构成:产品(服务)、价格、渠道、实体环境、参与者、促销以及过程。企业对这些要素进行管理和运作以发挥企业的竞争优势。一家服务企业应该选择适当的营销组合来匹配其市场战略和竞争性地位。图表6—3列示的是扩充后的营销组合要素及相关事例。现就每个要素进行讨论。

图表6—3　　　　　　　　　　　服务的营销组合

产品(服务)	实体环境
目标市场	经营场所外观
服务	内部环境及气氛
服务水平	员工仪表
租赁或出售	员工资质
售后服务	设备
保修服务	材料
价格	**参与者**
租赁或出售	人际行为
结构和时间	技能
折扣	态度
付款条件	诚信
灵活性	判断能力
消费者感知价值	与消费者交往的经常性
	与消费者交往的持久性
渠道	销售活动
选址	培训
便捷度	
递送的方式	**过程**
递送的范围	消费者需求
	消费者参与
促销	需求控制
广告	质量控制
宣传	消费者随访
公共关系	政策和进程
销售人员的推销	工作的流畅性
服务人员的推销	
对雇员进行客户关系培训	

产品（服务）

服务营销组合中的"产品"指的是在一个服务组合（package）中服务的多样性和深度。这关系到服务与目标市场相匹配。核心服务和配套服务以及服务质量必须由市场需求和竞争地位来决定。而且这个部分包括售后服务和保修。在第8章讨论的服务设计与营销组合中的这个部分是相关的。

价格

定价政策包括目录价格、折扣、补贴、付款期限以及信用条款等等，且服务中的定价政策比商品中的定价政策更为复杂。[①] 价格在需求管理中可以发挥重要作用。如相同服务的价格可能在一天的不同时段（如剧院），或是一年中的不同季节（如旅游胜地）不相同。也可以把阶段性服务与整体服务的价格拉开（比如区别上半身按摩的价格与全身按摩的价格）。

对于服务，价格不仅影响消费者的需求，而且可以传递信息去影响他们对服务的预期。[②] 这对于无形的和专业化的服务尤为重要。因为价格反映了价值，所以服务企业会根据成本以外的其他因素进行定价。联邦快递公司的服务价格战略就是一个很好的例子。[③] 该公司的价格策略是由营销人员和公司的财务共同制定的。其技巧是将价格定到足够高的水平来保护公司的利润，同时又明确公司定价不能脱离市场。然后，通过营销活动使消费者确信联邦快递如此定价是因为他们提供了一流的服务。

渠道

渠道一般是指服务的选址和传递。一些服务直接递送到家庭或是企业，其递送方式就可以有所选择，比如一个家庭音乐教师，或是一个公司的咨询顾问。另外一些服务，如打扫房间或清洗游泳池，递送就是必不可少的。究竟是将消费者带入一个固定服务地点还是送服务上门，这取决于市场，即服务的类型、价格、成本以及竞争的激烈程度等等。

[①] 见 Philip Kotler 著《非营利机构的营销活动》(*Marketing for Nonprofit Organizations*)，2nd ed. (Upper Saddle River, NJ, Prentice Hall, 1982), p. 108。

[②] 参见 Valarie A. Zeithaml 著 "商品消费和服务消费中消费者价值判断的差异" (How Consumer Evaluation Processes Differ between Goods and Services)，载 *Marketing of Services*, Proceedings of the 1981 Conference on Services Marketing (Chicago, American Marketing Association, 1981), pp. 186–190。

[③] 此例选自于 R. A. Sigafoos 和 R. R. Easson 著《一夜之间一锤定音》(*Absolutely, Positively Overnight!*) (Memphis, TN, St. Luke's Press, 1988), p. 154。

有的服务是可以传送的,有的是固定在一处的,有的是两者兼而有之的,这取决于是否能将服务或服务的某一部分与产地相分离。① 比如,一个计算机数据库可以服务于任何人、任何地方,只要有电话线就成。但是,餐馆服务的地域界限就很有局限(尽管连锁经营的方式已经减少了这一限制)。一项金融服务可能要求有代表到现场,但是服务生产的主体部分可以在任何一个地方进行。服务递送的渠道包括代理(比如保险业)和特许经营(比如 U-Haul 餐馆)。

将在本书第 10 章讨论的场所选择决策对于服务企业极其重要,因为便捷度可以最终决定一项服务的成功与否。对于服务(至少是对于一部分服务)有一点是千真万确的,即一项成功服务最重要的有 3 个要素,第一是选址;第二是选址;第三还是选址。

实体环境

实体环境在营销组合中起着重要的作用,因为通常消费者至少要与服务中的一部分生产设施、设备和人员打交道。此外,因为服务是无形的,评估较困难,所以实体环境可以帮助其揣摩服务的质量。一个简单的例子就是"金卡"工程,它帮助推出了信用服务诱人的一揽子计划。纸张、印刷、表格的式样、信函及文件的措辞都会影响人们对服务质量的感知。同样,可以通过挂在墙上的质量认证证书或广告上的许可证作为服务质量的实体证明。

众所周知,航空公司一直在利用飞机的风格、图标、广告以及工作人员制服来树立企业形象。另一个例子是关于联邦快递的。弗雷德·史密斯(Fred Smith)总是希望人们能对公司飞机、快递货车和广告资料上的紫铜色、橙色和白色的徽章标志有深刻的印象。同时他也十分强调员工的个人形象——整洁,不留胡子,不追求时髦的发式。甚至连对快递人员的制服的选择也当作公司的大事来对待。②

实体环境将物质加入到服务的概念中。因此,服务营销者应该参与设计、计划及对实体物质环境的管理。

参与者

所谓**参与者**是指任何一个在服务交互中发挥作用的人。这包括一个特

---

① 参见 J. J. Boddewyn, Marsha Baldwin Halbrich 和 A. C. Perry 著 "服务的跨国经营:概念、判断与理论" (Service Multinationals: Conceptualization, Measurement, and Theory),载 *Journal of International Business Studies* (fall 1986)。

② 见 Sigafoos 和 Easson 著《一夜之间一锤定音》(*Absolutely, Positively Overnight!*), p.154。

定的消费者、雇员和其他消费者。雇员的态度和行为一定会影响一项服务的成功与否。而且，其他消费者（比如在电影院、餐馆和教室中）的行为可能也会影响到所提供给个人的服务。

在服务中，雇员的行为一定要以消费者为导向。与消费者接触的雇员应被称作为销售人员。在美国电话电报公司（AT&T）的发展中，由于其接线员的友好态度而名闻遐迩。佛罗里达电力公司（Florida Power & Light）是另外一个很好的例子。该公司的员工尽力解答消费者的问题并帮助消费者。然而，我们大多数人也接触到不解人意的销售人员、粗鲁的服务人员及没有礼貌的管理人员。在服务业，营销是每个人的工作。因此，使雇员具有应对消费者的技巧、态度、诚信和判断力是很重要的。

促销

服务业也利用传统的促销方式，如广告、宣传、推销和个人促销。然而，由于服务的交互性和无形性的特征，在如何进行促销上却有其独特之处。

确定在服务促销中如何传递信息的方法是比较困难的。要用一些有形的东西来宣传服务质量。要判断消费者的预期并用语言来表述。到目前为止，个人促销依然是服务促销中应用最多的方式。凡是与客户接触的人都是在"推销"服务和自己的企业。企业应该训练雇员学会在与客户交往中，边提供服务，边推销服务。

诺德斯特龙（Nordstrom）是一个零售商，他凭借优质服务而闻名，但是他从来不做广告，而是将省下来的钱用作员工的培训，从而提高了服务质量和口碑。

服务促销的一个重要部分发生在服务的销售和传递之后。因为许多服务是依靠重复的业务，所以与现有的消费者保持联系是很重要的。"重复销售"服务产生的利益、注重客户专门化、用特别关注或是促销等方式来表示对现有客户的照顾，以及快速有效地解决问题，所有这些都属于售后服务，称作**关系营销**（relationship marketing）。[1] 关系营销对服务企业有着更为广泛的战略意义。

---

[1] 见 Theodore Levitt 著"销售结束以后"（After the Sale Is Over），载 *Harvard Business Review*，vol. 62, no. 5 (September-October 1983), pp. 87–93；另可见 Leonard Berry 著"关系营销"（Relationship Marketing），载 *Proceedings of the 1983 Conference on Services Marketing* (Chicago, American Marketing Association, 1983), pp. 25–28；及 Mary Jo Bitner 和 Valarie A. Zeithaml 著"服务营销概论"（Fundamentals in Services Marketing），pp. 7–11。

过程

营销的一个主要目标是明确市场的需求，使公司可以针对这些需求来设计服务。这一目标会延伸到经营范围内的服务过程和服务递送系统的设计。最终，服务和创造服务的过程都反映在营销组合各要素如何协调一致为消费者创造价值上。

如果忽略对服务过程的关注，则会导致服务质量低劣，且令消费者不满意。服务通过一个或多个过程被创造出来并传递出去。因此，过程就是服务。在制造业，生产过程的结果是很重要的，但是过程本身与多数消费者没有关系。然而在大多数服务中，创造服务的过程以及服务的结果对消费者都很重要，尤其是消费者在过程中参与时更是如此。比如，尽管牙医出色地完成了牙根管填充治疗，但是如果病人要等候很长的时间，或是遭到牙医和助理粗鲁的对待，或是在治疗过程中没有得到充分的解释，或是没有人关心病人是否疼痛或不适，消费者依然是不会满意的。你能在这种情况中区分过程和结果吗？或许不能，因为进程在很大程度上讲就是结果。

营销和经营都有责任保证服务的交互活动取得积极的结果，保证服务质量。因此，营销一定关系到服务过程的设计，并常常与服务质量控制有关。

6.5 营销战略

消费者由于生活方式、需求、期望、感知能力和购买习惯不同而呈现多样性。若一家企业要针对这种多样性而满足所有单个的消费者，提供个性化的商品或是服务，那么企业就会面临巨大的挑战。因为需求组合是无限的，企业需要投入巨额的成本。此外，一个企业也没有能力去满足每一个潜在消费者。因此，企业必须选择它们力所能及的，并可以从中获利的消费者进行服务。在本书第5章中，我们讨论了战略服务构想，以此作为一家服务企业制定战略的可行性方法。[1] 这个方法的基本要素之一就是市场细分，而其整合要素则是市场定位。市场细分和市场定位都是传统营销行为。一个企业的营销专家应该与经营人员一起制定服务战略，即确定细分市场，瞄准这些目标，进行准确定位，从而为消费者创造价值，令其满意。

---

[1] 见 James L. Heskett 著《服务业的营销活动》(*Managing in the Service Economy*) (Boston, Harvard Business School Press, 1986)。

市场细分、市场定位及目标市场瞄准

所谓**细分市场**（market segment），就是确定一群个性、需求、购买习惯相同或相似的消费者。将市场进行细分的目的是确定一个消费群。这部分人有很多相似之处，但是在相关个性方面又与其他的群体不同。[1] 下一步就是瞄准目标市场，即确定企业该服务哪一部分消费者，且可以从中获益。最后，企业应该明确如何在当前的及潜在的消费者心目中确立本企业服务的地位。值得强调的是，一个企业制定服务战略是为了将企业本身及企业提供的服务区别于其他竞争者。

从极端的情况来看，一个企业可以将每个客户都当成一个细分市场——换句话说，就是单个客户市场（a segment of one）。这是一个费用十分昂贵的战略，且对多数企业并不合适。只有在一个客户的购买行为能构成企业业务量的一大块时，这种单个客户市场划分才有意义。例如，在美国，广告代理商可能把每个汽车制造商划分开，并为其单独制定战略。这是因为这样的汽车公司数量有限，且专门的广告代理人从服务中可获得高额的收入。

然而在多数情况下，企业在划分市场时应该使每个细分市场都有存在的意义，且具有销售潜力。市场可能根据不同标准来划分。但是地理特征、人口特征、消费心态特征（psychographic）和行为特征属于共同的标准。图表6—4举例说明如何根据这些标准来划分消费者。科特勒（Kotler）和阿姆斯特朗（Armstrong）提出了有效细分市场的4种特征。[2]

图表6—4　　　　　　　　　消费者市场细分的共同标准

种类	一般划分方式
地理特征	
区域	太平洋地区，山地，中西北部，中西南部，中东北部，中东南部，南大西洋地区，大西洋中部地区，新英格兰地区
县的规模	A级，B级，C级，D级
城市或大都市规模	5千人以下；5千到2万人；2～5万人；5～10万人；10～25万人；25～50万人；50～100万人；100～400万人；400万人以上；
人口密度	城市，郊区，乡村
气候	北方气候，南方气候
人口特征	
年龄	6岁以下；6～11岁；12～19岁；20～34岁；35～49岁；50～64岁；65岁以上

---

[1] 见 Christopher H. Lovelock 著《服务营销》（*Services Marketing*），3rd ed.，p. 165。

[2] 见 Philip Kotler 和 Gary Armstrong 著《市场营销原理》（*Principles of Marketing*），4th ed.（Upper Saddle River, NJ, Prentice Hall, 1989），p. 228。

续前表

种类	一般划分方式
性别	男，女
家庭规模	1~2人，3~4人，5人以上
家庭结构	青年，单身；青年，已婚，未生育；青年，已婚，最小的孩子不足6岁；青年，已婚，最小的孩子6岁以上；成年，已婚，有孩子；成年，已婚，孩子18岁以上；成年，单身；其他
年收入（万美元）	1以下；1~1.5；1.5~2；2~3；3~5；5以上
职业	专业技术人员；管理人员；政府官员；个体业主；文员；销售人员；手艺人；领班；技工；农民；退休人员；学生；家庭主妇；失业者
受教育程度	小学或以下；中学肄业；中学毕业；大学肄业；大学毕业
宗教信仰	天主教；新教；犹太教；其他
人种	欧洲人；非洲人；亚洲人；拉丁美洲人
国籍	美国；英国；法国；德国；斯堪的纳维亚半岛各国，意大利，拉丁美洲各国；中东各国；日本
消费心态特征	
社会阶层	下下层；下层；中下层；中上层；上层；上上层
生活方式	随大流型；自主型；综合型
个性	责任心强；好交往；武断；雄心勃勃
消费行为特征	
购买时机	一般时机；特殊时机
利益追求	质量；服务；价格
用户角色	非用户；老用户；潜在用户；新用户；固定用户
使用频率	较少；中等；较多
忠诚度	无；中等；强；绝对
购物准备程度	不知晓；已知晓；已听说；感兴趣；有初步意向；欲购买
对产品的态度	热情；积极；冷漠；消极；敌意

资料来源：Philip Kotler and Gary Armstrong, *Principles of Marketing*, 4th ed. (Upper Saddle River, NJ, Prentice Hall, 1989), p.127。

- **可测算性**（measurability） 营销人员必须能测算出细分市场的规模和购买力。做到这一点的难易程度被称为可测算性。在决定销售潜力及盈利能力能否与在时间、精力、成本上的投入平衡时，可测算性起着很重要的作用。
- **便捷度**（accessibility） 如果要让细分市场有存在的意义，企业就得设法通过广告和营销的各种渠道让消费者接触到企业。
- **实质性**（substantiality） 这是指细分市场提供销售潜力及获取收益的深浅程度。
- **可行性**（actionability） 在确定细分市场时，还需要考虑能够较容易地制定吸引和服务消费者的营销计划。有时，一个服务企业或许能够确定多个细分市场，但是却并没有足够的能力来为每个市场制定专门的营销计划。

选定了划分市场的标准后，营销人员必须明确自己的市场，并尽力使其符合上述4个特点。当然，不是所有的细分市场都会具有全部4个特点。

此外，营销人员还必须保证经过细分的市场各有其特点。

假定几个细分市场都具有全部 4 个特点，下一步就是选择其中一个或几个市场进行服务。这就是目标确立，而选定的市场就称为**目标市场**（target markets）。企业在进行决策时，必须考虑每个市场的销售额和潜在利润、竞争者的数量和实力以及该市场的发展潜力。而且，如果要确定多个细分市场，那么企业必须协调这些市场。比如，如果要在同一时间，用同样的设施服务不同的市场，那就必须进行协调。即使对每个细分的市场提供的是各不相同的服务组合，也同样如此。如果做不到这一点，那就要错开时间或是使用不同的设施，从而使无法协调的部分不产生冲突。

在选择目标市场时，还有其他一些重要的标准。首先，企业必须选择与目标和总体战略一致的市场。其次，企业要明确自己有实力和能力服务这个特定的市场，且这个能力在这个市场中可以形成竞争优势。

值得一提的是，有时企业也可能不顾市场的差异为所有消费者提供同一种服务。这种营销方式关注的是消费者的共同需求，而不是每个细分市场的差异性。[①] 这被称为**非差异性营销**（undifferentiated marketing）。

选定一部分能够带来利润的消费群体，锁定这一部分服务目标，然后开发服务项目为这一部分市场服务。但是，这样并不就意味着成功。一个企业必须在消费者心中为企业自身或是为服务找到自己的**定位**（position），从而将自己和企业提供的服务区别于竞争者。本书在第 5 章中，我们强调了在营销市场通过差异性获得竞争性优势的重要性。定位在这个进程中就是重要的一步，它与服务的设计和发展有着密切的联系。

每天，消费者都要受到广告、信息及产品（商品或是服务）讯息的狂轰滥炸。然而，他们在进行购买决策时，又无力去梳理或是评价那么多的信息。事实上，他们甚至记不住什么。他们会做的只是将产品进行分类，也就是在心中对产品或企业进行"定位"。"所谓产品定位，就是消费者将该产品与竞争者的产品进行比较而得到的感知、印象以及感觉的综合。"[②]

一般说来，营销人员不会对这个重要的战略要素顺其自然。他们会尽力去寻求产品在消费者心中的定位。我们必须强调定位不是针对货物或服务，而是针对消费者。[③] 然而，定位不是欺骗消费者形成对你的虚假信任。而是通过一种有效的途径与消费者交流，告诉他们这个企业代表什么，以及他们可以从企业的产品中获得什么。[④] 例如，阿维斯（Avis）汽车租赁

---

① 见 Kotler 和 Armstrong 著《营销原理》（*Principles of Marketing*），4th ed.，p. 228。
② 见 Kotler 和 Armstrong 著《营销原理》（*Principles of Marketing*），4th ed.，p. 233。
③ 见 Al Ries 和 Jack Trout 著《产品定位：对消费者心理的竞争》（*Positioning: The Battle for Your Mind*），(New York, McGraw-Hill, 1981), p. 3.
④ 见 Margaret L. Friedman 著 "为特异优势制定定位战略"（Positioning Strategies for Differential Advantage），载 Carole A. Congram 和 Margaret L. Friedman 编《服务行业营销手册》（*Handbook of Marketing for the Service Industries*）(New York, American Management Association, 1991), pp. 39-53.

公司有一句著名的口号,"我们位居第二位,所以我们要更加努力"。它们认为与处于老大地位的赫兹(Hertz)公司相比只能屈居第二。又如,各航空公司也尽力使自己有别于竞争者。美国航空公司(American Airlines)称自己为"准点机器",凭借其准时的到达,区别于其他竞争者。德尔塔公司使用的口号是:"只要您准备妥当,德尔塔也一切就绪",以此说明公司永远会准点起飞。联合航空公司(United)则通过"在联航的友好天空中翱翔"的口号,将自己在消费者心中定位为友好航班。

厂商可以利用定位战略重复强调自己已有产品的地位,或是为已有产品重新定位,或是为新产品定位。服务的定位可以是多方位的。比如,它可以在服务质量的5个方面定位(即可靠性、敏感性、确定性、移情性和实用性等)。它还可以从服务环境的3个方面定位(即人员、物质环境、服务过程等)。[1] 在进行服务定位决策时,管理人员常常用图表来帮助决策,就是所谓的**定位图**(positioning map)或**感知图**(perceptual map)。这些图从两个或多个属性方面勾勒出各竞争企业在消费者心目中的相对位置。在第8章中,我们将讨论服务设计和开发,在该章中将再对感知图进行讨论。

关系营销:关注回头客

本书在多处强调了消费者满意度对一个企业的生存和繁荣的重要作用。本章已讨论了市场细分及选择目标市场的重要性。这一点如此重要,是因为一个企业不可能去满足所有客户的所有需求,他必须选择为可以从中获利的客户服务。当然,并非所有的企业都能一如既往地做到这一点。如果客户并不十分合适,有时企业就不会竭尽全力地为他们服务,结果令这一部分客户失望。遇到这样的情况,最好的解决方法就是避开这些客户,集中精力为那些企业能令其满意,且能从中获利的客户服务。这是在服务业生存和发展的最好方法——依据企业的能力来满足部分客户的需求,但是要提供优质的服务。这一节将主要讨论留住这些回头客(Customer Retention)、维持企业长期生存和获利的重要性。

有许多研究表明,消费者满意度与利润的密切关系。[2] 然而,近期的一些研究认为,尽管消费者满意度是必要的,但是在一些服务中,企业可能不足以凭借其获得利润。研究人员发现,消费者忠诚(也可称作"消费

---

[1] 见 Valarie A. Zeithaml 和 Mary Jo Bitner 著《服务营销》(*Services Marketing*)(New York, McGraw-Hill, 1996), pp. 288-294。

[2] 若要了解此项研究,请参见 Roland T. Rust, Anthony J. Zahorik 和 Timothy L. Keiningham 著"质量新探:服务质量应与收益相一致"[Return on Quality (ROQ): Making Service Quality Financially Accountable], 载 *Journal of Marketing* (April 1995), pp. 58-70; 及 Claes Fornell, Michael D. Johnson, Eugene W. Anderson, Jaesung Cha 和 Barbara E. Bryant 著"美国消费者满意度一揽:性质、目的及结果"(The American Customer Satisfaction Index: Nature, Purpose, and Findings), 载 *Journal of Marketing*, vol. 60 (October 1996), pp. 7-18。

者留滞")和利润的关系更为紧密。3位哈佛大学的教授赫斯克特、萨瑟和施莱辛格(Heskett, Sasser and Schlesinger)主持了这项研究,他们提出一种用于描述利润和相关因素的关系的模型。[①] 这个模型被称为"服务收益链"(the service profit chain),他们将其描述为"一组不断进化的理念"(an evolving set of ideas)。这个模型(如图表6—5)是基于下述7种观点设计的:

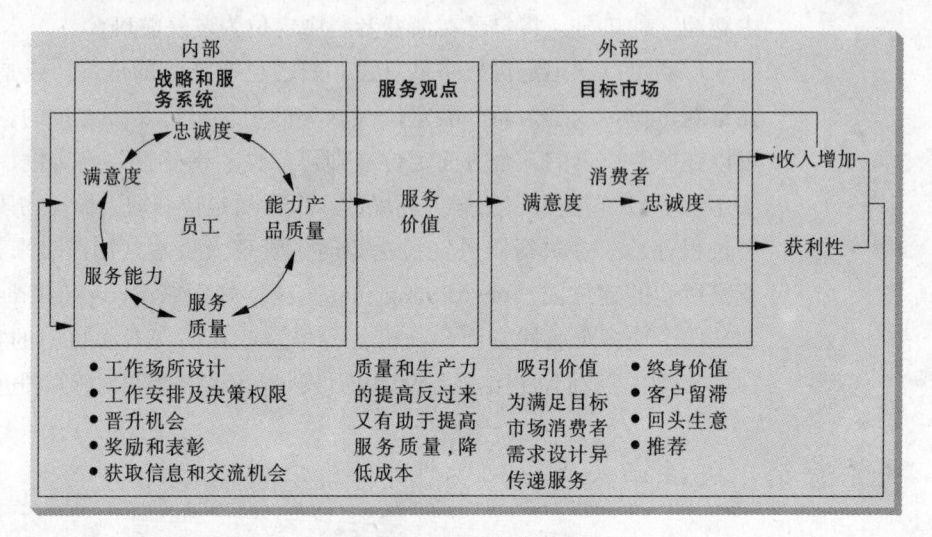

图表6—5 服务收益链

资料来源:Reprinted by permission of *Harvard Business Review*. An exhibit from "Putting the Service-Profit Chain to Work," by James L. Heskett, Thomas O. Jones, Gary W. Loveman, W. Earl Sasser, Jr., and Leonard A. Schlesinger (March-April 1994), p. 166. Copyright © 1994 by the President and Fellows of Harvard College; all rights reserved.

1. 企业利润和企业发展与消费者的忠诚度有关;
2. 消费者的忠诚度与满意度有关;
3. 消费者的满意度与服务价值有关;
4. 服务价值与员工生产力有关;
5. 员工生产力与员工忠诚度有关;
6. 员工忠诚度与员工满意度有关;
7. 员工满意度与工作环境的内部质量有关。

人们开始关注消费者忠诚度和利润这个新关系,主要原因是由于消费者即使感到"满意,"也依然会改换门庭。[②] 例如,施乐复印机公司(Xe-

---

① 见James L. Heskett, W. Earl Sasser, Jr. 和Leonard A. Schlesinger 著《服务收益链》(*The Service Profit Chain*)(New York, The Free Press, 1997)。也可参见James L. Heskett, T. O. Jones, G. W. Loveman, W. Earl Sasser, Jr. 和Leonard A. Schlesinger 著"启动服务收益链"(Putting the Service-Profit Chain to Work),载 *Harvard Business Review*(March-April 1994), pp. 164-174。

② 在对客户满意度的调查中,大多数的客户总是向被调查者提供5种答案(非常不满意、有点不满意、既非满意也非不满意、满意、非常满意),以此来表示他们对商品或是服务的满意程度。

rox)发现交易后的18个月里,"完全满意的"消费者再一次从该公司购买的人数是"满意的"消费者的8倍。① 在汽车业也有同样的情况。有85%~95%的客户称他们感到满意,但再一次购买的人数平均仅为40%。② 这就意味着,满意度和忠诚度的关系不是线性的(如图表6—6所示)。还要强调的是这种关系依据行业而定。在竞争激烈的行业表现得尤为明显,因为消费者们有许多选择。但是在垄断性行业中就很薄弱,如本地电话业务,由于常常没有其他选择,消费者不得不一直与一个服务供应商发生关系。

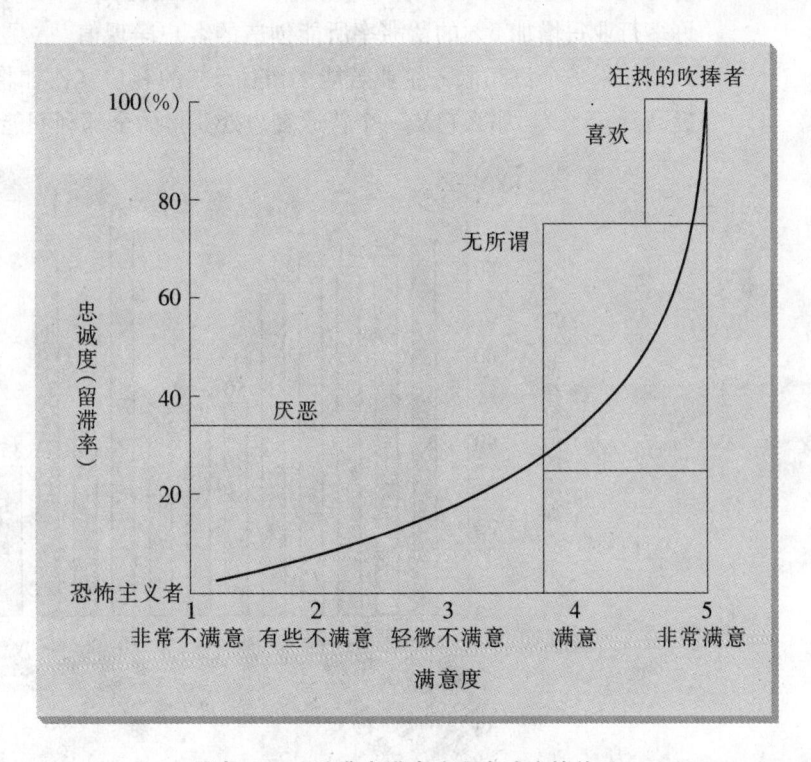

图表6—6 消费者满意度和忠诚度的关系

资料来源:James L. Heskett, Thomas O. Jones, G. W. Loveman, W. Earl Sasser, Jr., and Leonard A. Schlesinger, "Putting the Service-Profit Chain to Work," *Harvard Business Review* (March-April 1994), pp. 164-174.

为什么客户的留滞程度或忠诚度如此重要?首先,寻找新的客户通常是一个花费不菲的过程。例如,信用卡发行公司估计在每个新的消费者身上平均要花费51美元。③ 如果一个服务企业能留住客户,它就无需去寻找

---

① 见 Thomas O. Jones 和 W. Earl Sasser 著 "满意的客户为何叛逃?" (Why Satisfied Customers Defect),载 *Harvard Business Review* (November-December 1995), pp. 88-99。

② 见 Frederick F. Reichheld 著 "基于客户忠诚的管理" (Loyalty Based Management),载 *Harvard Business Review* (March-April 1993), pp. 64-73。

③ 见 Frederick F. Reichheld 和 W. Earl Sasser, Jr. 著 "零叛逃:质量与服务结缘" (Zero Defections: Quality Comes to Services),载 *Harvard Business Review* (September-October 1990), pp. 105-111。

过多的新客户,因而无需为吸引新客户而在广告、推销和其他营销活动上投入大量的资金。其次,多数管理人员都会同意向忠诚的客户提供服务更有收益,因为与企业的交往时间越长,他们的消费数量就越大。如果他们感到满意,他们会以全价购买商品,并免费为企业做广告。回头客要比新客户带来更多的利润,因为他们的服务花费更少。他们在使用服务时,无需培训或指导,他们知道自己需要什么。因此忠诚的客户花费企业的时间和资源就会少一些。当一个忠诚的客户转向竞争对手时,企业失去的是来自于这些能提供利润的客户的未来收入。赖克海德(Reichheld)估计了在许多行业每增加5%的留滞率所能创造的客户净现值[①](见图表6—7)。例如,如果一个汽车服务企业若能多留住5%的客户(比如将留滞率从60%提高到65%),那么它从一个普通客户处获得的全部利润能平均增加81%。

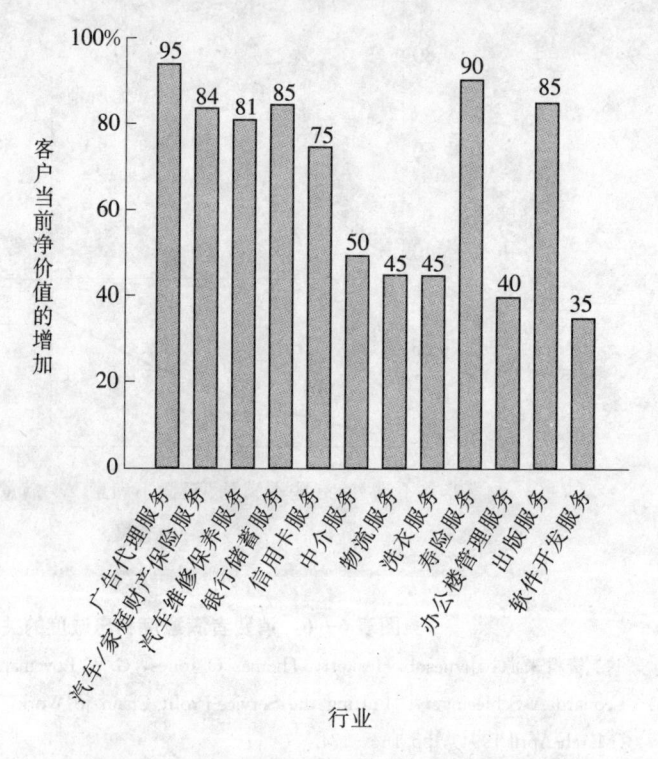

各行业数据(客户当前净价值的增加):
- 广告代理服务:95
- 汽车/家庭财产保险服务:84
- 汽车维修保养服务:81
- 银行储蓄服务:85
- 信用卡服务:75
- 中介服务:50
- 物流服务:45
- 洗衣服务:45
- 寿险服务:90
- 办公楼管理服务:40
- 出版服务:85
- 软件开发服务:35

图表 6—7　增加 5%留滞率对客户净现值的影响

资料来源:Frederick F. Reichheld, *The Loyalty Effect* (Boston, Harvard Business School Press, 1996), p. 36.

服务业客户改换门庭的原因

制造业消费者变更消费行为的现象在许多经济文献中已得到了很好的

[①] 见 Frederick F. Reichheld 著《忠诚的作用》(*The Loyalty Effect*) (Boston, Harvard Business School Press, 1996)。

解释。但是，服务业中的变更行为却还没有受到同样的关注。因此，除去一些显而易见的原因（比如"不满意"或"价格太高"等），目前还没有成熟的观点可以用来说明消费者会从一个服务供应商转向另一个服务供应商的原因。有许多令人感兴趣的重要问题有待研究后做出回答。比如"若一项核心服务或是相关服务不成功，会对一个消费者决定重新选择服务供应商时起到什么作用？""消费者在进行变更决定时，各种要素会发挥什么作用？""服务的交互活动对消费者的决策究竟有何作用？"苏珊·凯凡尼（Susan M. Keaveney）对500多个服务业消费者进行了一项重要事件研究，其结论有助于从消费者角度解释服务变更行为。[1] 所谓重要事件（critical incidents）是指发生在一个消费者和一个服务企业之间的某一事件，它们单独地或是合并地使消费者转向另一个服务供应商。这个调查反映出，服务企业有800多个关键行为会使消费者离开。消费者列出的更换供应商的原因被分成8个类别，即：定价不合理、不方便、核心服务失败、服务交互活动不成功、雇员对于服务的反应不到位、竞争者的吸引、道德问题以及无意的变更等。

6.6　本章提要

营销的目的是建立、维持和巩固企业与消费者之间长久的关系，使消费者能获得价值；同时，从长远考虑，公司能得到盈利和发展。对市场进行细分以明确具有共同需求的消费群，这是在营销工作中重要的一步。然后，服务企业必须确定自己的目标市场，前提是企业有能力提供服务，又能从中获利。这一点十分重要，因为多数服务企业不可能为所有潜在的客户提供服务，同时又能获取利润。一旦选定了目标市场，企业就要着手在现有和潜在的客户心中对企业自身和企业提供的服务进行定位。

这些步骤对于为消费者创造价值和满意度，以及为企业的兴旺发展都是不可或缺的。为了实现这些目标，一个服务企业必须为目标市场选择恰当的营销组合。这些营销要素被称作7P，即产品、价格、渠道、实体环境、参与者、促销和过程。这是在传统营销组合上经过扩充的构想。由于服务创造出额外的挑战，所以这种扩充是必要的。挑战源于商品营销与服务营销的差异，如产品的有形性、企业结构的特征、所有权、使用权和消费权的差异、营销行为的范围以及消费者的作用等等。在服务递送中，消费者的参与使多数服务变成了非常特殊的交互活动。这些交互活动与营

---

[1] 见 Susan M. Keaveney 著"服务行业客户转向行为初探"（Customer Switching Behavior in Service Industries: An Exploratory Study），载 *Journal of Marketing*，vol. 59（April 1995），pp. 71–82。

销、人力资源和经营部门都有关系。所以，这3个部门需要相互合作和协调。

讨论题

1. 服务营销与商品营销有何区别？
2. 为什么服务业中营销功能和经营功能要进行整合？
3. "营销组合"指的是什么？为什么服务的营销组合比商品的营销组合要大？
4. 请描述服务营销组合的7个组成部分。
5. 商品和服务在所有权、使用权和消费权上有何区别？
6. 有形性在商品营销和服务营销中有什么作用？
7. 为什么"过程"包括在营销组合中？理由是什么？
8. 什么是"实体环境"，在扩充的营销组合中如何将其与"渠道"相区分？
9. 在服务中扩充的营销组合的战略作用是什么？
10. 对一个服务企业来说，市场细分的重要性何在？
11. 有效细分市场的4个特征是什么？
12. 服务的定位是什么？其重要性在何处？
13. 许多服务都有着大量现有和潜在的客户。一个服务企业需要拥有忠诚的客户，为什么？
14. 如果一个客户转而投向竞争者，这意味着什么？
15. 客户改换门庭的原因有哪些？
16. 客户忠诚度与客户满意度的关系是什么？什么时候客户会改换门庭？
17. 对服务业的经营管理人员来说，服务收益链意味着什么？

案例6—1

联邦快递的营销与经营战略

弗雷德·史密斯（Fred Smith）是联邦快递（Federal Express）的业主、经营者和创立者。他知道如果要通过服务吸引投资者和客户，他就应该将其服务成功地区别于一般的航空货运。史密斯告知商界：

联邦快递从事的是运输、通信和物流业务。
我们用每小时550英里的运输货车，提供货运服务。

我们用喷气式货运飞机组成联合运输系统。

但是商界对此都持怀疑态度，因为他们不相信有谁能成功地融合飞机和货运卡车运输。而且，他们也不理解联邦快递仅仅运输小件包裹的原因。

史密斯回答道：

> 如今的社会所形成的新经济靠的并不是汽车和钢铁工具，而是服务，是以电子、光学和医疗科学为基础的服务行业。联邦快递致力的就是这些要素的流动。本公司具备了为这个社会服务的所有的物流手段。
>
> 运输小件包裹可以给大众留下整洁、清晰的印象。我们已在市场上找到了自己的合适位置。我们不会在同一班飞机上运输老鼠和大象，这与许多货运公司（比如 Airborne Freight 运输公司、Emery Air Freight 公司、Flying Tigers 公司等）不同。我们运送的是人们可以随身携带的货物。

为了实现其新型的服务，弗雷德·史密斯必须用同样坚定的**经营观念**（operations vision）来支持他的**营销观念**（marketing vision）。联邦快递的管理层从他们详细的市场调查中获悉，美国每天对计算机部件、医疗器械和成套建筑设计材料都有大量的需求。当然也存在的问题——需求的根源尚未可知。需求是大量的，但是分布极为分散。他们借用电话公司的转接系统的观念提出了自己"X 辐结构"（hub and spokes）的观念。所有的包裹和文件将在周一到周五的夜间运送。货物在运往最终目的地之前，先送到中心处理站。对于客户而言，包裹直接或不直接从 A 城市运往 B 城市的，两者没有区别。由于包裹是没有生命的，它们不会在提货和递送过程中抱怨，客户唯一关心的就是联邦快递能否在第 2 天准时将包裹送到收件人手中。

非直航系统能够用少量的飞机前往多个站点。而且，中心站点系统有助于减少误送和延误，因为联邦快递从收货到交货实行全程监控。这个系统还使联邦快递有机会每晚调整航班，使其与包裹的运量一致。一旦运量变化，公司可以变更航班。这种灵活的机制节约了大量的经营成本。

史密斯将处理站点设在孟菲斯（Memphis）国际机场。其辐射式分布系统独特、有效并富有远见。如今，他可以将联邦快递的经营称作为"一项畅通无阻的服务，包裹在航班这个运送带上永不停歇。"

营销计划

文斯·法根（Vince Fagan）是联邦快递的首席营销官，他精明能干。在制定营销计划时，他强调公司需要两个阶梯式的市场：一个市场是传统的递送市场。像行业中其他的企业一样，有运输部门、邮件分发部门及装卸码头——公司称之为"后台市场。"另一个市场称为"前台市场"，因为它由坐办公室的工作人员构成，有时人们称其为"美国造纸厂"（papermills of America）。这个前台市场包括广告代理、建筑设计行、银行、咨询所、法律机构以及诸如此类的商业机构和金融服务机构。

在第一个阶梯市场（或后台市场）上，联邦快递不得不与Emery公司、Airborne公司和United Parcel Service公司等企业以及整个航运业巨头和商业航空公司进行面对面的竞争。另一个阶梯是一个非传统的市场，很少有人能准确地认识或理解这个市场。在第一个阶梯，潜在的客户是企业和提供专业技术服务的人员。在第二个阶梯上的市场，人们很少利用航空递送。但是文斯·法根却认为，如果有足够的理由支持夜间航空快递服务，这些前台的办公室文员们能形成巨大的消费市场。他的战略是，不仅要吸引收发部门和运输部门的注意力，而且应该吸引秘书们的注意力，因为是他们这些人每天决定采用何种运输方式递送包裹和文件，决定给哪家航空快递公司打电话。

在法根到达孟菲斯后不久，他就认识到公司需要明确采用何种营销策略来快速地增加货运量。他选择在市场上做广告，而不用传统的"唐突的电话推销方式"（cold call）与个人联系。他感到分散的营销力量没有作用，因而建议联邦快递再花100万美元做广告，辞退推销人员。

这是一个十分有争议和冒风险的建议，尤其在法根提出计划细节时人们更是有这样感觉。他提议投入大量的电视广告，其次是印刷品广告。先前航空运输业没有人使用过电视广告，所以这是一个非常过激的计划。

在1974—1983年期间，联邦快递的营销部联合纽约广告代理商阿林和加格诺（Ally and Gargano）公司开展了5轮重要的营销活动。每一轮都经过精心策划，都给人留下了深刻印象（参见图表6—8）。

图表6—8　　联邦快递5轮重要的营销活动

活动目的	活动口号
建立公众意识	美国，你有了一家新的航空公司。但是，不要激动，除非你是一个包裹。那儿没有头等舱，没有食品，没有电影。甚至也没有乘客，有的只是包裹。
在竞争中占上风（尤其是对Emery公司）	我们比最优的还要好1倍。
强调服务效率	除了飞机，我们和其他人的一样好。
强调服务的可靠性	绝对一夜递送到位。
增强客户对联邦快递的认识	各种幽默的广告语，比如"一投到位的空中运输"，"我们与公务员零接触"，"全球快节奏"等。

联邦快递公司的媒体宣传活动在提高商业份额上获得了巨大的成功。但是，正如一位营销管理人员所说的："如果你单单依靠这个战略，可能会做过了头。提高递送服务的能力才真正是决定你成绩的关键。"

新的竞争

1982年，联邦快递遇到了最为激烈的竞争挑战——UPS公司决定进入夜间空运服务市场。史密斯先生一直很佩服UPS公司成功的财务运作和有效的管理。在联邦快递1973年组建时，公司主要依靠曾经是UPS公司的员工的技术支持。联邦快递公司采用了许多UPS的经营方式和营销技术，一直到联邦快递有时间制定出自己的策略为止。实事求是地说，公司不希望和UPS面对面地展开竞争。

联邦快递公司迎接挑战的方法依然是基于自己与竞争对手之间的差异，但这次的差异是服务质量。史密斯对外宣称：

UPS能将它们的业务做得最好（只要包裹不急着要送到消费者手中就行。但是，联邦快递也同样能把自己的业务做得最好）运送最重要的、时间紧迫的包裹和文件。我们希望能去除消费者心中的这样一种观念，以为竞争者可以与我们平起平坐。但事实上，他们并非如此。我们不会让竞争者与联邦快递平起平坐。我们将提供上午10点半送达的快递服务、更多的服务选择、周六提货的服务、包裹递送跟踪服务以及致电告知托运人货物已送到的服务。

为了支持这个战略，经营必须更加顺畅有效。公司采用了新的技术。现代计算机技术使公司在全国4个内部电话中心建立了专业的客户服务功能。公司用屏幕上的电子订货单代替纸张纪录。同时，成熟的信息和检索系统使客户服务代理能通过简单的键入客户账号来获得普通客户的数据。由于现在所有的包裹都有条形码，在运输的每个环节和处理过程中都要经过扫描，所以信息被送入中心计算机，方便了客户服务代理进行查找。如果出现了客户代理处理不了的问题，问题会很快上交到专家小组解决。

资料来源：摘自Robert A. Sigafoos和Roger R. Easson著《绝对一夜递送到位！联邦快递公司非正式的发展史》(*Absolutely, Positively Overnight! The Unofficial Corporate History of Federal Express*) (Memphis, TN, St. Luke's Press, a division of Plaintree Publishing, Ltd., 1988), chaps. 5, 10, 11, and 12, 以及Christopher H. Lovelock 著"在服务部门制定和管理客户服务工作"(Developing and Managing the Customer-Service Function in the Service Sector), 载John Czepiel, Michael Solomon和Carol Surprenant编写的《服务交互活动》(The Service Encounter) (Lexington, MA, Lexington Books, D. C. Heath & Co., 1985), p. 270。

案例思考题

1. 请用你自己的语言总结联邦快递公司整合其营销和经营战略的手段。
2. 联邦快递公司成功运用了营销组合中的哪些要素？
3. 联邦快递公司营销计划有哪些独特方面？
4. 联邦快递公司的哪些经营方式有别于竞争对手？
5. 根据你的观点，联邦快递公司的成功是营销的作用大，还是经营的作用大？

案例 6—2

票价之战

在东部,一场航空战已经打响。

美国东海岸,多年来没有受到其他地方航空公司的竞争,而现在却正经历着激烈的机票降价之争。

旅客为此欢呼雀跃,但是国内最大的航空旅行市场的机制改革却严重威胁着高成本的运输公司(比如 USAir 航空公司),并且可能引起一些低成本的运输公司在该地区趁火打劫。

这场争夺战绝非是 5 分钟热度式的机票价格战(Fare Combat)。这是介于两家不同类型的航空公司间的一场战略之争。一方是小型、短途的航空运输公司,收费相对低廉;另一方则是大型的、提供全方位服务的"航空巨头",它们的票价高昂。

东海岸占据了美国航空旅游 37%的市场,涵盖了许多美国重要的商业城市,这是个值得争夺的市场。对 USAir 公司和德尔塔航空公司(Delta Air Lines)公司来说,这是他们挣钱的传统市场,可是这一市场现在却日渐萎缩。销售人员乘坐从波士顿到华盛顿的定期航班,公司主管们从纽约飞往匹兹堡,住在东北部的家庭前往奥兰多寻找阳光。面对如此诱人的市场,那些低成本的航空公司蠢蠢欲动。尽管他们感觉到自己的公司竞争力不强,但是他们相信,如果票价大幅度下跌(这正是他们目前所采取的行动),巨大的东海岸市场将会有更多的收益。

圈地之战

1 月下旬,大陆航空公司宣布增加低价位的"大陆航空低价航线"(CALite)(目前此类航线集中在东南部),再开辟沿岸航线。这个计划将从下一周开始实施。为了保住自己的领地,向来反应迟钝的 USAir 公司抢先在许多海滨城市大幅度降低票价,降价幅度高达 70%,并且声称新的机票价格将不再提升。这一行为震惊了整个行业。

不久,以低价、不奢华著称的西南航空公司(Southwest Airlines)也声称要加强设在巴尔的摩东海岸的滩头阵地,明年秋天以前将现有的两个航班增加到 6 个。与此同时,另一家低价航空公司,西美(America West)公司则声称将在 4 月在费城开辟新航线。

为了守住地盘,行动迟缓、运营成本很高的德尔塔航空公司推出了在 12 个东南部城市提供低价机票的长期方案。同时,多达 28 家组建不到 2 年的航空公司紧随其后开始降价。他们以东部城市为目标,从波士顿一直延伸到迈阿密。

哈罗德·申顿(Harold Shenton)是位于弗吉尼亚州阿灵顿(Arlington)市 Avmark 咨询公司的副总裁。他说:"应该是东海岸高价机票结束的时候了。"

在 1982—1992 年期间,美国东部的短途航空票价翻了一番多,结果是乘客数量下降了 12%。这是由大陆和东方航空公司(Continental and Eastern)前任总经理弗兰克·洛伦佐（Frank Lorenzo）掌管的一家筹建中的 ATX 有限公司的研究结果。相对而言，美国西部比较多的是低成本运营的航空公司（如西南航空公司）。在过去 10 年中乘客上升了 75%，而票价仅仅上升了 5%。还未得到政府批准开通航线的 ATX 公司已将目标定在东部，因为正如洛伦佐先生去年所说的："这是不言而喻的，因为大众希望能有选择产品的余地。"

《最优票价》（*Best Fares*）杂志的出版商汤姆·帕森斯（Tom Parsons）说："除了 PeopleExpress 航空公司以外，没有人真正挑战过东海岸。"在 20 世纪 80 年代早期，总部位于新泽西州纽瓦克（Newark）市的 PeopleExpress 航空公司投资东部市场，它的票价只有竞争者要价的 10%～70%。（由于过快的扩张和海外市场投资失败，公司后来倒闭了。）

乘客得益

航空公司在东部市场的竞争，对长期承受沉重负担的乘客来说无疑是天上掉下的馅饼。而且，这将导致乘飞机出行更加自由，吸引更多的火车和长途汽车的乘客。一些航空业的顾问认为，航空客运量在一些城市或许能增长 50%。

乘客完全有理由这样做。因为在上月底以前，从罗得岛的普罗维登斯市到佛罗里达州的奥兰多来回机票价格为 986 美元，从波士顿北卡罗来纳州的夏洛蒂市的来回机票也要 808 美元。现在，前者只要 458 美元，后者是 598 美元。先前纽瓦克和北卡罗来纳州格林维尔（Greenville）市或是斯帕坦堡（Spartanburg）市之间的来回票为 682 美元，而现在只要 298 美元（参见图表 6—9）。不像过去受到严格限制的促销机票，这些机票没有预购的要求，也可以退票。

图表 6—9　　　　　　　　　　　北美大陆分水岭
东部航线票价要比西部高得多，即使在本月早期东部城市经历降价之后依然如此。

航线距离（单位：英里）	东海岸航线票价高于西部航线的百分比（%）
100～199	103 以上
200～299	199
300～399	42
400～499	30
500～599	31
600～699	8

资料来源：American Express Co.'s airfare management division.

但是，一些航空运输业的专家担心这样不加限制的机票降价可能会导致一场财务危机，就像 1992 年夏天的那场灾难一样。那次是由于 AMR 集团公司所属的美国航空公司（American Airlines）实行所谓的价值价格计划（value-pricing program），从而引起了全国范围内的机票对折之战。美国航空业在该年经营损失高达 25 亿美元。

American Express 公司机票管理部的副经理罗伯特·哈勒尔（Robert Harrell）

对此感叹道:"USAir 公司降价的直接诱因就是所谓价值价格计划。"USAir 公司在约 1/4 的航线上降价,商务仓机票下降 50%,头等舱机票下降 70%。

一些新的航空公司(如纽瓦克的 Kiwi 国际航空公司、亚特兰大的 Valujet 航空公司),尽管运营成本很低,但仍遭到冲击。Avmark 咨询公司的申顿(Shenton)先生预料,"一些小型航空公司将无法生存,由于机票降价,人们无需特意到小型航空公司去购买适合他们的低价机票。"

初步措施

但是,航空业专家预测,USAir 公司由于运营成本高出大陆航空公司 50%,高出西南航空 60%,它将成为受收入大幅下降影响的第一家大型航空公司。USAir 公司是坐落在弗吉尼亚州阿林顿市,是 USAir 航空集团公司的一家子公司,它的成本居高不下。因为其在东北部和佛罗里达的密集网络系统多数由短途组成,经营成本往往较高。而且东北部劳动力成本高,又常常会遭遇严冬,或是机场拥塞。

现在,USAir 主要降低成本的措施是"加快地面流通"(Project High Ground)方案。这个计划从上月开始实施,目的是加快服务和飞机在机场上的调头速度。USAir 借鉴西南航空的做法,尽力将飞机在地面上的时间缩短一半。例如,USAir 不再等到全部乘客离开后才打扫机舱,而是在乘客离开舱室的同时,乘务人员从飞机后部开始打扫。

USAir 希望将飞机调度得尽量快些,使每架飞机每天至少多飞一次。USAir 在其 18 个市场启动了这项计划。公司认为,虽然不增加运营成本,却可以多售出 3 500 多个座位。

然而,业内人士认为,USAir 的这个计划只能获得有限的成功。航空公司真正需要的是从劳动力入手改革总体成本机制。但 DLJ(Donaldson, Lufkin & Jenrette)咨询公司的分析家罗斯·安·托图拉(Rose Ann Tortora)称:"USAir 需要的灵活机制并非在现有的劳工合同中。这就像改造一间房子,你需要的是所有房客的合作。"

员工的作用

USAir 公司做了一个大动作。1992 年,公司说服工会在工资上做出让步。但是仅仅实施了 1 年,节约了 1.7 亿美元。后来工资水平又恢复了原样,而且工会坚持要公司保证在未来的几年中不能随意裁员。这对于公司是一种负担,因为其在 3 个城市建立的总部人员庞杂,员工总数多达 46 000 人。

USAir 认识到成本必须降下来,而且必须尽快降低票价。USAir 的资深副主席罗伯特·福内罗(Robert Fornaro)说:"我不能让其他公司在东部先扎下根。"

大陆航空公司和西南航空则希望靠低成本竞争优势到 USAir 的后院去赌一把。尽管新的机票折扣率很高,但是东部人依然觉得票价不低。据 American Express 航空票价研究小组的一项调查显示,在行程不足300英里航线上,东海岸的乘客现在的平均票价是西部乘客的2倍。若航线距离是190英里,往返机票在西部平均为156美元,而在东部则需319美元。

去年秋天,票价差距使西南航空和大陆航空插足USAir公司在巴尔的摩和华盛顿国际机场的领地。去年夏天,这两家公司开始单独展开与USAir的争夺,最终迫使USAir公司进入防御状态。

巴尔的摩出现的情况预示了主要航空公司之间可能不只是小冲突。每天USAir占了那里机场55%的航班,大西洋中部地区似乎都在USAir的掌控之下,如果加上它在费城、匹兹堡和夏洛蒂市的滩头阵地,那就更是如此了。

巴尔的摩对新的竞争者有着很大的吸引力,因为那里的机场费用要比邻近的机场便宜,同时登机门租用费也合理。由于它靠近华盛顿和宾州南部,所以这座城市成为巨大的旅游市场。只要票价低一点,游客很容易吸引过来,因为那里有高效的州际高速公路网,而且每天还有30趟火车驶向机场。

西南航空把巴尔的摩定为它在东海岸的第一个目的地。公司采用经过时间考验的方案。它派遣公司的"黄金搭档"(6名来自于营销、促销、广告和公共关系方面的人士)去处理新城市的所有业务。

这些人订阅了《巴尔的摩太阳报》(*Baltimore Sun*),仔细研读人口统计数据,并悄悄地对重大事件、体育运动队以及文化机构展开调查,寻找赞助对象。西南航空很快签下了奥里奥尔斯(Orioles)棒球队,由其做广告,一起进行市场推广,包括票务竞争。为了使当地人相信西南航空不是打一枪换一个地方的企业,它通过报纸和电视广告大举占领市场,强调其年轻的飞行队伍和公司经营业绩。

然后,西南航空使出了它的拿手好戏。它提供了最低的票价,如前往克利夫兰市试探性的19美元单程票。巴尔的摩对此做出了回应。在第4季度,机场登机率上升了30%,而USAir公司市场份额下滑了4个百分点,只有51%。西南航空称巴尔的摩是它最成功的新城市之一。只要添购了新飞机,再买断6个新的登机门,它就要增加更多的航班。

大陆航空公司每天已有8班飞机从巴尔的摩起飞。但是公司用的是"大陆航空低价航线"(CALite)的策略在巴尔的摩以及其他城市与USAir竞争。CALite的方式与西南航空的方式不尽相同,它提供固定座位、奖励头等舱座位,或是以里程数来奖励常客。

大陆航空必须重新培训低价航线的乘务员,因为他们中许多人习惯了非枢纽城市的闲散工作进程。原先员工有几个小时时间为飞机补充食品、装卸行李,现在却只有几分钟。比如,在北卡罗来纳州的格林斯博罗市,员工原先每天处理3次航班,而现在却要应对30次。

减轻债务负担

去年4月,大陆航空公司结束了根据《破产法》(bankruptcy)第11条启动的破产程序。此后，该公司降低债务比例，放弃了亏损严重的太平洋航线，缩小了不盈利的丹佛市枢纽站，并且加强短途运输。但是，其最大胆的举措是CALite方案，即打算利用限制性较小的劳务合同。

从下个月开始，大陆航空开始将大幅度增加CALite方案的航班，从每天300架次增加到800架次。到今年年底，按CALite方案实施的航班将会占公司总航班数量的2/3。有一些分析家认为，如果大陆航空公司过快地扩展CALite计划，其他公司同样也会这样做。Kidder, Peabody咨询公司的一位分析家山姆·巴特列克（Sam Buttrick）认为，"有理由相信，大陆航空公司将成为美国最赚钱的航空公司之一。"目前，大陆航空实施的方法还未转变成利润，但是该公司希望在年底能出现盈利。

西南航空是始终能通过短途航线盈利的唯一的公司，它坚持这种经营模式，当然不喜欢其他公司竞相效仿。在本月财务报表出台以前，西南航空的董事会主席赫伯特·凯莱赫（Herbert Kelleher）警告大陆航空公司和USAir公司，称如果这两家公司"计划进入我们的业务领域，激怒了我们"，西南航空将在远程运输市场以牙还牙。

那么，何为"激怒"呢？他说："一般说来，当我们在非常，非常生气的时候，就是激怒。"

资料来源：Case prepared by Michael J. McCarthy and Bridget O'Brian. "Fare Combat. Lean, Nimble Airlines Head East, Targeting Region's Plump Prices," *Wall Street Journal*, February 28, 1994. Reprinted by permission of the *Wall Street Journal*, © 1994 by Dow Jones & Company, Inc. All rights reserved worldwide. As seen in C. H. Lovelock, *Services Marketing*, 3rd ed. (Upper Saddle River, NJ, Prentice Hall, 1996), pp. 442–445.

案例思考题

1. 哪家公司占主要地位？它们是如何定位的？
2. USAir面临的威胁有多大？
3. 西南航空和CALite成功的可能性有多大？
4. 未来USAir该采用何种营销战略？
5. 如果由你为USAir公司制定营销战略，你还需要哪些其他信息？

参考文献

1. Berry, Leonard, "Relationship Marketing," in *Proceedings of the 1983 Conference on Services Marketing* (Chicago, American Marketing Association, 1983), pp. 25–28.

2. Bitner, Mary Jo, and Valarie A. Zeithaml, "Fundamentals in Services Marketing," in *Proceedings of the 1988 Conference on Services Mar-*

keting (Chicago, American Marketing Association, 1989), pp. 7 – 11.

3. Boddewyn, J. J., Marsha Baldwin Halbrich, and A. C. Perry, "Service Multinationals: Conceptualization, Measurement, and Theory," *Journal of International Business Studies* (fall 1986).

4. Booms, B. H., and Mary Jo Bitner, " Marketing Strategies and Organization Structures for Service Firms," in J. H. Donnelly and W. R. George (eds), *Marketing of Services* (Chicago, American Marketing Association, 1981).

5. Booms, B. H., and Mary Jo Bitner, "Marketing Strategies and Organization Structures for Service Firms," in *Marketing of Services*, Proceedings of the 1981 Conference in Services Marketing (Chicago, American Marketing Association, 1983), pp. 47 – 52.

6. Fornell, Claes, Michael D. Johnson, Eugene W. Anderson, Jaesung Cha, and Barbara E. Bryant, "The American Customer Satisfaction Index: Nature, Purpose, and Findings," *Journal of Marketing*, vol. 60 (October 1996), pp. 7 – 18.

7. Friedman, Margaret L., "Positioning Strategies for Differential Advantage," in Carole A. Congram and Margaret L. Friedman (eds.), *Handbook of Marketing for the Service Industries* (New York, American Management Association, 1991), pp. 39 – 53.

8. Grönroos, Christian, "Innovative Marketing Strategies and Organization Structures for Service Firms," in *Emerging Perspectives on Services Marketing*, Proceedings of the 1983 Conference on Services Marketing (Chicago, American Marketing Association, 1983).

9. Grönroos, Christian, *Service Management and Marketing* (Lexington, MA, Lexington Books, 1990).

10. Heskett, James L., *Managing in the Service Economy* (Boston, Harvard Business School Press, 1986).

11. Heskett, James L., W. Earl Sasser, Jr., and Leonard A. Schlesinger, *The Service Profit Chain* (New York, The Free Press, 1997).

12. Heskett, James L., Thomas O. Jones, G. W. Loveman, W. Earl Sasser, Jr., and Leonard. A. Schlesinger, "Putting the Service-Profit Chain to Work," *Harvard Business Review* (March-April 1994), pp. 164 – 174.

13. Jones, Thomas O., and W. Earl Sasser, Jr., "Why Satisfied Customers Defect," *Harvard Business Review* (November-December 1995), pp. 88 – 99.

14. Keaveney, Susan M., "Customer Switching Behavior in Service Industries: An Exploratory Study," *Journal of Marketing*, vol. 59 (April 1995), pp. 71–82.

15. Kotler, Philip, and Gary Armstrong, *Principles of Marketing*, 4th ed. (Upper Saddle River, NJ, Prentice Hall, 1989).

16. Levitt, Theodore, "After the Sale Is Over," *Harvard Business Review*, vol. 62, no. 5 (September-October 1983), pp. 87–93.

17. Lovelock, Christopher H., *Managing Services: Marketing, Operations and Human Resources*, 2nd ed. (Upper Saddle River, NJ, Prentice Hall, 1992).

18. Lovelock, Christopher H., *Services Marketing*, 3rd ed. (Upper Saddle River, NJ, Prentice Hall, 1996).

19. Regan, W. J., "The Service Revolution," *Journal of Marketing*, vol. 27 (July 1963), pp. 57–62.

20. Reichheld, Frederick F., and W. Earl Sasser, Jr., "Zero Defections: Quality Comes to Services," *Harvard Business Review* (September-October 1990), pp. 105–111.

21. Reichheld, Frederick F., "Loyalty Based Management," *Harvard Business Review* (March-April 1993), pp. 64–73.

22. Reichheld, Frederick F., *Loyalty Effect* (Boston, Harvard Business School Press, 1996).

23. Ries, Al, and Jack Trout, *Positioning: The Battle for Your Mind* (New York, McGraw-Hill, 1981).

24. Rust, Roland T., Anthony J. Zahorik, and Timothy L. Keiningham, "Return on Quality (ROQ): Making Service Quality Financially Accountable," *Journal of Marketing* (April 1995), pp. 58–70.

25. Shostack, G. Lynn, "Breaking Free From Product Marketing," *Journal of Marketing* (April 1977), pp. 73-80.

26. Sigafoos, R. A., and R. R. Easson, *Absolutely, Positively Overnight!* (Memphis, TN, St. Luke's Press, 1988).

27. Zeithaml, V. A., "How Consumer Evaluation Processes Differ Between Goods and Services," in *Marketing of Services*, Proceedings of the 1981 Conference on Services Marketing (Chicago, American Marketing Association, 1981), pp. 186–190.

28. Zeithaml, Valarie A., and Mary Jo Bitner, *Services Marketing* (New York, McGraw-Hill, 1996).

第Ⅱ篇

构建服务体系

第7章 技术及其对服务与服务管理的影响
第8章 服务及服务传递系统的设计与开发
第9章 服务业中的人力资源管理
第9章补遗 服务业工作与劳动的核算
第10章 服务设施配置及服务场所设计

第十篇

内燃機器本系

第7章 技术及其对服务与服务管理的影响

7.1 本章概述
7.2 操作技术与信息技术
7.3 服务技术
7.4 服务企业对技术投资的原因
7.5 技术是一项竞争优势
7.6 技术在服务业中的应用
7.7 信息系统
7.8 企业资源规划系统
7.9 技术与服务的未来
7.10 本章提要
讨论题
案例7—1 大卫与哥利亚为互联网信息优势而争斗
案例7—2 国家技术大学
参考文献

7.1 本章概述

我们每天都能通过观看电视和阅读报纸获知如下关于科技进步的信息：

- 人造器官；
- 克隆；
- 光学纤维；
- 远程教育；
- 智能卡；
- 激光唱片；
- 自动语言转换；

- 数字、无线通讯；
- 航天旅行；
- 远程交换；
- 基因工程。

所谓**技术**（technology）是指科学在人类活动中的实际应用。技术包括为实现目标而必需的资源与知识。[①]因此，当原始人钻木取火，或是用弓箭捕食猎物时，他们就是在运用技术。时至今日，我们赋予了**技术**这个词更为宽泛的意义。显然，通过我们的主观能动性，我们已经努力实现了很多目标并试图征服很多难题，诸如探索太空、为满足我们的需求而创造商品和服务、保护环境、攻克顽症、尽量经济地获取能源以及互通信息等等。当用科学来达成以上这些目的时，针对这一人类行为的技术便应运而生了，比如航空技术、生产技术、环境技术、医药技术以及通讯技术等等。显然，所有这些技术无一不影响着我们的生活以及生产商品和服务的机构。但是，能够最深刻地影响服务的生产与传递的是信息技术。因此，本章将着重讨论信息技术及其对服务和服务管理的影响。本章还将讨论如何将技术转化为服务行业中强有力的竞争利器这一话题。

7.2 操作技术与信息技术

所谓**操作**（process），是指能够产生结果的任何有目的的一项或一组活动。操作需要有投入，比如人的智慧、信息、设备、材料等等，然后才可能有产品的产出或是服务的发生。在制造业，要用到大量的各类技术，比如计算机辅助设计技术用于设计产品，而化学、电气、冶金和机械技术则用于制造产品。生产的商品品种不同，数量不同，所使用的技术也不同。有时要使用多种技术，有时要连续使用某种技术。操作对于服务的产生和传递同样非常必要。事实上，任何服务都是操作的产物。然而，服务操作是无法如同其在生产领域内那样简单地诠释和分类的。服务操作种类繁多且涉及面广。不同类型的服务，在操作过程中所需要的投入是不一样的。比如，在医院中，外科大夫为病人动手术时要运用患者的信息和医学技术，同时又要遵循既定的医疗程序。一个投资银行家要运用金融信息和信息技术，同时又遵循他的职业惯例和适用的法律。显然，这两种专业人士实际运用了不同的操作技术（process technology），但是他们又都依赖于信息技术。

[①] 见 Gerard H. Gaynor 著 "技术管理的定义、范围及其意义"（Management of Technology: Description, Scope, and Implications），载 G. H. Gaynor 所著《技术管理手册》（*Handbook of Technology Management*）（New York, McGraw-Hill, 1996），pp. 1.3 – 1.17。

信息技术（information technology，IT）是由计算机和通讯技术两部分组成的。**计算机技术**（computer technology）以硬件和软件为基础，对于数据和信息的存储和处理起着举足轻重的作用。**通讯技术**（telecommunications technology）包括设备和软件，主要运用于数据和信息的传递。

7.3 服务技术

传统的观念认为，服务企业是那种规模小、劳动力密集的组织，且没有什么复杂的程序，也不需要技术投资。这种过时的看法与事实是不相符的。从20世纪80年代早期开始，人们对信息技术进行了巨额的投资。比如在1997年，单是医疗行业在信息技术上的投入估计就有150亿美元。到2001年，这个数字有望翻一翻。[1]还有的估计，所有对信息技术硬件投资总额的约85%投向了服务业。有趣的是，尽管在制造业资本和技术的投入一般都能带来高产出，[2]但是在服务业，投资与生产率和收益率的提高却没有必然的联系。信息技术的高投入与服务业生产力的低增长构成了著名的"信息技术悖论"（information technology paradox）。[3]美国国家科学院委员会在最近的一次报告中对这一矛盾的现象提供了几种可能的解释[4]：

1. **对信息技术的浪费和低效使用**。尽管信息技术为服务业各个阶层的员工们提供了非常得力的工具，但是这并不能代表这些工具得到了正确、合理的使用。在很多情况下，人们利用信息技术来自动连接一些低效的系统，而不是首先去理顺这些系统。

2. **其他因素的影响**。很可能信息技术的确提高了服务业的生产水平，但是一些其他的因素影响了生产率的提高，因为信息技术终究只是影响生产率的一个因素。

3. **落伍的生产力评估方式**。第三种可能性便是信息技术确实提高了生

---

[1] 见 Erick Schonfeld 著"计算机能帮助医疗业绝处逢生吗？"（Can Computers Cure Health Care?）载 *Fortune*（March, 30, 1998），pp. 111-116。

[2] 生产力在此简单地定义为：产出与制造这些产出的投入之比。在本书第13章中会有关于服务生产力的详细论述。

[3] 有数种出版物证实了这一现象的存在。请参见 Gregory P. Hackett 著"对技术的投资：服务业是一个大泥沼吗？"（Investment in Technology—The Service Sector Sinkhole?）载 *Sloan Management Review*（winter 1990），pp. 97-103；Stephen S. Roach 著"服务业面临困境，急需结构重组"（Services Under Siege—The Restructuring Imperative），载 *Harvard Business Review*（September-October 1991），pp. 82-91；和 Paul A. Strassmann 著"对计算机的高投入能保证高利润吗"（Will Big Spending on Computers Guarantee Profitability?）载 *Datamation*（February 1997），pp. 75-85。

[4] 见该委员会对信息技术在服务业的影响研究报告《服务行业中的信息技术》（*Information Technology in the Service Society*），（Washington, DC, National Academy Press, 1994），pp. 27-29。

产力,但是这些进步被现在所使用的评估方式遗漏了。比如说,现有的评估数据并不涉及评估服务质量这一重要元素。

4. **滞后效应**(lagged effect)。信息技术对于生产力提高的积极作用确实存在,但是需要一段时间才能够显现出来,这也不失为一种可能性。

5. **审视角度**(level of aggregation)。第5种可能的解释就是,在看待信息技术的花费对服务生产力的影响时,我们应当从一个微观角度(比如从企业的角度),而不是从宏观角度去审视。

保罗·斯特拉斯曼(Paul A. Strassmann)是施乐公司的前任首席信息执行官(CIO),他在多年研究"信息技术悖论"这一课题后对其研究结果做出了如下总结:"对信息技术的投入与盈利之间的脱节使我确信,并非计算机制造了这些差别,而是由于人们使用计算机的不同方法所造成的……问题的症结不在于技术的内在能力,因为这种能力是不容置疑的。问题在于人们未能有效地管理技术。"[1]彼得·德鲁克可以算是我们这个时代最有影响力的管理学家,他从另一个角度研究该课题后得出了相同的结论。他认为:"在学术领域和服务行业内,资本是不可能取代劳动力(即人力)的。同理,新兴技术本身也不可能在此类领域内提高生产力。在产品制造和运输过程中,资本和技术(用经济学术语来说)是**生产要素**(factors of production)。但是在学术和服务领域,资本和技术只是**生产工具**(tools of production)。决定资本和技术能否带动生产效率的提高的关键因素取决于人们的使用方法、使用目的以及使用者的技能水平。"[2]

7.4 服务企业对技术投资的原因

所有的服务行业可以说或多或少都在使用技术。然而,技术的复杂程度与技术的使用程度在各行业中则大相径庭。这主要是由行业的性质决定的。一些企业(比如电话公司、软件开发公司、互联网服务供应商等)投资技术是为了发展信息技术。而另一些企业投资技术则有其他的目的,其中大都是为了保持竞争力。就拿银行来说,它们不仅是全美众多公司中最大的技术投资者,而且也是服务行业中最大的技术投资者。据大通曼哈顿(Chase Manhattan)银行的首席信息官兼执行副总裁丹尼斯·奥利里(Denis O'Leary)说:"在20世纪70年代,信贷是银行的主要业务,也是创造收益的主要渠道。在20世纪80年代和90年代早期构成银行核心业

---

[1] 参见 Paul A. Strassman 著"对计算机的高额投入能保证盈利吗?"(Will Big Spending on Computers Guarantee Profitability?)。

[2] 参见 Peter F. Drucker 著《针对未来进行管理:对20世纪90年代以及更遥远时代的展望》(*Managing for the Future: The 1990s and Beyond*),(New York, Truman Talley Books/Dutton, 1992),pp. 95-96。

务的是资本市场，接着是消费者融资市场。从20世纪90年代中期开始，技术与信息的管理显然不仅仅构成了一个成功的银行的核心竞争力，它对几乎所有的企业都是至关重要的。"①

在本章第6节中，将会再次提到技术在服务行业中的实施运用，但是首先应该研究许多服务企业投资技术和依赖技术的主要原因。以下内容是由美国国家科学院委员会通过与诸多服务行业的执行主管会谈后加以归纳的。②

1. **巩固并扩大市场份额**。尽管有时候市场份额是一个不恰当的、甚至带有误导性的指标，但是它仍然是许多公司衡量业绩的主要尺度。而且，拥有强大的营销力量、取得供应商优厚的供货条件以及扩大规模经济等等都与市场份额密切相关。于是，一些服务企业硬着头皮大把大把地投资于技术领域以维持它们的市场份额，尽管此举并不一定能够起到增加产出、提高收益的功效。

2. **规避风险与降低额外成本**。一些企业通过投资技术来降低或规避风险。比如，医院投资行业领先技术不仅可以因提高诊断与治疗能力而获益，而且可以因减少误诊而避免法律诉讼。飞机场会安装上爆炸物探测装置以防范恐怖袭击。有的机场还安装先进的雷达装置用以探测风向的变化，因为在机场内或机场附近发生的多起坠机事故正是由难以预测的风向变化而导致的。

3. **提高应变能力以应对多变的经营环境**。今天，经济界永恒的主题是多变。政府规章制度的改变（加强管制或解除管制）、日益激烈的竞争、复杂的经营方式，还有消费者口味的变化等等，所有这些都导致了服务行业所面临的纷繁芜杂的经营环境。灵活、变通的信息技术系统能够时常帮助服务企业应对飞速变化的环境。

4. **改善内部环境**。许多企业投资技术是为了简化员工们的工作，通过排除繁琐的任务为员工们营造一个舒畅的工作环境，从而使工作本身看起来更加有趣味。而且，信息技术的使用改进了数据的收集和处理工作，使得企业的运作模式更加稳定。

5. **提高服务质量、促进与客户的交流**。当今的服务企业无一不特别关注服务质量与顾客满意程度这两大方面。影响顾客满意程度和服务质量的因素主要有可靠性、连贯性、精确性和迅速性等等。合理、有效地运用信息技术能够帮助一家服务企业传递以上所有这些要素，以获得长期的消费者忠诚。投资于技术还能够加强顾客与雇员对服务企业及其服务的认同感。

---

① 参见 Matthew Schifrin 著 "新的发展原动力：首席信息执行官"（The New Enablers—Chief Information Officers）载 Forbes（June 2, 1997），p.142。

② 见 "服务业中的信息技术"（Information Technology in the Service Society），pp.12-13。

7.5 技术是一项竞争优势

无法在信息技术的投资与生产率和收益率提高之间找到一个普遍的联系，这一事实多少有点令人沮丧。然而，有一点却无可置疑，那就是信息技术已经并正在通过大量的产品与服务给我们的生活带来翻天覆地的变化。试想一下，为我们现代生活提供诸多便捷的技术，比如电视机、录像机、传真机、移动电话、语音邮件、电子邮件、自动取款机、互联网、航空旅行和现代制药等等，所有这些都是技术进步的产物。因此，即便信息技术投资无法保证收益，信息技术的发展却显然为数以百万计的消费者带来了益处。从另一方面来看，斥巨资于信息技术而最终获得巨额收益的企业也不在少数。本小节讨论的重点是服务企业如何使信息技术成为一个竞争的利器，从而为自己带来收益。

选择在第一时间并合理地使用信息技术能够使一个服务性企业获得领先于同行业的竞争优势。**竞争优势**（competitive edge）是将一家机构区别于其竞争对手的关键所在。而正是这种不对称性吸引了服务行业中的潜在消费者。竞争优势可以是快捷的服务速度、增加的服务项目、保证质量的低价位服务或是为客户"量体裁衣"的服务方式。要实现以上这些目标，关键就是技术。

信息技术能够帮助一家服务企业将自己的业务与同行业竞争者区分开来。例如：联邦快递（FedEx）的客户可以在互联网上填写电子表格，自己编制运输单证，然后要求公司来取件。此后，他们就可以在联邦快递的网页上查询到有关投递状况的具体信息。[1]联合包裹服务公司（United Parcel Service，UPS）也有一个类似这样的系统。通过信息技术的辅助，这些服务机构有效地将自己与同行业竞争者区分开来。

信息技术的进步正在将很多不可思议的商业模式从不可能转化为现实。一个显著的例子就是在许多大型服务机构间兴起的所谓战略**联盟**（alliances）。组成联盟的企业可能是同行业，也可能是来自不同行业的组织机构。航空业中的公司联盟不失为这一种模型的典范。这种战略联盟在航空领域早已是司空见惯的了。比如，西北航空公司与大陆航空公司（Continental）的联盟、大陆与美国西部航空公司的联盟、西北航空公司与荷兰航空公司的联盟、泛美航空和美国航空的联盟[2]以及由联合航空公司、

---

[1] 见 Thomas Hoffmann 和 Kim S. Nash 著"快递业递送新式服务"（Couriers Deliver New Net Services），载 *Computerworld*（January 6, 1997），p. 2.

[2] 见 Susan Carey 著"航空公司营销联合非议"（Airline Marketing Linkups Draw Opposition），载 *Wall Street Journal*（April 27, 1998）.

加拿大航空公司、德国汉莎航空公司、斯堪的纳维亚航空公司和泰国航空公司组成的明星联盟等等。航空公司联盟通常是通过建立资源共享的系统得以实现的。共享的资源包括航班时刻的对接、通过相互在航班上出售联盟内部各个航班的机票将乘客引向各自的航线等等。资源共享帮助航空公司扩大了遍及整个国家，乃至世界的网络覆盖面，而无需在飞机或航线上进行新的投资。这种类型的联盟也给乘客们带来了许多便捷，他们可以享受到畅通的连接、迅捷的包裹传递以及在联盟内各航空公司中享受里程优惠。当然，有一点现象也是明显的，那就是一些航空联盟可能会减少可供乘客选择的航线，并抬高机票价格。[1]

不同行业中的企业同样可以结成联盟。例如：美国花旗银行与泛美航空公司，以及美国西北航空公司和明尼阿波利斯第一银行所建立的**信息合作**（information partnership），便是第二种战略联盟模式的典范。泛美航空公司对于他的乘客提供每使用花旗银行的信用卡消费1美元，便可以在该航空公司的常客计划（frequent flier program）中享受到1英里免费飞行的服务。泛美航空公司与西北航空公司同MCI通讯公司也有类似的合作，即对于MCI的用户，使用长途通讯服务每缴费1美元即可享受航空公司提供的1英里的免费飞行。[2]

在航线联盟中，复杂的计算机预订系统对于协调合作十分必要，而在航空公司与银行的联盟中，计算机信息共享系统保证了这类合作的成功实施。

时至今日，各大公司都在通过跟踪技术发展动向或主动实施应用研究来积极谋求竞争优势。伦纳德·贝里（Leonard L. Berry）教授提供了以下几条方针以帮助企业通过技术手段增强竞争力：[3]

1. 制定一个全局性的行动纲领。技术本身并不是目的，它只是一种工具，用来帮助服务企业达到目标并实现计划。换言之，技术的使用应当符合战略安排的全局性需要。这就要求服务企业在明确战略目标的同时，也要清楚地看到自己的强项和薄弱环节，以及企业的竞争能力。企业的高级管理层应当参与技术战略的制定工作，以保证技术战略与全局战略的一致性，并监控它的具体执行情况。"管理人员必须告知技术人员，技术必须达到什么样的水准。对技术战略承担责任的应该是管理人员而非技术人员。"

2. 使有效系统自动运作。技术并不能够使一个低效的服务流程或服务

---

[1] 见 Scott McCartney 著 "航空公司联合让旅客付出代价"（Airline Alliances Take Toll on Travelers），载 *Wall Street Journal* (February 18, 1998)。

[2] 见 Kenneth C. Laudon 和 Jane P. Laudon 著《管理信息系统》（*Management Information Systems*），5th ed. (Upper Saddle River, NJ, Prentice Hall, 1998)，p. 62。

[3] 见 Leonard L. Berry 著《大服务行动指南》（*On Great Service: A Framework for Action*）(New York, The Free Press, 1996), pp. 147–155。

系统变得有效率。就如同我们在很多失败的技术应用案例中所看到的那样，将自动技术应用于一个过时的、低效率的系统并不能够大幅度增加产出或是提高收益。在投资新技术以前，一个企业首先应当对现有的服务模式有一个实质性的了解，并对该模式下那些对客户缺乏吸引力、产生不必要的延误，以及无故增加员工工作难度和枯燥感的过程和步骤有所认识。对于那些传统的跨组织、跨部门的流程，或是那些转手繁多的步骤应当给予特别的关注。在引入先进的技术之前，存在着以上这些不尽如人意的状况的系统和流程应当重新设计。新的系统和流程应以满足雇员和客户的需要为前提，如果可能，最好根据他们提供的信息重新设计。

3. **解决主要问题**。技术的有效性是建立在技术能够为客户解决一些实际存在的问题的基础上的，这些客户既可能是企业自己的，也可能是其他企业的。这就要求服务性机构识别客户的类型，聆听他们的需要，征求他们对于如何选择技术和系统设计的意见。"抱着节省运作费用的目的来投资于技术往往不能产生最适宜的效果。不仅应该让投资者收益，也应该让用户从新的技术中获益。技术应当帮助服务提供者拥有更多的自主权、更自信、更有创造性、更迅捷、掌握更多的知识，以便他们更加有效地提供服务。也可以这样认为，技术应当为客户提供更多的便利，使他们有更强的可信度，更坚实的管理能力，报出的价格更低，或是提供其他能够增值的服务项目。"

4. **赋予更多的（而不是更少的）支配权**。发展技术的基本原因是为了提高现有技术的收益性或是为用户创造新的收益。技术带给服务业的雇员和客户的最大的益处就是为他们提供了更多抉择权和支配权。顾客应当享有更多的抉择权，以保证他们能够按自己的意愿选择自己想要的东西。服务业的雇员们，应当对他们的行为享有更多的职权和支配权，以保证他们能够更好地为客户服务，或是快速地处理发生的事情。简而言之，技术应当赋予服务提供者和客户更多的支配权。

5. **优化基础技术**。任何服务系统和流程，不论技术本身有多复杂，都可能含有低技术含量的部分。使用不当或是干脆弃而不用这些低技术，将会在很大程度上降低一个企业服务客户的能力。因此，应该对那些在服务的产生、传递中处于基础位置的低技术元素给予足够的关注。它们应该首先从先进技术中获益。即便是在安装了高技术含量的部分之后，仍然会有低技术部分地存在。技术的实施者应当保证高技术部分与低技术部分的兼容性，使两者能够整合在一起为客户服务。以下引证的是一段高技术部分和低技术部分整合失败的例子：

> 我想说的是在宾馆结账时的经历。接待员在她面前的显示器上很快地就将我的账单结算出来，然后通过旁边一台打印机将账单打印出来，接着她让我在信用卡的收据上签名。但是接下来，她手持我的账

单和信用卡收据走到了长长的服务台的另一边去了。在那里,她停留了几分钟,旁边还站着她的一些同事。我开始担心是不是我的信用卡出了什么问题。排在我后面的顾客们开始窃窃私语。终于,那个接待员走了回来,对我说:"您的一切手续完成了!""刚才发生了什么问题?"我问她。她对我抱歉地笑笑,说:"哦,因为我们这里只有一个订书机,所以我得等到轮上我的时候才能够把您的账单和信用卡收据钉在一起。"就是由于缺少这样一个只值 3 美元的低技术的订书机,使得雇员的工作效率大受影响,也使得顾客们从那台先进的电脑系统中所享受的满意程度大打折扣,而那套电脑操作系统的价值很可能在10 000美金左右!(当然,这是假设一定要有一张单独的账单,否则更好的解决方法就是将账单和信用卡收据制成一份收据。)①

6. 将高科技与人性化服务相结合。合理、有效地使用技术能够在需要的时候提高服务的速度,并且提高服务结果的精确性和连贯性。然而,有一些顾客对技术心存反感。尽管机械操作有明显的优势,他们却宁可和人打交道也不愿意去面对机器和计算机。而且,有一些顾客认为,按部就班地按机器设备的指令接受检验或做一些动作是没有人情味的。在此类情况下,技术就变成了罪人。但是如果服务企业或是服务的提供者能够将人性化的点缀融入到高科技的氛围中,那么技术本身就成了一件非常有利的工具了。技术能够通过减少服务时间和繁琐的作业流程为服务提供者争取更多的时间,以便给予顾客更多人性化的关注。

7.6 技术在服务业中的应用

服务业中的技术运用多种多样(参见图表7—1)。例如,在金融服务业之一的银行业中,人们广泛运用电子资金划拨(electronic funds transfer,EFT)、电子成像(electronic imaging)、自动取款机系统(ATMs)和磁墨水字符识别系统(magnetic ink character recognition,MICR)等技术提高生产力。此类技术进步在其他行业也屡见不鲜。在保健服务业,X断层照片扫描仪(CT)和胚胎监控器一类的医学技术用于诊断,而其他的诸如心脏起搏器和血液透析机一类的技术则运用于控制疾病。与其他大多数行业不同的是,健康保健业的技术进步是以提高护理质量为头号任务的,并非主要是为了降低成本。

---

① 见 Christopher H. Lovelock 著《产品以外的文章:产品+服务=竞争优势》(*Product Plus—How Product + Service=Competitive Advantage*),(New York,McGraw-Hill,1994),p. 181。

图表7—1　　　　　　　　　　服务业中技术应用的范例

服务业	举例
金融服务业	借记卡；电子资金划拨；自动取款机；电子成像；磁墨水身份识别
教育	多媒体演示；电子公告板；图书目录系统；互联网
政府公用事业	自动单人垃圾车；光电邮件扫描仪；航空预警系统
餐饮业	光电账单扫描仪；侍应生用步话机向厨房叫菜；机器切割
通讯业	电子出版；交互式电视；语音信箱；记事本电脑；移动电话
旅馆业	电子登记；结账系统；电子锁系统
批发/零售业	电子收银机终端；商场和供应商之间的电子联系；条形码数据资料；自动安检系统
运输业	自动收费站；卫星定位导航系统
保健业	磁共振图像扫描仪；声谱仪；患者监控系统；在线医疗信息系统
航空业	无票旅行；计算机航班安排；计算机订票系统

通过**优化**（improving）现有的服务流程可以将技术转化成竞争优势。优化可以从提高服务的迅捷程度、提供给顾客更多的选择空间或是从改进服务质量着手。例如，**办公自动化**（office automation）将信息技术融入日常工作中，帮助员工提高了工作效率。文字处理软件的使用可大大节省打字、修改、拼写校对和打印的时间，从而提高了准备文档的效率。同样，运用电子制表软件可大大缩短大宗数据的收集、分析和处理时间，方便了决策。

技术还可以通过**替换**（substitution）的方式使得整个工作程序发生改观。其中最容易让人想到的是宽屏影院、光纤信息传输以及桌面印刷系统。其他的还有用电子邮件替代纸质邮件、用电视机替代收音机、用空中旅行替代火车旅行、用远程电信会议来替代面对面的会议，用自动轿车清洗设备来替代手工洗车、用计算机股票交易程序交易替代人工主观判断交易等等。

将技术运用于服务业可能出于以下4种不同的目的：

- 对顾客进行处理；
- 对顾客的物品进行处理；
- 对信息进行处理；
- 创造新的服务。

对顾客进行处理

对顾客进行处理（processing the customer）主要发生在人对人的服务中，如保健、化妆、运输、教育和娱乐等等。这是服务业中越来越具有挑战性的一块。构成挑战的因素很多。第一个因素是顾客们对服务系统中的等待变得难以容忍。第二个因素是为满足高峰需求而配备更多人员所造成的高成本。于是，服务企业有时以减少人员岗位来降低成本。第三个因素是，在一天中，服务需求的不均衡性。以上这些问题在机场内尤为突出。《华尔街日报》(The Wall Street Journal) 有文章这样描述道："最近，你如果选择搭乘飞机，那么那些没完没了的包裹检查和护照验证会使得你觉得从候机道走到登机口的时间几乎与你在空中飞行的时间一样长。"①

阿拉斯加 (Alaska) 航空公司正在尝试一种新的革新技术帮助将乘客导向各自的航班。该方案的主导思想就是对于那些已顺利登记的乘客们，通过不同的通道将他们送上飞机。举个例子来说，那些通过互联网电子购票的乘客可以直接在机场内的自助式计算机窗口办理完一切手续，整个过程不过耗时1分钟左右。一些计算机窗口还负责发放包裹的条形码标签。航空公司的另一项革新举措就是在机场内安排流动式工作人员为旅客服务。他们拿着手提电脑和微型打印机，可以当场为旅客办理登记手续，发放登记牌。②这些革新举措为阿拉斯加航空公司缩短了旅客在登记台等候的时间，为他们节省了时间。当然，这些创新的基础是先进的信息技术。

计算机似乎无时无刻不在影响着我们的生活。不信就来看一下在马萨诸塞州洛厄尔市的一个殡葬代理约翰·麦克多诺 (John McDonough) 是如何将技术运用于葬礼筹办工作的。麦克多诺说："筹办一个葬礼无非就是把许多琐碎的事情拼凑在一起。"

拼凑琐碎信息的工作从死者家属的第一次来访就开始了。麦克多诺的整个房间布满电线，所以他在任何地方都能够和计算机联上。他坐在自己的苹果笔记本电脑前指导顾客回答50～100个问题，比如死者的出生日期、死者参加过的俱乐部等等。在他在输入这些信息的同时，他的助手葆拉·克拉克 (Paula Clark) 则坐在办公室里，从计算机的屏幕上实时读取这些问题的答案。

接着，克拉克开始制作一份正规格式的讣告，将她的上司提供的信息一一填入。完成后，她将讣告通过互联网发送给当地的报纸《洛厄尔太阳报》(Lowell Sun)。与此同时，该系统能够将上述信息按不同要求的格式保存在数据库中。最后，"所有需要的文件，从社会保险卡到退伍军人福利书都已经被填写完毕，只等会面结束便可以马上打印出来了。"麦克多诺这样说。

麦克多诺完成了个人信息的搜集工作之后，就着手安排葬礼举行的具体事宜了。他记下死者家属选择的时间和地点，并注明他们希望

---

① 见 Susan Carey 著"小小举措或许就能帮助旅行者在机场长廊上顺利通过"(New Gizmos May Zip Travelers through Airport Lines)，载 Wall Street Journal (January 4, 1999)。

② (同上)

葬礼举办的方式：吊唁者入场时演奏"Amazing Grace"，离场时演奏"Danny Boy"。当麦克多诺还在和死者家属面谈时，克拉克已经在通过电话和教堂取得联系，布置一切具体的操办事宜了。[1]

对顾客的物品进行处理

技术应用的第二个方面包括处理顾客的设备和物品。关于技术运用于顾客物品处理的一个显著的例子就是联邦快递公司的"顾客、经营、服务在线控制系统"（Customer，Operations，Service，Master On-line System，COSMOS）。[2]这是一个全球信息互联网系统，负责将顾客的信件、包裹的传递信息传送到位于田纳西州孟斐斯的中心数据库中。每一个包裹都标有联邦快递的10位数据条形码。当一个快递员接到一个包裹时，他用一台掌上电脑记录上面的条形码，然后输入目的地的邮政编码和投递方式。在他的运货车里，快递员将掌上电脑插入车载电脑的端口，车载电脑再将数据传送到孟斐斯。当包裹送达孟斐斯或是其他的区域集散中心时，它们经分类后装载上开往目的地的飞机并且再一次经由掌上电脑扫描。目的城市的另一个快递员投递包裹的时候，她做最后一次的条形码扫描并输入递送位置和收件人信息，而后这些信息将被传送到孟斐斯的COSMOS系统中。这套系统可以帮助顾客通过互联网以及联邦快递的软件追踪整个投递过程中包裹在任一地点的即时信息。

联邦快递信息系统的另一个组成部分是数字递送系统，它通过运货车内的交互式屏幕与30 000个快递员互传信息。这套系统能够帮助他们迅速对收取和投递包裹做出反应。不仅如此，联邦快递公司还在他们客户的办公室内安装了PowerShip计算机系统。截至1994年底，有50 000多套PowerShip系统已经安装到位。[3]这套系统包括1台电子刻录机（electronic scale）、1台计算机终端、1台条形码扫描仪和1台打印机。PowerShip系统使得联邦快递的客户能够自己打印包裹标签，下载与联邦快递公司的交易单，结算收到的账单，并通过COSMOS的系统监控包裹的传递信息。

---

[1] 见Sarah Schafer著"殡葬电子化"（Mourning Becomes Electric），载 *Inc.*（September 16，1997），pp. 65-71。

[2] 所有与联邦快递COSMOS系统和Powership系统有关的信息若不特别注明，都取之于Halsey M. Cook所著"联邦快递——质量不高的代价"（Federal Express—The Cost of Poor Quality），系Darden商学院硕士课程案例（1992完稿，1994年3月修改）。

[3] 见Robert Frank著"联邦快递公司与瞬息万变的美国市场较量"（Federal Express Grapples with Changes in U. S. Market），载 *Wall Street Journal*（July 5，1994）。

对信息进行处理

运用技术以提高服务质量的第三个方面就是数据和信息的处理。由于这一点十分重要，所以在本章中还会有更详细的叙述。一般说来，企业会对获取的信息进行编辑，然后转化成为标准的模式。在经营过程中，企业会将这些信息制成多个副本分配到各个不同的实际操作工序中。这些副本最终以文档的形式保存，并传递到企业外部，比如到客户或零售商的手中，或干脆被销毁。技术进步还可以有其他的形式，比如电子数据交换（EDI）、计算机—复印机联动（computer-to-copier reproduction）以及自动订单生成等等。以下是信息处理的一个实例。

联合服务汽车协会（United Services Automobile Association，USAA）是利用技术最为成功的组织之一。USAA 是一家互助保险公司，向其会员提供车辆和家庭保险。会员都是现役和退役的军官。[1]现已卸任的公司首席执行官罗伯特·麦克德莫特（Robert F. McDermott）在 1968 年接管该公司，并使它成为保险业里最成功的企业之一。USAA 起家时资产仅为 2 亿美元，会员有 65 万人。如今一跃成为总资产达 207 亿美元，拥有 200 万保险客户的大公司。这期间，麦克德莫特做出了 4 项重要的决策并付诸实施：（1）保险单据书写系统自动化；（2）工作人员实行自然减员法；（3）实施一个教育培训项目；（4）决策分散化。简而言之，USAA 通过信息技术（向员工提供服务中所有需要的所有数据和信息）、教育培训（向员工提供必要的知识）和决策分散（给予员工充分的权力进行决策，为客户解决问题）来培养员工。为了实现上述目标，USAA 加大对技术和培训的投资力度。20 世纪 90 年代中期，USAA 将利润的 7% 投资于技术，3% 投资于培训。[2]麦克德莫特对于投资成果做了如下评述：

> 如今，若你买了一辆车，想上个保险，或是添加一个司机险，或是变化保险险种和地址，你只需拨个电话，就能轻松办妥这一切，平均不到 5 分钟，再无其他繁琐的手续了。一次办妥，保险单在第二天凌晨 4 点左右就开始生效了。一个 5 分钟的电话，你和我们的保险代理就完成了所有的操作。若在过去，不经历 55 个步骤、不投入大量的人力、不占用两个星期、不耗费大量的钱财，是没法完成的。[3]

---

[1] 若不特别注明，与 USAA 相关的信息均取自于 Thomas Teal 著"服务第一：对 USAA 公司 Robert F. McDermott 先生采访实录"（Service Comes First: An Interview with USAA's Robert F. McDermott），载 *Harvard Business Review* (September-October 1991), pp. 117-127.

[2] 见 Frederick F. Reichheld 著《忠诚见成效》（*The Loyalty Effect*），(Boston, Harvard Business School Press, 1996), pp. 118-119。

[3] Thomas Teal, op. cit.

除此以外，USAA还利用电子成像技术存储并处理所有的文件。**文档成像系统**（Document imaging system）将文档和图像转化成数字形式并存储为计算机数据。USAA每天收到不止15万封邮件，其中的60%～65%是支票。余下的大多数文档一般都不离开收发室，它们被扫描并存储在光盘上，便于公司的每一个保险代理迅捷地读取信息。美国大通曼哈顿银行将电子成像技术运用于支票结算的操作中。支票经扫描后以电子图像的格式保存。如此可将"经手"支票的员工人数从原来的12人减少到6人，并且节省了时间和金钱。一张手工处理的支票需要耗费成本10.5美分，而改由电子处理则将这一费用降到了5.7美分。①

创造新的服务

最后，随着新产品或新方法的不断发展，技术可望创造出新的服务模式。电视机的发展催生了电视节目的制作和传播，随之又诞生了有线电视。而录像机的发明则成就了录像租赁服务的时代。知识和信息是产生新的服务的基本。比如软件、电脑游戏以及一些信息服务机构——财经专业的道琼斯新闻社（Dow Jones News Service）、法律专业的Lexis新闻社、美国在线（America Online）、电脑通讯（Compuserve）和社会经济专业的Prodigy新闻社等等——无一不是信息技术进步的产物。再看看自国际互联网上引入万维网后应运而生的诸多服务以及诸多益处吧！人们几乎可以通过互联网获取任何东西：一辆全新的或是二手的轿车、一项购车贷款、抵押借款、一栋住宅、一个杂货铺甚至是寻找一所大学。人们可以在互联网上看报纸和杂志，并且从政府办事机构和许许多多其他的途径获取各种信息。信息技术成就了一大批新兴的服务模式，以上罗列的仅是其中的一部分而已。

7.7 信息系统

美国《财富》杂志最近载文称："从整体上说，美国如今是构筑在智力资本上而非传统的砖瓦灰浆之上，就此一点足以改变一切。"②许多企业界的研究人员、观察家都一致同意以上说法，他们甚至将美国和其他一些发达国家的经济定义为"知识与信息共同构筑的服务型经济。"大多数经

---

① 见Matt Murray和Raju Narisetti著"银行并购背后的动力：科学技术"（Bank Mergers' Hidden Engine: Technology），载*Wall Street Journal*（April 23, 1998）。

② 见Thomas A. Stewart著"谁拥有脑力？谁从中受益？"Brain Power: Who Owns It... How They Profit From It，载*Fortune*（March 17, 1997），pp. 105-110。

济活动将信息视为一种必要的投入。然而，信息在服务领域扮演着一个更为重要的角色。几乎所有的服务都有赖信息的输入，并将信息产出作为服务本身的一部分。有时候，信息甚至是服务的全部。没有信息便没有服务。通过信息系统，纷繁芜杂的数据被转化成了有用的信息。

所谓信息系统，是指"一个组织内部相互关联的各部分协同合作，通过收集、处理、存储、分离信息等工作帮助决策、协调、控制、分析和观察的一套系统。"[1]一个信息系统主要有3个基本职能：输入、处理和输出。**数据**（data）包括事实、数字、文字、一串字符或符号或一组连续的观察资料。在整个信息系统中，数据是**一种输入**（input），或是原始资料。而**信息**（information）则是信息系统中的**一种输出**（output），是将原始数据转化成为对人类有用、有意义的形式。数据向信息的转化体现了信息系统的**处理**（processing）职能。

在计算机和通讯技术尚未发展之前，信息系统便已经普遍存在于各种组织之中。然而，时至今日，在一些发达国家，与计算机和通讯技术脱节的信息系统是十分少见的，甚至是不可思议的。因此，服务机构中使用的信息系统显然都是**计算机信息处理系统**（computer-based information system）。

大多数服务机构都有多样化的信息系统。这些系统往往根据不同的用途开发于不同的时段。因此，一个服务企业很有可能拥有针对其经营、市场营销、财务管理、账目清算以及人力资源管理相独立的信息系统。当然，还可以根据不同的机构层面来划分不同的信息系统，如经营层、智囊层、管理层以及决策层等等。图表7—2概述了以上组合的可能性。[2]

运作层系统

运作层系统是为运作层的管理者设计的，用来帮助他们获取日常的经营和交易方面的信息，诸如销售、收入、存款和薪水支付等等。这套系统就称为**交易处理系统**（transaction processing systems）。系统收集必要的数据并产生需要的信息供运作经理人员处理他们的日常事务。这一层面的公司业务有高度的结构性和明晰性。举例来说，能否给予某个信用卡的顾客提高信用级别的决策，这只需由较低级别的经理审核一下这个顾客是否符合预先确定的标准就行了。

---

[1] 见 Kenneth C. Laudon 和 Jane P. Laudon 著《管理信息系统》(*Management Information Systems*)，5th ed. (Upper Saddle River, NJ, Prentice Hall, 1998), p. 7。

[2] 见 Laudon 和 Laudon 著《管理信息系统》(*Management Information Systems*)，5th ed., pp. 37–48。

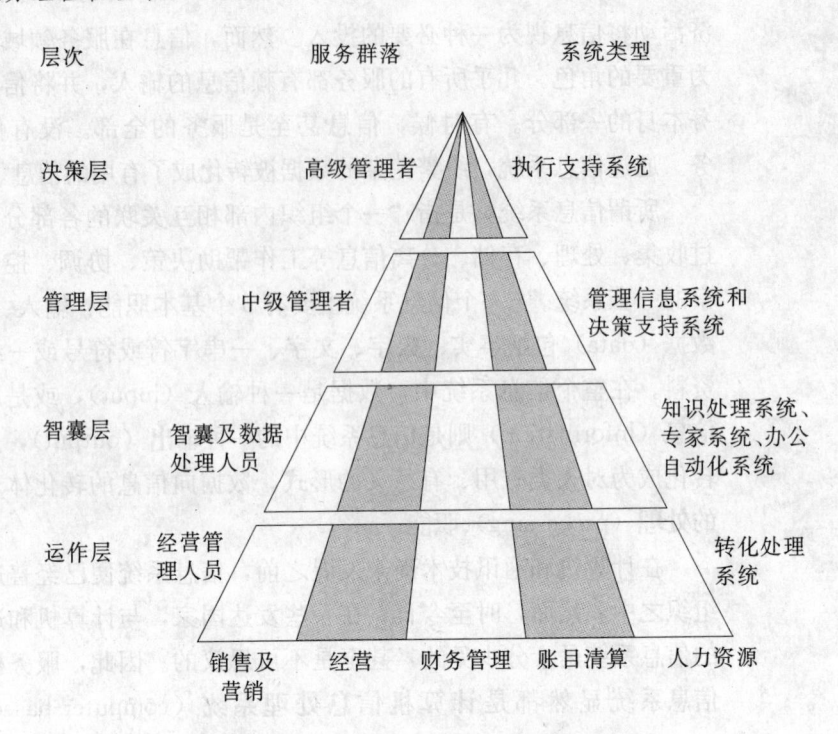

```
           层次              服务群落           系统类型

          决策层            高级管理者         执行支持系统

          管理层            中级管理者         管理信息系统和
                                              决策支持系统

          智囊层          智囊及数据           知识处理系统、
                          处理人员             专家系统、办公
                                              自动化系统

          运作层          经营管理            转化处理
                          理人员              系统

              销售及   经营   财务管理  账目清算  人力资源
              营销
```

图表 7—2　信息系统的类型与其服务的对象

资料来源：Adapted from: Kenneth C. Laudon and Jane P. Laudon, *Management Information Systems*, 5th ed. (Upper Saddle River, NJ, Prentice Hall, 1998), pp. 37-39。

智囊层系统

这套系统是用来支持知识和数据处理者的日常工作的。所谓知识处理者是指那些任职于服务企业，可通过应用自己的知识来解决问题或是创造出新的知识的人员。他们通常拥有大学或者更高一级的学位，并且往往是某一专业团体的成员，比如研究所的科学家、大学教授、医生、工程师以及经济学家等等。智囊们所用的信息系统就称为**知识处理系统**（knowledge work system）。

为智囊设计的信息系统有很多，图表7—3所罗列出来的一部分信息系统，是根据它们支持不同的智囊所涉猎的不同工作范畴而绘出的。例如，在工程咨询公司供职的工程师中，他们使用得最为频繁的信息系统之一就是一个智能终端和计算机辅助设计软件。另一个目前在服务机构中广泛使用的智囊层系统就是专家系统。简而言之，**专家系统**（expert system, ES）其实就是一个电脑程序，在一个有限的、严格定义的知识范畴内获取专家的知识和经验。专家们能够解决难题、评估成效、汲取经验、调整自身的知识构架，并且判断那些是与决策相关的数据。当使用专家系统来解决问题、做出决策时，一个设计精良的专家软件能够模仿专家在解决此类特定问题时所使用的推理程序。专家系统可被用作一个培训装置，或者被当作一个专家的得力助手。[1]几乎在任何一个行业或职能部门都可以看见专家系统的身影。[2]随着专家系统的不断改进，该系统在服务领域中对决策制定和决策训练的重要作用也将不断加强。

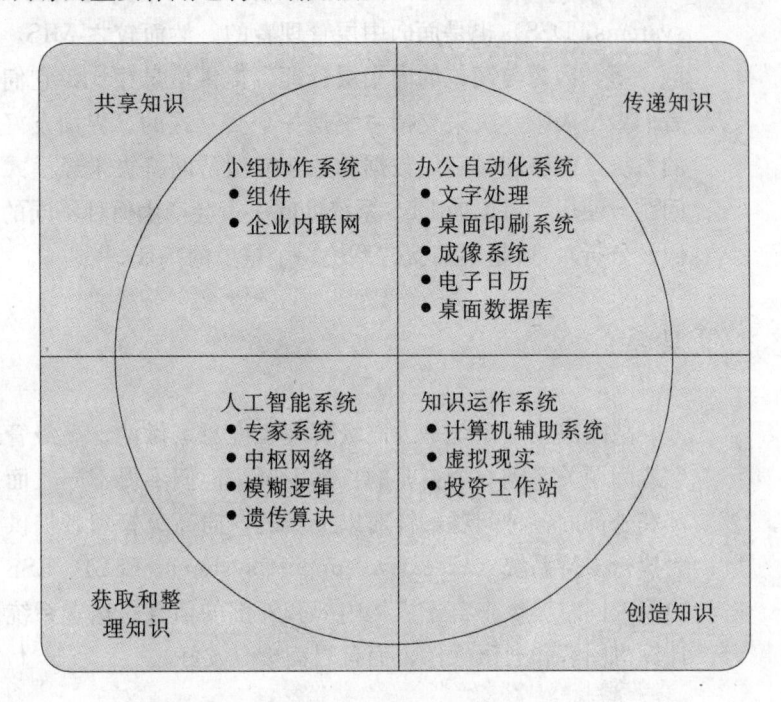

共享知识	传递知识
小组协作系统 • 组件 • 企业内联网	办公自动化系统 • 文字处理 • 桌面印刷系统 • 成像系统 • 电子日历 • 桌面数据库
人工智能系统 • 专家系统 • 中枢网络 • 模糊逻辑 • 遗传算诀	知识运作系统 • 计算机辅助系统 • 虚拟现实 • 投资工作站
获取和整理知识	创造知识

图表7—3　当代支持智囊层工作的信息系统

资料来源：Kenneth C. Laudon and Jane P. Laudon, *Management Information Systems*, 5th ed. (Upper Saddle River, NJ, Prentice Hall, 1998), p. 553。

数据处理者（data workers）一般不要求有十分正规的学位。他们在服务企业中的任务是收集、记录并且处理相关的数据。数据处理者可以是秘书、会计、档案管理员以及数据输入员。**办公自动化系统**（office automation systems, OAS）目前有文字处理系统、电子制表软件、桌面印刷系统和文档成像系统。以上这些系统也支持智囊们的工作。

管理层系统

这套系统适合中层管理者的日常工作，比如计划编制、调节控制和决

---

[1] 见 Efraim Turban 和 Jay E. Aronson 著《决策支持系统和专家系统》(*Decision Support Systems and Intelligent Systems*), 5th ed. (Upper Saddle River, NJ, Prentice Hall, 1998), p. 440。

[2] 与金融、会计相关的信息，请见 R. M. O'Keefe 和 D. Rebne 著 "专家系统的应用"（Understanding the Applicability of Expert Systems），载 *International Journal of Expert Systems*, vol. 1, no. 1 (September 1993)；以及 L. C. Foltin 和 L. M. Smith 著 "会计专家系统"（Accounting Expert Systems），载 *The CPA Journal*, vol. 64, no. 11 (November 1994), pp. 46–53。

策等等。通常，有两套支持中层管理者的信息系统：管理情报系统和决策支持系统。**管理情报系统**（management information systems，MIS）向中层管理者提供每周、每月，甚至是每年的重要业绩经济指标。管理情报系统还常常对预先编制好的问题提供答案。**决策支持系统**（decision support systems，DSS）也是面向中层管理者的。然而较之 MIS，决策支持系统略胜一筹，因为与简单的向中层管理者提供信息相比，它们还能够辅助管理者们做出决策。决策支持系统是一个交互式的、界面友好的、基于计算机的系统，能够同时利用数据和数学模型帮助解决未经模式化或半模式化的问题。使用者可以向 DSS 系统询问决策会产生何种不同的潜在可能（称为假设分析），这是决策支持系统一个重要的特征。①

战略决策层系统

战略决策层系统是为高级管理者度身定做的。高级管理者所处理的议题或问题关系到一个企业的长远发展。他们不得不同时面对来自于企业内部和外部的各种问题。针对以上目的，向高级管理者提供信息的系统就称为**执行支持系统**（executive support systems，ESS）。ESS 表述非模式化的决策，同时提供来自于机构内部和外部的信息。这套系统使用高级的电子计算机图解和通讯软件，而且界面十分友好。

7.8 企业资源规划系统

如前一节所述，许多企业在不同的时间根据不同的职能开发出不同的信息。这些系统存在的最主要的问题就是它们之间无法交流，换言之，它们之间缺乏兼容性。信息系统如此设计的结果是数据与信息的无效或不精确，因为同样的数据被不同的系统收集或存储，于是各种系统提供的信息相互不一致。**企业资源规划系统**（enterprise resource planning，ERP）由此应运而生，即创建一个覆盖面涉及整个机构和不同职能部门的信息系统，用以将不同来源、不同性质的信息天衣无缝地整合在一起。

一套企业资源规划系统"包括一系列完整的企业应用程序或商业模块，用以行使大部分共同的企业职能，其中包括库存控制、总分类账户核算、应付账款核算、应收账款核算、材料需求规划、订单管理和人力资源

---

① 若要了解与 DSS 相关的信息，请参见 Turban 和 Aronson 著《决策支持系统和人工智能系统》（*Decision Support Systems and Intelligent Systems*）；以及 George M. Marakas 著《21世纪的决策支持系统》（*Decision Support Systems in the 21st Century*）（Upper Saddle River, NJ, Prentice Hall, 1999）。

管理等等。"[①]由于 ERP 系统使用公共的数据库和一套公共的定义，因此它的模块可以与其他模块相互沟通。ERP 的另一重要的特征在于，它要求企业遵循既定的经营模式。通常，ERP 软件的处理程序体现了特定领域的技术发展水平，且往往代表了最佳的行业模式。因此，在正式引入 ERP 系统之前，一个企业必须为适应该系统提供的模式改变自己惯有的经营模式。抗拒改变往往会严重地阻碍 ERP 的运行。

一些软件公司已经开发出了 ERP 系统。领军人物有 SAP 公司、Baan 公司、J. D. Edwards 公司、甲骨文公司和 People Soft 公司。到目前为止，在这其中，SAP 是最成功的 ERP 系统开发商。

SAP 公司和其 ERP 系统

SAP 公司（系统、应用和数字化产品的服务企业）于 1972 年在德国的沃尔多夫成立。20 世纪 90 年代末，SAP 是世界上第 5 大独立的软件制造商，有 50 多个国家的 6 000 多家企业在使用 SAP 的软件。SAP 提供两个版本的 ERP 软件包：R/2 和 R/3。R/2 用于在大型的计算机上运行；R/3 则是为客户服务器设计的，它是 R/2 的升级版。客户服务器系统就是联网计算机系统的模型。这套系统包括客户机（诸如台式电脑）、工作站或者便携式电脑以及服务器（诸如提供数据存储和计算服务的更为专业化的电脑）。这套系统可将数据存储和计算之类的职能和任务指派给能够胜任此项操作的机器。

SAP 软件旨在解决数据的碎片整理和大型机构的计算机系统安排。它将一个机构看成是一个整体而非一个个拼凑起来的独立的职能部门。然而，R/3 的模块是面向多种职能和目的的，提供不同层次的执行方案的。一家企业没有必要为了物尽其用而安装所有的模块，但是应保证所有的模块都使用单一的数据库，并且彼此联系。R/3 的模块可分为 3 类：财务、人力资源以及生产和后勤。

财务板块又分别包含 5 个主要模块：财务会计、财务管理、投资管理、债务管理和企业控制。人力资源模块提供一整套包括职工的雇佣、管理、进度安排和薪金支付的性能操作。生产和后勤模块则执行传统的操作管理，如生产计划与控制、计划管理、材料管理、质量管理和厂房设备维护

---

① 见 W. W. Martin，C. V. Brown，D. W. DeHayes，J. A. Hoffer 和 W. C. Perkins 著《信息技术管理：管理人员须知》(*Managing Information Technology：What Managers Need To Know*)，3rd ed. (Upper Saddle River, NJ, Prentice Hall 1999), p. 191.

等等。另外还包括销售与服务管理模块。①

许多企业已经开始使用 SAP 公司的 R/2 和 R/3 系统以及其他厂家提供的 ERP 系统。总的来说，结果是令人愉快的，然而失误也是免不了的。使用 ERP 最显著的优势在于效率的提高和总体经营水平的上升。这往往是通过用一个整体化的系统替换掉不兼容的、支离破碎的信息系统得以实现的。ERP 系统的不足之处是成本太高（这套系统十分昂贵），软件较复杂，且应用的难度较大。不过，实行 ERP 系统的最大障碍莫过于使用该系统的企业不得不改变自己的经营模式。专家们一致认为，是机构的因循守旧，而并非 SAP 公司或 R/3，成为导致失败的罪魁祸首。②

7.9 技术与服务的未来

"到 20 世纪 90 年代末，我们利润的大部分将会来自于服务和还未生产出来的产品。"③ Tele-Communication 公司的首席执行官约翰·马隆（John C. Malone）在 1993 年宣布与 Bell Atlantic. Given 公司合并的记者招待会上做出了如此的预测。在过去 20 年里技术飞速发展，所以这一论断对于其他服务企业或许同样适用。技术发展是人类智慧（更确切地说是智能）的胜利和结晶。它将促进 21 世纪经济的发展。传统的制造业以及采矿业和农业将继续存在并发挥作用，但是人工智能产业将是推动美国和其他发达国家经济的第一生力军。

在 19 世纪和 20 世纪的一段时间，自然资源（如煤、石油、矿石和木材等）赋予了一些国家比较经济优势，并带领他们走向了富足。同样，资本的可利用性也是促成一个国家繁荣的十分重要的因素。然而时至今日，这一点已经不再适用了。麻省理工学院的教授莱斯特·瑟罗（Lester C. Thurow）说："现代知识与技能是现今唯一的比较优势。它们已成为 20 世纪末经济活动中的关键因素。硅谷和 128 号大街之所以存在，一个很简

---

① 见 W. W. Martin, C. V. Brown, D. W. DeHayes, J. A. Hoffer 和 W. C. Perkins 著《信息技术管理：管理人员须知》(Managing Information Technology: What Managers Need to Know), p.191；还可参见 Nancy H. Bancroft、Henning Seip 和 Andrea Sprengel 著《SAP R/3 系统的执行》(Implementing SAP R/3), 2nd ed. (Upper Saddle River, NJ, Prentice Hall, 1998)；以及 Thomas Curran 和 Gerhard Keller 著《SAP R/3 系统是企业的蓝图：企业经营参考模型简介》(SAP R/3 Business Blueprint: Understanding the Business Process Reference Model) (Upper Saddle River, NJ, Prentice Hall, 1998)。

② 可参见 Thomas H. Davenport 著《把企业放在企业系统中运行》(Putting the Enterprise into the Enterprise System), 载 Harvard Business Review (July-August 1998), pp. 121 - 131；以及 Bancroft、Seip 和 Sprengel 著《SAP R/3 系统的执行》(Implementing SAP R/3), 2nd ed.。

③ 见 Edmund L. Andrews 著《我们的辛劳会结出硕果吗?》(When We Build It, Will They Come?) 载 New York Times (October 17, 1993)。

单的原因就是那里别无长物，只有智能。"①他还补充道，知识已成为长远的、可持续竞争优势的唯一源泉。

在这一点上，瑟罗教授并非孤军奋战。管理哲学家彼得·德鲁克在早些年的时候就从微观的角度给出了同样的论断："基本经济资源（用经济学的术语来讲就是'生产手段'）、自然资源（经济学中称为'土地'），以及'劳动力'已经不再被认为是资本了。**惟有知识才是社会的推动力……**现在，'生产力'和'革新'产生价值，而这两者都体现了知识的运用……事实上，知识是当今唯一的有效资源。传统的'生产要素'并没有消失，只不过略显次要。只要有知识，这些要素就可以很轻松地被获得……这些发展，不管是否尽如人意，都是在回应这样一个毋庸置疑的转变：**知识正在被用来创造知识。**"②

眼前的画面已经很清晰了。将来，我们的生活和成就将越来越多地取决于知识的产生和运用。制造业、采矿业和农业无一不受技术发展的影响，但是绝大多数服务将特别依赖于智能与知识。举个例子，服务性行业中，比如软件开发、通讯、生物技术、制药以及计算机和通讯硬件制造商和医疗设备制造商都属于知识产生和应用（也就是技术）的领域。除了智能以外，数据和信息是另外两项对知识的产生和应用十分必要的因素。信息技术专家唐·塔普斯科特（Don Tapscott）用如下的预测为我们描绘了这一情景：

> 所谓新经济就是为未来而竞争，就是创造新产品和新服务的潜力，就是将企业转化为新的实体的能力，尽管这种创新的模式在昨天还是无法想像的，可是过了明天之后它反倒就过时了。③

7.10 本章提要

服务在人们的传统印象中是低生产力的代名词，而且难以用机器替代人类劳动。这很可能就是服务业中"生产力悖论"这一说法的主要原因。在过去的20年里，服务企业和制造商都曾大力投资信息技术，然而服务的生产力却没有明显的提高。对这一矛盾现象最妥帖的解释是，技术对于生产力和利润的影响主要取决于管理者和员工们如何使用技术。换言之，技

---

① 见 Lester C. Thurow 著《资本主义的未来：今天的经济力量如何绘制未来世界的蓝图》（*The Future of Capitalism: How Today's Economic Forces Shape Tomorrow's World*），(New York, William Morrow and Company, 1996), p. 68.

② 见 Peter F. Drucker 著《后资本时代》（*Post-Capitalist Society*），(New York, Harper Business, 1993), pp. 8, 42。

③ 见 Don Tapscott 著《数字经济：联网智能时代的憧憬和风险》（*The Digital Economy: Promise and Peril in the Age of Networked Intelligence*），(New York, McGraw-Hill, 1995), p. 43.

术并不是一根魔杖，不能指望它改变设计粗劣、效率缺乏的系统或经营程序。

尽管在技术投资与产量和利润之间并没有一个普遍的联系，但是仍然有很多企业（例如 USAA 和联邦快递公司）在技术运用中取得了很大的成功。这些公司成功地将技术转化为竞争优势，并从中获得了丰厚的收益。通过以下手段可以将信息技术转化成竞争优势：全局化的部署、仅仅对有效的系统和流程实行自动运作、解决客户的实质性问题（不管是企业自身的客户还是其他企业的客户，都是如此）、对客户和服务人员给予更多的授权、优化基础技术以及将高科技与人性化服务相结合等等。

技术在服务业中有很多用途，应用也十分广泛。最主要的应用表现在对顾客的处理、对顾客的装备和物品的处理、对信息的处理以及创造新的服务项目等。处理信息显然是一项十分重要的应用，因为有许多服务企业就是以创造、出售信息为生的。然而所有的服务企业都要使用信息并需要信息系统支持。一个信息系统可以被定义为"一个组织内部相互关联的各部分协同合作，通过收集、处理、存储、分离信息等工作帮助决策、协调、控制、分析、观察的一套系统。"本章中已经就一些在当今服务业中被频繁使用的信息系统模式进行了阐述。在一个服务企业中，信息系统的开发可以为经营层、智囊层、管理层和决策层等各个层面服务。信息系统包括交易处理系统、智囊工作系统、办公自动化系统、专家系统、管理信息系统、决策支持系统和执行支持系统等等。信息系统还可专门支持一项特别的工作，比如经营、营销、财务、会计或人力资源管理等等。

在许多服务企业使用的信息系统中，另一个重要的模式就是企业资源规划系统（ERP）。ERP 系统是面向整个服务企业和各个不同的职能部门的，它将来自于不同出处和部门的信息紧密地整合在一起。ERP 系统包含一系列完整的企业应用程序或商业模块，用以行使大部分共同的企业职能，其中包括库存控制、总分类账户核算、应付账款核算、应收账款核算、材料需求规划、订单管理和人力资源管理等等。

知识将成为 21 世纪经济活动的主要驱动力。传统的制造业、采矿业和农业将依旧存在，但是我们的生活水平与社会繁荣将越来越多地取决于知识的创造和运用。不仅智能，数据和信息也是孕育知识的源泉，而且它们同时又是知识创造过程中的产物。只有那些能够创造新的知识，并将其转化为商品和服务以更好地满足客户需求的企业，才能够成为 21 世纪的宠儿。

讨论题

1. 什么是信息技术悖论？

2. 关于信息技术悖论有哪些解释？
3. 技术对于服务业有哪几点重要之处？
4. 为什么服务企业向技术投资？
5. 一个服务企业如何通过技术创造竞争优势？
6. 技术在服务业中有哪些方面的运用？
7. 技术是如何运用于客户服务处理的？
8. 技术是如何运用于客户物品处理的？
9. 技术是如何运用于信息处理的？
10. 请为**信息系统**下一个定义。信息与数据的区别何在？
11. 决策支持系统与管理信息系统的区别何在？
12. 决策支持系统与专家系统的区别何在？
13. 一个服务企业的信息系统能否同时涉及经营、智囊、管理和战略决策这 4 个层面？
14. 为什么说专家系统更适合于服务业？
15. 什么是企业资源规划系统（ERP）？它出现的原因是什么？
16. 现今通讯业的发展是如何改变我们的工作方法的？
17. 一些学者称，21 世纪的美国经济为"知识经济"。试阐述知识经济的涵义。技术在新经济中将扮演什么样的角色？

案例 7—1

大卫与哥利亚为互联网信息优势而争斗

在信息经济时代，掌握信息是成功的关键。1995 年，伦敦证券交易所和一家刚刚起步的小企业——电子股票信息有限公司（Electronic Share Information Ltd.，ESI）之间的冲突在许多人看来正是源于争夺对信息的掌控。伦敦证券交易所（London Stock Exchange，LSE）于 250 年前正式成立，由它取代已经工作了 150 年的、在伦敦各个咖啡馆从事股票交易的非正式交易系统。但是它却成了对垒中的哥利亚（Goliath，《圣经·旧约》故事《撒母耳记上》中被牧羊人大卫杀死的腓力士族巨人——译者注）。LSE 虽然也经历了一些电算化的进程，但是有些操作依然是靠手工和纸笔进行的。今天，尽管 LSE 仍是世界五大首要证券交易所之一，但是它却面临着日益严峻的竞争危机。欧洲证券交易委员会（European Association of Securities Dealers）正在着手引入一种屏幕自动交易系统，而 Tradepoint 财经网（Tradepoint Financial Networks）已经能够通过电子化传输服务从事股票交易了。

电子股票信息有限公司（ESI）于 1993 年 6 月成立，其目的是成为"世界上第一家虚拟空间股票交易市场"。它就是与 LSE 对垒中的大卫。作为一家英国公司，ESI 打算先从英国证券市场开始，空手白刃与 LSE 挑战。这家新公司的领导人坚信，互联网将改变人们从事商业活动的方式，并窥见了为支持全球金融市场一体化而发展新模式的大好契机。

争端起源于ESI一项创建第一家在线证券交易所的计划。ESI的创始人将证券交易所的发展分阶段定位。首先，着眼于传统的、基于互联网的信息服务，以提供即时的股票价格、公司信息和分析报告为主。第二阶段，他们将为小公司开通在线证券交易服务。他们筹划的服务要求他们将实时的市场数据在第一时刻传送到付费客户的手上。而这些数据的唯一来源便是伦敦证券交易所。在1995年春，伦敦证券交易所和LSE签署了一项合同，保证提供ESI一年所需的市场数据。起先，ESI打算自己开发整个系统，然而，国际互联网的发展之迅猛远远超出了他们以及任何人的想像，以至于最后他们决定将互联网作为他们的服务基础。

尽管ESI不会在第一阶段就成为一家证券交易所，然而，ESI确实需要为处理指令提供一些代理服务，而此类服务是属于未经授权的违规操作。于是，ESI转而求助于ShareLink有限公司的创始人兼首席执行官大卫·琼斯（David Jones）。ShareLink有限公司是一家证券经纪公司，通过运用现代通讯工具实现降低证券经纪的服务费用，从而提供折扣价格。琼斯同意提供ESI基于互联网的全套证券经纪服务系统，包括客户购买证券的信息跟踪。

一切就绪后，ESI于1995年3月20日开始试营业。ESI尝试提供免费的证券市场信息，包括定时的股票价格，股票的历史价格和公司信息。截至8月底，3 000名潜在客户已注册。如此良好的市场反馈使得ESI决定在9月8日正式启动这项服务。

9月4日，伦敦证券交易所突然阵前倒戈，宣布决定停止对ESI继续提供数据，并终止与ESI的有关提供实时市场数据的合同。没有了实时数据，ESI将无法继续开展业务。在电子信息时代，实时价格对任何市场交易服务机构都是至关重要的。由于数据提供并不是立即终止，因此ESI决定要按原计划继续推进该项服务，但是在解释自身服务不足的原因时将LSE的行为公布于众，以此来与LSE叫阵。ESI还决定在股票交易领域斗一斗，因为ESI与LSE的合同尚有8个月才到期。

9月8日，琼斯在接受电视采访中表示，LSE终止与ESI的合同的行为是不合理的。9月11日下午，LSE完全停止了数据提供。9月13日，LSE在记者招待会上矢口否认其切断数据提供的行为是为了抑止一个新的竞争对手。LSE还宣称琼斯有诽谤之嫌，称琼斯在9月8日的讲话"损害了LSE的利益"。

英国的公平交易管理局（Office of Fair Trading）是一家管理机构，它迅速接手调查LSE终止与ESI合同的行为是否是出于"蓄意扭曲、限制、阻碍竞争"的目的。种种压力施加于LSE，促使LSE与ESI展开了秘密磋商。9月27日，双方撤诉，合同得以继续执行。尽管磋商细节尚不为人知，但是9月28日，ESI网站的数据输送得以恢复。此后不久，琼斯也进行了公开道歉。

琼斯在此后曾暗示说这次小插曲其实是一场信息控制权之争。他指出，由于互联网帮助个人更直接地接受信息，所以影响了人们对信息的控制。不过伦敦交易所一直宣称整个事件不过是简单的合同纠纷而已。有观察家指出，LSE确实无法驾驭新兴的互联网技术。因此有理由相信，LSE对信息的掌控权的确被弱化了。

至 1995 年 11 月初，ESI 已经拥有了 8 500 名免费服务的注册用户和 250 名全天候在线服务的付费用户。在线服务包括实时数据服务和经纪服务。ESI 表示，在 1995 年年底会有新的突破。1996 年年初，该公司着手新一轮的融资项目，为步入第二个阶段——针对小型企业发展虚拟空间的证券市场。到 1996 年初期为止，该公司已经接受了来自不同国家的 17 个组织的询问。这些组织均对授权经营 ESI 的虚拟证券交易模式十分感兴趣。

资料来源：E. E. Baatz, "Hostile Exchanges," *WebMaster*, January/February 1996; Faegre & Benson Limited Liability Partnership, "London Stock Exchange—New Market to be Launched," http://www.faegre.com/areas/area_ib5.html。

案例思考题

1. 互联网和信息技术是如何改变证券交易的经营方式的？
2. 信息系统在 ESI 的创业中起到了何等重要的作用？试对其进行讨论。
3. 在构建虚拟空间的证券交易体系时，在管理、机构和技术上面临何种挑战？

案例 7—2

国家技术大学

概述

国家技术大学（NTU）是一所非同寻常的大学，具体表现在：
- 其宗旨是专门提供高级技术教育；
- 用卫星和其他通讯技术手段取代传统意义上的大学校园，达到传递教学信息的目的；
- 所谓的"大学校园"由 45 所成员大学组成。这些大学提供一流的教师、几百门课程以及先进的教学设施；
- 学员都是在职的成年人，都在高科技企业中有一份富有挑战性的工作；
- 协办机构包括许多世界知名企业。这些企业有远见，富有开拓精神，肯创新，而且有成功的经验。

NTU 有其鲜明的办学宗旨、广泛的课程设置、优秀的教师队伍以及辐射全国的教学网络，它无疑是处在教育的较高层次上。

为了保持美国经济（特别是制造业）的活力，有一大批在职工程师和技术经理需要在他们的本科学历上继续深造。还有一些年长的工程师和技术经理，由于他们早期在正统教育中并没有接受技术变革这一内容，因此，再教育对这些人而言更为必要。

然而，很多企业无法负担起将他们的工程师和技术经理送去参加脱产的研究生课程培训所要耗费的时间和经费。他们意识到，只有终身教育才能够帮助他们的雇员提高生产力，但是这样的教育又不能与全日制工作相冲突。

国家技术大学作为一个非营利性的私人教育机构于1984年1月应运而生。作为一个高等教育机构，NTU在满足已有本科学历的工程师、技术专家和经理接受高等教育的方面有独特的教学任务。NTU给合格的学员授予硕士学位，并选择课题召开学术研讨会。该机构拥有一套现代化的通讯传播系统，可提供便捷、灵活的服务以及在线服务。NTU还通过无学分的短期课程、教育指南、研讨会和学术座谈会将先进的技术理念传播到各种层次的专业技术人员中去。

组成NTU的3大基石分别是：服务提供者（各成员大学）、服务用户（联合机构中设在不同区域的教育点）以及教育传输系统行政管理部门（由NTU总部提供协调和其他服务）。

NTU的服务提供者

NTU为培养理学硕士提供以下11种研究方向的研究生课程：

- 计算机工程学；
- 计算机科学；
- 电子工程学；
- 工程管理；
- 有害污染物管理；
- 有害辐射防护学；
- 技术管理；
- 制造系统工程学；
- 材料科学和工程学；
- 软件工程学；
- 某些特殊专业。

NTU吸收各个大学成为教育提供者的标准是，各学院的学术成就和学校声誉以及开展远程教育的经验，还要考虑教师对参与NTU的兴趣程度。图表7—4罗列出了1992—1993学年参与NTU的一些主要的美国大学。有些大学提供所有11种专业的教学课程，也有一些大学只是有选择地提供了某些课程的教学。根据《NTU报告》(*NTU Bulletin*)的资料，各所大学总共开出了890多门课程。大多数学校开出了无学分课程、教学指导课程和由NTU提供的远程研究讨论课程。有些课程由私人企业、独立咨询顾问和个人开设。参加NTU教学网络的大学依然源源不断。

NTU的服务对象

NTU的服务对象是参与的公司或政府部门。NTU如今在649个教学点开设课

第7章 技术及其对服务与服务管理的影响

图表 7—4　　　　　参与 NTU 教学的大学

亚利桑那州立大学	阿拉斯加大学费尔班克斯分校
波士顿大学*	亚利桑那大学
科罗拉多州立大学	伯克利加州大学
哥伦比亚大学	戴维斯加州大学
康乃尔大学	科罗拉多大学博尔德分校
乔治华盛顿大学	特拉华大学
佐治亚技术学院	佛罗里达大学
GMI 工程管理学院*	爱达荷大学
依利诺依州技术学院	依利诺依大学厄巴纳分校
爱荷华依州立大学	肯塔基依大学
堪萨斯州立大学	马里兰大学
李海大学	麻省大学
密歇根州立大学	密歇根大学
密歇根技术大学	密苏里大学罗拉分校
新泽西技术学院	新墨西哥大学
新墨西哥州立大学	圣母玛丽亚大学*
北卡罗莱纳州立大学	南卡罗莱纳大学
东北大学	南加州大学*
俄克拉荷马州立大学	田纳西大学诺克斯维尔分校
弗吉尼亚大学	华盛顿大学
普度大学	威斯康星大学麦迪逊分校
伦塞勒工业大学*	南卫理会大学

注：有*号者为只提供无学分高级技术和管理课程。

程，每个点都由其 131 个主持机构中的一个负责管理。在 NTU 的卫星网络中，有 6 个加拿大和墨西哥站点，在北美区以外，NTU 的会员公司设有 46 个站点。此外，NTU 网络还包括 59 个政府站点和社区站点，并且与其他网络相联系。在 1992—1993 学年中，NTU 共提供 528 门有学分的研究生课程和 321 门无学分的课程。

所有 NTU 的学生都是参与机构的雇员。其中的 84% 为男士，16% 为女士。他们的平均年龄分别为 34 岁和 32 岁。入学时，大多数人拥有理学学士学位（占总人数的 60%），30% 的人拥有理学硕士学位，5% 的人拥有博士学位，余下的则拥有文学学士学位，工商管理硕士学位或其他学位。

NTU 的行政管理部门

NTU 的行政管理中心位于科罗拉多州的科林斯堡（Fort Collins）市，由两个部门组成：有学分课程项目和无学分课程项目。有学分课程项目包括 11 个专业的硕士学位的课程，每个专业的课程都由 NTU 的会员大学讲授。学术委员会是由来自各参与大学的教授组成的，负责为学生、课程、学分和所有其他的教学事务订立最低要求和标准。学生可以从 NTU 的任何一所会员大学学习课程，积累学分，而且可以从非会员的大学转移一定数量的学分。NTU 已经制定了自己的研究生课程要求，这些要求与其会员机构的要求没有必要的联系。

行政管理部门的主要职能是协调课程的需求和供给、学员注册、安排广播，并为当地的协调者提供培训和给予支持。在无学分课程上，NTU总部的主要任务是介绍并开设短期课程或研讨会。NTU总部还有一项战略任务，那就是增设所有各类课程的教学基地。

NTU的服务传递系统

NTU绝对是一所独特的高级教育机构，不只在美国，即便是在世界范围内也是如此。NTU建立并操纵一个复杂的卫星通讯网络。更重要的是，NTU整合并操作一套独特的教学网络，满足了分散在几百个不同地方的数千位专业技术人员和经营管理人员接受高等教育的需求。

图表7—5展示了NTU卫星网络的各主要组成部分。NTU网络使用401通讯卫星，这是一种新型的国内通讯卫星。这种卫星可昼夜提供14条压缩数字视频信道。该卫星的波段为$12/14/GH_z$。NTU还安装了一系列卫星上行链路站和一套电视接受终端的网络。这些终端被安装在研究生所属的企业或政府机构内。网络的技术操作是由NTU的网络控制中心控制的，该中心编排进程表并监控卫星频道的技术质量。

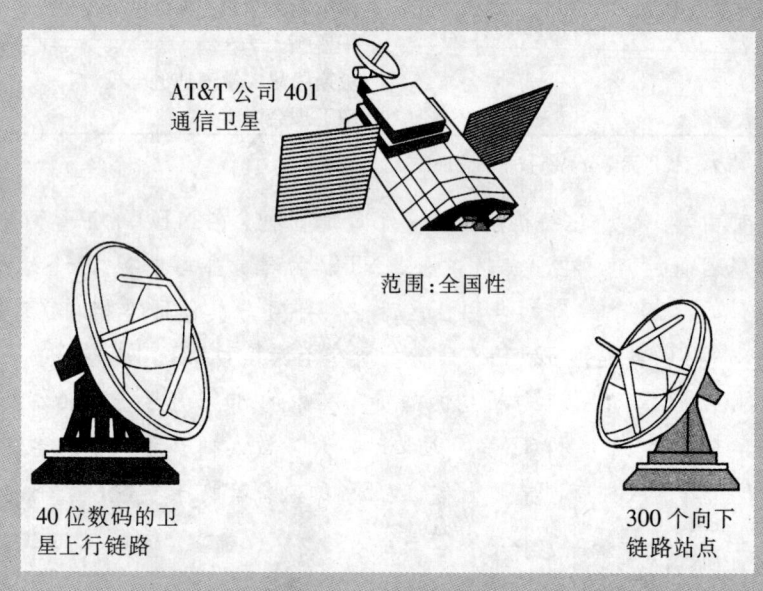

图表7—5　NTU卫星网络的主要组成部分

为了在经济上最合理地安排卫星异频雷达收发时间和学生课程的实际时间，课程每星期7天昼夜不停地传送。为了方便学生，录像机记录下学生上课点的大多数课程。电子邮件、传真、电话、美国邮政和通宵邮件递送服务是学生与教授者之间的主要交流手段。当然，人们也通过电脑进行交流。所有的学生都可参与并和其他授课点的学生，甚至授课者相互交流。网络的一般工作时间用于安排讲座、讨论会和需要实时交互的课程。

NTU 的学生使用主办机构提供的教学服务，包括教学场所、电脑、相关设备、实验室、通讯设备和教学办公室。还值得一提的是，学校和机构的图书馆，加上学生所在地的公共图书馆和研究机构图书馆，都能向学生提供所需要的学习资料。卫星传送设备使得学生可以涉猎大量的资料，而任何一所单独的学院所提供的正规的资料容量都无法与之匹敌。

NTU 的发展前景

自 1986 年起，NTU 已经向 373 位个人授予了学位，其中的 118 人是在 1993 年被授予学位的。在 1992—1993 学年中，注册课程达 5 213 门，比上一年增长了 11%。到 1995，NTU 有望成为十大工程学硕士学位的提供者之一。几乎所有的研究生都声称，通过其他方式他们是不可能取得硕士学位的。

雇主们又是怎么评价 NTU 的呢？Eastman-Kodak 公司最近对 NTU 做了一番深入的研究，其研究结果可以总结如下：

- 本科程度的课程还不足以帮助我们的技术人员应对他们在履行特定任务时所面临的各种困难。
- 硕士生课程教育显著地提高了员工的工作表现。
- 课程与工作任务密切结合，所以学员能够很快应用许多新的工具。
- 国家技术大学的教员提供了最新的信息。
- 国家技术大学提供的课程多样化，这点十分重要；学员（也是公司雇员）可在需要的时候获得相关的信息。①

在 Eastman-Kodak 公司的研究中，专业技术人员认为，在完成了 NTU 的研究生课程的学习后，工作效率提高了 25%～35%。他们还援引了一些专门的例子，说明高级课程的学习有助于在实际工程中节省大量的时间和金钱。

NTU 在起初就遵循一系列清晰的目标——向美国的工程师和技术经理，在他们的工作地点提供由名师执教的一系列优质的课程，从而提高他们个人和整个公司的生产力。在提供远程教育服务方面，NTU 无疑是成功的，而且 NTU 的这种模式具有高度的灵活性，主要体现在其教育服务的产生、传递和分配都是具有成本效益的。用前程无忧来形容 NTU 的未来一点不为过，而且 NTU 正雄心勃勃地意欲在美国，乃至国外拓展领域并发展多元化运作。

鸣谢

这个案例的编制得到了国家技术大学校长莱昂内尔·鲍德温（Lionel V. Baldwin）博士的大力支持。该案例的资料来源如下：

---

① 见 Lionel Baldwin 著"1989 年初的国家技术大学"（The National Technological University in Early 1989），待发表论文，p. 8。

1. Baldwin, Lionel V. "The National Technological University in Early 1989," unpublished paper.

2. Fwu, Bih-jen et al. "National Technological University (NTU): A Case Study on Growth and Expansion in Distance Education" (paper presented at the XVth World Conference of the International Council of Distance Education, Caracas, November 1990).

3. Graham, Ellen. "Distance Education Uses Electronic Links to Recast the Campus," *Wall Street Journal*, September 13, 1991, pp. A1, A5.

4. National Technological University. *Long Range Plan, 1990 – 1995*. Fort Collins, Colo., October 1990.

5. *National Technological University Bulletin*. Fort Collins, Colo., May 1991.

6. *National Technological University Annual Report, 1992 – 1993*, Fort Collins, Colo., August 1993.

资料来源：Robert E. Markland, Shawnee K. Vickery, and Robert A. Davis, *Operations Management: Concepts in Manufacturing and Services* (St. Paul, MN, West Publishing Company, 1995), pp. 642 – 645。

案例思考题

1. 是什么因素使得国家技术大学成为了一所如此与众不同的大学？
2. NTU服务传递系统的主要基石是什么？
3. NTU在其服务传递系统中采用何种类型的技术？
4. NTU的任务独特之处表现在哪里？
5. NTU在未来有可能遇到何种竞争压力？

参考文献

1. Andrews, Edmund L. "When We Build It, Will They Come?," *New York Times* (October 17, 1993).

2. Bancroft, Nancy H., Henning Seip, and Andrea Sprengel, *Implementing SAP R/3*, 2nd ed. (Upper Saddle River, NJ, Prentice Hall, 1998).

3. Berry, Leonard L., *On Great Service: A Framework for Action* (New York, The Free Press, 1996).

4. Carey, Susan, "Airline Marketing Linkups Draw Opposition," *Wall Street Journal* (April 27, 1998).

5. Carey, Susan, "New Gizmos May Zip Travelers through Airport Lines," *Wall Street Journal* (January 4, 1999).

6. Committee to Study the Impact of Information Technology on the Performance of Service Activities, *Information Technology in the Service Society* (Washington, DC, National Academy Press, 1994).

7. Cook, Halsey M., "Federal Express—The Cost of Poor Quality," Darden Graduate Business School Case, 1992. Revised March 1994.

8. Curran, Thomas, and Gerhard Keller, *SAP R/3 Business Blueprint: Understanding the Business Process Reference Model* (Upper Saddle River, NJ, Prentice Hall, 1998).

9. Drucker, Peter F., *Managing for the Future: The 1990s and Beyond* (New York, Truman Talley Books/Dutton, 1992).

10. Drucker, Peter F., *Post-Capitalist Society* (New York, Harper Business, 1993).

11. Foltin, L. C., and L. M. Smith, "Accounting Expert Systems," *The CPA Journal*, vol. 64, no. 11 (November 1994), pp. 46-53.

12. Frank, Robert, "Federal Express Grapples with Changes in U.S. Market." *Wall Street Journal* (July 5, 1994).

13. Gaynor, Gerard H., "Management of Technology: Description, Scope, and Implications," in G. H. Gaynor (ed.), *Handbook of Technology Management* (New York. McGraw-Hill, 1996), pp. 1.3-1.17.

14. Hackett. Gregory P., "Investment in Technology—The Service Sector Sinkhole?," *Sloan Management Review* (winter 1990), pp. 97-103.

15. Hoffmann. Thomas. and Kim S. Nash, "Couriers Deliver New Net Services," *Computerworld* (January 6, 1997), p. 2.

16. Laudon, Kenneth C., and Jane P. Laudon, *Management Information Systems*, 5th ed. (Upper Saddle River, NJ, Prentice Hall, 1998).

17. Lovelock, Christopher H., *Product Plus—How Product +Service=Competitive Advantage* (New York, McGraw-Hill. 1994).

18. Marakas, George M., *Decision Support Systems in the 21st Century* (Upper Saddle River, NJ, Prentice Hall, 1999).

19. Martin, W. W., C. V. Brown, D. W. DeHayes, J. A. Hoffer, and W. C. Perkins. *Managing Information Technology: What Managers Need to Know*, 3rd ed. (Upper Saddle River. NJ, Prentice Hall, 1999).

20. McCartney, Scott, "Airline Alliances Take Toll on Travelers," *Wall Street Journal* (February 18, 1998).

21. Murray, Matt, and Raju Narisetti, "Bank Mergers' Hidden Engine: Technology," *Wall Street Journal* (April 23, 1998).

22. O'Keefe, R. M., and D. Rebne, "Understanding the Applicability of Expert Systems," *International Journal of Expert Systems*, vol. 1. no. 1 (September 1993).

23. Reichheld, Frederick F., *Loyalty Effect* (Boston, Harvard Business School Press, 1996).

24. Roach, Stephen S., "Services Under Siege—The Restructuring Imperative," *Harvard Business Review* (September-October 1991), pp. 82 - 91.

25. Schafer, Sarah, "Mourning Becomes Electric," *Inc.* (September 16, 1997), pp. 65 - 71.

26. Schifrin, Matthew, "The New Enablers—Chief Information Officers," *Forbes* (June 2, 1997), pp. 138 - 143.

27. Schonfeld, Erick, "Can Computers Cure Health Care?" *Fortune* (March 30, 1998), pp. 111 - 116.

28. Stewart, Thomas A., "Brain Power: Who Owns It... How They Profit From It," *Fortune* (March 17, 1997), pp. 105 - 110.

29. Strassmann, Paul A., "Will Big Spending on Computers Guarantee Profitability?" *Datamation* (February 1997), pp. 75 - 85.

30. Tapscott, Don, *The Digital Economy: Promise and Peril in the Age of Networked Intelligence* (New York, McGraw-Hill, 1995).

31. Teal, Thomas, "Service Comes First: An Interview with USAA's Robert F. McDermott," *Harvard Business Review* (September-October 1991), pp. 117 - 127.

32. Thurow, Lester C., *The Future of Capitalism: How Today's Economic Forces Shape Tomorrow's World* (New York, William Morrow and Company, 1996).

33. Turban, Efraim, and Jay E. Aronson, *Decision Support Systems and Intelligent Systems*, 5th ed. (Upper Saddle River, NJ, Prentice Hall, 1998).

第 8 章
服务及服务传递系统的设计与开发

8.1 本章概述
8.2 设计的重要性
8.3 质量与价值设计
8.4 服务设计的原则
8.5 服务设计过程
8.6 本章提要
讨论题
案例 8—1 贷款步骤流程化
案例 8—2 联合航空公司的穿梭航班
参考文献

8.1 本章概述

在为顾客创造价值并提高他们的满意度的过程中，服务的设计与开发是非常重要的一环。在本书第 2 章中，服务体验或称交互活动被定义为"顾客在与企业的任一部分接触的过程中，对其服务系统的质量留有深刻印象的任何一段经历。"该章中还强调了正是服务交互活动中顾客的意志产生或"创造"了服务企业本身。大多数重要的服务体验通常出现在服务被传递的过程中。这一过程包括顾客、服务的提供者（雇员）、传递系统和实体环境，当然还有服务本身（传递系统中服务提供者加上设备）。显然，正是以上所有这些都以服务的交互活动为载体，人们就不能对此顺其自然。服务的交互及一切与之有关的事件都必须仔细设计、计划，并仔细执行。换言之，服务、服务的传递系统和实体环境都必须严格规划，还得为此培训服务提供者。本章将重点讨论以上所述的前 3 项内容，第 4 项人力资源的问题将留待本书第 9 章来讨论。

8.2 设计的重要性

在本书第5章中,已着重讨论过了价值的概念以及如何为顾客创造服务价值,因为这类问题与一个企业的生存和发展密切相关。顾客们并不是为了买而买——他们购买,是为了解决难题,满足需求,或是享受利益。因此,一个服务企业只有通过为顾客提供解决方案,满足顾客的需求才能够创造价值。而这所有的过程就统称为**服务**(service)。为了实现这个目标,服务必须是一个精心设计的程序。换言之,服务必须是提前规划好的,而不是即兴产生的。设计还会影响到服务的成本、质量和形象,甚至整个公司的形象。

显然,一个服务企业的成功源于对服务的精心设计。然而,仅凭这一点还不够,因为服务设计不是一蹴而就的。由于顾客的需求总是变化莫测,一个企业必须开创新的服务或完善现有的服务。而且顾客口味及生活方式的变化也使得一些现有的服务显得有些过时或难以满足顾客的需求。因此,一个组织的生命力和竞争力往往取决于该组织如何捕捉顾客需求的变化,窥探新需求的端倪以及通过开创新的服务或完善现有的服务来满足这些需求。

除了上述给出的原因外,还存在其他驱动企业设计并开发新服务的因素。这些因素稍后将在本章有所论述。但首先还是应该关注何谓"服务的设计与开发"。服务的设计包括提出一种服务理念,以及设计一种服务传递系统。两者都是不断演变的过程的产物,也就是说,它们随着设计的发展而演变、转化。还有一点值得注意的是:本书中所提及的服务的设计与开发,都是指服务概念和服务传递系统的设计与开发,因为此二者是密不可分的。现在,让我们把视线转向另一个重要的课题:何谓服务中的"创新",或者服务创新应该"新"到何种程度。

产品创新的种类

广告商总是大肆渲染某产品如何"新"、如何"全新"、如何"更新换代",对此我们都已经习以为常了。但是在接触了这些产品之后,许多顾客对这些产品的"新"却没有印象。更糟糕的是,有些顾客被这些广告给弄糊涂了,因为广告中并没有说明产品究竟"新"在哪里。本章的主题是设计**新**服务或更新服务,所以,首先应该弄清广告商在给出上述广告语时究竟是什么含义,企业在规划新服务的时候可选择何种表现模式。①

1. 重大创新（major innovations）。这是指一种"史无前例"的服务项目，人们对其市场尚无法定义，无法度量。它们具有不确定性和高风险性。联邦快递的小包裹全天候投递服务就是此类创新的典范。

2. 起步的新行当（start-up businesses）。一些新的服务项目可望在现有的服务体系中提供新的、创新的解决方案。这些新的服务可能以将现有的服务捆绑在一起的形式出现。比如一些医疗保健机构，通过将专家坐诊和全科医师治疗结合在一起，甚至将实验室、X光透视和药房一举囊括旗下，从而为患者提供便捷的一站式服务。

3. 现有服务市场中的新产品（new products for the currently served market）。这一类中包括的新服务是面向现有的顾客，而且此类服务过去在企业中并不存在。比如一些银行引入维萨信用卡或万事达信用卡服务，或者发售共同基金或货币市场基金，或是提供保险服务。而博物馆则为它们的参观者开放礼品、纪念品商店和餐厅。

4. 产品链的延伸（product line extensions）。所谓产品链的延伸是指丰富现有的服务，提高现有服务的水准。比如电话公司在常规的电话服务中加入了呼叫等待、呼叫显示和重拨服务。航空公司新增线路、大学提供新的课程等等，这些都属于产品链的延伸。

5. 产品改进（product improvements）。产品改进是指通过改变服务的特征，为顾客提供质量更好或价值更高的服务。其表现形式有：加快现有服务的速度，或丰富服务内容、增加服务花色，也就是人们所说的"加一点花露水"。比如许多自动取款机能在存取款后打印出客户账户余额。另一个例子是汽车经销商们每做一笔生意（包括机油更换）都提供免费的洗车服务。

6. 风格变化（style changes）。这是服务改进中最温和，但却是最有成效的一种形式。风格变化包括服务地点大楼的修缮或粉刷、更换新的员工制服或新的标识等等。

本章有关服务的设计与开发讨论的是前3类的新服务。但是本章的内容对其他种类的新服务同样适用。

推动新服务设计与开发的因素

本书第4章中提到过一些全球趋势，它们不仅刺激了对现有服务需求

---

① 此种分类方式是 Donald F. Heany 在其著作"产品创新的等级"（Degrees of Product Innovation）中提出的，载 *Journal of Business Strategy*（spring 1983），pp. 3-14，后由 Christopher H. Lovelock 将其引入服务业中，见"新的服务项目的开发和实施"（Developing and Implementing New Services），载 W. R. George and C. E. Marshall 编《开发新的服务项目》（*Developing New Services*）（Chicago, American Marketing Association, 1984），pp. 44-64。

的上升，也带动了许多国家中人们对新服务的期盼。此前，已在本节中提到了促进新服务设计与开发的主要因素，即满足顾客新的和不断变化的需求。其实，还有一些其他的因素在驱动着企业设计与开发新的服务项目。以下几个段落将讨论其中一些最重要的因素。[①]

财政目标　许多服务企业的管理层都处于重重压力之下，因为他们要实现盈利的财政目标、要抢占市场份额，要增加收入。通过改进现有服务的质量，提高顾客的满意度可以帮助实现上述目标。但是也有另一种方法，那就是引入新的服务项目。如前所述，服务中的创新名目繁多，但只有前3类才最有可能提高市场份额和利润，并帮助企业实现预定的财政目标。

回应竞争　当竞争对手推出新的服务项目时，往往是最能够刺激新服务的开发的。面对挑战，若是墨守成规或无动于衷，往往会丢失市场份额和利润。因此，新的服务项目的出现往往刺激竞争对手之间采取相应的举措。例如：当美林（Merrill Lynch）银行推出了现金管理账户，将经纪业务、借记卡业务和银行支票结算服务融为一体后，它的竞争对手不得不发展和提供相类似的服务。

全球一体化　全球贸易和对外直接投资的增长、欧盟的建立、前苏联的解体均为服务型企业创造了新的市场和许多机遇。这些社会发展使得人们不得不设计与开发新的服务项目，或是更新现有的服务项目以满足不同国家、不同文化背景的人们对服务的需求。

技术　随着新技术的诞生和技术性能的不断改进，技术创造了新的需求，并进一步催生了新的服务。第7章中已讨论过如何将技术进步运用于新的服务中。在此，我们先系统地了解一下技术对于催生新服务、更新现有服务有那些可能的表现方式。

- **新的消费产品**　诸如录像机和个人电脑之类的新的消费产品催生了与之相关的服务需求，如录像带租赁业务以及录像机和个人电脑的维修服务，还有针对新近开发出来的软件的培训服务。
- **新的设备**　工程技术的进步帮助制造商和服务企业引进新的设备或改进现有的设备。此举相应地能够加快现有服务的传递，并引入新的服务。例如，速度更快的电脑能够加快数据的存储，加快各种数据处理的计算速度，并有望开发新的、复杂的软件。自动取款机的发明就使得一些银行能够提供每日24小时的全天候服务。
- **电子网络**　因特网、万维网、电子数据银行和在线信息系统都已跻身于20世纪末最重要的技术进步行列之中。正是这些电子网络的

[①] 这些因素主要参考了两本书：Glen L. Urban 和 John R. Hauser 著《新产品的设计与营销》（*Design and Marketing of New Products*），2nd ed. (Upper Saddle River, NJ, Prentice Hall, 1993), pp. 6–12；和 Christopher H. Lovelock 著《新服务项目的开发与实施》（*Developing and Implementing New Services*），pp. 44–64。

出现成就了许多新服务的产生和传递。

限制或取消限制 美国有几个重要的行业在20世纪末的30年中已经取消了许多限制。这些行业包括航空业、公路运输业、电信业和金融业。正是这些限制的取消使得许多企业得以进入过去从不曾对它们开放的市场，并使得它们能够提供新的服务，或在原有服务的基础上向顾客提供创新的服务。前文中提到的美林银行的现金管理账户就是一例。一方面，许多行业力破陈规，另一方面，新的规则又相继诞生。比如环境保护规则和消费者安全规则。这类规则往往刺激了消费产品和生产设备的改进或创新。它们也使一些新的服务项目产生，比如与环境保护和安全问题相关的法律、工程和咨询等方面的服务。

专业联合会放宽限制 与政府对一些重要的行业取消限制的措施相类似，专业联合会也放宽了对其成员的一些行为限制。例如，允许法律、医学、会计和建筑专业进行广告宣传可被视为对这类行业道德准则的转变。放宽此类限制往往促进了新服务和创新传递系统的产生，比如保健机构的开设、小型会计师事务所的特许连锁经营，以及允许在大型购物中心设立法律援助机构等等。

特许经营的发展 特许经营是一种商业行为，指经销商（受权者，franchisee）获准生产或出售某一知名的产品或服务，并向特许授予者（授权者，franchisor）支付一笔特许费，还要将相当于总销售额一定比例的收入返还给授权者。一些知名的特许经营的典范有：麦当劳餐厅、H&R Block 纳税服务公司、Mail Boxes 邮递公司、Howard Johnson's 公司和一些汽车经销公司。正是由于有了这些特许经营系统，特许授权者才有可能将时间和金钱投入到服务创新、产品线拓展、产品改良和发展新的传递系统的研究中去。

平衡供求 许多服务企业的能力有限，但是市场对其服务的需求波动却很大。当需求超越了该企业力所能及的范围时，企业的顾客就会流失，或是因等待时间过长而导致顾客满意度下降。然而，当需求严重不足时，价值不菲的设备和工作人员又被闲置了。制造商们解决该问题的方法就是在需求不足的时候积压库存，而在需求旺盛的时候消耗库存。但是，很多服务企业却不能如此操作，因为大多数服务具有不可储备性。一种似乎可行的做法便是对现有的服务模式提供反季节服务。换言之，一个企业在面临需求波动的时候，可尝试开发一种新的服务，以新服务的高需求量来弥补现行服务的低迷态势；反之亦然。

8.3 质量与价值设计

几千年来，人类一直在设计和制作工具和消费品。设计和制造产品的技术知识可以在工程院校学习得到，而专家们多年来也一直在研究产品的设计和开发的程序。但是，服务的设计和开发却从来没有受到过如此程度的重视或研究。只是在近几年，服务的设计才被给予了较多的关注，主要是因为服务在当今经济中所扮演的角色愈发重要，愈发明显。

因此，现在关于服务的设计和开发的经验和知识与从产品制造中积累的经验和科学知识并不在同一个层面上。这自然使得很多研究服务的学者试图通过研究产品知识来寻求与服务的设计和开发相关的问题的答案或线索。因此，我们不妨也以此为突破口，来看看能否从制造业中获得一点启示，发现哪些方法和实践方案既能够在产品设计中获得成功，又适用于服务的设计。首先，我们将从设计的角度来归纳产品和服务的异同点。接着将讨论有助于提高产品的质量和价值的方法和实践，看其是否有助于服务的设计和开发。

产品和服务的设计：相同点及差异

如前所述，顾客们购买商品或是服务并不是为了买而买。他们购买，是为了解决一些问题，是为了满足需求，或是为了从中受益。因此，产品和服务最大的相同点便是二者的目的都是为了解决问题、满足需求和改善生活。柯达的创始人乔治·伊斯门（George Eastman）曾经说过："柯达出售记忆"。Revlon化妆品制造公司的查尔斯·雷夫森（Charles Revson）也说过："在工厂里我们制造化妆品，在商店里我们销售希望。"

产品设计和服务设计的第二个相同点在于，二者都是人类创造力的产物。人类的智慧首先创造出新的理念，接着构思出实施这种理念的方式。

第三个相同点就是消费者很少寻求某个确切的新商品或新服务。消费者可能会表述一些模糊的需求，但是很难清楚地说出是什么样的产品或是服务。他们只会对现实给予的东西做出反应。因此，厂商就应该去发现这些模糊的需求，并通过新的产品来满足这些需求。

两者之间也有一些重要的不同点。产品的生产需要诸多资源，比如原料、半成品、劳动力和能源。这些资源对于产品的生产极为必要。设计工作的结果就是一系列的标准和规格，比如原材料的类型、等级和质量、各个部分的尺寸，还有规定的公差等等。大多数此类规格被绘制成**规划蓝图**。遵守标准和规格在制造业十分必要。不按照规格生产，超过既定的质量公差范围会使得生产出来的产品成为废品或是次品，有时甚至潜伏危险。产品的理念能够形象地跃然纸上，产品可以制造出来，然后进行研究、测量、试验并投入实际的使用。一旦设计完成，进入生产过程，所有生产出来的产品都将是相同的，彼此之间的差异应该微乎其微。

在服务业，很少有原材料之说。虽然服务也涉及工具和设备的使用，但这些并不总是必要的。航空飞机对于空中运输服务十分重要，但是一个躺椅对于一位精神病医师来说则并非不可或缺。服务设计的产物是一个理念、一种想法或是实施理念过程的一种描述。服务设计可能也讲求标准，但是通常此类标准少之又少，而且偏离标准也不一定会导致服务缺陷，或造成意想不到的后果。服务可能没有草图，因为服务是一种操作。服务可用假想的试验来测试，但是每一个服务表现又会因为不同的顾客和不同的服务提供者而在试验和实际应用中有所不同。一旦设计完成，并向顾客提供了服务，就找不出两个相同的服务来，而且每个顾客的经历也将是独一无二的。

产品与服务之间另一个重要的区别就是，随着设计的不断进步，制造业中的变化成本越来越高。通常我们用85/15规则来说明这一现象。85/15规则就是指，近85％的产品成本是由设计阶段前15％的决策所确定的。一旦产品的设计盖棺定论，就很难再轻易改变，而产品将遵循相同的设计来生产。从另一方面来看，服务设计就没有那么静态或刚性。服务设计可以在服务进行中随时做出调整和修改，有时候这种调整是为了满足不同顾客的不同需求。此外，改变设计在服务业的成本没有其在制造业高。而这些特征也导致了这样一种风险，那就是服务变化的随意性，会在不经意中慢慢降低服务质量，而不会是使服务得到整体的改善。

质量与价值设计的方法

数十年来，制造业一直强调质量检查的重要性，以此来保证劣质产品不出厂。但是现在流行的格言是"质量不是靠检查出来的，而是制造出来的"。在20世纪80年代早期，制造商和质量专家开始向日本的制造商学习，认为许多质量问题固然可以通过改进制造工序得以解决，但是真正惊人的质量提高实际上是在设计阶段完成的。

显然，大多数服务项目是难以检查的。在服务操作过程之前和之后，你都很难检查出什么问题来。例如，你可以检查服务员的外观衣着、测定服务的等待时间和服务所消耗时间，并且计算服务提供者犯错的次数。然而，这样的评估方法显然无法阻止服务差错的再次发生，或是保证顾客的满意度。而且，服务质量并非由质量监测员或服务员评定的，顾客才是真正的评审官。因此，服务业中的检测不是保证质量的可行之举。就如同制造质量优异的产品一样，服务的品质必然也是植根于服务和服务传递系统的设计之中的。

意识到产品和产品制造工序设计的重要性后，许多制造商尝试新的工具和实践方法，有的还启用老方法。在以下的段落中，将讨论适用于服务设计和开发的理念和方法。

并行工程（concurrent engineering）

产品的设计和开发涉及很多步骤，比如产生创意、捕捉机遇、设计、试生产、工序设计、采购、包装设计和配送系统设计等等。要实现以上各个步骤，传统的方法是，各个击破，循序渐进。这样做的弊端是耗时过长。例如，美国汽车制造商过去要花将近5年的时间设计和开发一款新车，但是日本的制造商们只需要3年。另外一个同等重要的问题是，设计变化和处理质量问题费用高昂。在传统系统中，设计部工程师往往将设计方案往桌上一扔，让制造部工程师去领会该如何生产。这意味着设计部和制造部的工程师们并不相互沟通。通常，制造部的工程师会发现许多关于设计的问题，比如无法生产出设计者预想的部件，于是问题又被弹回了设计部。在设计阶段，这样的场面接二连三、重复上演。只有等到设计部和制造部的矛盾调和了，采购部才能够获悉该从供应商那里采购何种部件。然而，麻烦还没完，采购部可能也会发现一些关于设计的问题，比如部件过于昂贵，或者供应商不再生产此类部件等等，于是设计方案就又被弹回了设计部。

日本的制造商从事设计的时候采用一种平行结构，并开展跨部门的团队合作。在看到了此种方法的优越性后，美国的制造商们也开始跃跃欲试，并将其称为**并行工程或同步工程**。这类方法的主要优点之一在于，所有的职能（设计、制造、采购、配送、营销）在设计团队中都有体现，而团队之间互相可以交流。如果可能，顾客参与或要求顾客提供建议也未尝不可。

对于服务的设计与开发而言，一线员工的参与非常重要，原因是：[1]（1）一线员工与顾客的接触最为密切，因此在开发新的服务项目时，他们可识别顾客的需求；（2）参与感可以使所有的一线员工增加对新服务的认同感和理解度；（3）一线员工还会提醒设计者不要过分追求企业效率，而不考虑顾客的需求和利益；最后，一线员工可为改进服务质量提出很多有用的建议。

实施并行工程还可帮助消除很多质量问题。很多问题在它们成为老大难之前就已经在工序的早期阶段得以解决或防范了，这样就节省了改变设计的高昂成本。通过产品和工序设计的同步操作还避免了许多设计的修改。[2]

并行工程是一种符合逻辑的产品设计方法，它当然也适用于服务的设

---

[1] 见 Benjamin Schneider 和 David E. Bowen 著 "员工与新服务项目的设计、开发及实施"（New Services Design, Development and Implementation and the Employee），载 W. R. George 和 C. E. Marshall 编著的《开发新的服务项目》（*Developing New Services*），(Chicago, American Marketing Association, 1984), pp. 82 - 101。

[2] 若要更多地了解并行工程，请参见 Alfred Rosenblatt 和 George F. Watson 编写的 "关于并行工程的专题报告"（Special Report: Concurrent Engineering），载 *IIIE Spectrum* (July 1991), pp. 22 - 37；以及 Biren Prasad 著《并行工程基本原理》（*Concurrent Engineering Fundamentals*），vols. I & II (Upper Saddle River, NJ, Prentice Hall, 1996, 1997); J. W. Dean 和 G. I. Susman 著《产品设计的组织》（*Organizing for Manufacturable Design*），载 *Harvard Business Review* (January-February 1989), pp. 28 - 36。

计与开发。首先,如前所述,服务理念及服务传递系统的设计和开发是不可分割的,就此一点,就应当极力在服务中推行并行工程。而且,服务传递包括许多部门之间的相互作用和相互衔接,这些都暗藏服务差错的隐患。为了避免这些问题,一个企业各部门的所有职能都应该参与设计工作,以便于各部门之间彼此理解,并充分了解各自为实现紧密合作与优质的服务传递应尽的职责。

质量功能配置(quality function deployment)

日本玉川(Tamagawa)大学的代司(Yoji Akao)教授为将顾客需求(就是"顾客呼声")融入到产品设计中,提出了一套结构方案,称为质量功能配置方案(quality function development,QFD)。[1] "换言之,这是为保证顾客满意而提高设计质量的一种方法。于是将顾客的需求融入到设计目标中,以便在整个生产阶段都能参照质量保证要点。"[2] QFD 也被称作"质量库"(the house of quality)[3],它包含各种平台,如,将顾客需求融入产品设计的特征中,将产品设计特征切入部件特征中,将部件特征插入操作工序参数中,将工序参数转化为操作指示传达给机器操作者。QFD 能够而且应该被运用于服务的设计与开发中。事实上,QFD 是从制造业借鉴来的最明智的方法。任何旨在创造顾客价值、提供满意服务的企业都必须为满足顾客需求而设计各自的服务系统,而 QFD 是实现这一目标的最有效的方法。

图表 8—1 显示了"质量库"的结构,图表 8—2 是一个实例,说明 QFD 方案是如何将顾客的建议融入到一项干洗服务的重新设计中去的。顾客需求列在左侧。干洗服务者渴望尽可能地满足所有的需求,但是他也知道,并不是所有的需求对顾客都是同等重要的。这个例子中,顾客最看重的是衣服是否能够彻底地清洗干净——等级为 1(表示最重要)。干洗服务者为满足顾客需求应该做的事情被列在技术需求项目中。平台的中间项是一个有关顾客需求和技术需求关系的矩阵。例如,为了满足顾客"彻底洗净"的要求,"洗衣机"、"干洗除尘器"、"蒸汽管不生锈"以及"良好的设备维护"都是十分必要的。平台中,顶层的每一个元素代表了两个技术需求是存在冲突关系还是协调关系。如果两个技术需求没有关系,则显示空白。如右边和底边的方框所示,质量库还从顾客需求和技术需求两方面

---

[1] 见 Yoji Akao 编著"质量功能配置:将顾客要求融入产品设计中"(Quality Function Deployment:Integrating Customer Requirements into Product Design)(Cambridge,MA,Productivity Press,1990)。

[2] 见 Yoji Akao 著"质量功能配置简介"(An Introduction to Quality Function Deployment),载 Yoji Akao 编《质量功能配置:将顾客要求融入产品设计中》(*Quality Function Deployment:Integrating Customer Requirements into Product Design*),pp.3-24。

[3] 见 John R. Hauser 和 Don Clausing 著"质量库"(The House of Quality),载 *Harvard Business Review* (Many-June 1998),pp.63-73。

评估竞争对手。从这个简单的例子可以看出，QFD是一个有效的方法，可以帮助设计出既能够满足顾客需求又能够为顾客创造价值的服务。

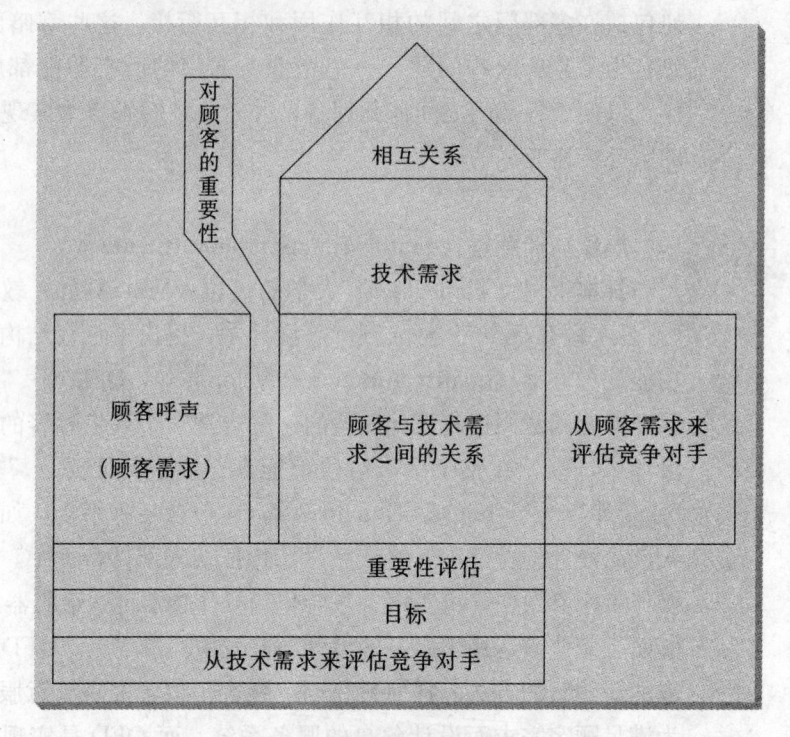

```
                  ┌─────────┐
                  │ 相互关系 │
             ┌────┴─────────┴────┐
        对   │                   │
        顾   │    技术需求        │
        客   │                   │
        的   │                   │
        重   │                   │
        要   │                   │
        性   │                   │
  ┌──────────┼───────────┬───────┤
  │          │           │       │
  │ 顾客呼声 │ 顾客与技术 │从顾客  │
  │          │ 需求之间   │需求来  │
  │(顾客需求)│ 的关系     │评估竞  │
  │          │           │争对手  │
  ├──────────┴───────────┴───────┤
  │        重要性评估              │
  ├──────────────────────────────┤
  │           目标                │
  ├──────────────────────────────┤
  │     从技术需求来评估竞争对手    │
  └──────────────────────────────┘
```

图表 8—1　质量库

强势设计

强势设计（robust design）是田口玄一（Genichi Taguchi）教授（日本管理学会名誉会长。——译者注）为产品制造提出的一个强有力的主张和设计实践。[①]强势设计的基本思路是制造出的产品能不受恶劣环境的影响。例如：一个掌上计算器不应该掉落在地上，或是在一个很热的、充满蒸汽的环境里（如洗蒸气浴的时候）使用。但是，如果这个计算器能够经受住如此恶劣的环境，并仍可正常使用的话，我们就称其为强势产品。

服务的提供者和顾客都是人。每个人所展示的个性与特征的不同可能会造成不寻常的操作环境。而且，服务传递或支持系统中的故障，比如电脑失灵、电压降低，或是供货商交货出错，都可能造成不利的处境，但是服务却还得继续进行。任何一种设计都不可能使服务或产品在任何情况下摆脱任何糟糕的处境。但是，在设计服务时，可预先做最坏打算，还可采取措施防止不利情形的出现。或者还可在系统中加入后备的服务和紧急程序。以下介绍的两种方法对于创造强势服务可能有所帮助。

---

① 见 Genichi Taguchi 和 Don Clausing 著"强势质量"（Robust Quality），载 *Harvard Business Review*（January-February 1990），pp. 65–75。

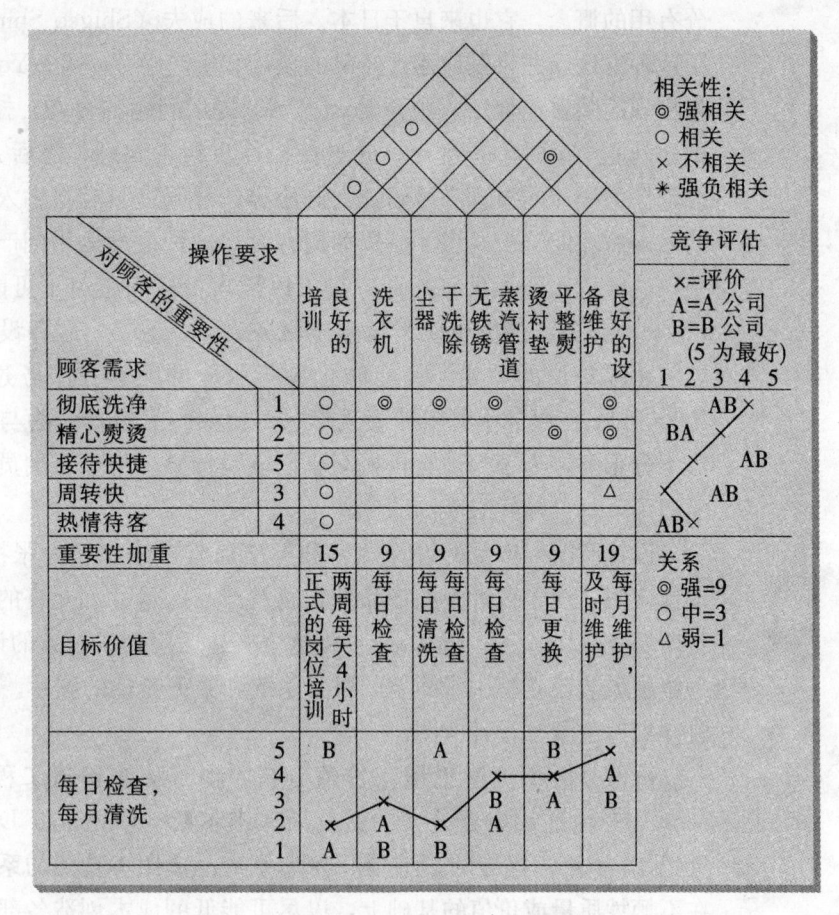

第8章 服务及服务传递系统的设计与开发

顾客需求	对顾客的重要性	培训良好的	洗衣机	尘器	干洗除锈	无铁蒸汽管道	烫汽衬垫	平整熨	备维护	良好的设	竞争评估 ×=评价 A=A公司 B=B公司 (5为最好) 1 2 3 4 5
彻底洗净	1	○	◎	◎	◎						AB×
精心熨烫	2					◎	◎	◎			BA AB
接待快捷	5	○									× AB
周转快	3	○							△		× AB
热情待客	4	○									AB×
重要性加重		15	9	9	9	9	9	9		19	关系 ◎ 强=9 ○ 中=3 △ 弱=1
目标价值		正式的岗位培训两周每天4小时	每日检查	每日清洗	每日检查	每日检查	每日更换		及时维护,	每月维护	
每日检查,每月清洗	5 4 3 2 1	B × A	A B	A × B	× B A	B A	× A B	× AB			

相关性：
◎ 强相关
○ 相关
× 不相关
* 强负相关

图表8—2 干洗服务的质量库

资料来源：Richard J. Schonberger and Edward M. Knod, Jr., *Operations Management Continuous Improvement*, 5th ed. (Burr Ridge, IL, Irwin, 1994), p. 66. Reproduced with permission of The McGraw-Hill Companies.

设计差错模型分析（design failure mode analysis）[1] 这是一个用以检查设计的系统程序，可用以判断设计的失灵部分。对于每一个潜在的差错，都可以检查其原因、对系统的影响以及危险程度。这可帮助设计者采取预防措施。差错模型分析可用于评估和改进服务设计。服务的设计蓝图一经制定，就可识别潜在的差错点，对此制定并实施预防措施（比如 poka-yoke方案）。

差错预防法（fail safe methods 或 Poka-Yoke法）[2] 这是一个简单却十

---

[1] 见 Joseph M. Juran 和 Frank M. Gryna 著"质量规划和分析"（Quality Planning and Analysis），3rd ed. (New York, McGraw-Hill, 1993), p. 266；Joseph M. Michalek 和 Richard K. Holmes 著"产品设计和产品流程中的质量工程技术"（Quality Engineering Techniques in Product Design/Process），载《制造业的质量控制》（*Quality Control in Manufacturing*），Society of Automotive Engineers, SP—483, pp. 17-22.

[2] 若要了解 poka-yoke 方法的应用，可参见 Richard B. Chase 和 Douglas M. Stewart 著"使你的服务避免差错"（Make Your Service Fail-Safe），载 *Sloan Management Review*（spring 1994），pp. 35-44.

分有用的概念，它也来自于日本。后来的成夫（Shigeo Shingo）先生发明了这种方法，并将其应用在产品的设计和生产中。①Poka-Yoke 是提示错误将出现的装置或程序。预警 Poka-Yoke 提示问题的存在，控制 Poka-Yoke 则在问题产生时中止生产，并迫使操作者纠正问题，之后方可继续开工。故障保护程序的概念和号码锁大同小异，号码锁只有在输入了一连串正确的号码后才能够被开启。制造商们有时将这种概念运用到产品部件的设计中，这样就保证了只有一种方法可以插入，从而避免了可能的装配错误。Poka-yoke 方法能够也应当运用于服务设计。但是，服务设计必须做到既能防止服务员的差错，又能防止参与服务的顾客在服务过程中的差错。Poka-yoke 在服务中有多种表现形式。比如一家银行认为与顾客的目光交流十分重要，为了保证有目光交流，该银行要求每个出纳员在进行交易之前记录下每个顾客眼睛的颜色。

设计蓝图　产品的设计规格和标准通常被绘制在一张特殊的蓝纸上。设计蓝图展现了设计者的产品理念以及产品的尺寸和允许的公差。林恩·肖斯塔克（Lynn G. Shostack）将这个概念运用到了服务的设计和开发中。一张服务蓝图就是一张简单的服务系统和服务步骤的图片。②在本章的后面将详细讨论服务设计蓝图。

价值分析和价值工程　价值分析，也可称为**价值工程**（value engineer），是由通用电器公司的劳伦斯·维尔斯（Lawrence D. Wells）在 20 世纪 40 年代末提出的。③它是一个鉴别产品或服务功能的系统性方案，它在不牺牲质量或价值的基础上，以尽可能低的成本创造各部件的价值，并竭力提供各种功能或创造效益。④其主导思想是"使顾客感觉物有所值，使供应商有利可图。"⑤在分析过程中一般会提出如下一些问题："此项功能是否必要？""能否将两个或多个部件的功能或服务中两个或多个步骤合并，从而降低成本？""能否简化程序？"这些问题对于改进服务质量以及为顾客创造更高的价值都是非常有用的。在服务设计蓝图确定之后，使用价值分析的方法将卓有成效。

---

① 见 Shigeo Shingo 著《质量零控制：源头检查和 Poka-yoke 系统》(*Zero Quality Control: Source Inspection and the Poka-yoke Systems*), (Cambridge, MA, Productivity Press, 1986)。

② 见 G. Lynn Shostack 著"如何设计服务"(How to Design a Service), 载 *European Journal of Marketing*, vol. 16, no. 1 (1982), pp. 49 - 63。

③ 见 Lawrence D. Wells 著《价值分析和价值工程技术》(*Techniques of Value Analysis and Engineering*), (此书作者另一说为 L. D. miles 麦尔斯著——译者注) (New York, McGraw-Hill, 1961)。

④ 见 Edward D. Heller 著《价值管理：价值工程和成本降低》(*Value Management: Value Engineering and Cost Reduction*), (Reading, MA, Addison-Wesley, 1971), pp. 13 - 14。还可参阅该书 187—208 页关于价值分析与价值工程在服务业中的应用。

⑤ 见 Carlos Fallon 著"重要的定义"(The All Important Definition), 载 William D. Falcon 编写的《价值分析与价值工程：经理人员须知》(*Value Analysis Value Engineering: The Implications for Managers*) (New York, American Management Association, 1964), pp. 9 - 24。

标杆学习（benchmarking）[①]　　标杆学习方法是施乐公司在20世纪70年代末的产物，是众多提高质量方案实施的结果。它是为改进产品、产品部件或生产程序而设定目标、制定标准的一种方法。其目的是在行业中寻找一流的操作方式，以此为目标改进本企业的生产流程。例如，一个制造商可能以 L. L. Bean 公司作为接受订单操作的基准。但是确定基准并不只是简单地从其他企业复制理念。其主要目标是确定何种操作水平可适用于多种工序，并从最佳操作中学习经验。此种方法对于服务的设计和开发十分有用，特别是在实施一种新的服务项目或是新的服务流程时，它可以帮助减轻学习压力，还可以帮助制定全部服务程序或部分服务程序的标准。服务型企业往往运用标杆学习来衡量它们现有的服务。比如，万豪（Marriott）公司为快餐企业树立了雇佣、培训和薪水给付等工作的标杆。拥有12 000位会员的休斯敦礼教第二大教堂也把迪斯尼主题公园的停车管理与人员管理作为质量改进工程的基准。[②]

8.4　服务设计的原则

在经济文献中，所谓"服务行业"是指提供相似服务的企业群体。根据其相似程度的大小，我们可以判断两个企业是否属于同一个**行业**。但是即便在同一行业中，服务的数量和种类之繁多还是令人惊讶的。以"运输业"为例，就有诸多分支，比如航空运输、公路货车运输、旅客和货物轨道运输、旅客汽车运输和船舶运输。每个分支行业又能提供成百上千种各不相同的服务。大多数服务行业均是如此。如前所述，驱动组织开发新服务或加强现有服务的原因有很多。即便是制造企业，也会向企业内和企业外的客户提供众多服务。面对如此庞大的多样性，我们不禁要问："是否有一套独立于行业特点的服务设计原则？"或是"由于每项服务都具独特性，是否没有一条放之四海而皆准的原则可运用到各个行业和各种服务中去？"尽管各种服务千差万别，但如果为了给顾客提供物有所值的满意服务，仍有一些基本的原则可以、而且必须被运用到服务设计中去的。

1. **了解你的顾客**。如果目标是向顾客提供物有所值的满意服务，那么最重要的原则就是了解你的顾客以及他们的需求。一个普通的服务企业不可能做到为所有潜在的顾客服务，因此，就必须确定它到底需要什么样的

[①] 若要了解标杆学习的相关资料，请参阅 Robert C. Camp 著《标杆学习：寻找行业最佳运作模式》（*Benchmarking: The Search for Industry Best Practices That Lead to Superior Performance*）（Milwaukee, WI, ASQC Quality Press, 1989）；以及 Robert C. Camp 著《企业流程标杆学习：寻找并实施最佳经营方式》（"*Business Process Benchmarking: Finding and Implementing Best Practices*）（Milwaukee, WI, ASQC Quality Press, 1995）。

[②] 见 Richard J. Schonberger 和 Edward M. Knod, Jr. 著《经营管理：改善无止境》（*Operations Management: Continuous Improvement*），5th ed.（Burr Ridge, IL, Irwin, 1994），p. 39。

顾客。了解你的顾客意味着在合理的成本下，尽可能地了解一切与目标市场有关的事宜，包括人口统计信息，如年龄、性别、收入、地理分布和生活方式等等。此类信息可帮助一个企业确定潜在顾客的需求。若有可能，代价又不是很高，有关顾客需求的信息应该直接向顾客了解。以下援引了来自一家优秀的服务企业首席执行官的一段话，主要强调"了解你的顾客"在设计能占上风的服务时所起的作用：

> 我们有一项最新的创举——"功能齐全的房间"。它诞生于一次"倾听顾客声音"的活动。几年前，我们着手为商务旅行者设计更好的客房。我们将一些重点调查的群体集合在一起，很快发现他们最大的愿望是改变房间内电源插座的位置。顾客们希望这些插座能安置在显眼的位置。[1]

2. 判断顾客的何种需求能够得到满足。顾客总是有很多需求，这一点毋庸置疑。还有一点也是显而易见的，那就是一个企业不可能满足所有顾客的所有需求。因此，企业就须把心思花在他们能完全予以满足的一种服务或一些服务上，同时为自己创造合理的收益。如果一项服务能够满足顾客的大部分基本需求和重要需求，那么该项服务就是核心服务。通常，向顾客提供额外利益的其他服务被称为**补充服务**。

有些需求并不是所有的顾客都需要的，补充服务正是为满足这些特殊的需求而设计的。它们通常可供顾客选择，而且可能要收取额外的费用。洛夫洛克在其著作中认为补充服务可以归为8类：信息服务、咨询服务、预订服务、保安服务、特别服务、接待服务、账单服务和支付服务。[2]顾客们在享受服务时（尤其是第一次），往往需要关于该服务的**信息**。顾客可能需要了解信息的项目有很多，其中包括价格（就是那些已经包含在核心服务和补充服务中的）、服务设施的使用指导、如何使用服务、操作所需的时间以及可以有几种付款方式等等。**咨询**除了提供以上这些基本信息外，还包括一些针对个别客户的信息。一个服务人员应能发现顾客的需求，并为满足这些需求尽量提出最好的建议。**预订服务**可能包括获得并记录顾客的相关信息、安排预留、提供确认号码、确定服务的时间安排以及为预订提供物质凭证（比如一张入场券）。**保安服务**包括饭店内贵重物品的保管，在飞机上保证托运包裹的安全，以及妥善看管车库内或停车场内顾客的轿车。**特别服务**就是一个服务企业在顾客有特别需求的时候提供的服务，比如在航班上按顾客要求提供低盐的膳食等等。**接待服务**基本上就

---

[1] 见 J. W. Marriott, Jr. 和 Kathi Ann Brown 著《服务的灵魂：Marriott 如此做》(*The spirit to Serve: Marriott's Way*) (New York, Harper Business, 1997), p. 57.

[2] 见 Christopher H. Lovelock 著"服务竞争：补充服务中的技术和团队合作"(Competing on Service: Technology and Teamwork in Supplementary Services)，载《规划期刊》(*Planning Review*) (July-August, 1995), pp. 32–47.

是指"照顾顾客"——提供舒适的环境，礼貌待客。**账单服务**应该做到向顾客提供精确、及时和便于理解的服务收费证明。而一家服务企业的支付系统应该做到支付简易、方便顾客。

并不是所有的服务都存在相应的补充服务，也不是上述的补充服务与所有的服务都相关。一些核心服务的传递需要补充服务。没有补充服务，这些服务将难以实现。另一些补充服务则可以为顾客提升服务价值。补充服务的相对重要性取决于服务本身的属性。

一个服务企业如果无法传递核心服务，显然是难以长久生存的。因此，不偏移地遵循顾客的意图提供核心服务是为顾客创造价值的第一步，也是最基本的一点。在服务设计的工作中，首先应该关注核心服务。服务系统的设计不允许核心服务的传递有半点差错。无论补充服务的设计和传递如何完美，核心服务的失败在顾客的眼里即意味着服务的失败和企业的失败。但是，仅仅精心提供核心服务是不足以与他人竞争的，因为竞争对手很可能传递完全相同的服务而且不出一点差错。因此，通过增加受顾客欢迎的补充服务的种类，以及尽可能如顾客所愿地提供补充服务可帮助一个服务企业为顾客创造更多的价值。

确定核心服务和补充服务就是树立一种"服务理念"。换言之，服务理念就是为顾客创造价值、为顾客解决难题，并且取得预期成果的一种表述。一个企业还必须保证它拥有足以将服务理念转化为现实的基本能力。如果一个企业不具备这种能力，就必须在进行服务设计之前设法获得这种能力。

3. **制定一套服务战略，为获得竞争优势而为服务定位**。这里，我们来回答一个基本的问题："我们如何区分自己和竞争对手的服务？我们凭借什么可在特定成本的基础上为顾客创造最大的价值？"这一问题部分涉及到"经营战略"，这在本书第5章的"战略服务观"（strategic service vision）模型中已进行了讨论；另一部分则和本书第6章中讨论的"定位"有关。特异性是获取竞争力的主要手段。一个企业可按其提供给顾客的种种利益来显示企业服务的特异性，比如价格低、可靠、独一无二、快速、个性化服务、便捷、带来荣耀以及耐久等等。服务在顾客的心目中应该有一个特别的位置，企业以此来与竞争对手的服务相抗衡。服务战略对企业的全局战略应该是一种支持和补充。有时，一项新的服务会与现有的服务相冲突，这会不利于全局战略的实施。若遇到此种情况，应该进行调整，以全局战略为重。

4. **同时规划服务、服务递送系统、服务人员需求以及服务实体环境**。这一原则可概述为："使用并行工程方案进行设计。"如果将并行工程应用在服务设计中，那么在进行服务设计和开发的时候，应该同时设计（或称平行设计）其传递系统，还要设计实体环境和雇员的选择标准。如果要选择新址，那么还要设计选址标准。如前节所述，并行工程要求一个跨部门的方案和团队合作。换言之，与服务的创造和传递有关的部门都应当派出代表，组成团队，共同规划。所有部门或职能区域的意见都是保证设计出上乘品质服务的十分重要的因素。如果有可能，代价又不太高，那么也不妨选择顾客代表参与设计团队的工作。

5. 从顾客和服务员的角度设计服务流程。一旦形成正确的服务理念，设计中最重要的部分就是服务程序的设计和开发。因为几乎所有的服务都基于一定的程序，服务程序理应受到重视。如果顾客的身体（比如医院中接受一次体检）或感受（比如倾听一场音乐会）是服务的受体，那么服务的程序必须从顾客的角度设计。着重强调这一点是因为，服务程序的要素和本质是由多个部门决定的，比如会计部、经营部、市场营销部、人力资源部和配送部等等。所谓的设计一般就是指优化所有这些部门各自的目标。等待顾客、不必要的操作步骤、时间的浪费和整个服务程序的紊乱往往会影响服务的成效。

从另一方面来看，如果服务的对象是顾客的物品或是信息服务，而且整个服务中并不要求顾客参与，那么服务程序必须从服务提供者的角度来设计。其目标是帮助服务提供者以尽可能小的代价提供尽可能优质的服务。把服务设计成一种愉快的工作，使服务的提供者在力所能及的范围内提供最优质的服务。

还需强调的一点是，从顾客或雇员的角度设计服务程序并不意味着对另一方的完全忽略。换言之，如果设计从顾客的角度出发，这并不意味着完全忽视服务提供者的需求。也不可理所当然地认为服务提供者的需求可被忽略，使他们的工作变得痛苦不堪。两方面的关系并非此消彼长，而应当是相辅相成的。关键是找到二者的平衡点。

6. 尽量减少中间环节。许多服务在服务顾客或处理顾客的物品时会涉及到多个服务人员或服务部门，于是通常会增加差错的可能性。其原因往往就是缺乏沟通或沟通不畅。为了减少这类差错，服务从头到尾都应当由单个服务提供者传递。回想一下本书第 7 章中 USAA（联合服务汽车协会）的案例。USAA 的雇员能够在电脑屏幕上随时获得任何与顾客相关的信息，能够回答并实际解决顾客提出的任何问题，这期间没有任何多余的中间环节。如果难以实现这一点，就可以采取团队合作方案，即在服务的全过程中，由团队一起工作，负责某一个顾客的全部事宜。

7. 为支持前台工作而精心设计后台服务。服务前台（一般是在办公室）是大部分服务交互活动发生的场所，同时也是顾客形成对服务和企业看法的所在。然而，后台操作的每一个细节都会影响到前台的操作，继而影响到顾客的满意程度。因此，在设计服务系统的时候，应重点考虑这一层关系。对很多服务而言，后台操作犹如生产制造，而后台操作室的运作犹如一家工厂。只有后台操作经过详细规划，前台操作才能得以准确开展。树立了这一观点，就可以将传统的操作管理技巧用于优化后台操作中去了。

8. **流程设计工作的同时考虑数据收集**。在服务企业中，数据除了用于会计和制定决策外，还可用来监控和测评顾客的满意程度、衡量业绩以及评估质量改进成果。在服务开展之后再制定数据收集方式可能会引发故障，并使得服务提供者的工作难度增加。在服务设计阶段就应当确定不同用途的数据类型，使数据与系统一体化，尽量减少数据收集对服务传递的干扰，尽量减少对雇员和顾客额外的要求。

9. **判断顾客的接触和参与程度**。本书中多次提到，服务进程中的顾客参与既对管理提出了许多挑战，也为创造优质服务提供了机遇。对大多数服务而言，顾客的接触和参与程度由服务的本质决定。但是，要想改变也并非不可能。例如，如果一个企业想要在服务传递中减少顾客的参与，它可将服务中某些部分自动化或者通过雇佣更多的服务人员来减少一些本来要求顾客做的工作。另外一方面，更多的顾客参与往往暗示出错的风险性提高，从而提高了客户专门化的程度，抬高了成本。顾客参与的程度决定了顾客必须具备的技巧、信息的类型和性质。企业应该能判断这些需求，并提供必要的信息，使得服务传递中的顾客参与更加卓有成效。

10. **注重系统的适应性和强劲性**。顾客的需求状况往往超出了服务设计者的预期。而且，外部因素也可能导致失败，比如自然灾害、电压不足或是和供货商工作不到位等等。服务系统必须能够应对这些突发事件，继续提供服务。朝着这个方向努力，重要的一步就是要建立灵活的规则和程序。僵化的规则和程序会使得服务人员的工作步履艰难，并使得顾客不满意。这其中最重要的一点是，要让员工能够对突发状况做出迅速、果断的反应，保证顾客的满意程度。有顾客参与的服务过程中更要保持灵活、机动性。看起来，可能较类似于"生产"型的后台操作程序对灵活性的要求相对低一些，他们的工作对工作效率和服务成果的连续性影响较少。万豪（Marriott）公司是服务接待领域内的最为成功的企业之一，以其热衷于使每个步骤尽善尽美而闻名。该公司的董事长兼首席执行官马里奥特（J. W. Marriott），人称"比尔"，对其公司的做法做了如下解释：

> 我们有时忍不住要嘲笑自己为何如此偏执于马里奥特做事情的那种方式。如果你碰巧也是服务接待业的同行，那么你也许对我们的百科全书式的工作手册有所耳闻。这本手册囊括了一切可能是最声名狼藉的条例，如：在半个小时以内将客房收拾干净的66个独立的步骤。可能我们的确对做事的方法充满一些狂热的偏执。但是对我们而言，将所有的步骤和程序做到尽善尽美是非常自然的，也是合乎逻辑的。如果你想得到一个如你所愿的结果，你就得去思考如何去实现，把计

划写下来，然后开始实践，最后是不断地改进，直到实在没有可改进的余地为止。（当然，我们马里奥特人从来不觉得有什么事情是没法改进的。）[1]

11. 将雇员和顾客的忠诚度设计入系统。在本书第6章我们讨论过顾客和雇员忠诚度的重要性。在那里我们提到了"服务收益链"模型："利润和增长都是与顾客的忠诚度相关的。顾客忠诚度取决于顾客的满意度，顾客的满意度来源于服务价值，而服务价值与雇员的生产力相联系，雇员的生产力又与雇员的忠诚度相联系，雇员的忠诚度和雇员的满意度以及工作环境的内在质量决定了雇员的满意度。"[2]因此，将顾客和雇员的忠诚度列入服务设计的原则中是十分重要的。在遵循了以上所列的各项原则后，该是关注顾客满意度的时候了。同时，还要关注雇员的满意度。当然，还可用其他机制巩固顾客的忠诚度，如：航空公司和连锁酒店提供的常客活动（指提供免费乘坐，打折入住等等——译者注）。

影响雇员满意度的因素有很多，如薪酬公平、职工福利、平等对待和愉快的工作环境等等。雇员满意程度还取决于升职的机遇、工作表现优异时的奖励和授予的职权。这些是关于人力资源管理的课题，将会在第9章中进行详述。然而，不同任务的要求与相应的服务描述可与服务设计一同进行。另一个可能对雇员满意度起至关重要作用的因素就是职权的授予，可将其纳入服务传递系统和操作进程的设计中一并进行。简而言之，服务人员必须能够用力所能及的最佳的方式服务顾客，快速、高效地解决顾客的问题，而不依赖于管理部门的指导认可。关于授权的这类例子有很多。这可以1992年度"马尔科姆·鲍德里奇国家质量奖"（Malcolm Baldrige National Quality Award）的大赢家——Ritz-Carlton酒店为例。该公司的每个雇员都怀揣一张皮夹大小的卡片，上面印着20条基本服务准则，这俨然是该公司的金科玉律。以下3条是关于雇员在解决问题时的职权：

- 任何雇员在接到顾客投诉时即对该投诉负责；
- 所有雇员都要以迅速安定顾客情绪为第一要务。要主动快速地处理问题。20分钟内电告上司问题已经解决，且顾客满意。采取任何可能的措施，不要丢掉一位顾客；
- 顾客事件处理表格用来记录和交流每一件令顾客不满意的事件。每

---

[1] 见 J. W. Marriott, Jr. 和 Kathi Ann Brown 著《服务的灵魂：Marriott 如此做》（*The Spirit to Serve: Marriott's Way*），p. 16。

[2] 见 James L. Heskett、W. Earl Sasser, Jr. 和 Leonard A. Schlesinger 著《服务收益链》（*The Service Profit Chain*）（New York, The Free Press, 1997）。还可参见 James L. Heskett、Thomas O. Jones、G. W. Loveman、W. Earl Sasser, Jr. 和 Leonard A. (Schlesinger 著 "服务收益链的运作" Putting the Service-Profit Chain to Work)，载 *Harvard Business Review* (March-April 1994)，pp. 164 – 174。

一位员工都有解决问题的权利,也有防止类似问题重演的责任。[1]

12. 不断改进。 如前所述,要想在制造业中改变设计往往难以实现而且费用高昂。然而,改进服务设计相对而言则易于执行,而且花费一般不高。这就赋予了大多数服务一个显著的优势,因为它们可根据顾客的想法和变化的需求以及不断变化的竞争环境做出调整和改进。换言之,服务自身可持续改进的特点是产品无法与之媲美的。为取得优质的产品和服务,不断改进[2]无疑已成为一个被广泛接受和认可的模式,也理应成为服务设计的原则之一。还必须将不断改进这一步骤看成是服务的生命线。

8.5 服务设计过程

人类的创造力激发了新产品或新服务的诞生。尽管创造力不是编制出来的,也不可能通过按部就班的程序取得,然而,服务的设计和开发仍需经过深思熟虑和认真谋划。根据 Booz、Allen & Hamilton 咨询公司的研究显示,制造企业在积极推进新产品的设计和开发的时候主要遵循以下 7 个步骤:(1) 新产品开发战略;(2) 创意产生;(3) 筛选和评估;(4) 市场分析;(5) 开发;(6) 试验;(7) 商品化。[3]除此之外,经济研究人员还发现了许多其他相类似的程序。[4]由于服务设计和开发的历史较短,大多数服务模型都是借鉴于产品的设计和开发程序。本节将描述的服务设计和开发的模型不仅仅是简单地对生产模型的修改,而是充分考虑到服务设计的复杂性。由森尤因和约翰逊(Scheuing and Johnson)共同提出了这个模型(如图表 8—3 所示)。[5]该模型共包括 15 个步骤,可分为导向、设计、试验和引入 4 个阶段。模型还指出来自于服务企业内外影响每个步骤的关键因素。

---

[1] 见"Ritz-Carlton 公司的金科玉律"(Ritz-Carlton's Gold Standards),摘自 Leonard L. Berry 著《大服务:行动的框架》(*On Great Service: A Framework for Action*),(New York, The Free Press, 1996), p. 74。

[2] 许多论述质量的书籍都谈到不断改进的问题。但是,对此问题论述得最详尽的就数 Masaaki Imai。请参见其著作《不断改进:日本取得竞争优势的关键》(*Kaizen: The Key to Japan's Competitive Success*)(New York, McGraw-Hill, 1986)。

[3] 见 Booz, Allen, & Hamilton 著《80 年代的新产品管理》(*New Products Management for the 1980s*)(New York, Booz, Allen, & Hamilton Inc., 1982)。

[4] 其他的产品开发步骤可参见 Edgar A. Pessemier 著《产品管理》(*Product Management*)(New York, John Wiley, 1977);Yoram J. Wind 著《产品政策:概念、方法和战略》(*Product Policy: Concepts, Methods and Strategy*)(Reading, MA, Addison-Wesley, 1982);以及 Glen L. Urban 和 John R. Hauser 著《新产品的设计和营销》(*Design and Marketing of New Products*),(Upper Saddle River, NJ, Prentice Hall, 1993)。

[5] 见 Eberhard E. Scheuing 和 Eugene M. Johnson 著"新服务开发的一种模型"(A Proposed Model for New Service Development),载 *The Journal of Services Marketing*,vol. 3, no. 2 (spring 1989), pp. 25-34。

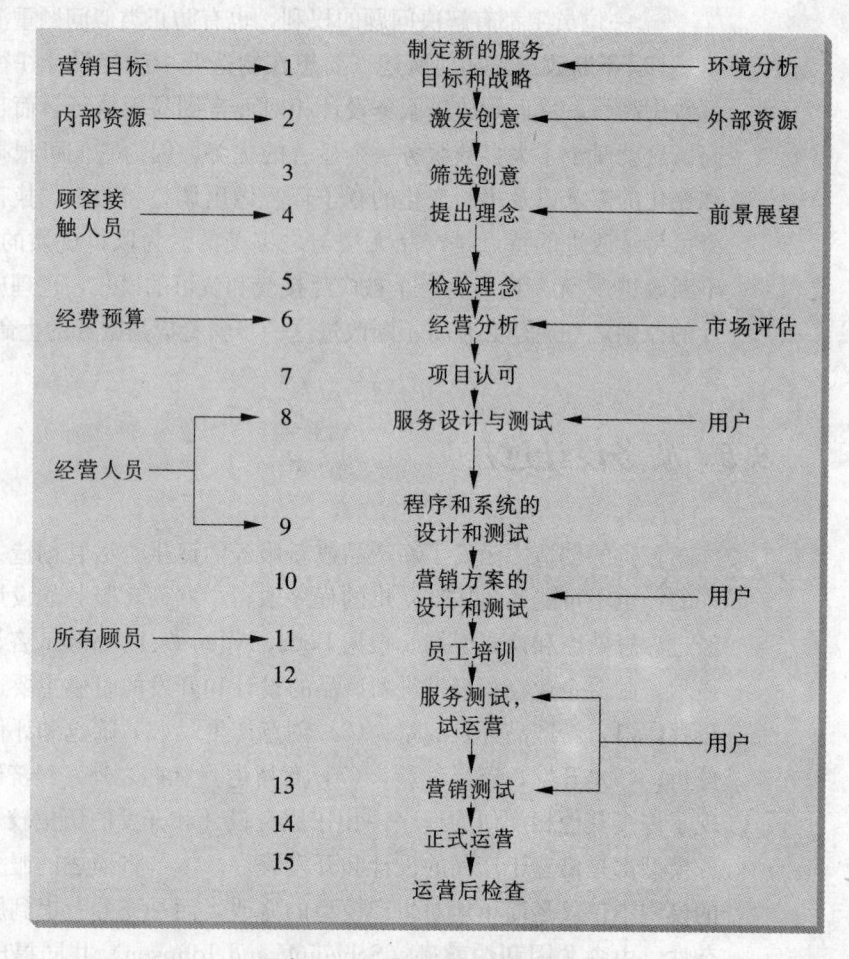

```
营销目标 ────────► 1       制定新的服务       ◄──── 环境分析
                            目标和战略
内部资源 ────────► 2        激发创意          ◄──── 外部资源
                    3        筛选创意
顾客接
触人员  ────────► 4        提出理念          ◄──── 前景展望
                    5        检验理念
经费预算 ────────► 6        经营分析          ◄──── 市场评估
                    7        项目认可
                ┌─► 8        服务设计与测试    ◄──── 用户
经营人员 ───────┤
                └─► 9        程序和系统的
                             设计和测试
                   10        营销方案的        ◄──── 用户
                             设计和测试
所有雇员 ────────► 11       员工培训
                   12        服务测试，       ◄──┐
                             试运营              ├── 用户
                   13        营销测试         ◄──┘
                   14        正式运营
                   15        运营后检查
```

图表 8—3 服务设计与开发模型

资料来源：Eberhard E. Scheuing and Eugene M. Johnson, "A Proposed Model for New Service Development," *The Journal of Services Marketing*, vol. 3, no. 2（spring 1989）, pp. 25–34。

导向

第一阶段的活动决定了努力的方向。

1. 制定新的服务目标和战略。这是全部设计与开发的第一步。如前所述，服务战略必须支持企业的全局战略，而且必须以满足目标市场上顾客的几项主要需求为导向（direction），或是为顾客解决实际的问题。一旦导向形成，战略的决策点就在于寻求价值提供和成本控制之间的平衡点，换言之，就是对于顾客给付的价格，应提供何等价值的服务。（可参见本书第 5 章的"服务价值模型"。）

顾客根据感觉价值的多少来做出购买决策。因此，要想获得成功，就要将服务定位在与利益相关且与相互竞争的服务相关的位置上。定位服务的一种有用的工具就是感知分析图（perceptual map）。感知分析图是根据顾客的需求或向往的利益，将产品（商品和服务）定位，以此绘制出来的图片。感知分析图向管理人员和设计者直观地表现了顾客在面对同类竞争产品的时候，如何通过对比重要的价值，进行感知和评估，由此可帮助他们发现开发新产品的机遇，或改善原有的产品。试看以下关于定位新的运输服务的案例[①]：

案例 假设你是一个公共运输部的经理，正在考虑引入新的服务来加强对公共运输设施的使用。首先，你得发现你的顾客需要的是什么。实现这一点很简单，可以逐个访问，也可以有针对性地向一些团体征询，或者用其他正式和非正式的方法。假设以下是通过顾客调查得出的3条基本的需求：(1) 快速、便捷；(2) 交通便利；(3) 心理舒适。调查同时还编制出了顾客对4种现有运输模式的评级表格。[②]顾客对不同运输模式的感受结果可参见图表8—4。细观此图，可发现运输服务中可能存在交通便利和感觉舒适的需求。事实显示，在感知分析图中的确没有能满足此类需求的运输服务。

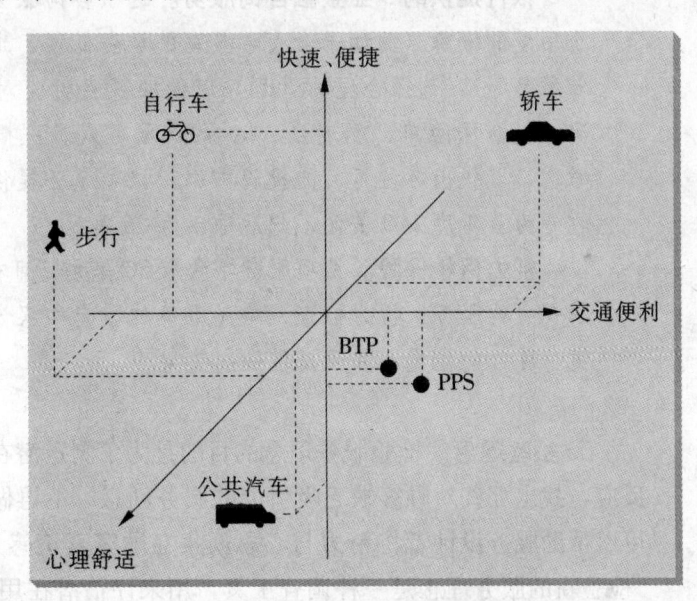

图表8—4 运输服务的感受图

资料来源：Glen L. Urban and John R. Hauser, *Design and Marketing of New Products* 2nd ed. (Upper Saddle River, NJ, Prentice Hall, Inc., 1993), p. 218。

2. **激发创意**。有很多渠道可激发的新服务，其中包括顾客、顾客投诉、服务人员、竞争对手和供应商等等。

---

① 此案例取自于Glen L. Urban 和 John R. Hauser 著《新产品的设计与营销》(*Design and Marketing of New Products*), pp. 205-218。

② 若需要深入了解数据收集及感知图的绘制方式，请参阅Urban 和 Hauser 著《新产品的设计与营销》(*Design and Marketing of New Products*), 第8～11章。

3. **筛选创意**。当然,并不是每一个新服务的创意都是可行的。创意可能有许多种,但是只有少数才能够成功地在市场上打造出新的服务。这一阶段将通过大刀阔斧的筛选程序保留少数有希望的创意。此阶段的筛选工作主要关注创意的可行性和潜在收益性。不过筛选一定要仔细,不要因为有些创意看起来有点离经叛道就轻易舍弃。

设计

步骤 4 到步骤 11 为设计 (design) 阶段,主要是针对新服务以及其传递系统而设计的。

4. **提出理念**。经过层层筛选的创意进一步发展成为服务理念。服务理念是指服务为顾客创造的利益、解决问题的方案以及所提供的价值。以下是两种服务理念的范例:

银行提供的专业金融咨询服务。这项咨询服务旨在帮助你安排资金用度的缓急(例如子女大学教育的学费储蓄、退休金储蓄、购房金储蓄等等),选择合理的计划,以便实现目标。对于你的整体金融状况(包括保险单、养老金、储蓄),服务人员一概严守秘密,并斟酌考虑,以找出各种可行的投资方案。该项服务提供定期咨询。年平均收费为首年度 100 美元,此后每年为 25 美元。

视力保护保险。该项服务年收取 20 美元,可在一年内享受以下保护视力的服务:视力检查、单光眼镜的验光和双光眼镜的验光,三用镜片眼镜的验光,并且提供一副镜架。[①]

5. **检验理念**。检验服务理念的目的是为了测定潜在顾客对服务理念的反应,找出那些对顾客缺乏吸引力的服务创意,不再做深入考虑。此举还可以帮助服务设计者将精力与心思聚集在顾客真正感兴趣的服务理念上。"检验新的服务理念是一种调查工具,用来评估潜在用户是否:(1) 理解该服务的理念;(2) 积极响应该项服务;(3) 认为该项服务提供的利益恰巧与需求相吻合。"[②]

案例(续上节) 在发现了消费者需求的缺口,尤其是在满足交通便利和心理舒适上的欠缺后,你决定开始考虑两个全新的服务理念。第一个便是"经济型出租计划"(Budget Taxi Plan, BTP),提供

---

① 见 Yoram J. Wind 著《产品政策:概念、方法和战略》(*Product Policy: Concepts, Methods and Strategy*) (Reading, MA, Addison-Wesley, 1982), pp. 281–282。

② 见 Scheuing 和 Johnson 著"新服务开发的一种模型"(A Proposed Model for New Service Development), p. 32。

与出租车相类似的服务，不过价格较低，而且司机可以承载其他和你同一目的地的顾客。BTP方案将由一家私人企业运作。第二项服务理念被称为"**个性化优质服务**"（Personalized Premium Service，PPS）。该服务大致与BTP相似，除了用小型客车取代了BTP的出租车外，便是由国有企业经营。通过潜在顾客对这些服务理念的评估可以测试出新的服务是否可行，评估的尺度应当从快速、便捷，交通便利和心理舒适3个方面来衡量。图表8—4显示了对BTP和PPS两项服务理念的测试结果。这两项服务理念被认为在便捷度、交通便利度和心理舒适度上比自行车、步行和搭乘公交车都要更胜一筹。而在心理舒适度上，新服务理念被认为胜于轿车，与自行车持平，但是不如步行和搭乘公交车。

6. **经营分析**。如果一项新的服务经得起理念检验，接下来就要接受更为严格的审查。设计者需要回答的最重要的问题就是："该服务理念在经济上是否可行？"换言之，是否有一个足够大的市场？生产、销售后能否产生利润？于是，这一阶段就包括了市场评估、需求分析、收入预测和成本分析。如果分析的结果是肯定的，那么该项服务就值得向高层管理者推荐实施。

7. **项目认可**。如果经营分析和利润预测的结果与高层管理者的标准相吻合，那么这个服务项目就会得到认可，所需资源也会源源不断地流入新的服务及其传递系统的设计和实施中。

8. **服务设计与测试**。在这一阶段，要写出对服务的详细描述，特别要提到此项服务的具体特征，此服务有别于彼服务的重要标志。尽管步骤8和步骤9是分开列出的，但是它们必须同时进行。如果有两个团队在各自负责这两个步骤的工作，那么要并行实施。如果此前还没有实施并行工程，那么到了这个阶段就已是刻不容缓了。整个设计阶段（从步骤1到步骤15）都应使用跨部门的团队合作的方法。如果时机尚未成熟，那么就应该从这一步开始团队合作。同时，在其他方面也要实行并行工程，比如市场营销方案制定、择员标准制定、选址标准制定以及实体环境设计等等。

9. **程序和系统的设计与测试**。前面已强调过，大多数服务都是一种操作，因此，大多数服务都是操作流程的产物。换言之，是服务流程创造了服务。所以，最详尽的服务设计是在此阶段完成的。质量与价值也可在这一阶段植根于服务之中。因此，在这一阶段应该，而且可以运用服务理念以及将服务的品质和价值植根于服务中去的种种方法。

在讨论服务理念和设计方法之前，先要了解几个要点。首先，设计者应当考虑到以下几点服务特征对流程设计的影响：（1）顾客接触的性质；（2）顾客参与服务生产的程度；（3）顾客专门化的程度；（4）产品和设备在服务传递系统中的作用；(5) 服务的受体（如顾客的身体、感受或是物品）；(6) 预期需求。其次，设计者还必须意识到上述这些特征对高于或低于可见度分界线（the line of visibility）各要素的影响，因为正是这条假想的分界线将前台和后台区别开来。前台包括顾客在接受服务时一切可见的、可触摸到的东西。后台则包括所有的职员、设施和支持前台服务但没必要摆放在顾客面前的流程。

假设顾客的身体是服务的受体（比如去医院做一次体检），顾客（患者）必须亲临现场。前台包括医生、护士、接待员、候诊室、检查室、护士室、X光透视室等等。前台操作包括收集患者信息（比如填写表格），为医生诊断做前期准备（比如量血压、体温、提供检查服等等），体检以及血液取样等等。后台操作包括实验室内的检验、药品定购、收货和储藏，设备维护和账单结算等等。这个例子中大部分重要的服务都在前台操作中产生和传递。每次每个患者所接受的服务都有所不同，而服务表现也是千差万别的。前台操作的规则就是提前预订或先来后到式的排序。

再来看另一种服务。在这里顾客的物品是服务的受体，这就是干洗服务。这里的前台包括了一个柜台，柜台后有一位职员负责接收需要清洗的衣物，同时开给顾客收据，注明领取物品的日期。等候间或雅致的设施在这里全无必要，因为顾客只逗留几分钟时间。后台包括用于清洗操作的设备和操作设备的人员，各种易耗品，顾客待洗的衣物和已被清洗待客领取的衣物。尽管顾客有时能够看见后台，但是后台会禁止顾客出入，因为后台的设计讲求最佳的操作效率。和医院有所不同，干洗店的清理程序不分先后次序，往往是批量清洗，而且也没有什么个性化的服务。

如前所述，在这个阶段该是将设计方法与设计理念（在本书第8.3节中已有叙述）用于为服务创造质量与价值的时刻了。为达到这一目的，最重要的工具可能就是质量职能配置或所谓的"品质之家"（house of quality）了。这一方法不仅要求设计者判断顾客的需求，还迫使他们研究和评估竞争对手的服务。因此，此举有助于设计者开发能够满足顾客需求的服务，并且判断应该达到何种服务级别才能压倒竞争对手。如果服务设计者还使用标杆学习（benchmarking study）的方法来决定新服务项目的最佳表现形式，那么他们大可不用理会竞争对手的操作方式，而只将此最佳模式作为他们的规划目标。

在本书第8.3节中还简要叙述了另一种方法，那就是服务蓝图（service blueprint）。所谓蓝图就是描述服务系统和服务流程的一张图，它是对服务系统全局的鸟瞰。服务蓝图显示了服务流程中各程序的步骤和交互作用以及顾客与服务系统的相互联系。绘制蓝图的一个最大的好处在于，蓝图比起服务流程的口头表述来更为精确，由此，减少了口头表述可能产生的概念不清和误解。蓝图还方便教学。在编制服务蓝图时,人们不得不多了解一些该系统的信息,由此还可以帮助部分人认清自己对整个系统的运作其实所知寥寥。[1]

服务蓝图另一个重要的优越性在于,它允许在耗资不菲的实际操作之前,先在纸上对服务进行概念上的创造、研究和检验。服务蓝图以任务为导向。它们演示服务流程中的各项活动。正是这个特点使得服务蓝图可用于培训、交流和改进。最后的几项特点使得价值分析同样适用于对新的或现有服务进行评估,以便降低成本,提高效率。服务蓝图还允许运用失败模式分析法(这在第8.3节中有所叙述)来决定服务可能出现失败的潜在区域。这些区域被称为**失败点**(fail points),poka-yoke法(差错预防法)恰可在此处派上用场。图表8—5显示的例子是关于如何自动避免服务设计中的故障。该图显示了汽车服务操作的蓝图以及poka-yoke方法如何被运用于防止服务故障并创造强势服务。

尽管服务蓝图各有不同,但是它们都惯用流程图。图表8—6显示了鲜花快递服务的一个样本。图表8—7显示了一个更为复杂的样本——贴现经纪服务。请注意,此表还包括完成各项服务的预计时间并提示了失败点的位置。[2]

前面已经强调过,在设计阶段就应当将品质和价值融入于服务之中,而且还提到过服务理念和服务方法。运用这些理念和方法,必将能够打造出更为强劲的服务来。

尽管图表8—3表述的模型是有序而且平稳发展的,但是实际上从来不可能如此一帆风顺,至少要经历几次反复、修改、对概念重新定义、对设计进行调整。即便所有的一切都被回锅炒了好几回,整个流程仍没有结束;一切设计最终还是要经历检验测试。这一阶段的测试与生产领域的测试模型相似。但是,测试并不包含将服务向市场推广——测试是内部的行为。如果可能,服务和流程的规划还必须在尽可能真实的环境下与真实的顾客一同进行测试。如果这一点难以实现,可由雇员和其家属来事先体验服务。

---

[1] 见G. Lynn Shostack著"从服务蓝图了解服务本身"(Understanding Services through Blueprinting),载T. A. Swartz, D. E. Bowen和S. W. Brown编写的《服务营销与管理的发展:研究与实践》(*Advances in Services Marketing and Management: Research and Practice*), vol. 1, (Greenwich, CT, JAI Press, 1992), pp. 75-90。

[2] 若要更多地了解服务蓝图,除了阅读已经提及的Shostack的著作外,还可参见G. Lynn Shostack和Jane Kingman-Brundage著"如何进行服务设计"(How to Design a Service),载Carole A. Congram和Margaret L. Friedman编《服务业营销手册》(*Handbook of Marketing for the Service Industries*), (New York, American management Association, 1991), pp. 243-261; G. Lynn Shostack著"经营环境中的服务设计"(Service Design in the Operating Environment),载W. R. George和C. E. Marshall编《开发新服务》(*Developing New Services*), (Chicago, American Marketing Association, 1984), pp. 27-43; Jane Kingman-Brundage著"服务系统蓝图设计简介"(The ABCs of Services System Blueprinting),载Mary Jo Bitner和L. A. Crosby编《设计有望胜出的服务战略》(*Designing a Winning Service Strategy*), (Chicago, American Marketing Association, 1989)。

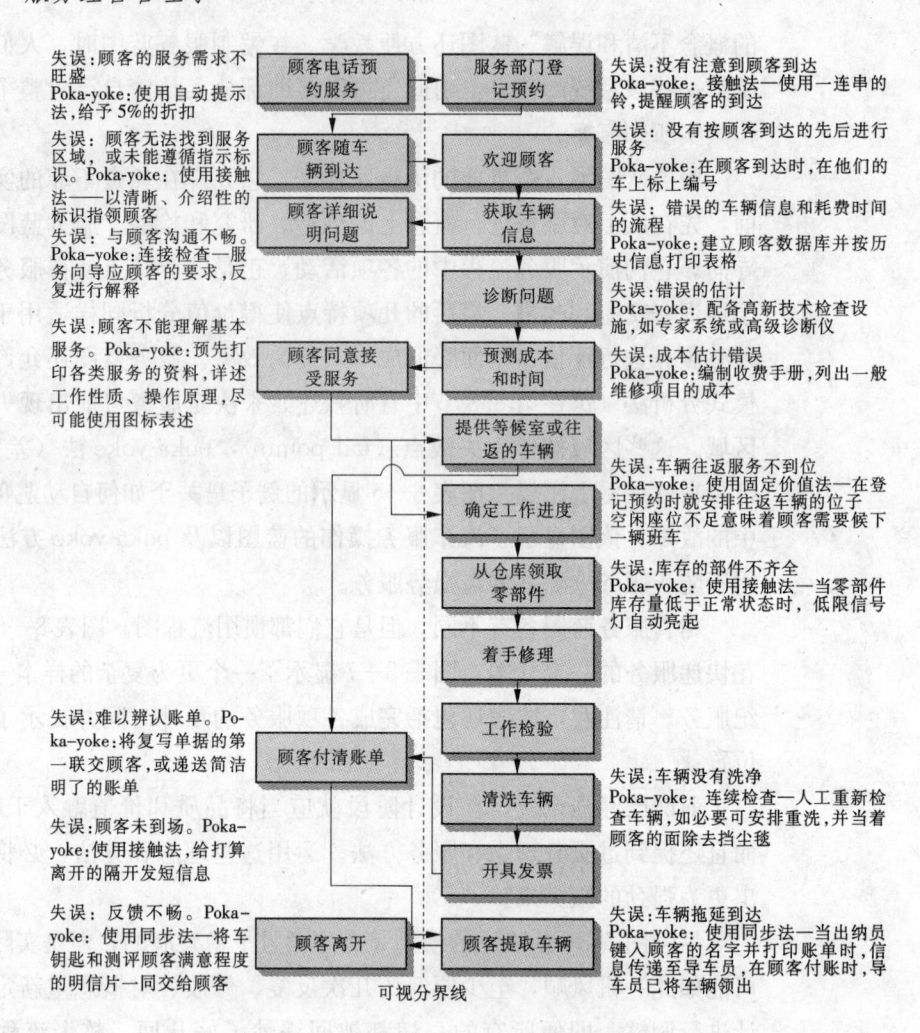

图表 8—5　一个普通的汽车服务如何预防失误

流程步骤（从上到下）：

- 顾客电话预约服务 → 服务部门登记预约
  - 失误：顾客的服务需求不旺盛。Poka-yoke：使用自动提示法，给予5%的折扣
  - 失误：没有注意到顾客到达。Poka-yoke：接触法——使用一连串的铃，提醒顾客的到达

- 顾客随车辆到达 → 欢迎顾客
  - 失误：顾客无法找到服务区域，或未能遵循指示标识。Poka-yoke：使用接触法——以清晰、介绍性的标识指领顾客
  - 失误：没有按顾客到达的先后进行服务。Poka-yoke：在顾客到达时，在他们的车上标上编号

- 顾客详细说明问题 → 获取车辆信息
  - 失误：与顾客沟通不畅。Poka-yoke：连接检查——服务向导应顾客的要求，反复进行解释
  - 失误：错误的车辆信息和耗费时间的流程。Poka-yoke：建立顾客数据库并按历史信息打印表格

- 诊断问题
  - 失误：错误的估计。Poka-yoke：配备高新技术检查设施，如专家系统或高级诊断仪

- 顾客同意接受服务 → 预测成本和时间
  - 失误：顾客不能理解基本服务。Poka-yoke：预先打印各类服务的资料，详述工作性质、操作原理，尽可能使用图标表述
  - 失误：成本估计错误。Poka-yoke：编制收费手册，列出一般维修项目的成本

- 提供等候室或往返的车辆
  - 失误：车辆往返服务不到位。Poka-yoke：使用固定价值法——在登记预约时就安排往返车辆的位子，空闲座位不足意味着顾客需要候下一辆班车

- 确定工作进度

- 从仓库领取零部件
  - 失误：库存的部件不齐全。Poka-yoke：使用接触法——当零部件库存量低于正常状态时，低限信号灯自动亮起

- 着手修理

- 工作检验

- 清洗车辆
  - 失误：车辆没有洗净。Poka-yoke：连续检查——人工重新检查车辆，如必要可安排重洗，并当着顾客的面除去挡尘毯

- 开具发票

- 顾客付清账单
  - 失误：难以辨认账单。Poka-yoke：将复写单据的第一联交顾客，或递送简洁明了的账单
  - 失误：顾客未到场。Poka-yoke：使用接触法，给打算离开的隔开发短信息

- 顾客离开 → 顾客提取车辆
  - 失误：反馈不畅。Poka-yoke：使用同步法——将车钥匙和测评顾客满意程度的明信片一同交给顾客
  - 失误：车辆拖延到达。Poka-yoke：使用同步法——当出纳员键入顾客的名字并打印账单时，信息传递至导车员，在顾客付账时，导车员已将车辆领出

可视分界线

资料来源：Richard B. Chase and Douglas M. Stewart, "Fail-Safing Services," in Eberhard E. Scheuing and William F. Christopher (eds.), *The Service Quality Handbook* (New York, American Management Association, 1993), pp. 347-357. Reprinted from *The Service Quality Handbook* by Eberhard E. Scheuing, et al. Copyright © 1993 AMACOM, a division of American Management Association International. Reprinted by permission of AMACOM, a division of American Management Association International, New York, NY. All rights reserved. http://www.amanet.org.

10. **营销方案的设计和测试**。对一个新的服务项目的推介、传递、销售的营销方案必须同潜在的顾客一起进行设计和测试。

11. **员工培训**。如前所述，择员标准（新人招聘或对现有雇员的挑选）必须与服务和服务流程设计一同开展。一旦择员完成，雇员们不仅要接受他们特定任务的培训，还要了解整个服务系统。除此之外，还要赋予他们足够宽泛的权力，以便更好地服务顾客，帮助顾客解决问题。

第8章 服务及服务传递系统的设计与开发

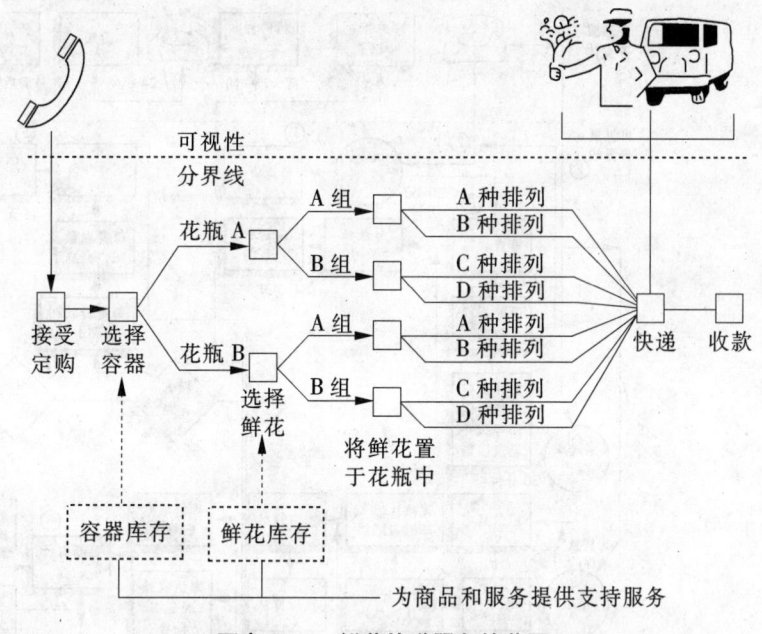

图表 8—6　鲜花快递服务的蓝图

资料来源：Reprinted form G. Lynn Shostack, "Service Positioning through Structural Change," *Journal of Marketing*, vol. 51, no. 1, published by the American Marketing Association, January 1987.

试验

12. 服务测试、试运营。这是一种实地测试。在这里，服务在一个有限的范围内（一个或几个地点）进行。但是，服务、雇员和顾客都是真实的。这一步骤的目的是为了根据第一手资料确定顾客对服务的认可度。另一个目标是为了根据顾客反馈的信息，进行必要的修改和调整。

13. 营销试行。营销测试是检验新服务项目的可行性。在这一阶段，服务的提供仍然在有限的范围内，但是较之步骤12范围稍广一些（比如在几个分部，单个区域内推行服务）。同时还可测试市场营销方案的有效性。这个阶段收集的信息包括顾客对新服务以及不同销售组合结果的反馈（比如在不同服务和不同价格下的需求变化）。对这些结果进行重新评论，如有必要，可对市场营销方案进行适当调整。

引入

14. 全面投放市场。当测试完毕且调整和修改完成后，该是全面启动服务，推向市场的时候了。

15. 营销试行。该阶段的目的是测定目标实现的程度，并决定有无必

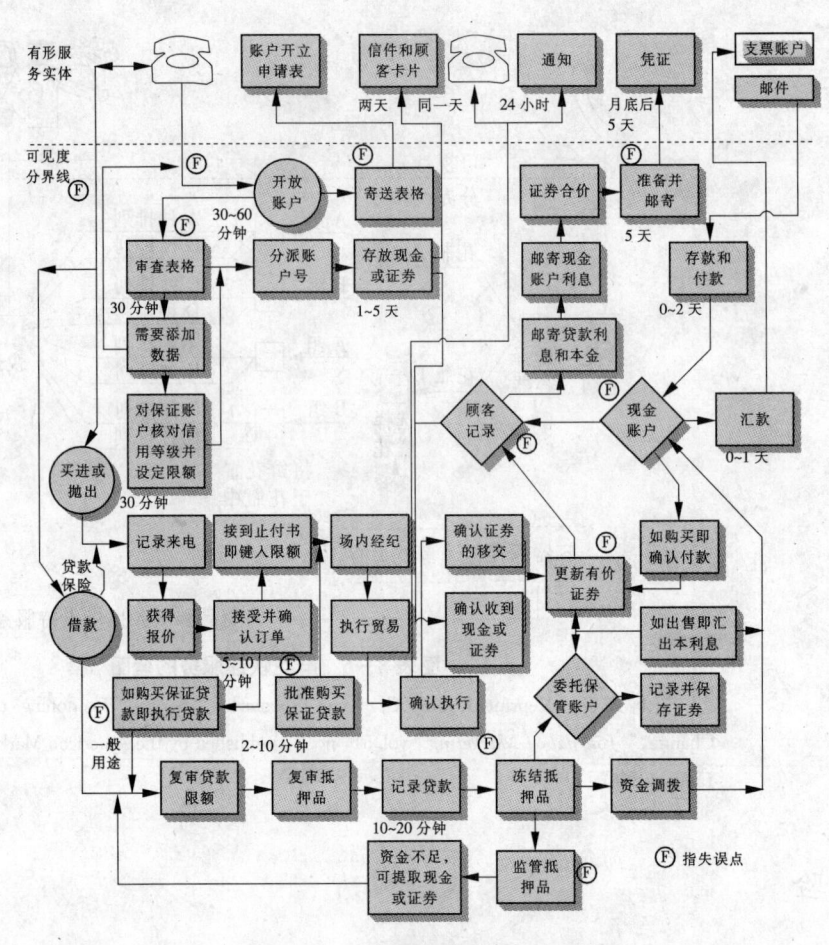

图表 8—7　贴现经纪服务的设计蓝图

资料来源：Reprinted by permission of *Harvard Business Review*. An exhibit from "Designing Services That Deliver" by G. Lynn Shostack, vol. 62, no. 1 (January-February 1984), p. 138. Copyright © 1984 by the President and Fellows of Harvard College; all rights reserved.

要着手进一步的调整和修改。这一步骤不应成为流程设计和开发的终点站。应时时刻刻进行定期的回顾、评估，可通过顾客和一线员工的反馈，评估新服务的成功之处，顺应不断变化的环境调整服务，并不断改进服务。

8.6　本章提要

本章重点介绍了服务及其传递系统的设计与开发工作。服务设计对于为顾客创造价值和提高顾客满意度都是很重要的一步。服务的宗旨是满足顾客的需求或为顾客解决问题。设计的目的是确定一种最好的、最有利可图的方法来实现这一目标。服务设计的重要性还体现在它对服务质量、服

第8章 服务及服务传递系统的设计与开发

务成本、顾客价值和企业形象的影响上。本章讨论了服务业中种种新奇和创新的事物：重要的创新项目、新兴商业服务、现有服务市场中的新产品、产品链的延伸、产品改进和风格变化等等。

除了满足顾客的需求以外，有时企业也会受其他因素的驱动积极设计和开发新的服务项目。我们已经讨论过的因素有：追求财政目标、回应竞争、适应全球一体化、技术发展、政府规章的改变、专业联合组织限制的放宽、特许经营的发展以及平衡供求等等。

制造业的经验明确无误地显示，要想将品质与价值植根于服务之中，最好的办法就是在设计之初就充分考虑到这一点。为了便于更好地理解具体的做法，本章首先列出了产品设计与服务设计的异同。接着，回顾了一些理念和方法，它们被成功地运用于产品的设计、开发和制造中，并缔造了上乘的品质和出众的价值。这些理念和方法包括：并行工程、质量职能分配（或称质量之家）、强势设计、失败模型分析、poka-yoke（或差错预防法）、规划蓝图以及价值分析（或称价值工程）和标杆学习法等等。为了更好地将这些理念和方法运用到服务的设计和传递中，创造品质上乘的服务，我们还提出了一些建议。

为了创造品质上乘的服务，本章第4节提供了12条服务设计与开发的基本原则：

1. 了解你的顾客；
2. 判断应满足顾客的哪项需求；
3. 制定服务战略，以竞争优势定位服务；
4. 同时设计服务、服务传递系统、人力资源需求和实体环境；
5. 从顾客和雇员的角度去设计服务流程；
6. 中间环节最小化；
7. 规划后台操作以支持前台操作；
8. 在流程设计中合并考虑数据的收集；
9. 判断顾客的接触和参与程度；
10. 注重系统的适应性和强劲性；
11. 将雇员和顾客的忠诚度规划入系统；
12. 持续改进。

在最后一节，讨论如何将所有这些原则结合在一起，用于创造上乘品质的服务。叙述中还使用了森尤因和约翰逊提出的服务设计与开发模型。该模型包括15个步骤，分4个阶段实现：导向阶段、设计阶段、测试阶段和引入阶段。通过这个模型，可以很清楚地了解12个设计原则以及理念和方法是如何运用于上乘品质服务的创造之中的。

讨论题

1. 试解释服务设计之所以重要的主要原因。
2. 讨论何谓新服务中的"新"。请针对每个类别举出一个例子。
3. 请讨论设计并开发新服务的原因。
4. 在本章第 2 节中，列出了 8 点驱动新服务的设计和开发的因素。举例说明这些因素是否可能以及将如何淘汰现有过时的服务。
5. 请从设计的角度比较产品和服务的异同。
6. 试解释一家企业是如何将质量和价值植根于服务中的。
7. 试解释并行工程的基本含义。它是如何在设计新的服务中起到积极作用的？它对顾客的价值何在？
8. 试解释质量职能分配的基本含义。它是如何在设计新的服务中起到积极作用的？它对顾客的价值何在？
9. 何谓"强势服务"？如何创造强势服务？
10. 何谓服务的设计蓝图？服务的设计蓝图有何作用？
11. 根据你的选择绘制一张服务设计蓝图。明确地标出失误点，在相关的地方标出预测的时间。
12. 根据问题 11，解释你是如何将失败分析模型运用到蓝图设计中去的。必要的地方最好使用 poka-yoke 差错预防法。试解释每个 poka-yoke 是如何消除故障并尽可能减少故障的发生的。试解释你如何将价值分析/价值工程方法运用到这项服务中去的。
13. 参见图表 8—6（鲜花服务的设计蓝图）。假设该服务公司的老板想扩大她的服务范围。换言之，她想继续提供鲜花服务，但是还想提供一些新的服务。你会向她建议何种"新"的服务？证明一下你的建议的可行性。你的建议是属于哪一类产品创新？提出一种针对该项新服务的"服务理念"。修改设计蓝图，使之适应新的服务。
14. 试解释标杆学习法的基本含义。它是如何帮助设计者设计新的服务的？它对顾客有何好处？
15. 选择一个你熟悉的服务，找出并简单地描述一下该服务的一个主要流程。说明该流程中对顾客十分重要的一个或几个服务步骤。你将以什么作为衡量这一流程优劣的标准（也就是以哪一行业或哪一企业为参照标准）？
16. "了解你的顾客"被列在服务设计原则中的首要位置上。试解释对于服务企业而言，何谓"了解你的顾客"并提供一些行之有效的建议。
17. 企业应该如何将员工和顾客的忠诚度植根于服务之中？
18. 灵活性是否是服务理想的特点？试解释其原因。

19. 何谓"感知分析图"？它是如何运用于服务的设计与开发中的？
20. 描述森尤因和约翰逊设计的服务设计和开发模型的4个主要阶段。每个阶段的目标各是什么？
21. 前台操作和后台操作有什么区别？对两者设计的主要目标各是什么？

案例 8—1

贷款步骤流程化

今年，第一国家银行（First National Bank）被一个抵押贷款申请搞得焦头烂额。为了解决贷款额度不断膨胀这一问题，他们将贷款程序划分为5个相互独立的阶段，并委派一些人负责各个阶段的工作。（事实上，每个阶段形成了一个部门。）

首先，顾客在**贷款部**（loan agent）填写完一张贷款申请表。贷款部与顾客就抵押贷款方式进行讨论，并依据顾客提供的数据，迅速完成计算，决定顾客是否有资格取得贷款。如果数据审核无误，顾客只需签署几张同意信用调查的意见书，然后就可以在家静静等候批准贷款的通知了。

接着，顾客的档案传到了**贷款处理部**（loan processor）。该部门要对贷款人进行信用调查，验证其他金融机构开具的贷款或抵押证明，验证财产估价书和就业证明。一旦发生问题，贷款处理部就会征求贷款部的意见。如果信用报告上的条款与贷款申请书上的内容不符，或者其他工作人员对其提出异议，顾客有必要对此做出解释。如果解释合理，解释信将被夹在顾客档案中，一同寄往贷款部（有时是银行的董事会），做最后的审批。

顾客收到批准贷款信后，应致电**借款部**（closing agent），确定借款时间，若此前还没有商定贷款利息，那就还需要确定贷款利息。

借款部会要求顾客提供其律师的名字，以转寄各种贷款文件。律师应该进行一次仔细的了解和调查，对贷款申请人的身份进行认定，了解贷款人的保险事项，并着手准备贷款文件。律师和借款部之间要有多次的电话交流，直到最后确定实际费用、付款日期和还款金额。

贷款服务专家（loan-servicing specialist）的职责是确定前一次贷款是否已经偿还，新的贷款额度是否合适。银行将款项借出后，由**贷款偿还专家**（loan-payment specialist）负责发放还款手册，或是编制自动划账的分期还款方案和每月的还款额，这其中应包括第三者保管抵押物的保管费。贷款偿还专家还负责监控抵押贷款的逾期还款情况。

由于要求贷款的需求比以往任何时候都惊人，所以很难对重新设计后的贷款程序做出肯定或否定的评估。然而，贷款服务专家转达的几点顾客意见对管理层形成了一定的压力。

顾客意见可归纳为：

● 我决定在我原先贷款的银行进行抵押贷款，本以为这样可以节省时间和金钱。

没想到贵行受理我的贷款的时间比其他银行足足多了两个月,而我节省下来的借款费用还不够填补每月高昂的抵押还款费用;

- 我刚接到贵行的电话,声称我延迟缴纳抵押还款。你说这可能吗?要知道每次都是贵行自动从我的账户里划款的;
- 为什么贵行对书写和信件情有独钟?如果你们只是打个电话,问我这些问题,而不是寄给我些表格让我去填,我想事情可以进展得更快一些;
- 我的财产去年贵行已经核实过。我在过去的一年间,即没有往屋子里添置任何东西,也没有增加财产,这在我的财产税税单上可以查明。何故劳烦贵行又来做财产评估呢?你们似乎就是热衷于瞎忙乎;
- 我从来不知道到底该给谁打电话。太多的人在插手我的档案。我敢肯定我起码对十几个人重复过同一个问题;
- 为了等到贵行核准我的贷款申请,我的信用报告、财产评估书和调查报告都过期了。我看该是由你们替我支付制作新的报告的费用;
- 今天,为了提交律师文件,我独自驱车来到你的办公室,我希望得到你的签名,或者你随便在借款文件上写点什么。可是贷款专家告知我,贷款部如果不是按照贷款部确定的时间,她是不会受理我的文件的,而且如果她一旦有个头疼脑热,贷款将被延期。我从工作中抽出半天的时间来办理贷款事宜,再要找一个这样的时间可真不方便。尽管我知道你们业务也很繁忙,但是我仍然不敢苟同贵行如此办事的方式;
- 今天,我收到一位贷款付款专家的一封信,里面有一叠表格,要求我确定抵押付款的方式。这些我在借款部都填过了,难道你们自己的东西自己不看吗?我担心如果我再填一次的话,你们会从我的账户里取走双份的钱。

资料来源:Roberta S. Russell and Bernard W. Taylor III, *Production and Operations Management*: *Focusing on Quality and Competitiveness* (Upper Saddle River, NJ, Prentice Hall, 1995), pp. 320-321.

案例思考题

1. 识别抵押贷款流程中的各个步骤。每个步骤的目的各是什么?
2. 建立一个该流程的设计蓝图。标出失误点。若可能,指出每个步骤所需的时间。
3. 你认为哪些步骤可以被省略?哪些步骤是在为顾客创造价值?
4. 如何改进整体的流程?
5. 该银行在开发此项服务的时候,运用了在本章第4节中讨论过的哪些服务设计与开发的原则?你认为该银行应遵循哪些原则?
6. 该银行在开发此项服务时,为体现服务的品质和价值,运用了何种理念和方法?你认为该银行应使用何种理念和方法?

案例 8—2

联合航空公司的穿梭航班

美国联合航空公司（United Airlines）通过开办联航穿梭航班（Shuttle by United）业务，以期在短程航空服务市场上站稳脚跟。在1994年中期以前，由于新的航空公司频频抛出低价航线，联合航空公司在短程航空市场上的份额一度萎缩。为了在该市场上重整雄风，联合航空公司试图通过雇员持股计划（employee stock ownership plan，ESOP）来寻求雇员全部买下公司资产的机会。通过一系列的市场调查、雇员重新组合和工作流程分析，联合航空公司成功地将成本降低了30%，还提高了飞机的利用率，并在现有服务体系下将航班的滞港时间缩短为原来的一半。这些举措提高了顾客的满意度，扩大了市场份额，降低了成本并增加了收益。

那是在1994年10月1日早上9点30分。"三、二、一，启动！"穿梭航空业务开发部副主任罗诺·达塔（Rono Dutta）正在洛杉矶国际机场和一群联合航空公司的雇员们一同倒数计时。当他按下了一个标有"启动"字样的大型按钮时，搭乘2018次航班前往旧金山的乘客们手持区域1的登机通行证开始登机。区域登机的概念萌芽于联航穿梭航班公司为重新在短程航空市场占领市场份额而提出的计划。在短程航空市场，一些市场定位准确的航空公司，如西南航空公司、美国西部航空公司（America West）以及其他一些运作成本低廉的航空公司，正在不紧不慢地蚕食许多诸如美国航空公司、Delta航空公司和美国联合航空公司这类航空巨头们的市场份额。这些灵活、机动的航空公司提供低廉的机票、频繁的穿梭航班，并免去一切不必要的花哨形式。这种模式深受市场的青睐。

在设计短程穿梭航线时，联合航空公司将美国的西部航线作为主要目标。在繁忙和需求旺盛的西线市场上，联合航空公司曾经拥有一批忠诚的客户群。比如，洛杉矶和旧金山之间的航线是全美国最繁忙的，联合航空公司在这条线路上每天开设有40趟穿梭航班。就在这条兵家必争的航线上，联合航空公司的市场份额从1989年的50%萎缩到1994年的34%。这主要是由于1980年末西南航空的进入所造成的，该公司的市场份额则从0一举跳跃到50%。自联合航空公司在1994年秋季宣布整合航线起，USAir公司和American Airlines公司都抱怨公司的州际航班的班次大幅度下降了。

为了在短程市场上取胜，联合航空公司需要将成本降低30%。而只有当雇员通过ESOP（雇员持股计划）来购买整个联合航空公司的时候，才有可能实现降低成本。得益于ESOP，雇员的薪金标准降低了，工作制度更具灵活性。随着航班利用率的不断提高，联合航空公司有望缩小与短程航线竞争对手之间的成本差距。

雇员购买计划

作为雇员购买联合航空公司计划的一部分，雇员把将近50亿美元的工资、津贴和工作制度上的让步作为换取公司 55% 股份的代价。购买计划是由飞行员和机械师工会提出并推行的。航空乘务员在 1993 年退出了工会联合会。在过去的 5 年时间里，雇员们在工资和津贴上的让步达到 49 亿美元之多，占雇员返还福利的比例为：非工会的员工和售票员为 8.25%；地勤人员为 14.7%；飞行员为 15.7%，而此举的代价就是获得了联航董事会 12 个席位中的 3 个。整个购买计划使得联合航空公司的劳动力成本下降了 14%。

联合航空公司的战略目标是利用降低劳动力成本来开发能与西南航空公司抗衡的新产品。新产品的成本被定为每座每英里 7.4 美分（在实行 ESOP 之前为 10.5 美分）。为了实现这个目标，联合航空公司需要在另外两个领域下功夫：资产领域和分销领域。联合航空公司通过加大航班和设施的利用率来降低资产成本，通过大力推行机票直销来降低渠道费用（参见图表 8—8）。即便实现 7.4 美分的成本，这仍然比西南航空公司高出 0.4 美分。为了弥补这一不足，联合航空公司通过其优异的收益管理工具和每位乘客更高的平均收入获取额外的利润。联合航空公司终于做到了在同一航线上和西南航空公司提供相同的票价。即便在同一价格水平上，联合航空公司仍然占有优势，原因无非就是联合航空提供头等舱服务，而且其乘客接续率（connecting passengers）也相对较高。

图表 8—8 (单位：美元)

费用目录	西南航空	目前的联合航空	联航穿梭航班
工资和津贴	0.024	0.035	0.026
燃料和石油	0.011	0.011	0.011
飞机租赁	0.007	0.008	0.007
飞机维护费用	0.006	0.003	0.002
佣金（不包括国际航班）	0.005	0.010	0.006
广告费用	0.002	0.002	0.003
食物和饮料	0.000	0.005	0.000
其他	0.017	0.031	0.019
总计	0.072	0.105	0.074

注：联航穿梭航班的运作成本略高于西南航空公司。西南航空公司的外包维修比例高于联合航空公司。因此，其飞机的维修成本比联合航空公司高，但是其单个维修人员的费用仍然较低。（资料来源：UAL Corporaton, Proxy Statement, June 10, 1994）。

竞争对手：西南航空公司

西南航空公司是联合航空公司在西线航空市场上主要的竞争对手。西南航空公司的成功得益于其精准的战略定位，即只提供 750 英里以下点对点的高频率航空飞行服务和只订购单一品种的飞机——波音 737。作为航空业唯一的一位"三冠王"，西南航空公司以其准点率高、包裹处理准确安全、顾客投诉率低等一系列成就成为了该领域的领军人物。西南航空公司的成功很大程度上归功于热情、积极、劳动生产率高的工作人员和飞机的高利用率而带来的低成本构架。西南航空公司是一家与众不同的航空公司：它不提供膳食，没有头等舱可供选择，也没有预留座位服务。为了省去预订费用，西南航空公司一再拒绝加入三大航空巨头（美国航空公司、Delta航空公司、美国联合航空公司）主办的电脑预留系统。多亏了单一的产品和简洁的流程，西南航空公司可以始终如一地将一次飞机调度时间（即从一架飞机到达机场登机口开始到离开时为止）控制在20分钟，并保持飞机的高利用率。西南航空公司实行随到随坐的策略，鼓励乘客若想坐到好的位子就得早点赶到机场。其登机过程还是简洁流程的一个主要典范。依据先到先就座的原则，乘客按照先后次序领取到被标有1～126中某一数字的塑料登机牌（登机牌上的号码对应飞机内的座位）。只有在大门口才能够领到登机牌，这就免去了在整个机场遍布昂贵的计算机网络的需要。乘客按30人一组进行管理，为了加快登机的速度，乘客须严格遵守包裹随身携带的规章。如果随身的包裹不符合规定的尺寸，在大门口就被冠以标签，然后就近由任一工作人员送往飞机上寄放包裹的舱位。

一旦登机后，乘客可选择任一空位就座。乘务员会协助乘客就座并安放随身行李。飞行中，仅限于提供饮料和花生米，这样简化了飞行服务，并降低了成本。

员工之间跨职能的工作表现增加了西南航空公司的工作产出，并营造了一个有凝聚力的团队氛围。西南航空公司的低成本结构和高客座率以及高顾客满意程度，奠定了西南航空公司的巨大成功，并一举成为20世纪90年代初期唯一一家盈利的美国航空公司，其净利润率为5%，甚至更高。

穿梭航班的发展

"我们一直坚信，只要我们做有益于顾客，有益于员工的事情，我们就能实现股东价值最大化。"由22个跨部门的员工团队将穿梭航班的构想付诸于现实。据穿梭航空业务开发部副主任罗诺·达塔称，他们的任务就是提供"客户亲和的、没有摩擦的"服务产品，建立绝对忠诚的客户队伍，培养员工的工作热情和主人翁意识，并最终实现可观的盈利。过了两个月的时间，这些团队从无到有，建立了一套操作程序（在公司叫做**操作手册**）。这些手册的内容涉及诸多方面，如机场操作、飞行操作和机舱中操作等等。除此之外，联合航空公司还设立了城市小组，开展针对特殊的团体的公众意识宣传活动。这些"城市"小组通常由一名乘务员、一名飞行员、一位包裹管理员、一位预约代理人和一名住在特定城区内的销售账目经理组成。由于有大量的跨职能的一线员工参与，新产品的规划显示出了与以往联合航空公司管理实践完全不同的风格来。

主要目标

为了战胜西南航空公司，联合航空公司既要保持和西南航空公司一样低廉的价格，又要盈利。联合航空公司要求他们的团队增加飞机的利用率，即意味着缩短飞机在陆地上逗留的时间。影响飞机调度时间的因素有这样几种：离开机舱的时间（以每分钟通过的乘客人数计）、登机的时间（以每分钟通过的乘客人数计）以及包裹处理的时间和其他服务的时间。如果飞机能够节省在地面上逗留的时间，就可以相应减少登机入口和地面装备。如果飞机能够得到充分利用，那么每架飞机都将创造更多的利润。西南航空公司的飞机一天飞行11个小时。联航穿梭公司的目标就是要接近这个数字。

重新设计前的流程

在设计穿梭航班之前，各团队详细分析了联合航空公司和西南航空公司现有的时刻表。他们模拟离舱、登机、处理包裹和添加燃料，并记录具体时间。这些研究为穿梭航班的设计奠定了基础。

在联合航空公司的普通航班上，乘客在购买机票后可获得既定的座位，如需要还可获得登机凭证。带小孩的家庭、独自出行的小孩以及需要特别帮助的乘客可先行登机，然后是头等舱乘客和首席乘客（联合航空公司频繁飞行计划的顶层乘客）。此后，乘客按照排列的号码从后到前依次登机。首先是飞机后3排的乘客登机，接着是中间舱位的乘客，最后是前舱沙发区的乘客。联合航空公司限制每人每次只能携带两个随身包，但是对于行李的大小和总数并有无强行的规定。

当乘客登机时，一名乘务员负责问候乘客，而另外的乘务员则负责飞行中的内勤服务。登机乘务员或飞行乘务员均有权利限制乘客随身携带的物品，但是需要取得包裹处理部门的协助。

联合航空公司的团队对其与西南航空公司在地面上花费的各部分时间进行研究。他们针对两家公司的配备单门过桥的波音737飞机分别进行研究，发现西南航空公司和联合航空公司乘客离舱速率相当（均为每分钟17人），但是西南航空公司的登机速率为每分钟11人，而联合航空公司只有每分钟8.5人。

飞机到达登机口，舱门打开后，乘客就可以离舱了。西南航空公司只需半分钟就可以打开舱门，而联合航空公司却需要1分钟。西南航空公司有专门的通道负责人，在快速通道的门口等候飞机，然后从外面将门打开，而联合航空公司的通道负责人往往忙于其他的事务，接到通知后才过来。一旦舱门打开，乘客就开始离舱（两家公司的离舱时间均为6分钟），然后，机内的乘务员进行简单的机舱清理。此后，新的乘客开始登机。研究显示，在达到满座率为80%的条件下，西南航空公司只需花费12.5分钟就可再次安排乘客登机，而联合航空公司则需花费14.2分钟。最后，乘务员提醒乘客就座并关上舱门。两家公司在这一步骤上均耗时2.5分钟。飞机周转的全部时间在联合航空公司约为23.7分钟，而在西南航空公司仅需要21.5分钟。

飞机外的服务包括包裹处理和燃料服务。该团队假设一个舱位128座的飞机，满座率为80%，每位乘客平均携带0.9个提包，托运行李总重量为500磅（装、卸各500磅）。包裹处理程序是由连续的6个步骤组成：(1) 打开舱门，启动传送带装货机（3.0分钟）；(2) 卸下包裹（7.7分钟）；(3) 卸下行李（1.7分钟）；(4) 装载行李托盘（7.7分钟）；(5) 装载行李（1.7）分钟；(6) 移开传送带，并关上舱门（3.0分钟）。包裹处理程序耗时约24.8分钟。补充燃料过程与之同时进行，通常比处理包裹来得快。

重新规划的流程

联合航空公司目前的登机速率实在太慢了。时间研究显示，西南航空公司采取的开放式就座法比联合航空公司的对号入座法显得更便捷。然而，很多乘客并不喜欢在找座位上大费周折。即便是西南航空公司的开放式入座法也没能解决瓶颈问题。大多数乘客喜欢过道边和窗口边的座位，而把中间的座位留给登机迟的乘客。于是后到的乘客要么从过道边的乘客身边挤进去，要么就干脆要求换个座，这就在过道附近形成了瓶颈。除此之外，乘客在顶箱内安放行李的时候也会形成瓶颈。西南航空公司预见到了这一问题，于是，机上的乘务员会帮助乘客摆放行李。

联合航空公司的团队在40架飞机上试行开放式就座方法。结果显示，虽然无法与西南航空公司的12.5分钟持平，但是开放式就座法确实将登机时间从原先的14.2分钟缩短为13.3分钟。不幸的是，顾客的满意程度也下降了。团队的成员们一致认为他们需要"另辟蹊径"。

在关于登机流程的小组讨论会中，一位曾服务于运输公司的工程师提出：卡车一般是从外面往里装载货物，这样可节省装载的时间。能否在飞机上也运用同样的方法呢？对于他的意见，起初的反应是众说纷纭，各执一词。不过，联合航空公司还是决定要试一试。靠窗口的乘客最先登机，然后是中间座位的乘客，最后是走道边的乘客。

代号为WILMA（window-middle-aisle，即"窗口—中间—走道"）的登机流程使用划区的方法安排就座次序。当乘客选择完他们的座位后，会得到自动分配的区号，该区号就用大号字体打印在他们的登机证上。区域1就是指机舱右侧靠窗的座位，区域2指机舱左侧靠窗的座位，区域3就是机舱右侧中间的座位，区域4是机舱左侧中间的座位，区域5是机舱右侧走道边的座位，区域6是机舱左侧走道边的座位。区域1和区域2的乘客最先登机，接着是区域3和区域4的乘客，最后是区域5和区域6的乘客。首席乘客不再享受提前登机，而是在叫到他们的区号时才开始登机。当然，对于需要特别帮助的乘客仍然可享受提前登机的待遇。

新的登机流程的试行使得在满座率为80%的条件下，平均离舱速率达到每分钟11.5人。新的登机时间为11.7分钟，比原先下降了2.5分钟（比西南航空公司12.5分钟的登机时间略少）。联合航空公司在几条选定的西南航空线路、联合航空的优先预留座位的线路和联合航空的WILMA线路上进行了时间测试的比较。结果发现，使用WILMA方法可将登机时间下降17.6%（参见图表8—9）。

图表8—9

航班	开放式就座法所用时间	联航预留座位法所用时间	WILMA法所用时间
1	10.0	13.9	11.3
2	16.7	12.6	13.3
3	14.8	18.0	13.3
4	11.8	14.7	12.4
5	11.6	13.9	13.3
6	15.0	13.8	9.6
7	13.8	14.0	13.3
8	10.2	12.7	8.8
9	12.3		10.9
10	11.7		10.5
11	12.3		
12	12.9		
13	10.1		
14	12.3		
15	12.6		
平均时间	12.5	14.2	11.7

注：以上显示，15个航班登机时间的概要显示了使用WILMA流程（窗口—中间—过道）的优势。这是在假设所有飞机的舱位为128个，且满座率为80%的前提下的。

在试行早期，团体乘客的就座造成了一个难题。比如，带着小孩的一个家庭一同搭乘飞机，可是每个人的区号又不一样，该怎么办？联合航空公司通过修改区域分配算法使得一同出游的人可分在同一个区域内。

所有乘客的登机通行证上都会印有一个大大的表示区域的数字。为了能够打印这些数字，联合航空公司对打印机做了适当的调整。除此之外，在启用新服务的阶段，联合航空公司在售票处和机场大门口，清晰地展示了这些新型的卡片。

在登机开始之前，通道负责人会向乘客解释如何按照区域进行登机，并重点强调随身行李的携带规则。需要额外时间和特殊服务的乘客可提前登机。区域1和区域2的乘客首先登机。如果通道口的乘务员发现登机次序出现混乱，她可以要求乘客等候按照各自的区号登机。区域3和区域4的乘客紧跟其后，再是区域5和区域6的乘客。这些团队还找出了可能会破坏WILMA流程的几点因素。减少WILMA服务中的偏差对于维持服务的连贯性至关重要。潜在的破坏因素有：优先订座服务、随身携带的行李、吊挂箱、飞行前的饮料和其他物品的补给。

1. 在原先的流程中，乘客在购买机票时可提出要求预先安排座位，并取得登机牌。在登机的那天，已优先安排了座位的乘客往往在最后的几分钟才到达机场而且不按顺序登机。这就破坏了WILMA方案。小组最后找出了一个两全其美的方法：既不违背常客们的要求，依然保留优先定座服务，但是只在机场检票处才交给他们登机牌，这样就可防止他们在最后一分钟登机。

2. 随身携带的行李也会造成麻烦。大多数航空公司限制乘客只能携带规定大小的两个随身行李，但是此项限制很难落到实处。有些乘客携带的随身行李过多，或者随身行李的尺寸过大，他们往往很难找到适合安放行李的地方。当这些乘客忙于安放行李时，后面的乘客不得不耐心等待，于是就破坏了正常的登机流程。当这些乘客在其他乘客离舱的时候逆流去取他们的行李时，就又破坏了正常的离舱流程。为解决这一问题，穿梭航班研究小组拿出多套可行的方案。比如：在售票处和进口处摆放贴着标签的纸箱，显示随身携带行李的规格限制。售票员和门卫负责阻止超大和超重的行李。为了加速这一流程，联合航空公司还设立了一个新的职务——机场协调员。机场协调员负责在登机前巡视机场大厅，如发现有超大和超重的行李，就协助行李处理员一同将行李装载上飞机。

3. 登机之前，应将吊挂箱打开，而飞机乘务员应尽可能保持吊挂箱敞开着。这样，乘客们就可以清楚地看到吊挂箱是满的还是空的，而无需在开关吊挂箱上浪费时间。

4. 一般来说，头等舱的乘客最先登机，并可享受飞行前提供的饮料。然而，这项饮料服务往往使得飞机乘务员忙于在头等舱的乘客和其他登机乘客间奔波，从而影响了正常的登机流程。由此，联合航空公司的穿梭航班就不再提供飞行前的饮料服务了。

5. 一般来说，杂志都是摆放在头等舱的前排，而枕头和毯子在飞机上随处可见。研究小组发现，当乘客们登机后，他们有时会停下来细细看这些杂志或者随手拿一个枕头和一条毯子。为了避免乘客们的分心而造成登机不畅，联合航空公司将飞行中的阅读物放在乘客们看不见的吊挂箱内。枕头和毯子被统一放置在中央位置，由飞机乘务员应乘客的要求分发。

除了WILMA登机法外，研究小组还发现了其他一些节省时间的方法，它们有助于将一次飞机周转时间锁定在20分钟内：

在飞机到达之前，机场协调员就已在通道口等待。而在此之前，飞机有时要等待工作人员。

飞行员和飞行乘务员的交接时间很短，而且往往同步进行。这就避免了飞行员已经在飞机上，而飞机乘务员还在另一趟航班的归途中（当然也有相反的情况）的可能性。由于飞行员和飞机乘务员的权责不同，若将两组人员硬是安排在同一个进度表内，会大幅增加成本。然而，经过了长时间的考虑后，穿梭航班研究小组仍决定实施这一做法，因为这有助于准时提供服务。

为了减少为飞机补给的时间，并降低供应物品的频率，联合航空公司简化了膳食服务。现在，该公司只提供饮料和小点心（如花生或饼干等）。在大多数情况下，飞机上的食品可从飞行一开始一直维持全天的6个航班。相关的市场研究与这一决定恰巧不谋而合：乘客们一再声明，对于行程小于750英里的航班，他们更看重准时的服务和低廉的票价，而非丰盛的一餐。

飞机乘务员不再使用饮料手推车了，这样在飞行中过道总是能保持畅通。现今，他们都按照乘客的要求使用托盘将饮料递给顾客。在结束航班之前，乘务员开始收集乘客们看过的报纸、用过的杯子和餐巾纸，这样可以节省飞机着落后的机舱清扫时间。

机场地勤人员被分为"楼上的员工"（登机口工作人员和售票员）和"楼下的员工"（行李装卸员、机舱服务员和机械工）。在穿梭航班中，楼上和楼下的员工目标一致，通力合作。例如：他们均有责任保证飞机准时起飞。为了加强团队合作精神，穿梭航班的所有地勤人员都身着统一的制服。制服的设计者是一位多部门协作团队的成员。制服是一件红、白、蓝相间的衬衫和一条深色的裤子或裙子。统一的制服是凝聚力的象征，尤其是在大型的机场内，因为楼下员工都有自己的工会，而楼上员工则没有。例如，在穿梭航班的实际运作中，由机械工和登机口值勤人员帮助装载最后一批行李的现象已经司空见惯。

联合航空公司重新规划了行李处理程序，这样，员工就能够同时处理两个货物分隔舱：两扇舱门同时打开，小组中的成员分立两边操作。同步程序会要求增加两名员工。两扇门同时打开，装载设备2.0分钟内到位，4.6分钟卸下行李，1.0分钟卸下托运货物，装运行李4.6分钟，装运托运货物1.0分钟，2.0分钟用于移开装卸设备并关门，总共耗时15.2分钟。

穿梭航班的运作情况

联航穿梭航空公司于1994年10月1日开展穿梭航班业务，92条穿梭航班穿梭在8个西线城市之间。至1994年11月1日，穿梭航班的业务已拓展到12个城市，启动130条穿梭航班；1994年12月1日的时候，已有143条每日穿梭航班翱翔在14个城市的上空。截至1995年4月2日，这一数字再次被刷新，为16个城市362条穿梭航班（参见图表8—10）。

图表8—10 (1994年)

往返城市	10月	11月	12月	单程（英里）
旧金山/伯班克	20	22	22	326
旧金山/拉斯韦加斯	18	18	18	414
旧金山/安大略城	14	20	22	363
旧金山/圣地亚哥	18	20	20	447
旧金山/西雅图	28	26	26	678
旧金山/洛杉矶	58	62	62	337
洛杉矶/萨克拉门托	10	10	10	373
洛杉矶/奥克兰	18	18	20	337
洛杉矶/拉斯韦加斯		18	20	236
奥克兰/伯班克		14	14	325
奥克兰/安大略城		12	14	361
奥克兰/西雅图		10	10	671
圣地亚哥/萨克拉门托		10	10	480
洛杉矶/凤凰城	—	—	18	370
总航班	184	260	286	

注：每日航班的总数在3个月中从184增加到286（资料来源：联合航空公司：《友好的天空》）。

衡量穿梭航班表现的依据有很多，比如周转时间、乘客的满座率、准点降落和准点起飞等等。是否准点降落和准点起飞的衡量标准是实际降落时间或起飞时间与时刻表之间的差异。美国运输部（the U. S. Department of Transportation）将准点到达定义为"到达时间与时刻表规定时间的差距在14分钟以内"。尽管联合航空公司以14分钟作为衡量准点到达的准绳，但是他们主要计算差距为5分钟和0分钟的准点到达比例。

消费者调查显示，准点到达是消费者最看重的一项表现。如果飞机能够准时在指定的机场降落就不太可能会产生飞机起飞延误。经过了1994年那个寒冬的肆虐（飞机的准点降落和起飞受到了恶劣气候的严重影响），在1995年初，穿梭航班5分钟内准点降落的概率恢复到75%（参见图表8—11）。1994年秋，飞机在地面上的平均耗时从1994年10月的37.5分钟下降至1994年12月的24.7分钟。

图表 8—11

时间	乘客满座率(%)	平均每日完成的飞行次数	准点到达率(%) 05	准点到达率(%) 15	准点起飞率(%) 00	平均地面耗时
1994年10月	69.80	180	92	96	85	37.5分钟
1994年11月	65.10	246	79	86	63	27.9分钟
1994年12月	59.10	283	73	83	54	24.7分钟
目标			78%	88%	75%	

注：联航穿梭运营数据显示除每日起飞数外，其他数据均呈下降趋势。

联合航空公司定期访问他们的顾客，评估顾客们对穿梭航班服务的满意程度。总体而言，顾客们对穿梭航班都表示满意，而且首席乘客和一些常客明显更青睐于穿梭航班（参见图表8—12）。

图表 8—12

服务	穿梭航线首席乘客	穿梭航线其他乘客	主要航线首席乘客	主要航线其他乘客
全面服务	4.3	4.5	3.7	3.8
准点服务	4.7	4.6	3.6	3.8
礼貌	4.6	4.6	3.8	3.9
检票效率	4.4	4.5	—	—
登机效率	4.4	4.6	—	—
乘务员服务的总体印象	4.5	4.6	3.8	3.9
乘务员的友好程度	4.6	4.6	3.9	3.9
饮料服务	4.2	4.4	—	—
飞机清理工作	4.2	4.4	3.6	3.8

注：1994年10月顾客满意程度调查显示，顾客对穿梭航班的满意程度较原先的主要航班高（评估范围：1~5）。

然而在旧金山，穿梭航班的业务刚一启动，就有一些乘客抱怨穿梭航班的登机口位置不合理。因为在实行穿梭航班之前，旧金山/洛杉矶的航班是从68~75号登机口登机的，但是启动了穿梭航班业务后，登机口变成了76～79号。由此，乘客们不得不多走路，有些乘客对于这样白白地浪费时间和精力大为不满。联合航空公司解释道：虽然登机口的位置变得远了，但是接送乘客上飞机的出租车时间却被减少了好几分钟，而且多花一两分钟步行到登机口也还说得过去。过了2～3个月后，这场抱怨就渐渐平息了。

管理人员特别关注重要乘客对穿梭航班的反应。若不是在穿梭航班上，重要乘客可与头等舱的乘客一同提前登机。而在穿梭航班中，重要乘客虽然可以享受到优先的座位，但必须和其他乘客一起按照区号登机。一项针对重要乘客的调查显示，有28%的人对此表示支持，28%的人持中立态度，另有44%的人表示反对。主要的不满（约占30%）集中在穿梭航班不提供优先定座服务上。另外20%的不满是针对优先登机特权的。还有约10%的人抱怨票价；10%的人对于改变频繁乘坐优惠里程的计算感到很恼火（在穿梭航班上，乘客享受的是实际飞行航程，而不是原来的500英里最小航程），10%的人认为头等舱的服务名副其实，还有20%的人持各种各样的不满意见。

在赞同的声音中，乘客们对以下的几点表示认可：准点服务、航班时刻安排、常客等级提升的机会、友好的员工以及以累加航程换取免费航行计划。在对穿梭航班乘客的早期调查中，94%的受访者表示，如果航期符合而且票价相当，他们愿意在联合航空公司和西南航空公司之间选择前者。从一方面来看，西南航空公司的忠实拥护者认可西南航空的几点理由是：合理的登机口位置、富有亲和力的员工以及同行的3人中有1人可享受票价优惠（two-for-one companion fares）的优惠票价政策。

联合航空公司并不指望在运作后的几个月时间内，穿梭航班就能够实现地面周转时间仅20分钟的目标。十月份的航行时刻表允许飞机的平均周转时间为40分钟。那些承担员工工作的股东们（employee—owners）决定在力求实现20分钟飞机周转时间之前，应当保持平常的心态，首先适应新流程，然后总结经验，最后争取提高。1994年11月，联合航空公司将航行时刻表允许的飞机平均周转时间压缩为35分钟。到了1995年初，这个数字已经缩小到25分钟了。

不断改进

在最初的9个月里，穿梭航班的业务开展得非常顺利。唯一的挑战就是要克服自鸣得意的心态，并且根据顾客的需求不断完善服务。自穿梭航班投入市场后，所有开展该业务的机场都组成了每日"碰头会"，用于寻找由于职能跨越而出现的问题，并加以处理。除此之外，机场人员和公司管理人员每两月进行一次会面，处理公司中"碰头"的问题。联合航空还鼓励公司员工花1天的时间在穿梭航班上，参与具体操作，深入市场接触。提到碰头会上要求解决的问题主要有：随身携带行李问题、转机乘客的座位安排问题、换乘的收费问题、座位分配重叠问题、如何精确计算乘客数量问题和潜在的乘客的逃票问题等等。

起初的随身携带行李"标准"并不十分明确。登机口的工作人员每天都会为那些行李超长、超宽而与乘客发生争执。联合航空公司设计了一只纸盒，标明可随身携带行李的尺寸。新方法的引入不但加强了乘客们对携带行李限制标准的认识，也方便了工作人员的工作。

将超长超宽的行李从登机口移到飞机上无疑是件麻烦而且累人的事情。员工们每次只能从通道上拖带2~4个包裹，这往往会造成延误。为了解决这一问题，旧金山的研究小组在通道沿线安装了可运输包裹的滑行带。

转机乘客一经登记，就可在穿梭航班上获得下一个航班的座位。如果转机乘客迟到而又安排在靠窗或中间的座位，就会影响登机的流程。然而，如果将大多数过道的座位都留给转机乘客，其他的乘客就会对他们座位分配不满意了。在有大量转机乘客的航班上，穿梭航班研究小组决定将整排的座位留给这些乘客，以此降低对WILMA登机方式的负面影响。

约有超过半数的乘客选择乘坐机票打折的航班。大多数这类机票不允许乘客变换航次或飞行日期，除非他们支付额外费用。一些早到的乘客通常希望能够搭乘较早的航班。因为在许多穿梭航班市场中，航次非常频繁，于是这类情况十分普遍，结果往往导致在乘客与登机口工作人员之间发生激烈的争论。征收换乘费已成为乘客抱怨最多的问题。为了遵循"零摩擦"的原则，研究小组决定取消额外收费。

航班的频繁和地面时间的短暂，使得有些乘客混淆了航班，结果登错了飞机。于是，很多乘客往往会在自己的座位上发现居然坐着另外一位乘客。然后，那位误乘飞机的乘客不得不逆着人流下飞机，这就严重破坏了原有的正常的登机流程。解决这一问题的方法是由登机口工作人员在门口核对登机卡后才允许乘客登机。

类似的解决方法可用于处理第二类问题，那就是如何在飞机起飞之前确定空座的数量，以便于安顿候补的乘客。事实上，计算机登记的座位数量与实际的座位数量往往不相符合，究其原因是因为，一些乘客到最后放弃了预留座位，而另一些乘客则是转乘误机了。为了协调这些潜在的差异，有时会委派一人专门去数空余的座位，这往往会导致飞机起飞延误。联合航空公司决定在机场门口启用登机人数监测器。这一装置能够通过登机卡内的磁条自动确认乘客是否在正确的通道登机。它还能在乘客登机后核对乘客的座位，这样就便于登机口工作人员对于实际占用座位数做出一个准确的计算。尽管已经有了WILAM，研究小组还是给这个装置起了个名字——FRED（快速登机数核对装置，fast reconciliation enplanement device）。联合航空公司最近正在旧金山机场测试这一装置。

为了鼓励乘客直接通过联合航空公司或自助式售票系统（例如：联航联网计算机售票系统，United Connections on Compuserve）购票。在感恩节那天，电子购票业务正式在洛杉矶和旧金山之间的航班上启用，凡通过电子购票的乘客均可获得10美元的奖励。电子购票的出现实现了乘客可在网上预订机票，并使用信用卡结账。在机场，他们在出示了信用卡或其他形式的证件后就可获准登机，而不再需要传统的机票了。

展望未来

员工购买协定对于穿梭航班的业务尚有诸多限制。在前5年，联航穿梭公司的飞机数限于130架波音737飞机。除了洛杉矶和旧金山，在其他繁忙的中心城区尚不允许穿梭航班介入。穿梭航班的最大飞行距离为750英里。除此之外，穿梭航班的整个飞行时间被限制在占联合航空公司总飞行时间的20%～25%之间。

自1994年10月1日穿梭航班首次运营开始，该项业务已经拓展到许多新的城市，其中包括拉斯韦加斯、凤凰城、里诺市和波特兰市。穿梭航班的出现还激起了竞争对手的积极应对，其中最激烈的一战莫过于延期付费之争，由此将主战场从经营技巧转向财政实力的比拼。

联航穿梭公司的经营无疑是重新设计的成功范例。通过聆听顾客的需求，以竞争对手为基准并且鼓励员工的参与，联合航空公司已经证明了自己是一家能够将梦想变为现实的公司——而这一点正是竞争激烈的市场上的取胜之道。

资料来源：Sheryl Kimes and Franklin S. Young, "The Shuttle by United," *Interfaces*, vol. 27, no. 3 (May-June 1997), pp. 1-13. Copyright © 1997, Institute for Operations Research and the Management Sciences.

案例思考题

1. 穿梭航班业务的构想是什么？联合航空公司是如何实现这一构想的？
2. 穿梭航班的服务理念是什么？
3. 谁是联合航空公司穿梭航班业务的竞争者？联合航空公司是如何针对竞争对手的服务定位自己的服务的？
4. 联合航空的设计小组运用了在本章第4节中讨论过得哪些服务设计与开发的原则？哪些原则他们没有运用？为什么没有运用？你是否认为他们在今后改进设计工作时应该使用这些原则？如何使用？
5. 联合航空的设计工作小组运用了何种理念和方法来将品质和价值融于服务之中？哪些理念和方法他们没有运用？你认为他们不使用的原因何在？你是否认为他们在今后改进设计工作时应该使用这些理念和方法？如何使用？
6. 说出联合航空公司在开发穿梭航班业务中，设计服务流程的各个步骤。你认为联合航空公司的流程和森尤因和约翰逊的模型有何异同点？
7. 说出穿梭航班的前台工作流程和后台工作流程。这些流程设计的着眼点在哪里？
8. 说出有哪些实体环境要素？它们是否符合服务的理念与设计要求？
9. 联合航空公司采用了哪些经营方法？你是否认为这些方法与此类服务相适宜？还有其他的经营方法吗？
10. 设计小组是如何发现顾客的实际需求的？他们又是如何将顾客的需求转化为服务特色的？

参考文献

1. Akao, Yoji, "An Introduction to Quality Function Deployment," in Y. Akao (ed.), *Quality Function Deployment: Integrating Customer Requirements into Product Design* (Cambridge, MA, Productivity Press, 1990), pp. 1-24.

2. Berry, Leonard L., *On Great Service: A Framework for Action* (New York, Free Press. 1996).

3. Booz, Allen, & Hamilton, *New Products Management for the 1980s* (New York, Booz, Allen, & Hamilton Inc., 1982).

4. Camp, Robert C., *Benchmarking: The Search for Industry Best Practices That Lead to Superior Performance* (Milwaukee, WI, ASQC Quality Press, 1989).

5. Camp, Robert C., *Business Process Benchmarking: Finding and Implementing Best Practices* (Milwaukee, WI, ASQC Quality Press, 1995).

6. Chase, Richard B., and Douglas M. Stewart, "Fail-Safing Services." in Eberhard Scheuing and William F. Christopher (eds.), *The Service Quality Handbook* (New York, American Management Association, 1993), pp. 347-357.

7. Chase, Richard B., and Douglas M. Stewart, "Make Your Service Fail-Safe," *Sloan Management Review* (spring 1994), pp. 35-44.

8. Dean, James W., and Gerald I. Susman, "Organizing for Manufacturable Design," *Harvard Business Review* (January-February 1989), pp. 28-36.

9. Fallon, Carlos, "The All Important Definition," in William D. Falcon (ed.) *Value Analysis Value Engineering: The Implications for Managers* (New York, American Management Association, 1964), pp. 9-24.

10. Hauser, John R., and Don Clausing, "The House of Quality," *Harvard Business Review* (May-June 1988), pp. 63-73.

11. Heany, Donald F, "Degrees of Product Innovation," *Journal of Business Strategy* (spring 1983), pp. 3-14.

12. Heskett, James L., W. Earl Sasser, Jr., and Leonard

A. Schlesinger, *The Service Profit Chain* (New York, The Free Press, 1997).

13. Heskett. James L. , Thomas O. Jones, G. W. Loveman, W. Earl Sasser, Jr. , and Leonard A. Schlesinger, "Putting the Service-Profit Chain to Work." *Harvard Business Review* (March-April 1994), pp. 164 - 174.

14. Imai, Masaaki, *Kaizen: The Key to Japan's Competitive Success* (New York, McGraw-Hill, 1986).

15. Juran, Joseph M. , and Frank M. Gryna, *Quality Planning and Analysis*, 3rd ed. (New York, McGraw-Hill, 1993).

16. Kingman-Brundage, Jane, "The ABCs of Service System Blueprinting," in Mary Jo Bitner and L. A. Crosby (eds.), *Designing a Winning Service Strategy* (Chicago, American Marketing Association, 1989).

17. Lovelock, Christopher H. , "Developing and Implementing New Services," in W. R. George and C. E. Marshall (eds.), *Developing New Services* (Chicago, American Marketing Association, 1984), pp. 44 - 64.

18. Marriott, J. W. , Jr. , and Kathi Ann Brown, *The Spirit to Serve: Marriott's Way* (New York, Harper Business, 1997).

19. Michalek, Joseph M. , and Richard K. Holmes, "Quality Engineering Techniques in Product Design/Process," *Quality Control in Manufacturing*, Society of Automotive Engineers, SP - 483, pp. 17 - 22.

20. Pessemier, Edgar A. , *Product Management* (New York, John Wiley, 1977).

21. Rosenblatt, Alfred, and George F. Watson (eds.), "Special Report: Concurrent Engineering," *IIIE Spectrum* (July 1991), pp. 22 - 37.

22. Scheuing, Eberhard E. , and Eugene M. Johnson, "A Proposed Model for New Service Development," *The Journal of Services Marketing*, vol. 3, no. 2 (spring 1989), pp. 25 - 34.

23. Schneider, Benjamin, and David E. Bowen. "New Services Design, Development and Implementation and the Employee." in W. R. George and C. E. Marshall (eds.), *Developing New Services* (Chicago, American Marketing Association, 1984), pp. 82 - 101.

24. Schonberger, Richard J. , and Edward M. Knod. Jr. , *Operations Management: Continuous Improvement*, 5th ed. (Burr Ridge, IL, Irwin. 1994).

25. Shingo, Shigeo. *Zero Quality Control: Source Inspection and the Poka-yoke Systems* (Cambridge, MA, Productivity Press, 1986).

26. Shostack, G. Lynn, "How to Design a Service," *European Journal*

of Marketing, vol. 16, no. 1 (1982), pp. 49 – 63.

27. Shostack. G. Lynn. and Jane Kingman-Brundage, "How to Design a Service," in Carole A. Congram and Margaret L. Friedman (eds.), *Handbook of Marketing for the Service Industries* (New York, American Management Association, 1991), pp. 243 – 261.

28. Shostack, G. Lynn, "Service Design in the Operating Environment," in W. R. George and C. E. Marshall (eds.), *Developing New Services* (Chicago, American Marketing Association, 1984), pp. 27 – 43.

29. Shostack. G. Lynn, "Understanding Services through Blueprinting," in T. A. Swartz, D. E. Bowen, and S. W. Brown (eds.), *Advances in Services Marketing and Management: Research and Practice*, vol. 1 (Greenwich, CT, JAI Press, 1992), pp. 75 – 90.

30. Taguchi, Genichi, and Don Clausing, "Robust Quality," *Harvard Business Review* (January-February 1990), pp. 65 – 75.

31. Turino, Jon, *Concurrent Engineering* (Campbell, CA, Logical Solutions Technology, 1991).

32. Urban, Glen L., and John R. Hauser, *Design and Marketing of New Products*, 2nd ed. (Upper Saddle River, NJ, Prentice Hall, 1993).

33. Wells, Lawrence D., *Techniques of Value Analysis and Engineering* (New York, McGraw-Hill, 1961).

34. Wind, Yoram J., *Product Policy: Concepts, Methods and Strategy* (Reading, MA, Addison-Wesley, 1982).

第9章
服务业中的人力资源管理

9.1 本章概述
9.2 人力资源管理的实质
9.3 新的挑战
9.4 服务行业员工的类别
9.5 服务性企业的组织结构
9.6 本章提要
讨论题
案例9—1 欢乐泳池有限公司
案例9—2 Lewis食品公司运输车队的管理模式
参考文献

9.1 本章概述

人力资源管理(human resource management,HRM)是指涉及到一个企业中的人力资源获取和利用的一切活动。人力资源的有效管理是指在满足员工需求和权利的同时必须认识到社会各方面（无论是社区、少数民族、政府机构还是社会上的其他组织）的要求。部门经理对人力资源管理负最终责任，而人力资源管理部门的职责则是在遵循就业机会平等原则的基础上加强对雇佣、解雇、培训等方面提供技术支持。该部门还要负责档案管理和工资管理等方面的工作。人力资源管理中最重要的几个职能包括人力资源的规划、招聘、选拔员工和培训、使用员工以及对员工进行奖惩等等。

9.2 人力资源管理的实质

每个企业都有自己独特的人力资源管理职能,各个企业之间会有很大的差异。下面将要介绍的是各种企业中一些常见的职能。

人力资源规划

人力资源规划(human resources planning)的有效实施是指企业适时、适地拥有适当的人力资源的数量和配置。同时它也必须成为企业制定长期战略规划、中期计划和企业营运计划时的一个重要的组成部分。人力资源规划在大型服务性企业中的运用与其在制造业中的运用十分相似。但是在 Burger King 夹饼供应连锁店一类的小型服务性企业或团体中,就只能做短期规划。因为在那里,工作的大部分员工都是流动性的,他们中有些是准备寻找更好发展方向的,有些人只是兼职,随时可能返回学校继续读书,还有些人可能纯粹是把这份工作视作临时性的差事而已。

显而易见,一些大型的、稳定的服务性企业要制定长期的人力资源规划,但是对成千上万的小型企业而言,由于雇佣的是低技术、低报酬的员工,所以只能制定一些应付短期危机的规划。图表 9—1 所示的是根据不同的服务类型,将其所需的人力资源规划分成了短期、中期和长期 3 种类型。要选择一种预测方法不是一件容易的事情,这将在本书第 15 章中做详细讨论。大型企业必须对人力资源的需求和符合技术要求的实际供给做好预测。这也就意味着,在制定人力资源规划时要考虑到企业的目标和方针,还有招聘、培训、培养、转岗、晋升、新岗出现以及自然减员等一系列问题。与此相关的信息请参阅图表 9—2。

图表 9—1　　　　　　　　服务性行业的人力资源规划

企业类型	短期(几天或几月)	中期(几月或 1 年)	长期(几年)
快餐店	×		
传统餐馆		×	
房地产销售		×	
大学			×
建筑业			×
医院		×	×
休闲度假业	×	×	×
航空业			×
草坪维护		×	
银行			×
钟点工服务	×		

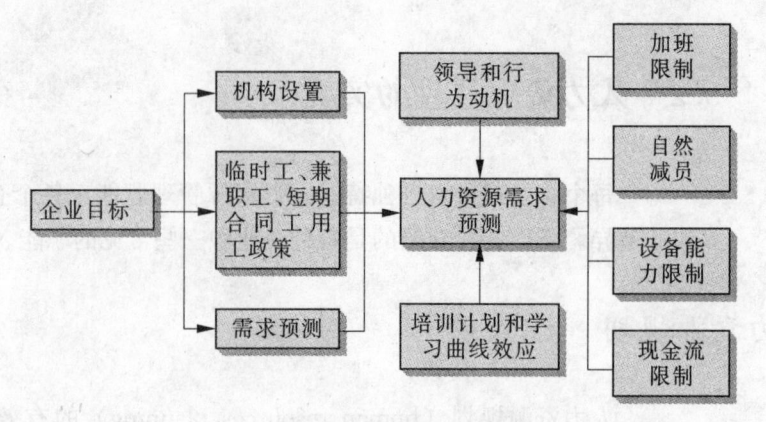

图表 9—2 预测人力资源需求的相关信息

从图表9—2可知，明确公司的经营目标能帮助我们确定企业的组织结构形式，由此确定一系列有关工作人员的使用问题，比如到底是雇用临时工、兼职员工，还是合同工。同时它也可以帮助我们建立一个预测服务需求量的体系。总之，所有这些工作都是预测人力资源需求的要素。对加班时间的限制、自然减员、有限的设备以及现金流量也会影响对用工的需求。此外，人力资源的需求量还会受到企业领导的理念、在岗职工的积极性、员工培训的结果以及员工工作效率的影响。有关工作效率以及如何测算的问题将在本章的补遗部分再做讨论。

人力资源管理在服务性行业的运用区别于其在制造业中运用的一个明显特征是，前者企业数量多、员工人数少。比如零售店、维修店、个体服务业和本地的房地产公司等等，都是这样。对一个拥有诸如律师、经济分析师、系统分析师、保险代理、医生和注册会计师等一些高技术人才的企业而言，一旦失去他们中任何一位都将是巨大的损失，再想找一个可以替代他们的人，就又得花费很长的时间。所以，这一类服务型企业的管理人员必须对诸如在哪里可以及时找到符合条件的人员的信息了如指掌。为此，企业管理人员应该一直与同业人员、各大专院校甚至"猎头"公司保持着长期的联系。

有许多服务型企业恰恰相反，它们倾向于雇佣没有经验的员工。这样做虽然要找代替他们的人显得并不困难，但是频繁地调换人员也是造成其他问题的原因之一。就以饭店为例，任何一名饭店的员工如果想辞职，无需提交什么辞呈，只要不来上班就行了，但是任何一个员工的"不辞而别"都有可能马上打乱正常的工作进程。因此人力资源规划最主要的工作就是"储备"大量的潜在人力资源，当然这些资源应该是靠得住的，并且是招之即来的。诸如快餐业，旅游业，这些历来以雇佣青少年为主的企业现在也面临着员工骤减的危机，问题主要在于缺少15～18岁的应聘者。解决上述一系列问题的办法是：一方面提高工资，使工资高于最低水平；另一方面开发新的人力资源，比如雇佣老年人。

招聘与选拔

招聘（recruiting）就是鉴定并吸引那些可以胜任企业某一岗位的人，并且将他们列入应聘者行列。招聘员工的第一步就是要准备一份完整、详细的岗位简介，同时也应该列明要胜任该岗位的应聘者应具备的具体技能和能力。为了获取充足的应聘人员以备选拔，企业可以利用各方面的关系（诸如报纸广告、同业联盟的人员列表、官方或非官方的就业机构、主动上门的人员名单、专门寻找筛选特殊人才的"猎头公司"、员工的朋友亲戚网络、大专院校的就业指导中心等等）以及企业的招聘大会等多种形式储备人才。

招聘服务性行业的经理、专业人员、白领工人与为制造业招聘管理人员的道理其实很相似。但是，服务业的白领员工在为客户服务时，消费者是在一旁等候，与员工是有接触的。如果员工素质不高，他与客户之间并没有缓冲地带。他们是面对面的。正因为如此，对服务业而言，招聘和选拔员工就成了一件非常重要的事情，所以许多服务企业都很注重通过观察员工的实际表现，然后再做出严格的筛选。这也正是西南航空公司和Marriott公司把员工放在首位的原因之一。[①] Marriott公司的首席执行官 J. W "Bill" Marriott, Jr. 认为：

> 我们企业的文化基础是："只有关心你的员工，他们才会关心你的顾客。"……对我们企业而言，把员工放在第一位，这是一个重要的哲理。Marriott公司是一个人的企业，而不仅仅只是提供服务的场所。[②]

员工的选拔（employee selection）过程应该严格按照为该工作制定的标准进行。应聘者的求职申请表要能体现出他是否有胜任此项工作的技能和能力，同时公司也可以通过测试、面谈、推荐信和试用期等方式对应聘人员做进一步的考察和筛选。

对于那些涉及直接服务于人的行业，应聘者必须有较强的服务至上、经营至上的意识。这就要求每位员工要有适当的激情［也就是所谓的**内在需求**（internalized need）］去提供优良的服务，而不仅仅是敷衍了事。每个人都会有自己的激情指向，所以在招聘和选拔员工时也必须考虑到该员工是否具备与企业的目标相吻合的激情指向。对员工的招聘其实也是一种

[①] 见本书第2章第5节西南航空公司的首席执行长官 Herb Kelleher 的一段话。
[②] 请参见 J. W. Marriott, Jr. 和 Kathi Ann Bron 所著的《服务的灵魂：Marriott公司的经营之道》（The Spirit to Serve: Marriott's Way）（New York, Harper Business, 1997）pp. 34-35。

心理的默契，要使员工认同自己的工作以及相应的报酬。在这方面，迪斯尼乐园公司做得很出色，他们能恰到好处地调动员工的积极性，保证了高质量的、始终如一的服务。

在某些工资待遇低、工作程序化的服务企业中，受教育程度的高低并不成为招聘员工的主要标准之一。在一些注重动手能力和知识运用的服务业中也是如此。ServiceMaster 公司就是服务业中一个成功的例子。他们的员工技术要求不高，受教育的程度也较低，但是这些员工求知欲强。公司利用这一点来减少员工新旧交替的频率，从而更高质量地完成所要实现的服务目标。

服务性工作常常要求应聘者能提供相应的证书或许可证。**证书**（certificate）可以证明一个人已经通过了某项要求的考试（如教师证）。某些情况下，证书也是州、县法律允许你向公众提供服务的一个凭证。注册会计师证书就是应聘该职位必需的证书之一，对于创办企业而言，许可证则是必不可少的。比如某企业要招聘理发师，那么就要验明理发许可证。相反，一个工程企业可以雇佣没有证书的工程师来参加工作，但条件是，要该工程队拥有一名有证的工程师而且是有资格认可该工程的。注册专业工程师都修学了专业课程，通过了州一级的考试，而且支付了注册费。图表9—3所列出的是一些服务性行业对证书、许可证和注册的要求情况。

图表 9—3　　　　　　服务性行业对证书、许可证、注册的要求

职业类型	证书	许可证	注册
美容师	×	×	
酒吧业主		×	
飞机机械师	×	×	
高校教师	×		×
房地产经纪人		×	×
注册会计师	×		×
医生		×	×
律师	×		×
理疗师	×	×	×
飞机驾驶员	×	×	
股票经纪人		×	×

培训和开发

培训（training）是一种系统性的方法，它是通过改变每个员工的行为举止，以使其适应所担任的工作，或者在某些方面有所改进，从而更能胜任目前的岗位。比如，一名新的饭店侍者就要接受有关如何应付那些"找麻烦"顾客的培训，而房地产代理人须接受的培训是如何更合理的安排好

他们的时间。**开发**（development）是针对人的能力的一种工作。他帮助员工在企业内部承担更多的责任，或是晋升到高一级的职位。比如，公司的高级系统分析师通过在职期间的培训、轮岗的培训和夜校培训等一系列培训项目，就可以晋升到更高职位——分管信息系统运作的副总裁。服务企业中，人力资源培训和开发项目（training & development，T&D）因对象的不同而有所区别。这些对象是：

- 经理；
- 专业人员；
- 办公室人员和书记员（包括信息处理人员）；
- 技术人员（如实验室助理、汽车维修师）；
- 操作人员（如收发员、门卫、司机、负责体力工作的后勤人员）。

行业与行业之间，以及性质和规模不同的企业之间，对员工进行培训与开发的项目都存在着很大的区别。有些企业在这个方面只花很少的精力，而一些由个人直接提供服务的企业就喜欢雇佣那些受过培训、有证书或许可证的专业人员。这些人员除了在企业的服务和经营的过程中积累经验以外，很少再有接受培训的机会。如果一家大型或是小型的零售店或是连锁店雇佣了一名没有工作经验的员工，商店会安排一名老雇员来指导他们，同时企业的老板或是经理也会每周来看看。一些大型商场、旅游景点或是娱乐场所、房地产业中，基本上是鼓励员工到附近的学校里接受培训。当然也有一些企业会对员工进行全面的、长期的培训与开发。电子数据系统公司（Electronic Data Systems，EDS）为新员工提供一个广泛且有价值的培训项目，条件是新员工必须承诺为公司工作3年，否则，一旦未满3年就离开公司，必须偿还一定的培训费用。

现在有许多公司已经将培训与开发员工提升到了一个新的水平，即公司自己创办大学来培训公司的员工。在20世纪80年代初期，大约有400所这样的大学，到了20世纪90年代，此类学校估计已超过1 600所。在这些大学中有诸如 Tennessee Valley Authority 大学、假日酒店（Holiday Inn）大学。他们成立的目的就是培训经理人员和普通员工。而有些学校，比如 Bellcore 公司的 Bellcore Learning Services 大学、Symbol Technologies 公司的 Symbol University 大学，他们不但培训自己公司的员工，而且对外开放，为顾客、零售商以及其他公司的员工提供接受培训的机会。

将来，随着技术的开发和对成本的考虑，培训的形式和实质或许会有所改变。由于计算机技术的不断进步，硬件价格的不断下降，以计算机为主的学习系统（比如利用交互式VCD设备的培训项目）已经变得越来越普遍。同样，伴随着计算机技术的进步，通讯业发展突飞猛进，从而使得一些新形式的培训变得更经济、更可能了。比如，现在有些高技术培训的机构为培训提供了**远程教育**（distance learning），它替代了传统的课堂授课形式。同时，也有越来越多的企业依靠卫星传播和可视会议等方式进行教学。

人力资源培训和开发正向着"自我定位式学习"（self-directed learning，SDL）的方向发展。所谓自我定位式学习是指一种学习过程。在该过程中，"每个人在他人的帮助下或没有他人的帮助下选定自己的初始水平、明确自己的学习目的、制定自己的学习目标，同时明确学习中所需的人力物力资源，选择一个适合自己的学习策略，并且估计自己通过这次学习最终的收获。"[1] SDL学习法的优点主要有以下几点：(1) 与学习者的需求密切相关；(2) 针对性强；(3) 课程安排灵活；(4) 技术与知识的更新速度快；(5) 比传统的培训方式成本低。[2]

制定和实施T&D计划是众多人力资源管理教科书中的一部分。图表9—4所示是一个典型的人力资源开发及培训的流程图。培训项目必然始于某个目标，结束于对该目标完成情况的一个评价。如果在制定目标时陈述不够详细，结果就可能导致难以判断何时结束培训，也就是难以判断培训是否有效。

在培训过程中除了遵循有计划有组织的原则外，想要取得培训和开发人力资源的最终成功还必须考虑以下几点：[3]

1. **加强特殊技能的培训，使服务更具特色。**门市部的员工比管理人员有更多的机会直接接触顾客。比如，对一名零售业的员工而言，他的培训重点就应该放在对商品知识的了解和与顾客的沟通能力方面，而不是仅仅知道如何收款。

2. **培训所有员工时都将他们作为专职员工对待。**联邦快递的普通员工一般是兼职大学生，但是每一个员工都能够受到比美国工厂技工更全面的培训。

3. **在培训方面应该不惜投入资金和时间。**一个成功的杂货店每年要花费近1 000美元培训员工（包括专事送货上门的兼职员工）。企业要送员工参加整整14周，费用高达600美元的戴尔·卡内基（Dale Carnegie）课程培训。为什么要花钱培训一个干粗活的员工呢？因为任何一个顾客不满意，对商场而言就是5万美元的潜在损失。[4]而收银员、仓库保管员、送货

---

[1] 见M. S. Knowles著《未被重视的一种成人学习方法》（*The Adult Learner：A Neglected Species*）（Houston，TX，Gulf Publishing Co.，1990）。

[2] 见Paul J. Guglielmino和Robert G. Murdick著"自我定位式学习：企业培训的悄悄革命"（Self-Directed Learning：The Quiet Revolution in Corporate Training and Development），载SAM *Advanced Management Journal*（summer 1997），pp. 10 - 18。

[3] 所列建议取自于Tom Peters著《从无序到有序：管理革命指南》（*Thriving on Chaos：Handbook for a Management Revolution*）（New York，Knopf，1987），pp. 326 - 329。

[4] 一个顾客5万美元的"价值"是按一位正常的顾客光顾商店的期限是10年，每年50周，每周购买杂货100美元计算的。

第9章 服务业中的人力资源管理

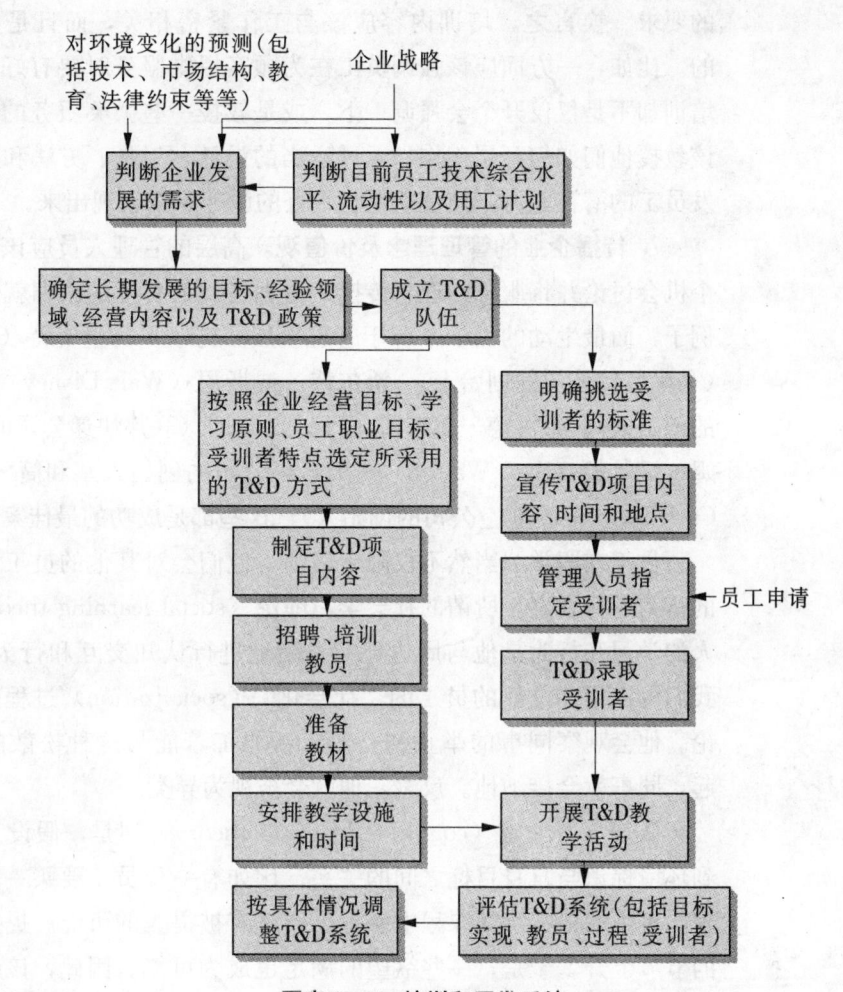

```
对环境变化的预测（包
括技术、市场结构、教      企业战略
育、法律约束等等）
         ↓           ↓
    判断企业发展    判断目前员工技术综合水
    的需求    ←    平、流动性以及用工计划
         ↓
   确定长期发展的目标、经验领    成立T&D
   域、经营内容以及T&D政策     队伍
         ↓                    ↓
   按照企业经营目标、学       明确挑选受
   习原则、员工职业目标、     训者的标准
   受训者特点选定所采用          ↓
   的T&D方式               宣传T&D项目内
         ↓                容、时间和地点
    制定T&D项                  ↓
    目内容                 管理人员指  ← 员工申请
         ↓                定受训者
    招聘、培训                  ↓
    教员                   T&D录取
         ↓                受训者
    准备
    教材                       ↓
         ↓
    安排教学设施    →     开展T&D教
    和时间                学活动
         ↓                    ↓
    按具体情况调   ←      评估T&D系统（包括目标
    整T&D系统            实现、教员、过程、受训者）
```

图表9—4 培训和开发系统

资料来源：Lawrence Klatt, Robert G. Murdick, and Frederick E. Schuster, *Human Resource Management* (Columbus, Ohio, Merrill, 1985), Exhibit 11.2. Reprinted by permission of the authors.

员对整个服务递送系统来说都是不可或缺的。

4. 有规律地进行再培训。处于各种层次的员工都应该继续扩展并且提高技能。途径就是培训。这应该是他们工作中的重要组成部分。

5. 无论员工目前处于何种岗位，都要对他们进行各种技能的全面培训。ServiceMaster公司和Embassy Suite宾馆就有一套全方位的培训计划，这是与公司从内部提拔员工的方针配套的。比如，通过公司资助的培训，Embassy公司的客房服务员也可以胜任前台的工作。这样的培训实际上提高了客房服务员的基本工资，同时也为他填补新岗位做好了准备。[①]

6. 不断更新培训计划。这意味着，所培训的内容要符合员工实际工作

---

① 见Bro Uttal著"提供最佳服务的企业"（Companies That Serve You Best），载《财富》（*Fortune*）(December 7, 1987) p. 102。

的要求。换言之，培训内容应该与工作紧密相关，而且是可行的、实用的。比如，一方面应该强调员工在为顾客提供服务时要有好的态度，但是培训却不是仅仅开个会强调一下，或是教授一些微笑服务的技巧。培训应该教授他们如何开展工作，通过适当的设计、工具、方法和授权等等来激发员工的潜在能力，使他们能将最好的服务水平表现出来。

7. **传播企业的管理理念及价值观**。高层的管理人员应该利用培训的每个机会讨论并将服务的理念传授给受训者。最有效的培训就是通过真实的例子，而最生动的例子来源于管理上层。比尔·马里奥特（Bill Marriott）（马里奥特公司的创始人）、沃尔特·迪斯尼（Walt Disney）（迪斯尼公司的创始人）、弗雷德·史密斯（Fred Smith）（联邦快递公司的创始人）、山姆·沃尔顿（Sam Walton）（沃尔玛公司的创始人）和简·卡尔松（Jan Carlzon）（SAS航空公司的创始人），这些都是成功的最佳案例。

员工在职学习当然不仅限于培训，他们会对其他的员工以及管理人员的行为进行观察。所谓的**社会学习理论**（social learning theory）是指一个人的学习和行为是他与周边环境不断地进行认知交互和行为交互的结果。我们可以用一位新的员工的"社会化"（socialization）过程来阐述这种理论。他会观察同事的举止和行为。新职工若能与这种松散的团体融在一起，同事就会接纳他。反之，他就会被视为异类。

认知学习理论（cognitive learning theory）则是，假设人们能够意识到环境标识与自身目标之间的关系。比如有一位员工要买一辆新车。他发现同事中如果在培训课程中表现出色就有被提拔的可能。提拔意味着工资的节节上升。于是，一些欲望的满足也成为可能。因此，该新职工就会全力以赴去学好所需要的培训课程。

无论我们学习的是什么理论，在实践中我们还要努力去明确每个人的目标，并尽量做到将培训与开发人力资源的任务与个人的目标以及公司的整体目标密切联系起来。

人力资源的利用

人力资源的利用是指为员工创造、选择能够发挥其能力、激发其工作热情的工作。以下是决定人力资源利用效率的各种因素：
- 调整工作的结构，为员工提供一个可以"施展"才华的机会；
- 让员工参与对其工作起直接影响的决策；
- 自由沟通，合理安排工作日程；
- 完善监督机构，灵活组织管理；
- 对员工的业绩给予经济的或非经济的褒奖；
- 提供晋升的机会；

- 建立关心顾客和员工的鼓励机制,并使之成为一种企业文化。

首先,让我们来观察一些成功的小型服务企业的例子。这些企业鼓励员工当家作主,鼓励他们接受各种工作并承担责任。"商店"的运行其实就像是一个家庭,工作人员可以参与讨论各种决定,也可以自由地与能为你提供帮助的管理人员进行交流。同时,一些非经济形式的回报也是很重要的,比如灵活的工作时间、必要时允许请假和员工之间彼此关心的氛围等等。

在大型的成功服务型企业中,由于对工作进行了合理的分配,使得每个团队都有自己的责任。在这种情况下,经济上报酬的多少、晋升机会的多少就会比在小企业中显得更加重要。创造一个互相关心的企业文化环境(团队内部的或是团队外部的)也是势在必行的。

也许只有在技术专家的眼中,人力资源在服务业中的利用与其在制造业中的利用才存在着差别。组织结构的合理调整、劳动力的进一步细分、严格地以机器为基准的工作安排和关注每个时段的产出量等等,这些问题对于一个美国制造业而言是再熟悉不过的了。虽然服务业是以结果为目的的活动,但是他们也在向"以人为本"的方向发展。如果希望我们的员工能如我们预期的那样关心顾客,我们必须以同样的态度对待他们。赫斯克特(Heskett)指出,服务的观念应该是"对待我们的员工要像对待我们的顾客一样。"[①]无独有偶,阿尔布雷克特和泽姆克(Albrecht and Zemke)也认为,管理本身就应该是一项向员工提供服务的工作。[②]因为对员工的关心和爱护,不但能调动他们完成任务的积极性,同时也能让服务的质量上一个新的台阶。

奖惩制度

在许多服务企业中,员工的随意性动作往往要多于规范性动作。所以,这些企业中要制定一套奖励制度,要实现预期的目标就显得很不容易。比如,一名普通的教师只要向学生讲授规定的教材,然后在课程结束时对学生进行测试就行了。但是一名优秀的教师,他们总能为不同学习阶段的学生提供不同的讲义,不同的教学计划,用不同的方法授课。除此之外,他们也采取因材施教的方法,并且积极借助家长和其他同事的帮助,这样的做法不但使学生能更好地理解所学的知识,同时也鼓励他们积极进取。但是目前优秀教师的奖励措施还处于起步阶段,原因是教学本身就存

---

① 见 James L. Heskett 著 "服务业给我们的启示"(Lessons in the Service Sector),载 *Harvard Business Review* (March-April 1987), pp. 120 – 124。

② 见 K. Albrecht 和 R. Zemke 著《以服务见长的美国:应对新经济》(*Service America! Doing Business in the New Economy*) (Homewood, IL, Dow Jones-Irwin, 1985), p. vi。

在着多样性和风格差异性,很难界定到底怎样的教学方式才称得上"优秀"。

工资收入低是服务业与制造业相比存在的另一个问题。这个问题使员工的招聘和奖励都变得更加困难,同时也是造成员工流失的原因之一。所以服务业必须放宽工资薪水的标准,以保证员工能得到相对较高的回报和满意度。同时,这些优势条件也一定要对那些求职者构成足够的吸引力。制定以下报酬措施的目的是为了吸引员工,防止员工流失:

1. **为员工树立引以为自豪的企业公众形象**。在这方面,私立大学及私立预备学校做得很好。有些职业吸纳人才的基础是职业"神圣感",比如教师、护士和律师等等,因为他们能给人以帮助。

2. **提供灵活的工作条件**。以适应每个员工的需求和生活方式,包括做兼职工作。

3. **奖励那些为了将工作做得更好而积极提出建议的员工**。有些建议一经采纳甚至会夺去他自己的饭碗,这种现象往往发生在提出改进工作方法的建议,或是提出自动化建议时。通过减员,提高劳动生产率,每个员工的收入也都会增加。

4. **对工作进行结构调整,使员工能更好地驾驭那些对他们构成挑战的工作和责任**。具有挑战性的工作常常能使员工的责任感和主动性得到加强。

5. **提供一流的设施**。比如私人办公室、休息室和自助餐厅等。例如,一座现代化的大楼里配备的应该是地毯而不是油毡、拥有先进的通讯系统和现代化的会议室、诱人的自助餐厅、地上或隔墙的墙壁上都刻上员工的姓名,这些看似花费很大,但细想起来在这方面的花费也许远比由于员工的频繁"跳槽"而造成的重复雇佣、重复培训的成本支出来得便宜。

6. **降低员工的就业成本**。法庭工作人员以及其他一些特殊场合出现的人员往往需要向他们提供制服和服装清洗费。我们可以将此种做法变通后在商店销售人员中实施(因为他们其实是商店的模特)。也可以为招待员、学校教师和银行职员做制服。用在这上面的花费与对职工的工资晋级相比实在是微不足道的。此外,如果一家企业原本并没有制服,做一套设计精美的制服实际上是表示对员工的认同,也能提高员工的自豪感。提高企业形象的做法还有公司交通车、公司餐券、公司交通卡、公司青年联合会、公司健身俱乐部、公司乡村俱乐部会员卡、公司儿童保健卡以及公司旅游计划和公司股份认购计划等等。

7. **工资和佣金上的补贴**。这样做的目的是提高工作效率,使员工收入得到提高。

8. **改进服务设计,使顾客对服务的参与程度更高**。超市、自助餐厅、政府机构、穿梭飞机(往返于两地的定期班次)和自动服务银行等等,这些服务项目就是通过新的方式来提高每个员工工作效率的例子。显然,工作效率的提高，使得一个企业有机会与员工一起分享更多的利润，同时也可能在一定程度上减少员工的流失。

9.3 新的挑战

众所周知，在20世纪90年代的10年间，工厂和其他生产性部门发生了很大的变化。其中最引人注目的是许多大公司为了减少支出，增强竞争力而进行的大规模减员增效措施。当然，这并不是20世纪90年代中的唯一亮点。《商业周刊》（Business Week）关于新的工作环境的特别报告中对所发生的变化做了如下归纳：

> 流动化、授权、团队化、跨部门培训、虚拟办公室、远程交换、企业再造（reengineering）、重新构建、精简层次（delayering）、外部采办（outsourcing）以及偶发事故处理（contingency）等等。如果大家对这些时髦的词语不太熟悉，这也不奇怪，但是它们却实实在在地在改变着我们的生活。在过去的10年间，我们目睹并经历了传统工作方式的彻底变革，而这次的变革比大生产到来之后的任何一个时期的变革都要来得让人惊讶。[1]

在这一节中我们将着重讨论以上所提到的**授权**和**团队**（empowerment and teamwork）工作。掌握和运用好这两方面的知识已经成为现代管理学中的最高境界。然而，真要做好这两方面的工作还需要各方面的配合和努力，至少人力资源管理在其中起了不小的作用。

授权

"授权就是赋予员工对他们的工作拥有决定权的一个过程。"[2]换言之，授权的过程是员工在管理中拥有决定自己该做什么和不该做什么的权利，而在传统的企业中，员工是没有这种权利的。但是这并不意味着从此管理人员就能够随心所欲地放弃这种权利或者逃避承担管理责任，同样也不意味着员工们从此就无限拥有这种权利而不需承担责任了。

支撑授权的基本理念是，员工一旦参与了决策，承担了更多的责任，他们就会更好地提高生产效率、创新生产技术，从而使得整个企业处于一

---

[1] 见 Keith Hammonds, Kevin Kelly 和 Karen Thurston 著 "特别报告：新型工作与新思考"（Special Report: Rethinking Work—The New World of Work），载 Business Week（October 17, 1994），pp. 76-87。

[2] 见 Don Harvey 和 Donald R. Brown 著《团队建设的一种行之有效的方法》（An Experiential Approach to Organization Development），5th ed. (Upper Saddle River, NJ, Prentice Hall, 1996), p. 227。

种良性的运作状态中。因此授权的最终目的就是释放员工潜在的智慧、知识和经验,并且充分发挥他们解决问题、改进工作和提升顾客满意度的能力。

最初提出授权和团队工作这两个相关联的新型管理理念是由于20世纪80年代开始的质量运动。而另一个促使授权形式作为一种受人青睐的方式出现的应该是信息技术的进步和通讯成本的降低,也正因为如此,所以信息在现代企业中才被如此广泛地获取和利用。[①]据估计,美国的企业中越来越多地运用自主经营管理团队这种模式,数量已从1990年的约20%上升到了2000年的50%。

授权既可以在个体层面上讲,也可以在团队层面上讲。一位个体服务提供者有权决定如何做才能合理,而且及时地解决顾客的问题,同时又让顾客总体上感到满意。在此引用本书第8章中里茨·卡尔顿酒店的"金科玉律"中的一句话:"采取任何可能的措施,不要丢掉一位顾客……每一位员工都有解决问题的权利,也有防止类似问题重演的责任。"另一个有关个体服务提供者的例子是诺德斯特龙(Nordstrom)准则:"准则第一条:在任何情况下,保持良好的判断力,除此之外没有其他准则。"还有一个较近的例子是有关联合航空公司(United Airlines)的。该公司允许负责电话预订的工作人员在现有的市场价格水平范围内下浮票价。[②]对于大多数的服务业而言,前台或一线的服务人员责任最重,因为他们是为顾客提供最直接服务的一组力量。

如果有一组员工被授权去改善企业的运作环境,这时的授权就是针对团队层面的。例如,各地的联邦法院管理机构与联邦司法中心共同推行"法院效率最大化"(Maximizing Productivity in the Courts)的方案。在以团队为基础的管理方式下,团队被授权对以下的事件负有责任:

- 制定工作日程安排(当然以管理层给定的时间为限);
- 以团队为基础,分配工作;
- 准备后备力量,在有人缺席的时候及时补充;
- 确定团队工作中所需要的资源,若要增加额外的培训项目、设备机器和管理助手等可以随时提出。[③]

授权不能被简单地理解为就是与员工进行权力的分享。如果不向员工提供所需的知识、信息和工具,事实上授权是毫无意义的,甚至有可能是

---

① 有关信息技术的进步和通讯成本的下降对决策的集中和分散的详细讨论,请见 Thomas W. Malone 著"授权力不是时尚:管理、决策和信息技术"(Is Empowerment Just a Fad? Control, Decision Making, and IT),载 *Sloan Management Review* (winter 1997), pp. 23-35。

② 见 Carleen Hawn 著"真正友好的天空"[The (Truly) Friendly Skies],载 *Forbes* (January 13, 1997), p. 39。

③ 见 David K. Hendrickson 著"员工参与与联邦法院工作效率提高"(Improving Productivity in Federal Courts through Participation),载 *Journal for Quality and Participation* (January-February 1997), pp. 20-29。

灾难性的。对于知识和工具的使用，服务者必须经过专门的培训。对于信息的掌握，则必须向他们提供一条便捷的获取相关信息的渠道。本书第7章中曾经提到过联合服务汽车协会（USAA）的例子，员工能够迅速找到有关顾客信息的文件，因为相关信息已经由电脑储存。所有员工都可以方便地使用。如果没有一套便捷的信息网络，在USAA公司中的授权将变得毫无意义。

那么授权有哪些优点和缺点呢？戴维·鲍恩和爱德华·劳勒三世（David E. Bowen and Edward E. Lawler Ⅲ）归纳了以下几点：

授权的优点

1. 对顾客的需求能及时做出应答。服务者一旦得到授权，那么当遇到顾客非标准化的要求时，他们就无需浪费顾客和企业的时间每次都向上司请示。这样做的好处是，使他们能及时满足顾客的需求。

2. 服务过程中对顾客提出的不满意处能及时进行补救。并不是所有时候提供的服务都能达到满意的结果的。有时是服务者的原因，有时也会因为顾客的某些行为导致服务效果的欠佳。无论过错在哪方，关键在于企业应该及时补救。及时补救几乎总能够得到顾客的谅解，有时这种方式甚至还能为自己赢得一个"忠诚"的顾客。得到授权的员工无需为补救差错而层层请示。

3. 让员工对自己和所做的工作有满足感。当人们感到自己正承担着完成某项工作的责任时，他们自然会感觉良好，同时对自己也产生了一种自我认可感，这样的精神状态不但可以提高工作效率，增强顾客的满意度，同时也能降低缺勤率，并减少员工的流失率。

4. 员工将以更大的热情服务顾客。服务业中的大多数交互活动都是与客户的面对面交互。服务者的愉快心情和热情态度能够传递给顾客，使他们在接受整个服务的过程中也能够保持心情愉快，这样就容易达到顾客的满意度。

5. 员工一旦被授权，则成为服务理念形成的重要来源。员工对自己的工作一旦产生"驾轻就熟"之感，他们自然会有一种去改进他们服务质量的愿望。只要不威胁到自己的去留，他们将毫不犹豫地提出新的服务想法和建议来改进现行的方法。

6. 强大的"口碑"效应，"回头客"的增加。员工自己心情良好，有自豪感，他们自然能提供优质的服务。这就会造就满意的顾客。满意的顾客就是服务企业最好的活广告。诺德斯特龙公司的广告预算是1.5%，而行业的平均水平却高达5%，其中的奥妙就在于此。[1]

---

[1] 见 David E. Bowen 和 Edward E. Lawler，Ⅲ著"对服务业员工授权中遇到的4W"（The Empowerment of Service Workers: What, Why, How, and When），载 *Sloan Management Review* (spring 1992), pp. 31-39。

授权的缺点

1. 在选拔培训授权对象时投资较大。大型的服务企业在雇佣员工时注重员工的气质。录用后则要对他们进行培训，使他们掌握必要的技能并会使用相关的工具。要找到合适的员工并不是一件简单的事情，成本也高一些。这需要花费大量的时间、精力和金钱，在众多的候选者中，通过观察挑选出合适该服务项目的员工，随后在培训他们的过程中又要付出很高的代价。

2. 较高的劳动力成本。几乎每个行业都需要一批高质量的员工，企业为了能留住他们，必须给付相应高的工资，同时提供可观的福利，比如医疗健康保险等等。

3. 不能提供及时的、连续的服务。得到授权的员工遇到非标准、不寻常的要求，或在解决顾客的问题时，他们需要花很多的时间来接待这些顾客。在这种情况下，其他顾客势必会等待更长的时间。同时，当一名员工在提供服务时过于谨慎，那么服务质量也可能会受到影响，而这也会造成顾客的抱怨和不满。

4. 影响了"公平交易"原则。实验表明，顾客信奉的是能够得到平等的服务。[①] 所以当他们一旦意识到其他顾客受到了特殊服务时，自然就会认为这是"不公平"的行为。

5. 让利及错误决策。有些管理人员担心，一旦授权就会导致员工擅自过多地让利给顾客。有些情况下，虽然让利可能会提高顾客的忠诚度，但这并不是万全之策。因为在某些情况下，破坏了规则就会对企业的其他部门造成消极影响。

从上述的讨论中不难看出，授权并不是一种没有成本只有益处的做法。管理人员要做的就是如何去权衡成本与收益这两者的关系。还需指出的是，授权的做法并不能保证在不同类型的服务业中都得到益处。也许有些企业可能会从中获利很大，而对其他一些企业而言，更明智的做法是加强规范和限制服务权力的分散。如果授权之后使服务的内容变得更加个性化、专门化，那么对于不计较成本与时间的顾客来说，授权的做法将受到他们的欢迎。若在法国一家高档饭店，或是在一家五星级的宾馆，向员工授权或许应该是较为理想的做法。

如果一项服务与顾客的关系是长期持续的，授权可能是最好的做法。换言之，假如该服务是以保持长期与顾客的关系为目的的话（比如管理咨询、为富裕家庭提供理财计划），那么授权不失为一种好方法。

技术在决定这个企业是否适合授权这种做法和如何控制授权尺度这两

[①] 见 C. Goodwin 和 I. Ross 著 "顾客对投诉处理的评价：对公平理论的探讨"（Consumer Evaluations of Responses to Complaints: What's Fair and Why），载 *Journal of Services Marketing*, vol. 4 (1990), pp. 53-61。

方面起了很重要的作用。如果服务是由自动化控制系统提供的常规服务（比如自动取款机），这样只需要很少的员工，因此对这类服务机构而言，授权是没有意义的。然而，如果系统和技术十分复杂，需要很多员工参与工作，那么授权就变得有意义了。计算机制造商通过电话向顾客提供技术咨询服务便是验证上述说法的一个很好的例子。

在服务机构的运作过程中，企业的环境对可否授权影响也很大。有些服务机构运作环境不确定，最终会导致经营中断，出现无法预测的非标准化的情况。比如航空公司的服务受到天气变化、机器故障和竞争者的行为等一系列因素的影响。受过训练且得到授权的员工一般都能应付紧急情况。

授权的做法是否适合某一个企业还取决于企业的管理人员和员工的类别。道格拉斯·麦格雷戈（Douglas McGregor）总结出了管理层人员的两种理论。[1] X理论中管理人员认为人们是不愿意工作的。他们只有在受到驱使或胁迫时才会好好工作。他们总是明哲保身，总是避免承担责任。与此形成对照的是Y理论。持该理论的管理人员认为，人们本质上是不仇视工作的，他们只是不喜欢僵硬的控制和威胁。他们没有必要逃避责任，他们只是希望生活有保障，但是他们更希望能实现自我价值和得到他人的尊重。显然，在一个主张授权的服务企业中，Y理论可能更容易成功并成为有价值的促成因素。另一方面，在这样的服务企业中，X理论的做法无论是管理人员还是员工都无法接受。在最近的一期《华尔街日报》（*The Wall Street Journal*）上有文章指出，[2] 美国有许多公司和他们的员工正热情地"拥抱"授权这种想法和做法，但是并不是公司的所有员工都对这种做法感到满意和可以接受。

团队工作

在20世纪80年代，团队工作（teamwork）已经成为获得显著成绩的另一种管理方式，而且预计会在将来成为主要的工作形式。促使团队工作出现并普遍流行的有5个方面的因素：（1）全球化的竞争要求缩短设计和开发新产品的时间；（2）如今的员工都受到过良好的教育，而且知识广博，这样促使他们在新产品开发和日常工作中提出更多有意义的建议；（3）其他公司团队工作的成功经验，使得本来对此持怀疑态度的管理人员认识到了团队工作方式的高效性；（4）团队工作与授权相结合提高了员工

---

[1] 见 Douglas McGregor 著《企业的人性面》（*The Human Side of Enterprise*）（New York, McGraw-Hill, 1960）。

[2] 见 Timothy Aeppel 著 "上司失位：对员工授权也有碰壁的时候"（Missing the Boss: Not All Employees Find Idea of Empowerment as Neat as It Sounds），载 *Wall Street Journal* (September 8, 1997)。

的满意度，也培养了工作的自主性，这种结果反过来也提高了生产效率，并增强了员工的创造力；[1]（5）许多服务机构缩小企业规模的战略剔除了一些监督人员和中层管理人员，并将他们的职责转交给自主管理的团队来执行。[2]

所谓团队，是指一群人为了一些共同的目标在一起工作。团队中的成员通常在技能上有互补性，这样有助于目标的实现。团队工作有两种类型。[3] 第一种是**自然团队**（natural work team），主要是指团队中每个成员的工作都是构成整个工作过程的一部分。换言之，团队成员在一起工作是一种自然形成的组合。他们的工作与其他工作形式的区别在于，每个成员在工作中要更多考虑整个工作，而不仅仅局限于完成个人的工作。在许多情况下，团队工作常常是经授权的，因此团队拥有更多的权力，要完成比个人工作的叠加更多的任务。每个团队都要制定自己的目标，给成员分配工作，对团队的工作和团队成员的工作进行评价，对日常工作进行决策，有时也会涉及到雇佣或解雇员工的事情。这样的团队又被称作自治化或自主管理的团队。

第二种团队是**临时工作团队**（temporary task team）。这种类型的团队通常是为了一个特定的目的组成的，因此这种团队的寿命很短。临时性团队的组成可能是为了新产品的设计和开发，或是提高产品质量，或是解决企业面临的某一个特殊问题。这类团队常常是由专家或企业内部各部门的代表组成的，因为这样做可以利用来自不同领域专家们的智慧，将多种学科知识相结合，并且利用个人的优势来解决共同遇到的问题。

团队工作对于那些过程复杂，并且需要不同领域专家智慧的工作是最有效的。比如在第8章中讨论过的，当我们面对那些过程复杂、质量要求高、价值巨大的产品或服务的设计和开发工作时，就需要不同学科领域专家的共同努力。因为一个功能交叉的团队是进行新产品设计和开发的一个有效途径。如果一个企业面临的问题是特殊的、接连不断的、前所未遇的，而且影响的又不止是一个部门时，团队工作这种方式将是最有效的。[4]

团队工作积极的一面并不是自然形成的，这要求有一定的组织形式。第一，一个团队必须有一个大家公认的且有意义的目标。第二，团队工作必须得到最高管理部门的支持。第三，团队中的每位成员都必须经过严格

---

[1] 上述要素中的前4项摘自 Michael R. Carrell, Norbert F. Elbert 和 Robert D. Hatfield 著《人力资源管理》（*Human Resource Management*），5th ed. (Upper Saddle River, NJ, Prentice Hall, 1995), p. 658.

[2] 见 Davis A. Kolb, Joyce S. Osland 和 Irwin M. Rubin 著《组织行为学：一种行之有效的方法》（*Organizational Behavior: An Experiential Approach*），6th ed. (Upper Saddle River, NJ, Prentice Hall, 1995), p. 217.

[3] 见 Don Harvey 和 Donald R. Brown 著《企业发展行之有效的方法》（*An Experiential Approach to Organization Development*），5th ed. (Upper Saddle River, NJ, Prentice Hall, 1996), p. 267.

[4] 见 Harvey 和 Brown 著《企业发展行之有效的方法》（*An Experiential Approach to Organization Development*），p. 268.

的培训。因为团队工作的技能既包括技术方面和管理方面的，也包括人际交往方面的。[1]团队成员必须了解更多工作以外的流程和可能出现的问题。有时候还不得不对工作任务做一番调整，因此他们应该掌握各个领域的技能。同时成员要比过去对整个工作的程序有更多的了解，目的是为了能做出更加明智的决定。为了开好团队会议以及与企业的其他部门保持良好关系，少不了要有一套特别的管理技能。人际关系方面的能力（比如交流、解决冲突和处理问题等等）也是一个团队能否有效、并且高效完成任务的关键。

9.4 服务行业员工的类别

服务业的员工有多种不同的类型。在这一节中，我们将观察4种员工分类方式，以期了解如何最大化地利用、激励、酬报不同类型的员工。这4种分类方式是：(1) 私营营利企业、非营利性机构以及政府部门的员工；(2) 全职员工和兼职员工；(3) 蓝领与白领员工；(4) 专门服务机构员工和普通服务机构员工。

私营营利企业、非营利性机构以及政府部门的员工

私营的营利性服务企业形式多样，组织结构各异，可以说是各种各样的都有。典型的有会计师事务所、金融机构（如美国银行，西尔斯公司等）、小型的"夫妻店"和大型连锁企业（如Burger King公司）的小门店等等。在这类企业中，显然较多的是低工资的职位而非高工资的职位。

基督教救世军（Salvation Army）和福特基金会（Ford Foundation）等组织则是一些非营利性的服务机构。在这样的机构里，员工们献身的是一种事业，他们工作的报酬仅仅是那一点维持生计的工资而已。不过也有一些大型的慈善机构可能会支付较高的工资。同样的事情也发生在非营利性的科研机构中，比如新泽西州普林斯顿的高级研究院（Institute for Advanced Study）、弗吉尼亚州阿林顿的国防研究学院（Institute for Defense Analysis）以及加州圣莫尼卡市和首都华盛顿的兰德公司（Rand Corporation）等等。这些服务机构之所以一直在运行，应该归功于雇佣了拔尖人才，支付了高额的薪水。在这样的机构中，我们可能会看到学院式的管理风格，也能感受到工作安排的灵活性。

政府机构主要是进行信息处理的，虽然有些是例外（比如国家公园服

---

[1] 见 Kolb，Osland 和 Rubin 著《组织行为学》(*Organizational Behavior*)，p. 217。

务部，National Park Service)。在联邦、州、地方政府中服务的工资计划执行起来很严格，只能通过法律来改变。在准政府机构内，如邮政机构、某些机构的上层以及一些特殊机构［如中央情报局（Central Intelligence Agency，CIA)］内，报酬支付的灵活性稍大一些。在大多数的政府机构，虽然技术进步了，但是工作效率并不能随之得到提高。如果将上述的困难与非货币性目标联系起来，你就不会对许多人在政府机构工作却心怀不满而感到奇怪了。联邦政府给底层工作员工发放的工资和贴补经常是超过那些私人的服务企业的。但是对高层人员，情况则正相反。州、市一级的政府支付的工资往往低于联邦政府机构，提供的工作保障也小一些。

全职员工和兼职员工

大型的相对集中的服务企业会沿袭全日制这种传统工作模式，而大型的分散经营的服务企业（如饮食连锁店、商品零售店、金融机构等）往往将全日制工作与兼职工作结合起来。**兼职员工**（contingent employees）是一批兼职的临时帮手，他们不能像全日制员工那样取得额外的福利。除此之外，随着计算机的普及和企业规模的缩小，越来越多的人在家干起了全日制，好比是分包商。而这些分包商也是领不到额外福利的。目前还出现了一批诸如临时工服务有限公司（Manpower Temporary Services，Inc.）这样的企业，它们的业务就是**出租**（lease）从事各种工作的员工。还有另外一些企业是专业化的分包服务公司，比如保安、办公室的清洁工作、计算机服务工作和会计工作等等。

白领和蓝领员工

白领和**蓝领**大体上就是办公室员工与生产员工之分。然而，在服务领域，许多人整天忙于生产环节或中间环节的工作，而这些人到底属于以上哪一类就难说了。身穿晚礼服的服务生算不算蓝领工人？护士、零售店员、计算机服务技术人员到底是白领还是蓝领呢？现在出现了一些新的分类方法，比如按技术型和熟练型分类，或是按计时付酬、按月付酬和佣金支付分类等等，这或许对服务业的人力资源管理不无帮助。这些分类方法有助于对员工的招聘、选拔、培训以及付酬等工作的进行。

专门服务员工和普通服务员工

另一个划分不同种类服务业员工的方法是通过他们的受教育背景以及

提供服务的等级来划分。[①] **专业服务员工**（professional service employee）是指医生、律师、会计师、咨询师以及其他一些提供顾客专门化程度很高的服务的员工。这一类员工通常受过较高水平的教育，有一个较高的社会地位，比起一般服务行业的员工，他们拥有更强的责任、权力和比较高的收入。这类人常常进行自我激励，并且有强烈的自我价值实现的需求。同时，人们很难将服务与服务的提供者分开。换言之，提供专业化服务的员工本身就是一个整体。因此，拥有一支优秀的员工队伍就成了工作开展的基础。

然而，**普通服务员工**（consumer service employees）（比如零售商店的店员、餐馆员工和快递公司员工等等）通常是向公众提供相对标准化的服务的。这些员工的工作比较程序化，对其教育程度的要求也不高。但是由于这类员工是与人民大众打交道的，所以掌握人际关系的技巧就显得相当重要了。一般而言，这类员工的薪水较低，晋升的机会也较少。管理层人员必须注重运用激励机制，保持员工工作的满意度。否则将会面临服务质量低下和高"跳槽率"的困境。

图表9—5总结了在不同服务类型的机构中，人力资源管理的区别。

图表 9—5   人力资源管理在不同服务业中的应用

	企业的特征		
服务类型	一般小型服务企业	大型服务企业	专业服务机构
列举	美容院、室内装潢、饭店、旅行社	电信、金融（信用卡、银行）、电视、快餐	律师事务所、会计师事务所、经纪人事务所、房地产交易所
地理分布	单个或多个营业点	设总部及各地营业点	跨地区、跨城市、跨国
交易率（服务提供率）	低	高	低
交易值	比较低	低	高
员工类型	半技术	低技术	专业
中层管理人员的类型	无	专业培训	专业
入门技术	无技术或持证上岗	半技术	专业
培训和开发	在职培训	在职培训和团体培训	高级培训和在职培训
与顾客关系	密切	基本没有	密切
质量控制	高	中到高	高
顾客忠诚度	相信高质量服务提供商	相信服务理念和低价	相信企业知名度
工作设施	小型	大型办公楼、地区小办公室	豪华办公楼
报酬	低档或按劳取酬	中低档	高档

[①] 关于专业服务与一般服务的区别请见 W. Earl Sasser, Jr., R. P. Olson 和 D. Daryl Wyckoff 著《服务经营的管理》（*Management of Service Operations*），(Boston, Allyn and Bacon, 1978), pp. 401–405。

建立服务文化

以下罗列的是一个企业服务文化的重要组成部分。[①]

共享文化	列举
重要的共识	只要成本合理,企业会支持你全力维护顾客的利益
事物共享	大多数员工在公司餐厅用餐
言语共享	我们遵守对员工和对社区的承诺
行为共享	为解决顾客遇到的难题我们共同努力
情感共享	愿意共度难关的伙伴才是我们的好伙伴

对一个成功的服务业而言,渗透在其文化中最重要的部分就是将客户放在第一位。如果所谓的企业文化就是文员无精打采地嚼着口香糖,维修部的员工争执不休,销售员把客户晾在一边却忙着聊自己的私人电话,而对这一切,政府的官僚们又不闻不问,那么人们都会觉得难以容忍。

与上述现象相反,服务至上的服务文化正在悄悄地出现。我们可以总部设在西雅图的零售商店诺德斯特龙有限公司的成功经验为例。诺德斯特龙公司在广告预算方面的支出只占了行业平均支出中很小的一部分,但结果是,诺德斯特龙公司的销售额却比同行业的标准高出了3倍。其中的奥妙是什么呢?奥妙就是服务质量和消费者忠诚度。消费者几乎到了盲目崇拜的地步。诺德斯特龙公司的CEO注重以消费者的需求为导向,建立了本企业的文化。[公司总裁吉姆·诺德斯特龙(Jim Nordstrom)在谈到顾客退货时说:"顾客如果把一个固特异牌轮胎推回商店来,我并不太在乎。如果他声称为这个轮胎付过200美元,那就退200美元给他"[②]]。这家公司销售人员超编,但是却能提供个性化服务。他们能记住顾客的姓名、寄送生日花束和贺卡、经常为客户的事情奔波。[③] 销售人员要做许多工作,他们负责收银、退货、还负责礼品包装。公司的店面环境通明透亮,衣帽间里还摆放着鲜花。所有这一切,都构成了企业文化。

---

① 若要更多地了解公司文化,请参见 Desmond Graves 著《诊断和变化》(*Diagnosis and Change*),(New York, St. Martins Press, 1986);以及 Frederick E. Schuster 著《来自 Schuster 的报告》(*The Schuster Report*)(New York, Wiley, 1986)。

② 见 Tom Peters 著《从无序到有序》(*Thriving on Chaos*)(New York, Knopf, 1987),p.90。

③ 有一位顾客曾经说:"有一次,我要的衬衫没有货,售货员主动为我从另一家商店买来,还送上门。"见 Amy Dunkin 著"百货商店如何吸引回头客?"(How Department Stores Plan to Get the Registers Ringing Again),载 *Business Week* (November 18, 1985), p.67。

雇主的期望

与顾客接触密切的服务对服务供应商构成的压力是巨大的。无论是顾客还是雇主都希望员工**在任何时候**都能提供彬彬有礼的、无微不至的、细心周到的服务,甚至是面对一些态度不好的顾客,甚至出现一些尴尬情形时也应如此。无论你是作为一名侍者、银行出纳,还是教师或销售员,唯一不变的要求就是希望为顾客提供服务时"在状态",这是让人提心吊胆的事情。还有医生、护士、消防人员和警官诸如此类的职业,他们每天都在应付着性命攸关的事务,有时甚至还要面对一些令人倒胃口的"顾客"。

由于工作的压力,服务人员**精疲力尽**,结果是纷纷跳槽,或是形成员工缺勤—服务质量下降—员工对企业丧失信心,这样的恶性循环。由于工作的压力,员工的健康也已成了一个普遍的问题。

雇主应该对这种压力的产生有所准备,分析造成这些压力所带来的问题,然后采取措施补偿由于与顾客的密切接触所带来的压力。具体说来,就是为了保存人力资源的价值,服务企业的管理人员应该提供以下3方面的支持:

1. **创造机会,积极表彰工作成绩**。尤其是在困难情况下创造的成绩。比如,大部分警察无论白天黑夜看到的都是犯罪或其他不堪入目场面(有时是犯罪的受害者)。所以,他们有时就会对服务对象出言不逊。

2. **阶段性的减压**。诸如白天安排小休息、作息安排轮换制、工作任务轮换制、岗位轮换制等等。例如在一所大学内,负责学生惩治的管理干部每天都会收到某某同学违纪违规应予惩罚的举报。或许也应该让他了解一些反映学生正面的东西。也可以安排其负责国家奖学金的分发,或者为优秀学生当指导员。

3. **利用各种手段缓解压力**。比如公开谈心、简洁合理的业绩考评、小组会议帮助以及体育锻炼和排解压力的训练等等。

9.5 服务性企业的组织结构

组织结构可以从以下几个方面进行界定:

- **标准化**—为常规活动设立程序的程度;
- **正规化**—成文的规章制度的多寡;
- **专业化**—劳动分工的细化程度;
- **集中化**—高层集权的程度;
- **整合化**—跨部门管理的宽度、跨层次管理的深度、管理人员与非管理人员之比;

● **灵活性**——为适应外部环境变化，企业结构重组的能力。[①]

在大型的服务企业中，部门的划分是以功能和服务的性质为基础的，这正如制造业和混业经营的企业结构一样。然而，如果我们对大多数服务型企业做一次深入调查，我们会发现它们与一般的制造业有很大区别。一个企业与顾客的接触越是密切，组织的结构差异性就越明显。以下是在对制造业的研究基础上，根据组织结构理论提炼出的结构原则：

1. **工作的复杂性越大，对其控制的程度就越低**。这一结论有其合理性，因为当工作变得越来越多样和复杂以后，势必造成监督者没有很多时间去协助他的属下。然而，在服务业中，这一点表现却不明显，因为在工作的复杂性与管理人员监督的人员数之间并不存在特别的联系。此外，服务业内部的管理控制与制造业比起来，已经显得相当宽松了。这可能是因为，事实上，即使在服务业中最简单的工作（比如零售人员）也常常涉及到相对复杂和多样化的任务、每位顾客的不确定性以及在做每笔交易时的不同责任等一系列的问题。

2. **技术越复杂，与企业 CEO 联系的人员就越多**。在制造业中，不断更新、提高的技术使得公司内部一部分特定人群变得越来越自治。这意味着，CEO 对这些人的直接影响已经越来越少了。因此 CEO 可以考察、监督更多的人员，向他们提供企业一般的政策指导。但是这样的发展趋势对服务业而言，却正相反！随着服务提供者与顾客之间交互活动越来越复杂，向 CEO 做汇报的人事实上是越来越少了。在服务型企业，许多较为复杂的工作常常由水平相对较低的员工来处理。CEO 的工作是属于管理层次的，他们很少与客户直接打交道。所以他们的工作环境较为确定，较有秩序。这种环境的不同，使得 CEO 们可以对更多的员工进行一般的监管。

3. **技术越复杂，管理层次也会越多**。这主要是因为，在以制造业为导向的企业内，技术的开发必须受到众多支持系统的保护。同样，在服务型企业情况又是相反。管理层次的多少与服务交互活动的复杂性成反相关。与制造业相比，服务业的企业结构相对平缓，这是因为，负责联系客户的人员必须得到授权，允许他们自主完成服务的整个过程。此外，管理的层次越多，决策和实施决策所花费的时间也越长。因为决策反馈的时间长了，所以决策的风险也更大了。就服务业的本质而言，需要现场决策，并且需要立即对其做出反馈。

4. **企业的规模越大，企业的结构越复杂**。由于雇佣人员数量的上升，以制造业为导向的企业存在着一种向专业化、标准化发展的趋势，管理控制的层次也会增加。但也有一些服务型企业，虽然规模不一，都正在向着

[①] 这些界定方式录自于 P. K. Mills 著《服务行业管理》（*Managing Service Industries*）（Cambridge, MA, Ballinger, 1986），p. 56。

减少层次、模糊机构的方向发展。

与传统结构理论出现的矛盾使人们相信这样的说法，即为了使服务性行业取得更大的成功，我们必须"让结构倒置"。①

彼得·德鲁克是一位著名的管理学专家。他引申了上述观点。他认为，各种大型企业都将跟随服务业大幅度地削减管理层次，减少管理人员，并且给一线的工作人员更多的自主权。彼得·德鲁克预言，21世纪，一般的企业更有可能是类似医院、大学、交响乐团之类的组织结构，而不是像如今的制造企业的结构。② 由于团队工作的形式，授权的做法已经得到了广泛的运用，可以认为，彼得·德鲁克的预言将会成为现实。

9.6 本章提要

大多数的服务业都是劳动密集型的。服务人员与顾客的交互活动也非常频繁。对这些始终可以自主行事的人员的管理方式就应该区别于对制造业工人和对后台员工的管理。因此，虽然一些人力资源管理的内容（如工资支付、津贴发放等等）与其他行业的员工一样，但是在人员的选拔、培训、开发、利用和奖励等方面，对这些与客户接触密切的员工还是要有一些特殊措施的。

最近，由于国际和国内的竞争，使得许多企业不得不通过缩小企业规模来降低劳动力成本。尽管可以通过技术更新来解决问题，但是寻找和利用低成本劳动力资源已经变得越来越重要。这是导致**机动型员工**（contingency workers）（比如兼职员工、临时工、外包工等等）数量增多的原因。由于企业规模不断缩小，导致了美国公司里采取授权的方法和团队工作的方法的现象越来越普遍。这一现象出现的另一个原因是企业开展质量运动，试图为顾客提供更加优质的商品和更加周到的服务。

一个服务型企业的组织结构必须利于服务文化的建设，因为服务文化要保证高水平的服务质量。在大多数情况下，这种服务文化就意味着管理权力分散，管理层次减少，管理方式灵活。这与传统官僚式的管理作风是完全不同的。

---

① 见 D. S. Davidson 著"服务业如何出奇制胜：让企业结构来一个大变革"（How to Succeed in a Service Industry: Turn the Organization Chart Upside Down），载 *Management Review*（April 1978），pp. 13–16。

② 见 Peter F. Drucker 著"新型企业结构即将问世"（The Coming of the New Organization），载 *Harvard Business Review*（January-February 1988），pp. 45–53。

讨论题

1. 列举人力资源管理过程中的 5 项内容。企业中谁对人力资源管理承担责任?
2. 服务业中的人力资源规划与制造业中的有何区别?
3. 在选拔服务业员工的时候应该遵循哪些标准?
4. 列举并且解释成功开展培训与开发活动的几个要素。
5. 服务性行业的工资水平总体上相对较低。那么是什么有利条件吸引员工为之工作,并且能长期留在服务企业中?
6. 讨论授权做法的利弊。
7. 哪一种类型的企业中采用授权方式是对其有利的?
8. 在美国的企业中,促进团队工作方式被大量采用的因素是什么?
9. 服务型企业中可以组建哪些团队?
10. 请说明白领员工与蓝领员工的区别,专业服务人员与普通服务人员的区别。
11. 大量录用非全日制员工对管理工作意味着什么?
12. 什么是服务企业的文化?请举几个服务文化特色鲜明的企业的例子。
13. 顾客对服务人员的一般期望是什么?为什么说服务性工作是压力很大的一项工作?
14. 许多有关服务行业组织机构的理论是在研究了制造性企业的基础上建立起来的。那么服务企业的组织结构有什么特点呢?

案例 9—1

欢乐泳池有限公司

欢乐泳池(Pool Delight)有限公司位于佛罗里达州西南海岸萨拉索塔市(Sarasota)附近。这是一家专门提供泳池服务和改建游泳池的一家小型有限公司。公司的主要成员是 1 位公司总裁和 3 位长期"外包工",他们大体相当于公司的员工。

欢乐泳池公司的总裁比尔·戈登(Bill Gordon)先生在布劳沃德(Broward)社区大学完成了 2 年的学习之后,从 1981 年到 1984 年期间一直在萨拉索塔为一家大型游泳池服务公司工作。他受雇于那家大型游泳池服务公司的同时,利用周末时间排出了一份萨拉索塔地区南部所有客户的名单,并且于 1985 年离开了原公司,自己创建了欢乐泳池公司。公司一开张,他就把工作的重点放在收集家庭泳池客户的情况上,当然也兼顾商业泳池的业务。因为在佛罗里达中产阶级和富裕人士的居住区,家庭游泳池的密集度很高。对比尔来说,如果希望公司生存并且发展扩大,显然不能既做泳池服务又做市场营销。所以他建议他的朋友吉姆·麦圭尔(Jim McGuire)做自己游泳池清洁和服务以及游泳池改建的独立合伙人。双方约定,比尔向吉姆提供服务对象,吉姆为此付酬。比尔负责向客户收款,然后把收入的60%交给吉姆。

比尔要求吉姆自备小型货车,支付每周大约60美元~80美元的消毒用品费用以及每月约150美元的医疗保险费。

为游泳池提供的服务主要包括清洗游泳池、走道,对池水定期进行化验。每周还必须对泳池进行污物清除。包括清除污物在内,每次服务大约15~20分钟。每份服务合同中一般都规定了每周一次的清洁服务,收费为每月55美元。有一位竞争对手开价每月50美元,然后把其中的35%作为佣金支付给员工。如果游泳池的周围有茂密的树林或植物的话,那么服务费用将上升到每月60美元。

1986年5月,比尔从一位相当有竞争力的同行手中获得了一部分客户,主要是因为该竞争者将要退休了。然而比尔了解到,过去那些客户每周接受服务2次,收费仅为55美元,所以比尔承诺将在今后的3年中,继续为他们提供这样的服务。由于这批客户的缘故,比尔不得不再找一位"合伙人",后来他从自己认识的一些草坪维护工人中挑选了一位名叫德里克·罗尔(Derek Rohr)的人。

几个月后,比尔收到了一些客户的投诉,同时也失去了几个外州富裕的客户。投诉的内容主要是反映当他们偶尔回到佛罗里达家中短期逗留时,发现游泳池维护得不好。由于这些泳池是由吉姆·麦圭尔负责的,所以比尔中止了与吉姆合同。比尔为了留住吉姆原来的客户,周末加班加点,不久他又找了一位"合伙人",2周之后,就雇佣了这位名叫吉尔·波尔(Jill Pole)的小伙子。

到1986年底,比尔已经顺利经营了6个月,在这期间,他接受了许多游泳池造型设计的工作,主要还是对游泳池的表面进行处理。比尔和德里克负责一些粗加工,随后的细活由一名高级技术外包人员和他的3名员工共同完成。3名员工大约要花10个小时完成一个30英尺长、15英尺宽标准规格的游泳池表面平整处理工作。欢乐泳池公司一年间大约能对近30个游泳池进行改建。

到1986年底时,德里克已经为60个家居泳池和4个商业泳池提供了服务,而吉尔也分别做了50个和5个。同时吉尔还兼任记账和出纳的工作。比尔主要负责市场的营销工作,另外附带5个商业泳池的维护工作。德里克和吉尔经常是从周一干到周五,从早上8:00一直到下午2:00。此外,吉尔每周大约还要抽出10个小时的时间用在公司的会计业务方面,这部分的工资是每小时7美元。

目前,比尔正在考虑扩大市场,开一家泳池用品供应商店。

案例思考题

1. 假设欢乐泳池公司的所有"合伙人"都是公司员工的话,请绘制一张企业组织的结构表。
2. a. 假设津贴占据了直接劳动力成本的10%,请你假定4种不同的工资分配方法，最低工资定在每小时10美元。如果欢乐泳池公司将"合伙人"作为公司的雇员看待，每小时给付一定的工资和津贴。请估算一下每种工资分配方法全年的劳动力成本是多少。

b. 如果给付"合伙人"35%的佣金，请估算一下年度可变成本为多少。

c. 比较A和B两种方案，可以得出什么结论？

3. 比尔应该如何寻找并且聘用那些既可靠又优秀的员工？

4. 比尔应该采取什么措施避免一个一再发生的问题——"合伙人"偷工减料呢？我们必须清楚由于这些游泳池的分布很广，所以比尔根本没有那么多的时间来检查每个游泳池的情况。

5. 试评价一下比尔准备开设游泳池用品供应商店这个想法的可行性。有危险的游泳池化学消毒剂现在被储藏在城外，比较安全的化学消毒剂被储藏在小仓库内。

6. 对于这项工作而言，需要进行什么样的培训？培训时间多长？谁来负责培训？提供泳池服务的员工属于技术工人，还是熟练工人，还是专业技术人员？

7. 你认为该企业的前景如何？什么因素会阻碍它的发展壮大？随着企业规模的不断扩大，在管理方式上，你觉得还应该做哪些调整和变化？

案例 9—2

Lewis食品公司运输车队的管理模式[*]

Lee食品公司（Lee Foods）是位于美国内布拉斯加州俄马哈市经营奶酪和食品的一家分销商店。Wisconsin食品公司（Wisconsin Food）同样也是位于俄马哈地区的一家分销店。6月1日，前者并购了后者，最终命名为Lweis食品公司（Lewis Foods）。Lee食品公司原本是为密西西比河西岸一带的快餐店、比萨店、墨西哥餐厅等一些地方提供奶酪和食品的一家商店。该商店拥有160辆运货车和230辆冷冻拖车。Wisconsin食品公司商店拥有90辆运货车和160辆冷冻拖车。1988年，两家商店的车队行驶里程达到2 650万英里。今年的行驶里程依然保持着这一水平。这次并购之后，管理层估计行驶里程能增加500万英里，总计达3 150万英里，这样将会给更多的顾客提供方便。

约翰·理查德（John Richards）是Lee食品公司的首席机械师，在过去的一年里一直从事调度和车队管理的工作。在Wisconsin食品公司，阿尔·洛佩斯（Al Lopez）的责任与约翰的相差无几。哈伦·海史密斯（Harlan Highsmith）先生是并购之后的Wisconsin食品公司的总裁，在与阿尔和约翰两位谈话之后，他有了一些担忧。公司购并后，管理费用会有一些下降，规模经济会带来生产力的一些提高，公司的市场也会扩大。正因为如此，公司的上层管理人员会被胜利冲昏了头脑，看不

[*] 此案例由修斯敦大学Carl R. Ruthstrom和Stephen F. Austin州立大学的David Cross、Arthur Nelson撰写。

到两家企业并购产生的一些大问题。于是，哈伦·海史密斯先生决定设立一个新的职位——车队经理（fleet manager）。这位经理主要负责监督整个车队的工作情况。当两家公司合并之后，约翰·理查德被任命为 Lweis 公司的首席机械师。阿尔·洛佩斯被任命为首席调度员。哈伦·海史密斯知道谁可以胜任车队经理这个位子。他设法与比尔·卡恩斯（Bill Carnes）取得了联系，希望他出任这一职务。哈伦·海史密斯先生将自己对公司目前发展的担忧坦诚地告诉比尔·卡恩斯。同时他强调，希望新公司 Lewis 食品公司能平稳地过渡。

7月15日，比尔·卡恩斯正式上任，成为 Lewis 食品公司的车队经理。他上任以后要做的第一件事就是将原先分开运作的两组车队合并起来，成为一个整体，共同对它进行运作和管理。公司的仓库分部已经完成了工作计划的制定工作。他们打算在90天内关闭原来 Wisconsin 食品公司的储存库。到那时候，所有的运输线路安排，派送下单都将从公司主仓库一个口子出去。

比尔将他工作的起始点放在对原先两个公司车队的整合上。所以他需要了解车队原来的经营业绩。对于车队而言，主要的花费集中在燃料、发动机维修和轮胎更换方面。公司职员根据比尔所需要的信息编制了一份报告，说明运输行业的耗油量、维修费用以及轮胎寿命等方面的问题（参见图表9—6）。图表9—7是对原先两个车队经营状况的比较。

图表9—6　　　　　　　　经营状况（行业平均值）

耗油量	每加仑5.7英里
发动机维修	45万~47.5万英里
轮胎寿命	15万英里翻新一次，50万英里更换

图表9—7　　　　　　　Lee公司和威斯康星公司业绩比较

	Lee公司（平均）	威斯康星公司（平均）
耗油量	每加仑5英里	每加仑5.8英里
发动机维修	33万英里	45万英里
轮胎寿命	10万英里翻新，34.5万英里更换	15万英里翻新，50万英里更换

在这份报告中，并没有说明两个车队经营方式的长处和短处。所以比尔·卡恩斯亲自到两个车队去了解，并得到了如下一些信息。

Lee 食品公司的首席机械师约翰·理查德向比尔提供了许多他想要的信息。Lee 食品公司车队拥有的主要是 Kentworth 和 Peterbilt 运货卡车。其中有80%的发动机是 Cummins 350 大凸轮 III 型的，速控装置是 1800 RPM。这里所说的"1800 RPM"是指速度的控制装置控制发动机的转速为每分钟1 800圈。这样做可以延长发动机的寿命。Lee 公司的车队内还有20%的发动机是 Caterpillar 3406Bs 型的，转速为1 600圈/分钟。Lee 公司车队的车辆使用8个半径为167厘米的固特异牌轮胎，两个驱动轮轴上各装4个。每辆车的转向轮上装两个固特异牌Unisted II型轮胎。拖车还需要另外8只轮胎，两个轮轴上各装4个。从转向轮轴上卸下的轮胎翻新之后可以用在拖车上。所以第三次翻新后，驱动轴上的轮胎装到拖车上。拖车上只装翻新轮胎。

两年前，Lee公司为了节省燃料采取了一系列节能的措施，比如使用Paccar公司制造的Varashield牌空气变流装置、Rudkin Wiley牌汽油添加剂、Rockford牌胶粘风扇以及低马力的汽车发动机等等。这样就使得耗油量达到5英里/加仑。但是，约翰·理查德说："不知为什么，似乎我们行驶在一个高坡上，耗油量从5英里/加仑的水平上再也降不下来了。"

在Lee公司，一贯将司机的舒适与安全放在第一位，这一点可以从他们车内的豪华装饰、调频/调幅收音机、空调、充气椅垫等一系列装置中看出。估计每辆货车的内部装潢不会低于2 000美元。另外，Lee公司为了激励员工还规定了10万公里安全行驶奖励1 000美元的做法。每名司机每月都有半天的培训时间，参加由公司聘请的指导老师讲授的有关驾驶员安全行驶和业务进修的培训班。这样做的结果是，公司在整个货运行业中员工更替比例最低，只有3%。约翰·理查德认为："在Lee公司内应该不存员工聘用难的问题。我们这里只有在员工退休或身患疾病时才会招聘新成员。"

在Wisconsin食品公司的调度室，公司的首席调度员阿尔·洛佩斯先生也提供了一些与Lee食品公司相似的信息。Wisconsin食品公司的车队全部是使用Kentworth牌货车，发动机是Cummins 350大凸轮III型的，转速为1 800圈/英里。在所有的货车内部也都装有燃料节省装置，基本上与李食品公司一致。由于Wisconsin公司允许司机自己对车内进行装潢，所以结果也与Lee公司差不多，但是费用要驾驶员自己出。

两年半之前，Wisconsin公司推行了一套运输开发项目，被称作TRIM项目（transportation improvement program）。这个项目包括Stemco公司的车载计算机监控系统（全程录音系统）和Stemco公司的车辆管理系统（vehicle management system, VMS）软件包。在Wisconsin食品公司的所有货车上都装有录音设备。该系统硬件方面的花费平均每辆车2 200美元。当司机接受调度的时候，将卡式记忆录音机装进货车。在旅途结束时，司机要做的最后一件事就是将磁带取出，然后送交调度室。接着他会得到一盘空带，下次出发时再装到录音机里。在旅途开始时，司机必须录入身份号码、车辆号码和行程路线号码。此外，他还要登记途中购入的燃料数。与计算机联网的录音机会将时间、发动机转速、车辆时速、刹车次数和停车次数等情况都存储起来。每次旅途中的数据都从盒式存储器中下载存入IBM个人电脑，并且将数据存入软盘。通过VMS系统进行数据分析，最后打印出一份旅途全程基本数据汇总。在这份汇总资料中要包括多种统计数据，以便管理者对司机的工作表现进行评估。比如发动机的工作时间、闲置时间、车辆行驶时间、车速、发动机转速和燃料使用情况等等，最后综合上述表现，给每位司机的工作表现评出一个等级（从0~100）。这个TRIM系统是通过会议形式，向10~15名司机一批一批介绍的。会议上强调使用这套装置是为了明确每位司机在工作中尚存在的问题，从而提高运输质量。起初，计算机的汇总中显示，有近50%～60%的司机在运输过程中都存在着超速的问题（车速超过58英里/小时）。

阿尔·洛佩斯说："大家都知道，大型卡车要节省，最容易奏效的方法就是降低单位里程的耗油量，降低车辆的磨损。提高这两方面中的任意一点的效率，都会让成本有明显的下降。我们常常私下向司机咨询，重点了解如何养成良好的驾驶习惯，以此来树立降低驾驶成本的内在意识。我们并非使用强制的手段，但是降低车队的经营成本效果却是显著的。我们的单位里程耗油量一下子就达到5.8英里/加仑，这个记录一直保持至今。此外，轮胎的磨损以及发动机维修成本也有了明显的下降。"

最值得一提的一次事故发生在得克萨斯州。一名司机的Cummins牌发动机烧毁了。Cummins公司称这次事故是由于超速行驶和发动机过速运转所造成的结果。司机乘飞机返回俄马哈的时候，带回了盒式数据存储器。经过对VMS系统的数据分析，结果显示没有发动机过速运转和超速行驶的情况。这样的分析最终为公司赢回了1.7万美元的发动机维修费。

阿尔·洛佩斯自己坦言："对TRIM系统而言，最令人失望的一件事就是，虽然Stemco公司的销售人员向我们保证燃料的利用率最高可以达到6～7英里/加仑，但是我们从没有达到过这一水平。另外，我们似乎一直在对司机进行有关这个系统操作的培训。我们公司有超过40%的司机在公司的服务期尚不足1年。"

在货运行业内，司机的轮换率达到20%～25%并不稀奇。但是与阿尔·洛佩斯进行的更深一层讨论中也反映出公司确实存在一些问题。首席调度员和司机都感觉到，经过计算机程序化了的车辆管理系统所带来的好处都归公司所有。驾驶员们都认为，驾驶室里装上个"警察"就减少了他们潜在的收益。驾驶员的自由度也小了。每天不能多开1小时，不能多休息一会儿，睡眠的时间也少了。导致司机们"跳槽"的最主要原因是其他货运公司高收入的诱惑和提供更多的自由度。

比尔·卡恩斯回到办公室之后，决定再次对图表9—6和图表9—7进行比较，观察两公司的车辆在耗油量、发动机维修率和轮胎磨损率等方面的区别。当他看过图表9—7的数据后，决定去查一下原本两个车队的账，从而对成本进行分析。由于两个车队一直是分开经营的，所以账也是分开的。很快比尔就看到了他想要的数据，随后他就编出了一张新表（参见图表9—8）。

图表9—8　　　　　　　　Lee公司和威斯康星公司两车队成本比较

	Lee车队平均值	威斯康星车队平均值
每英里成本（美元）		
设备	0.82	0.65
驾驶员工资	0.61	0.58
每年行驶里程（英里）		
每车	112 708	94 075
每人	77 420	73 127

比尔在离开之前,他还向主管会计雪莉·威廉斯(Shirley Williams)询问了有关两家车队每英里运行成本的差距。雪莉同意比尔的想法,即认为Lee公司车队在耗油量、发动机维修率、轮胎磨损率等方面的支出都较Wisconsin公司来得高。雪莉·威廉斯其实已经开始对两者的运作成本进行调查,并发现这两家车队在耗油量、轮胎磨损率和发动机磨损等方面的单位成本支出是相差无几的(参见图表9—9)。同时雪莉还发现公司的政策允许两个车队每年更换15%的车辆装备。

图表9—9　　　　　　　　　　　　　　　单位成本

项目	单价
发动机维修	7 000美元/发动机
柴油机燃料	1.15美元/加仑
新轮胎	
转向轮胎	175美元/轮胎
驱动轮胎	195美元/轮胎
轮胎翻新	65美元/轮胎

起初,雪莉对于两家车队司机的单位驾驶里程成本的差异倍感诧异。她对比尔说:"两个车队的驾驶员的报酬都与行业的水平相当。我将会把进一步的调查结果向你汇报。"当Shirley再次查阅过去计算出的司机单位里程成本的记录时,她发现两个车队唯一的区别就在于对司机安全行驶给予的奖金数额上的差异。在试用期,Lee公司车队的奖金高于Wisconsin公司车队。而且她还发现了对于Lee公司车队的司机而言,在工资和津贴方面确实都要高于Wisconsin公司车队,这是因为Lee公司车队的司机一年内的驾驶里程数要远远大于Wisconsin公司车队。

在回办公室的路上,比尔·卡恩斯想起了阿尔·洛佩斯报告中最后讲到的:"我们公司有超过40%的司机在公司的服务期尚不足1年。"想到这里,在他的脑海里已经做出了这样一个决定,并且更加确信雪莉·威廉斯早上所说的一切。

比尔·卡恩斯回到办公室时已经是下午4点了。他的秘书告诉他立即给哈伦·海史密斯先生回个电话。电话是哈伦·海史密斯先生亲自接的,比尔·卡恩斯惊讶于他居然没有秘书。

双方寒暄一番之后便切入正题,哈伦·海史密斯说:"比尔,你来公司的时间也不短了,现在应该有充足的证据来评估一下我们的车队了。明天下午3点以前我希望能看到你拿出的整合两个车队的方案,晚安!"

比尔马上意识到他的这份报告必须同时考虑到货运的成本和员工的关系这两方面的内容。他还意识到要把这两方面做好,必须有一定资金投入。

晚上6点,比尔在离开办公室之前给已经在家的约翰·理查德和阿尔·洛佩斯分别去了电话,告之了事情的原委,并希望他们能为明天下午3点的会议提供帮助。两人同意明天早上9点在比尔的办公室就合并车队的计划做进一步的讨论和研究。

第二天早上9点，约翰·理查德和阿尔·洛佩斯准时来到比尔的办公室。此时，比尔开始感到一丝不安，那种不安是当初总裁哈伦·海史密斯先生雇佣他时所说的那种不安。

比尔说道："我一夜辗转反侧难以入眠，干脆穿衣起身，并预备好了一份需要解决的问题的清单。"

约翰·理查德解释道："对于这份清单中前两个问题，我听取了Lee食品公司所有司机工人的意见。我可以给你一个答案。"

阿尔·洛佩斯说："我敢打赌，我们找到的解决问题的办法比他们要多。"

"太棒了！约翰，如果你和阿尔能对付前两个问题的话，后面3个就交给我吧。记住，我们要的不仅仅是一长串问题的症结，而是如何在不增加新问题的基础上，对两家车队进行整合。我们上午11点再在这里碰头，看看我们各有什么新招！"

资料来源：Joseph C. Latona and Jay Nathan, *Cases and Readings in Production and Operations Management* (Boston, Allyn and Bacon, 1994), pp. 105–110。

案例思考题

1. 如果在合并过程中，我们对两家车队司机的待遇不做调整，员工会有什么反应？会产生什么问题？
2. 你认为司机最关心的是什么？我们应该如何在不影响司机情绪的基础上合并两家车队？
3. 有些司机已经具备了获取安全行驶奖金的资格，我们可能继续这样做吗？我们是否要再新增一个奖励内容，即如果车速一直能保持在58英里/小时以下，就能获得奖金每英里0.3美元？
4. 由于各种转变和革新都需要资金的投入，所以如果要实施这个方案，我们应该去哪里募集这笔资金？
5. 假设我们决定改良货运车，你准备先在所有的Lee公司牵引车内部安装Stemco公司的行驶途中记录装置呢，还是先提高Wisconsin公司牵引车驾驶室内部司机的舒适程度？为什么？

参考文献

1. Aeppel, Timothy, "Missing the Boss: Not All Employees Find Idea of Empowerment as Neat as It sounds," *Wall Street Journal* (September 8, 1997).

2. Albrecht, K., and R. Zemke, *Service America! Doing Business in the New Economy* (Homewood, IL, Dow Jones-Irwin, 1985).

3. Bowen, David E., and Edward E. Lawler III, "The Empowerment of Service Workers: What, Why, How, and When," *Sloan Management Review* (spring 1992), pp. 31-39.

4. Carrell, Michael R., Norbert F. Elbert, and Robert D. Hatfield, *Human Resource Management*, 5th ed. (Upper Saddle River, NJ, Prentice Hall, 1995).

5. Davidson, D. S., "How to Succeed in a Service Industry: Turn the Organization Chart Upside Down," *Management Review* (April 1978), pp. 13-16.

6. Drucker, Peter F., "The Coming of the New Organization," *Harvard Business Review* (January-February 1988), pp. 45-53.

7. Dunkin, Amy, "How Department Stores Plan to Get the Registers Ringing Again," *Business Week* (November 18, 1985), p. 67.

8. Goodwin, C., and I. Ross, "Consumer Evaluations of Responses to Complaints: What's Fair and Why," *Journal of Services Marketing*, vol. 4 (1990), pp. 53-61.

9. Graves, Desmond, *Diagnosis and Change* (New York, St. Martins Press, 1986).

10. Guglielmino, Paul J., and Robert G. Murdick, "Self-Directed Learning: The Quiet Revolution in Corporate Training and Development," *SAM Advanced Management Journal* (summer 1997), pp. 10-18.

11. Hammonds, Keith, Kevin Kelly, and Karen Thurston, "Special Report: Rethinking Work—The New World of Work," *Business Week* (October 17, 1994), pp. 76-87.

12. Harvey, Don, and Donald R. Brown, *An Experiential Approach to Organization Development*, 5th ed. (Upper Saddle River, NJ, Prentice Hall, 1996).

13. Hawn, Carleen, "The (Truly) Friendly Skies," *Forbes* (January 13, 1997), p. 39.

14. Hendrickson, David K., "Improving Productivity in Federal Courts Through Participation," *Journal for Quality and Participation* (January-February 1997), pp. 20-29.

15. Heskett, James L., "Lessons in the Service Sector," *Harvard Business Review* (March-April 1987), pp. 120-124.

16. Knowles, M. S., *The Adult Learner: A Neglected Species* (Houston, TX, Gulf Publishing Co., 1990).

17. Kolb, Davis A., Joyce S. Osland, and Irwin M. Rubin, *Organiza-*

tional Behavior: *An Experiential Approach*, 6th ed. (Upper Saddle River, NJ, Prentice Hall, 1995).

18. Levitt, Theodore, "Production-Line Approach to Service," *Harvard Business Review* (September-October, 1972), pp. 41-52.

19. Levitt, Theodore, "The Industrialization of Service," *Harvard Business Review* (September-October, 1976), pp. 63-74.

20. Malone, Thomas W., "Is Empowerment Just a Fad? Control, Decision Making, and IT," *Sloan Management Review* (winter 1997), pp. 23-35.

21. Marriott, J. W., Jr., and Kathi Ann Brown, *The Spirit to Serve*: *Marriott's Way* (New York, Harper Business, 1997).

22. McGregor, Douglas, *The Human Side of Enterprise* (New York, McGraw-Hill, 1960).

23. Mills, P. K., *Managing Service Industries* (Cambridge, MA, Ballinger, 1986).

24. Peters, Tom, *Thriving on Chaos* (New York, Knopf, 1987).

25. Sasser, W. Earl, Jr., R. P. Olson, and D. Daryl Wyckoff, *Management of Service Operations* (Boston, Allyn and Bacon, 1978).

26. Schuster, Frederick E., *The Schuster Report* (New York, Wiley, 1986).

27. Uttal, Bro, "Companies That Serve You Best," *Fortune* (December 7, 1987), pp. 98-116.

28. Zeithaml, Valarie A., A. Parasuraman, and Leonard L. Berry, *Delivering Quality Service*: *Balancing Customer Perceptions and Expectations* (New York, The Free Press, 1990).

第9章补遗
服务业工作与劳动的核算

S9.1　本章概述
S9.2　时间研究法
S9.3　预定时间标准法
S9.4　工作抽样法
S9.5　本章提要
讨论题
练习题
参考文献

S9.1　本章概述

在第9章中我们已经讨论了人力资源的管理,其中面临的一个问题就是如何对服务人员进行有效的管理。有效的管理意味着,不但知道员工的预期表现,而且需要制定一些劳动标准。管理者需要这样的标准来对如下问题进行判断:

- 从事服务的内容(劳动力成本);
- 对服务人员的需求(为了满足消费者需求应该安排多少在岗员工);
- 在提供服务之前对成本和时间的估算(有助于做出各种决策);
- 预期的生产效率(监管人员和员工都必须清楚每天的产出应该有多少);
- 工资激励机制的基础(如何建立合理的激励机制);
- 员工的工作效率(需要制定标准来判断效率)。

制定合理的工作标准是指在正常的工作情况下,一名普通员工完成一项具体工作所要花费的时间。

如何制定工作标准呢?主要有以下3种方法:
1. 时间研究法;

2. 预定时间标准法;
3. 工作抽样法。

第9章补遗部分将分别对以上3种方法加以说明。

S9.2 时间研究法

1881年弗雷德里克·泰罗（Frederick W. Taylor）最早提出了经典的秒表测时理论（stopwatch study），至今这个理论还在时间理论的研究领域里被广泛地应用。时间理论的研究过程是以一名员工为样本，测算他完成一定量工作所需的时间，然后利用这个数据制定出一个标准。对于一位受过培训而且经验丰富的调查人员而言，可以通过以下8个步骤来完成一个标准的建立：

1. 确定所需要测试的工作对象；
2. 决定要对该项工作测定的次数（即所需要的样本数或测试的次数）；
3. 对工作进行分割（即将测定对象分割成只需花费几秒钟即能完成的小步骤，即两步）；
4. 选择作为观察对象的员工，测试并且记录下他完成每一步工作所需要的时间。然后定出他完成工作的效率等级。
5. 计算出完成每一步工作所需的**平均时间**（average cycle time）：

$$平均时间 = 几次测定的完成该步工作所需的时间之和 / 测试的次数 \tag{S9.1}$$

6. 计算出完成每一步工作的**正常时间**（normal time）：

$$正常时间 = 平均时间 \times 定级因素 \tag{S9.2}$$

所谓定级因素（rating factor）是指按照被测试人员完成工作的情况，将平均时间换算成一名普通员工完成这项工作所需的时间。比如，一名普通员工每小时应该能走3英里。他也能在30秒钟内能将52张纸牌平均分成4墩。有许多影片录下了专业人员共同认可的工作节奏。高级管理协会（Society for the Advancement of Management）也已经制定了一系列的操作标准。但是，如何定级依然是一件十分精细的工作。

7. 累加完成每步工作所需的正常时间，最终得到完成整个工作所需要的正常时间。

8. 计算完成整个工作所需要的**标准时间**（standard time）。标准时间是对正常时间的一种调整。因为这里要考虑到个人需要、不可避免的工作延误和疲劳等等因素。

$$标准时间 = 正常时间 / (1 - 折扣因素) \tag{S9.3}$$

个人折扣时间一般控制在正常时间的4%～7%之间，可以考虑的折扣因素包括卫生间的远近、便池冲水的速度以及其他的设施条件等等。工作延误标准的制定要根据对实际情况的研究结果。疲劳标准的制定则取决于我们对不同身体条件、不同环境条件影响人的精力的逐渐深刻的了解。[①]

图表 S 9—1 列出的是可供参考的个人需求和疲劳的折扣系数。

图表 S 9—1　　　　各类工作对休息需求的折扣数（百分点）

A. 不变的需求折扣	
1. 个人需求	5
2. 基本疲劳需求	4
B. 可变需求折扣	
1. 站立工作	2
2. 精力集中	
a. 比较精细的工作	0
b. 精细或精确的工作	2
c. 非常精细或精确的工作	5
3. 噪音等级	
a. 持续	0
b. 间隙噪音——强	2
c. 间隙噪音——很强	5
d. 刺耳噪音——强	5
4. 用脑强度	
a. 较复杂	1
b. 复杂或需集中注意	4
c. 很复杂	8
5. 单调性	
a. 低	0
b. 中等	1
c. 高	4
6. 枯燥度	
a. 较枯燥	0
b. 枯燥	2
c. 十分枯燥	5

资料来源：摘自 B. W. Niebel 著《操作和工时的研究》（*Motion and Time Study*），8th ed. (Homewood, IL, Irwin, 1988), p. 393. Copyright ©1988 by Richard D. Irwin, Inc.。

时间研究实例

我们可以以管理科学协会（Management Sciences Associates，MSA）

[①] 见 Ernest J. McCormick 著《工程管理与设计中的人的因素》（*Human Factors in Engineering and Design*），(New York, McGraw-Hill, 1976), pp. 171 - 178；还可参见 Haim Gershoni 著"针对炎热所作的调整"（Allowances for Heat Stress），载《工业工程管理》（*Industrial Engineering*）(September 1979), pp. 20 - 14。

为例。这是一家通过发送信件的形式向几千家不同的企业推广他们有关管理开发研究课程的企业。在准备这些信件的过程中就运用了时间研究理论。根据观察图表 S 9—2 的数据可以得知，MSA 公司为这项工作的开展建立了一个时间标准。就该企业而言，个人需求、工作延误以及疲劳等因素占 15％。收集了这些数据之后，我们要做的工作是：

1. 排除所有特殊情况或不是经常发生的数据。在图表 S 9—2 中这些项目打了星号（这些因素可能是因为一项没有列入日程安排的干扰或是与老板的一次交谈，也可能是一次不正常的失误，而这些情况都不构成工作的一部分）。

图表 S 9—2

工作内容	观察结果（单位：分钟）					工作定级（％）
	1	2	3	4	5	
（A）打印信件	8	10	9	21*	11	120
（B）打印信封地址	2	3	2	1	3	105
（C）装信纸、贴邮票、封信封、分拣	2	1	5*	2	1	110

2. 计算出完成每步工作所需要的平均时间：

　　A 平均时间＝（8＋10＋9＋11）/4＝9.5 分钟

　　B 平均时间＝（2＋3＋2＋1＋3）/5＝2.2 分钟

　　C 平均时间＝（2＋1＋2＋1）/4＝1.5 分钟

3. 计算出完成每步工作所需要的正常时间：

　　A 正常时间 ＝平均时间 × 工作定级

　　　　　　　＝9.5×1.2

　　　　　　　＝11.4 分钟

　　B 正常时间＝2.2×1.05

　　　　　　　＝2.31 分钟

　　C 正常时间＝1.5×1.10

　　　　　　　＝1.65 分钟

由于每步工作的工作等级都不同（正如上例），所以要计算每步工作的正常时间。

4. 完成每步工作所需要的正常时间累计得到总的正常时间（指对整个工作而言的）。

　　总正常时间＝11.40 ＋ 2.31 ＋ 1.65＝15.36 分钟

5. 计算出完成整个工作所需要的标准时间。

　　标准时间＝总正常时间／（1－折扣因素）

　　　　　　＝15.36／（1－0.15）

　　　　　　＝18.07 分钟

综上所述，18.07分钟就是完成这项工作所需的标准时间。

样本出错

时间研究理论其实就是计算样本，所以人们自然而然就会想到样本会出错。据统计，样本出错的概率与样本的大小成反比关系。为了确定实验的次数，我们必须考虑每一步工作中可能遇到的各种可能性。

最简单的确定样本大小的方法就是利用标准图表（standard charts），（如图表S9—3所示）。这个图给样本大小的确定提供了方便，使大家有95%和99%两种置信度的选择，即运用这个方法确定的平均工作时间与实际平均值（true average）[①]之间的误差将被控制在5%之内。使用图表S9—3要遵循以下4个步骤：

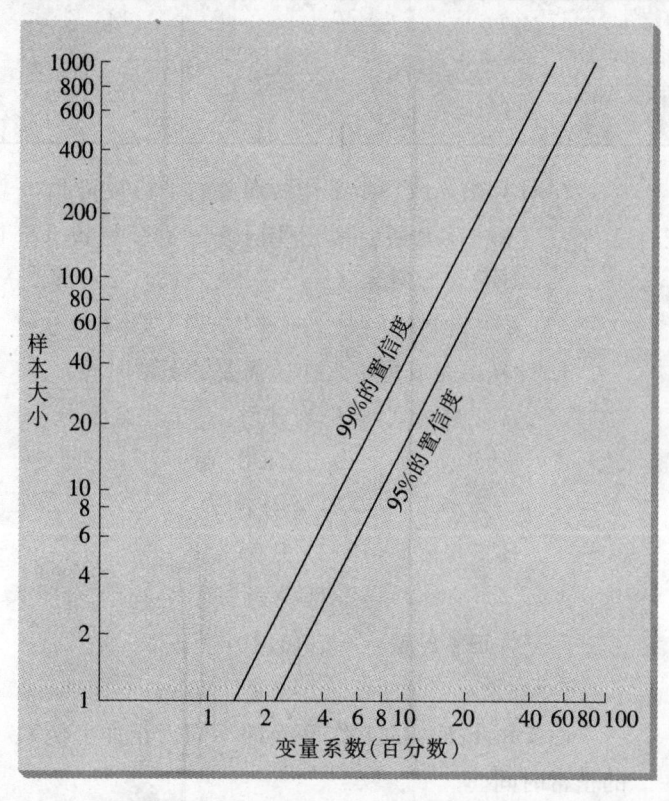

图表S9—3 在变量系数已知和精确度在±5%之内的情况下确定样本的大小

资料来源：A. Abruzzi, *Work Measurement* (New York, Columbia University Press, 1952), p. 161. Copyright © 1952 by Columbia University Press. Used by permission.

[①] 编制此图所依照的样本规模公式是 $N=(Zs/h\overline{X})^2$，式中 Z 代表理想可靠系数的标准常态（standard normal deviate for the desired confidence coefficient），h 代表理想精确水平（desired accuracy level），$s/\overline{X}$ 代表可变系数（coefficient of variation）。

1. 计算平均时间 $\overline{X}$；
2. 根据样本数据来确定标准差 s；

$$s = \sqrt{\sum(\text{每个样本的观察值} - \overline{X})^2/(\text{样本数} - 1)} \quad (S\,9.4)$$

3. 计算变量系数，即用标准差 s 除以平均时间 $\overline{X}$；

$$\text{变量系数} = s/\overline{X} \quad (S9.5)$$

4. 在图表 S 9—3 的横坐标上找到合适的变量系数，然后根据置信系数曲线，读出纵坐标上样本的大小。

接下来我们将举例说明。假设测算的对象是保险数据的录入员，采用的样本大小为 12。计算得到平均时间为 2.8 分钟，标准差为 0.56 分钟。为了达到 95% 的置信度，即将标准时间与实际平均时间的误差控制在 5% 以内，我们想知道，如果要达到这个水平，样本数 12 是否足够。

为了得出答案，我们计算变量系数如下：

$$S/\overline{X} = 0.56/2.80$$
$$= 0.20$$

在图表 S 9—3 中相应的变量系数是 20%，与之相应的样本大小应该是 60。所以，原来的样本为 12 并不足以满足测试要求，观察还应继续进行。

S9.3 预定时间标准法

确定服务中劳动力标准的第三种方法是利用预定时间标准法。**预定时间标准**（predetermined time standards）是指将具体工作划分为一个个已知时间的小部分（这些已知时间取自于由众多工人构成的大样本）。要估计完成一项特定任务所需要的时间，首先要将这项工作中每一部分的时间累计起来。如果某一家服务企业要开发一项复杂的预定时间标准的计算系统，费用会相当高昂。因此，有些系统可以花钱购买。其中使用最广泛的是**时间测算方法系统**（methods time measurement，MTM），它是 MTM 协会的产品。[①] 另一个系统是**电算化标准数据**（Computerized standard data，CSD），它是 Rath and Strong 公司的产品。该公司是一家管理咨询公司。预定时间标准是一种称作**基本动作单位**（therbligs）的产物。基本动作包括挑选、抓取、摆放、触摸、紧固/放松、移动、延伸、控制以及固定和检查等活动。这些活动的表述形式是时间测算单位（time measure-

---

[①] MTM 是由 MTM 协会开发的一套系列产品。该公司是总部设在伊利诺伊州 Des Plaines 市的一家非营利机构。所有的 MTM 协会的系统都是原始调查的结果。许多系统都有专门的用途。比如 MTM-HC 是医疗行业专用的。MTM-C 是关于办公室工作的。MTM-M 应用的领域是涉及显微镜的工作。MTM-V 处理的是机械修理工作，如此等等。除了美国以外，还有 12 个国家也有 MTM 协会。比如德国的 MTM 协会开发了 MTM-UAS 系统，它用来设定实验室的标准。

ment units，TMUs），每个单位相当于 0.000 01 小时，或是 0.000 6 分钟。对各种基本动作测得的 MTM 值可以用一张非常详细的表列出。例如，图表 S 9—4 就是对"拿起"（get）和"放下"（place）这两个动作所制定的时间标准。在 MTM 系统中，最复杂的要数"拿起"和"放下"这两个动作了。要想"拿起"或"放下"，先要了解对象是什么，大概的重量有多少，放在哪里，有多远。以下两个例子或许会有助于你明白这些道理。

图表 S 9—4　　　MTM 样表（"拿起"和"放下"两个动作）

MTM协会	通用分析系统（UAS）			UAS	
1984 年 1 月	如果没有接受 MTM 协会或是针对 UAS 的专门培训，使用此表会得出错误的结论	测算单位	时间单位		
			秒	分	小时
		1	0.036	0.0006	0.00001

TMU 时间值

"拿起"和"放下"			距离（英寸）	<8	>8 <20	>20 <32
重量	拿取条件	位置精确度	代码	1	2	3
<2 磅	容易	近似	AA	20	35	50
		松	AB	30	45	60
		紧	AC	40	55	70
	困难	近似	AD	20	45	60
		松	AE	30	55	70
		紧	AF	40	65	80
>2 磅　<18 磅	满把抓	近似	AG	40	65	80
		近似	AH	25	45	55
		松	AJ	40	65	75
		紧	AK	50	75	85
>18 磅　<48 磅		近似	AL	80	105	115
		松	AM	95	120	130
		紧	AN	120	145	160

放下	代码	1	2	3
近似放置——放置精确度要求不高	PA	10	20	25
轻松放置——放置具有一定精确度要求	PB	20	30	35
整齐放置——放置有较高精确度要求	PC	30	40	45

资料来源：Copyright © 1984 by the MTM Association for Standards and Research. No reprint permission without written consent from the MTM Association, 1111 East Touhy Ave. Des Plaines, IL 60018.

医院实验室中试管标本的灌注

根据图表 S 9—4，我们举一个很简单的例子来说明标准时间的数据是如何获得的。样品试管放在试管架上，用于离心操作的试管放在附近的盒子中。一位技术人员将试管样品从架子上取下，打开试管塞，再拿出离心分离试管，将样品试管中的物质倒入离心分离试管中，最后将两支试管都放回架子上。

这第一项工作包括将试管从试管架上取下，假设技术人员"拿起"试管、"放下"试管的过程是在以下条件下进行的：

- 重量——不到2磅；
- "拿起"的条件——简单；
- "放下"的精确度要求——近似；
- 放置距离——8～20英寸。

根据MTM系统，这项基本活动属于AA2级（参见图表S 9—4）。图表S 9—5中其他的项目也是根据MTM表绘制的。此外，因为大多数MTM的推测都是由计算机操作的，所以使用者只需键入MTM代码就可以了，比如AA2等。

图表 S 9—5　　　　　　MTM-HC 分析：试管标本灌注

工作描述	成分	时间	频率	总计
将试验试管从架子上拿出	AA2	35	1	35
拿起秒表，放在计数器上	AA2	35	1	35
拿起离心分离试管，放在试验试管上	AD2	45	1	45
倒入（3秒钟）	PT	1	83	83
同时将试管都放回架子上	PC2	40	1	40
			时间测算单位总计：	238
			总计分钟：	0.14

资料来源：A. S. Helms, B. W. Shaw, and C. A. Lindner, "The Development of Laboratory Workload Standards Through Computer-Based Work Measurement Technique, Part 1," *Journal of Methods—Time Measurement*, vol. 12, p. 43. Used with permission of MTM Association for Standards and Research.

计算机数据录入分析

图表S 9—6是第二个例子。此表表示MTM代码被用来编制计算机数据录入、提供用户确认信息、询问具体的方案或流程的标准时间。

优势

与直接的耗时研究相比，预定时间标准有以下几点好处：（1）它可以在实验室的环境中完成，不必扰乱正常的服务活动（时间理论研究则需要干扰正常服务）。（2）预定时间标准可以在工作之前进行制定，也可以作为制定计划的依据。除此之外，也无须提供工作定级——所以这个方法可以广泛地被企业接受，因为它在制定标准时比较公平。预定时间标准这

图表 S 9—6　　　　　　用 MTM 系统编制计算机开机标准代码

代码：L4	名称：计算机开机			
描述	成分	时间	频率	总计
开机	UBA1	10	5	50
密码	UBA1	10	4	40
首字母	UBA1	10	4	40
用户代码	UBA1	10	6	60
观察	UVA	15	1	15
实验室程序	UBA1	10	4	40
部门程序	UBA1	10	4	40
用户代码	UBA2	25	5	125
观察	UVA	15	1	15
工作站	UBA1	10	4	40
工作页面	UBA1	10	4	40
观察	UVA	15	1	15
			时间测算单位总计：	520
			标准时间（分钟）	0.3120

资料来源：A. S. Helms, B. W. Shaw, and C. A. Lindner, "The Development of Laboratory Workload Standards Through Computer-Based Work Measurement Techniques, Part II," *Journal of Methods—Time Measurement*, vol. 12, p. 48. Used with permission of MTM Association for Standards and Research.

种方法对某些企业特别有效，因为它们的工作形式近似，需要测试的量又很大。在这样的企业，可以专门为相似的几类工作制定标准数据表。有些企业同时使用时间研究理论和预定时间理论这两种方法，目的是为了能更加精确地确定劳动标准。

S9.4　工作抽样法

第三种确定劳动力标准的方法是工作抽样法。这种方法是20世纪30年代一位名叫蒂皮特（L. Tippet）的英国人发明的。**工作抽样法**（work sampling）是估计一名员工完成各种不同任务所需时间的百分数。这个方法是通过随机选择观察对象，然后记录下他的工作表现情况。

工作抽样法的过程可以被分为以下7步：

1. 首先确定一个初始样本，并对其变量值进行估计（比如一名员工工作繁忙的时段占全部时间的百分比）；

2. 计算所需要的样本规模；

3. 编制一个时间表，以便在合适的时间对该员工进行观察。这种随机数理论（将在第11章中将做详细讨论）被用来进行随机观察，这样就能形成一个具有代表性的样本；

4. 观察并记录下员工工作情况，并对其工作定级；

5. 记录员工在被观察期间生产的产品数量（比如开立付薪支票）或是提供的服务数量；

6. 计算每项服务的正常时间；

7. 计算每项服务的标准时间。

为了决定所需的观察次数，管理层应该先行明确期望的置信水平和精确度。但是，分析师必须先选择一个初始变量值（第一步）。通常会先选择一个小样本，大约需要 50 次观察。以下这个公式可以用来计算符合一定的置信水平和精确度的样本规模。

$$n = Z^2 p(1-p)/h^2 \tag{S9.6}$$

其中 n 代表所需要的样本规模；

Z 代表与希望达到的置信水平呈正常偏离的程度（$Z=1$ 代表 68% 的置信度，$Z=2$ 代表 95.45% 的置信度，$Z=3$ 代表 99.7% 的置信度——这些数据可在附录中的正态列表中查到）；

p 代表估计样本的容量（被测员工的工作繁忙或空闲的时间）；

h 代表希望达到的精确度（百分值）。

以文字处理小组为例

为了对工作抽样有更深一步的了解，我们就以打字员小组的工作为例进行说明。这个小组的组长估计员工在整个操作过程中有 25% 的闲暇时间。组长希望工作抽样的精确度在 3% 之内，希望置信度能达到 95.45%。

为了判断应该进行的测试次数，观测人员套用公式：

$$n = Z^2 p(1-p)/h^2$$

其中 n 代表所需要的样本规模；

$Z=2$ 代表 95.45% 的置信度；

p 为估计的闲暇时间 25% 即 0.25；

h 代表希望达到的精确度 3%，即 0.03。

经过计算得到

$n = (2)^2 (0.25)(0.75)/(0.03)^2 = 833$（观察次数）。

由此可知需要观察 833 次。如果在观察中发现闲暇时间不是预计的 25%，那么最终的样本规模就需要进行重新计算，根据具体情况扩大或是缩小。

随机抽样

为了帮助工作抽样获得随机的样本，管理人员将某一普通的工作日划分为 480 分钟。然后根据随机数据表确定何时去工作地点取样，之后再将这些观察结果记入计数标签中，如下图所示：

状态	计数	频率
有效工作	卌 卌 卌 1	16
闲暇时间	llll	4

在这个实验中，观察一共观察了 20 次，从中发现员工处于工作状态时间达到 80%。所以，480 分钟的工作时间中还有 20%，即 96 分钟的闲暇时间，其余 356 分钟属于有效的工作时间。这个实验的结果向我们展示了在整个过程中，工人**实际**在做些什么，而不是工人们**应该**去做些什么。

S9.5 本章提要

为了使服务达到效果，就需要建立工作标准。因为通过这样的标准可以进行人力资源的有效规划，估计成本的大小，并对工作表现率进行评定。这样做也可以被视作是一个激励机制。工作标准的确定可以通过时间研究的方法、预定时间标准的方法，或者工作抽样的方法。其中特别要指出的是，MTM-HC 已经被保健领域所接受，并且视作一种提高工作效率的有效途径。工作抽样法可以在大多数的服务企业和白领岗位上得到有效应用，因为在这样的岗位上是不容易对产出进行计量的。

讨论题

1. 正常时间和标准时间有什么区别？
2. 通过咨询某一生产管理企业或查阅参考文献，然后编制一个 MTM 测算表。并且说明同类测算表在工厂生产工作、办公室文案工作和医院的工作中会有何不同的应用。
3. 管理人员为何需要工作标准？
4. 亲身去接触一家对工作和劳动进行评价的服务性企业，然后再描述一下所做的分析及其结果。

练习题

S9.1 某一办公室的工人被要求计时完成 3 部分工作，具体完成的情况如图表 S 9—7 所示。工作期间的补贴时间为 15%。

a. 计算完成每一部分工作的正常时间；
b. 计算完成每一部分工作的标准时间。

图表 S 9—7

工作步骤	\multicolumn{6}{c}{观测结果（分钟）}	工作表现等级
	1	2	3	4	5	6	
1	13.0	11.0	14.0	16.0	51.0	15.0	100%
2	68.0	21.0	25.0	73.0	26.0	23.0	110%
3	3.0	3.3	3.1	2.9	3.4	2.8	100%

S9.2 在纽约皇后汽车公司的罗斯·加拉奇（Ross Garage）修配厂为汽车安装消音器的工作可以分成 5 个步骤。理查德·罗斯（Richard Ross）对工人们的工作情况做了 7 次测试，具体耗时如图表 S 9—8 所示。罗斯应工人们的要求同意每个人有 10% 的个人时间。计算整个工作过程中的标准时间时，罗斯排除了所有不属于经常发生的情况。

a. 计算这项工作的标准时间。
b. 如果要确保 95% 的置信度，需要测试多少次？
c. 如果置信度为 75%，那么只要测试多少次？

图表 S 9—8

工作步骤	1	2	3	4	5	6	7	工作表现等级
1. 挑选合适的消音器	4	5	4	6	4	15	4	110%
2. 拆掉旧的消音器	6	8	7	6	7	6	7	90%
3. 安装新的消音器	15	14	14	12	15	16	13	105%
4. 检查工作情况	3	4	24	5	4	3	18	100%
5. 完成书面记录	5	6	8	—	7	6	7	130%

S9.3 以某医院实验室的工人为测试对象（样本），每周工作 40 个小时。观察发现工人们已经完成了总共 320 个试验。工作效率等级达到了 125%。从样本中发现，工人们的有效工作时间为 80%，医院的折扣时间是 10%，试计算这项工作的正常时间和标准时间。

S9.4 一家银行决定调查他们的出纳员的有效工作时间和闲暇时间之比。他们决定用工作抽样的方法，起初他们估计出纳员的闲暇时间为 30%，如果要使得置信度达到 95.45%，精确度为 95% 以上，那需要测试多少人次？

S9.5 有一项工作由 3 部分组成，需要用秒表进行测试。测试结果如图表 S 9—9 所示。根据与工会的协商，决定由企业折让给工作人员的时间是：个人需要 5%，工作耽误 5%，工作疲劳 10%。请计算这项工作标准时间。

图表 S 9—9

工作步骤	观测结果（分钟）						工作表现等级
	1	2	3	4	5	6	
A	0.1	0.3	0.2	0.9	0.2	0.1	90%
B	0.8	0.6	0.8	0.5	3.2	0.7	110%
C	0.5	0.5	0.4	0.5	0.6	0.5	80%

S9.6 某一项工作的初始样本显示如下：

工作时间　　　　60
闲暇时间　　　　40
总时间　　　　　100

计算置信度为 99.7%，精确度控制在 ±4% 之间的样本规模。

S9.7 用壁挂式卷笔器削铅笔这项工作可以分成 8 个步骤，按照时间测算系统 MTM 的表述方法，每个步骤都可以表述为时间单位 TMU。具体数据如下：

伸手 4 英寸取铅笔　　　　　　　　　　　6TMU
抓住铅笔　　　　　　　　　　　　　　　2TMU
移动铅笔 6 英寸　　　　　　　　　　　　10TMU
确定插孔　　　　　　　　　　　　　　　20TMU
将铅笔插入削笔机　　　　　　　　　　　4TMU
削铅笔　　　　　　　　　　　　　　　　120TMU
拿出铅笔　　　　　　　　　　　　　　　10TMU
移动铅笔 6 英寸　　　　　　　　　　　　10TMU

计算完成削铅笔这项任务所需的正常时间？同时将求得的时间转化为分和秒。

参考文献

1. Aft, Lawrence S., *Productivity Measurement and Improvement*. (Reston, VA, Reston Publishing, 1983).

2. Barnes, Ralph M., *Motion and Time Study*. (New York, Wiley, 1980).

3. Denton, D. Keith, "Work Sampling: Increasing Service and White Collar Productivity," *Management Solutions* (March 1987), pp. 36-41.

4. Helms, Ashley S., et al., "The Development of Laboratory Workload Standards Through Computer-Based Work Measurement Techniques: Part III," *Journal of Methods—Time Measurement*, vol. 12, pp. 51-54.

5. Karger, Delmar W., *Advanced Work Measurement*. (New York,

Industrial Press, 1982).

6. Konz, Stephen, *Work Design* (Columbus, OH, Grid, Inc., 1975).

7. Lindner, Carl A., "The Application of Computer-Based Work Measurement in a Community Hospital," Working Paper, University Community Hospital, Tampa, Florida, March 10, 1986.

8. Nadler, Gerald, *Work Design: A Systems Concept*. (Homewood, IL, Irwin, 1976).

9. Neibel, Benjamin W., *Motion and Time Study*. (Homewood, IL, Irwin, 1976).

第10章 服务设施配置及服务场所设计

10.1 本章概述
10.2 宏观位置选择
10.3 宏观位置选择中的定量方法
10.4 微观地点选择
10.5 服务设施布局的目的
10.6 影响服务场所布局的因素
10.7 服务场所设施布局策略
10.8 办公场所布局
10.9 零售商店布局
10.10 仓库和储藏室的布局
10.11 本章提要
讨论题
练习题
案例 10—1 Red River 血液中心
案例 10—2 Des Moines 国家银行
参考文献

10.1 本章概述

对于一家服务性企业而言，长期的收益决策中最重要的部分就是进行企业位置的选择。这种决策的前提是服务和服务传递系统的设计（参见本书第 8 章的内容）。它主要由两个部分组成：首先是要为企业进行**位置**（location）的选择，然后在此基础上进行**地点**（site）的选择。一旦企业完成了位置和地点的选择之后，就要进行服务设施的配置。而在进行设施配置时将面临的问题是涉及到我们应该如何在时间、成本和技术有限的范围内为企业的服务系统提供最佳的物资配置。在本章中，我们首先将着重讨论如何为企业进行区位的选择，之后再讨论有关服务设施配置的问题。

服务企业重视对其企业的位置进行选择是基于这样一些原因。首先是企业追求扩张的战略，在新的位置开展服务是其扩张战略的组成部分。其次是因为人们对服务需求量不断上升的缘故。因为目前已有的服务设施难以满足日益增长的服务需求，所以对服务性行业而言，有必要增加新的服务网点，或扩大原有网点的规模。但是也会出现需求量减少的时候，也就是说，服务企业也可能会面临某一个区域需求不足，甚至难以维持其生存的情况。这就意味着，在为企业进行位置选择的时候必须考虑到该地区是否能提供满足该企业生存的服务需求。因此，在一家服务企业进行位置选择时，有以下3条方案可供选择：

1. 在原地增加现有设施配置；
2. 关闭企业现有网点，并在新的地点另设一个或多个网点；
3. 新辟一个或多个服务场所。

宏观位置的选择（location selection）是一个宏观的问题，它涉及到应该在那些国家，一个国家的那些地区，或者在一个地区、一个县、一个市的那些居民点选址。**地点选择**（site selection）考虑的则是一个微观的问题，主要是为企业在某一特定的场所（或几处场所）建立服务网点。在本章中，我们将首先通过对以下几个因素的研究讨论宏观位置的选择问题：

- 企业总体情况；
- 选址中起决定性作用的因素；
- 宏观位置选择的一般原则；
- 位置选择中常见的错误；
- 多处位置选择。

为了评估所选择的位置，我们在本章中运用了多种定量的方法，从简单的因素加权法到复杂的数学模型法，并且逐个进行讲解。有关服务设施配置的问题将在本章后半部分中再做讨论。

10.2 宏观位置选择

对一个企业而言，宏观位置和微观地点选择都是一个战略性的决策，因为它将影响这个企业长期的经营成本、需求和收益等方面的问题。正因为宏观位置选择一直被认为是控制一个企业成本的重要因素之一，麦肯锡（McKinsey）咨询公司认为："宏观位置选择的好坏直接关系到一家企业战略经营管理的成败与否。"[1]而这点对于服务性企业显得尤为重要，因为大

---

[1] 见 Andrew D. Bartness 著"工厂选址的困惑"（The Plant Location Puzzle），载 *Harvard Business Review*（March-April 1994），pp. 20-37。

多数的服务业采取的是产销同步的经营方式。而且,大部分的服务性企业都需要顾客参与。基于上述两个原因,企业对位置的选择将在很大程度上影响消费者购买决策。由此可以得知,设法让服务设施最大限度地方便一个大的客户群体光顾将成为服务企业的唯一选择。

企业总体情况

在企业进行位置和地点选择之前,首先要对其自身情况有一个清晰的了解。通过对企业总体情况的分析,可以了解企业的性质,以及企业对位置和地点选择有何需要,当然也包括对选址中起决定性作用的因素进行分析,这部分内容将在下一节中再做详细解说。下一步是对企业的总体情况和其战略方针进行比较分析(如图表10—1所示)。企业的总体战略方针应该是其进行选择的指导性原则和框架。

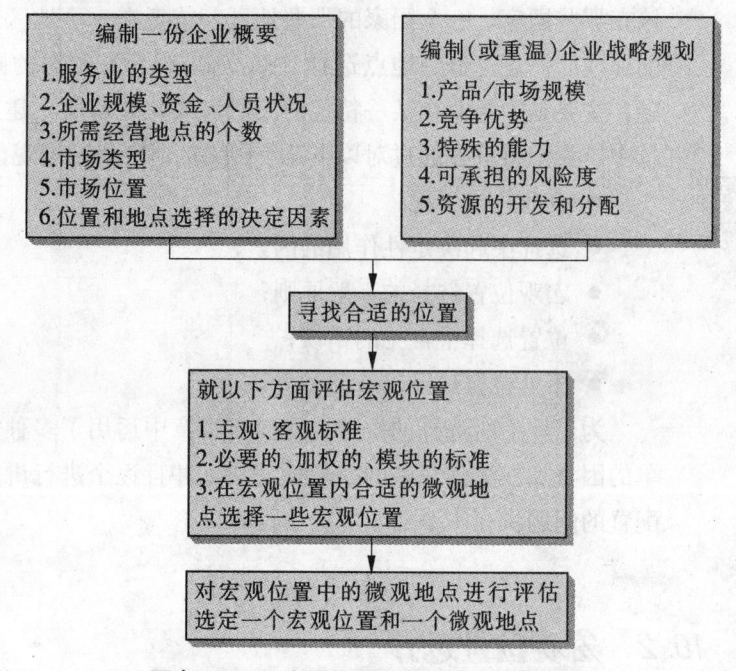

```
┌─────────────────────────┐    ┌─────────────────────────┐
│   编制一份企业概要       │    │ 编制(或重温)企业战略规划 │
│ 1.服务业的类型           │    │ 1.产品/市场规模          │
│ 2.企业规模、资金、人员状况│    │ 2.竞争优势               │
│ 3.所需经营地点的个数     │    │ 3.特殊的能力             │
│ 4.市场类型               │    │ 4.可承担的风险度         │
│ 5.市场位置               │    │ 5.资源的开发和分配       │
│ 6.位置和地点选择的决定因素│    │                         │
└─────────────────────────┘    └─────────────────────────┘
                    │                    │
                    └────────┬───────────┘
                             ▼
                    ┌─────────────────┐
                    │  寻找合适的位置  │
                    └─────────────────┘
                             │
                             ▼
        ┌──────────────────────────────────┐
        │ 就以下方面评估宏观位置           │
        │ 1.主观、客观标准                 │
        │ 2.必要的、加权的、模块的标准     │
        │ 3.在宏观位置内合适的微观地       │
        │   点选择一些宏观位置             │
        └──────────────────────────────────┘
                             │
                             ▼
        ┌──────────────────────────────────┐
        │ 对宏观位置中的微观地点进行评估   │
        │ 选定一个宏观位置和一个微观地点   │
        └──────────────────────────────────┘
```

图表10—1 宏观位置和微观地点选择评估

选址中起决定性作用的因素

对服务业而言,区位的选择取决许多因素,而且还要在收益和成本之间进行权衡。然而,其中必定有起决定性作用的因素,它们不但**左右**着位置和地点选择的进程,同时也严格限制了位置和地点选择的可行性。以下就是影响企业进行位置和地点选择9个方面的决定性因素:

1. **以消费者为基础**。如果一个企业所选择的位置能方便消费者购物、办理银行业务或就餐的话，那么就可以说其位置的选择是以消费者为基础的。这意味着服务业的选址应尽可能地靠近消费者。诸如零售店、医疗机构以及其他为个人服务的机构、剧院、银行和中介机构的营业点和餐馆等，以上这些都是以消费者为基础来选址的服务性行业。

2. **以成本为基础**。对于大多数的专卖店、批发商店和商务机构而言，影响位置选择的决定性因素就是运营的成本。

3. **以竞争者为基础**。有些企业偏向于在靠近其竞争者的地方进行选址，原因在于，它们认为这样做一方面可以密切关注竞争者的一举一动，另一方面也可以分享当地的有利资源，保持对消费者的吸引力。比如，在制造业中有诸如服装街、家具城和纺织品交易中心等一系列的交易市场。同样，在服务业中也存在着汽车经销中心、古董交易中心以及快餐中心等等。

4. **支持系统**。有许多企业之所以选择某一地区，主要是考虑到那里有完善的支持系统。比如，宾馆会建在大学医学研究中心附近；金银首饰店最好选择警力较强的地区；对于像迪斯尼乐园这样的企业，最好选址在交通方便、供电有保障的地方。

5. **地理环境因素**。对于海滨度假村、滑冰度假村、室外温泉疗养院等服务场所而言，地理环境对位置的选择就起了决定性的作用。

6. **经营环境**。当某服务企业在选址时不受其他因素的影响时，就意味着该地区的经营环境成了区位选择的决定性因素。保险公司、私立学校和赌场等都属于这样的企业。

7. **以通讯为基础**。金融服务机构通常需要与其他公司建立快速的信息交流系统，甚至于要和世界各国的政府之间保持良好的信息沟通。这就是为什么一些大银行要选择在发达的、信息沟通顺畅的大城市开设分公司的原因之一。此外，随着电信系统的日益发达，越来越多地取代普通邮件的投递，这一因素会变得更加重要。

8. **以交通为基础**。对那些涉及邮购业务和快递业务的企业而言，良好的交通运输网络就成了它们在进行位置选择时首先要考虑的因素了。

9. **对首席执行官级人选的渴求**。虽然存在着前面这么多的因素，但是有许多的企业在进行区位的选择时更加看中的是那里有它们所渴求的总裁或者首席执行官的人选。比如，贾斯廷·达特（Justin Dart）接管雷塞尔·德鲁格（Rexall Drug）制药公司以后以后，他决定将公司的总部从波士顿搬到了洛杉矶，其中的主要原因就是那里有他所看中的人力资源。

宏观位置选择的一般原则

在进行宏观位置的选择时，除了要考虑那些起决定性作用的因素外，还应该遵循许多其他的总体标准。比如，劳动力市场和劳动力成本、气候和天气和地方税收等方面。图表10—2所示的是适合于各种服务业类型的总的标准。为了对位置的选择有一个比较，我们最好将总准则划分为主观标准和客观标准两个部分：

1. 主观标准。
   a. 可以计量的（例如管理人员对风险的估计）；
   b. 不可计量的（例如社区的接纳程度、分区标准和合法程度等）；
2. 客观标准。
   a. 可以计量的（例如建设成本）；
   b. 不可计量的（例如生活成本降低程度）。

图表 10—2   宏观位置选择的总体标准

1. 劳动力供给和劳动力成本；
2. 劳动力的历史背景和文化习惯；
3. 教育中心状况；
4. 娱乐和文化中心状况；
5. 电力供应；
6. 交通状况和道路枢纽；
7. 健康和福利保障系统；
8. 气候和天气情况；
9. 地理和环境保护的管理状况；
10. 地方的经营环境和激励机制；
11. 地方税收政策；
12. 医疗系统；
13. 供应商及服务支持企业的状况；
14. 人口数量和人口增长趋势；
15. 通讯系统；
16. 管理层的偏好；
17. 生活成本；
18. 大众的态度；
19. 土地成本和建筑成本；
20. 企业发展潜力。

位置选择中常见的错误

在进行区位选择的时候，那些经常被大家疏忽的，或者是大家常犯的错误已经显诸于不同的文献中了。[1]以下列举一二：

- 发展趋势预测的失败。对于长期位置选择的考虑常常只顾眼前利

---

[1] 比如可以参见 Richard Muther 著《有系统的配置方案》（*Systematic Layout Planning*），2nd ed.（Boston, Cahners Books, 1973）。

益，忽略了潜伏在将来的变化和机遇。20世纪70年代，Sun Belt公司的成长以及随后在中北部各州的衰败结局不能不说是一个很好的例子；
- 忽视公司的总体发展。在这种情况之下，公司很容易将位置选择简单地定义为是进行房屋的建设而非寻找企业发展的理想区域；
- 对土地成本存在太多的顾忌。黄金地段势必抬高地价，但是如果企业未来打算迁址，那就有可能会有很大的增值空间；
- 对人员迁徙成本估计不足；
- 由于执行者的偏见导致了企业决策的失误。从而使一些重要客户因为对新环境的不满意而离去；
- 忽视位置中员工文化背景的作用；
- 过多地关注工资等级的评定而忽略了提高生产率；
- 未能有效协调基建、搬迁与企业正常经营之间的关系。

多位置选择

相对于单一的位置选择而言，多位置选择的决策在一些重要方面存在着区别。比如，Club Med公司的一位新竞争者，在考虑了各种因素之后，也许会决定在全世界范围内进行多位置的选择。然而，就Club Med公司自身而言，如果它们准备在原有的基础上新增一个服务点，考虑更多的一定是目前已经存在的那些服务网点以及它们能否提供具有各自特色的服务内容。再比方说，假设联邦快递出现了一个新的竞争对手。在开始的时候它可能会考虑先在美国某地区内开设50个服务点，然而从联邦快递的角度来说，它们将会把工作的重点放在目前已经遍布美国各地的服务点，一方面尽可能避免重复设点，同时也会加强各个服务点之间的配合与协作。因此，诸如银行业、经纪人业、休闲娱乐业、有线电视业、汽车旅店连锁业、特许权经营业和航空业等等这些服务性行业都面临着单一位置选择和多位置选择问题。

10.3 宏观位置选择中的定量方法

运用定量的方法进行宏观位置选择，有从简单到复杂的多种多样的方法。下面我们介绍其中几种最常用的方法。[1]先从简单的因素加权法说起。

---

[1] 若要了解计量模型的调查方法以及这种方法在区位选择决策中的应用，请参见 Zvi Drezner 编著的《设施定位：方法与应用调查》(Facility Location: A survey of Applications and Methods)，(New York, Springer-Verlag, 1995)。

因素加权法

因素加权法是一种简单的数学方法，一共有6个步骤：
1. 列举相关因素；
2. 根据实现企业目标过程中每个因素重要性的不同，逐一分配权数；
3. 确定每个因素的值域（例如1~5，1~10，或1~100）；
4. 依据第三步所限定的范围，为各个因素在所选位置中的作用打分；
5. 将每个因素的得分乘以所分配到的权数，经过累计就是这个位置的最终得分；
6. 根据定量方法所得的结果，取得数最高的位置作为候选推荐方案。

图表10—3所示就是利用上述方法对某一新造滑雪场所进行位置选择的一个简化了的图解过程。表中，管理人员列举了一些他们认为不易量化的重要因素，以及他们的权数和3个可选位置（加利福尼亚、科罗拉多、新英格兰）中各个因素的得分情况。最终，加权因素的分析结果显示，新英格兰的区位得分为147，高于加利福尼亚、科罗拉多地区的得分。如果对结论还存在疑虑的话，可以通过改变各个因素的权数对结果灵敏性进行分析。

图表10—3　　因素加权法在为滑雪场所进行区位选择时的应用

因素	重要性权数	各个区位得分 加利福尼亚	科罗拉多	新英格兰	加权得分 加利福尼亚	科罗拉多	新英格兰
平均年降雪量	8	5	4	3	(8)(5)=40	(8)(4)=32	(8)(3)=24
地形地貌	9	4	5	4	(9)(4)=36	(9)(5)=45	(9)(4)=36
附近市场规模	7	3	2	5	(7)(3)=21	(7)(2)=14	(7)(5)=35
交通情况	5	4	4	5	(5)(4)=20	(5)(4)=20	(5)(5)=25
政府鼓励机制	3	3	4	4	(3)(3)=9	(3)(4)=12	(3)(4)=12
竞争者数量及规模	3	2	5	5	(3)(2)=6	(3)(5)=15	(3)(5)=15
				总计	132	138	147

（注：各个因素的得分范围：5=非常好，4=好，3=一般，2=差，1=不能接受）

重心法

重心法也是一种数学方法，它是专门为大量零售商店选择供货中心位置的一种方法。这种方法往往要考虑位置所在地的市场、货物的运输量以及货运成本问题，只有这样才能为零售服务中心找到一个合适的经营位置。

下面我们就以奎因（Quain）公司所属的折扣商店为例来加以说明。

这是 4 家凯玛特（Kmart）风格的连锁商店。[①]这家商店已经在芝加哥、匹兹堡、纽约和亚特兰大开有分店。目前，这几家店都由位于匹兹堡的仓库供货。仓库是第一家连锁店所在地，现在不但陈旧，而且货物供给也不足。图表10—4所示就是这4个分店货物需求量。

图表 10—4　　　　　　　　　奎因公司折扣连锁店的需求量

商店的区位	每月的集装箱货运量
芝加哥	2 000
匹兹堡	1 000
纽约	1 000
亚特兰大	2 000

奎因公司决定找一处"中心"点，重新建一个仓库。由于每个月大量的集装箱运输影响了经营成本，因此单纯的距离问题并不是决定新位置选择的主要标准。重心法计算的前提就是假设运输成本与距离和运输量成正相关。所以在该方法下得到的理想区位应该是仓库与零售网点之间的距离加权以后的最小值，其中距离要被运输的集装箱数加权。

重心法中第一步要做的就是将已经存在的零售店的位置放在坐标系中进行分析（如图表10—5所示）。坐标系的原点和尺度是任选的，只要能正确地确定每个零售店的相对位置即可。如果这样做完的话，就可以通过网格在地图上确定每一个零售店的位置了。然后根据公式10.1和10.2就可以求出重心的位置了。

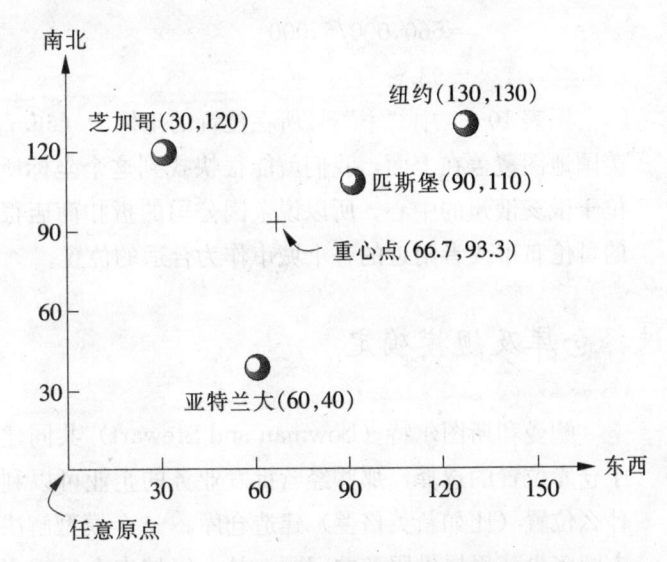

图表 10—5　四家奎因公司折扣商店的位置坐标

[①] 这个例子选自 Jay Heizer 和 Barry Render 著《生产与运营管理》（*Production and Operations Management*），5th ed. (Upper Saddle River, NJ, Prentice Hall, 1999), pp. 302-303。

$$C_x = \sum_i d_{ix} W_i / \sum_i W_i \qquad (10.1)$$

$$C_y = \sum_i d_{iy} W_i / \sum_i W_i \qquad (10.2)$$

上式中，C_x 代表重心在 X 轴上的坐标；

C_y 代表重心在 Y 轴上的坐标；

d_{ix} 代表位置 i 在 X 轴上的坐标；

d_{iy} 代表位置 i 在 Y 轴上的坐标；

W_i 代表从位置 i 处运出和向区位 i 运入的货物量。

比如，第一个分店位于芝加哥，从图表10—3和图表10—2中我们可以得出：

$a_{1x} = 30$

$a_{1y} = 120$

$W_1 = 2\,000$

然后运用同样的方法得出其他几个城市的坐标值，最后套用（10.1）、（10.2）的公式，计算出：

$C_x = [(30)(2\,000) + (90)(1\,000) + (130)(1\,000) + (60)(2\,000)]$
$/(2\,000 + 1\,000 + 1\,000 + 2\,000)$

$= 400\,000/6\,000$

$= 66.7$

$C_y = [(120)(2\,000) + (110)(1\,000) + (130)(1\,000) + (40)(2\,000)]/(2\,000 + 1\,000 + 1\,000 + 2\,000)$

$= 560,000/6,000$

$= 93.3$

图表10—5中"+"号所在位置的坐标为（66.7，99.3），如果将一张美国地图覆盖在上面，我们就能很快找到这个坐标所代表的位置，正好就位于俄亥俄州的中心。所以说奎因公司的折扣商店很可能会考虑俄亥俄州的哥伦布市或者附近的一个城市作为合适的位置。

多区位选择仓库及规模确定

鲍曼和斯图尔特（Bowman and Stewart）共同建立了一个模型专门用于仓库位置的选择，那些经营批发业务的企业可以利用这个模型来确定在什么位置（比如新英格兰）建造仓库。[1]这个模型解决了到底一个仓库要为方圆多少英里提供服务的问题。某一区域内仓库越多，那么其中每一个所承担的服务区域范围就越小，当然仓库的规模也越小。

---

[1] 参见 E. H. Bowman 和 J. B. Stewart 著"经营规模设定模型"（A Model for Scale of Operations），载 *Journal of Marketing*（January 1956），pp. 242–247。

在鲍曼和斯图尔特的研究过程中，他们发现仓库的位置选择中存在着一个经济问题。仓库的成本会随着货物数量的增加而减少，也就是说，随着货物数量的增加，每一件货物所承担的成本就减少了。因为管理费用被摊薄了，而且工作人员窝工的现象也会下降。鲍曼和斯图尔特的研究进一步证明，决定仓库成本最主要的因素是仓库所在区域内的运输距离，而且这一成本与随区域面积的平方根的变化相关（面积的大小影响着运输的半径和直径）。以下是对模型中各个字母的定义：

C：代表某仓库内货物的单位成本之和；

K：销售密度，即每平方公里内受该仓库管制的货物的销售额（美元）；

A：仓库的服务区域（平方英里）；

a：单位货物成本，这项费用既不受仓库库存的影响，也不受服务范围的影响（单位可变成本）；

b：与仓库基本运作相关的固定成本；

c：随着与仓库之间距离变化而变化的可变成本。

商品的单位成本为：

$$C = a + b/KA + c\sqrt{A} \tag{10.3}$$

为了使成本达到最小，我们对原式中的 A 求导，并且令其结果为 0，最终得到的公式是：

$$A = [2b/cK]^{2/3} \tag{10.4}$$

同样是对仓库进行位置选择和规模确定的问题，埃弗罗姆森和雷（Effroymson and Ray）提出了分支界限规则（branch-and-bound algorithm），[1] 而阿特金斯和施赖弗（Atkins and Shriver）则认为可以用线形规划（linear programming）的办法来解决这个问题。[2]

10.4 微观地点选择

微观地点选择可以分成两个阶段进行：社区选择（在宏观位置选择的基础上进行）和网点选择。在进行微观地点的选择时，必须考虑该地区是否适合这个服务性行业的自身性质。所以，不同的企业类型所涉及到的相关因素也一定有很明显的区别。图表 10—6 是一些有关微观地点选择过程中可参考的标准。

---

[1] 参见 M. A. Effroymson 和 T. L. Ray 著《厂区选址的分店模式》(*A Branch and Bound Algorithm for Plant Location*)，载 *Operations Research* (May-June 1966), pp. 361-368。

[2] 参见 Robert J. Atkins 和 Richard H. Shriver 著《设施定位的新方法》(*A New Approach to Facilities Location*) 载 *Harvard Business Review*, vol. 46, no. 3 (May-June 1968), pp. 70-79。

图表 10—6　微观地点选择的参考标准

1. 是否能满足对经营面积的需求；
2. 已有建筑是否符合经营要求；
3. 是否有利区域划分；
4. 交通、通道及停车场情况；
5. 城市马路枢纽；
6. 附近的环境；
7. 劳动力供给、劳动力背景及劳动力成本状况；
8. 税收情况；
9. 大众的态度；
10. 教育、娱乐、文化中心的配备；
11. 空气、水污染状况；
12. 通讯设施；
13. 银行系统；
14. 消防及公安力量；
15. 下水道和污物处理系统；
16. 与最近的机场距离；
17. 本企业提供的服务市场状况。

运用重心模型法对零售店进行地点选择

在决定对零售商店（诸如家具店、电气设备商店等）的地点选址时，厂商的目标通常就是实现利润最大化。对一个商店而言，规模和店址是决策时的两个变量。关于零售业理论的文献中有许多提到了所谓的重心模型（gravity model）或空间相互作用模型（spatial interaction model），但是表述的形式各有千秋。这个假设最早是在 1929 年由一个叫赖利（Reilly）的人提出的，它主要是用来估算消费者需求的。[①]在赖利和其他一些理论的基础上，研究人员又提出了许多实证分析，这些理论都对零售业的发展产生了很大的影响：

1. 随着消费者与购物场所之间距离的变化，消费者对某些商品的支持率也会发生变化；
2. 随着每一个购物中心商品品种的不断变化，消费者对购物场所的选择也会发生变化；
3. 随着所购商品种类的不同，消费者选择其购物的距离会发生变化；
4. 竞争对手购物场所的远近，会影响一个购物中心对消费者的"拉动"作用。

戴维·赫夫（David L. Huff）在下列模型中做了这样的分析，即假设

[①] 参见 W. J. Reilly 著《零售区域法则》（*The Law of Retail Gravitation*），(New York, Putnam and Son, 1931)。

消费者身处 i 地，他去位于 j 地的购物中心购物的可能性为：[1]

$$P_{ij} = \frac{S_j/T_{ij}^\gamma}{\sum_{j=1}^n (S_j/T_{ij}^\gamma)} \tag{10.5}$$

上式中，P_{ij} 代表身处 i 地的消费者去位于 j 地的购物中心购物的可能性大小；

S_j 代表购物中心 j 的规模（专门销售某类商品所需的购物场所的面积）；

T_{ij} 代表从消费者所在地 i 到购物中心 j 地所花费的时间；

λ 代表一个变量，它主要是通过经验来估计不同购物路线对购物所需时间的影响；

赫夫在研究的最初阶段发现，到家具店去时 λ 取值为 2.7，而去服装店时 λ 的取值为 3.2。总而言之，λ 的取值越大，表示在途中花费的时间越短。

从 i 地到某购物中心 j 地预期的（the expected）消费者数量其实就等于，i 地的消费者数量乘以其去 j 地购物这件事的可能性 j，结果是：

$$E_{ij} = P_{ij} C_i \tag{10.6}$$

上式中，E_{ij} 代表从 i 地到某购物中心 j 地购物的消费者的预期数量；

C_i 代表 i 地的消费者数量；

重心模型在非零售行业中的应用

赫夫和赖利提出的重心模型稍加修改后已经被医院、娱乐场所和大学等非零售服务的行业所应用。比如，这个模型就曾经被奥尔特、巴斯和约翰逊（Ault，Bass and Johnson）应用到圣路易斯市（St. Louis）医院的服务范围判断中。[2] 人们判断医院的服务范围主要考虑 2 个方面，一是提供的服务类别，二就是从城市的任何一个地方到医院所要花费的时间成本。莫里尔和凯利（Morrill and Kelley）运用了一个相似的模型来专门研究病人去医院看病的病人流量。[3] 西泽里（Cesario）也建立了一个模型，专门研究宾夕法尼亚州东北部各个度假公园对居住在该州的居民外出度假的竞争情况。[4] 他计算每一个县到每一个度假公园的距离来判断旅游成本。最后一个

---

[1] 参见 David L Huff 著 "对购物中心的界定与预测"（Defining and Estimating a Trading Area），载 *Journal of Marketing*, vol. 28 (1964), pp. 34-38。

[2] 参见 David Ault, Stephen Bass 和 Thomas Johnson 著 "在医院集中区域新建一家新医院所产生的影响"（The Impact of New Hospital Construction on the Service Areas of Existing Hospital Complexes），载 *Proceedings of the American Institute for Decision Sciences* (St. Louis, 1971)。

[3] 参见 R. L. Morrill 和 M. B. Kelley 著 "医院作用模拟及地方效用预测"（The Simulation of Hospital Use and the Estimation of Location Efficiency），载 *Geographical Analysis*, vol. 2 (1970), pp. 283-300。

[4] 参见 Frank J. Cesario "A Generalized Trip Distribution Model," 载 *Journal of Regional Science*, vol. 13 (1973), pp. 233-248。

例子是伦德尔和肖惠恩（Render and Shawhan）建立的模型，他们用模型来测试俄亥俄州内70所公办大学生源的情况。[①]以上所有的例子都说明，重心模型具有潜在的实用性，不仅能为各行各业的设施定位服务，而且能判断各设施在现有竞争市场中赢得客户方面是否成功。

因素加权法

在本章的前几节中，我们已经对因素加权法有所了解，而且也知道可以通过这个方法在城市和社区进行宏观位置的选择。实际上，这个方法在进行微观地点的选择时也同样有效。负责在华盛顿特区开设第一家治疗艾滋病公共健康诊所的卫生局官员们面临的是4个要素（参见图表10—5）。首先需要考虑的是诊所的位置（权数为5），因为这点关系到能否让最大多数的病人前来就医。由于预算经费不宽裕，所以每年的租金成本也是要考虑的问题。所以大家考虑医院地点选择在位于第十四大街和U街交界处的市政厅（City Hall）里，因为那里不需要交租金。另一个地点选择是靠近市中心汽车站的一幢老式办公楼，但是可能性不大，因为那里的租金成本太高。租金固然重要，但是对病人而言，诊所的保密性也不容忽视，因此诊所必须选择相对隐蔽的地方。最后需要考虑的问题是，有许多工作人员要义务参与艾滋病治疗中心的工作，所以应该照顾到他们的安全、停车和上班便捷等问题。

在图表10—7最右侧的3栏中归纳出了加权值。从中可以判断出市中心汽车站方案可以不必再考虑。剩余的两个地点得分几乎相同，所以就需要再考虑其他的因素（包括政治因素），然后再从剩余的两个地点中挑选出最佳的地点选择。

图表10—7　　艾滋病健康诊所在华盛顿特区的地点选择方案

因素	权重	临时收容所(1) (东南2街-D街)	市政厅(2) (西北14街-U街)	市中心汽车站(3) (西北7街-H街)	(1)	(2)	(3)
方便病人	5	9	7	7	45	35	35
年租金成本	3	6	10	3	18	30	9
隐蔽性	3	5	2	7	15	6	21
方便工作人员往返	2	3	6	2	6	12	4
合计得分：					84	83	69

＊所有的评分都是按1—10的范围进行的，10代表最高分，1代表最低分。

---

① 参见 Barry Render and Gerald Shawhan, "A Spatial Interaction Model for the Allocation of Higher Education Enrollments," 载 *Socio-Economic Planning Sciences*, vol. 11 (1977), pp. 43–48。

多地点选择

在一个城市或是一个大都市中,有各种服务行业需要进行多地点的选择,比如办公楼、仓库、零售店、分店和汽车服务点等等。比如消防站、储蓄所和加油站等等。在一个大都市的地点选择中,需要权衡的有:(1)距离;(2)时间;(3)成本。而且这3方面的因素又并非密切相关。比如,某顾客可能会乘坐公共汽车,而不是乘坐出租车到远程的服务点去,再比如,在高速公路上行驶较长的路程比在拥挤的市中心街道行驶要快得多等等。

前面所说的距离、时间和成本3个方面的问题对服务企业也是适用的。比如(1)有些企业提供商品和服务,但是时间不是需要考虑的重要因素;(2)有些企业必须提供快捷服务(比如救护车服务);(3)有些企业运输成本高,而且接触客户频繁。另一方面,因为顾客要光顾服务点,所以还要考虑顾客对距离、时间和成本的评价标准。

如果由于增加营业网点而使企业的总成本升高,企业就会权衡利弊。这时候,前述的3个因素中的某些因素就会降到次要的位置。此外,如果地点相互之间的距离越接近,那么从其他营业点抢生意的可能性也就越大。

采用定量方法来判断如何以较少的营业点来覆盖某一特定的市场,而且又要符合一系列现实的要求,其结果只能是一个大致的确定。比如,有时方格图上的几何距离会被用来表示现实距离和往返时间。比如绘一张表格,填上市场服务的对象,然后是相应的营业店选址。在某一特定的服务时间和距离的情况下,由于我们想利用最少的服务点以及最少的服务设施为所有的顾客提供服务,所以就有人提出了所谓的**区位覆盖问题**(location set-covering problem)。

我们就以弗吉尼亚州阿灵顿郡地区为例。目前,该地区已经有5家消防站了,他们希望在其中的一个或几个站点内配备一些设备齐全的救护车。他们的目标是尽量缩短救护车处置急救事件的时间。虽然,普通的消防车、消防员也能处置一般的医疗救助问题,但是他们希望能为当地的居民提供高质量、高水平的急救服务。图表10—8是当地现有消防站的分布情况,以及附近各个主要路段和它们之间相距的时间。现在面临的问题就

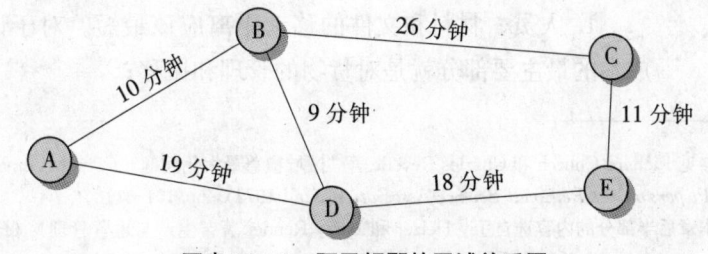

图表10—8 阿灵顿郡的区域关系图

是要选择在哪里配备救护车。如果设点的标准是对紧急情况能做出最快的反应，可以按图表10—9的分析进行思考。

图表10—9　阿灵顿郡地区紧急医疗救助中心在不同要求下的地点选择比较

郡内各区域	本地区内紧急救助服务站的设立		
	10分钟之内	15分钟之内	30分钟之内
A	A、B	A、B	A、B、D
B	A、B、D	A、B	A、B、C、D、E
C	C	C、E	B、C、D、E
D	B、D	B、D	A、B、C、D、E
E	E	C、E	B、C、D、E
满足限时要求可能的区位安排	B、C、E	B、C 或 B、E	B 或 D

比如，如果该地区只要求在30分钟内回应紧急救助电话，那么只要在B区或D区设一个点配备救护车就可以了。如果目标是要在15分钟内达到，那就应该选择在B区和C区或者B区和E区同时配备救护车。当然如果要满足10分钟内到达的要求的话，则必须在B区、C区、E区同时配备救护车。

对于区位覆盖问题的另一个观点就是进行**最大化覆盖**（maximal covering）。最大化覆盖的目的就是在需要服务的区域内，尽量使最多的人群得到满足。最早提出这个观点的是丘奇（Church）和雷维尔（Revelle），这个想法是他们在为某城市绘制人口密度图的时候产生的。[1]第一个地址的选择标准是在一定的距离内服务对象最大化。第二个地址的选择标准是剩余人口中服务对象最大化。依此方法进行，直到最后一个选址选定后能满足服务对象人数的标准为止。

10.5　服务设施布局的目的[2]

一旦位置和地点选定之后就应该进行服务设施的配置工作了。服务设施配置方面的工作所涉及到的问题是，在时间、成本、技术允许的前提下，安排好服务系统的有形设备。要完成服务设施配置的工作必须做到以下几点要求：

1. 人员、材料和文件的移动距离应该最短。对于许多批发行业而言，成本的最主要部分就是对货物的管理和搬移；

---

[1] 参见 Richard Church 和 Charles Revelle 著"区域覆盖最大化问题"（The Maximal Covering Location Problem），载 *Papers of the Regional Science Association* （fall 1974），pp. 101–118。

[2] 本章后半部分的内容选自 Jay Heizer 和 Barry Render 著《生产与运营管理》（*Production and Operations Management*）（copyright © 1988 by Allyn and Bacon）。

2. 空间的充分利用，同时要平衡满足日后扩张发展的需要。因此有部分空间可能考虑到今后发展之需，而暂时利用率较低。而且在建筑物的建设中也要留有今后可能增加楼层、扩大面积的余地；

3. 要考虑到重新调整以及服务和发展的应变性。产品和服务的变化，需求规模的变化，服务设施的改进都希望整个设施配置能随时按要求做出调整；

4. 为员工提供满意的物质条件。包括良好的照明设备、温控装置、低噪音、自助餐厅、卫生间和安全通道等等。有些固定设备（比如锅炉等等）应该安装在工作区之外；

5. 在服务中尽可能为顾客提供方便；

6. 为管理人员及顾客提供舒适的室内环境。比如，在银行的营业厅或办公室里用花草树木作为工作区域隔离等等。

企业工作的重点不一样（有的只是工作流程，有的是商店经营、仓库管理、流水线生产，或是办公室日常管理），所以对设施配置的方针策略也各不相同。图表10—10列举了5种服务设施的配置方案。

图表10—10　　　　　　　　服务部门布局战略的方案举例

	产品	流程	办公室	零售	仓库
举例	自助餐	保险公司	医院	零售商店	运输公司
需解决的问题	各个供餐点之间的平衡	对需要频繁相互接触的员工岗位妥善安排	有利于为各类病人提供所需要的不同服务	努力将顾客普遍需求的和会即兴购买的商品陈列在出口处	降低储存和物资处理的成本

10.6　影响服务场所布局的因素

在这一节中，我们在处理设施配置中存在的问题之前，先简单地将所涉及到的6个方面因素展开。此外，理查德·穆瑟（Richard Muther）为解决工厂的配置问题，也提出了5个解决方案。[①] 图表10—11是6个服务因素，简称为**钥匙型 OPQRST 因素**（OPQRST key）：

O：**企业目标**（objectives of the company）　与设施配置相关的这些企业目标多样化方案、成本目标以及**企业扩展方案**等等。

P：**人员和服务的素质和数量**（people/service—nature and number）　无论该企业提供的是单一类型的服务还是混合类型的服务，与顾客的交互程度以及服务的个性化程度都会对服务设施的配置起着很重要的影响。

Q：**数量要求**（quantity demanded）　服务设施的配置会受到服务提供

---

① 参见 Richard Muther *Systematic Layout Planning*, 2nd ed. (Boston, Cahners books, 1976).

量的影响。

　　R：**日常工作**（routing）　这一方面涉及服务流程、物资供给、信息传递以及客户的参与。

　　S：**空间与服务**（space and services）　在服务设施配置时，还需考虑可供使用或是需要使用的面积、体积，还有空间究竟是什么形状的（比如长方形的，正方形的还是L字形的），这一切都十分重要。是何种服务，在哪里服务等等也是重要的影响因素。

　　T：**时间尺度**（timing）　这是指一段时间后若要做改变是否容易，如果要增加空间，需要多少时间能够完成等等。

图表10—11　解决布局问题的OPQRST因素

10.7　服务场所设施布局策略

　　上节阐述了对设施配置起关键作用的6方面因素，下面就一一对其战略方针进行介绍。

产品配置

　　所谓**产品配置**（product layout）是指用来向大批消费者逐一提供专门性服务的场所设施配置方式。此类服务（比如学生食堂的供餐点）是逐一进行的。它要求客户在服务点按序流动，避免出现瓶颈现象，每一个服务人员或是每一个服务点上所花费的时间相似。瓶颈问题是流水线（比如汽车制造、吐司加工甚至喷气客机制造等流水线）上经常遇到的问题。

　　要使得流水线能够平衡运行，可以通过在工作人员中移动传送带的方式来实现。生产配置规划的中心问题是如何找到这个理想的平衡点，从而能够做到尽量减少各工作地点的闲置时间，使得客户可以在各服务部门顺畅地流动。

　　假设你来到餐厅，递上餐盘，然后点上你所要吃的东西。有时这个过程并不一定能很流畅地进行，因为有些服务有特定分工，不能由其他人来担任（例如要经过专门训练才能上岗的收银员）。所谓理想的即平衡的工作流程是指其中每道服务的工作所花费的时间都应该是均等的。图表10—12所示是餐厅所设的6个供餐点。图表10—13（a）向我们展示了目前安排在各点上的5位员工的工作表现情况。图中第4工作台（Workstation, WS）4服务员提供甜食（15秒）和饮料（10秒）。问题在于整条供餐线的流程相当不平衡。在第5工作台，收银员给1位顾客结账时间平均需要花费60秒钟。这意味着，在1个小时内这名收银员只能服务60名顾客。这样，其他的员工在1分钟的工作时间（也可以看成是一个顾客的服务周期）中竟然有30~40秒钟的闲暇时间。

图表10—12　　　　　　　　　餐厅服务的时间测算表

步骤	服务类型	平均的服务时间
1	供应蔬菜	20秒
2	供应主菜	30秒
3	供应汤	20秒
4	供应甜食	15秒
5	供应饮料	10秒
6	结账	60秒

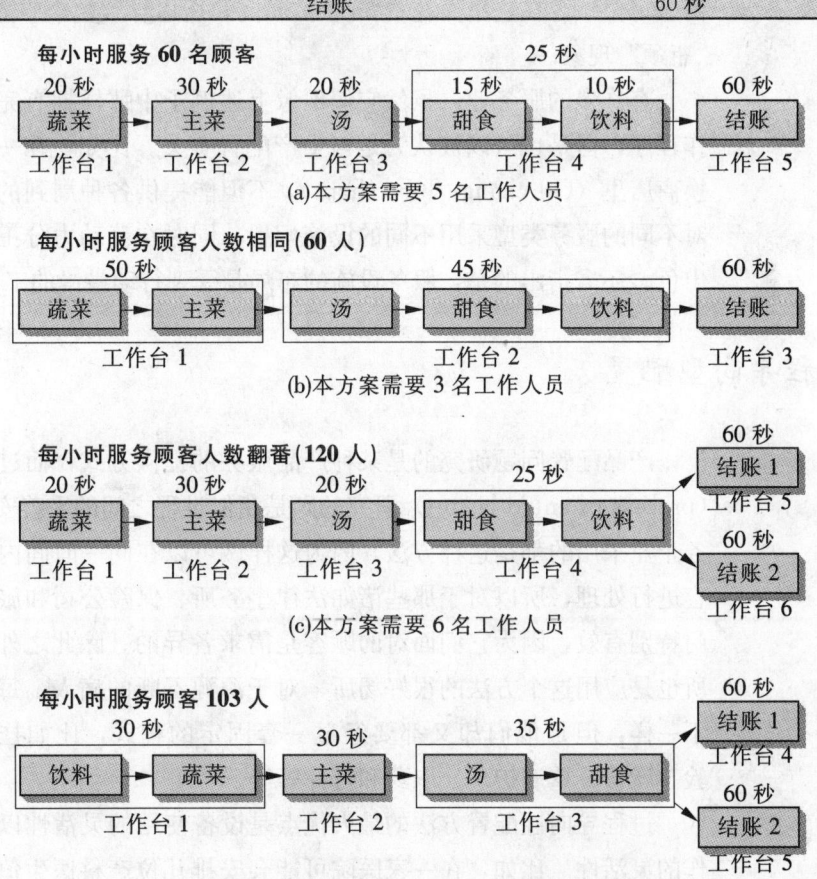

图表10—13　餐厅服务布局的平衡

图表10—13（b）中，管理层为了降低成本，减少了2个工作台（2名员工），将供应蔬菜和供应主菜服务合并成一个步骤（50秒），汤、甜食、饮料服务作为第二个步骤（45秒），最后一步是结账（依然是60秒）。虽然经过这次调整之后成本降低了，但是服务速度还是太慢，平均1个小时只能服务60名顾客，即1分钟1名。

如果想从真正意义上去提高吞吐量，那么就得使用第2和第3套方案[如图表10—13（c）和（d）所示]。图表10—13（c）中，前面的服务配置不变，只是在最后一步中安排了2名收银员。这样做的结果是消除了瓶颈，使得1小时之内有120名顾客可以得到服务。不过由于新增了一名员工，自然劳动力成本就要提高一点了。

最后一种调整方案是将饮料服务部分放在了整个服务的开始，由原本负责供应蔬菜的员工负责，汤和甜食的服务并入第三步，剩余的那名员工经过培训之后作为第二名收银员。虽然说由于服务结构的调整会有部分成本的支出，但是劳动力成本不会增加。采用这套服务流程，每小时可以为103名顾客提供服务。但是与此同时新问题也出现了。在第三个工作台，由于每位顾客在这里要花费35秒的时间，所以导致整个服务时间在此产生"瓶颈"现象。

有许多的服务业，虽然它们不像上述例子中那样拥有完备的流水线操作程序，但是也可以被认为是与生产配置有关。比如，在一家汽车机油调换商店里（Oil change/lube shops），不但能提供各种周到的服务，而且针对不同的服务类型采用不同的设施配置，同时在劳动力分工方面也做得很出色。还需指出的是，服务设施的布局是受到行动最慢的工作的制约的。

过程导向型配置

产品配置问题研究的是某种产品服务的提供方式，而**过程导向型配置**（process-oriented layout）研究的则是相似过程之间的妥善安排。大多数服务企业采用的都是这种方法，因为这样做可以在同一时间内对各种服务内容进行处理，所以对于那些诸如法律事务所、保险公司和旅行社等服务部门特别有效，因为它们面对的顾客是需求各异的。除此之外，医院或是诊所也是应用这个方法的很好场所，对于源源不断的病人，每个人的需求都不一样，但是他们却又都要经过一套固定的程式，比如挂号、登记、化验、就诊、重病护理、取药和打针等等。

过程导向性配置方法的最大优点是设备使用的灵活性以及安排员工工作的灵活性。比如，在一家医院可能会安排几位产科医生值班，以备处理早产儿。然而，如果在紧急情况下暂时无法找到专门的医生，只要有这方面技术的医生就应该担当起这份责任。在整个服务过程中，如果个性化程度越高,对服务的要求也就越高。问题的另一面是如果要提高工作效率,往往就会牺牲顾客的舒适和便捷。在第 8 章中我们已经对服务和服务递送系统的设计原理进行过讨论。其中有一条就是"**从顾客和员工的立场出发来设计服务的内容**"。但是过程导向型配置也许会违背这一原则。但是,如果提高了工作效率,降低了成本,企业同时能让利给顾客,那么顾客牺牲一点舒适和便捷也是能够接受的。

在过程导向型配置方案中,最常用的一个方法就是将服务部门或服务中心放在最便于提供服务的地方。这就要求将涉及跨部门操作的人员或是文案工作的各部门依次排列。按这种方式操作,可能发生的成本主要有:(1)一段时间内各个部门间人员或文件的流量;(2)各个部门之间的距离。要真正掌握这个方法的应用最好还是通过下面的例子。

实例:北坡医院

北坡医院(North Slope Hospital)是一家小型急救中心,它位于佛蒙特州北部一个著名的滑雪娱乐场内。中心新上任的一名管理人员决定用她在商学院学到的过程导向型配置法对急救中心进行机构重组。图表 10—14 就是目前北坡医院 8 间房屋分布的示意图。那名管理人员认为目前医院配置中唯一不能变的就是急救中心的入口和紧急处理室的位置。其他的病房或工作间(每间 10×15 英尺见方)可以根据需要做相应的调整。

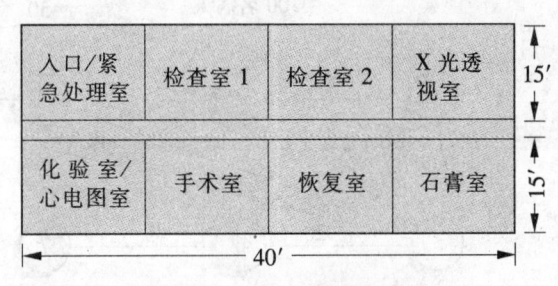

入口/紧急处理室	检查室1	检查室2	X 光透视室
化验室/心电图室	手术室	恢复室	石膏室

图表 10—14 北坡医院布局

在对急救中心进行重新布局之前要做的第一件事是分析平常一个月中在各个部门间病人的往返次数。具体数据如图表 10—15 所示。这样做的最终目的是为了重新对病房进行布局,以便前来就诊的病人在医院内往返的距离最短。管理人员的目标是:

$$\text{病人走动的最短距离} = \sum_{i=1}^{8}\sum_{j=1}^{8} N_{ij}D_{ij}$$

上式中,N_{ij}:表示每一个月中,往返于 i 部和 j 部之间病人的人数,或病人走动的次数;

D_{ij}:表示 i 部和 j 部之间的距离(英尺),(在本例中,这相当于在两个部门之间搬动物品的单位成本);

$i、j$:表示各个部门。

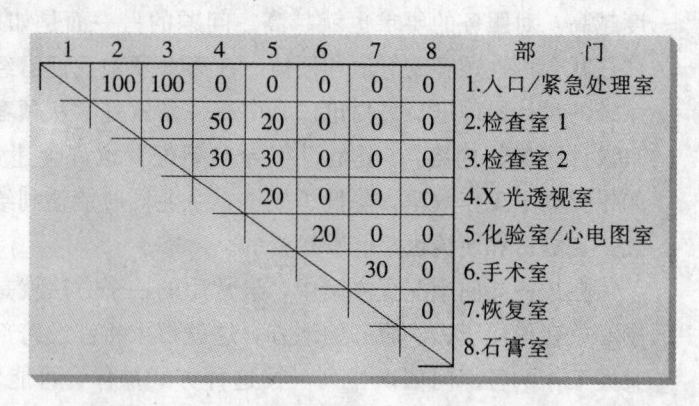

	1	2	3	4	5	6	7	8	部　　门
		100	100	0	0	0	0	0	1.入口/紧急处理室
			0	50	20	0	0	0	2.检查室1
				30	30	0	0	0	3.检查室2
					20	0	0	0	4.X光透视室
						20	0	0	5.化验室/心电图室
							30	0	6.手术室
								0	7.恢复室
									8.石膏室

图表10—15　一个月之内各个部门间病人的往返次数

假设各个部门之间（比如医院入口和检查室1之间）的距离是10英尺。对角相邻的部门间的距离也是10英尺，不相邻的部门间（比如医院入口与检查室2之间，或入口与恢复室之间）距离为20英尺，而入口与X光透视室之间的距离则为30英尺。（如此说来，10英尺为10个单位成本的话，20英尺则为20个单位成本，30英尺为30个单位成本）。

在以上这些数据的基础上，我们就可以对医院的布局进行调整，从而改进病人的诊疗效率。通过图表10—16所示的布局图，我们可以计算出病人的活动情况。

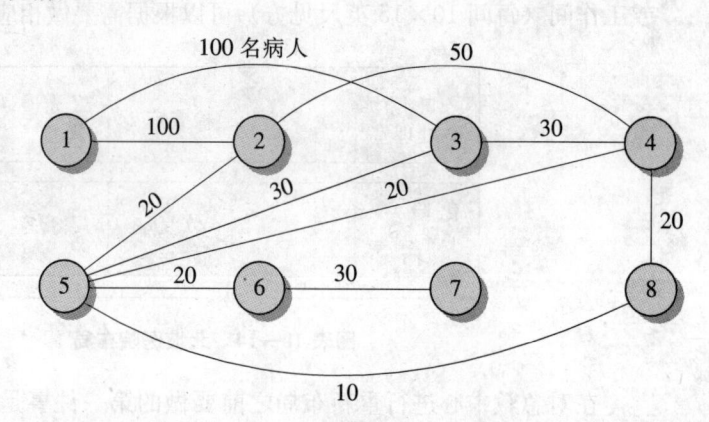

图表10—16　北坡医院病人目前流动状况

总的移动距离＝(100×10ft)(1室到2室)+(100×20ft)(1室到3室)+(50×20ft)(2室到4室)+(20×10ft)(2室到5室)+(30×10ft)(3室到4室)+(30×20ft)(3室到5室)+(20×30ft)(4室到5室)+(20×10ft)(4室到8室)+(20×10ft)(5室到6室)+(10×30ft)(5室到8室)+(30×10ft)(6室到7室)

＝1 000＋2 000＋1 000＋200＋300＋600＋600＋200＋200＋300＋300

=6 700（英尺）

总而言之，虽然我们不可能马上就调整到"最佳"的路线，但是我们应该可以假设存在一种布局，至少可以在 6 700 英尺的基础上有所改进。比如，将 3 室和 5 室交换，4 室和 6 室交换，前者可以节省 1 000 英尺的距离，后者可以节省 900 英尺的距离。调整之后的布局情况如图表 10—17 所示。

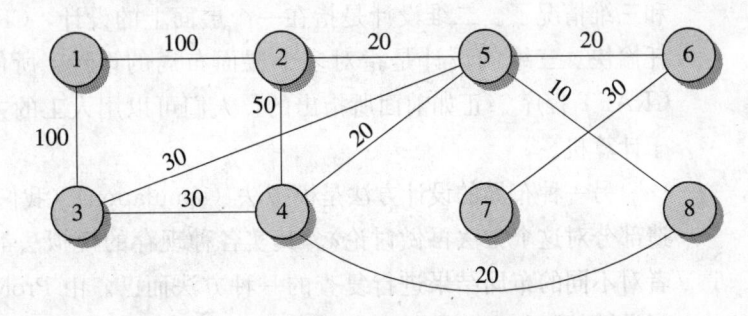

图表 10—17　改进后的布局

经过调整之后病人往返情况是：

总的移动距离＝（100×10ft）（1 室到 2 室）＋（100×10ft）（1 室到 3 室）＋（50×10ft）（2 室到 4 室）＋（20×10ft）（2 室到 5 室）＋（30×10ft）（3 室到 4 室）＋（30×20ft）（3 室到 5 室）＋（20×10ft）（4 室到 5 室）＋（20×20ft）（4 室到 8 室）＋（20×10ft）（5 室到 6 室）＋（10×10ft）（5 室到 8 室）＋（30×10ft）（6 室到 7 室）

＝1 000 ＋ 1 000 ＋500 ＋ 200 ＋ 300 ＋ 600 ＋ 200 ＋ 400 ＋ 200 ＋ 100 ＋ 300

＝4 800 英尺

可能还有更好的调整方案，你能想出来吗？

服务设施布局的电算化

前文中讨论的图示法可以用来帮助小型服务机构建立一个合理的布局。[①]但是如果在配置过程中涉及到 20 个部门，那么就会有超过 600 兆（也即 20！）种不同的配置结果。幸运的是，我们发现，只要通过电脑，即使是 40 个部门的布局也能计算出来，所以 20 个应该不成问题。CRAFT 程序（服务设施计算机辅助比较定位法 Computerized Relative Allocation

---

① Richard Muther 所著的《系统布局方案》（Systematic Layout Planning）与作者称之为简化了的配置方案有相似之处。

of Facilities Technique)[①]是其中比较著名的一个，但是这个程序只能使布局效果达到"良好"水平，而不总是"最佳"的。CRAFT程序是一种研究方法，它通过对不同的部门重组结果进行测试，最终目的是为了降低总位移的成本。CRAFT的另一个优点就是，它不仅可以对大量的人和距离进行测试，而且同时也引进了第三个变量：难易程度。

运用电脑进行布局设计，经过不断的改进之后现在已经可以处理二维和三维情况了。二维设计是指在一个层面上的设计，CRAFT程序可以胜任愉快。三维的设计是指对多个层面布局的设计，所使用的是SPACZ-CRAFT程序。[②]正如前面所指出的，人们可以用人工的方式，也可以借助于计算机。

另一种布局的设计方法是模拟法（simulation）（我们将在第11章的补遗部分对这个方法再做讨论）。其实各种现存的模拟法都是为了帮助决策者对不同的布局结果进行复查的一种方法而已。由ProModel模型设计公司设计的服务企业模型程序（ServiceModel）和医疗企业模型程序（Med-Model）就是其中的两种。Service-Model是专门为服务系统建立模型而编制的一种全方位（full-scale）模拟程序。除了模拟各种服务机构的运转过程外，它的另一个作用就是帮助决策者进行服务设施的配置。利用这套软件系统，决策者就可以为办公室进行布局设计或者安排员工工作以及机器设备，同时也可以对整个企业的运作过程进行监督（比如顾客的活动情况、各个工序中出现的瓶颈等等），还可以方便决策者收集各种相关的重要数据，以便做出更加明智的决定。ServiceModel程序已经被银行、机场等地方用来进行服务设施的布局设计，而MedModel程序则是为医疗服务行业提供类似服务的。

10.8 办公场所布局

办公场所员工的主要工作就是进行信息的传递，而信息传递的方式主要有以下几种：

- 面对面的交流；
- 电话或网上直接交流；

---

① 参见E. S. Buffa, G. S. Armor 和 T. E. Vollman 著"用CRAFT程序对设施定位"（Allocating Facilities with CRAFT），载 *Harvard Business Review*, vol. 42, no. 2 (March-April 1964), pp. 136 – 159。

② 参见R. V. Johnson 著"借助SPACECRAFT程序对多层面进行布局设计"（SPACECRAFT for Multi-Floor Layout Planning），载 *Management Science*, vol. 28, no. 4 (1982), pp. 407 – 417。关于对CRAFT, COFAD, PLANET, CORELAP, 及ALDEP等程序的讨论，请参见James A. Tompkins 和 James M. Moore 著"计算机辅助布局设计：用户手册"Computer Aided Layout: A User's Guide，载 (Publication Number 1 in the Monograph Series) (Norcross, GA: American Institute of Industrial Engineers, 1977), p. 77 – 1。

- 邮件、文件交流；
- 电子邮件交流；
- 小组讨论或开会交流；
- 对讲机交流。

办公场所布局设计清单

如果所有的工作都能通过电话和电信设备去完成，那么办公场所配置问题就会变得很简单。其实办公场所设备的配置问题实质就是人的交流和文件的交流。在进行办公场所设备的配置过程中要考虑的问题可以归纳如下：

1. 在团队内部员工之间交流十分频繁；
2. 有些团队会与其他团队发生频繁的交往；
3. 有些企业要求设置会议室，尤其是那些向客户提供专业服务的企业更是如此；
4. 有些服务要在各自的办公室里进行，而另一些服务（比如需要处理大量的文案工作的服务）最佳的工作地点却是敞开式的房间（有人将其称作"牛栏"式办公室）；
5. 如果工作场所会有顾客光顾，那么就应该比普通的办公室布置得更美观一些；
6. 办公室的走廊要进行专门的设计，以方便员工进出，同时也要做到尽可能避免从他人的办公室穿越；
7. 在进行单个的办公室设计时要做到，通过办公室的大小、朝向以及位置等这些方面就能反映出这个人的工作地位来；
8. 如果是公用的设备（比如电脑、文件柜等）应该摆放在方便使用的地方；
9. 办公室中还要配置接待区，要求既舒适又能提供方便；
10. 为文具、易耗品的存放留出场地；
11. 一般而言，卫生间和衣帽间的配置是必不可少的。如果该服务机构位于办公楼里，那么一般已经配置了卫生间；
12. 办公室的配置过程中还要求配备一个电脑信息交流中心。

工作区间

办公室的布局取决于整个办公室的面积、形状以及工作的流程和员工之间的关系。每个员工都有自己的工作区间（workstations），它的设计最好能使整个工作的效率得到最大化，同时又能使该员工完成工作的效率最大化。不同的工作需要配置不同的工作环境、工作设施、空间以及不同的私密化程度。

一般会有如下各种不同的工作区间配置：
- 全开放式的环境中办公桌并排相连；
- 利用书架、花草、文件柜分隔形成的办公区；
- 利用金属、玻璃分隔形成的办公区（高度4～8英尺不等，一天内能安装完毕）；
- 从地板到天花板完全隔开的办公区；
- 作为大楼建设组成部分的办公室。

为了使办公区垂直面上得到有效的利用，有些公司的设计师尽量向上扩展办公室而不是向外。这样做能尽可能减小每个工作间的占地面积。（设计师们称之为"脚印"面积）。

10.9 零售商店布局

对零售企业而言，它们的经营目标就是使每平方英尺内营业点的净利润达到最大化。由于零售杂货店的分布遍及全国各地，而且为众多学者所关注，所以本节就以它的布局设计为例来加以说明。大多数零售业主要是以招揽各类客户为经营之道，所以我们在此要讨论的零售业的布局配置问题就以此为前提。然而，招揽客户也不是唯一的经营战略，零售业在配置设计时也可能专门考虑一部分特殊客户的需求。比如埃姆斯（Ames）公司的经营战略就是一个特例。埃姆斯公司是一家成功经营折价商品的连锁百货店。他们的经营对象主要是收入有限的一批顾客，他们的年收入大约在2.5万美元～3.5万美元之间——女侍者、文员、体力劳动者和退休职工等等。埃姆斯公司除了供应低价商品之外，它们还专门为商店进行布局配置的设计，以方便目标顾客的光顾："埃姆斯公司的零售点的面积一般都只在6万平方英尺左右，因为老年人不愿意去大商场，拖儿带女的职业女工大都来去匆匆。埃姆斯公司的商店往往围绕着服装区开辟一条"快速通道"，方便老年顾客和有急事的购买者很容易取到想要的商品。"[1]

零售业的人们都相信这样一种假设：销售量与顾客接触到的商品量有直接的关系。所以，为了能提高收益，零售商店总是想尽一切办法为顾客提供多种商品的选择。

研究结果确实表明，商品的覆盖面越广，销售业绩就越好，投资回报

---

[1] 见 William M. Bulkeley 著 "Ames 公司的招数：折扣商店瞄准收入低于沃尔玛的顾客，销售额反弹"（Ames to Please: Discounter Rebounds by Targeting a Clientele below the Wal-Mart Set），载 *The Wall Street Journal* (Monday, January 11, 1999)。

率也就随之升高。服务业的管理人员可以操纵 2 个明显的变量：其一，商店的整体布局，或者说是商店的流动模式。其二，在这一模式下各类商品的空间分配。

虽然有许多的作者都认为，现在对商店进行布局设计已经不存在什么固定的模式了，但是我们仍然列举了以下 6 个方面，它们将有助于对许多商店的总体布局设计进行判断：

1. 沿商店的四周放置热销商品。所以人们总是会在超市的一角找到乳制品，而在另一角找到面包和糕点；

2. 在显眼的位置（比如在过道的头尾）摆放诱人的商品或是高利润的商品，比如家用器皿、化妆品和洗发用品等；

3. 尽量减少方便顾客走捷径的机会。货架的长度应该与售货厅的长度相一致。说得极端一点，应该只让顾客从商店的一头进，从另一头出；

4. 把行业内称作"龙头商品"的货物（就是顾客愿意走几步去取的商品）分散摆放，摆在走道的两面，这样顾客就会对其他的商品看上一眼。用这种方法，商品会"弹出"，增加了顾客感知的机会，摆在龙头商品周围的货物销量就上去了；

5. 使用过道末尾定位法，因为这个区域顾客光顾得多；

6. 谨慎选择主打商品的定位，以此来树立商店的形象。商店里人们往往主要考虑商品，但是如果管理层希望向顾客传递低价的信息，他们就会把低价商品在门口一字排开。也有一些商店把面包和熟食安排在进门的地方，这样做的目的是吸引为备餐而图方便的顾客。

相信有了这 6 个好主意的帮助，我们就能进入零售店布局的第二个层次，即为各种商品分配空间。

零售服务业的经营目的是使每件商品在每单位面积内的收益达到最大化。这一基本标准可以根据产品种类的不同而调整。调整的方式是在一定面积的基础上向深度开拓。一些所谓的"大单子"（Big-ticket）商品，也就是价格较高的商品，虽然售价很高，但是从每平方英尺的收益来看却并不高。此外，判断每件商品真正的成本时还要考虑变质、招窃、破损以及顾客退货和储存、销售所需的劳动力投入等诸多因素。当然，有时为了凑齐商品种类，就不能过多考虑利润。零售商店如果仅销售利润很高的洗发水，当然能符合收益达到最大化的经营标准，但是它也会遇到另一类的问题。

利用计算机信息，各种精确的报告以及收银台的数据，再通过迅速的分析，各个零售店的管理人员是能够判断出最理想的区位的。然而，目前有许多电脑程序也能帮助他们对各类商品的盈利情况进行判断。

有一种程序称作 SLIM，意为"商店劳力和存货管理程序"（Store Labor and inventory Management），它的主要作用是帮助经营者判断何时该在货架补齐商品。至于有关销售和库存的信息则可以借助 SLIM 一类程序直接从收银台销售点终端处获得。每件商品的收益也能计算出来。在零售业进行布局配置过程时，以上这套程序是一种很理想的管理方式。

另一个处理零售业布局配置问题的工具是 COSMOS 软件，这是超市经营管理中使用的电算化最优仿真模型（Computerized Optimization and Simulation Modeling for Operating Supermarkets）。COSMOS 软件帮助人们将送货管理和货架管理结合起来，为商品留出足够的空间，避免商品脱销。但是 COSMOS 软件有一个缺点，它是利用仓库的出货数据进行分析，而不是商店实际的销售量，这意味着可能仍然有大量的商品还在店中。但是销售点终端能够提供最新最快的综合性信息，以帮助零售业进行布局配置。

10.10 仓库和储藏室的布局

仓库布局配置的目标就是找到成本和库存空间的最佳均衡点（如图表10—18 所示）。管理层人员要做的就是使仓库总体积的利用率达到最大，也就是说，在保持低成本进行存货处理的基础上，要充分利用仓库的空间。这里所指的**库存处理成本**（materials handling cost）包括进货、储藏、出货在内的所有成本支出。这里的成本涉及到设备、人力、存货种类、监管系统、保险、货物变质、短损和折旧等相关因素的影响。除了商品自身的变质和耗损以外，管理层要设法使寻找和搬运商品的费用降到最低。如

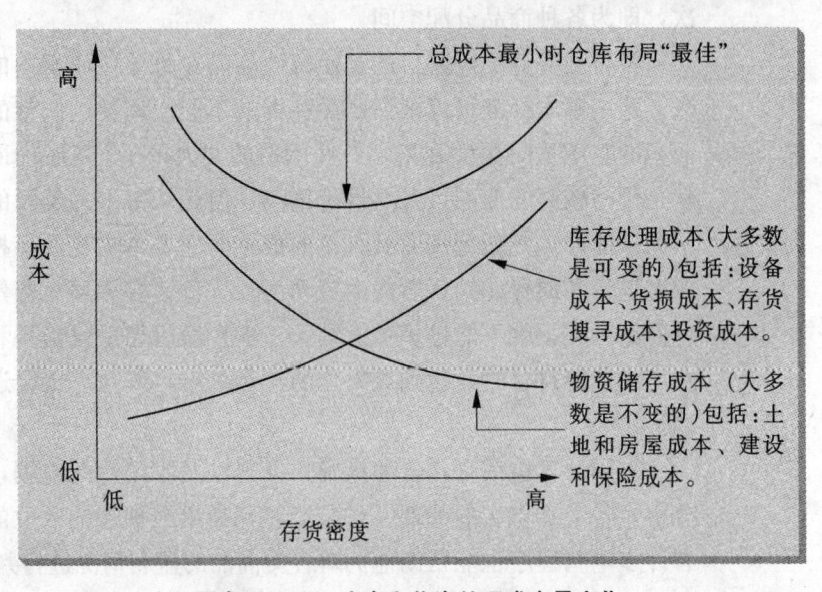

图表 10—18　库存和物资处理成本最小化
（必须指出的是随着投资和成本的变化图中的线条会有上下的波动）

何使布局实现最优,与之关系最直接的是储存的商品种类以及提取的商品数量。商品种类少,存放的密度就可以大一些,反之则相反。在大多数情况下,对现代化仓库的管理已经形成了一个自动化的过程,管理过程中充分利用起重机和搬运机,同时对物流过程也进行了严格的管理。近期有人提倡为削减库存成本而采取"零库存"的观点(just-in-time concepts),并且已经取得成功。仓库成本的问题需要进行重新的思考。但是即使这样,在有些情况下,库存依然是不可避免的。

使用 POM 建立"窗口式"模式以解决区位选择的问题

辅助定位决策的"窗口式"POM 程序(POM for Windows)包括 2 种不同的模型。第一种是定性加权模型(也叫做因素权数法)。这个模型是用来解决诸如滑雪场定位选择一类的问题的,具体如图表 10—19 所示。第二种方法是重心法,这种模型是针对奎因公司的折扣商店一类企业设计的,如图表 10—20 所示。

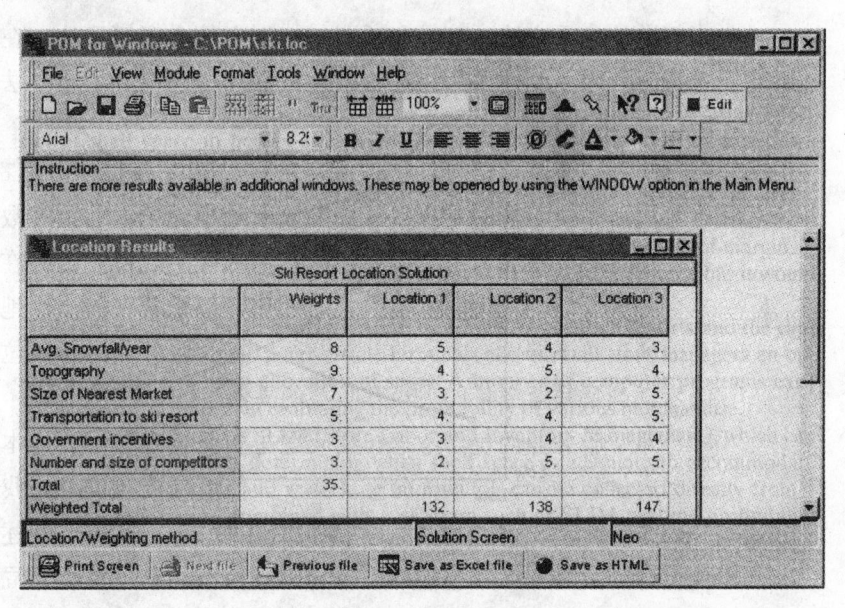

图表 10—19 为滑雪场选择区位时因素加权法在 POM 程序中的应用

10.11 本章提要

服务企业在进行服务和服务传递设计的过程中要考虑宏观位置选择和微观地点选择。宏观位置选择是从宏观的角度为企业在一个区域内,或在一个大都市内寻找一个适合发展的地方,而微观地点选择是从微观的角度为企业选择一个具体的场所。本章讨论的有关宏观区位选择的方法包括因

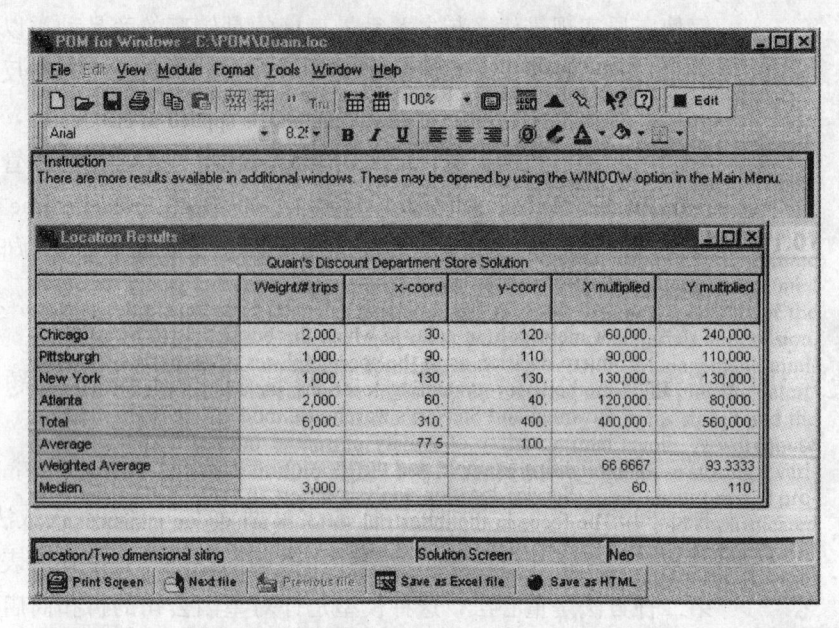

图表 10—20 为奎因公司折扣商店选择区位时重心法在 POM 程序中的应用

素权数法、重心法、鲍曼和斯图尔特创立的仓库模型法。在讨论微观区位选择时，除了阐述了另一种因素加权法外，还提到了重心法、空间关系模型法和区位覆盖法。

与制造业区位选择相比，服务业区位选择在很多方面都存在着区别。在制造业中，工作的重点常常放在成本最小化上，而大多数的服务业则是把工作重心放在收入最大化上。这其中的区别或许是因为在制造业中，成本会随着区位的变化而发生很大的变化，但是若在同一个地区，服务业不会因区位的不同而有太大的差异，所以在为服务业进行区位选择时应该综合考虑的是其业务量的大小和收益的高低。

对于服务业而言，考虑布局问题主要是要在时间、成本和技术限定的范围内做到对物质的最优分配。至于如何解决配置问题，我们已经在本章中列举了 6 点关键要素（简称 OPQRST 变量），同时也阐述了大量有关布局设计的战略方针，包括产品布局、过程布局和电算化布局等等。除此之外，我们还讨论了如何为提高工作效率改善办公室布局、零售商店布局及仓库的布局。尽管已经出现了各种计量方法，人们在研究中也投入了大量的精力，但是布局配置问题依然是一门无止境的艺术。

讨论题

1. 请解释重心法提出的前提条件？在服务企业的选址中如何应用这个模型？

第10章 服务设施配置及服务场所设计

2. 工业企业选址与服务业选址有何区别？

3. 如果警察局准备新设一个警务站，应首选考虑哪些因素？什么样的信息对于进行微观地点选择时有帮助？

4. 请解释赖利提出的重心模型概念。其中λ代表什么含义？

5. 重心模型和空间相互作用模型可以应用在零售店区位选择中。它们还有哪些应用领域？

6. 请描述一下区位覆盖法，并且说明这个方法在政府机构中广泛应用的原因。

7. 列举你认为对以下企业进行区位选择时起到决定性影响的因素：
   a. 销售业仓库；
   b. 礼品零售店；
   c. 医疗诊所；
   d. 政府机构招聘办公室。

8. 本章的结论部分中指出："尽管已经出现了各种计量方法，人们在研究中也投入了大量的精力，但是布局配置问题依然是一门无止境的艺术。"请在以下各种情况中对上述这句话加以解释：
   a. 办公室布局；
   b. 超市布局；
   c. 百货商店的布局。

9. 如果你有一家复印商店或是文印商店，那你认为，在对它进行布局设计时的战略方针是什么？请绘制一张草图。

10. 若要帮助一家小企业（比如文印商店）改进布局，应该着手收集什么样的信息资料？

11. 在什么类型的企业中，休息室布局的美观对顾客很重要？请你将你所到过的休息室进行比较，并且列举出它们各自的特点。

12. 请一一描述在本章中我们所讨论过的各种布局配置所要达到的目标。

13. 如果办公室的工作是专门编写计算机程序的话，那么对这样的办公室布局来说，哪些因素是需要重点考虑的？

14. 在大多数的超市中总免不了配置一排排不间断的货架，这样做的目的是使顾客在采购时可以接触更多的商品。为什么有些商店会用别样的设计？试着与你居住的地方附近的店主进行交流，了解他们对此的选择，并且打听他们是否有改变布局的其他设想。

练习题

10.1 一家位于底特律的海鲜餐馆想在 West Bloomfield 郊外开设第2

家分店。图表10—21是4个候选地点5方面因素的得分情况，你认为应该选择哪一处比较合适？

图表 10—21

因素	权数	候选地点 1	2	3	4
充足的当地人口	10	70	60	85	90
房屋和土地成本	10	85	90	80	60
交通流量	25	70	60	85	90
停车车位状况	20	80	90	90	80
潜在的增长力	15	90	80	90	75

10.2 县级卫生部门打算开办一家新的医疗诊所，有以下3处候选地点（如图表10—22所示），你认为哪一个最合适？

图表 10—22

区位因素	权数	3个候选地点得分情况 市中心	郊区A	郊区B
选址公用设施	9	9	7	6
出车平均所需时间	8	6	6	8
员工偏好	5	2	5	6
主要道路的便捷度	5	8	4	5
土地成本	4	2	9	6

10.3 自1970年以来，随着佛罗里达州坦帕地区的发展，需要处理的信件数量也随之增加，所以现在打算新建一个更大、更现代化的邮局来取代原先的那个。由于坦帕地区所有的邮件无论是进来的，还是出去的都是通过总局向周边7个地区的支局递送的，所以新邮局的区位选择意味着不仅仅是考虑总体的递送量和递送效率。试运用以下表格内的数据，计算出新区位的重心。

地方邮局	X, Y 在地图上的坐标	每天卡车往返行程的次数
Ybor City 区	(10, 5)	3
Davis Island 区	(3, 8)	3
Dale-Marbry 区	(4, 7)	2
Palma Cera 区	(15, 10)	6
Bayshore 区	(13, 3)	5
Temple Terrace 区	(1, 12)	3
Hyde Park 区	(5, 5)	10

10.4 Todd's Video公司是一家总部位于新奥尔良，主要经营录像机租赁和电视机销售的连锁店。公司打算在阿拉巴马州的莫比尔（Mobile）市开设第一家分店，并且希望在当地选择一个位于市中心，人口又密集的地方。Todd公司已经取得了在莫比尔市所做的7个人口调查的结果，并在地图上标好了每一处的坐标，而当地的人口数就作为权数。相关的数据如下表所示，请计算一下，新的分部位于坐标系的哪个位置比较好？

调查数据	人口数量	X、Y在地图上的坐标
101	2 000	(25, 45)
102	5 000	(25, 25)
103	10 000	(55, 45)
104	7 000	(50, 20)
105	10 000	(80, 50)
106	20 000	(70, 20)
107	14 000	(90, 25)

10.5 警察局长希望在每个地区都设有充足的警力，从而使得应对紧急情况的平均时间控制在6分钟之内。试利用图表10—23所给出的数据，计算出最少需要设立多少个警察局才能达到以上的要求，并且计算出它们的坐标位置。

图表 10—23

城市区域	从该处出警所需时间（分钟）					
	1	2	3	4	5
1	1	2	8	20	15
2		1	3	12	10
3			1	16	5
4				1	4
5					1

10.6 图表10—8和图表10—9是指在弗吉尼亚州阿灵顿的消防站要设立紧急救助中心。如果主管部门认为回应时间可以控制在25分钟，请计算需要安排多少辆救护车。如何安排这几个救护点才能满足需要？

10.7 杰里·罗斯（Jeri Ross）是迈阿密两家女装专卖店的老板，她打算开设第三家专卖店，并且已经决定从以下3处地点进行选择，第一处是在市中心的一幢商务楼中，第二处是在大型购物中心内，第三处是郊区Coral Gables地方的一幢旧式维多利亚时代的房子内。她认为租金的问题将成为她主要考虑的问题，其次她要考虑的是交通问题，其重要性相当于租金的90%。她还希望在进行第三家店的地点选择时最好离原先那两家越远越好，这个因素的重要性相当于交通问题的 80%。图表 10—24 是杰里利用她在学校中学到的 MBA 知识在同一个系统内为每个地点划分的等级。你认为哪一个最合适？

图表 10—24

	市中心	大型超市	Coral Gables 区的旧房子
租金	D	C	A
交通	B	A	D
与已存商店间的距离	B	A	C

10.8 Walter 印刷公司为了使公司印刷厂的 6 个部门间的物资搬运成本最小化，决定对 6 部门进行位置调整。每个部门的占地面积是 20×20 英尺，整幢建筑是 60 英尺长，40 英尺宽。图表 10—25 是目前每个部门间的物资流量（每周的搬运量）情况。图表 10—26 是目前的布局情况，每批物资在相邻两个部门间的货运成本是 1 美元，不相邻的两个部门间的货运成本为 2 美元。试着对该布局进行改进，设计出一个更加理想的部门安排。

每周搬运量

部门	1	2	3	4	5	6
1		50	100	0	0	20
2			30	50	10	0
3				20	0	100
4					50	0
5						0
6						

图表 10—25 部门平均每个月的运载量

部门 1	部门 2	部门 3
部门 4	部门 5	部门 6

40′ / 60′

图表 10—26 Walter 印刷厂的建筑面积和目前的部门布局

10.9 假设你已经被弗吉尼亚州布莱克斯堡（Blacksburg）市的一家公司雇佣为经营部经理。这家商店是专门生产优质巧克力 Bellas 的制造商。Bellas Chocolates 公司有 4 套生产车间和检验车间的布局方案。他们的战略是进行车间布局最优化，使食品专家能够将更多的时间和精力投入产品的改进中，而无须在车间浪费时间。他们要求你对 4 套方案进行权衡，然后向老板 Bellas 提出建议，他将凭此签下车间建造的合同（如图表 10—27 所示）

各车间之间运行次数

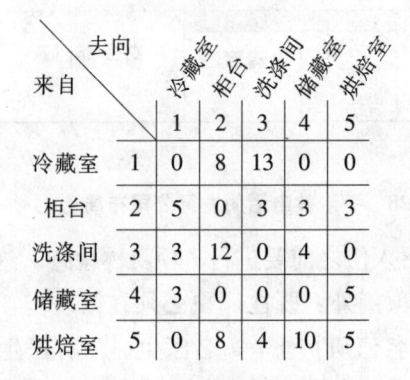

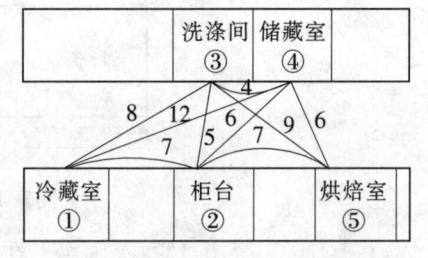

来自＼去向	冷藏室 1	柜台 2	洗涤间 3	储藏室 4	烘焙室 5
冷藏室 1	0	8	13	0	0
柜台 2	5	0	3	3	3
洗涤间 3	3	12	0	4	0
储藏室 4	3	0	0	0	5
烘焙室 5	0	8	4	10	5

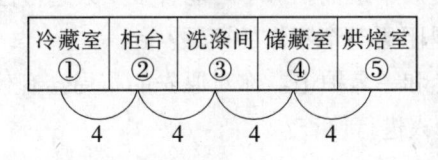

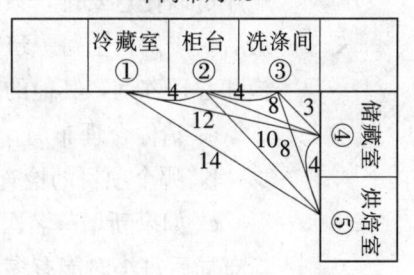

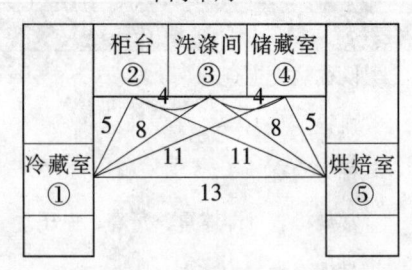

图表 10—27 布局方案

10.10 利用题目 10.9 中的车间布局问题，将你选择的操作厨房（可以是家中的厨房）中物品搬运数据（在两个操作点之间的搬动次数）收集起来，然后判断哪个才是最佳布局。

10.11 使用厨房的实际搬运数据（搬动次数）判断 5 种布局方案（第 9 题中的 4 种，你自己采集的 1 种）中，哪一种是最佳方案。

10.12 Georgetown 电话簿发行公司印刷并发放黄页给华盛顿特区西北部的居民。该公司的白领雇员（文员和管理人员）目前占据着华盛顿的一座 U 型办公楼的底层办公。结构如图表 10—28 所示。（该公司的仓库与生产车间门挨门。）由于该公司存在一些不必要的人员、信息和物质的移动，使得公司既浪费时间又浪费金钱。在不改动生产部门和仓库的前提下，你能否对结构进行重组，设法缩短交流的距离？

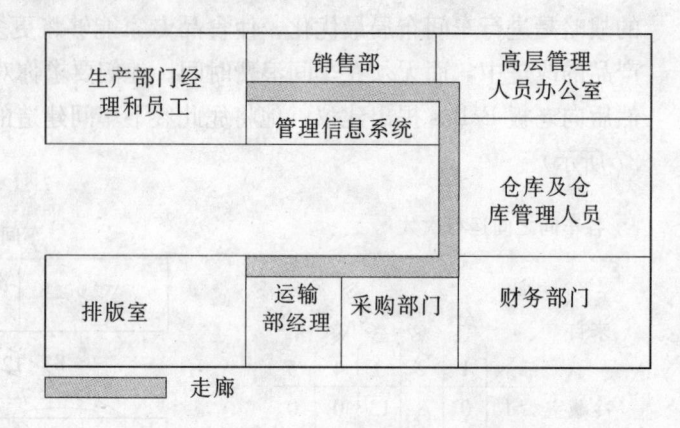

生产部门经理和员工	销售部	高层管理人员办公室
	管理信息系统	仓库及仓库管理人员
排版室	运输部经理	采购部门	财务部门

走廊

图表 10—28　乔治敦电话簿发行公司布局

10.13　美国军人在应召入伍之前要进行 7 项身体检查。这几项检查的顺序可以任意安排，只有 2 项例外：既往病史必须在第一步，主检必须在最后一步。目前每一班有 3 名值班护士，2 名医生。只有医生才可以做主检和心理咨询，其他的项目护士和医生都能完成。

　　a. 请你合理布局，使效率最优。每小时能有多少人进行检查？
　　b. 哪个项目的检查是阻碍整个工作的瓶颈？
　　c. 如果新增一名医生和一名护士，你对原先的布局会有什么改变？重新布局后每小时能有多少人进行检查？

测试的项目	平均时间（分钟）
既往病史检查	10
血检	8
视力检查	5
常规检查（即体重、身高、血压）	7
身体检查	16
心理检查	12
主检	10

　　10.14　本章中曾经讨论过餐厅的布局问题（参见图表 10—8 和图表 10—5）。现在决定取消汤的供应这一个环节，原因是汤易变质，买的人也不多。作为补充，餐厅供应更多花色的甜食，包括香蕉和热圣代等。然而甜食的平均服务时间估计要增加 33%。如果流水线上是 3 名员工如何布局（4、5、6 名呢）？针对以上 4 种情况，分别计算每小时服务的人数，并且预测每种情况下出现的瓶颈。

案例 10—1

Red River 血液中心

Red River 是一个拥有 6.5 万人的社区，社区内有 3 家医院，总计 287 个床位。Red River 血液中心（Red River Blood Center）是 4 年前建立的，专门为这 3 家医院的急救和外科手术提供充足的血液和血浆。这个血液中心也是全州血液共享系统的成员。该中心位于市中心，紧挨着 3 家医院中最大的一家。办公地点在医政楼的第 4 层。

从 Red River 这样一个大社区来说，血液中心动员义务献血者献血的工作开展得并不好。在遇到紧急情况时，中心主任总是电话调集其他的网络成员前来救急。反过来，红河血液中心却很少能为其他的网络成员帮上忙。在血液中心经营的前两年中，管理层认为，因为血液中心新建的缘故，献血者人数低于"平均水平"。但是现在，血站已经经营了将近 4 年，这个"借口"也已经站不住脚了。献血者一直抱怨血液中心的所处地区交通状况恶劣，停车不方便。

最近，血液中心来了一位新的技术人员，她来自一个稍大一点的社区，她建议使用流动血站。为了满足门诊大厅和其他公共医院的需要，她还提议建立临时献血站。她认为，许多民间机构和宗教机构都一直在动员自己的成员义务献血。这位新的主任助理甚至建议将市中心的血站搬到边远的购物中心去，但是主任却认为，血站目前的位置优势就在于离医院很近。

资料来源：Jack R. Meredith, *The Management of Operations*, 3rd ed. (New York: Wiley, 1987), pp. 217-218. Copyright © 1987 by John Wiley & Sons, Inc. Reprinted by Permission of John Wiley & Sons, Inc..

案例思考题

1. 在这个案例中，应该如何平衡位置和交通因素？
2. 对血液中心的"需求"究竟有哪些？
3. 在比较流动或临时血站和购物中心血站的成本和收益时，应该考虑哪些因素？

案例 10—2

Des Moines 国家银行

Des Moines 国家银行（Des Moines National Bank, DNB）最近在市中心的商业区建造了一座新的大厦，迁移进新的大厦之后，可以进行新的工作安排，从而让各部门的工作效率达到最佳。

DNB 的经营中最主要的一项工作是支票处理。这个部门实际上是企业及个人的票据交换场所。这些票据是从楼下的出纳及其他小的金融机构交过来的，这些机构与 DNB 有支票清算的合同关系。支票要先分拣，以便寄送开立支票的银行。分拣的方法是使用支票底部的磁化标记。对账部门必须保证借贷的平衡，同时贷记部门在贷记栏记账完成一笔交易。最终经过整理的票据经过包装从分发部门运出。

该部门的工作人员还要负责处理政府部门开出的支票，处理退回的支票。因为这些支票的处理程序与一般的支票有很大差异，所以和商业支票分开处理，但是办公的场所也位于同一个楼面。

由于自动扶梯只在底楼和 2 楼之间运行，所以银行决定将支票处理部门安排在 DNB 新大楼的 2 层。这一层楼被平均分成 8 个房间，如图表 10—13 所示。（虽然楼层内并没有围墙隔开，但是我们依然称这些划分好的空间叫房间。）每一间房间都是 75 英尺见方。对银行管理层而言，幸运的是，8 个部门每间房间的占地面积大约是 5 000 平方英尺，不会感到拥挤。这些房间还可用作存放物品，还可用作发展。

物品的运送（比如要处理的支票、计算机打印出来的对账单和贷记凭证）可以通过房间中央的通道进行（如图表 10—29 所示）。支票要通过扶梯送达并分发，所以要将分发部门安排在有电梯的房间。除此之外，其他部门对于被安排在那个房间并没有特别的限制。

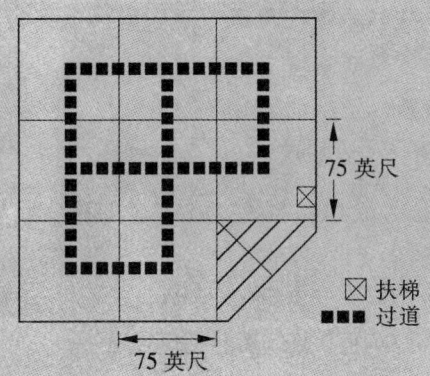

图表 10—29　DNB 大厦二层楼的布局方案

在这个分析中，第一步必须做的是弄清楚每两个部门之间工作的流量情况。用几周的数据分析可以判断出每天平均往返次数，也就是两个部门之间往返的次数。虽然一周之内支票的处理数量会有所波动，但是这些平均数据使我们能对每两个部门间的工作流量有一个比较准确的估计。

一份工作流量情况可以揭示一些被我们忽略掉的重要问题。比如，虽然近来没有迹象表明，在商业支票的处理部门与政府支票的处理部门之间有物品流动，但是他们使用的是同样的设备。这个设备的噪音很大，需要一个"隔音"装置对其加以控制，所以必须把这些设备集中起来，以减少建造"隔音墙"的成本。依然是因为这些噪音，要将它们与某些部门隔开，因为这些部门的工作需要集中精力（比如对账部门、办公室）。基于对上述问题的考虑，就制定出每两个部门之间的距离等级

(closeness ratings)，具体标准是：

A：绝对需要　　　　　　E：特别重要　　　　　　I：重要
O：一般距离即可　　　　U：不重要　　　　　　　X：无所谓

在图表10—30中，右上方是平均每天各个部门之间的工作流动量，左下方是对各个部门之间保持距离的等级。比如，支票处理部门和对账部门之间每天的平均工作流动量是50个单位，而它们之间的距离等级是X。

图表10—30　　　　　　　部门之间的工作流动量及间距要求

部门	1	2	3	4	5	6	7	8
1. 支票分拣	—	50	0	250	0	0	0	0
2. 支票复查	X	—	50	0	0	0	0	0
3. 支票入帐	X	A	—	0	0	0	0	10
4. 支票分发	U	U	U	—	40	60	0	0
5. 政府支票	A	U	U	E	—	0	0	0
6. 退票	U	U	U	E	U	—	12	0
7. 入账调整	X	A	A	U	U	E	—	10
8. 办公室	X	I	I	U	O	O	I	—

资料来源：Professor Timothy L. Urban, The University of Tulsa. Reprinted from Jay Heizer and Barry Render, *Production and Operations Management*, 5th ed. (Upper Saddle River, NJ, Prentice Hall, 1999), pp. 358 – 360.

案例思考题

1. 设想一种布局，可以使整个工作流动量达到最小化；
2. 根据各个部门之间的间隔关系，设计一种布局；
3. 既考虑各个部门间的工作流动量，又考虑间距，设计一种布局；
4. 依次对以上设计的各种布局进行评述；
5. 在为支票处理部门设计布局时，还需要考虑哪些因素？

参考文献

1. Atkins, Robert J., and Richard H. Shriver, "A New Approach to Facilities Location," *Harvard Business Review*, vol. 46, no. 3 (May-June 1968), pp. 70 – 79.

2. Ault, David, Stephen Bass, and Thomas Johnson, "The Impact of New Hospital Construction on the Service Areas of Existing Hospital Complexes," *Proceedings of the American Institute for Decision Sciences*

(St. Louis, 1971).

3. Bartness, Andrew D., "The Plant Location Puzzle," *Harvard Business Review* (March-April 1994), pp. 20 – 37.

4. Bowman, E. H., and J. B. Stewart, "A Model for Scale of Operations," *Journal of Marketing* (January 1956), pp. 242 – 247.

5. Buffa, E. S., G. S. Armor, and T. E. Vollman, "Allocating Facilities with CRAFT," *Harvard Business Review*, vol. 42, no. 2 (March-April 1964), pp. 136 – 159.

6. Bulkeley, William M. "Ames to Please: Discounter Rebounds by Targeting a Clientele below the Wal-Mart Set," *The Wall Street Journal* (Monday, January 11, 1999).

7. Cesario, Frank J., "A Generalized Trip Distribution Model," *Journal of Regional Science*, vol. 13 (1973), pp. 233 – 248.

8. Drezner, Zvi (ed.), *Facility Location: A survey of Applications and Methods* (New York, Springer-Verlag, 1995).

9. Effroymson, M. A., and T. L. Ray, "A Branch and Bound Algorithm for Plant Location," *Operations Research* (May-June 1966), pp. 361 –368.

10. Heizer, Jay, and Barry Render, *Production and Operations Management*, 5th ed. (Upper Saddle River, NJ, Prentice Hall, 1999).

11. Huff, David L., "Defining and Estimating a Trading Area," *Journal of Marketing*, vol. 28 (1964), pp. 34 – 38.

12. Johnson, R. V., "SPACECRAFT for Multi-Floor layout Planning," *Management Science*, vol. 28, no. 4 (1982), pp. 407 – 417.

13. Morrill, R. L., and M. B. Kelley, "The Simulation of Hospital Use and the Estimation of Location Efficiency," *Geographical Analysis*, vol. 2 (1970), pp. 283 – 300.

14. Manners, Steven, "Optimizing the Cube," *Administrative Management* (October 1986), pp. 19 – 21.

15. Muther, Richard, *Systematic Layout Planning*, 2nd ed. (Boston, Cahners Books, 1976).

16. Reilly, W. J., *The Law of Retail Gravitation* (New York, Putnam and Son, 1931).

17. Render, Barry, and Gerald Shawhan, "A Spatial Interaction Model for the Allocation of Higher Education Enrollments," *Socio-Economic Planning Sciences*, vol. 11 (1977), pp. 43 – 48.

18. Sunderesh, Heragu, *Facilities Design* (Boston, PWS Publishing

Company, 1997).

19. Tompkins, James A., and James M. Moore, *Computer Aided Layout: A User's Guide*, Publication Number 1 in the Monograph Series (Norcross, GA: American Institute of Industrial Engineers, 1977), p. 77-1.

第Ⅲ篇

服务系统的运营

第11章　服务供求管理
第11章补遗　排队与模拟
第12章　服务质量管理
第12章补遗　全面质量管理的工具与方法
第13章　服务生产率及绩效评估
第14章　政府与私营非营利服务机构管理

第11章 服务供求管理

11.1 本章概述
11.2 服务业中供求匹配何以成为一种挑战
11.3 需求管理
11.4 供给管理
11.5 本章提要
讨论题
案例11—1 按护理深度预测对护理人员的需求
案例11—2 校园警力总供给计划的制定
参考文献

11.1 本章概述

经营者在服务经营中所面临的最大挑战之一就是如何使服务的产出量（或者说服务的供给）和服务的需求量相适应。这种适应对于制造业的经营者来说也具有挑战性，但是比起服务业的经营者来说，他们可以利用更多的工具和方法，例如存货、加班加点或者延期交货等等来进行调节。利用这些方法，制造业的经营者可以应对挑战。如果要使需求和供给在1~3年内相匹配，就可以采取制定总计划的办法。要制定**总计划**（aggregate planning），就要判断需要多少资源来满足需求。总计划的作用是把各类营销计划（或者说是长期的需求预测）聚集成总的需求量。随后，以这些集中起来的总需求量为基础，再加以分解，并确定短期的需求量，进而确定单项服务的需求。

图表11—1显示了总计划、根据资源和产出对总计划进行分解以及对资源的短期安排的一般特征。制造业与服务业的区别，在于其产出的有形或是无形。所谓制造业，就是指拥有有形产出的企业，也可以说是前后台操作有明显区别的企业。

图表 11—1 计划化整为零的层次

计划层次	制造业	服务业
第一层次 总计划	将战略决策按1~3年的生产能力进行安排	将战略决策按1~3年的技术和资源进行安排
第二层次 总计划的分解	按单个生产线的产量和所需时间进行分解 以1年为期，按设施、装备、人力资源进行分解 确定制造或是购买	按基本服务类型和相应市场分解 以1年为期，按增加或减少服务量以适应需求进行分解
第三层次 资源的安排	按周、月、季度（或顺延3月）调整生产计划以适应需求的短期波动 确定原材料和产成品的库存量 确定产品、订单、工作安排的轻重缓急	按周、月、季度（或顺延3月）调整生产计划以使供给适应控制中的需求 确定原材料的库存量 确定个体的工作安排

本章将重点介绍服务机构为满足服务需求所使用的工具和方法。有些方法实施的时间跨度是1~3年，这些方法就可以称为总计划。而另一些方法的实施时间就要短一些，例如几个月，几周或是几天。可以从两方面来讨论供求的匹配。首先讨论需求管理；然后再讨论供给或称之为产出的管理。

对于有效地需求管理来说，需求预测显然十分重要。预测是一个很广泛的主题，包括不同的方法和技术，它可以独立成篇。有关预测问题和技术请见第15章。然而在讨论匹配供求这个重要的问题之前，应该首先回顾一下，为什么对于服务的经营者来说，供求匹配具有挑战性？

11.2 服务业中供求匹配何以成为一种挑战

前文已经提到，在制造业中，经营者为供求匹配所用的方法和工具并不适用于服务业。在这一节中，我们将对其中的原因进行解释。我们还将分析为什么供求匹配会成为一个难点。

1. **多数服务具有稍纵即逝的易逝性（perishable）——它们的生产与消费是同步的**。因此，不可能因为预测到后期有较大的需求而提前生产服务。这就意味着，对大多数服务业来说，无法运用库存这一工具去应对需求的波动和不确定性。购买商品的顾客如果愿意等待，企业可以延期交货。譬如，一个顾客想买一辆车，要求满足他所有的选项，而销售商又恰好没有现货，那么他可能等待几个星期。然而对于一个牙疼的病人来说，如果她的牙医去度假了,那么她不可能等待。当然,规则总有例外。例如,服务业运用的预约系统可以被视为一种延期交货的形式。

2. 有些服务机构的最大供应量不具有弹性。制造业中,短期内可以通过加班加点来增加商品的供应量。有些服务机构同样可以通过延长操作时间来增加它们的最大供应量,比如盛夏的游乐场。但是这并不适用于所有的服务业。例如,如果你生产电视机,那么加班加点可以增加产量;但是宾馆的经营者在所有的房间当晚都被预定出去的情况下,却不能通过加班加点来增加客房的数量。

3. 服务的需求往往很难预测。与预测大多数商品的需求相比,很多服务的需求预测则要困难得多。而且,这种需求总是变化多端,并且变化还往往在很短时间内发生。原因之一是,对于外出就餐、看电影,或者是理发这样的服务消费来说,其决定通常都是心血来潮,受到了那天或者是那个星期的环境的诱感。换言之,对于这些服务来说,人们不会早早地做出计划安排。例如,小孩因耳朵感染去看儿科医生,对于这类服务的需求也是没有计划的。这些都使对服务需求预测十分困难。原因之二是,有些服务的需求会出现波峰和波谷的差异变化。对有些服务来说(诸如快餐、公共交通、电力),需求的起伏是可以预见的。而在另一些服务中,情况就完全不一样了。

4. 服务时间的多变性。这是因为:(1)所提供的服务的多样性;(2)服务的个性化本质;(3)顾客需求的多样性。所以,很难预测为一定数目的顾客提供服务所需要的时间。例如,在银行中,对顾客提供服务所需要的时间在很大程度上取决于顾客所要求的交易的数目和种类。这会导致对服务需求量的高估和低估。服务量的单位也很难定义。例如,一家医院究竟应该通过床位,还是通过就诊人数、医护人员的数量,或是不同治疗方式下单个病人的护理时间来确定医院的服务量?

5. 大多数服务受到了地域的限制。因为大多数服务不可以运输,所以只能在一定的时间,一定的**地点**提供服务。对于一个提供多地点服务的机构来说,则意味着,或许在一个地方的服务供不应求,而在另一个地方却无人问津。当商品出现这种不平衡时,人们会把货物从一地运往另一地,因为这相对容易。然而,服务的对象却不易运输,或者他们根本就不愿意到别的地方去接受服务。

11.3 *需求管理*

需求管理通常包含在营销管理的范围之内。然而,正如本书前文所说的,在服务机构中,很多经营管理和营销管理的工作相互重叠,通常是由经营管理的人员来完成这些工作。因此，他们必须了解自己的同事在营销工作中的强项。即使经营工作和营销工作职责分明，为了提高工作效率，为了更多地获利，相关各方也必须协调一致，通力合作。因此，他们必须精通对方领域中的工作方法。

了解顾客和顾客的需求

在有效的需求管理中，最简单、也可能是最重要的就是要知道顾客是谁，以及顾客的需求是什么。这看似简单，但是在需求管理中却常常被忽视。服务机构必须关注与顾客的人口统计特征相关的数据。例如年龄、性别、收入、职业以及生活方式等特征。了解他们的需求是什么，或者是任何可以发现的相关数据。他们还必须了解消费者购买服务的动机。要从这些方方面面去收集数据非常不容易，花费还不菲。因此，从经济角度考虑，建立一个完整的数据库往往是行不通的。然而，只要能够节约地收集一些信息，总比没有信息要好得多。

了解顾客以及顾客的需求会帮助一个服务机构判断本小节所讨论的对服务的管理最有效的方法和工具。例如，可以用降价的方法，把服务的需求从高峰期转移到非高峰期。然而如果顾客很富有，对细微的价格变化不敏感，那么，这种方法可能会无效。降价甚至会使这一部分顾客感觉服务质量有所下降。

如果需求有不同的成分，那么了解顾客和顾客的需求有助于经营者确定，并区别这些成分。例如，医院和诊所的经营者很早就发现，顾客对服务的需要可以分为急诊和一般治疗。为了更有效地满足这两类需求，他们把一部分医护人员和设备分配给急诊部门，而另一些则参加常规的治疗。显然，每种成分都有不同的需求模式。例如，大多数人并不计划周末去医院看病。另一方面，周末的急诊却会增加。

对需求本质和模式的探讨

对于有效的需求管理来说，有必要了解顾客和顾客的需求，但是仅仅这样并不够。服务的管理者还必须探讨需求的本质和模式，因为有很多因素，例如，天气、社会、政治或者社区内的体育赛事等等，都会影响服务需求的形成。一些影响是正常的，而另一些影响则是不正常的。揭示需求模式和了解需求行为都需要数据。同样，数据不可能轻而易举地获得。但是如果没有对需求本质和模式的理解，也不可能实现有效的管理。显然，了解需求模式不仅可以帮助经营者判断使用何种方式去影响需求，也可以帮助他有效地管理服务的供给。

影响需求的方式

服务机构并不能直接控制对服务的需求。服务的需求受很多因素的制约，例如，价格、竞争者的供给和价格、潜在顾客的收入水平以及服务的便捷度等等。但是一个服务机构却是可以通过本节所讨论的一个或多个方法去影响需求的。还须指出的是，这些方法并不是放之四海而皆准的。

定价 定价可能是最直截了当的方式。对于大多数服务机构来说，降价会增加需求，涨价则会产生相反的作用。定价策略的另一个常见的方法则是短期的价格变动。一些服务机构以低于正常的价格提供服务，从而把需求从高峰期转移到非高峰期。价格刺激足以使一些顾客在低需求的阶段接受服务，因此会降低需求波动的激烈程度。这种应用的例子包括，在夜间和周末降低长途电话和移动电话的资费、降低晚上六点之前的电影票票价、提供红眼航班等等。当然，对于有效利用资源（例如劳动力和设施）来说，转移高峰期的需求显得十分重要。如果这样的转移不能缓解需求，服务机构则必须建立足够的设施来满足最大的需求，或者放弃在高峰期需要服务的顾客。前一种选择的结果是不能有效地利用资源，在非高峰期，器材和员工得不到有效的利用。后一种选择的结果会使利润明显的下降，甚至难以维持经营。

预订/预约 在需求管理中，很多服务机构经常使用另一种方式，那就是通过预约或预订来提供服务。这可以看作是服务的"库存"或"延迟发货"。这种方式适用于紧缺的服务项目。对于顾客来说，其价值是显而易见的。航空公司、宾馆、医疗机构、律师事务所和高雅的餐厅等等，都可以通过预约或预订来提供服务，而不保证每位随意走进来的顾客都能接受到服务。预约或预订通常能保证一个稳定的需求水平，并且保证需求不会超过计划的上限。然而，问题的另一方面是，这不能保证那些没有得到预约的顾客上门。这种经营方式对顾客也是有利的。最大的益处可能在于可以保障在预定的时间里获得服务。这样做也能帮助顾客节约时间，因为顾客不必排队等候。预约方式的另一个好处是消除了顾客的焦虑。他们不必担心能否得到服务、何时能接受服务以及他们对此还要等待多久等等。

预订方式的一个不足之处是顾客爽约（no-show）——也就是说，顾客进行了预约或预订之后未能如约而至。当然，如果没有另外一个顾客能够马上取而代之，就会影响服务机构的收入。航空公司和宾馆经常会遇到这样的麻烦。由于不大可能在很短的时间里发现一个新顾客，所以类似的服务机构运用一种称为**超额预定**（overbooking）的方法。宾馆会接受超过其客房数目的预订客户。这样做的结果是减少了航班座位、宾馆客房空置的几率，但是当出现的顾客的数量超过可提供的座位或房间时，他们也会陷入困境。若遇到这样情况，通常的做法是向预订了，但是又没有得到服务机构兑现的顾客给予补偿。例如，提供到美国任何地点的免费机票，并让其乘坐下次航班；若是在宾馆，则为顾客在附近找一个相当的宾馆提供免费住宿。

预先告知 有时给顾客一个简短的消息就可以降低需求的高峰。告示、广告和减价的消息都可以说服顾客在非高峰期接受服务。例如，告知顾客在非高峰期接受公交交通、国家公园、博物馆和邮局等等的服务会有很多好处，包括低价、不拥挤以及更舒适的乘坐或观赏等。"圣诞节礼物提早邮寄"，这是人们耳熟能详的美国邮政服务的电视广告。[1]

提供具有反向循环的需求模式的服务 一些服务中的需求管理极具挑战性。这一类服务具有明确的、不变的季节模式和价格刺激。预订或预先告知往往不能有效地改变需求模式或者是缓解需求高峰。在淡季，对这些服务的需求极少，甚至不存在。一个可行的补救方法是用相同的设备和人员提供额外的、反季节模式的服务。例如，为很多风景区在冬季没有风景可看的时候提供清扫积雪服务。另一个例子是，滑雪胜地提供滑干雪或者是在阿尔卑斯山山坡铺设回旋形的塑料轨道，可供带轮子的长雪橇使用，或者给山坡骑车爱好者提供骑行的坡道。[2]

提供补充服务 把顾客的注意力转移到补偿性服务上去，可以减少因排队等候而造成的客户流失。在需求高峰期，补充服务会使客户能够容忍等待。而且增加了客户等候服务，或是以后再次光顾的可能性。餐厅可以给顾客提供酒吧或是休息室。在高尔夫球场，若是推迟了开打时间，球场可以给来打高尔夫球的人提供小型绿地或者是驾车游览的场所。在本质上，补充服务意味着一项服务的两个阶段。[3]适当延长第一阶段的服务时间，可以避免顾客在接受服务之前就离开服务机构。

广告和推销 推销期特别价格以及广告，是在需求少于期望值的时候刺激需求的两种工具。推销指的是给顾客提供额外的利益，或者是在限定的期限内降价。较为典型的例子是假日特色旅游或是附赠奖品的午夜场演出。

收益管理

收益管理（yield management）起源于航空业，但是同样适用于宾馆和租车公司。收益管理的目的在于从产生收益的单位中，谋求收益或者说

---

[1] Christopher H. Lovelock, *Services Marketing*, 3rd ed. (Upper Saddle River, NJ, Prentice Hall, 1996), p. 216.
[2] Lovelock, *Services Marketing*, p. 213.
[3] 排队理论将在本章的补充材料中讨论。

是产出的最大化。收益产出单位在特定的一段时间内的数量是一个常数。例如航班上的座位以及特定日期宾馆的客房数目。收益管理适用于下列情况：(1) 企业在相对稳定的规模下运营；(2) 需求可以清晰地进行分割；(3) 存货容易变质，具有易逝性 (perishable)；(4) 产品预售情况良好；(5) 需求波动相当大；(6) 边际销售成本和边际生产成本较低，但是改变经营规模的成本却很高。[1]

收益管理背后的基本思想是对收益产生单位的存货进行分割，然后把它们卖给不同的客户群体。例如，航空公司就划分出了不同的客户群体：对价格无所谓的富人，被临时通知到某地出差，而且要在规定的日期返回的商人，比较关注价格的度假者，以及如果价格合适会探亲访友或者出门旅游的人。航空公司为这些人提供了不同层次的服务，例如为他们提供了头等舱、商务舱、经济舱和低价舱等等。

航空公司要在同一架飞机上提供所有这些不同水平的服务。因此，问题是在某一个航班上怎样给这些客户群体的每个人分配座位。航空公司当然希望把所有这些座位都提供给头等舱或者是按全价购票的乘客，但是这样的几率不大，所以多数航班会出现很多空座。结果是他们把剩下的座位以低价提供给经济舱或者是低价舱的乘客。这种做法十分合理，因为当飞机上有空座位的时候，多载一名乘客的边际成本是可以忽略不计的。机票预售期很长。因此，问题就变成了可以出售多少打折机票，还得保证为愿意购买全价机票的乘客留出足够的座位。

为了使收益最大化，收益管理系统必须面对 4 个基本问题：不同费率的需求模式、超额预订政策、需求弹性和信息系统。[2]假日酒店（Holiday Inn）、Ryder 卡车租赁公司、美国铁路客货运输公司（Amtrak）和美国航空公司（American Airlines）都成功地运用了收益管理的方法。据估计，在 20 世纪 90 年代早期，收益管理给美国航空公司带来了超过 1.4 亿美元的可观的收益。[3]

管理科学的方法

管理科学为服务经营者应对供给与需求匹配提供了有效的方法。其中两项——排队理论和模拟，为在供给和需求的管理中作出决策提供了方便。在需求高峰期或者是在特定的时间内，需求会超过服务的规模。在这

---

[1] Sheryl E. Kimes, "Yield Management: A Tool for Capacity-Constrained Service Firms," *Journal of Operations Management*, vol. 8, no. 4 (October 1989), pp. 348-363.

[2] Kimes, "Yield Management: A Tool for Capacity-Constrained Service Firms," pp. 348-363.

[3] Barry C. Smith, John F. Leimkuhler, and Ross M. Darrow, "Yield Management at American Airlines," *Interfaces*, vol. 22, no. 1 (January-February, 1992), pp. 8-31.

样的服务机构中,排队理论帮助判断一些重要的行为特征。排队理论对行为进行量化,例如,在系统中,每个顾客排队所需要的平均时间、系统中顾客的平均数量以及平均排队长度。了解了这些行为的量,会帮助经营者按照供给和需求的规模做出比较高明的决策。模拟是和排队模型同时运用的一种有效的常用工具。模拟能够帮助经营者收集关于系统行为需要的信息,为扩大或缩小服务规模会带来怎样结果提供了答案。我们在本章的补充材料中会讨论这些技术。

对等待状况的管理

多数人都会抱怨在收款机、售票处、收费站和银行的出纳柜台前,或是在邮局的排队等候。然而,这又是见怪不怪的日常生活的一部分。需求管理方法对于一些服务机构有效,但是却不能完全消除排队现象。换言之,即使是管理得当,也会出现排队等候的现象。

等候会导致很多弊端,其中之一是畏缩不前。也就是说,一些顾客会放弃而离开服务机构。在短期内,这意味着客户的流失。他们或许以后还会回来,但是有一些人却永远不会回来了,他们走到了竞争对手那一方。无论出现什么样的情况,这都意味着服务机构收益的减少。

减少等待的时间无论在需求和供给管理中都是重要的组成部分。前文提到,管理科学的方法可以帮助经营者做出与系统相关的决定,减少等待的时间,减少对顾客和服务机构的负面影响。现在,让我们看看其他一些在排队现象出现时可采用的非技术手段方法。这些方法的关键在于缓解顾客和服务提供者的焦虑感。为了实现这一目标,我们必须了解排队时人们的心理。戴维·梅斯特(David Maister)罗列了关于排队者的感受和心理的8种现象。[1]在下面的段落中,我们将这8种现象汇总,并为管理者如何来缓解这种焦虑提出方法建议。

1. 等待时无事可做比有事可做感觉时间长。很多服务机构都注意到了这种感觉,所以就提供物品来分散注意力。一些餐厅中设有酒吧,顾客在等待的时候可以在酒吧中喝酒、聊天。医院及牙科诊所中提供报纸、杂志,汽车修理厂放置一台电视机,其目的都一样:把顾客的注意力从等待的焦虑中转移出来。

2. 营业之前的等待感觉要比营业中的等待时间长。一旦服务开始,等待就显得不那么难熬了。等候营业时人们往往显得更焦急。因为顾客唯恐服务的提供者忘记自己。但是一旦你置身于系统之中,这种焦虑就会不经

---

[1] David H. Maister, "The Psychology of Waiting Lines," in J. A. Czepiel, M. R. Solomon, and C. F. Surprenant (eds.), *The Service Encounter: Managing Employee/Customer interaction in Service Businesses* (Lexington, MA: Lexington Books, 1985), pp. 113–123.

意地消失了。一些餐厅给等待着的顾客提供菜单，使顾客有事可做，这给顾客的印象就是服务已经开始了。有时，一个简短的通知足以给人同样的印象，你所申请的大学若寄一封信来，就会使等待的时间感觉短一些，尤其是在学校告知大致能在何时获知录取的情况下更是如此。

  3. **焦虑使等待时间变长**。正如前段所说，焦虑的一个因素是怕被遗忘。其他导致焦虑的因素包括：不知道还要等候多久；不了解服务的形式；不知道所排的队是否正确；为了参加一场体育赛事，不知道自己排到的时候票会不会卖光等等。只要管理者设法消除顾客的焦虑，都会使等候变得不那么漫长，不那么痛苦。自由女神像是世界上参观者最多的纪念碑之一，等候进入是极其艰难的。最近，《华尔街日报》的一篇文章报道，"每天下午两点都会有成千的游客被阻止攀登自由女神像的顶部。更糟糕的是，因为酷热和攀登楼梯，每年都有数以百计的人要求医疗救助。"①

  4. **不明确的等候比已知的、明确的等候显得时间长**。当你不知道服务何时开始的时候，会觉得等待很漫长，正如前文提到的那样，这增加了焦虑感。告诉顾客估计要等待的时间，通常会减少顾客的烦躁，使他们安之若素。但是，这种估计应尽量谨慎，贴近实际。把等候的时间稍稍说得长一些，通常会给顾客以意外的惊喜。例如，迪斯尼世界和迪斯尼乐园都会公示每个景点等候的估计时间，而且他们总是高估一些。

  5. **不做解释的等候比有解释的等候显得时间长**。当告知人们等候的原因时，他们会乐于接受，给予理解。但是如果他们对延迟的原因一无所知，就会感到沮丧。例如，护士向候诊室中的患者说明，医生因为有急诊而迟到，大多数人都会理解，而且认为这是合情合理的。因而服务机构对顾客必须诚实，热情，当不能按时提供服务时，要给予解释。

  6. **不公平的等候比公平的等候显得时间长**。如果游人插队或者是什么事情破坏了通常公平的观念，那么多数人就会觉得沮丧。不幸的是，在有些服务机构中，这是常见的现象。例如，若一个职工在超市重开一个收费口，他很可能会先接待排在其他队尾的人，而不是为排在第二位的人服务。有时候，服务台的职工停止为你服务而去接电话，回来后又先为排在后面的顾客服务，这都破坏了对公平的期待。这些不仅激怒了顾客，而且会使排队的时间显得更长。

  7. **服务越有价值，顾客就越愿意等待**。在本书第5章中，我们提出过一个价值模型，它把非货币价值定义为，顾客为接受服务，而不得不做出的牺牲。这部分价值也包括等待的时间。结果就是，耗费时间是消费者为了接受服务而做出的牺牲的一部分。正如为服务支付的货币价值，服务价值越高，顾客所愿意支付的非货币价值也就越多。服务经营者必须了解自己

---

① Danielle Reed, "Where the Huddled Masses Wait All Day," *Wall Street Journal* (September 19, 1997).

的服务对顾客的价值究竟有多高，以此来避免让顾客付出太高的等候成本。

8. **单独的等候比集体等候显得时间长**。大多数服务的等待都会有其他顾客相伴随；因此，从严格意义上来说，顾客的等候并不是孤单的。然而，顾客们通常相互并不认识，他们会觉得自己是孤立的。尤其是当顾客之间没有交流，没有什么东西可以分散顾客的注意力的情况下更是如此。因此，服务的经营者应该尽可能地制造机会，使顾客们可以相互交流。这会创造一种群体感，分散顾客的注意力，使顾客觉得等待时间缩短了。

波士顿的一家银行对顾客等待的感知做过研究。该项研究证实了，随着感知到的等待的时间的增加，客户满意度有下降的趋势。研究人员发现，顾客最关注的问题包括以下几点：

- **公平** 是否按先来后到的顺序接受服务？有没有插队现象？
- **趣味程度** 顾客目力所及是否有有趣的事情发生？
- **顾客的态度** 顾客面临着什么样的时间压力？
- **环境** 等候是否舒适？顾客是否挨冻或者是挨晒？
- **服务的价值** 交易的结果对于顾客有多重要？在其他地方是否能获得同样服务？稍后再来接受服务行吗？接受这项服务是很急迫的吗？[1]

11.4 供给管理

所谓规模，是指一个服务机构按设计标准所能提供的服务的多寡。因此，对供给的管理也就是对服务规模的管理。在讨论供给的管理方法之前，必须首先为规模做一个界定，并且了解对规模进行计量所面临的困难。然后，再来观察构成规模的要素。把这一切都搞清楚了，就有了讨论不同的需求管理方式和总计划的制定方式的基础了。

服务规模

规模常常被定义为最大产出量。然而，这个简单的定义用概念掩饰了一个潜在的难题，这就是服务对服务规模的度量。正如在本书第2章中讨论的那样，服务有两大特征。其一是产出的无形性；其二是产出的不规范性。而且服务的形式又变化多端。困难的第三个理由表现在服务机构往往并不是提供一种单一的、一成不变的服务。例如，医院怎样度量其产出？

---

[1] Karen L. Katz, Blaire M. Larson, and Richard C. Larson, "Prescription for the Waiting-in-Line Blues: Entertain, Enlighten, and Engage," *Sloan Management Review* (winter 1991), pp. 44–53.

难道可以用床位的占用数目、患者的人数、外科手术的次数，或者是护理时间的多少来度量产出吗？这些方法都不能为医院提供满意的量度水平来反应其服务的多少。例如，如果以占用床位的数目来计量，它并不能判断处置一个癌症患者和腿骨骨折的患者所用的资源有何不同。即使比较两个癌症患者，对病情的轻重，治疗所需要的资源以及花费都会有很大的差异。

另一个有趣的事实，也是服务经营者所面临的挑战，是即使在服务机构中人员相同，设施相同，每天的产出也是不同的。这是因为顾客的需求各不相同，职工提供服务的能力各不相同。例如，银行的两个顾客，从出纳那里所要求的服务量有极大的区别。其中一个人也许只是将工资支票存入银行，所需时间是 30 秒。而另一个顾客则可能为一个小企业存入 15 张支票款，还要在公司的账户之间转账，这可能占用几分钟的时间。当银行在特定的一天，比如说是星期五，第二类顾客又特别多的时候，银行的服务量就会下降。显然如果有可能的话，服务机构就应该仔细选择产出的度量标准，避免这些问题的出现。

形成服务规模的要素

服务规模的构成包括 7 项基本要素：人力资源、设施、设备、工具、时间、顾客参与以及形成规模的替代资源。

人力资源　人力资源与总产出有直接的关系。雇员的人数、技能以及相互之间的技能的整合就是几个主要的因素。将技术水平高的人组合成一个自觉协作的团队，再配以最好的设施，对产出会有极大的影响。此外，如果管理有效，环境有利，管理者的领导艺术和员工的激励机制这两个相伴相随的因素就会提高生产力。人力资源又是一个影响产出多变的不确定因素。职工的雇佣和解雇比设备的买进和卖出来得容易。职工可以是专职的、兼职的，也可以要求员工加班加点。企业还可以多方向培训员工，使其适应不同的工作。

设施　所谓设施指方便员工工作、安置设备的场所。有些服务是通过电话、计算机网络、信件或者诸如电视、广播之类的传媒来传递和实现的。因此，他们在设施设计中不必太考虑个别顾客的情况。但是，也有一些服务机构要通过顾客自身的设施来提供服务的。

设备和工具　虽然在服务供给系统的设计和资金的宏观预算阶段已经决定了大部分的设备购置计划。但是一些简单的、花费不多的设备的添置和调整还是有可能帮助提高生产力，进而增加企业的服务规模的。例如，西尔斯公司给编制商品目录部门的订单处理人员配备计算机终端，以此来替代手工工作，方便表格归档。同时公司还添置了顾客用的触摸式计算机。顾客可以键入家中的电话号码，显示屏上就会显示他们订购货物的存放位置。顾客自己走到货架去取回货物，然后在收款处结账。以前，西尔斯公司的员工必须从前台表格检索货物存放位置。在这个例子中，工作简化了，有些工作转移给了顾客，而且顾客等候的时间反而大大减少了。

时间 时间成为要素表现在两个方面。第一，改变两段时间的配置，或者是改变服务的时间，就可能改变服务的供给量。在需求的高峰期尤其如此。第二，从广义上说，延长服务时间，会在一个特定的时段增加总的供给量。

顾客参与 在某些服务中，顾客的参与会成为服务规模的一个重要因素。有许多服务的提供需要顾客参与劳动。例如，顾客用自动提款机从自己的账户中提款的全部工作都是自己完成的。在其他服务中，需要顾客参与部分劳动。

替代资源 影响服务规模的替代资源可以是内生的，也可以是外生的。内在的资源既可以是备用的机器设备，也可以是工作时间的延长，或者是增加工作班次。外在的资源即可以分包合同，也可以并购一家公司，或者提高自动化程度。当然还可以租用服务资源，以此来扩大服务规模。

供给管理的方法

与对服务的需求管理相比，管理者对服务供给的控制力和影响力要大得多。然而，即使是对服务的供给控制得非常好，也很难使服务的供需相匹配。以下介绍的方法，有助于管理者增加或者是减少服务的供给。毫无疑问，这些措施的使用要求管理者能灵活应用文中提到的各种要素，以此来改变服务的规模，进而改变服务的供给。必须指出，正如对于需求的管理方法一样，这些措施同样不是放之四海而皆准的。

改变雇员人数 这是一个只能中期应用的措施。就是说，在3~12个月的计划期内可以使用。预测到需求的增加或者减少的趋势，管理者可以逐渐增加或者减少雇员的数目。同样，服务机构若是可以预测到季节性的高峰和低谷，就可以按季节的长短来雇佣工人。该措施的最大缺点就是雇佣、培训、解雇的成本都很大，而且很难培养雇员对企业的忠诚。

员工的跨岗位培训 许多服务机构提供多种服务项目。而对每一项服务的需求量又不是恒定不变的。跨岗位培训员工，允许他们在需求的高峰期帮忙，会增加服务的供给量。这样做的另一个好处就是帮助雇员掌握多门技术，提高了他们的能力。同时，因为不是长年累月做同一种工作，也就少了一些厌倦。

兼职工人 现在很多服务机构相当一部分工作是依靠兼职员工来完成

的。据估计，美国的职工中，1/4 是临时工、兼职职工或者是短期合同工。[①] 当日常服务的劳动需求出现清楚明确的模式时，雇佣兼职职工最为适宜。快餐店和速递公司就是两个很典型的例子。如果可行的话，雇佣兼职职工可以显著提高服务规模的伸缩性，管理者可以更好地控制服务的供给。

增加顾客的参与 正如上文所说，在一些服务的供给中，顾客是一种十分有价值的资源，有些服务机构已经十分巧妙地利用了这一资源。例如，在一些餐厅中，顾客在操作台前自己拌色拉，再由服务生把食物端到餐桌上。在肖尔代斯医院，医生鼓励病人在疝气手术之后，自己走出手术室，而不是像通常那样由院方人员将病人用轮椅推出手术室。一般说来增加顾客的参与程度可以减少企业的劳动投入，加快服务的速度。因此，可以提高服务产出水平。然而增加顾客的参与也存在一定的风险。如果顾客自己动手完成一些工作的时候笨手笨脚，会降低服务的速度，从而降低产出水平。

租用设备 在很多服务中，设备是服务供给的重要因素。因此，仅仅增加员工的数量不足以增加产出水平。设备的增加，通常是因为员工的增加。如果增加员工只是暂时的现象，从经济角度考虑，就不应该添置设备。当碰到这种情况时，服务机构可以租用必要的设备。这是航空业经常采用的措施。在夏季面临需求的增加时，航空公司会从其他航空公司或者货运公司租借飞机。

增加或整修设施 通常，搬进一个拥有更好的布局的新建筑或者把旧建筑布置得更好会增加产出。增加照明、安装空调和改进取暖设备，这些设施的改善都有利于生产力的提高，进而扩大产出水平。

自动化 由人工操作的机器变成自动化操作，这在制造业中已经运用多年。自动化的主要优点是成本低、产量高、产量稳定，还能提高质量。服务中没有像期望的那样、随处可见的自动化，因为自动化就意味着非人性化的服务。但是，自动化的高速、低耗，再加上其所固有的一些优越性，使得人们愿意在某些服务项目中尝试自动化。例如，在 Hyatt、Hampton Inn、Embassy Suites 以及 Homewood Suites 这样的连锁宾馆中，安装了自动结账亭（Kiosks），方便旅客快速登记和退房。一位宾馆业的经理预测，将来宾馆这种自动结账亭会十分普遍。[②]

延长服务时间 在特殊的环境下，或者在某一个需求增加的时期，一些服务机构通过延长经营时间来增加它们的产出量。例如，在圣诞购物的高峰期，零售商通常是通宵售货；一些邮局在 4 月 15 日工作到深夜，接受

[①] Keith Hammonds, Kevin Kelly, and Karen Thurston, "Special Report: Rethinking Work—The New World of Work," *Business Week* (October 17, 1994), pp. 76–78.

[②] Jon Bigness, "Impersonal Touch: More Hotels Automate Front Desk," *Wall Street Journal* (June 18, 1996).

信件，帮助纳税人如期寄送纳税申报表；在夏天和周末，游乐场所也会延长工作时间。

合理安排员工的工作　对服务人员和他们的活动进行合理的安排会明显地提高产出水平。优化服务人员的日程安排，例如合理安排医院里护士的工作、航空公司机组人员的工作以及医疗机构的急救人员的工作等等，都可以应用很多科学的管理方法。同样，将并非紧急的工作安排在需求低谷的时候去处理，比如清洁工作和维护保养工作等等，这样做看似简单，但却是增加服务产出的有效途径。

11.5　本章提要

完善一套服务体系，首先要做的是总体设计，从资源整合总计划的制定，到整个服务体系的确定。制定总计划的基本目标是安排企业的资源，以此来保证企业的规模与需求相匹配。要达到供求平衡，既可以侧重调整需求，也可以侧重调整供给。本章讨论了管理者为应对供求平衡这一挑战中可利用的方法和工具。

首先，我们回顾了为什么在服务中匹配供求显得尤其困难的主要原因。如果要有效地完成任务，管理者必须非常了解顾客以及顾客的需求。他还必须研究需求的本质和模式，为需求的管理选择适合的方式，有助于服务机构控制需求的方式和管理工具，包括定价、广告、促销、提供反需求模式的服务、运用预订及预约、预先告知以及补偿服务等。本章还简要介绍了广泛运用于航空公司、租车公司和连锁宾馆中的特殊的需求管理方式——收益管理。在这一部分的结尾，我们讨论了顾客在等候时的心理特征以及管理者应该如何减少等候所带来的焦虑，如何把等候变成顾客愉快的经历。

所谓规模，是指一个服务机构按设计标准所能提供的服务的多寡，或者称之为最大产出量。因此，供给管理就是对产出的管理。本章一方面指出，对产出进行度量十分困难，一方面也论述了服务机构产出管理的构成要素。对供给进行管理，就是对这些要素进行管理，这包括改变员工的人数、跨岗位培训、雇佣兼职职工、增加顾客的参与、租用设备、增加或整修设施、提高自动化程度、延长服务时间以及运用科学的管理技术合理安排工作等等。

讨论题

1. 总计划的目标是什么？

2. 与制造业相比，服务业的总计划有何特征？
3. 为什么在服务业中平衡供求具有挑战性？
4. 在平衡供求关系中，营销人员与管理人员如何配合？
5. 在下列服务中，了解顾客以及顾客的需求需要什么样的数据？

   a. 信用卡公司

   b. 游乐场

   c. 健身中心

6. 对于下列服务来说，哪些需求管理战略比较适用，哪些不太适用？为什么？

   a. 大学

   b. 复印中心

   c. 监狱系统

7. 对于下列服务来说，哪些产出或供给的方法比较适用，哪些不太适用？为什么？

   a. 医院

   b. 餐厅

   c. 度假胜地

8. 应用收益管理方式最有效的服务领域有哪些？
9. 本章第3节梅斯特提出的等候中的心理活动理论，对下列顾客，哪些建议会起作用？为什么？

   a. 邮购商店

   b. 私人钢琴课程班

   c. 航空公司

10. 什么是产出量？为什么在服务业中难以对其进行度量？
11. 在以下的服务机构中，产出量应该以什么方式度量？

    a. 计算机中心

    b. 公共运输公司

    c. 警署

12. 试说明在对服务规模的管理中，与劳动力配置有直接关系的管理方式。
13. 试说明在对服务规模的管理中，与资本配置有直接关系的管理方式。

案例 11—1

护理深度预测对护理人员的需求

健康护理的支出持续增加，受到国人的广泛关注。人们在全国范围内展开关于医疗支出的调查，多数调查的重点都是在宏观层面上，即如何规范医疗开支。本案例报道的是一家拥有220张床位的非营利性社区医院，它坐落在城区。案例从微观角度来探讨该医疗机构的护理成本。医院的管理者相信，只要合理地制定方案，就可以减少对护理人员的需求，并且达到控制成本的目的。减少护理人员，或是提高护理人员的工效，都可以大大降低成本。这是因为员工开支在大多数医院中占预算经费的50%以上。因此节约了护理成本，就可以最大地挖掘降低开支的潜力。

项目简介

这个项目总的目标是使医院的管理者能够按照一个病房、一个班次、一天、一星期、一月来预测对护理人员工时的需求。由于对于特定的一天，病房和班次需要的护理人员的工时是不同护理水平的患者数目和针对不同护理水平所需要的标准护理时间的函数。所以，研究首先要关注对需求或者是对患者的预测。第一个模型按病房和班次预测对护理人员的需求量，这比当前的手工计算更精确、更省力。需要指出的是，医院内大约50%的护理时间是属于"可变"成本，它随着病人需求的变化而变化。

方法

为了估计对护理人员工时的需求，我们提出了一个数学模型，按医院的病房分为6个护理等级，按月、日、班次预测患者的数量。不同护理等级人员分配量见图表11—2。数学回归趋势建立在下列变量的基础之上：

图表11—2　　　　　　　　　　　按护理强度计算的全部

	1988年的总人口	每天的平均患者数（三班倒）	每班的平均患者数	每位病人的标准护理时间（小时）
一级护理	15 266	41.72	13.91	1.5
二级护理	94 234	258.18	86.06	2.1
三级护理	41 115	122.64	37.55	3.5
四级护理	8 131	22.28	7.43	4.7
五级护理	1 720	4.71	1.57	6.5
六级护理	385	1.05	0.35	8.0

病房：	ICC/CCU	监护病房、冠心病病房
	2N	精神病病房
	3N	为内科、外科、整形外科超员准备的病房
	3T	内科病房
	4T	外科病房
	5T	整形外科病房
	PEDS	儿科病房
	OB	孕、产、妇病房
	NSY	育儿室

月份：　1~12月
天：　　周日~周六
班次：　白班、晚班、夜班
时间：　日历表中按顺序排列的365天

　　选择2N（精神病）病房、五月、周三、白班参考值，数值为零（将其作为一个常数）。结果的模型是按护理强度、班次、病房、月份、星期几预测的患者的数量。图表11—3所示的模型系数决定了班次、星期以及其他独立变量对工作量的影响。

图表11—3　　　　　护理强度的回归（系数）　　　　（1988年数据，$n=8687$）

	CL1	CL2	CL3	CL4	CL4, 5	CL5, 6	CL4, 5, 6
常数	1.03	4.99	1.22	0.98	1.07	0.42	1.50
时间	−0.00097	0.00040	0.00209	−0.00250	−0.00279	−0.00283	−0.00601
班次							
白班							
晚班			−1.45	0.66		0.06	
夜班	−1.31	−0.24	0.65				
病房							
ICU/CCU			−2.03	3.19	4.44	1.64	4.84
2N*							
3N	0.49	2.30	1.38	−0.66	−0.70	−0.06	−0.72
3T	0.67	18.90	5.89	−0.68	−0.71	−0.06	−0.73
4T	1.75	21.75	3.82	−0.44	−0.46		−0.45
5T	0.84	22.49	4.93	−0.53	−0.57	−0.06	−0.59
PEDS	0.27	−0.316	1.40		−0.42		−0.39
OB	5.12	2.06	−0.31		−0.13	−0.06	−0.15
NSY	5.72	0.64	−1.56	−0.59	−0.62	−0.06	−0.64
月份							
一月				−0.23	−0.30	−0.36	−0.67
二月						−0.22	−0.30
三月			0.21		−0.19	−0.21	−0.36
四月	−0.45	0.88					
五月*							
六月	−0.30				0.25	0.12	0.38
七月		−0.45			0.27	0.15	0.54
八月	−0.35	−1.42	0.83	0.35	0.33	0.26	0.67
九月		0.21	0.54	0.32	0.31	0.40	0.80
十月			0.38	0.23	0.29	0.48	0.81
十一月				0.43	0.50	0.62	1.17
十二月				0.58	0.67	0.69	1.43
星期							
周日	−0.36	−1.79	−0.55				
周一	−0.33	−1.98	−0.25				
周二	−0.31	−0.98	0.30				

续前表

	CL1	CL2	CL3	CL4	CL4, 5	CL5, 6	CL4, 5, 6
周三*							
周四					0.07		0.07
周五	−0.18	−0.77	0.16	0.07	0.01		0.08
周六	−0.34	−1.89	−0.17				
R^2	0.61	0.89	0.61	0.64	0.74	0.56	0.77
标准差	1.80	3.51	2.21	0.87	0.93	0.47	0.93

*这些变量包括在常数项里

表中 CL1 表示一级护理，CL2 表示二级护理，以此类推。——译者注

运用图表 11—3 中的系数，按一级护理的回归模型预测患者的人数，如下所示：

病人的数量 = 1.03 + 0.49 (3N) + 0.67 (3T) + 1.75 (4T) + 0.84 (5T) + 0.27 (PEDS) + 5.12 (OB) + 5.72 (NSY) − 0.45 (4月) − 0.30 (6月) − 0.35 (8月) − 0.36 (星期日) − 0.33 (星期一) − 0.31 (星期二) − 0.18 (星期五) − 0.34 (星期六) − 1.31 (夜班) − 0.00097 (时间)

例如，如果用这个模型预测一级护理、在 4T 病房（外科）、周一、7 月 4 日、1988 年和白班的患者数目。我们让 4T=1；周一=1；时间=185，则有下面的等式：

一级护理病人的数量 = 1.03 + 1.75 (1) − 0.33 (1) − 0.00097 (185)
= 2.27 患者

当按照图表 11—3 的格式相比较时，所提出的 7 个模型的结果非常有用。观察这个按病房显示的数据可以得知，按病房划分的护理等级的分配，在向病房分配不同的技术组合（RNs、LPNs 和其他）中极其有用。例如，在下表外科病房护理等级的组合中反映了这样的事实：在 1988 年 4 月 4 日白天大多数病人需要的是二级护理：

护理等级	估计的患者数目
CL1	2.27
CL2	24.38
CL3	5.18
CL4	0.08
CL5, 6	0.05

如果按连续的时间进行评估，则显示出在时间、患者的数量和护理水平上，变化相对稳定。然而，若按月份进行评估，则显示出当年的后几个月中，护理的要求会上升。已经收集到的第二年的数据，能够更清楚地说明这些观点。显然，当医院的行政人员安排护理工作量时，这些信息至关重要。对于一周的日程安排来说，每日的数据对于行政人员来说都有帮助。数据清楚的显示出，在周五、周六、周日、周一对护理人员的需求降低，这不是偶然的。然而，模型用精确的信息支持了直觉。显然，医院的管理者可以用兼职的护理人员，其日程安排可以看作是变量，管理者

可以按照预测和实际的需求来利用这种人力资源。当然，与季节相关的重诊病人，就无法在按日或按班次变动的变量表中表现出来了。

资料来源：Adapted by permission of F. T. Helmer, E. B. Oppermann, and J. D. Surver, "Forecasting Nursing Staffing Requirements by Intensity-of Care Level," *Interfaces* vol. 10, no. 3 (June 1980), PP. 50 – 56. Copyright 1980 The Institute of Management Sciences, 290 Westminster Street, Providence, Rhode Island 02903 USA.

案例思考题

1. 利用图表11—3给出的回归模型，预测在7月18日、周四、晚班需要二级护理的患者数目。
2. 根据图表11—3验证相关的结论：
   a. 某一个护理水平的病人数量；
   b. 按月计算护理工时；
   c. 按日计算护理工时；
   d. 按班次计算护理工时。
3. 参看图表11—2，按护理水平计算每一班次的护理需求。
4. 上述计算是否能帮助你判断对护理技能的综合需求（例如对注册护理师、实习护士、护工的综合需求量）。
5. 请思考图表11—2中提供的信息的价值。为什么要按病房、月、班次和日来预测患者的数目？
6. 在制定这个医院的总计划时，应该考虑怎样的护理水平？若要你为医院出谋划策，你会提出怎样的方案来满足对护理人员的需求？

案例 11—2

校园警力总供给计划的制定

校园警长试图制定出辖区内的一个两年计划，包括对额外的警力需求。最近学校行政部门建议警署改变一下自己的形象和工作方式，从"维持治安"变成更为广泛意义上的"公共安全"。

该警署现有26个在编的警察。在过去的15年中，警力没有变化。尽管在同一时期内学生规模也没有多大变化，但是校园的周边环境是有变化的。所以，警长需要重新审视警署的工作，并考虑增加警力。所谓的环境变化包括：

- 学校地域扩张了，增加了建筑和设施，其中一些离开主校区有几公里；
- 因为开车上学的学生多了，增加了交通和停车问题；
- 校园中随处都有便于携带的、价值昂贵的、且有潜在的被盗可能的设备。（例如，校园中有超过10 000台个人电脑）；

- 酗酒、吸毒现象增多；
- 学生运动项目和设施都成倍增加了；
- 周围社区规模已经扩大了1倍；
- 为更好地适应校园环境的需要，警察要花费更多的时间接受训练。

大学位于一个小镇，距市中心35英里。在暑期，在校生数量约有5 000人。在春秋季学期中，在校生数量则有30 000人。这样，暑期对警力和其他服务的需求明显下降。对警方的服务要求也因以下因素而有所不同：

- 一天中的时间段（晚上10点到凌晨2点为高峰期）；
- 一周中的时间段（周末格外繁忙）；
- 一年中的某几个周末（在有橄榄球比赛的周末，会有50 000多外来人员涌入校园）；
- 举行特殊活动的日子（入学日、毕业日、奠基日、毕业典礼日等等）。

对于警务人员来说，有橄榄球赛事的周末特别难应付。在有球赛的5个周六，从早上8点到下午5点需要增加警力。所有的26个警员必须连续工作两个班。来自周围地区的超过40个执法人员，按自己的时间收费值勤。如果可能的话，会有12个州警趁有空来帮忙。还要付费给25个学生或者当地居民，让其疏导交通、安排泊车。在上一个学年内（9个月），校警超时工作达到了2 400小时。其他相关信息包括：

- 一个警员的平均底薪是18 000美元；
- 半工半读的兼职学生、当地居民帮助维护交通和安排停车，每小时可以得到4.5美元；
- 每周工作时间超过40小时的警员，超时工作每小时的工资是13美元。从其他警局雇佣的警员每小时工资也是13美元；
- 遇有特殊情况，聘请警员的数量不受限制；
- 若将事假、休假、一般病假的因素考虑在内，每周七天、每天24小时的一个岗位需要5个人；
- 一般情况下，春、秋两个学期中的警力安排为：

	工作日	周末
第一班（上午7点到下午3点）	5名	4名
第二班（下午3点到晚11点）	5名	6名
第三班（晚11点到上午7点）	6名	8名

有球赛的周末和遇有特殊事件，所需警员超过上述安排。暑期所需警员平均是上表所示的一半。

警长认为，他现在的警员的工作负荷已经达到了极限。警员的过度疲劳会给警署和社区带来隐患。除此以外，没有多余的时间和警员可以支配以完成防止犯罪、处理公共安全以及让警员锻炼身体。警员与学生以及学校的教职员工的合作极少，且本质上是消极的。鉴于这些问题，警长希望增加 4 名警员，两名派以新的任务，两名来缓解当前工作的超负荷。并且他希望把每名警员每周超时工作限制在 10 小时之内。

案例思考题

1. 在对资源的总计划中，需要考虑哪些警力服务需求的变量？在短期的日常调整中，可以控制哪些变量？
2. 怎样定义该警署的规模？在判断需求量时，还需要哪些附加信息？
3. 评价当前的警员计划，计算其成本。26 个警员足以处理日常的工作量吗？
4. 警长的建议中额外的花费是什么？你对警长所提出的要求有什么建议？
5. 目前学校 1 年要花费多少钱来雇佣警力以保障橄榄球赛的正常进行？如果把这些工作转包给外部的执法部门，赞成和反对的意见会是什么？
6. 你能否提供其他的选择方案？你对非高峰期的警员职责会提出什么样的建议？

参考文献

1. Czepiel, J. A., M. R. Solomon, and D. F. Surprenant (eds.), *The Service Encounter: Managing Employee/Customer Interaction in Service Businesses* (Lexington, MA, Lexington Books, 1985).

2. Bigness, Jon, "Impersonal Touch: More Hotels Automate Front Desk," *Wall Street Journal* (June 18, 1996).

3. Hammonds, keith, kevinkelly, and karen Thurston, "Special Report: Rethinking Work—The New World of Work," *Business Week* (October 17, 1994), pp. 76–87.

4. Katz, Karen L., Blaire M. Larson, and Richard C, Larson "Prescription for the Waiting-in Line Blues: Entertain, Enlighten, and Engage." *Sloan Management Review* (Winter 1991), pp. 44–53.

5. Kimes, Sheryl E., "Yield Management: A Tool for Capacity-Constrained Service Firms," *Journal of Operations Management*, vol. 8, no. 4 (October 1989), pp. 348–363.

6. Lovelock, Christopher H., *Services Marketing*, 3rd ed. (Upper Saddle River, NJ, Prentice Hall, 1996).

7. Maister, David H., "The Psychology of Waiting Lines," in J. A. Czepiel, M. R. Solomon, and C. F. Surprenant (eds.), *The Service Encounter: Managing Employee/Customer Interaction in Service Busines-*

ses (Lexington, MA, Lexington Books, 1985), pp. 113 – 123.

8. Reed, Danielle, "Where the Huddled Masses Wait All Day," *Wall Street Journal* (September 19, 1997).

9. Smith, Barry C., John F. Leimkuhler, and Ross M. Darrow, "Yield Management at American Airlines," *Interfaces*, vol. 22, no 1 (January-February, 1992), pp. 8 – 31.

第11章补遗
排队与模拟

S11.1　本章概述
S11.2　排队系统的基本形态
S11.3　排队绩效的度量
S11.4　单一渠道排队模型
S11.5　多渠道排队模型
S11.6　更复杂的排队模型与模拟的应用
S11.7　用模拟方法安排日程
S11.8　计算机在模拟中的应用
S11.9　本章提要
练习题
案例 S11—1　冬园酒店
参考文献

S11.1　本章概述

人们关于排队等候的知识的总和［通常被称为排队理论（queuing theory）］，对于服务经营管理人员来说是一个很有价值的工具。排队等候是一种很常见的现象——它们可以以各种形式存在，例如，在汽车维修中心等待修理的汽车，在印刷厂中等待印刷的文稿，或者是等待向教授咨询的学生。图表 S 11—1 列举了几个排队模型的应用。对排队的长度、平均等待时间以及其他因素的分析，能帮助我们了解服务企业的生产能力。

服务管理人员非常了解对权衡提供优质服务的成本和顾客等待所付出的成本的重要性。他们总是设法缩短等候的队伍，免得顾客感到不悦，不购买任何东西就离开，或是买些东西但却发誓再也不回来。然而，如果顾客等待的同时会带来生产成本的显著节约，那么经营者们就会容忍排队现象的出现。

图表 S 11—1　　　　　　　　　　常见的排队情况

地点	排队中的人或物	服务过程
超市	购买日用品的人	收银员收银
高速公路收费站	汽车	收费站收费
医生的诊所	患者	医生和护士医治
计算机系统	要运行的程序	计算机运行
电话公司	打电话的人	转接设备转接电话
银行	顾客	银行的出纳处理业务
机器维护	坏机器	修理员修理机器
海港	轮船和驳船	码头工人装卸货物

评价服务设施的一个方法是看期望总成本，图表 S 11—2 表示的就是这样一个概念。期望总成本（total expected cost）是服务成本（cost of providing capacity）加上预期的等待成本（cost of waiting time）。

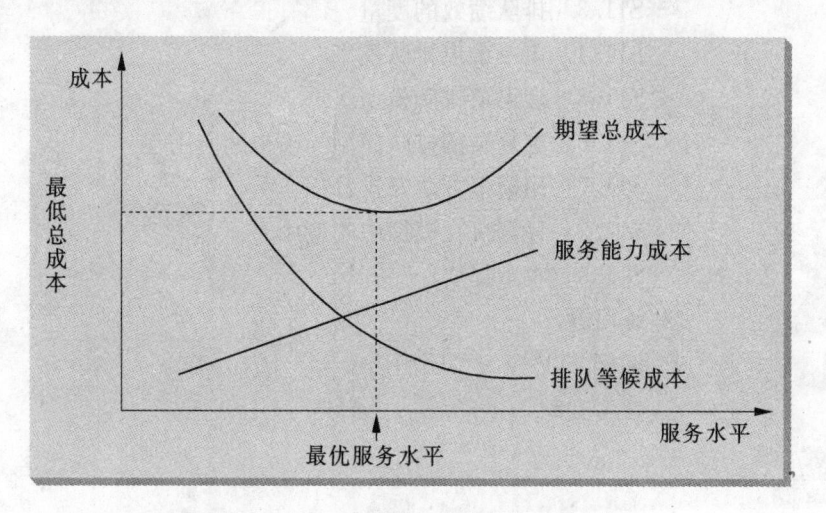

图表 S 11—2　生产成本和等待成本的权衡

服务能力成本随着厂商试图提高服务水平而增加。**有些**服务中心拥有待命的人员和机器，经营者们可以将其安排到某一个服务场所，以防止或者缩短过长的队伍。在日用品商店中，经营者和店员在必要的时候可以启用待命的收款机。在银行和机场验票处，管理者会电话召集一些兼职员工来救急。然而随着服务水平的提高（这意味着速度的加快），排队等候成本就下降了。排队等候成本可以看成是，当机器设备等待修理的时候，工人生产能力的流失，也可以简单地看成是，因为劣质服务或者是排长队所折抵的顾客付出的成本。在某些服务系统（例如紧急救护服务）中，长时间排队等候的成本是难以估算的。

S11.2 排队系统的基本形态

服务系统通常按照渠道的数量（例如服务人员的数量）以及服务步骤的数量（例如必需的服务站点的数量）来分类。如果一个驶入式（drive-in）银行只有一位出纳，或者是一个驶入式快餐店，这就是很典型的单排系统（single-channel queuing system）。我们换一个视角，如果银行有几个出纳进行工作，而顾客只排一队，哪个出纳有空就接受那个出纳服务，那么这就是一个多排系统（multichannel queuing system）。多数银行现在都实施多排系统。许多大型面包点、航空公司的售票处和邮局也是这样。

单一步骤系统（single-phase system）指的是顾客仅在一处接受服务，然后就离开系统。在一家快餐店内，如果一个服务员听你点菜，把食物端上来，同时收费，那么这是一个单一步骤的系统。如果在一个办理驾照的机构有一个人接受你的申请，同时也测试你的等级，收取费用，这也是一个单一步骤的系统。但是如果餐厅要求你在一个地方点菜，在第二个地方付费，在第三个地方拿到食物，那么这就是一个多步骤系统（multi-phase system）。同样，如果办理驾照的机构庞大而繁忙，你就很可能首先排队完成申请（第一个服务站点）；然后再排队测试等级（第二个服务站点）；最后到第三个服务台付费。图表 S 11—2 提出了 4 种可能的服务排队系统形态，希望能有助于你把渠道和步骤的概念联系起来。

S11.3 排队绩效的度量

排队模型帮助管理者进行决策来平衡预期的生产成本和排队成本。对一个排队系统的绩效有多种度量方法，对排队系统的分析通常可以有如下一些方法：

- 每位顾客或事物排队等待的平均时间；
- 队伍平均长度；
- 每个顾客在系统内平均花费的时间（等待时间加上服务时间）；
- 系统内平均顾客数目；
- 服务设施闲置的概率；
- 系统的利用率；
- 系统中顾客达到一定数量的概率。

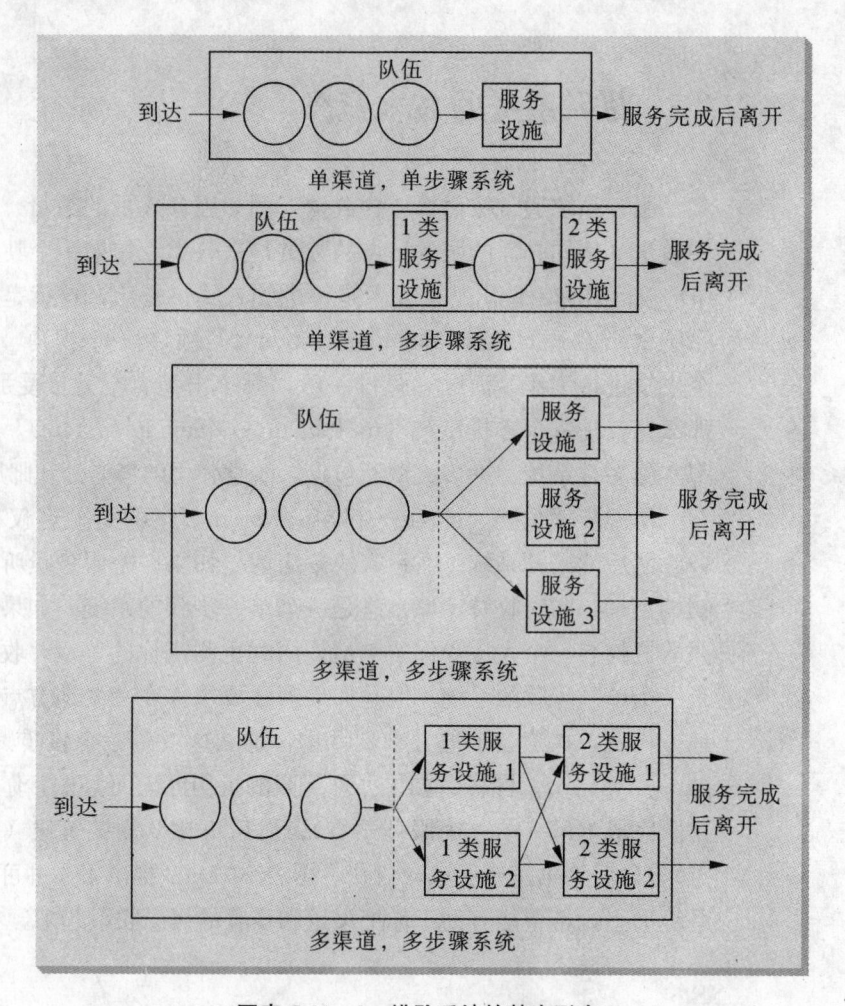

图表 S 11—3 排队系统的基本形态

S11.4 单一渠道排队模型

排队问题中,最普遍的例子是单一渠道或者是单一服务步骤的排队。在这种情况下,来人排成了一排,等待接受单一步骤的服务。(如图表 S 11—3所示)我们可能假定下列情况存在于这类系统中:

1. 服务按先来后到进行,不管队伍有多长,每一个到来者都按序等待接受服务;

2. 后来的人与先来的人没有关系,但是在一段时间内来人的平均数(到达率)不变;

3. 来人来自于不确定的群体(非常非常大的群体),服从泊松分布

规律;①

4. 顾客与顾客所需的服务时间不同，彼此独立，但是平均速率是已知的;

5. 服务次数服从指数分布;②

6. 平均服务速度大于平均来人速度。

当满足这些条件的时候，可提出在图表 S 11—4 中所示的等式。这些等式使我们能够计算前文所提出的排队等待系统进程的 7 种度量。注意，所有的计算在某种程度上以每段时间内的平均**到达**人数（λ）和每段时间内所**服务**的顾客数目（μ）为基础。下面的例子表明了这种单一渠道模型的应用。

图表 S 11—4　　　单渠道排队等待模型的等式

λ＝每段时间内的平均来人数
μ＝每段时间内服务的人数或者项目的平均数
L_s＝系统中单位（顾客）平均数（队伍数 + 服务站点数）
$$= \frac{\lambda}{\mu - \lambda}$$
W_s＝系统中每单位花费的平均时间（排队时间 + 服务时间）
$$= \frac{1}{\mu - \lambda}$$
L_q＝排队中的平均单位数
$$= \frac{\lambda^2}{\mu(\mu - \lambda)}$$
W_q＝排队中每单位花费的平均时间
$$= \frac{\lambda}{\mu(\mu - \lambda)}$$
ρ＝系统的利用率
$$= \frac{\lambda}{\mu}$$
P_0＝系统中 0 单位的概率（即服务单位闲置）
$$= 1 - \frac{\lambda}{\mu}$$
$P_{n>k}$＝系统中单位数大于 k 的概率，这里 n 是系统中的单位数
$$= \left(\frac{\lambda}{\mu}\right)^{k+1}$$

---

① 泊松分布服从下面的公式
$$P(x) = \frac{e^{-\lambda}\lambda^x}{x!} \quad x=0, 1, 2\ldots$$
这里 $P(x)$＝单位时间可能有 x 个人来
x：单位时间的来人数量
λ：平均到达率
e：2.7183（自然对数）

② 分布形式
可能性（服务长于 x 分钟）＝$e^{-\mu x}$　　$x \geq 0$
μ：每分钟平均服务数

金色消音器商店 金色消音器商店（Golden Muffler Shop）的技师琼斯（Jones）能以每小时3个的速度安装新型消音器（或者说每20分钟一个），服从一个负指数分布。需要此类服务的顾客每小时平均来两个，服从泊松分布。对顾客的服务以先到先服务为原则，而且源源不断。

从这个描述中，我们能够得到金色消音器商店的排队系统的操作特征：

λ = 每小时到来两辆车

μ = 每小时能为3辆车服务

$Ls = \dfrac{\lambda}{\mu-\lambda} = \dfrac{2}{3-2} = \dfrac{2}{1}$

= 平均有两辆车在系统之内

$Ws = \dfrac{1}{\mu-\lambda} = \dfrac{1}{3-2} = 1$ 小时

= 系统中平均等待1小时

$L_q = \dfrac{\lambda^2}{\mu(\mu-\lambda)} = \dfrac{2^2}{3(3-2)} = \dfrac{4}{3(1)} = \dfrac{4}{3}$

= 平均1.33辆车排队等待

$W_q = \dfrac{\lambda}{\mu(\mu-\lambda)} = \dfrac{2}{3(3-2)} = \dfrac{2}{3}$ 小时

= 平均每辆车在队列中等待40分钟

$\rho = \dfrac{\lambda}{\mu} = \dfrac{2}{3}$

= 66.6%的时间技师处于工作状态

$P_0 = 1 - \dfrac{\lambda}{\mu} = 1 - \dfrac{2}{3}$

= 没有车在系统中的概率是0.33

$P_{n>3} = \left(\dfrac{\lambda}{\mu}\right)^{k+1} = \left(\dfrac{2}{3}\right)^{3+1}$

= 系统中有3辆以上车的概率是0.198或者是19.8%

一旦我们计算出排队系统的操作特征，就有必要对它们的影响进行经济分析。上面讨论的排队模型对于预测潜在的等待时间，排队长度、停顿时间等等是有价值的，但是它不能判断最优决策，没有考虑到成本因素。正如前文所说，排队问题的解决办法是要求管理者在提供更好的服务带来的成本增加和因为这种服务产生的等待成本的减少之间做出一个权衡。

S11.5 多渠道排队模型

下一步顺理成章的应该观察多渠道排队模型了，在这一模型中，为到达的顾客提供服务的有两个或两个以上的渠道。我们仍然假设顾客排一队等待服务,然后走到能提供服务的服务员那里。这样的多渠道、单一步骤的队列最普通的例子是常见于很多银行中的队伍。顾客排一个通队,排在队伍前列的人走到首先空出手来的营业员那里。(如图表 S 11—3 所示的普通的多渠道结构)。

这里提出的多渠道系统再次假设来人服从泊松分布,服务时间服从指数分布。服务按先来后到的顺序,并且假设所有的服务员都以相同的速率提供服务。前文提到的单一渠道的其他假设也适用。

图表 S 11—5 显示了这个模型的排队等式。和单一渠道的模型相比,这些等式明显的增加了复杂性,然而它应用于同样的模式中,所提供的信息与简单的模型也是相似的。[①]

图表 S 11—5　　　　　　多渠道排队模型的方程式

M:渠道数目
λ:每段时间内的平均来人数
u:每个渠道的平均服务率
P_0:系统中没有人或单位的概率

$$= \frac{1}{\left[\sum_{n=0}^{M-1} \frac{1}{n!}\left(\frac{\lambda}{\mu}\right)^n\right] + \frac{1}{M!}\left(\frac{\lambda}{\mu}\right)^M \frac{M\mu}{M\mu - \lambda}} \quad 其中:M\mu > \lambda$$

L_s:系统中人或单位的平均数

$$= \frac{\lambda\mu\,(\lambda/\mu)^M}{(M-1)!\,(M\mu-\lambda)^2} P_0 + \frac{\lambda}{\mu}$$

W_s:每单位排队或接受服务花费的平均时间(即在整个系统中)

$$= \frac{\mu\,(\lambda/\mu)^M}{(M-1)!\,(M\mu-\lambda)^2} P_0 + \frac{1}{\mu} = \frac{L_s}{\lambda}$$

L_q:排队等待服务的人或单位的平均数

$$= L_s - \frac{\lambda}{\mu}$$

W_q:一个人或单位排队等候服务花费的平均时间

$$= W_s - \frac{1}{\mu} = \frac{L_q}{\lambda}$$

再访金色消音器商店　　金色消音器商店决定再开设一个修理铺位,再雇佣一个安装消音器的技师。顾客以 λ=每小时两个的速率到来,排一队等候,看两个技师中的哪一个先闲下来。每个技师安装消音器的速率是大约 μ=每小时 3 个。

[①] 可参见 Barry Render 和 R. M. Stair 著《管理工作的计量分析》(*Quantitative Analysis for Management*), 7th ed. (Upper Saddle River, NJ, Prentice Hall, 2000),或 Jay Heizer 和 Barry Render 著《生产和经营管理》(*Production and Operations Management*), 5th ed. (Upper Saddle River, NJ, Prentice Hall, 1999), for details

为了将此系统与前一个单一渠道排队模型系统进行比较，我们将计算一个 $M=2$ 的两个渠道的系统的几个操作特征。然后与第一个例子中的结果相比较。

$$P_0 = \frac{1}{\left[\sum_{n=0}^{1}\frac{1}{n!}\left(\frac{2}{3}\right)^n\right] + \frac{1}{2!}\left(\frac{2}{3}\right)^2 \frac{2(3)}{2(3)-2}}$$

$$= \frac{1}{1+\frac{2}{3}+\frac{1}{2}\left(\frac{4}{9}\right)\left(\frac{6}{6-2}\right)} = \frac{1}{1+\frac{2}{3}+\frac{1}{3}} = \frac{1}{2}$$

= 系统中无车的概率是 0.5

这样：

$$L_s = \frac{(2)(3)(2/3)^2}{1!\left[2(3)-2\right]^2}\left(\frac{1}{2}\right) + \frac{2}{3} = \frac{8/3}{16}\left(\frac{1}{2}\right) + \frac{2}{3} = \frac{3}{4}$$

= 系统中平均有 0.75 个车

$$W_s = \frac{L_s}{\lambda} = \frac{3/4}{2} = \frac{3}{8} \text{ 小时}$$

= 每辆车在系统中平均花费 22.5 分钟

$$L_q = L_s - \frac{\lambda}{\mu} = \frac{3}{4} - \frac{2}{3} = \frac{1}{12}$$

= 在队列中平均有 0.083 辆车

$$W_q = \frac{L_q}{\lambda} = \frac{0.083}{2} = 0.0415 \text{ 小时}$$

= 平均每辆车排队 2.5 分钟

我们可以总结出这些特征并与单一渠道模型相比较，如下所示：

	单一渠道	双渠道
P_0	0.33	0.5
L_s	2 辆车	0.75 辆车
W_s	60 分钟	22.5 分钟
L_q	1.33 辆车	0.083 辆车
W_q	40 分钟	2.5 分钟

服务的增加对于几乎所有这些特征具有相当大的影响。尤其是排队等待时间从 40 分钟下降到仅有两分钟。这与图表 S 11—1 中描述的权衡曲线相符合。

S11.6 更复杂的排队模型与模拟的应用

很多发生在服务系统中的实际排队问题都具有上一节描述的模型特

征。但是，每一个具体实例的分析又会有许多变数。例如，汽车修理厂的服务时间倾向于服从普通概率分布，而不是服从指数分布。在大学的注册系统中，大四学生比所有其他的学生可以优先选择课程与课时，这是一个先进先出的模型，附带了一个优先权原则。军队征兵体检是一个多步骤系统的例子，它不同于前面所讨论的单步骤模型。新兵第一步要排队验血，第二步排队检查视力，第三步排队与心理医生对话，第四步由医生检查内科疾病。每一步新兵都要排队进入新的一列，等待自己的检查。

经营研究人员已经开发了类似的案例模型。不过，数学公式结果的计算要比先前所提出的那些复杂得多。很多现实中排队情况由于太复杂而不能建模。这时，分析常常求助于计算机模拟。

我们的下一个话题**模拟**（simulation）其实是一种工具，它利用随机数字来推论概率分配（例如到达和服务）。运用这种技术，计算机几秒钟就可以推算出几小时、几天或者是几个月的数据。这样不用实际操作就可以对可控制因素进行分析，例如增加一个服务渠道的结果。一般说来，如果一个排队模型的标准分析仅能提供实际服务系统的大概情况，那么就应该去采用模拟的方法。

S11.7 用模拟方法安排日程

如果一个系统中包含有随机行为因素，就可以应用**蒙特卡罗模拟分析法**（Monte Carlo method）（也称随机抽样法）。蒙特卡罗模拟的基础是通过随机取样对概率变量的试验。

模拟技术分为 5 个简单的步骤：

1. 为重要变量建立概率分布；
2. 为每个变量建立一个累计的概率分布；
3. 为每个变量的随机数字之间建立区间；
4. 产生随机数字；
5. 运用随机数字模拟一系列试验，为变量赋值。

图表 S 11—3 和图表 S 11—4、图表 S 11—5 都能帮助我们说明蒙特卡罗模拟。假设我们分析一个像邮政分局那样的一个单一渠道，单一步骤的排队系统，分析师对每 5 分钟时间段内的来人数和接受服务人数进行观察，数据先表述为频率分布（frequency distribution），然后表述为概率分布（probability distribution）［见图表 S 11—3 的（a）和（c）］。随后，计算图表 S 11—6（a）和（c）的累计概率分布（cumulative probability distribution）［见图表 S 11—6（b）和（d）］。

现在我们按以下步骤进行：

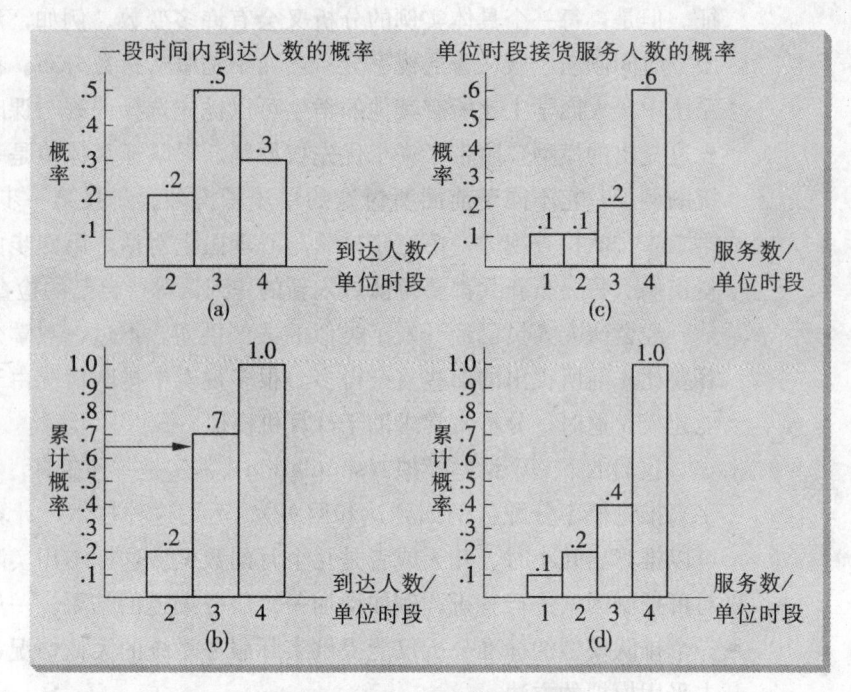

图表 S 11—6　系统模拟的概率

1. 为系统每一项的时间、地位创立标题，参见图表 S 11—7（在这个例子中，项目是到来的人数或接受服务的人数）。

图表 S 11—7　　　　　　　　3 个单位时间邮政支局服务模拟

时段	随机数字	该时段内到来的人数	随机数字	该时段接受服务的人数	时段末排队等候服务的人数
1	—	0	—	0	0
2	0.63	3	0.17	2	1
3	0.87	4	0.03	1	4
4	0.11	2	0.42	3	3

2. 在管理科学教材中，找到随机数字的表格。图表 S 11—8 是互不关联的数字的一部分；

图表 S 11—8　　　　　　　　随机数字表格的一部分

5497	6317	5736	9468	5707	8576	2614
0234	8703	2454	6094	1760	3195	0985
9821	1142	6650	2749	3677	4451	4959
9681	5613	9971	0081	7249	3016	1385

3. 选择一行列，然后将其与随机数字表格对照。假设我们选择第二栏，向下读。在图表 S11—7 中的第二栏填 0.63，在第四栏填 0.17；

4. 回到第一个累计概率图 [图表 S 11—6（b）]，在纵坐标上找到 0.63。画一条水平线到首先相遇的条状线。这是一个单位时间到来人数为

3的条图。在图表S 11—7的相应位置填入3；

5. 回到第二个累计概率图［图表S 11—6（d）］在纵坐标上找到0.17。画水平线，与首先遇到的条状线相交。这是一个单位时间两人接受服务的条图。在图表S 11—7相应的位置填入2；

6. 单位时间中到达的人数比较同期接受服务的人数多1人，要等待下一时段的服务；

7. 重复第三步到第五步，如果可能跟踪下一时段等待服务的人数。

需要注意的是，无论系统多么复杂，模拟包括测试特定时间段的输入单位数量、等待队列数量、接受服务单位数量和输出单位数量。然后移动一个时间段，进行重复测试。经过上百次（或上千次）的模拟，就可以计算出不同的交易活动的平均等待时间，或平均总服务时间了。

S11.8 计算机在模拟中的应用

模拟复杂的工作时，计算机是不可或缺的。它们可以产生随机数字，在几秒、几分钟内模拟几千个时间段，计算机所提供的报告可以方便管理者进行决策。为从一个模拟中提出一个有效的结论，计算机方法是必要的。计算机程序语言有助于模拟进程。通用的计算机程序语言有FORTRAN、BASIC、COBOL、PL/I以及PASCAL等等。特殊用途的模拟语言（比如GPSS、SIMSCRIPT和DYNAMO等）具有几个优点：（1）对于大规模的模拟来说，要求较少的编程时间；（2）通常查错比较有效、简便；（3）有内置的随机数字产生器作为子程序。

人们也可以使用商业化的、便于使用的现成模拟程序。有些程序编写的目的很宽泛，所以可以用来进行从排队到存货变化的各种模拟。人们了解得比较多的此类程序有：Witness、Xcell、MAP/I、Slam II、SIMFACTORY、ARENA、Micro Saint、Taylor II和Extend等等。也有专门设计的程序包，来模拟服务系统的各个不同的方面。其中有两种是ProModel公司推出的，分别是ServiceModel和MedModel。ServiceModel程序可以用来模拟服务企业服务设施的布局和设计、生产方案、人员和服务的日程安排、复杂的文书工作和客户流量以及服务的传递和物流等等。MedModel程序也可以用来模拟医院的急诊室工作。

Spreadsheet软件可以用来帮助模拟工作更加快速、方便地进行。这样的软件包带有内置的随机变量生成器（通过@RAND命令执行），还可以通过"data—fill"桌面命令输出结果。

用 POM for Windows 程序解决排队问题

POM for Windows 队列（就是排队）的模块可以用来解决本章讨论的任何一个模型。图表 S 11—9 表明了金色消音器商店的单一渠道等待模型的解决过程（从菜单中选择 M/M/1 模型），以及系统的顾客数目的概率的表格。此外，队列模块提供了 P（n=k）的概率的列表。图表 S 11—10 显示了由两个服务者提供服务的金色消音器商店的问题的输出结果。（多渠道模型 M/M/s）。

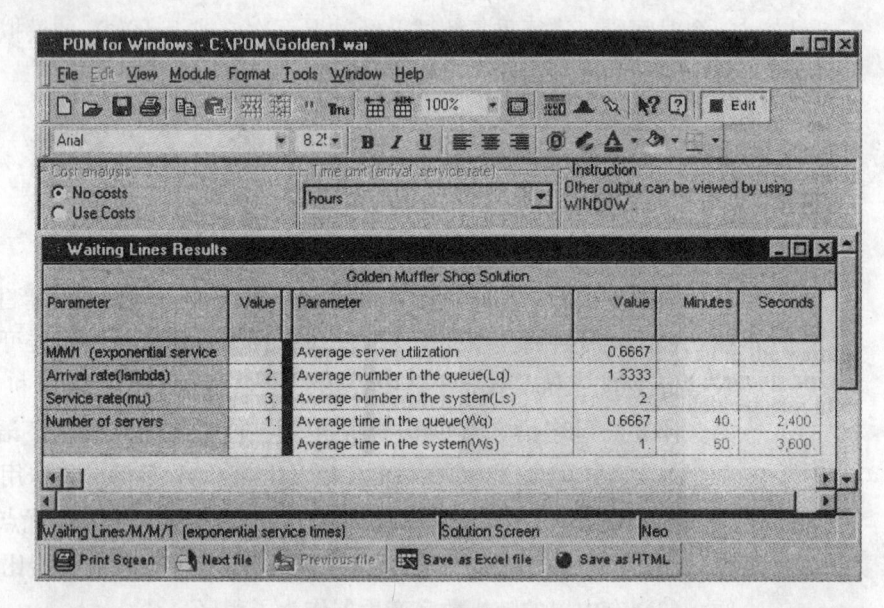

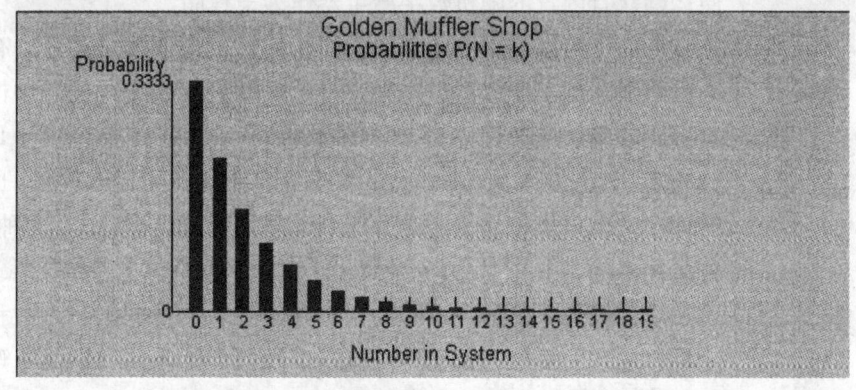

图表 S 11—9 POM for Windows 程序对金色消音器商店单渠道模型的模拟结果

S11.9 提要

本章讨论了两个管理科学工具——排队理论和模拟。它们往往被用来

第11章补遗 排队与模拟

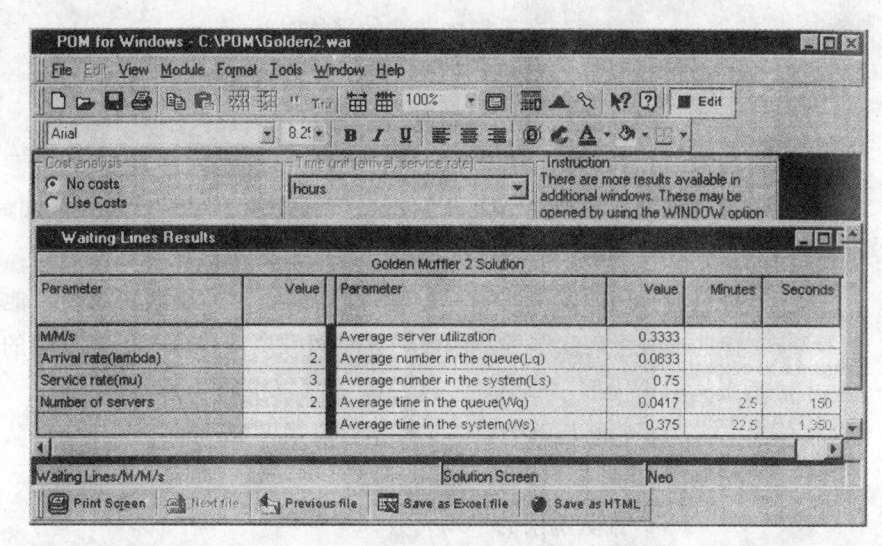

图表 S 11—10　POM for Windows 程序对金色消音器商店双渠道模型的模拟结果

对服务产出进行日程安排。它们都能提供必要的生产能力的信息，以免顾客等待时间过长。满足了一定的数学条件，就可以得出一系列的等待公式，对参数加以描述。如果现有的情况不符合排队理论的假设，就可以运用蒙特卡罗模拟作为日程安排的工具使用。

练习题

S11.1　Tengler 电子公司雇佣了一些机器维修人员，机器故障每天发生 3 次，λ=3（本质上服从泊松分布）。修理人员平均每天修理 8 部机器，μ=8，修理时间类似于指数分布。

　　a. 这个服务系统的利用率有多大？
　　b. 出故障的机器的平均停工时间？
　　c. 在一个给定的时间内，会有多少部机器等待维修？
　　d. 服务系统中有 1 个以上机器的概率是多少？等待维修或正在维修的机器数量多于两个的概率是多少？多于 3 个的概率是多少？多于 4 个的概率是多少？

S11.2　Barry 洗车公司 1 周营业 6 天，但是业务最繁忙的时候是周六。从历史数据来看，巴里估计周六每小时来 20 辆脏车。如果全体员工服务在手工洗车线上，他计算出洗车的速率是每两分钟 1 辆。这是一个单一渠道队伍的例子，一次仅能洗 1 辆车。

假设来车服从泊松分布，服务时间服从指数分布，请计算：
　　a. 队列中车辆的平均数目；
　　b. 在洗车之前，1 辆车平均等待的时间；

c. 每辆车在系统中花费的平均时间；
d. 洗车系统的利用率；
e. 系统中没有车的概率。

S11.3 朱迪·霍姆斯（Judy Holmes）在亚拉巴马州的蒙哥玛利市经营一家大型影剧院，内设放映1厅、放映2厅、放映3厅和放映4厅。4个影厅放映不同的电影。日程设置的目的是错开开始的时间，防止4个影厅同时开始而发生拥挤。影院只有1个票房，1名售票员，他每小时平均能为280个观众服务。假设服务时间服从指数分布。在一般的日期，来人服从泊松分布，每小时到达210人。

为了判断目前的票务工作是否有效，朱迪希望对几个排队经营特征进行测试：
a. 排队购票的平均人数；
b. 售票员处于工作状态的时间所占的百分比；
c. 顾客在系统中花费的平均时间；
d. 顾客开始排队等待到在窗口买票要花费的平均时间；
e. 系统中超过两个人的概率是多少？超过3个人的概率是多少？超过4个人的概率是多少？

S11.4 某大学的餐厅是自助式的服务机构。学生自主选择他们想要的食物，然后排成一列队来付款。学生以每分钟4个人的速度到来，服从泊松分布。一位收银员用收银机为每位顾客结账花费12秒，服从指数分布。
a. 系统中人数超过两个的概率是多少？超过3个的概率是多少？超过4个的概率是多少？
b. 系统中无人的概率是多少？
c. 学生等待结算排队要多长时间？
d. 队列中预期的人数是多少？
e. 系统中的平均人数是多少？

S11.5 艾奥瓦州的迪比克市有一家Jerry百货商店。商店的邮购部业绩很好，一名员工负责接受电话订购。如果该员工正在接电话，再有电话打进来时录音装置就会告知顾客等待。员工一空闲下来，等待时间最长的电话就被接进去，首先得到回复。电话以每小时12个的速度打进来。员工则是每4分钟接受一个订购。来电趋势服从泊松分布，服务时间趋向于服从指数分布。

员工的工资是每小时5美元，但是因为顾客花费时间等待员工接受订购，商店因此而失去了商誉和商机，Jerry的百货商店每小时要损失25美元。

a. 在接通订购电话以前，顾客必须等待的平均时间是多少？

b. 在电话中等待订购的顾客平均数目是多少?

c. Jerry百货商店考虑增加1位员工接电话。支付的报酬同样是每小时5美元。增加工作人员的方案可行吗?为什么?

S11.6 有一家大医院急诊室的管理人员面临这样一个问题:一天中前来就诊的患者疏密不一。在需要的时候,医院可以同时派出4名医生。如果不需要,可以安排他们去作其他的工作(比如化验、写病例报告、进行x片光诊断等等),也可以调整班次。

提供快速迅捷的治疗是重要的,行政人员认为,平均来说,患者在接受治疗前的等待时间不能超过5分钟。治疗患者按照先来先接受治疗的顺序,在排队等候之后,由第一位空闲下来的医生接诊。在普通的日子,病人前来就诊的规律是:

时间	到达率
早上9点~下午3点	6位病人/小时
下午3点~晚上8点	4位病人/小时
晚上8点~晚上12点	12位病人/小时

前来就诊人员的服从泊松分布,医治时间平均为12分钟,服从指数分布。

为了迎合患者对诊治的期待水平,每一段时间要有多少医生值班?

S11.7 在过去的200小时营业时间内到达Jim Harvey洗车场的汽车数量分析如下:

汽车到达的数目	频率
≤3	0
4	20
5	30
6	50
7	60
8	40
≥9	0
	200

a. 为车辆到达的变量建立概率和累计概率的分布;

b. 为变量建立一个随机数字区间;

c. 模拟15小时车辆到达情形,计算每小时平均到达的数目。为图表S 11—8选择随机数字。

S11.8 弗吉尼亚州(Virginia)的布莱克斯堡(Blacksburg)市全科医院的急诊室分为6个部门:(1)预诊台,处理一些小病痛,或是进行初步诊断;(2)x光透视室;(3)手术室;(4)石膏定型室;(5)观察室(最终诊断前观察或者是一般观察,或者是出院前观察);(6)出院处(工作人员给病人办理出院手续、收取费用，或是填写保险理赔清单）。

病人从一个科室转到另一个科室的概率如下表所示：

a. 模拟 10 名急诊室患者的路径。每位患者从预诊开始，到出院结束离开医院为止。应该明白，患者可能多次进入同一个科室。
b. 运用你的模拟数据，1 位病人两次进入 X 光透视室的概率有多大？

从	到	概率
预诊室	X 光透视室	0.45
	手术室	0.15
	观察室	0.10
	出院结算室	0.30
X 光透视室	手术室	0.10
	石膏定型室	0.25
	观察室	0.35
	出院结算室	0.30
手术室	石膏定型室	0.25
	观察室	0.70
	出院结算室	0.05
石膏定型室	观察室	0.55
	X 光透视室	0.05
	出院结算室	0.40
观察室	手术室	0.15
	X 光透视室	0.15
	出院结算室	0.70

S11.9 载满货物的大驳船，从中西部的工业城市出发，经密西西比河（Mississippi River）于夜间到达新奥尔良（New Orleans）市。一般的夜晚，停靠的驳船的数目从 0～5。0～5 只船到来的概率如下表所示：

到达船只数	概率
0	0.13
1	0.17
2	0.15
3	0.25
4	0.20
5	0.10

码头管理者的研究揭示出的现象是，因为货物的本质不同，驳船卸货的次数每天都不同。从管理者提供的信息中可以找出每天卸船率的概率分布变量（参见下表）：

日卸载率	概率
1	0.05
2	0.15
3	0.50
4	0.20
5	0.10
	1.00

驳船的卸载按先进先出法进行。进港的驳船若在当天无法卸载，就要等到第二天。在港口内，耽误驳船的代价是高昂的。管理员有时会接到驳船运输公司老板们怒气冲冲的电话："时间就是金钱。"这时候，他是不能充耳不闻的。他打算先对到港的驳船数量、卸船数量和延误状况进行模拟分析，然后再到新奥尔良码头管理员那儿去要求增加卸货的码头工人。请你对15天的运作情况进行模拟。

S11.10 雪城第一银行（First Syracuse Bank）的管理层因为市中心一家主要的营业所客户流失而感到棘手。有人提出建议说，可以增加一个或几个汽车驶入式（drive-through）出纳台，方便顾客，使之不用泊车就能得到便捷的服务。银行行长克里斯·卡尔森（Chris Carlson）认为，银行可能需要担点风险安装一个驶入式出纳台。他的员工告知他，安装驶入式出纳台的成本是每年摊销12 000美元，摊销期是20年。每个出纳台的员工的工资和福利每年还要花费16 000美元。

然而，管理分析部主任阿尼塔·格林伯格（Anita Greenberg）却认为，根据以下的两个因素，可以大胆地立即安装两个驶入式出纳台。据《银行研究》（*Banking Research*）杂志的一篇文章称，顾客利用驶入式出纳台排队等候，这样的成本是平均每分钟1美元，这也意味着企业商誉的损失。假如增加一个驶入式出纳台每年会增加支付给员工的报酬16 000美元，但是如果两个驶入式出纳台一起修建，而不是单独建一个，建造成本每年的摊销会降低到20 000美元。格林伯格女士为了总结自己的分析，她收集了商业区内一个与之竞争的银行的驶入式出纳台一个月内的来人及服务情况的数据。数据如观察分析1、2所示：

观察分析1   1 000位被观察者到达时间间隔

来人的时间间隔（分钟）	发生次数
1	200
2	250
3	300
4	150
5	100

观察分析 2　　　　　　　　1 000 位顾客接受服务的时间

服务时间（分钟）	发生次数
1	100
2	150
3	350
4	150
5	150
6	100

a. 模拟从下午1点到2点1小时内，单个驶入式出纳台的情况；
b. 模拟从下午1点到2点1小时内，两个驶入式出纳台的情况；
c. 假设每年工作200天，每天工作7小时，对两种情况进行成本分析。

案例 S11—1

冬园酒店

冬园酒店（Winter Park Hotel）的经理庞南·谢德（donna Shader）正在考虑如何调整前台，以达到员工效率和顾客满意率的最优水平。目前，从下午3点到5点是登记入住的高峰期，旅店有5名员工当班，每人为一支队伍服务。从对该时段光顾人数的观察表明，每小时平均来90位顾客（虽然，没有给出在特定时段内来人数量的上限）。前台服务员为每位顾客登记平均花费3分钟时间。

谢德女士考虑通过减少顾客排队时间来提高服务水平的3个方案。第一个方案是委派一个雇员专门为团体客户登记，作为快通道，因为这类顾客订房占客房率的30％。因为团体顾客能提前登记，他们登记的平均耗时就只有2分钟。由于把这些顾客单独分出来，所以普通顾客的登记时间就增加到了3.4分钟。根据方案一，非团体顾客可以选择另外4队中的任一队。

第二个方案是实施单排系统。所有的人排成一排，然后由5位员工中任何一个空闲下来的人提供服务。这种选择要求有宽敞的大堂提供排队。

第三个方案是使用自动提款机（ATM）的方式。考虑到这种技术的最初使用量会很小，所以谢德估计，有20％的顾客（主要是老主顾）愿意使用这种机器。（如果顾客察觉到ATM带来的直接益处，20％会是一个保守的估计，这与银行的客户。据花旗银行报道，曼哈顿顾客中有80％使用ATM机。）谢德女士会让愿意接受人工服务的顾客排成一队。整个服务人员仍有5人，而谢德女士希望因为有了机器可使服务人员数目降到4人。

资料来源：Barry Render and R. M. Stair, *Quantitative Analysis for Management*, 7th ed. (Upper Saddle River, NJ, Prentice Hall, 2000)

案例思考题

1. 顾客登记平均需要花费多少时间?按照3个方案实施,各会发生怎样的变化?
2. 你倾向于哪个方案?

参考文献

1. Bechtold, Stephen E., and Michael J. Showalter, "A Methodology for Labor Scheduling in a Service Operation Room," *Decision Sciences*, vol. 18 (1987), pp. 89–107.
2. Byrd, J., "The Value of Queuing Theory," *Interfaces*, vol. 8, no. 3 (May 1978), pp. 22–26.
3. Chung, K. H., "Computer Simulation of a Queuing System," *Production and Inventory Management*, vol. 10, no. 1 (1969), pp. 75–82.
4. Cooper, R. B., *Introduction to Queuing Theory* (New York: Macmillan, 1972).
5. Cox, D. R., and W. L. Smith, *Queues* (New York, Wiley, 1965).
6. Deutsch, Howard, and Vince Mabert, "Queuing Theory and Teller Staffing: A Successful Application," *Interfaces*, vol. 10, no. 5 (October 1980), pp. 63–67.
7. Erikson, W., "Management Science and the Gas Shortage," *Interfaces*, vol. 4, no. 4 (August 1974), pp. 47–51.
8. Eschcoli, Z., and I. Adiri, "Single-Lane Budget Serving Two-Lane Traffic," *Naval Research Logistics Quarterly*, vol. 24, no. 1 (March 1977), pp. 113–125.
9. Foote, B. L., "Queuing Case Study of Drive-In Banking," *Interfaces*, vol. 6, no. 4 (August 1976), p. 31.
10. George, J. A., D. R. Fox, and R. W. Canvin, "A Hospital Throughput Model in the Context of Long Waiting Lines," *Journal of the Operational Research Society*, vol. 34 (January 1983), pp. 27–35.
11. Gostl, J., and I. Greenberg, "An Application of Queuing Theory to the Design of a Message-Switching Computer System," *Communications of the ACM*, vol. 28, no. 5 (May 1985), pp. 500–505.
12. Grassmann, Winfried K., "Finding the Right Number of Servers in Real World Queuing Systems," Interfaces, Vol. 18, no. 2 (March-April 1988), pp. 94–104.
13. Green, L., and P. Kolesar, "The Feasibility of One-Officer Patrol

in New York City," *Management Science*, vol. 30, no. 8 (August 1984), pp. 964 - 981.

14. Kaplan, Edward H., "A Public Housing Queue with Reneging and Task-Specific Servers," *Decision Sciences*, vol. 19 (1988), pp. 383 - 391.

15. Lambert, Carolyn U., and Thomas P. Cullen, "Balancing Service and Costs Through Queuing Analysis," *Cornell Quarterly* (August 1987), pp. 60 - 72.

16. Morse, Philip M., *Queues, Inventories and Maintenance* (New York: Wiley, 1958).

17. Northcraft, Gregory B., and Richard B. Chase, "Managing Service Demand at the Point of Delivery," *Academy of Management Review*, vol. 10, no. 1 (January 1985), pp. 65 - 75.

18. Panico, J. A. *Queuing Theory: A Study of Waiting Lines for Business, Economics and Sciences* (Upper Saddle River, NJ, prentice-Hall, 1969).

19. Paul, R. J., and R. E. Stevens, "Staffing Service Activities with Waiting Line Models," *Decision Sciences*, vol. 2 (April 1971), pp. 206 - 318.

20. Render, Barry, and R. M. Stair, *Quantitative Analysis for Management*, 7th ed. (Upper Saddle River, NJ, Prentice Hall, 2000).

21. Sasser, W. Earl, "March Supply and Demand in the Service Industries," *Harvard Business Review*, vol. 54, no. 6 (November-December 1976), pp. 133 - 140.

22. Sasser, W. Earl, Jr., R. Paul Olsen, and D. Daryl Wyckoff, *Management of Service Operations* (Boston, Allyn and Bacon, 1978).

23. Shannon, R. E., *Systems Simulation: The Art and Science* (Upper Saddle River, NJ, Prentice Hall, 1975).

24. Solomon, S. L., *Simulation of Waiting Lines* (Upper Saddle River, NJ, Prentice Hall, 1983).

25. Sze, D. Y., "A Queuing Model for Telephone Operator Staffing," *Operations Research*, vol. 32, no. 2 (March-April 1984), pp. 229 - 249.

26. Watson, H. J., *Computer Simulation in Business* (New York: Wiley, 1981).

27. Welch, N., and J. Gussow, "Expansion of Canadian National Railway's Line Capacity," *Interfaces*, vol. 16, no. 1 (January-February 1986), pp. 51 - 64.

28. Worthington, D. J., "Queuing Models for Hospital Waiting

Lists," *Journal of the Operational Research Society*, vol. 38 (May 1987), pp. 413-42

第12章
服务质量管理

12.1　本章概述
12.2　服务质量的重要性
12.3　质量的定义
12.4　服务质量的方方面面
12.5　服务质量的缺口模型
12.6　创造优质服务
12.7　创造优质服务的其他方法
12.8　强化优质服务
12.9　本章提要
讨论题
案例 12—1　Falls Church 综合性医院
案例 12—2　芝加哥第一国家银行的质量管理
参考文献

12.1　本章概述

　　质量是 20 世纪 80 和 90 年代讨论最多的话题之一。当然,这样做有其充分的原因。20 世纪 70 年代末到 80 年代初,很多美国的大公司受到冲击,来自国外的竞争使一些公司遭受到实质性的破坏。例如,日本厂商在其进入的所有行业中都扩大了其在美国的市场份额,而消费者对美国制造的商品失去了信心。客户的流失导致美国厂商利润的流失,厂商裁员又殃及各个员工的家庭。日本公司在美国取得了成功,同时也在其他国家取得了成功,这在很大程度上归因于他们一流的商品质量。

　　这种情况带来的冲击推动了美国工业质量的革命。其结果是现在大多数美国制造商的产品质量显著提高。开始于 20 世纪 80 年代早期的改革不仅仅局限于制造业。因为顾客对他们购买的任何东西(包括商品和服务)

都要求质量,所以几乎所有服务机构,包括各个层次的政府机构都受到了这次运动的影响。

本章讨论服务质量和服务质量的持续提高问题。本章的补遗部分则着重讨论服务质量与服务质量持续提高的方法和技术。

12.2 服务质量的重要性

在任何一个制造行业,质量不再是仅仅少数厂家所具有的强劲竞争优势。现在,质量仅仅是企业经营的先决条件。在未来的几年中,如果不能生产优质的商品,企业将无法生存。服务业是否也是如此呢?我们相信答案是肯定的。虽然服务业没有像制造业那样,有很多的国外竞争对手,但是国内竞争的激烈足以使质量成为服务业生存的先决条件。正因为如此,质量为什么显得如此重要呢?答案只有两个字:"生存"。我们来观察质量对于生存性命攸关的几个原因:

较高的顾客忠诚(higher customer loyalty) 质量是顾客满意的重要组成部分。优质产生高满意度,而高满意度又能产生忠诚的顾客。正如第6章所强调的,顾客的忠诚是导致收益提高和增长的源泉。

较高的市场份额(higher market share) 忠实的顾客为企业提供了稳固的顾客基础。这些顾客口口相传的广告能带来新的顾客,这就创造了更大的市场份额。

为投资者带来较高的投资回报(higher returns to investors) 研究表明,因其商品或服务而著称的厂商是能够盈利的厂商,因此它们的股票就会成为好的投资对象。例如,标准和技术国家研究所(National Institute of Standards and Technology,NIST)最近的一项调查发现,Malcolm Baldrige 国家质量奖的获奖企业在标准普尔 500 股票指数中的投资回报率与普通的企业相比是 3∶1。甚至就连在竞争中入围而没有获奖的企业,其股票的投资回报率与其他企业相比也达到了 2∶1。[1]

忠实的员工(loyal employees) 如果一个企业能生产优质的商品和服务,他的员工会为自己的工作而骄傲,他们能从工作中获得较高的满意程度。满意的员工往往更加忠诚,生产率更高。除此以外,企业中的人员流失也会少一些。

较低的成本(lower costs) 优质意味着一举成功,这样企业可以用较少的钱来纠正错误或者补偿不满意的顾客。对错误的防范能提高生产

---

[1] 见 Otis Port 著 "Baldrige 国家质量奖的奖外奖"(The Baldrige's Other Reward),载 *Business Week* (March 10, 1997), p.75。

率，同时降低成本。

对价格竞争具有较高的抗御能力（lesser vulnerability to price competition） 像 Ritz-Carlton 宾馆这样的企业因其优质服务而著称。他们能够提供竞争者不能提供的东西，所以就能索要较高的价格。他们通常不必参与价格竞争，真要走到这一步，他们也会因为生产率较高，成本较低而占据优势地位。

如果企业的商品和服务不具有顾客要求的质量，他们就不具备这些竞争优势。低质量的另外一个后果是，企业要对因不良的设计或者低质的产品或服务产生的破坏和伤害承担责任。医疗渎职事件涉及的诉讼以及这些诉讼对医生和医疗机构带来的经济影响是不言而喻的。

12.3 质量的定义

质量是一个受到广泛关注的话题，也是顾客所期望的，但是要定义却很不容易。困难不在于寻找一个定义，因为现存的定义已经不少了。困难在于，在一个特定的环境下，能否让顾客、服务企业和服务提供者都能明白彼此对质量的定义。质量的大多数定义不能反映所有的相关方面的意愿。然而，这并不是一件坏事。质量的多种定义使我们知道需要考虑到多个方面，以及为了取得高质量必须满足的多重要求。

戴维·加文（David Garvin）教授归纳出了 5 个种类的质量定义，它们分别反映了 5 个不同的方面：[1]

1. **出类拔萃**（transcendent）。所谓出类拔萃，就是无与伦比的天生优越，这样的质量仅能靠经验来鉴别。换言之，人们可以做如此的结论："你不能定义质量，但是当你看到它的时候就知道质量是什么了。"然而，这对于经营者来说，并不具有现实的指导意义。

2. **关注产品**（product-based）。以产品来定义质量，靠的是可以检测的量。对于商品来说，测量可能是使用寿命的长度、所需成分的含量（例如"全棉"），或者是预期的产出量（例如"每加仑可行驶 45 英里"）。对于服务来说，例子包括一部百科全书条目的数量，你的订单货物能在几天内装船运输，或者是电话铃响几声才有人接电话等等。由于它是以可测得的度量为基础的，所以这个定义给了一个客观的质量评估。以产品为基础的定义的一个缺陷是，它假设所有的顾客都想要同样的属性，从而没能考虑顾客品味和偏好的影响。

---

[1] 相关的内容参考了 David A. Garvin 著《质量管理》（*Managing Quality*），(New York, The Free Press, 1988), pp. 40-46。

3. **关注用户**（user-based）。这种定义质量的方法就从关注产品的定义结束处开始，因为它从一个单个顾客的角度来定义质量。有人将质量说成是"适用性"，用的就是这种方法。换言之，它的前提就是"质量就是观察者的眼光"这样的说法。例如，有顾客急着要吃一点东西去赶路，你却花上半小时才将精心制作的一餐美食端到桌上，顾客就会认为这餐饭质量低劣。这种方法的主观性导致了两个问题：（1）为了吸引最大量的顾客，怎样决定产品或服务所包括的属性？（2）怎样区分保证满意程度和保证质量的两种属性？

4. **关注生产**（manufacturing-based）。以生产为基础来定义质量，是把质量视为工程和生产过程的产出。根据这个方法，质量就是"与需求相一致"的。换言之，就是产出究竟在多大程度上与设计计划相匹配。例如，如果一家航空公司规定飞机应该按时刻表飞行，误差不能超过 15 分钟。这样的质量水平很容易判断，只要比较时刻表时间和实际到达时间就行了。这种方法的缺点是除非标准是按顾客的需求和偏好制定的，否则质量会成为一个企业内部的问题，管理者会简化生产控制，却不注意满足顾客的实际需求。

5. **关注价值**（value-based）。这种方法把价值与价格在定义中融为一体。质量被认为是经营结果与顾客可接受的价格之间的平衡。

这些不同的质量定义代表了企业中各个不同岗位（比如营销部门、生产部门和设计部门等等）对质量所持有的不同观点。例如，关注用户的定义最接近营销的观点。而设计人员更倾向于以产品为基础来定义质量，生产部门的管理者则希望以生产为基础来定义质量。

当然，由美国国家标准研究所（American National Standards Institute，ANSI）和美国质量协会（American Society for Quality，ASQ）联合推出正式的质量定义还是应该提一提，那就是：所谓质量是指"**产品和服务得以满足一定需求的全部特征和性质**"。

12.4 服务质量的方方面面

尽管我们以上讨论的质量的不同定义各有其存在的价值，服务企业的管理者仍然对服务质量的确切含义不甚了解。本文指出了质量的 8 个方面，可能对更确切地理解质量的含义有很大的帮助。[1]

1. **绩效**（performance）。产品可以度量的基本运作特征就是所谓的绩

---

[1] 见 David A. Garvin 著"从质量的 8 个方面参与竞争"（Competing on the Eight Dimensions of Quality），*Harvard Business Review*（November-December 1987），pp. 101 – 109。

效表现。例如，汽车达到每小时60公里的时速要花费多少秒钟，这可以认为是汽车表现的量度。

2. **特色**（features）。这是指产品附带的额外的东西，或者说是"花哨的点缀"。它通常不属于同类产品的标准配置，例如，汽车的CD播放器和防盗窃刹车系统等等。

3. **可靠性**（reliability）。所谓可靠性是指产品在特定的时间内，在特定的环境下，发挥其所要达到的功能的可能性。例如，按照制造商的说明操作，传送带6年无需维修的概率等等。

4. **一致性**（conformance）。所谓一致性就是产品符合设计规划的程度。例如每消耗1加仑燃料实际行驶里程与设计规划的比较等等。

5. **耐久性**（durability）。所谓耐久性是指在产品损坏或者是继续使用不经济之前，顾客从产品中得到的总效用。

6. **可维护性**（serviceability）。可维护性指的是维修的难易和速度以及获得维修人员礼貌服务的可能性。

7. **审美特征**（aesthetics）。这个方面包括主观特征，也就是产品的外观、手感、音质、味道或是气味怎么样。

8. **感知到的质量**（perceived quality）。感知到的质量是指通过广告、品牌推介、口口相传或者亲自使用的结果在顾客头脑中形成的观念。

虽然从字面上看，**产品**（product）一词包含商品和服务，但是商品的这些方面似乎更容易解释，更容易被理解。蔡莎曼尔、帕拉苏拉曼和贝里（Zeithaml、Parasuraman and Berry）3人提出了顾客判断服务优劣的5个方面：[①]

1. **可靠性**（reliability）。服务业中的可靠性是指可靠、准确地履行所保证的服务的能力。这意味着服务企业一次服务到位，也意味着服务企业兑现其所有的保证。比如精确地出账，正确地记账以及在保证的时间内完成服务。

2. **反应性**（responsiveness）。这表示员工主动积极地提供服务。它包括服务的及时性，例如提供快速的服务，及时邮递交易传票，不懈怠地接听顾客的电话等等。

3. **保障性**（assurance）。这个方面与员工的知识、能力、得体相关，也与他们传递信任和信心的能力相关。所谓能力是指员工拥有必需的技能和知识来履行服务。得体包括与顾客直接接触的员工表现的礼貌、尊重、体谅和友好。还包括服务员工的诚信、可信度和忠实的表现。

4. **移情性**（empathy）。移情性表现为对顾客的关心和细致入微的个体

---

① 关于这5个方面的讨论，内容取自 Valarie A. Zeithaml，A. Parasuraman 和 Leonard L. Berry 著《提供优质服务：平衡顾客的预期和实际的感知》（*Delivering Quality Service*：*Balancing Customer Perceptions and Expectations*）（New York，The Free Press，1990），pp. 15－33。

关怀。它包括与服务提供者的可接近性和便捷性，还包括员工努力去了解顾客和顾客的需求。

5. **有形性**（tangibles）。有形性包括服务的实体凭证、实体设施、服务人员，还有用于服务的工具、设备以及服务中与顾客的实体接触。

蔡莎曼尔、帕拉苏拉曼和贝里要求5家国内知名公司的1 900名顾客把100点分配给质量的5个方面，结果如下：可靠性32%；反应性22%；保障性19%；移情性16%；有形性11%。然后调查者要求顾客来评价有过服务经验的公司。顾客指出，服务公司最严重的缺陷是缺少可靠性。这些结果似乎指出，对于顾客来说，服务质量方面最重要的是可靠性。这也似乎是很多服务公司的败笔。

值得一提的是，一些研究人员认为，这些方面并不适用所有的服务项目，有些人认为其中只有两个方面是十分重要的。[1]但是，上述这些依然可以看作是一般服务的几个方面。对具体的某一项服务的质量的深层解释需要仔细审视它的特征，还要研究顾客对服务的预期。然而，不同服务的不同质量特征依然有其共同点，这是不足为奇的。例如，银行系统的服务质量全国消费者调查指出，金融机构的服务质量包括8个方面：便捷性、环境亲和性、清晰性、干练性、得体性、特色性、可靠性和反应性。[2] AT&T公司设计出了军人专用卡（Military Card）。这是一种特殊的为军人设计的电话卡服务，因为许多军人没有固定电话。从这项服务中他们归纳出了满足顾客需求的8个方面：可靠性、反应性、干练性、便捷性、得体性、交际性、可信性和有形性。

12.5 服务质量的缺口模型

帮助蔡莎曼尔、帕拉苏拉曼和贝里归纳出服务质量的5个方面的研究项目也帮助他们建立了服务质量的模型，这种模型一般被称作"缺口"模型（"gap" model）。这个模型根据顾客按照服务的5个方面的预期和对实际提供服务的感知的差异，形成了服务质量的概念。如果存在差异，就说

---

[1] 关于这类观点，请见 Emin Babakus 和 Gregory W. Boller 著 "对 SERVQUAL 方法的实证研究"（An Empirical Assessment of the SERVQUAL Scale），载 *Journal of Business Research*, vol. 24（May 1992），pp. 253-268；James M. Carman 著 "顾客感知的服务质量：对 SERVQUAL 方法的研究"（Consumer Perceptions of Service Quality: An Assessment of the SERVQUAL Dimensions），载 *Journal of Retailing*, vol. 66（spring 1990），pp. 33-35；以及 Gerhard Mels, Christo Boshoff 和 Deon Nel 著 "服务质量的方方面面：欧洲最初感知再探"（The Dimensions of Service Quality: The Original European Perspective Revisited），载 *The Service Industries Journal*, vol. 17, no. 1（January 1997），pp. 173-189。

[2] 见 Penny Lunt 著 "究竟如何界定优质服务"（Just What, Exactly, Is Quality Service?），载 *ABA Banking Journal*（June 1992），pp. 78-81。

明有"缺口"。为了测量这些缺口，他们设计了一份涉及 22 个项目的问卷，称为 SERVQUAL。

缺口模型和它所使用的 SERVQUAL 方法可能是讨论和测量服务质量的最常用的方法。然而，这种方法也存在一些风险。一个问题是它忽视了顾客中有低质量需求的可能性。[①]假设一个顾客期望的只是低质量的服务，其从服务机构获得的服务比预期的要好，按逻辑分析，这种服务不能称为优质服务。同样，用满意度去测定服务质量也会走入困境，因为顾客有时会对所接受的服务盲目崇拜。例如，复杂的法律诉讼或者医疗服务就极具挑战性，因为顾客通常不知道期望的是什么，甚至在服务结束之后，他们可能还不能确切地知道服务的质量究竟如何。[②]缺口模型的另一个局限性是，它主要适用于大型服务机构。在一些小企业，用这种模型可能不会正确地反映出服务质量。[③]

尽管存在这些局限性，缺口模型对了解提供优质服务的挑战性来说，依然提供了有价值的研究。图表 12—1 给出了缺口模型的一个图形说明。[④]

缺口 1：不了解顾客的预期　根据这个模型，第一个缺口产生是因为顾客的预期和管理层所感知到的顾客预期之间的差异。导致这个缺口的主要原因是缺乏营销导向的研究，表现为对市场营销研究不够，对研究成果应用不够，以及管理者与顾客之间的交互活动不够。还有两个原因是直接与顾客打交道的员工与上层管理人员的交流不够，以及过多的管理层次割裂了直接与顾客打交道的员工与上层管理人员之间的关系。

缺口 2：错误的服务质量标准　管理者所认为的顾客预期和他们在服务传递所表现的实际水准之间的差异导致了第二个缺口。这种缺口出现的原因是：**对服务质量的不适当保证，对可行性缺乏了解，工作的标准化程度不够，以及缺乏一个明确的目标。**

缺口 3：服务履行缺口　服务规范与实际提供的服务之间的差异是产生这一缺口的原因。总的来说，这是因为员工不能或者不愿意按照服务规范提供服务。具体的原因则各有不同，比如：**服务角色不明确；角色矛**

---

① 见 Richard L. Oliver 著"服务质量和服务满意度的概念模型：目标协调一致的种种概念"（A Conceptual Model of Service Quality and Service Satisfaction：Compatible Goals，Different Concepts），载 T. A. Swartz，D. E. Bowen 和 S. W. Brown 编著的《服务营销与管理的进展：研究与实践》（Advances in Services Marketing and Management：Research and Practice），vol. 2（Greenwich，CT，JAI Press Inc.），1993，pp. 65-85。

② 见 Christopher H. Lovelock 著《服务营销》（Service Marketing），3rd ed.（Upper Saddle River，NJ，Prentice Hall，1996），p. 466。

③ 可参见 Cengiz Haksever，Ronald G. Cook 和 Radha Chaganti 著"缺口模型对小企业服务质量测量的适用性研究"（Applicability of the Gaps Model to Service Quality in Small Firms），Journal of Small Business Strategy，vol. 8，no. 1（spring 1997），pp. 49-66。

④ 关于缺口模型的讨论材料取自于 Valarie A. Zeithaml，A. Parasuraman 和 Leonard L. Berry 著《提供优质服务：平衡顾客的预期与感知》（Delivering Quality Service：Balancing Customer Perceptions and Expectations），pp. 51-133。

第12章　服务质量管理

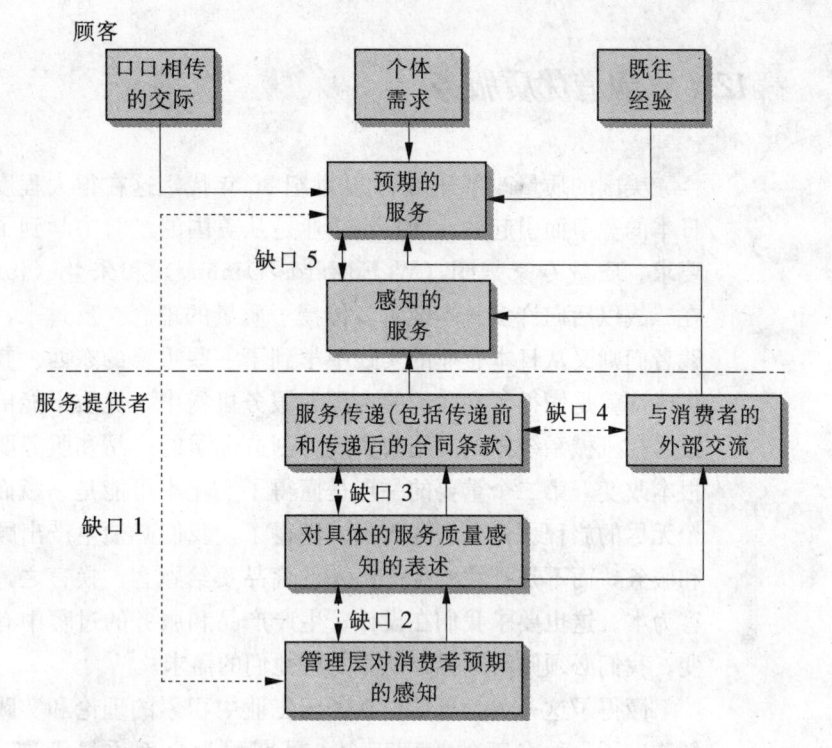

```
顾客
┌──────┐      ┌──────┐      ┌──────┐
│口口相传│      │ 个体 │      │ 既往 │
│的交际│      │ 需求 │      │ 经验 │
└──┬───┘      └──┬───┘      └──┬───┘
   │             ↓             │
   └──────→ ┌──────┐ ←────────┘
            │预期的│
            │ 服务 │
            └──┬───┘
         缺口5 ↕
            ┌──────┐
            │感知的│
            │ 服务 │
            └──┬───┘
服务提供者         ↑
      ┌──────────────────┐   缺口4   ┌────────┐
      │服务传递(包括传递前│←─────────│与消费者的│
      │和传递后的合同条款)│          │ 外部交流 │
      └─────────┬────────┘          └────────┘
            缺口3 ↕
            ┌──────────┐
            │对具体的服务质量│
            │ 感知的表述 │
            └─────┬────┘
            缺口2 ↕
            ┌──────────┐
缺口1        │管理层对消费者│
            │ 预期的感知 │
            └──────────┘
```

图表 12—1　服务质量模型

资料来源：A. Parasuraman, Valarie A. Zeithaml, and Leonard L. Berry, "A Conceptual Model of Service Quality and Its Implications for Future Research," *Journal of Marketing* (fall 1985), p. 44. Reprinted from *Journal of Marketing*, published by the American Marketing Association.

盾；员工对工作不适应；技术与工作不适应；不适当的监控机制等等，这些都会导致不适当的评价系统和奖励系统的出台，还有员工对**监控缺乏感知，缺乏团队协作**等等。

缺口4：服务保证与服务传递不相匹配时的缺口　一个企业对服务所做出的保证和实际提供的服务之间的差异被描述为缺口4。有两个因素使这一缺口产生：(1)经营部门、营销部门和人力资源管理部门之间横向**交流不够**，小组与小组之间**交流不够**；(2)在交流中的**过渡保证**。

缺口5：服务预期—服务感知缺口　缺口1到缺口4导致了缺口5的出现。缺口5是顾客期望从服务中所得到的与她相信自己已经得到的之间的差异。正如图表12—1中的模型指出的，顾客的感知受到很多因素的影响，包括口口相传的交流、个体的需要、既往的经验以及与服务企业之间的交流。这个缺口影响深远，因为如果感知得到的服务没有能够达到顾客的预期，她将会很失望，很不满。反过来，如果感知到的服务超过了顾客的预期，她不仅会满意，而且会很高兴。

12.6 创造优质服务

美国的质量改革开始于 20 世纪 80 年代,这在很大程度上是由于来自日本的竞争而引起的。而日本企业是从美国的经验中学到了最基本的质量要求。质量专家戴明(W. Edwards Deming)和朱兰(Joseph M. Juran)在二战以后向许多日本经营者传授了质量的理念。反过来,美国的质量实践者们则又从日本企业的实践中学到了一些重要的东西。其中最重要的一点或许就是懂得了在我们的工厂和服务机构中,优质不能单单靠一些质量技术在机械系统中的应用来实现。创造优质的产品和服务要求管理理念的根本改变。第二个重要的一点是懂得了变化不可能是一蹴而就的,这是一个无尽的旅程。第三点让美国人懂得了,我们必须生产出顾客想要的商品和服务,而不是把我们生产出来的商品卖给顾客。换言之,我们应该以顾客为本。这也要求我们在设计、生产产品和服务的过程中有一个根本的改变。我们必须倾听顾客,从中了解他们的需求。

懂得了这一些,再结合在美国工业中积累的理论和实践上的知识,就创造出了一种全新的管理理念,早期称为全面质量管理(Total Quality Management,TQM)。虽然 TQM 中的大多数提法并不新颖,但是现今把它们放在一起去付诸实施,很多人依然认为这是一场革命,因为它在管理理念上发生了根本性的变化。TQM 的发展是基于许多质量专家的思想和美日两国许多企业的成功实践,随着顾客的需求和市场的变化,这种理念很可能在将来会继续演变。在这一节,我们主要探讨一下这种理念的基本原理。

关注顾客满意度

TQM 首要的、最重要的原则是关注顾客,这意味着不仅第一次,而且是每次都要满足或超额满足顾客的需求和预期。这个原则必须由所有的员工身体力行,成为企业文化的一部分。它要求对顾客的需求和期望进行系统的、持续不断的了解,因为顾客的需求和期望是不断改变的。必须指出的是,这与过去的做法完全不同。过去企业似乎是了解顾客的重要性的,高喊"顾客就是上帝"之类的口号,但实际上却更关注管理者自以为了解的顾客的需要。

领导

强有力的、乐于奉献的领导是实现成功的 TQM 的先决条件之一。领导必须来自于组织的高层。所需要的领导远远不是写写备忘录、强调组织对质量的需要或者是雇佣一个经理"分管"质量。这些方法不起作用。所需要的领导应该是能够对企业文化进行改革的人，这样的一个领导者应该是积极地、亲力亲为地去实施所有的 TQM 原则，对行为规范做出表率。

高级的管理层必须创立清晰的质量价值、政策和战略以及高的期望值，包括创新，为提高产品质量和客户满意度尝试新的理念和方法，敢于承担风险，有工作自豪感，要乐于参与，而且要不满足现状，对产品、工作程序和个人能力不断改进。最后，需要管理者改变自己的工作方法；管理者不应该只关注指示与监控，而应该设法寻找并铲除妨碍员工工作的障碍，以便于员工不仅在第一次，并且在每一次都能满足顾客的需求和期望。而管理者要在其中发挥推动和促进的作用。

开展培训和教育：创建一个学习型的企业

很多质量问题的一个主要原因是缺乏对员工的培训。在一些行业中，服务业的员工因为需要的技术很少，所以工资也很低。然而，一些员工甚至不具备基本的读和算的能力，而这却是任何一项工作都必备的。此外，员工还需要按其所从事工作的技术要求接受训练。当然，这些基础并不能保障提供优质服务。还应该培训员工如何解决问题，如何持续改进服务方法。培训的量和培训的方法应该由工作的性质来决定。

参与、授权、团队工作和表彰

企业要取得成功，高层管理和领导都是必不可少的条件。然而，单单这些是不够的。只有当整个组织都接受 TQM 时，它才能成功。因此，各个层面的员工参与就成了另一个至关重要的原则。

所谓授权是指授予员工制定和执行决策的权力，以改变他们自己工作的环境。团队工作是可以实现员工参与的另一个途径。[①]如果遇到经营或是质量问题，可以组建团队来解决。这种方法的优点是，从事某一项工作的人经常对与该项工作相关的问题提出很好的建议。当他们的建议得以实施，消除了问题时，团队成员经历了对公司成功的做出贡献的满足感，就会产生寻求继续改进的动力。

不管是个人的努力，还是团队工作的结果，只要达到了提高质量和满意顾客的目的，就必须给予表彰和奖励。表彰或许是管理层增强企业新的价值观和实现 TQM 要求的实践活动中最有效的途径。奖励不一定以货币

[①] 请参见本书第 9 章关于授权与团队建设的论述。

的形式，但是必须有意义，并且要及时兑现。

标杆瞄准

正如我们在本书第8章中讨论的，标杆瞄准是通过明确目标来改进质量的有效方法。这种方法可以帮助服务企业确定究竟在多大程度上满足顾客，提高质量。标准的树立并不局限于自身的行业——它应该是全球性的。标杆瞄准的目的是判断在一个特定的领域中，谁做得最好，然后向他们学习。

长远的观点和战略方法

从目前对TQM的讨论中看，必须明确TQM要求企业文化有一个明显变化。然而，很多大企业的经营经验都表明，这种方法的积极成果不可能立竿见影。因此，处于质量之旅中的企业需要用长远的观点看问题。这就要求上层管理人员具有战略性思维和战略性规划。一个战略性规划可以帮助明确为改变企业文化和企业经营方式所要做的重要的工作。规划中要为实施TQM方法树立目标，提出方法。随着企业内外的环境变化，规划也应随之更新。

通过事实来管理：度量与分析

直觉和经验是管理者的两个看家法宝。然而，光凭直觉和经验是不足以满足顾客需求的。为了使工作出成效，决策必须以事实为基础，而且要对决策结果进行度量。事实则来自于从顾客、服务传递过程以及竞争者那里收集来的数据。换言之，服务企业必须有一个收集和处理相关数据的系统来判断顾客的需求，服务的设计和传递系统与这些需求是否相符合，以及服务满足顾客需求的程度。

快速反应

竞争的本质，尤其是对顾客服务的竞争本质，在最近的几十年里发生了变化。现在，竞争包括较快地引进新的服务、较多的服务形式和较高的服务价值。因此，服务企业必须更灵活，更敏捷，以应对不断变化的客户需求和竞争威胁。

持续的改进

TQM 的一个基本观点是，无论一个企业在提高质量的努力和竞争中取得了什么样的成功，它都不会到达目的地，因为本没有应该到达的目的地。最好将 TQM 理解为无特定终点的旅程。但是，旅程的方向还是有的，那就是客户满意度。旅程没有尽头的一个原因是顾客需求和预期是时时变化的，竞争也将标准定得越来越高。因此，顾客的满意度是一个运动着的目标。另一个原因是近年来新服务项目的引入步伐越来越快。新产品中蕴含着先进的技术，与已有产品相比，它们具有更高的质量和价值。这样，有一些服务就会过时。企业在现有的服务中积累了经验，提高了质量，这往往意味着引入了先进的技术，这对质量和顾客的满意度又提出了新的挑战。结果是，对于优质的服务和持续的顾客满意来说，持续的改进质量成了自然而然的事了。

关于 TQM 必须强调几点。上面所列出的条目并不是包治百病的良方。它们只不过是以服务理念的形式表达了提高质量和不断改进的原则。实施这些原则是一个战略性的问题，但是又必须实施所有的这些原则。要实施 TQM 的方法没有一成不变的正确途径。每一个企业都必须根据这些原则来决定需求，制定自己的质量方案。实施方案不能一蹴而就，应该持之以恒。

另一个战略问题是服务以及服务传递系统的设计和开发。在第 8 章中讨论的原则和方法必须在 TQM 原则的指导下，应用于这个目的。

12.7 创造优质服务的其他方法

ISO9000 标准

ISO 是瑞士日内瓦的国际标准化组织（International Organization for Standardization）的缩写。该组织成立于 1946 年，有大约 110 个成员国。每个国家由它的全国性组织所代表。代表美国的是美国国家标准研究所（American National Standards Institute，ANSI）。

被称为 ISO9000 系列的标准由 ISO 提出，试图使成员国的标准达成统一。当初成立该组织的目的是为了适应经济的全球化。在欧盟旗帜下的欧洲经济统一，加速了人们对全世界共同标准的接受。由于实施了这些标准，国际贸易中的非关税壁垒降低了，因为非关税壁垒是由国家或企业标准的差异而产生的。因此 ISO9000 标准为国际贸易提供了便利。[①]

ISO9000 标准的出台是为了界定和实施管理系统。企业籍此来设计、生产、销售并支持自己的产品。换言之，ISO9000 是建立管理体系的标准。通过这些管理体系最终生产出优质的商品和服务，但是 ISO9000 与任何产品或技术规格是毫无关系的。

一个企业可以采用 ISO9001、9002、9003 中的某一个标准，由此向顾客提供证据，说明管理系统有能力生产出令人满意的商品和服务。3 个标准的区别仅在于它们所覆盖的范围不同：

- **ISO9001** 适用于从事设计、开发、生产、安装、维修产品的企业。它是 3 个标准中覆盖范围最广的一个。虽然它通常应用于制造业，但也可以应用于服务业，例如施工、建筑和工程服务等等；
- **ISO9002** 包括了 ISO9001 中所有的领域，但是设计功能除外；
- **ISO9003** 是 3 个标准中包含范围最小的一个，它只适用于商品和服务的质量，主要通过检测来判断的企业。

ISO 还有一个指导标准，可以帮助企业加深对标准的理解，然后选择适当的标准去加以实施。

采用 ISO 的某一个标准的企业需要一个独立的机构验收，以证明其符合标准。一个企业获得了证书，[②]就表明该组织有了一个用文件证明的质量体系，但这并不等于这个企业生产的产品是优质的。总的来说，ISO 标准要求企业所有的工作都有书面文件，按文件开展工作，对工作流程进行检查，并在必要的时候改变流程。因此，在实施的时候，ISO9000 标准并不会创造出一个完美的质量管理系统，它只是保证经过注册的企业具备了建立这样一个体系的基本条件。[③]

最初，服务企业并没有对 ISO9000 标准表现出太多的兴趣，因为标准被认为是制造业的产品的标准。然而，竞争压力使越来越多的服务企业也采用了这些标准，寻求注册。尽管 ISO9000 标准似乎印上了制造业的标记，而且有些方面并不适用于服务业，但是，服务企业还是采用了这些标准。[④]例如，联邦快递公司（FedEx）的全球运作达到了 ISO9001 质量认证，并在 1997 年重新认证。

[①] 见 Donald W. Marquardt 著"ISO9000 标准的背景及发展"（Background and Development of ISO9000 Standards），载 Robert W. Peach 编著的《ISO9000 手册》（*The ISO9000 Handbook*），3rd ed.（Chicago, Irwin, 1997），pp. 9 – 30。

[②] "注册"（registration）和"认证"（certification）两词有细微的差别，但是在本文中它们是通用的。

[③] 见 Robert W. Peach 著"ISO9000 标准系列一揽"（Overview of the ISO9000 Series Standard），载 Robert W. Peach 编著《ISO9000 手册》（*The ISO9000 Handbook*），3rd ed.（Chicago, Irwin, 1997），pp. 33 – 57。

[④] 若要更多地了解 ISO9000 标准在服务业中的应用及实施情况，可参见 David L. Goetsch 和 Stanley B. Davis 著《ISO9000 和 ISO9000 标准的理解和实施》（*Understanding and Implementing ISO9000 and ISO Standards*）（Upper Saddle River, NJ, Prentice Hall, 1998），pp. 103 – 116；以及 James L. Lamprecht 著《ISO9000 标准和服务业》（*ISO9000 and the Service Sector*）（Milwaukee, WI, ASQC Quality Press, 1994）。

"马尔科姆·鲍德里奇"全国质量奖

"马尔科姆·鲍德里奇"全国质量奖（The Malcolm Baldrige National Quality Award，MBNQA）于1987年由美国国会设立。这项奖励为提高国家的竞争能力建立了一个政府与企业之间的伙伴关系。美国商务部的国家标准和技术局（National Institute of Standards and Technology，NIST）在美国质量协会（American Society for Quality，ASQ）的协助下，管理这个奖项。

建立这一奖项的目的是：
- 激励美国企业提高质量和生产率；
- 确认改进了商品和服务质量的企业的成就，为其他公司树立榜样；
- 建立指导和标准，以便商业、工业、政府和其他组织用来评价他们为提高质量所做的努力；
- 提供获奖企业改变企业文化、创造卓越的详细的相关信息，为希望了解如何提高质量的其他美国企业提供借鉴。[1]

最初，MBNQA奖是给予3类营利性行业的：制造业、服务业和小商业；每一类最多奖2个企业或机构。然而1999年，奖励对象扩大到教育和医疗机构，每一类受奖企业或机构最多增加到3个。营利的或非营利的教育机构和医疗机构都可以申请这一奖项。

MBNQA奖的奖励标准是"设计成有利于帮助企业通过专注于双重的（指顾客和顾客满意度——译者注）、结果导向的目标而增强竞争力。这两个目标是：
- 将持续提高的价值递送给顾客，以此获得市场的成功；
- 提高企业整体的工作业绩和工作能力"。[2]

MBNQA奖的标准有一系列的核心价值和观念。它们是：
- 以顾客为导向的质量；
- 领导；
- 持续的改进和学习；
- 尊重员工；
- 快速反应；
- 设计质量和预防；
- 对未来的长远目光；
- 通过事实来管理；

---

[1] 材料取自"政府法规解释100—107"（Findings and Purposes Section of Public Law 100-107），1987年8月20日颁布实施。

[2] Baldrige国家质量奖1999年优秀业绩标准。

- 建立伙伴关系；
- 社会责任和品德；
- 注重结果。

虽然，以 MBNQA 奖为基础的核心价值和标准随着时间的推移一直在发生变化，但是它们基本上反映了本章前文中讨论的 TQM 的原则。MBNQA 对于很多美国的企业，以及政府和民间的非营利性机构都有积极的影响。参与者在生产力、员工关系、市场份额和盈利能力都有显著的提高。

MBNQA 可靠的原则和标准帮助各类组织健全了系统、工作流程和管理理念，以此来提供优质的产品和服务。美国有 40 多个州在 MBNQA 的基础上建立了自己的质量奖励计划。除了一般的服务企业外，参赛资格扩大到非营利性和营利性的教育机构和医疗机构，这就为服务机构提供了更多的机会，通过采用 MBNQA 标准和对奖项的竞争，改进了它们的服务，为顾客创造了价值。

12.8 强化优质服务

本书在几个部分都强调了留住顾客的重要性，这里说的是顾客的忠诚。这一节将讨论服务企业为实现顾客忠诚和强化总体的服务质量应该采用的两种方法。

服务补救（service recovery）

即使是最好的服务企业也会出现服务的失误。员工没有经验或者是举止粗鲁、设备发生故障、电力系统损坏、航班取消、外卖送货延误等等，都是服务企业出现的失误。不管企业是否应该对失误承担责任，采取必要的措施来解决问题、恢复服务系统都是至关重要的。万一无法恢复服务，至少也应该减少给顾客带来的不便。

一些服务失误可能是在提供服务的时候发生的，管理者和员工都能明显地感觉到这样的失误，但是也有一些失误可能是意识不到的。一些顾客可能会在事后抱怨，然后再向管理者反映。无论什么时候发现失误，服务机构都必须尽早做出快速的、毫不迟疑的行动来解决问题，尽量使顾客满意。如果不这样做，就意味着提供服务的第二次失误，可能会导致客户的流失。迅速解决问题来使顾客满意，通常意味着长期赢得顾客。

应该把顾客的抱怨看成是赢得顾客忠诚的"机会"，因为有证据表明，很好地处理服务中的失误可能会赢得更多顾客的忠诚。联合包裹服务公司

(United Parcel Service，UPS) 的董事会主席兼首席运营官肯特·纳尔逊 (Kent C. Nelson) 在对其企业一次弥补服务失误工作的评论中说出了同样的道理：

> 我们的一位顾客是几家中西部银行的董事会主席……他是一个狂热的地图收集者。他拥有很多稀少并很有价值的地图，并且收集会随着时间推移而升值的地图。不久前，他想起一个主意，把一张绝版的月球地图寄送到九个曾经登月的宇航员那里，并请他们在各自走过的地点签上名。几个月后，他得到了所有的签名，最后一个签名的是尼尔·阿姆斯特朗 (Neil Armstrong)，他是在拉斯维加斯签的名。这样，这张地图就成了绝无仅有的一张，价值连城。
>
> 完成签名的地图从拉斯维加斯由 UPS 速递送到了银行董事会主席那里，可是途中地图却销声匿迹了。银行家因此受到了沉重的打击。我们也感到非常窘迫。
>
> 我们的一位客户服务部经理认为能使他们的顾客满意的唯一方法就是复制这张地图。他买了一张绝版的月球地图，然后，把它一一送到 9 个宇航员所在地区的企业开发部经理们的手中。几个星期以后，我们拿到了他们每个人的签名，当把完成的地图送到客户手中时，他喜出望外。这给他留下了深刻的印象，使他非常满意。实际上，我相信，我们对所犯过失的补救，比他如果当初正常地收到邮件更使他感到满意。①

也可以用调查结果来支持这个观点。技术支持研究项目 (Technical Assistance Research Programs，TARP) 是一个总部设在华盛顿特区的研究和咨询机构，他们在不同行业的顾客中做了一次调查，调查结果颇耐人寻味。对于价格高于 100 美元的商品和劳务，在抱怨他们所购买的商品和服务，以及对结果不满意的顾客中，仅有 19% 表示出有再次购买的愿望（如图表 12—2 所示）。在投诉被解决的顾客中，54% 的人说他们会再次购买同一家公司的商品。然而如果投诉很快得到解决，82% 人称会在同一家公司购物。也正如图表 12—2 所示，若交易额较小（1 美元～5 美元），则重复购买的比例会更高一些。②

服务的失误不会自动修复，企业必须做到有备无患。哈特、赫斯克特

---

① 见 Kent C. Nelson 著 "服务企业的质量：绝不是装腔作势" (Quality in a Service Organization：Beyond Grand Gestures)，载 *Executive Speeches* (August-September 1995)，pp. 11–14。

② 见技术支持研究项目文献 (Technical Assistance Research Program Institute，TARP)《美国客户投诉处理：最新研究成果》(*Consumer Complaint handling in America：An Update Study*)，Parts I and II (Washington, DC。TARP and U. S. Office of Consumer Affairs，April 1986)。

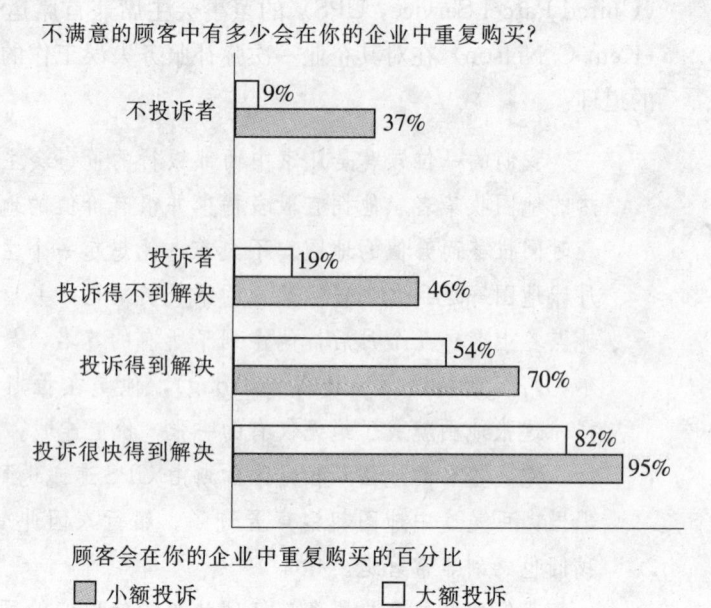

不满意的顾客中有多少会在你的企业中重复购买?

类别	小额投诉	大额投诉
不投诉者	37%	9%
投诉者投诉得不到解决	46%	19%
投诉得到解决	70%	54%
投诉很快得到解决	95%	82%

顾客会在你的企业中重复购买的百分比
□ 小额投诉　　□ 大额投诉

图表 12—2　顾客再次购买倾向

资料来源：Ron Zemke, "The Art of Service Recovery: Fixing Broken Customers—And Keeping Them on Your Side," in Eberhard E. Scheuing and William F. Christopher (eds.), *The Service Quality Handbook* (New York, American Management Association, 1993), pp. 463-476, based on TARP industry-specific data. Reprinted by permission of AMACOM, a division of American Management Association International, New York, NY. All rights reserved. http://www.amanet.org.

和萨瑟（Hart、Heskett and Sasser）3位学者提出了如下一些方法：[1]

1. **核算成本**。有一句古老的格言"有核算，才有管理"（What gets measured gets managed），这就是成本核算的原则。顾客和企业都要为服务失误付出成本。顾客的成本包括他们给企业写信或打电话所花费的时间和金钱，以及精神上的苦痛。企业付出的成本是赔款、重复服务，性质严重的还可能面临起诉，受到罚款。最大的成本或许是永远失去了顾客。大多数经营者低估了服务失误的成本。一旦明白了他们失误造成的巨大损失，他们或许会着手采取预防措施。

2. **打破沉默，倾听投诉**。众所周知，如果顾客对商品或服务不满意，很多人都不会投诉。TARP的研究表明，最主要的原因有如下几点：

- 不值得花费时间或精力；
- 没有人会关心我的问题或有兴趣去处理；
- 我不知道该去哪里投诉，如何投诉。

很显然，如果企业不知道服务的失误，它是不会采取任何措施的。因

---

[1] 见 Christopher W. L. Hart, James L. Heskett 和 W. Earl Sasser, Jr. 著"弥补服务失误行之有效的方法"（The Profitable Art of Service Recovery），载 *Harvard Business Review* (July-August 1990), pp. 148-156。

此，当顾客对服务不满意的时候，应该去投诉。倾听顾客的声音有很多途径。有些企业为投诉和咨询开通了免费的800电话，有些企业还对提出建议的顾客提供奖励。通过常规调查、定点调查和走访失去联系的顾客等等，这些都是了解服务中存在问题的好方法。

3. **预测弥补失误的需求**。了解服务和它的递送系统的管理者可以预计到失误会在哪里发生，因此可以对弥补失误早作安排。在第8章的论述中，我们曾建议绘制一张服务蓝图，说明服务流程和递送系统，还要注明失误点。对每一个潜在的失误点都要有应对措施，而且要就此对员工进行培训。

4. **快速采取措施**。若服务企业能快速地纠正自己的失误，就可能给顾客留下好的印象，使他们忘记不悦。如果要经历漫长的过程，等上几个星期，即使最后令顾客满意地解决了问题，也不能使顾客忘记这次服务的失误。

5. **培训员工**。如果处理投诉的员工对偶尔发生的服务失误缺乏准备，就不可能有效地弥补。这里所谓的准备包括培训和授权两个方面。懂得如何应付不同类型的失误，并且得到授权可以采取快速正确的方法的员工，对于弥补失误是不可或缺的。培训的内容应该包括交流技巧、创造性思维和快速决策，还要员工学会对顾客善解人意。最有效的训练之一是环境模拟和角色扮演。

6. **对一线员工授权**。没有对员工授权是不可能快速、有效地弥补服务的失误的。如果员工每次处理投诉的时候，都要反复查对条例手册，征求上司的同意，那么在顾客看来，就不可能会有快速的、令人满意的投诉处理结果。此外，员工解决顾客问题的热情也会很快消失。有些企业制定有关权力的规则和限制，是因为唯恐员工会"把店给卖了"。然而，如果有良好的培训方法，并且有良好的激励机制，那么这种现象就不会发生。但是如果顾客的问题没能得到解决，就很可能会失去顾客。

7. **问题要有终结**。对失误的弥补以及对投诉的处理都必须有一个终结。如果由于客观的条件限制了问题的解决，必须给顾客一个解释。如果投诉处理导致了服务和服务递送系统的变化，也应该告知顾客。征求顾客的建议，告知顾客，正在如何处理他的建议也是保证问题终结的方法。

服务保证

服务企业要提高自己在顾客心目中的质量形象，提高服务质量，一种有效的方法就是提供服务保证（service guarantees），而且是无条件的保证。绝大多数保证对于企业来说都意味着货币支出。如果企业不能按其保证行事，就立即会涉及经济损失，比如对顾客进行赔偿。这就使劣质服务的成本难以承受。[①]因此，只要做得适当，服务保证会帮助企业致力于提供优质服务。目前仅有很少的公司提供无条件的保证，但是由于竞争激烈，而且提供保证顺理成章，所以将来企业的数目会增加。克里斯托弗·哈特（Christopher Hart）为服务保证提出了5条理由：[②]

1. **保证迫使你关注顾客**。如果保证一些顾客不想要的，或者顾客认为没有价值的东西是没有意义的，有时还会弄巧成拙。因此，服务企业必须首先弄明白顾客在服务中希望得到什么。

2. **有了保证就有了明确的标准**。一个有意义的服务保证必须明确、清楚，例如，联邦快递公司的递送保证就是"绝对的，不折不扣地在10点半前递送到户"。这样一个明确的保证也迫使企业让员工明确企业对服务的预期，反过来，员工也知道自己的目标是什么。

3. **保证能引来反馈**。如果一个企业通过改进而使顾客满意，那么它就难以听到顾客的声音，这在前一节中已经叙述清楚了。除了前面给出的原因外，因为服务是看不见、摸不着的，所以顾客对投诉缺少证据，很多人不知道服务的标准是什么。（订一份比萨饼，等上45分钟的时间算不算长?）如果顾客不投诉，服务企业就得不到反馈。但是有了服务保证就不同了。一旦出了问题，企业听到顾客意见的机会就大大增加了。反馈加上给顾客的赔偿，都为努力提高服务质量提供了宝贵的数据。

4. **保证迫使你明白失误的原因**。有了关于失误和它们的成本的数据，就迫使管理层到服务和服务递送系统的设计中、员工的选择以及培训方式中去找原因。发现劣质服务的原因并设法排除是提高服务质量的最佳途径。

5. **保证壮大了营销的力量**。通过恰当的保证，企业可以留住现有的顾客，并吸引新顾客。尤其是在顾客不甚了解的服务中（如汽车修理），保证的存在使多数顾客消除了顾虑，他们完全有理由寻找这样的企业提供服务。

保证的另外一个好处是拉近了顾客与服务提供者之间的距离。服务是难以触摸的，在实际经历之前难以评价其好坏。有些服务甚至在接受以后都辨不清优劣。正因为如此，一些顾客总认为在与服务企业之间的关系中他们处于不利的地位。服务的保证起了一个平衡器的作用，它可以帮助企业显示其老少无欺的风格。[③]

[①] 见 Christopher W. L. Hart 著《非同寻常的保证》（*Extraordinary Guarantees*）（New York，American Management Association，1993），p. 17。

[②] 见 Christopher W. L. Hart 著 "无条件服务保证的作用"（The Power of Unconditional Service Guarantees），载 *Harvard Business Review*，（July-August 1988），pp. 54－62。

[③] 见 Leonard L. Berry，A. Parasuraman 和 Valarie A. Zeithaml 著 "提高美国的服务质量：已有的教训"（Improving Service Quality in America：Lessons Learned），载 *Academy of Management Executive*，vol. 8，no. 2 (1994)，pp. 32－52。

如果一个服务企业要得到这些益处，它的保证就必须满足 5 项标准：

1. **无条件的**。带有条件的保证缺乏力量，也少了对顾客的吸引力。最好的服务保证是没有任何条件的。例如 L. L. Bean 公司的保证，保证 100% 满意，无附加条件。坐落在缅因州自由港里的零售商 L. L. Bean 公司在保证方面是不折不扣的。它的顾客可以在任何时间退还任何商品，或是退款，或是冲销账款，或是换货。

2. **通俗易懂**。保证看起来不应像一个法律文件。它应该措辞简单，便于顾客理解。应该是"10 点半送到，否则退款，"而不是"迅速送达"。让人对保证一目了然。

3. **有意义**。所谓保证，必须是保证对顾客来说重要的东西。保证银行的报表不出差错，显然比保证报表每个月底之前送达更有意义。保证还必须与经济赔偿挂钩。如果保证顾客不满意就赔偿，那么赔偿必须与服务的成本和给顾客带来的不便成正比。

4. **容易投诉**。如果一个顾客要求投诉，企业不能要他经过很多关卡才能去投诉。否则，保证就失去了意义，还可能使本不高兴的顾客更不高兴。

5. **容易获得赔偿**。如果顾客要求赔偿，企业不能让顾客等候很长时间，或者走许许多多的部门才能得到赔偿。如果可能，最好是就地给予赔偿，或者是自动转账。

12.9 本章提要

服务质量与顾客满意是息息相关的。当顾客觉得获得了优质服务时，他们就会觉得满意。优质服务还能使顾客和员工产生忠诚，得到更大的市场份额，更高的投资收益，降低成本，并降低对价格竞争的敏感程度。这些原因中的任何一个都足以鼓励服务企业去提高服务质量，不断改进服务。

本章回顾了质量的不同定义。我们指出，每个定义虽然代表了不同服务领域的观点，但是对于我们理解质量的含义及相关问题都是十分有价值的。

一个关于质量的定义无论多有价值，对于要用来指导管理工作以获得顾客的满意企业来说，仍然是不够的。管理者需要明白，对于顾客来说，质量意味着什么，服务中哪些特征能让顾客感知到服务的质量。换言之，管理者需要明白质量的方方面面。我们回顾了定义服务质量方方面面的不同方法。有一组特征（可靠性、反应性、保障性、移情性、有形性）作为一个整体可能对于大多数服务适用，但是，正确了解服务中的其他特征，并关注某些特殊的服务项目也是十分必要的。缺口模型是指导经营者提供优质服务的另一个手段。这个模型着重分析了顾客关于服务的 5 个方面的预期和顾客实际感知到的服务之间的差异，由此来定义服务质量。

达到优质服务与运用特定的方法或技术无关。它要求管理理念和企业文化的改变。总体质量管理的原则是在 20 世纪的 80 和 90 年代提出来的，目的是满足美国制造业和服务业的需要。这种原则为管理提出了全新的方式，并且要求来自管理层和员工的长期努力。

即使是最好的服务企业，在提供服务时也偶尔会经历失误。如果企业的管理者能迅速解决问题，大多数顾客会原谅这些不愉快。实际上，如果服务企业能够熟练地补救失误，有时反而会赢得长期的顾客忠诚。每一个服务企业必须拥有补救失误的系统，而且必须训练它的员工来应对这样的紧急情况。

越来越多的服务企业为顾客提供无条件的保证。本章的最后一节讨论了服务保证对很多服务企业都有意义的原因，还讨论了有效服务保证的特征。

讨论题

1. 为什么服务企业要把"一流质量"作为追求的目标？
2. 为什么感知优质服务可以帮助服务企业抵御降价竞争？
3. 试说明本文提出的服务质量的 8 个方面的实际意义。
4. 请描述缺口模型中服务质量的 5 个方面。
5. 对于顾客来说，"可靠性"能否成为服务质量最重要的一个方面？
6. 讨论解决缺口模型中缺口 1 的可能方法。
7. 讨论解决缺口模型中缺口 2 的可能方法。
8. 讨论解决缺口模型中缺口 3 的可能方法。
9. 讨论解决缺口模型中缺口 4 的可能方法。
10. 顾客满意是 TQM 理念的基础。你同意这种看法吗？为什么？
11. 为什么领导对于 TQM 理念来说十分重要？
12. 作为 TQM 的一个原则"针对实际情况实行管理"意味着什么？
13. 补救服务失误为何十分重要？服务企业应该如何防患于未然？
14. 为什么服务企业要对它的服务做出保证？这对所有的服务企业都十分有帮助吗？
15. 试说明有效服务保证应该具备的特征。

案例 12—1

Falls Church 综合性医院

Falls Church 综合医院（FCGH）成立于 1968 年，这是一家私营的、拥有 165 张病床的医疗机构，位于弗吉尼亚州。[①] Falls Church 是一个自成一体的小城镇，距离华盛顿特区商业区有 4 英里，周围是弗吉尼亚州的阿灵顿、费尔法克斯和亚历山德里亚县（Arlington，Fairfax and Alexandria）。这些县都很富裕，市区和市郊的社区都是由受雇于美国政府或高科技公司的受过高等教育的人口构成。

医院

Falls Church 综合医院有 895 名员工，提供各种各样的医疗护理服务，包括戒毒、戒酒住院治疗服务、急诊治疗服务、X 光透视和各种实验设施服务、孕产病房服务、心脏病特护治疗服务以及一般门诊治疗服务。因为有来自于其他综合医院的竞争（例如乔治华盛顿大学医院、乔治敦大学医院、费尔法克斯综合医院和阿灵顿医院等等），FCGH 不得不注重提供优质的治疗服务，收取的费用也相对低廉。FCGH 没有试图去购入所有的最新诊断设施（例如价值 35 万美元的 CAT 扫描仪。CAT 指 computerized axial tomography，计算机化 X 线轴向分层造影扫描仪——译者注），因为董事会认为与以研究为主的大学医院（例如乔治敦大学医院或者乔治华盛顿大学医院）去竞争不符合成本效益原则。[后者是前总统里根 1981 年被约翰·欣克利（John Hinkley）刺杀后接受治疗的地方。] 虽然一般人都认为 FCGH 是"中到大型"医院，但是它一直强调对每位患者的个别照顾。1990 年 1 月，该医院在《华盛顿邮报》上刊登了一系列广告。特别强调了热心的医护人员、友好的后勤保障人员以及医院的经营理念，就是全体员工对工作的精益求精、对病人服务的热情周到。

如何评估医疗护理质量

优质的医疗服务是所有医院宣称的目标，但是很少有医院能提出一套综合的、科学的方法来让顾客判断他们接受的服务的质量。人们为评估医院医疗护理的临床质量付出了巨大的努力，关于这个问题的书籍、杂志和论文随处可见。然而问题是，过去测量医院质量的努力在很大程度上忽视了顾客的感受——这里是指患者、医生和付费者。医疗行业不是真心诚意地去了解顾客对服务质量的评价，而是倾其全力由经营医院的医疗专家进行内部质量评估。实际上，改进医疗护理工作的系统完全忽略了顾客的声音。

[①] 本案例的一部分摘引自 T. R. Gillem 和 E. Nelson 著"医院质量趋势"（Hospital Quality Trends），载 J. W. Spechler 编著《美国的成功案例——服务质量案例分析》（*When America Does It Right*：*Case Studies in Service Quality*）（Norcross，GA，Industrial Engineering and Management Press，1989），pp. 117-122。

FCGH的董事会相信，所有的医院都应该从当前的质量保证的实践转变成实实在在的医疗质量测试和改进工作上来。这种测试既要从外部的顾客感受进行，也要从内部的员工感受来进行。由于近年来人们比较关心成本、医疗实践的多样化以及社会的责任，因此越来越多的患者和付费者要求以最优价值来提供优质医疗护理服务。

在最近一年一度的FCGH董事会会议上，董事会主席欧文·格林伯格（Irwin Greenberg）说：

"因为人们为某种服务所付的费用将来会越来越接近，鉴别一家医院在很大程度上是以顾客评价的质量和价值为基础的。我们必须拥有顾客对本院服务质量评价的确切的信息。我指的顾客不仅仅是在此工作的健康护理专家。很多医院已经有了测量顾客满意度的方法。一份对200多家医院的调查显示，2/3的医院经常对顾客满意度进行调查。一般情况下，调查表在病人出院时分发，病人可以做答，也可以不做答。调查的主要目的是快速了解患者所经历的问题，一些患者填写问卷调查，因为他们对所接受的一些服务不满意。"

作为对格林伯格博士的上述语言和广告活动的回应，医院的行政主管卡拉·金博尔（Carla Kimball）召开了一次部门负责人会议来讨论质量问题。金博尔在会上提出："我们真的提供了我们所保证的服务吗？我们有没有辜负患者对我们服务的期待？我们有没有使顾客流失的危险？"

护士长弗朗西丝·普鲁伊特（Frances Pruitt）接下话题：

"我认为，格林伯格博士讲话中所提到的调查是有价值的。但是怎样测量我们医疗护理的质量呢？高高兴兴地离开FCGH的一些患者可能实际上接受了低劣的治疗。如果我们认为改进医疗质量至关重要，我们需要的是**更有价值的、可靠的**数据。我们需要对具体的、与质量有关的、影响患者工作的问题，如收住入院、护理、治疗、日常照顾和后勤服务等等进行调查。"

"我有一个主意，"金博尔手下的人事部主任梅里尔·沃肯廷（Merrill Warkentin）说："我刚刚读过约翰·格鲁科克（John Groocock）的一本书。他是规模很大的TRW制造公司分管质量的副总裁。他说，TRW的内部质量审计有14个步骤。我把这些步骤复印了一张（参见图表12—3），我们为什么不考虑一下用这种方法呢？"

会议结束以后，金博尔女士重读了格鲁科克的列表，开始考虑美国企业中的整个质量问题。它在一些制造企业内有效，但是这些质量管理的理念在医院里也适用吗？

图表12—3　　　　　　　　　　TRW公司质量审计的步骤

1. **面向顾客的质量**。产品与所建立的质量标准是否相符？是否将本企业产品的质量与竞争者产品的质量进行过比较？
2. **质量成本**。是否核算过质量成本？是否找到了可以节约成本的环节？
3. **设计审核**。整个工作中有没有设计审核的环节？照着做了吗？

续前表

4. **产品合格**。是否建立了产品出厂检验制度？按这些制度执行了吗？
5. **产品的可靠性**。每件产品是否都进行了安全检查？是否都有记录？如何处理重要产品的可靠性问题，有没有书面方案？
6. **环节的潜在能力**。每个环节的潜在能力都测试过了吗？相应的信息是否都应用于产品的设计和改进工作中了？
7. **进货检验**。每批进货都进行了有效的检验吗？有相应的记录吗？
8. **供货商质量**。是否告知了供货商的质量责任？不符合要求的记录保存下来了吗？
9. **过程控制**。公司为控制过程制定原则了吗？有没有对员工进行过这方面的培训？
10. **检测计划**。是否所有产品都有检测计划？检测结果的记录保存吗？所有的检测设备都定期校验吗？
11. **质量执行指标**。质量执行指标定期在企业内部印发给员工吗？
12. **员工参与计划**。是否安排员工参与质量改进工作（比如质量攻关小组）？
13. **跨部门改进质量团队**。企业是否建立了跨部门的改进质量团队，以此来监督质量问题，提高质量水平？
14. **质量商务计划**。质量是否被整合到了企业的商务计划，并由此整合到整个企业的战略计划中了？

案例思考题

1. 为什么得到患者对医疗护理的评价很重要？患者拥有判断其所接受的医疗护理质量的专门技术吗？
2. 医院应该怎样测量质量？
3. 运用图表12—3中的步骤，讨论如何将其中的每一步应用于FCGH的工作中？
4. 怎样将人的生命价值融入到质量控制的成本之中？
5. 对医疗护理质量的评价与对教育质量的评价有其相似之处。你所在的学院是如何运用调查的方式评价教学质量的？人们如何应用调查的结果？还有其他的评价教育质量的方法吗？对现在的评价体系，你有哪些改进的建议？

案例 12—2

芝加哥第一国家银行的质量管理

怀疑者现在是心悦诚服，专家们也都完全相信了。芝加哥第一国家银行（The First National Bank of Chicago）终于赢得了称赞：它证明了测量服务业的质量不仅是可能的，而且实际上是通向成功的必由之路。自1981年以来，First Chicago跟踪，并用图表表示顾客敏感的500个关键领域，每星期都做记录。管理层认为，以质量为主导的战略是应对竞争的最有效的途径。他们很高兴地发现，强调了质量可以帮助管理成本的降低。在First Chicago，由于贯彻实施了质量环节，每年可节省成本900万美元～1 200万美元。除了对工作进行测量以外，银行还出台了由4个部分组成的质量保障流程，这4个部分是：员工参与、专门化顾客服务、奖励和认定。

"由于我们将自己定位在高质量企业经营服务提供者的位置上。从而增加了我们的子公司——芝加哥第一国家银行的市场份额。"芝加哥第一国家银行的董事会主席理查德·托马斯（Richard L. Thomas）说："我们提供的是非信用服务，如企业支票账户服务、资金转账服务和股东服务等等。这些服务传统被认为是'转转手的服务'，只是在借贷双方之间建立一种关系。我们相信，它们自己会成为获利中心，实现这一目标的最好方法就是注重质量，视质量为战略性的营销武器。"

第一芝加哥有限公司（First Chicago Corporation）是中西部最大的一家银行投资公司，拥有资产485亿美元。芝加哥第一国家银行是第一芝加哥有限公司的金融子公司，主要业务集中于环球有限公司银行（The Global Corporate Bank）和大区域银行（Superregional Bank）。环球有限公司银行从事金融服务和企业服务，面向大型的国内和国际企业客户。在环球有限公司银行内，服务产品小组（The Service Products Group）开展经营服务，形式主要是现金管理服务、证券买卖服务和企业融资服务。

First Chicago是美国的第11大银行，成立于1863年。它是用原始的公司名称和营业执照持续经营的最古老和最大的全国性银行。全球有18 000名员工为First Chicago有限公司服务，股东是13 000人。

从1971开始，银行业的投资回报率呈自由落体式的下跌趋势。所以银行若不想被淘汰出局，就必须调整经营项目的组合形式，改变定价策略和成本效益，由此来摆脱自由落体式的下跌趋势。

First Chicago的策略是聚精会神地做好顾客需要的服务项目，提高投资回报率。这其中就包括了优质服务。例如，服务和质量是经营服务企业中可以由企业控制的关键的影响购买的因素。这一点也是被一个独立的研究机构研究证明了的。因此First Chicago决定把企业变成经营性服务企业中最优质的提供者。

阿莱塔·霍勒布（Aleta Holub）是First Chicago的副总裁兼质量保障部经理，他说："满足顾客的需要和期望是任何一家企业生存和发展的第一要务。""顾客对产品和服务的反应和忠诚最终会决定一个企业的成败。顾客的标准在不断提高。企业如果不能回应这种不断提高的预期，就如无视潮水的力量。它可以把你高高举起，放在岸上晒干，然后顾客会驶向竞争对手的港湾。"

"我们正式的评价方案可以追述到1981年"，托马斯回忆说，"我们有一个特殊的产品质量问题——要改进一个系统。这个系统开始是运行迟缓，然后是没有能按设计的要求那样运行。我们必须设法在开发新系统时不犯同样的错误。"

"因此我们让所有关键人物都聚集在一个房间。我们意识到，我们需要一定形式的测量方法，来判断我们的表现。但是在测量对象上我们产生了很大的分歧，然而最终达成一致，认识到可行的意见只有一个，那就是顾客的意见。"

银行调查了很多企业客户，对每一项服务进行了调查。在9个服务项目中，我们强调了两个关键问题：（1）你认为在每一项特定的服务中，质量特征是什么？（2）在服务递送中，你认为什么是优质？

"我们想确定我们正以正确的方式处理正确的事情,"霍勒布说,"我们不想努力在做的是一些错事。通过倾听我们的顾客,我们了解到,他们最希望从我们这里得到的是及时、准确和有求必应的服务。"

在发起质量活动中,银行所采取的第一步是为质量之旅制定一张行程图,当然也可以称之为公司的任务陈述:"我们的目标是成为中西部首屈一指的银行,有着为全国和全世界的顾客提供良好服务的声誉……客户在 First Chicago 是至高无上的……我们保证向客户提供优质和创新的服务。"

然后,银行对其组织结构做出了调整,成立了各自独立的战略业务单位——每种服务产品一个单位。例如,资金划拨部门的服务产品就是提供所有国内、国际的支付服务。应该拉近同一种产品的生产者和消费者之间的距离,根据这种理念去经营,有助于提高产品质量。战略业务单位的经理突然之间就成了企业家。经理得到授权,不仅有权控制成本,而且有权定价,决定产品特色、推销方式和质量控制方式。

这种以顾客为中心的经营框架在1989年1月得到了巩固,目的是为了进一步支持环球有限公司银行——这是 First Chicago 有限公司的企业之一。1989年,环球有限公司银行拥有资产340亿美元,相当于公司全部资产的69%。每一个服务产品小组进一步明确提出了它自己的作用,它们的任务是:"通过优质服务,尽量满足顾客,有针对性地解决问题,高质量和有效经营来提升环球有限公司银行与客户的关系。"

有人设计了一个星形的企业标识,用来显示员工是加强环球有限公司银行与客户关系战略的关键因素。星星的每一个角代表新的任务陈述中的一项内容——有求必应、服务创优、服务因人而异、注重效率和保证质量。虽然有求必应位于星星的顶部,然而每一个点被认为是同等重要的。在星星的内部是一个词——"团队",因为团队工作是执行战略的核心。没有它,First Chicago 就不可能成为"关系银行"(relationship bank)。

霍勒布说:"在服务产品小组内部,以及与环球有限公司银行之间的有效的团队合作是我们成功地为顾客服务的关键。"

每个产品领域都有自己的客户服务代表来回答客户询问,处理客户遇到的问题,它们起着疏通渠道的作用,把客户所关心的事物与产品领域联系在一起。通过这种专门推出的顾客服务方法,顾客与有见识的服务代表交流,这个服务代表是这种服务产品的专家。由于客户服务项目与产品领域的定位是相同的,所以代表工作更有效,反应更快捷。因为客户是专门与产品专家打交道的,所以有可能产生密切的关系,这就有利于顾客提供改进服务和创新服务的反馈信息。

"我们意识到,顾客是最终的产品专家,"霍勒布说道,"他们每天都会使用产品。我们希望,确实能保证与客户交谈的是见多识广的人,'能与客户说同样的语言'。"

First Chicago 经营服务部门设计出一个质量控制流程,这是如今公认的美国最好的质量控制流程之一。这个部门的工作在金融业中是具有革命性的,所以其他的金融机构纷纷效仿。

1981年，银行费了许多功夫开发出一套较为完整的工作测量系统，它们用将近500个图表来追踪每周每种产品的经营状况，当然测量的都是客户所关心的项目。例如，精确地测算货币划拨所需要的时间和信用证的流转时间等等。通过关注每一个主要的产品和服务的属性，First Chicago了解了如何找到质量问题，如何保持质量优势。利用客户的意见和行业标准，每个部门的经理制定出可以接受的最低业绩标准（Minimum Acceptable Performance，M.A.P.），同样也为杰出贡献的目标制定了标准。在每周对工作进行小结时，要总结出相关数据，说明每种产品部门的实际工作表现与上述规定的标准之间有多少差距，然后呈报给上一级管理层。

霍勒布说："为了鼓励不断进取，M.A.P.和质量标准都被持续地向上调整，就像跳高运动员的横杆每次提高一点点一样。"在这个过程中，管理者的责任更重了，因为对他们的奖励是与是否达到M.A.P.和质量标准挂钩的。

"所有这些测算和指引并不仅仅是鼓励企业内部的竞争的，"霍勒布说，"我们也不单单是为了向管理者提供经营信息。我们进行质量测算、绘制图表和进行分析的首要目的是为了提高。目标是寻找问题，而不是为责备某人。"

银行业绩测量流程的一个非常有效的转折，是邀请顾客和供货商来参加每周一次的业绩评价会议。First Chicago通过让客户参与会议，从顾客那里得到了有效的反馈。自从邀请供货商来参加会议以后，它们的服务水平也得到了提高。

"通过邀请客户和供货商参加会议，我们收到了双重益处，"霍勒布说，"首先，银行有了一个特别的讲坛，从那里可以了解到顾客对我们的产品和服务的期望和关心。我们通常运用这样的信息来改进服务，提高产品质量。更重要的是，我们从这里发出一个响亮的、由衷的信息，客户是我们的利益所在。"

"第二个好处是我们的供货商的服务水平也得到了提高。我们让供货商了解它们在帮助银行实现业绩目标方面所做出的贡献。"

霍勒布对此做了详细的描述："在每周一次的会议上，相互竞争的供货商并肩坐着。比如IBM公司的代表可能就坐在Tandem公司代表的边上。每个人都有机会看到对方的图示业绩，回去后他们自然会设法超越对手。结果是银行在服务和关照方面受到供货商的'格外青睐'（fair share plus）。当然，对于First Chicago来说，供货商的质量对我们的质量有着至关重要的作用。"

员工参与是银行质量流程中另外一个重要的因素。整个银行有30多个积极开展工作的改进质量团队。这些小组组织在一起去发现问题，或者是寻找改进质量的机会，并且对提高业绩拿出自己的意见。

例如，依利诺斯·贝尔（Illinois Bell）公司宣布，在芝加哥周围的郊区要设立一个新的邮政区号，一个质量改进小组就提出了一个先入为主的方案，保证那些会受到影响的客户能顺利地转移到新的服务领域。这个小组在新的区号生效之前的两个月组成。他们向客户和员工发出转换通知。由于这个团队事先做了工作，所以对于First Chicago顾客和员工来说，区号的改变一点儿也没有影响。

鼓励在服务产品小组内的提出建议，这为银行收集到了许多有用的意见。这项工作由人力资源部负责，意见箱被安置在银行各处，工作人员每周开箱一次。工作人员对建议加以编号、登记。然后呈送给分管经理，由服务产品小组或人力资源部门研究并进行反馈。服务产品小组的负责人每周召集会议，讨论登记簿上的问题和新收集到的建议。如果建议中有员工的落款，就要给该员工一份书面说明，还有一份复印件送到该员工所在的部门领导手中。员工关系委员会也会定期检查登记簿，讨论尚待解决的问题。

有一个建议是关于工作流程问题的。有人建议说，汇款部邮件柜台的第一班员工不必超时工作，可以通过改变流程来提高生产率，降低成本。

霍勒布强调说："在收集建议的工作中，我们懂得了最重要的两个方面是后续工作和交流。如果你把这两件事情做好，员工会觉得他们有发言权，可以为提高质量做些什么。"

服务产品小组每年的颁奖晚宴就是奖励和认定的最优雅的形式。这种仪式的隆重，使你不由自主地将其比作银行界的奥斯卡颁奖晚会。而这正是First Chicago所希望达到的效果。这种庆祝晚会的目的就是要给人留下深刻的印象，只不过不直接表达而已。

主持人字正腔圆地宣布"进步最快的员工"、"优质服务持续时间最久的员工"和"随机提高服务质量最见成效的员工"，如此等等。First Chicago认识到认可各个产品部门员工团队的工作成绩是十分重要的。然而，这些"团队"在结构上是互不相同的。有些员工按照正常的工作分工来组成团队，解决一些影响他们部门生产力的问题。

也有一些员工是跨部门组成团队，解决横向的问题。通常，这些员工是不在一起工作的。有时候，一个团队也可能是由一些工作精益求精的员工组成。比如，在一段时间里，某一位员工从来不出差错，公司就说他"构筑了"一支团队。当然这支团队只是一个荣誉团队，并不是一个解决问题的团队。

每个月都会选出这样的一个团队，一年就有了12个团队。到年终，他们都有资格参加晚宴。

"我们的目标是提高First Chicago的服务质量，认可对提高质量做出贡献的员工团队，并进一步提高团队工作。"霍勒布是这样解释的。

每个月获胜的团队会收到一个匾牌，并可以享受由团队选择的团体带薪郊游。郊游通常是吃一餐饭，看一场戏，或是观看体育赛事。选择何种内容由团队自主选择，标准是最多每人100美元，最高限额每队1 000美元。每个团队成员还会收到一纸证明书，他们的名字也会进入每年的宴会上的大奖抽签中，这个大奖是，到美国任何地方的两人的往返机票和650美元旅游费用。

霍勒布说："我们已经创立了一种褒奖成就的文化。我们要求员工发挥自己的潜能。只要他们能做到，公司就给予奖励和表彰。"

去年11月的获胜团队是现金支付小组。这个组"在处理纸币与硬币的工作中始终能保持出色的业绩"。企业客户和银行内部的单位可以向这个小组提出要求供应纸币和硬币。小组根据要求备好货币，然后清点、打包、装运到应该送达的目的地。此外，这个小组还建立了一个各种面额的货币库，来源是联邦储备银行和银行的储蓄部。这个小组成员取得的成就是：自1987年1月以来，他们在3.05亿张传票、价值35亿美元的工作流程中，仅有6笔差错，没有任何一笔货币发送延误。

正如在本文开头所说，First Chicago 得到的好评如潮，其中包括汤姆·彼得斯（Tom Peters）。他在他的权威专栏"论优秀服务"中评价 First Chicago 为"本年度最好的质量工程"。在1988年，该公司成为赢得国际客户服务协会优秀奖的第一家金融机构。

但是霍勒布对 First Chicago 的评价也是恰如其分的。他还指出了在近10年的质量工作中，公司吸取的10个教训。这些教训包括：

1. **如果你不能进行测算，你就不能进行管理**。或许经理们会说，对某一个工作流程无法测算，但是他们居然声称这些年来一直能经营。这样的事出现过吗？

2. **只有你去检查，人们才会重视**。不要忘记检查过程。美国的管理者往往把问题看成是有问题的人导致的结果。而日本的管理者则看重过程。"实际上这就是传统的研究方法'这是谁的错？'与'问题在哪里？'之间的差异。"霍勒布补充道。

3. **提防平均值**。在看到平均值的时候应该格外小心，因为极热和极冷可以平均成不温不火。如果只注意工作的"平均"表现，很可能就会忽视重要的信息。

4. **经过测算的都是已经完成的工作**。霍勒布认为，只要下功夫，事情就会做得更好。银行的年报中所列的数据只是质量的一个有形的证据，对质量进行分门别类罢了。

5. **牛排要煎好，还要煎出嘶嘶的声响**。霍勒布举了一个恰当的例子。她提到了全国企业现金管理者协会的一次会议。这些现金管理者中大部分是企业的司库，他们也是银行中最大的观众群。在那次会议结束前，要求这些现金管理者们对银行的最佳展示台打分排序。她回忆说："有一个银行的展示台得分最高，而这是唯一仅有的一个在会议上陈列展示台的银行。显然，该银行工作的良好表现已经深深地根植于人们的感知中了。"

6. **客户是你产品的专家**。"我们过去设立一个笼而统之的客户服务部。现在我们设立的是专门化的服务代表，我们称之为专设服务代表（Dedicated Service Reps, DSRs），"霍勒布这样说，"这需要从开始的时候就做好安排。"顾客很乐于向非常了解他们生意的 DSR 提出提高产品质量的建议。客户与 DSR 之间的关系对 DSR 也是有利的，因为客户会填写一份评价表，直接评价他的工作表现。对 DSR 的业绩评价主要靠的是对客户问卷调查的反馈。

7. **别低估主人翁意识的力量**。霍勒布会问你："你上一次洗刷租来的车是在什么时候？"要让员工懂得对自己的表现他是要承担责任的。

8. **指挥棒要正确**。"我不清楚起初我们是否指挥准确，"霍勒布承认道。质量大旗不应只是书写"降低成本，减少开支"。霍勒布说，如果质量大旗写上"工作周期的质量"（Quality of Work Life），或者推行质量活动将会"帮助员工离开差错频出的环境"，员工就会乐于参与。一定要让管理者明白，质量的提高需要所有各个层面的员工都得到授权。如果再给 First Chicago 公司一次机会，让其重新开始，霍勒布认为，银行会从一开始就强调团队工作和提高质量之间的关系。几年前，公司更加强调了文化重塑的问题。文化重塑的关键是让员工在整个银行的同僚中有机会对他的表现获得评价。

9. **了解客户心思**。这样你就会知道什么时候你的质量流程需要另辟蹊径。First Chicago 银行的质量流程工作已经进行得十分深入，所以公司开始积极地要求客户帮助解决质量问题。"其实，我们应该从一开始就使他们（客户）介入，"霍勒布说。为其他服务提供者制定的标准起步也迟了。First Chicago 从施乐公司学习制定标准的程序以后，它为自己树立的样板不仅仅是一些银行，而且还包括其他以服务质量著称的企业，其中包括 Spiegel 公司和联合航空公司。例如银行的零星业务部门采用了联合航空公司的一个做法：派一名监督员到工作第一线，这样有利于加快为客户的出票过程。银行现在也派监督员进大厅，事先确认交易的方式。

10. **让质量之船扬帆远航**。霍勒布说，在扬帆起航驶向优质土地之前，试图使每个人都上船是不正确的。如果允许我们重新开始，"我会问'谁想上船？'然后把力气用在能倾听我们说话的人身上。"霍勒布还补充说："对优质的要求并不总是一帆风顺的，因此当没风的时候要用桨划。"

由于银行格外强调质量，所以各项工作都有章可循。银行对提高质量所做的努力显示了计划的周密，以及对质量核算工作所做出的努力的广度和深度，而这一切都是可以计量的。为了说明服务质量的提高，我们可以列举银行的一项业务。1982 年，平均每 3 000 笔交易出错 1 次。而现在是每 10 000 次交易出错 1 次。

"仅仅经营服务部门的质量活动所取得的成功就足以说明，提供优质的产品和服务与控制成本并不是相互抵触的，"托马斯说，"实际上，实践告诉我们，对质量的强调是控制成本的最有效的途径之一。"

托马斯说，对于 First Chicago 银行来说，进行一次货币划拨的成本一般小于 10 美元。但是，那是指一次成功的划拨成本。但是，如果钱划错了地方，或是没有按时到位，那么纠正差错的成本马上会飚升到 500 美元或者更多。究竟多少要看金额的大小，划拨环节的多寡等等来决定。由此看来，First Chicago 银行在提高质量上的努力会节省几百万美元就不足为奇了。

节省成本至关重要的另一个原因是，因为越来越多的企业的财务主管在比较银行与银行之间提供服务的总费用。如果一家银行的差错率很高，即使单笔业务的收费最低，结果费用依然会很高。如果银行减少差错，顾客支付的总成本就会降低。提供优质服务，提高顾客满意度，价格相对合理，这就意味着回头客的增加，客户会主动推荐，带来新的业务，为提高质量所付出的努力就不会白费。

First Chicago 银行还意识到对客户做出质量保证的重要性。因此，每年银行都会编撰一份详细的业绩图表分发给客户，让客户了解银行对哪些方面进行了控制，质量控制有哪些成效。

"我们意识到,当我们出差错的时候,我们和我们的客户都要花费时间和金钱来追查错误,解决问题,"霍勒布说,"通过对顾客敏感的问题进行质量控制,可以进行真实的计量,我们确实提供了优质服务的保证。"

"尽管我们以我们的质量工作得到了认可而自豪,我们依然认识到,我们服务的最终法官是客户。正因为如此,我们有责任做得比每一位客户的预期更好。"

资料来源：Stephen R. Stewart, Case Study 77, at the Houston-based American Productivity & Quality Center, August 1990. Reprinted in Richard B. Chase and Nicholas J. Aquilano, *Production and Operations Management*, 7th ed. (Chicago, Irwin, 1995), pp. 205-209。

案例思考题

1. 总结芝加哥第一国家银行（FNBC）质量之旅中每一个里程碑式的工作。
2. 是什么使得 FNBC 在服务业中谋求领头羊的地位？
3. FNBC 怎样把自己与其竞争者区别开来？
4. 服务业的质量表现在哪几个方面？FNBC 是怎样判断这几个方面的？
5. FNBC 质量工作对成本和顾客留置的影响表现在哪些方面？
6. FNBC 在它的质量工作中运用了哪些 TQM 原则？
7. 请对 FNBC 的质量工作的方法、部署和总体的结果做一评价。

参考文献

1. Babakus, Emin, and Gregory W. Boller, "An Empirical Assessment of the SERVQUAL Scale," *Journal of Business Research*, vol. 24 (May 1992), pp. 253-268.

2. Carman, James M., "Consumer Perceptions of Service Quality: An Assessment of the SERVQUAL Dimensions," *Journal of Retailing*, vol. 66 (spring 1990), pp. 33-35.

3. Garvin, David A., *Managing Quality* (New York, The Free Press, 1988).

4. Garvin, David A., "Competing on the Eight Dimensions of Quality," *Harvard Business Review* (November-December 1987), pp. 101-109.

5. Haksever, Cengiz, Ronald G. Cook, and Radha Chaganti, "Applicability of the Gaps Model to Service Quality in Small Firms," *Journal of Small Business Strategy*, vol. 8, no. 1 (spring 1997), pp. 49-66.

6. Hart, Christopher W. L., "The Power of Unconditional Service

Guarantees," *Harvard Business Review* (July-August 1988), pp. 54 – 62.

7. Hart, Christopher W. L., James L. Heskett, and W. Earl Sasser, Jr., "The Profitable Art of Service Recovery," *Harvard Business Review* (July-August 1990), pp. 148 – 156.

8. Lovelock, Christopher H., *Services Marketing*, 3rd ed. (Upper Saddle River, NJ, Prentice Hall, 1996).

9. Mels, Gerhard, Christo Boshoff, and Deon Nel, "The Dimensions of Service Quality: The Original European Perspective Revisited," *The Service Industries Journal*, vol. 17, no. 1 (January 1997), pp. 173 – 189.

10. Nelson, Kent C., "Quality in a Service Organization: Beyond Grand Gestures," *Executive Speeches* (August-September 1995), pp. 11 – 14.

11. Oliver, Richard L., "A Conceptual Model of Service Quality and Service Satisfaction: Compatible Goals, Different Concepts," in T. A. Swartz, D. E. Bowen, and S. W. Brown (eds.), *Advances in Services Marketing and Management: Research and Practice*, vol. 2 (Greenwich, CT, JAI Press Inc., 1993), pp. 65 – 85.

12. Port, Otis, "The Baldrige's Other Reward," *Business Week* (March 10, 1997), p. 75.

13. Technical Assistance Research Program Institute (TARP), *Consumer Complaint handling in America: An Update Study*, Parts I and II (Washington, DC, TARP and U. S. Office of Consumer Affairs, April 1986).

14. Zeithaml, Valarie A., A. Parasuraman, and Leonard L. Berry, *Delivering Quality Service: Balancing Customer Perceptions and Expectations* (New York, The Free Press, 1990).

第12章补遗
全面质量管理的工具与方法

S12.1　本章概述
S12.2　"计划—试行—研究—执行"循环
S12.3　TQM 的工具
S12.4　过程控制图
S12.5　本章提要
练习题
案例 S12—1　《莫里斯敦每日论坛报》

S12.1　本章概述

实施全面质量管理（Total Quality Management，TQM）需要管理者长期的努力和辛勤的工作。正如我们曾经在本书第12章中指出的那样，这里没有什么秘方，也没有实施 TQM 的"一定之规"。每一个企业必须建立自己的模型来满足自身的需要，支持企业发展战略。然而，可以依靠现有的几种行之有效的工具和方法来成功地实施 TQM。在本章补遗中，我们将讨论几种应用最广泛的工具和方法。

S12.2　"计划—试行—研究—执行"循环

大多数 TQM 的基本流程被称为休哈特（Shewhart）循环，或是"计划—试行—研究—执行"（PDSA）循环（如图表 S 12—1 所示）。

计划（plan）　循环的第一步是收集数据，研究需要解决的问题和需要改进的流程。要深入地了解问题，这一步是不可或缺的。接下来，要制定一个计划来解决问题或者是改善目前的环境。然后是确定目标，并制定测算成果的标准。

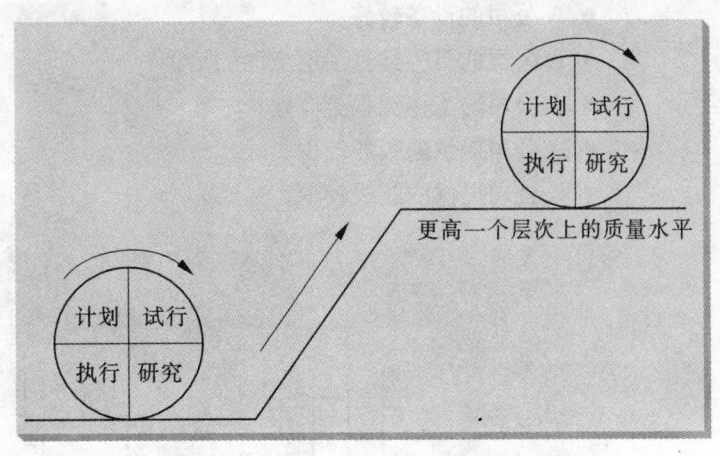

图表 S 12—1　The Shewhart (PDSA) 循环

试行（do）　这是指在实验室中，或者小范围内（比如在企业的一个分支机构或者在一个小单位中）实施计划。收集实施结果的相关数据。

研究（study）　对数据进行评价。对照标准来研究结果，判断是否实现了预期的目标。

执行（act）　如果试行阶段取得了想要的结果，就把解决的办法标准化，并把它应用到整个系统中。如果结果还达不到标准，就对计划进行修订，然后重复前一过程。如果计划成功，就应该在一个新的水平（已经成为标准）上开始新的循环，如此循环往复。

S12.3　TQM 的工具

在制造业提高质量的多年进程中，人们提出了一系列简单的、但行之有效的图解工具。它们大多数都很简单、直观，几乎任何人都可以学习和使用。这些图解工具对于服务业的质量提高来说同样有效。由于它们简单、适应性广，所以在全世界都得到使用。本节中，我们将讨论其中的 7 个，它们有时被合并称为 "7 大工具"（magnificent seven）。

直方图（histograms）　直方图是用图形表示汇总所收集的数据的工具。一个大的数据组合可以汇总在一起显示频数分布，用以判断分布模式、趋中度和变异度等，还可以为将来的数据处理提供基础。按照频数分布也可以绘制变量的直方图，或是按照对账单（check sheets）绘制属性（比如投诉种类）的直方图。图表 S 12—2 显示了两家假设的航空公司打扫飞机，准备再次飞行所需的时间的直方图。从直方图可以看出，A 公司的服务差异比 B 公司的小。可能的原因是：

- A公司的设备较好；
- A公司的员工经过了更全面的培训；
- A公司的工作流程更有效；
- A公司提供的服务较少；
- A公司提供的航线较少。

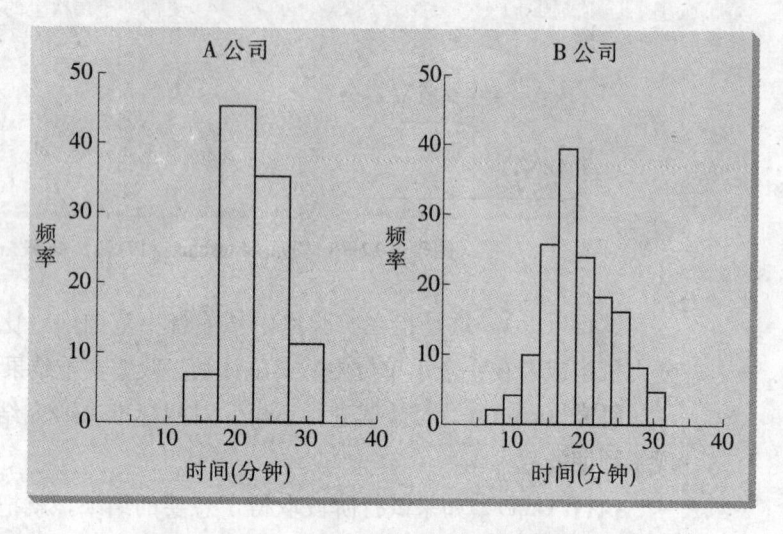

图表 S 12—2　两家航空公司清扫服务所需的时间

既然已经发现 B 公司在服务的差异性上存在问题，我们就可以利用因果关系图调查可能的原因，或者是用对账单收集更多的数据。

流程图（flowcharts）　流程图是由图形符号组成的，这些图形符号再用线段连接起来。它们的目的是，表示在一个机构中的行为、操作、任务、物资流动、数据/信息流动、人员流动和逻辑流动，或者是权力流动的顺序安排。在服务、流程的设计和描述过程中，流程图的用途很广。在本书第 8 章中讨论过的服务蓝图就是流程图的一个例子。流程图的形式很多，最常见的是过程图。此类图在尝试提高质量的工作中非常有用，因为它们能帮助我们更好地理解我们试图改进的过程。

在制定和描述如何将投入变成商品或服务的产出的系统这一工作中，流程图是一种主要的工具。它提供了关于转换过程中的两种必不可少的信息：(1) 在提供服务时，在原材料、信息和人力上所做的工作；(2) 每一道工序之间的关系。所谓关系指的是各道工序之间的顺序，哪一道工序先做，哪些工作可以同时做，在做哪一道工作之前必须先完成哪一道工作等等。

对于流程图来说，通常用 5 个标准图示来描述流程：(1) 操作；(2) 运输；(3) 检测；(4) 存储；(5) 等候（如图表 S 12—3 所示）。图示可以用来跟踪产品流、顾客流和信息流。图表 S 12—4 描述的是贷款申请和批准过程的一个例子。在这个例子中，用图示说明了关于某一个顾客的

第12章补遗 全面质量管理的工具与方法

信息的流动和书面材料的流动。

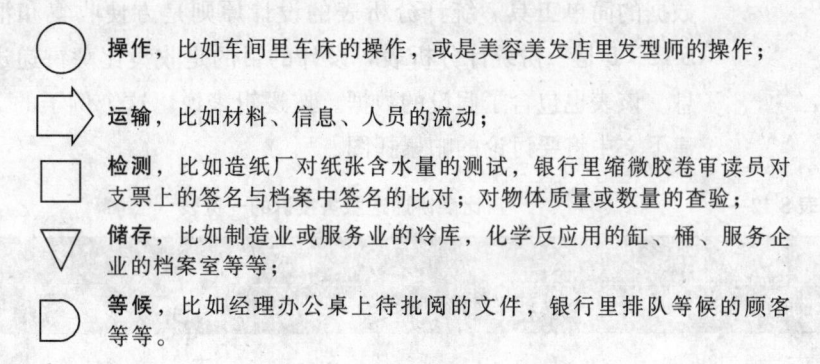

○ **操作**，比如车间里车床的操作，或是美容美发店里发型师的操作；

▷ **运输**，比如材料、信息、人员的流动；

□ **检测**，比如造纸厂对纸张含水量的测试，银行里缩微胶卷审读员对支票上的签名与档案中签名的比对；对物体质量或数量的查验；

▽ **储存**，比如制造业或服务业的冷库，化学反应用的缸、桶、服务企业的档案室等等；

⌓ **等候**，比如经理办公桌上待批阅的文件，银行里排队等候的顾客等等。

图表 S 12—3　流程图的符号

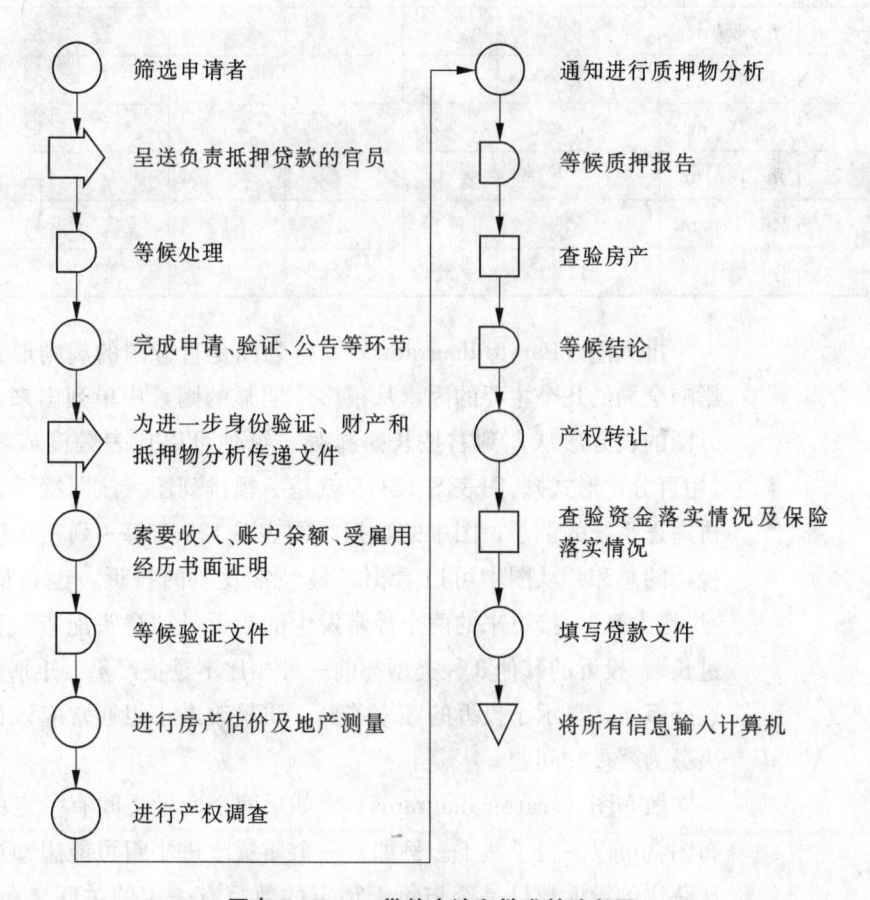

筛选申请者
呈送负责抵押贷款的官员
等候处理
完成申请、验证、公告等环节
为进一步身份验证、财产和抵押物分析传递文件
索要收入、账户余额、受雇用经历书面证明
等候验证文件
进行房产估价及地产测量
进行产权调查

通知进行质押物分析
等候质押报告
查验房产
等候结论
产权转让
查验资金落实情况及保险落实情况
填写贷款文件
将所有信息输入计算机

图表 S 12—4　贷款申请和批准的流程图

流程图所包括的数据往往还有客户或物品移动的距离、处理客户或物品所需的时间和客户或物品的等待时间。这些增加的信息帮助管理者分析某一种操作顺序的有效性。有时候，从流程图中还可以识别出应该减少、合并、重新排序或者是简化的工序。流程图也往往被用来叠加在服务设施的施工图纸上，帮助改善设施的布局，减少瓶颈。

统计分析表（check sheets） 统计分析表是收集与问题或投诉相关的数据的简单工具。统计分析表的设计原则是方便收集和汇总数据。图表 S 12—5 是一份统计分析表，设计的目的是收集比萨饼递送服务的投诉信息。该表也包含了假设的数据。按逻辑来说，这个例子的下一步应该是构建下文中将要讨论的帕累托图。

图表 S 12—5   比萨饼递送服务投诉的一览表

日期	时间	递送时间过长	冷比萨	浇头配错	规格不符	烘烤太嫩	烘烤太焦	合计
周一	4—5p.m.			3	1	5		9
	5—6p.m.	1	2	1			1	5
	6—7p.m.	5	1	3		3		12
	7—8p.m.	2		1		2		5
	8—9p.m.			2				2
	9—10p.m.					0		
	10—11p.m.	3		2	1	5		11
	总计	11	3	12	2	15	1	44

排列图（Pareto diagrams） 排列图是直方图的规则形式，它试图把影响全局的几个主要的因素从很多不明显的因素中单列出来。排列图将直方图的长方形从左到右按长短排列。纵轴可以代表频度或者是相对频度（用百分比形式）。图表 S 12—6 就是一幅排列图。该图继续说明，在比萨饼递送系统的例子，图中的数据是图表 S 12—5 每一列相加所得到的各类投诉的总和。从图中可以看出，最经常发生的投诉，也是最严重投诉是"烘烤太嫩"。接下来的两个经常发生的投诉是"浇头配错"和"递送时间过长"。投诉的其他 3 种类型与前三种相比不是很严重。矩形的顺序强调了这一事实，显示了投诉的频率差异。质量改进小组通常应该首先关注并解决最为严重的问题。

散布图（scatter diagrams） 如果两个变量之间有一定的关联，用散布图就可以一目了然了。例如，一个质量改进小组可能想知道对未烤熟的比萨饼的投诉数目是否与每天预定的数目有一定的关联。在这个例子中，每天预定的数目由横轴表示，投诉的数目由纵轴表示。如果散布图能够显示其成正相关，那么用回归方法就可以编制出一个正式的模型。（如图表 S 12—7 所示）。

因果关系图（cause-and-effect diagrams） 因果关系图是由日本质量专家石川馨（Kaoru Ishikawa）提出来的，也称为鱼骨图。它们是帮助质量改进小组致力于寻找相关问题原因的有效工具。该图有一条连

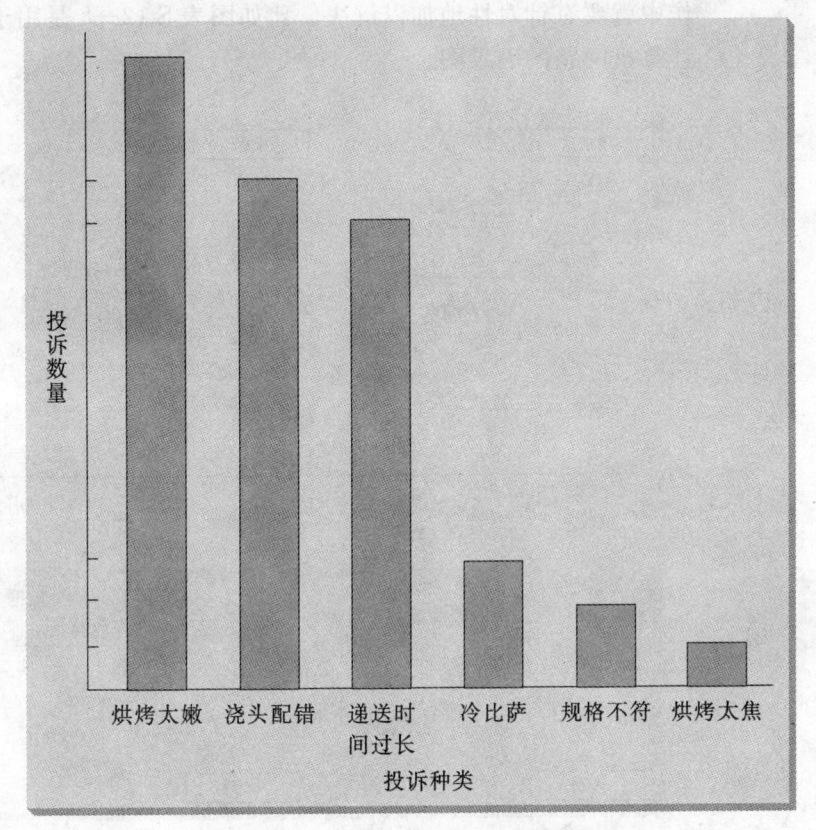

图表 S 12—6　关于比萨递送服务的排列图

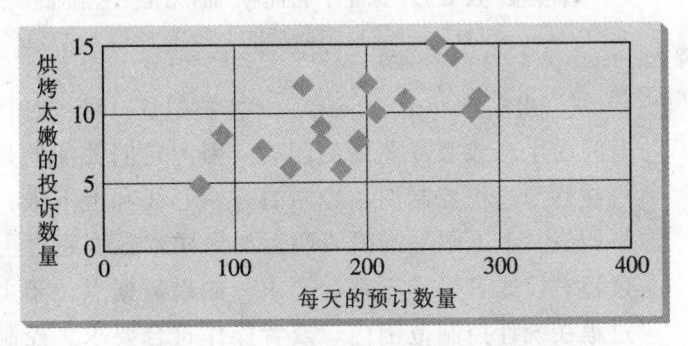

图表 S 12—7　关于比萨饼递送服务的散布图

接"结果"（就是问题）的中心线，也称之为"脊椎线"，另外还有与脊椎骨相关联的几个可能的主要原因的种类。大多数质量问题的原因可以归纳为几个大类，例如人员问题、设备问题、方法问题、材料问题、流程问题和环境问题，有时也会归纳针对某一问题的一些具体原因。然后，在自由讨论的会议上，再寻找每个大类中的次要的原因，以及次要原因的次要原因，如此等等。会议之后，要检查图形中的每一项，如果它不是导致问题产生的原因，就排除它。对剩余的原因则要仔细研究，如果发现它们与"结果"之间有关联，在质量改进的工作中就要有针对性地加以解决。比如图表 S 12—8 是用于通过电话解决计算机问题的因果图。

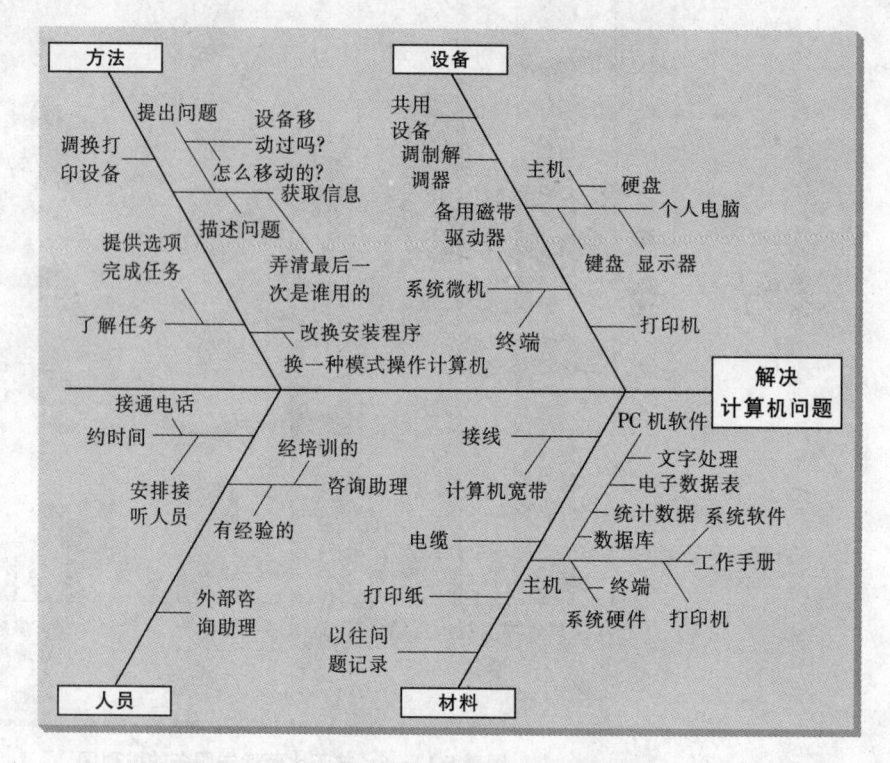

图表 S 12—8　通过电话解决计算机问题的因果图

资料来源：D. M. Levine, P. P. Ramsey, and M. L. Berenson, *Business Statistics for Quality and Productivity* (Upper Saddle River, NJ, Prentice Hall, 1995), p.76。

控制图（control charts）　控制图是一种统计图，是用来监控一段时间内生产或服务业绩的图表。因为它们关注的是工作的过程，所以也被称为过程控制图。控制图有中心线和上下限。中心线代表长期的平均值。上下限基准线表明，如果样本数据超过上限或下限就有可能过程失控或者操作不符合要求。如果数据点位于上下限之间，则表明过程在统计控制范围内，或者操作符合要求。控制图是保证优质和不断提高质量的最重要工具之一。正因为如此，我们将在下一节中详细叙述这种质量控制工具。

S12.4　过程控制图

在许多情况下，服务的生产和消费是同时发生的。这样，服务的提供者在把服务提供给消费者之前，就没有机会测试或监控服务的质量。所以本书在很多地方，尤其是在本书第 8 章中强调了服务的设计和服务的递送系统的重要性。也是在本书第8章中和其他许多场合，我们强调了服务员工在实现服务质量和顾客满意的过程中所起到的重要作用。创造优质和使顾客满意在服务业自有它的独特之处。它必须在设计服务和服务递送系统的同时就开始，也就是说要与挑选和雇佣理想的员工同步。雇佣理想的员工只是其中的一步——其后要对他们进行必要的培训、指导，然后授权，使他们尽力为顾客服务。

所有这些工作帮助服务企业在通向优质和使顾客满意的道路上前进了一大步。然而，在技术方面还要做许多事情去辅助这些工作。很多服务中有类似于制造业的活动和过程，比如银行里的支票清算工作、编制和邮寄银行对账单、在快餐店里准备饭菜和上菜、在医院实验室中检验血样、进行保险理赔以及航空公司安排上下飞机等等。这些工作流程（并非全部）是发生在后台的，是不为人所见的。但是，不管是在什么地方实施，它们都是服务递送系统的重要组成部分，没有它们就不可能有优质服务。

正是因为这些工作的本质与制造业有相似之处，所以这些工作和流程的结果是可以度量的，可以标准化的，也是可以控制的。有了这些背景，过程控制图在与标准对比时就显得更加有效。服务结果的数据会以如下的某一种形式出现：

- **可测量的数据** 例如服务所需要的时间或者是等候服务所花费的时间；
- **百分数** 例如商品损毁的百分比或者是顾客投诉的百分比；
- **可计算的数据** 例如报告中的字数，或者是保险理赔中错误的数目。

如果结果是一个变量（如果一个服务流程是可度量的），则使用第一类数据。如果结果是一种属性（服务工作中或有或无的特征），就使用其他两类数据。在本节中，我们要讨论所有这3种数据在控制图中的形式。

通常，在所有的工作流程中都有不同程度的变化。用以控制工作的控制图，意味着一段时间中服务流程得出的大多数样本的变量是随机的。当绘制控制图时，要运用小型服务企业样本的平均值（通常是5家，5个客户，或者是5个日的平均值），而不是单个的服务交互活动。单个的服务交互数据往往过于飘忽不定，难以看出趋势。绘制控制图的目的是帮助区分自然的（随机的）变量和指定变量。**随机变量**（random variations）或多或少会影响几乎所有的服务流程，它是可以被预测的。只要结果在特定的限度之内，就是可以接受的。

服务流程中的**归因变量**（assignable variation）往往可追查出与某一个特殊的原因相关。比如设备调试错误、员工过度疲劳或缺乏培训、程序更新等等，这些都可能归属于归因变量。控制图可以及时发现这些问题，然后帮助员工发现出现差错的原因。

变量控制图

两种类型的控制图，一个是采用样本平均值（$\overline{X}$），另一个是采用范围（R），都可用于通过连续值测量来监控过程。例如，这些控制图可以用于控制为顾客提供服务的时间，或者用于控制顾客在接受服务之前等待的时间的长度。$\overline{X}$图可以告诉我们平均的服务时间或者是等待时间是否发生了明显的变化。R图的值会显示顾客经历的服务时间或者等待时间的差异状况。在控制变量时，两个图总是一起应用的。

$\overline{X}$图

$\overline{X}$图的理论基础是**中心极限定理**（central limit theorem）。简单来说，这个法则是指，不管总体中所有的单位或者是服务项目的分布如何，$\overline{X}$（每一个值都从总体中提出的样本的平均值）的分布随着样本数量的增加，会趋向于一个正态曲线。令人高兴的是，即使 n 相当小（比如 4 或者 5），平均数的分布仍然会大致地服从正态曲线。众所周知，（1）$\overline{X}$分布的平均值称为（$\overline{\overline{X}}$）等于总体的平均值（称为 μ）；（2）样本分布的标准差 $\sigma_{\overline{X}}$ 等于 σ_X 除以样本规模的开方。也就是：

$$\overline{\overline{X}} = \mu \text{ 和 } \sigma_{\overline{X}} = \frac{\sigma_X}{\sqrt{n}} \tag{S12.1}$$

图表 S 12—9 表示了 3 种可能的总体分布，每一个都有自己的中值 μ 和标准差 σ_X。如果一系列随机样本（$\overline{X}_1$、$\overline{X}_2$、$\overline{X}_3$、$\overline{X}_4$ 等等），从每个中抽取 n 个样本，$\overline{X}_i$ 的结果分布会出现图示中的底图的形状。因为这是一个正态分布，所以如果过程中仅有随机变量时，我们可以说明：

1. 有 99.7% 的可能，样本平均值会落在 $\pm 3\sigma_{\overline{X}}$ 之间；
2. 有 95.5% 的可能，样本平均值会落在 $\pm 2\sigma_{\overline{X}}$ 之间。

换言之，如果控制图上的一点落在 $\pm 3\sigma_{\overline{X}}$ 以外，那么我们就有 99.7% 的把握说过程发生了变化；同样，如果控制图上的一点落在 $\pm 2\sigma_{\overline{X}}$ 以外，那么我们就有 95.5% 的把握说过程发生了变化。这就是控制图背后的理论。

在实际操作中，服务流程中的标准差是难以判断的，但是可以利用服务流程中的范围（range）来估计。所谓范围是指一个样本中最高值和最低值的差距。

$\overline{X}$图仅仅是在一个流程中采集样本的中值图。$\overline{\overline{X}}$是样本中值的平均

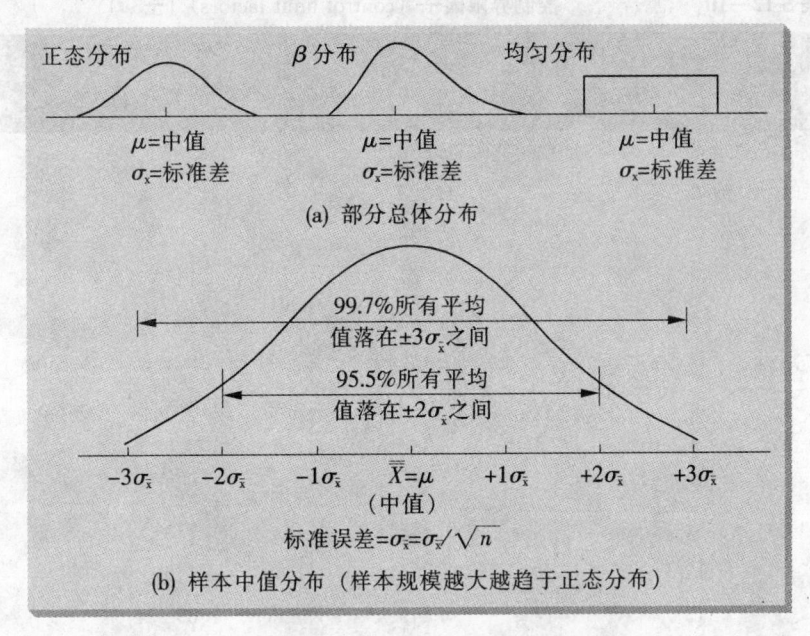

第12章补遗 全面质量管理的工具与方法

图表 S 12—9 总体和样本分布

值。我们用下面的公式为 $\overline{X}$ 图设置控制的上下限：

$$UCL_{\overline{X}} = \overline{\overline{X}} + A\overline{R} \quad \text{和} \quad LCL_{\overline{X}} = \overline{\overline{X}} - A\overline{R}$$

这里，

$\overline{\overline{X}}$ = 样本中值的平均值

$\overline{R}$ = 样本的平均范围

A = 从图表 S 12—10 中采集的因素，用以建立 $3\sigma_{\overline{X}}$ 控制上下限

$UCL_{\overline{X}}$ = 中值的控制上限

$LCL_{\overline{X}}$ = 中值的控制下限

$\overline{R}$ 图

除了关注流程的平均值以外，管理者们还会关注流程的差异性。即使流程的平均值在控制范围以内，流程的差异性也可能超出控制范围。支撑范围控制图的理论与流程平均值背后的理论是一样的。所建立的上下限限定了 ±3 个平均范围 $\overline{R}$ 分布的标准差。运用几个简单的假设，我们能为范围设置上下控制极限，如下所示：

$$UCL_R = B\overline{R} \quad \text{和} \quad LCL_R = C\overline{R}$$

这里

UCL_R = 范围的控制上限（也称上控制线——译者注）

LCL_R = 范围的控制下限（也称下控制线——译者注）

B 和 C = 图表 S 12—10 中的数值

图表 S 12—10　　　　　　控制界限因子（control limit factors）（±3σ）

相同规模 n	A（中值）	B（上限因子）	C（下限因子）
2	1.880	3.267	0
3	1.023	2.575	0
4	0.729	2.282	0
5	0.577	2.115	0
6	0.483	2.004	0
7	0.419	1.924	0.076
8	0.373	1.864	0.136
9	0.337	1.816	0.184
10	0.308	1.777	0.223
11	0.285	1.774	0.256
12	0.266	1.716	0.284
13	0.249	1.692	0.308
14	0.235	1.671	0.329
15	0.223	1.652	0.348
20	0.180	1.586	0.459
25	0.153	1.541	0.459

邮购业务的例子　邮购业务想要测试对于顾客的电话订购操作的反应时间。下面列出的是 5 个不同的订购要求过程的样本，每个样本有 4 个顾客订购的时间记录（单位：分钟）。我们将这个过程构筑 3 个标准差 $\overline{X}$ 和 R 控制图，然后确定是否有任何点不在控制之内。

样本	观察结果	样本均值 $\overline{X}$	样本范围 R
1	5　3　6　10	24/4 = 6	10—3 = 7
2	7　5　3　5	20/4 = 5	7—3 = 4
3	1　8　3　12	24/4 = 6	12—1 = 11
4	7　6　2　1	16/4 = 4	7—1 = 6
5	3　15　6　12	36/4 = 9	15—3 = 12
		$\sum \overline{X} = \overline{30}$	$\sum R = \overline{40}$

其中 $\overline{\overline{X}} = 30/5 = 6$

$\overline{R} = 40/5 = 8$

$UCL_{\overline{x}} = 6 + 0.729(8) = 11.832$

$LCL_{\overline{x}} = 6 - 0.729(8) = .168$

$\overline{X}$ 图见图表 S 12—11。

$UCL_R = 2.282(8) = 18.256$

$UCL_R = 0(8) = 0$

（由于每个样本所含抽样数 n 为 4，因此可从图表 12—10 中查出，n=4 时，中值为 0.729，上限因子为 2.282，下限因子为 0。——译者注）

R 图见图表 S 12—12。

从图表 S 12—11 和图表 S 12—12 可以看出，$\overline{X}$ 曲线和 R 曲线上的点都没有超出控制线。工作人员在工作中所耗用的时间都在合理的时间限制之内。

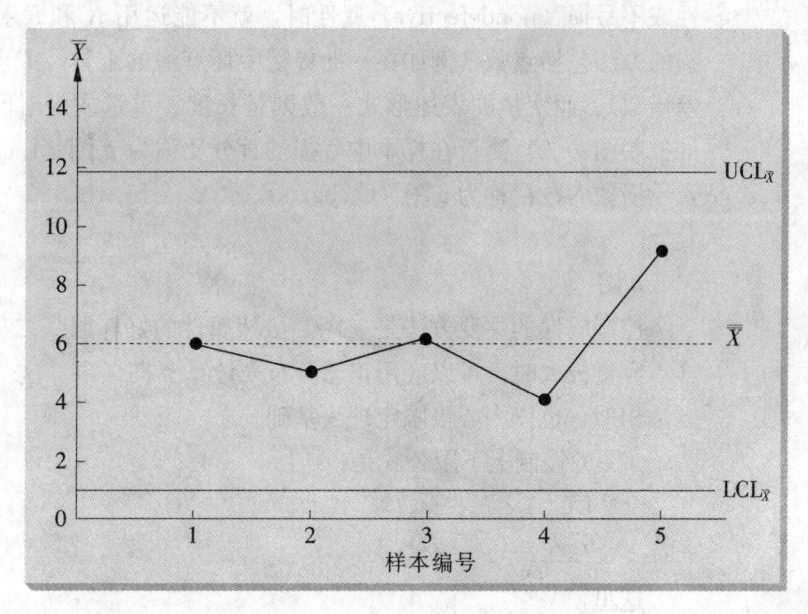

图表 S 12—11　工作人员反应时间的 $\overline{X}$ 图

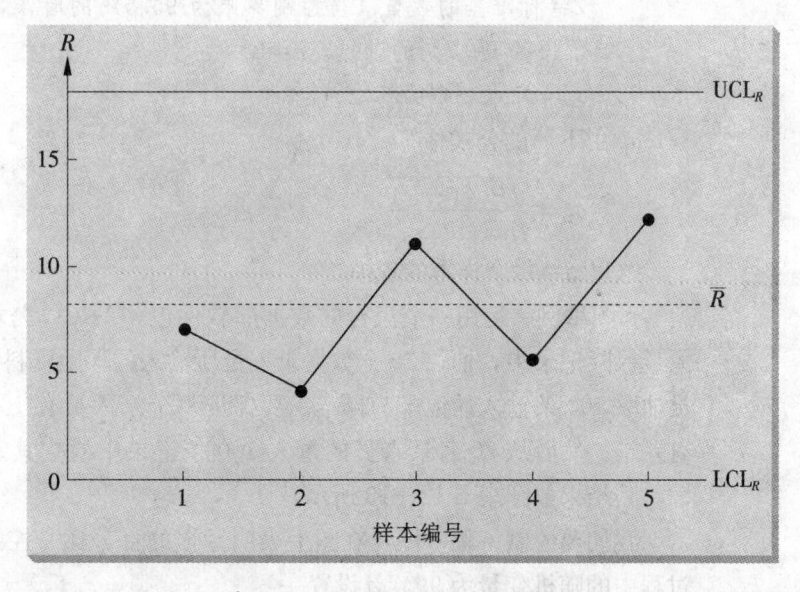

图表 S 12—12　操作员反应时间的 R 图

你能再举出几个例子，说明用这种方法度量服务质量吗？能否度量正确执行订购要求的百分比，或是每笔订购差错的百分比？对于此类质量评估，我们还需要两种控制图。

属性控制图（control charts for attributes）

如果我们对属性取样，而这些属性又按常规分为亏损（defective）属性或不亏损（nondefective）属性时，就不能运用 $\bar{X}$ 和 R 控制图。测试亏损的方法包括点数（例如在一批货物中坏灯泡的个数，或者数据录入中的差错数）。而变量的表述形式一般则是长度、重量或是时间。有两种属性的控制图：(1)测量在样本中亏损的百分比称为 p 图（P charts）；(2)清点亏损数的数目称为 c 图（C charts）。

p 图

控制属性的主要方法是 p 图。虽然属性的好坏服从二项分布，但是当样本容量极大时，可以应用正态分布来计算 p 图极限。这个过程与 $\bar{X}$ 图的方法相似，也以中心极限定理为基础。

p 图的控制上下限公式是：

$$UCL_P = \bar{P} + Z\sigma_p \tag{S12.2}$$

$$LCL_P = \bar{P} - Z\sigma_p \tag{S12.3}$$

这里，

$\bar{P}$＝样本中亏损的百分比中值；

Z＝标准差的数量（当控制界限为 95.5% 的时候，$Z=2$；当控制界限为 99.7% 的时候，$Z=3$）

σ_p＝样本分布的标准差

σ_p 由下面的公式估算

$$\sigma_p = \sqrt{\frac{\bar{P}(1-\bar{P})}{n}} \tag{S12.4}$$

这里 n＝每个样本的规模。

p 图举例 运用一个流行的数据库软件包，ARCO 公司从每天录入的大量保险记录中，抽取 20 个数据录入员所输入的保险资料记录。每个录入员抽取 100 条输入的记录为样本。要保证每个录入员有 100 条，这点不能有差错。然后从 20 名录入员的每人 100 条记录中检查其录入有差错的次数，其结果如图表 S 12—13 所示。

我们要绘制一幅 p 图，在图上表明亏损的百分比，控制界限则以控制过程中的随机变量为 99.7% 设置。

图表 S 12—13 数据录入差错

样本数量	错误记录	错误百分比	样本数量	错误记录	错误百分比
1	6	0.06	11	6	0.06
2	5	0.05	12	1	0.01
3	0	0.00	13	8	0.08
4	1	0.01	14	7	0.07
5	4	0.04	15	5	0.05
6	2	0.02	16	4	0.04
7	5	0.05	17	11	0.11
8	3	0.03	18	3	0.03
9	3	0.03	19	0	0.00
10	2	0.02	20	4	0.04
			总计	80	

N＝每个样本的规模＝100

$$\overline{P} = \frac{\text{全部错误的数目}}{\text{所有检查的总数目}} = \frac{80}{(100)(20)} = 0.04$$

$$\sigma_p = \sqrt{\frac{(0.04)(1-0.04)}{(100)}} \cong 0.02 \qquad (S12.5)$$

$$UCL_p = \overline{P} + \sigma_p = 0.04 = 3(0.02) \cong 0.10$$

$$LCL_p = \overline{P} - Z\sigma_p = 0.04 - 3(0.02) \cong -0.02 \text{ 或 } 0 \text{（因为得出结论不能是负的百分数）}$$

控制界限和亏损百分比已在图表 S 12—14 中标明。从中可以看出，只有一个数据录入员（第 17 号录入员）的差错超出了控制线。此外，研究 3 号和 19 号数据录入员的工作习惯也会很有意思。他们完全没有出差错，是因为他们工作缓慢，还是练就了一套异乎寻常的工作方法？

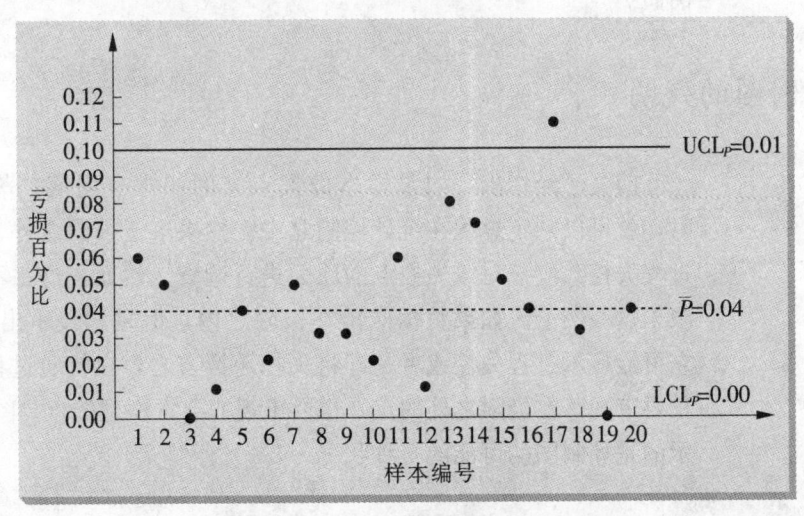

图表 S 12—14 数据录入的样本 p 图

c 图

在前一个例子中，我们数了数据库录入亏损。所谓有亏损的记录是指有差错的记录。然而一个有差错的记录可能包含若干个差错。我们用 c 图控制结果中每单位亏损的数目（即指前例中每笔保险记录中亏损的数目）。

亏损的控制图有助于监控一个过程，在该过程中会发生数目较多的潜在差错，但是实际发生的差错相对较少。差错可能是报纸中的印刷错误、桌面上的瑕疵，或者是快餐店中汉堡包里未放泡菜等等。

中值方差相等的**泊松概率分布**（Poisson probability distribution）是 c 图的基础。因为 $\bar{c}$ 是每单位亏损的中值，标准差等于 $\sqrt{\bar{c}}$。我们用下面的公式计算 99.7% 的控制界限：

$$\bar{c} \pm 3\sqrt{\bar{c}} \tag{S12.6}$$

c 图的例子 红顶出租汽车公司（Red Top Cab Company）每天收到对它们司机的几项投诉。在一个为期 9 天的时段内（这里，天是测试单位），业主收到愤怒的顾客的投诉电话为：3、0、8、9、6、7、4、9、8，总数为 54。

为了计算 99.7% 的控制极限，我们采用

$$\bar{c} = 54/9 = 每天 6 个投诉$$

这样

$$UCL_c = \bar{c} + 3\sqrt{\bar{c}} = 6 + \sqrt{6} = 6 + 3(24.5) = 13.35$$

$$LCL_c = \bar{c} - 3\sqrt{\bar{c}} = 6 - \sqrt{6} = 6 - 3(24.5) = -1.35 \text{ 或 } 0$$

在绘制出汇总数据的控制图并把它们放在司机的更衣室的显著的位置以后，投诉电话的数目降低到平均每天 3 个。你能解释其中的原因吗？

控制图的说明

前文已经指出，如果样本数据点（例如样本均值）落入控制界限中时，就可以判定过程在统计控制之中。如果落于极限之外，就可以认为是过程失控，应该对该失控点的原因进行调查。然而，这并不意味着调查仅限于这一例子。如果数据点落在极限之内，但是却显示出不平常的状况，它可能显示过程失控或者是即将失控。换言之，在检验过程控制图时，不仅要审视落在极限之外的点，也要审视非寻常模型的点。图表 S12—15 显示的是控制图的可能的几种状况。

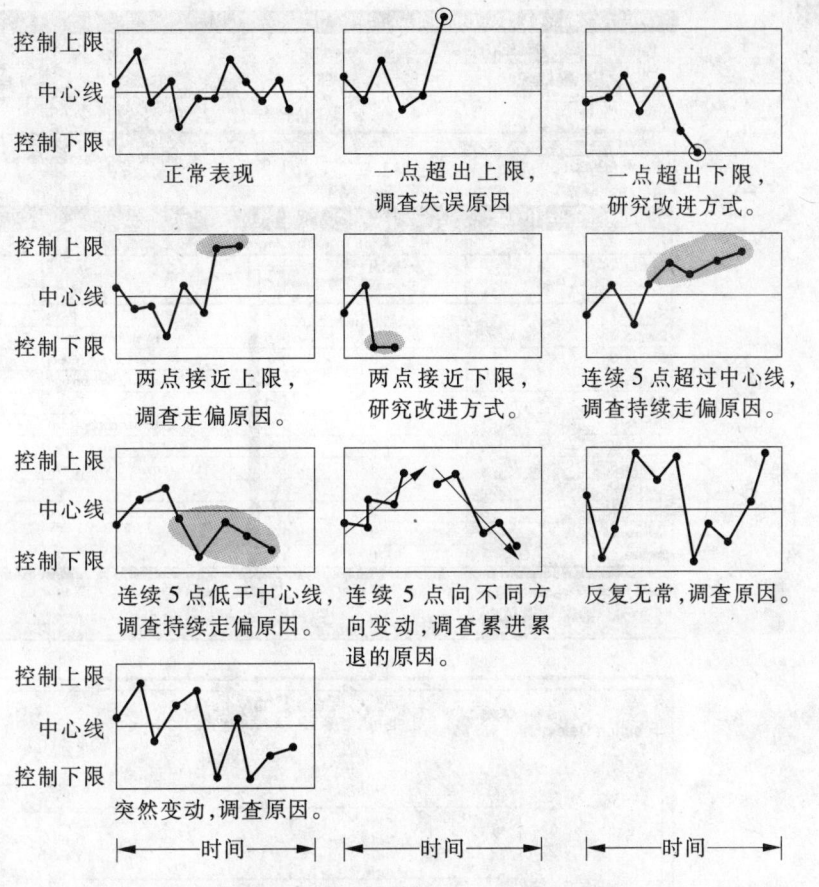

第12章补遗　全面质量管理的工具与方法　439

正常表现　　　　一点超出上限，　　　一点超出下限，
　　　　　　　调查失误原因　　　研究改进方式。

两点接近上限，　两点接近下限，　连续5点超过中心线，
调查走偏原因。　研究改进方式。　调查持续走偏原因。

连续5点低于中心线，　连续5点向不同方　反复无常，调查原因。
调查持续走偏原因。　向变动，调查累进累
　　　　　　　　　　退的原因。

突然变动，调查原因。

图表 S 12—15　各种状况的控制图

资料来源：Bertrand L. Hansen, *Quality Control*: *Theory* & *Applications*，© 1963，p. 65. Reprinted by permission of Prentice Hall, Inc., Upper Saddle River, New Jersey.

应用 POM for Windows 软件计算 SPC

POM for Windows 软件的质量控制模式有能力计算和绘制出本补遗部分所介绍的所有 SPC 控制图。图表 S 12—16 表明 POM for Windows 对于 ARCO 公司数据录入例子的计算结果。除了 P 图的有关计算结果，POM for Windows 会在一幅控制图中标出样本的散点，如图表 S 12—16 第 2 部分所示。另一个例子是图表 S 12—17，其中有红顶出租汽车公司的 C 图的极限和其他样本信息。

S12.5　本章提要

本章补遗提供了服务优质和持续改进的用途最广泛的工具和方法。大

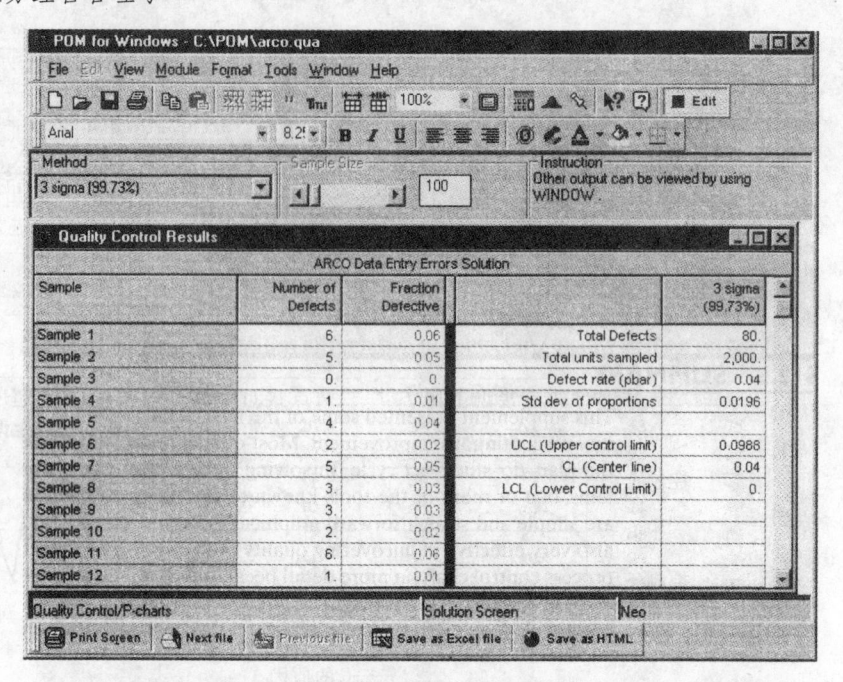

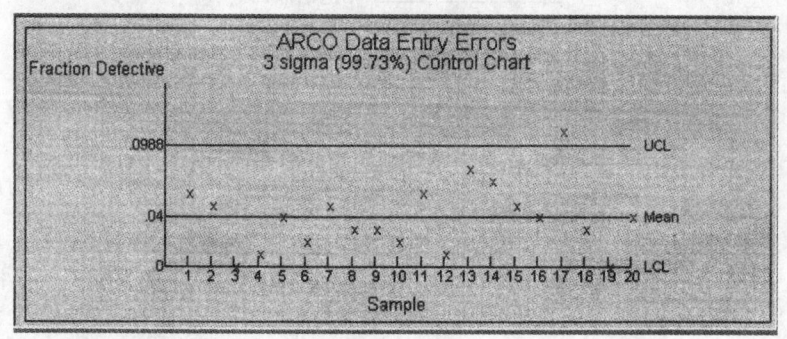

图表 S 12—16　POM for Windows 对 ARCO 公司数据录入差错计算结果

多数质量改进项目可以按照"计划—试行—研究—执行"循环去进行。解决质量问题和改进现存的服务系统时，可以运用一个或者多个被称作"七大工具"的方法。这些简单、直观的图形工具易学易用，对发现质量问题非常有效。对其中的一种方法（过程控制图）我们讨论得十分具体，因为它可以用于很多服务工作中。

过程控制图是一种质量控制方法，用以查明工作过程中不理想的结果的变化水平。X 图和 R 图一起应用来度量中心趋势的变化和过程的变化。从过程图中采集的一个样本的亏损百分比由 p 图来测量，c 图则用以帮助监控亏损的数目。

通过对工作的采样，记录一些数据（比如为顾客提供服务的时间、差错的数量、或者是对服务满意的顾客的百分比等等），服务人员可以掌握他们提供服务的质量。如果记录的数据落在预先设定的控制极限之外，或者观察到一个不平常的状况，就需要对原因做进一步的调查。

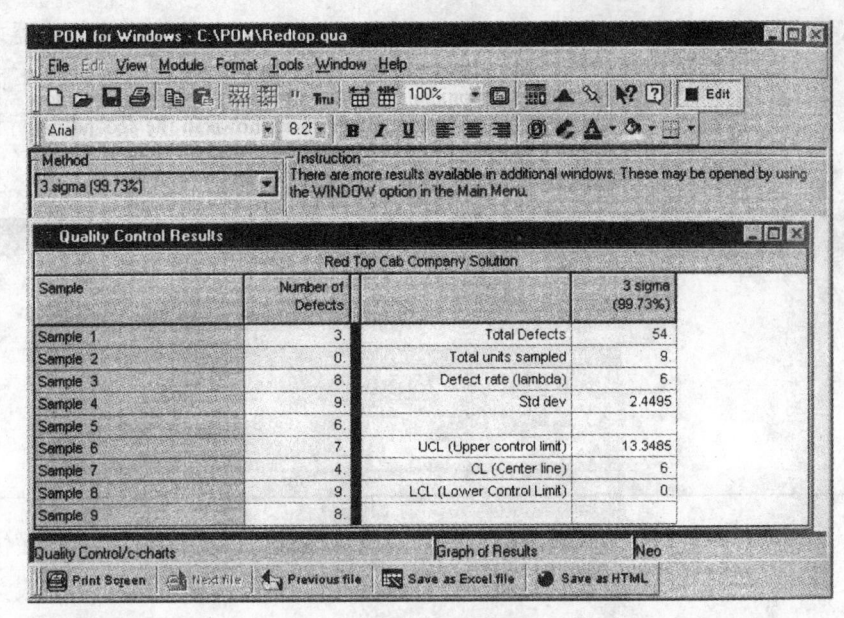

图表 S 12—17　POM for Windows 对红顶出租汽车公司样本的计算结果

练习题

S12.1　市政委员会要求地方警察局对市民的警务服务电话反应时间过慢的问题进行调查。警察局对过去 3 个月中，从分派员的每周日志中采集了对 5 个电话的反应时间（即 3 个月，12 周，每周 5 个电话——译者注）。运用下面提供的数据，给警务反应时间做个 $3\sigma \bar{X}$ 图和 R 图。然后，按其结果撰写一份给市政委员会的报告。按照报告的数据，你能想像出哪些可能的问题？对此问题还可以用运用其他的哪种方法？

样本	反应时间（分钟）				
1	4	12	63	10	20
2	30	8	16	5	26
3	53	32	10	15	24
4	5	2	17	20	9
5	18	25	4	7	10
6	6	5	10	30	5
7	8	4	27	12	10
8	4	16	4	42	16
9	8	33	15	6	13
10	10	20	27	23	5
11	17	32	4	42	27
12	12	5	16	20	50

S12.2　城市中的一个生意兴隆的餐厅日常一直在顾客的票上记录顾客来到餐厅的时间（指顾客进来找座位的时间）和每位顾客离开的时间

（指顾客结账的时间）。然后票被放在一个大的鱼碗型的容器之内，然后一周中每晚都抽出 5 位顾客的"就餐时间"作为样本。运用下面提供的上周数据，绘制出顾客就餐时间的 $3\sigma\overline{X}$ 图和 R 图。对其结果进行评价。餐厅怎样运用这些信息来控制它们的服务质量？

样本	在餐厅内的时间（分钟）				
1	20	35	62	43	75
2	50	38	72	92	24
3	44	36	75	54	25
4	90	48	32	71	46
5	27	52	17	68	39
6	54	39	49	35	65
7	79	53	65	72	90

S12.3 城市中某一个医院试图通过为患者及其亲属提供令人愉快的经历来改善自己的形象。"形象"工程包括提供既有利健康又色香味俱全的病号饭。伴随着每份病号饭，都有一份问卷调查，询问病人是否对饭菜满意等问题。在过去的 7 天中按每 100 个患者一个样本的抽样调查结果服从以下分布：

天	不满意的患者数量	样本规模
1	24	100
2	22	100
3	8	100
4	15	100
5	10	100
6	26	100
7	17	100

绘制一幅 P 图，标出对饭菜不满意的患者的百分比。在饭菜满意度中，设置控制界限为 99.7％的随机变量。并对结果进行评价。

S12.4 为了掌握对警务巡逻车和其他警务资源的分配，警察局收集市区各片犯罪事件发生的数据。该市被分为 10 个片，每片 1 000 人。上个月，每个片发生案件的数目报告如下所示：

治安片	犯罪案件
1	6
2	25
3	5
4	11
5	20
6	17
7	10
8	22
9	7
10	33

绘制一幅 P 图，标出每片的犯罪率。设置控制界限为 99.7% 的犯罪随机变量。是否有哪个片的犯罪率失控？你对警务资源的重新配置有什么建议？在你的分析中，还有哪些信息有价值？

S12.5 今年，学校的董事会试图评价全国的 5 所小学二年级推行的新的数学教学计划。在每个小学，标准化数学测试的学生成绩样本服从以下数据：

学校	测试差错的数目
A	52
B	27
C	35
D	44
E	55

绘制一幅 c 图测试差错，然后在测试成绩中设置控制界限为 99.7% 的随机变量。该图能说明什么问题？新的数学教学计划有效吗？应该让二年级的学生进入下一级的数学学习吗？

S12.6 每天随机对美国国税局（IRS）100 个"顾客"的电话咨询进行监控。记录下向顾客提供的信息有差错或者态度行为上有不合适（比如对顾客不礼貌）的次数。上周的数据如下：

天	不合适行为数目
1	5
2	10
3	23
4	20
5	15

绘制一幅标准差为 3 的 c 图，表示所发生的不合适的行为。这幅控制图对 IRS 的电话接线员的工作说明了什么？

案例 S12—1

《莫里斯敦每日论坛报》

1987 年 7 月《莫里斯敦每日论坛报》（*The Morristown Daily Tribune*）出版了它的首张报纸，直接与其他两家报纸——Morristown Daily Ledger 日报和 Clarion Herald 周报相竞争。目前，Ledger 日报是当地读者最多的报纸，总发行量为 3.85 万份。然而，《论坛报》（*Tribune*）自从发行以来，成功地打入了读者市场。它目前的总发行量超过了 2.7 万份。

《论坛报》的编辑威尔伯·赛克斯（Wilbur Sykes）把报纸的成功归功于报

道的准确、精辟的社论以及报纸把本地的、地区的、国内和国际的新闻条目合理地融合在一起。此外，该报还成功地得到了几家主要的零售商的支持，他们在报纸的广告版大做广告。最后，资深的记者、摄影师、技术编辑、排版人员、编辑和其他人员组成了一个"团队"，共同致力于提供最及时、精确的本地新闻报道。

对于报纸的印刷质量最关键的是精确地排版。为了保证最后的印刷质量，赛克斯先生决定推行一项管理方案，来监控一段时间内排版人员所做的工作。这样一个方案包括对结果选样、设定控制界限、把《论坛报》的精确性与同行业产品相比较以及不时地更新信息。

首先，赛克斯先生随机选择了过去12个月中出版的30张报纸。从每张报纸中随机选择100个段落，然后仔细阅读。记录每份报纸出错的数目，再判断每个样本中差错的比例。图表S 12—18表示了抽样的结果。

图表S 12—18　　　　　　　　30份报纸中差错的样本

样本	样本中的差错	差错所占的百分比(%)	样本	样本中的差错	差错所占的百分比(%)
1	2	0.02	16	2	0.02
2	4	0.04	17	3	0.03
3	10	0.10	18	7	0.07
4	4	0.04	19	3	0.03
5	1	0.01	20	2	0.02
6	1	0.01	21	3	0.03
7	13	0.13	22	7	0.07
8	9	0.09	23	4	0.04
9	11	0.11	24	3	0.03
10	0	0.00	25	2	0.02
11	3	0.03	26	2	0.02
12	4	0.04	27	0	0.00
13	2	0.02	28	1	0.01
14	2	0.02	29	3	0.03
15	8	0.08	30	4	0.04

资料来源：Written by Professor Jerry Kinard (Francis Marion College) and Joe Iverstine (deceased)。

案例思考题

1. 在控制图上标出差错总额的百分比（p）以及控制的上限和下限，使用95.45%的置信限度。
2. 假设行业的上、下限分别为0.100 0和0.040 0。将其标注在控制图上。
3. 将每一个样本的差错的百分比标出。所有的点是否都在企业的控制范围内？若某一个点落在控制线外，应该采取何种措施？

第13章
服务生产率及绩效评估

13.1 本章概述
13.2 生产率的含义
13.3 生产率的重要性
13.4 美国近期生产率增长减缓的原因
13.5 生产率的提升
13.6 服务生产率的提升
13.7 测定服务效率的数据汇总分析法
13.8 本章提要
讨论题
练习题
案例 13—1 黑兹尔公司
案例 13—2 Marriott 公司的空中服务部
参考文献

13.1 本章概述

全球发达国家的管理层所面临的最大的一个挑战就是提高脑力劳动者和服务从业人员的生产率。这种挑战将是今后几十年管理者面临的最重要的问题,并将最终决定一个公司的竞争力的大小。更为重要的是,它将决定工业化国家的社会结构以及生活质量。[1]

管理学家彼得·德鲁克(Peter F. Drucker)发表在《哈佛商业评论》(Harvard Business Review)上的一篇论文就是以上述这一段话开头的。也

---

[1] 见 Peter F. Drucker 著 "新生产率的挑战" (The New Productivity Challenge),载 Harvard Business Review (November-December 1991), pp. 69 – 79。

许，一些研究人员和从事管理的人员对德鲁克教授就服务生产率对社会的深远影响会有不同的看法。然而，大多数人还是会同意普遍提高生产率，特别是提高服务生产率的确是政策制定者和管理者所面临的最重要的问题。

本章的重点是讨论生产率这一重要的话题，特别是服务生产率以及服务机构对其工作情况的评估。首先要简单介绍生产率，接着讨论提升生产率对于国家的福利以及每一个个体（其中包括个人和私营机构）的重要性。我们还将讨论怎样提升服务生产率。最后我们将简要叙述评估服务机构效率的一个很有效的方法：数据汇总分析法。

13.2 生产率的含义

生产率表现了产出（包括商品、服务及各种工作成果）与创造这些产生的投入之间的关系。它表明了某一个机构将投入（例如资源）转化成产出的能力。该机构可以是提供某种商品或服务的实体，也可以是提供各种商品与服务的一个大经济体，比如一个国家。因此，生产率这个概念可以应用于某一个经济体、某一个行业（如航空业）、一个特定的组织机构或是这些经济单位的某一项经营活动。

生产率

所谓生产率，是指产出与投入之比：

生产率＝产出/投入

这个等式中的各个要素是以它们自然的实体单位来表示的。比如生产27英寸彩电的数量和为生产这些彩电所消耗的工时就属于这样的实体单位。但是，无论等式中分子部分代表的是商品还是服务，产出只能包含品质好的那一部分。换句话说，如果商品最终被发现有瑕疵或是服务由于第一次令人不满意而重来第二次，这都不应该包括在产出中。

生产率可以用单个的产出和单个的投入来计算，也可以用整体的产出与整体的投入来计算。大多数机构有许多种产出，而且投入也不止一种。产出通常用不同的单位来计量，所以它们必须要转化成一个共同的单位。同样，若是有多种投入，也需转换成一个相同的单位。人们通常是以美元来进行核算的。在实际操作中，产出与投入通常用加权指数来计算。[①]

只计算一种投入的生产率被称为部分生产率（partial productivity），

[①] 美国劳动部劳动力统计局（The Bureau of Labor Statistics of the U. S. Department of Labor）公布美国生产率测定方式，并研究美国生产率变化趋势。需要查找此类数据或计算方式请查阅劳动力统计局的出版物，如 A BLS Reader on Productivity (1996)，or their periodical, Monthly Labor Review 等。

例如仅用投入所消耗的工时、资金、千瓦小时电能，或其他相关的投入数量。比如劳动生产率代表的是每一个工时的产出量。值得注意的是，我们不能把整个结果都归因于劳动上，因为生产一个单位产品或是完成一项服务同样也需要其他的投入。

如果必须要从所有使用的相关投入中获取结果，就要用到多要素分析，或称总生产率测定。所谓总生产率，就是总产出与总投入的比率。显而易见，总生产率指标给我们提供了更多的信息。在协调各种投入时，该指标能够提供有用的信息，使得高层管理人员能做出一个有充分信息做后盾的决定。[1] 总生产率提高了，就表明一种或多种投入的减少。这里有必要提及的是，劳动生产率的改变不仅是劳动效率的改变，还有其他投入所带来的影响，例如为替换劳动力而投入的资金。换言之，劳动生产率的提高可能是因为用了更为高效或是更省人工的机器，这就是用资金去替换劳动力。由于测定总要素生产率（total factor productivity）时要考虑所有的投入，所以该生产率的变化就包括了所有投入的变化。

效率

与生产率相关的另一个概念就是效率。尽管有时人们会将生产率与效率这两个概念交换使用，但它们却是不同的。在前面我们已经提到，一个经济单位的生产率是产出与创造这些产出的投入之比。而效率表示的却是达到最佳的结果、预定的目标或是最好的运作状态。

效率的测定是实际产出与所有投入应得的最大产出的比率。或者说是必要的最小投入与产出所需实际投入的比率。同样，我们也可以事先设定最终的目标，比如产量、成本、收入、利润，然后将经济体的实际情况与这些预定目标相比较。[2] 生产率的测定从理论上说可以是任何一个正值，而效率则用百分数表示，它不可能大于1。而且，即使经济单位使用了不同的技术，生产率还是可以比较的。但是对于效率而言，它只能对使用同样的技术和投入，并创造同样的产出的经济体做比较。

13.3 生产率的重要性

生产率作为一个数字只有把时间概念考虑进去的时候才有意义。也就

---

[1] 见 J. Jurison 著"生产率测定方法刍议"（Reevaluating Productivity Measures），载 *Information Systems Management*（winter 1997），pp. 30－34.

[2] 见 C. A. Knox Lovell 著"生产可能性曲线与和生产效率"（Production Frontiers and Productive Efficiency），载 Harold O. Fried, C. A. Knox Lovell, and Shelton S. Schmidt (eds.),《生产效率的测定：方法与应用》（*The Measurement of Productive Efficiency: Techniques and Applications*），(New York, Oxford University Press, 1993), p. 4.

是说，生产率只有在将其与一定的时间跨度中发生的变化一起考虑时才有意义。显然，我们想得到的这种变化就是生产率的提高。同样，用生产率来比较两个机构也是有意义的。在这一节中，我们将讨论生产率与一些经济指标的关系。[①]

- **生活水平** 从国家水平角度看，劳动生产率经常被用来作为生产率的衡量标准。这种生产率计算了经济体中私营经济所提供的所有商品和服务。而投入则计算了私营经济中所耗费的工时。劳动生产率被视为一个国家中生活水平的指数。随着时间的推移，生产率的转变就被用来衡量该国生活水平是否提高了。

  从长远的角度看，对于一个国家人民的福利来说，可能没有什么比稳步增长的生产率更为重要的了。生产率的提高就意味着一个国家的人民有更多的商品和服务可以去消费。这同样也说明，如果其他条件不变，这些服务与商品的价格就会降低。因此，社会的总体状况会得到改善。虽然有一定的时滞（lag）现象，但生产率的增长通常都会带来工资的增长。换一种角度来看，如果生产率增长速度连续几年不及其他国家的话，这个国家将面临相对较低的生活水平（尽管这并不是绝对的）。

  生产率提高对我们的切实影响，要从长期观察中才能把握。每年的生产率增长通常都仅限几个百分点，但是年复一年，这样的影响从长远看就会变得十分巨大。图表13—1是16个工业化国家1870—1979年生产率的增长变化，从中我们就可以看到这种影响。

- **成本与竞争力** 生产率的提高降低了成本，使得一国在国际贸易中具有竞争力。公司的成本与竞争力的关系也是如此。

- **通货膨胀** 生产率与通货膨胀有着直接的关系。生产率的提高会降低价格增长的水平，而价格增长就是通货膨胀。

- **失业** 生产率的增长有时被认为是失业增加的罪魁祸首。当生产率提高时，在短时期内有些职工将离开他们原来的工作岗位。然而，没有确切的证据表明，从长远的角度看，生产率的提高会引起失业。

- **社会福利事业** 生产率的增加同样使得政府部门有可能去落实一些扶贫政策，为老年人提供服务，并对教育、文艺、环境保护事业进行投资，或是为人民提供更多便利，为国家的福利方面做出更多工作。

[①] 这一节的资料来自于两个方面。一个是经济发展委员会（Committee for Economic Development）的《未来国家经济的金钥匙：生产率政策》（*Productivity Policy: Key to the Nation's Economic Future*），（New York, Committee for Economic Development, 1983），pp. 23-29；另一个是W. J. Baumol, S. A. B. Blackman, and E. N. Wolff所著《着眼生产率和美国领导地位乃长远之计》（*Productivity and American Leadership: The Long View*），（Cambridge, MA, MIT Press, 1989），pp. 9-27。

图表 13—1　1870~1979 年 16 个工业化国的生产率的增长变化（人均国内生产总值）

国　家	人均实际 GDP 增长（%）	每工时实际 GDP 增长（%）	出口增长（%）
澳大利亚	221.0	398.0	——
英　　国	325.0	585.0	930.0
瑞　　士	472.0	830.0	4 400.0
比 利 时	411.0	887.0	6 250.0
荷　　兰	423.0	910.0	8 040.0
加 拿 大	754.0	1 050.0	9 860.0
美　　国	691.0	1 080.0	9 240.0
丹　　麦	650.0	1 090.0	6 750.0
意 大 利	493.0	1 220.0	6 210.0
奥 地 利	642.0	1 260.0	4 740.0
德　　国	1 396.0	1 510.0	3 730.0
挪　　威	872.0	1 560.0	7 740.0
法　　国	694.0	1 590.0	4 140.0
芬　　兰	1 016.0	1 710.0	6 240.0
瑞　　典	1 084.0	2 060.0	5 070.0
日　　本	1 653.0	2 480.0	293 060.0

资料来源：见 William J. Baumol, Sue Anne Batey Blackman, and Edward N. Wolff 著《着眼生产率和美国领导层乃长远之计》(Productivity and American Leadership: The Long View)（Cambridge, MA, MIT Press, 1989）, p.13。

- **资源保护**　经济的增长意味着，会有更多的商品和服务产生。这就意味着，对自然资源的使用量增长，这样就增加了对环境的不利影响。然而，如果产出的增加是生产率提高的结果，那么资源的使用就会减少，对环境的不利影响也将降低。

13.4　美国近期生产率增长减缓的原因

1966—1980 年期间，美国出现了生产率增长减缓的态势。这样的减缓甚至比 1973 年还要糟糕。举个例子，1950—1973 年生产率的年平均增长率是 2.8%，而 1973—1979 年这个增长率只有 0.9%。在同一时期，美国的生产率增长不仅减缓，而且比其他一些工业化国家，诸如日本、德国、瑞典、法国和意大利都低。如果这种情况还要持续下去的话，这样的不足从长期看就意味着失去竞争力，同时生活水平也将恶化。当然，企业界的领导者和政策的制定者们都十分关心这些发展的问题。据进一步分析，这种生产率增长的减缓是暂时的、短期的现象。[1] 也就是说，美国长期的生产率增长并没有跌破历史水平。但是要强调的是，这种由于生产率增长减缓而给大众带来的损失，其影响确实是存在的，而且也难以保证美国的生

---

[1]　不妨看一下 Baumol, Blackman 和 Wolff 在《着眼生产率和美国领导地位乃长远之计》(Productivity and American Leadership: The Long View)，一书中特别是第一章和第四章中的讨论。

产率及其增长的历史水平能保持得住。

增长减缓与如下一些主要原因有关:[1]

- **资本聚集速度减缓** 在投入建厂和购置固定资产方面的资本聚集速度从1966年开始减缓。更重要的是,工人的人均资本投入增长率也从1973年后开始减缓。与其他的工业化国家相比,美国工人平均拥有的固定资产较少。
- **劳动力构成发生变化** 女性参加劳动的数量增加,相对的年青工作者的数量也增加了。与原有的劳动力相比,这些新加入者缺乏工作经验,然而这些新加入者的总体受教育的水平比较高,这可以算作是一个正面因素。
- **研究开发费用投入减少** 据估计,生产率增长的减缓有10%的原因是因为对研发工作(R&D)投资增长的减缓。而研发工作是降低成本和技术创新的重要保证。
- **产出构成发生变化。** 产出构成的比例中服务的成分增加了,但是提供服务所带动的生产率的增长不及制造产品所带动生产率的增长来得快。
- **能源的供给与成本发生了变化** 许多研究者都认为,能源价格的明显增长,特别是始于20世纪80年代的石油价格上扬,对生产率的增长有负面影响。
- **政府对企业的要求发生变化** 从总体上看,政府的规制对生产率的增长有负面影响。因为政府部门需要的书面材料增加了,这干扰了管理者的正常工作,延长了新投资项目的回报期,并且对未来增加了不确定的因素。
- **经济周期性要素的影响** 一些经济学家认为,1966—1980年生产率增长的减缓是因为经济周期性发展的原因。他们提出,生产率增长趋于减缓是因为它正处于经济扩张时期的末尾或是经济萧条期,当下一轮经济扩张开始时生产率仍会快速增长。

各种领域的研究者所获得的统计资料或多或少地证明了上述分析的正确性。当然还有其他一些原因可以用来解释经济增长的减缓。比如企业高级管理人员为了短期的业绩而对资源的无节制占有;企业中鼓励规避风险而不是鼓励创新的酬报制度,也导致了企业家精神的丧失;通货膨胀产生的不确定性,消耗了管理者的时间和精力,使得投资成本上升;为解救资金发生困难的国内企业,政府目光短浅地实施了过多的保护措施,这使得

---

[1] E. N. Wolff 著 "美国近期生产率下降的幅度与起因:最新研究与调查"(The Magnitude and Causes of the Recent Productivity Slowdown in the United States: A Survey of Recent Studies),载 W. J. Baumol and K. McLennan (eds.)《生产率增长与美国的竞争力》(*Productivity Growth and U. S. Competitiveness*)(New York, Oxford University Press, 1985), pp. 29-57.

管理者不是更多地去考虑如何提高生产率，如何创新；小型企业的融资困难；工会扮演了负面角色，尤其是抵制变革。[①]

13.5 生产率的提升

生产率受到许多因素的影响。若要持续地提升生产率，在众多因素中首先就要通过发展技术来减少在提供商品和服务时所需要的劳动力，或者在不增加劳动力投入的情况下增加产出。另一个对于提高生产率，对长期和短期两方面都有影响的重要因素就是生产活动的组织和管理。然而，除了这些因素外，影响生产率变化的还有社会基本的价值观和习俗。因为是这些价值观和习俗"影响着人们的工作态度，储蓄与投资倾向，以及对创新、风险、科技进步带来的变革等等的接受程度……。值得一提的是，一个民族及其领袖人物的价值观将会决定科技发展的步伐，并左右直接影响生产率发展的种种要素。"[②] 例如，在一个竞争激烈的私营企业环境里，企业为了生存会有强烈的愿望去提升生产率。在这么一个环境下，企业会从事研究与开发，会探索革新，并为尝试新的设想和技术而承担风险。所有这一切都会提高生产率和盈利能力。中央和地方政府的行为也会对企业的生产率产生很大影响。政府如果鼓励对于研发和新技术的投资，其结果往往是私营企业生产率的提高。

很自然，企业生产率提高的水平会推动国家水平的提高。通过引入新技术和对原有技术的革新，会对企业生产率的提高产生长期的影响。经济规模的扩张也会带来生产率的提高。随着企业的发展，其生产资源（例如机器、设备、劳动力等等）都会增长，并且趋于专门化。生产能力的增长并不意味着所有投入的同比例增长。例如，假设一个企业的生产能力提高了25%，在其会计部门供职的人员数量并不一定要增加25%。设备和职员的专门化也会使生产率提高，这是因为专门化带来了产出的增加。

短期的情况变化同样也会影响生产率。由于需求的周期性、季节性或临时性的波动，一个企业、一个行业的生产率都会受到影响。然而，一个企业如果改进了工作方法或管理手段，在短期内其效率则会有明显的提高。一般来说，管理者和劳动者之间如果有良好的工作关系，具有共同的工作目标，就能为提高生产率提供一个很好的工作环境。投资于

[①] 见美国经济发展委员会（Committee for Economic Development）发表的《未来国家经济的金钥匙：生产率政策》(*Productivity Policy: Key to the Nation's Economic Future*)（New York, Committee for Economic Development, 1983), p.31。

[②] 见 J. W. Kendrick 著《提高公司生产率》(*Improving Company Productivity*)，载 Baltimore, Johns Hopkins University Press, 1984), p.13。

开发劳动力资源总是有助于提高生产率。为提高生产率，最有效的人力资源开发不外乎培训工人正确的劳动技能、端正他们的工作态度、采取多劳多得的工资制度、提供诱人的福利、给予适当的训练和教育让他们得以发挥出最大的潜能以及激励他们创造佳绩等等。把职工组织起来，采用分级负责制，都有助于鼓励职工自己去解决问题，并为改进生产方法提出建议。职工们往往是能为改善工艺流程，减少失误和浪费提出建议的最理想的群体。

对于制造业，另一个能提高生产率的因素就是新产品的引进和开发。根据学习曲线效应（learning curve effect）的原则，生产率的增长在新产品起步阶段的速度要比其以后阶段快。[①]

总而言之，提高生产率主要还是依靠良好的管理。我们上面所列举的所有因素，除了文化、环境和政府行为外，都和管理有关。没有正确的管理方法和对策，生产率的增长将很难实现。

13.6 服务生产率的提升

显而易见，对于提高生产率这个问题而言，政策的制定者面临着很大的挑战，因为他们的决策会影响一个经济体的生产率的变化，也会影响到管理者的工作，而企业管理者们的决策又影响着本企业的生产率变化。而服务又可以说是一种特殊的挑战。这不仅是因为，要提高服务生产率非常困难，而且我们也很难去测定服务生产率，尤其是要去精确地测定它。在这一节中，我们将首先简单回顾服务生产率难以衡量的原因，接着我们将讨论服务业生产率的提高比制造业慢的原因，最后我们还将针对如何提升服务生产率提出建议。

服务生产率的测定

前面提到过，生产率是产出与投入之比。我们测定服务生产率最常用的一种方法就是用产出去除以总工时。所谓总工时是指所有人员用于创造一定的产出所用的所有时间。尽管这也不是一项轻松的工作，但是测定服务中劳动力的投入是相对直接的一种方法。然而，在某些服务行业中，测定产出是有一定困难的。困难来自于我们怎样定义劳动的产出。主要的困难在于：(1) 如何认定综合服务中的每一个要素；(2) 如何确定一个行业中产出的表现形式；(3) 如何计量顾客在一项服务供给中的作用；(4) 如

[①] 见 Kendrick 著《提高公司生产率》（*Improving Company Productivity*），p.15。

何认定服务的品质。[①]

1. **服务要素的认定。**许多服务都是由系列服务组成的,它们相伴相生。尽管不是完全不可能,但是通常我们很难把系列服务中的单个组成部分划分开来。例如,如果客户开立一个支票账户,银行会提供许多不同的服务。妥善保管资金、记账、做好票付工作(如支付账单),这都是一系列共同产生的服务,很难把它们割裂开来。

2. **服务产出形式的确定。**第二个问题源于服务的特性。服务只是一种表现形式,当一项服务完成以后通常看不到迹象,看不到产出。这样,对于测定项目的类型和测定的方式就成了一件十分棘手的事情。比如,在医疗保健方面,对于一个医院来说,测定的项目应当是被治愈病人的数量,这是合理的。但是这种产出测定并不容易,通常根本就没有这些数据。更进一步说,医院所做的一切不仅仅是为了治愈病人,有些医院的工作是以保持病人健康为目的的。有些医院可能只是诊断疾患,比如拍 X 光片、化验、做 CT 检查等等。一旦诊断工作完成,治疗工作就由另一家医疗单位去做了。医院同样还有其他工作要做,比如培养见习医生和护士。正因为这些困难的存在,在某些服务业中采用测定其他相关活动的间接测定法。同样是前面的一些例子,医院的产出可以用每日接诊的病人数量来代替;在银行,活期存款的量有时被当作银行产出(包括为顾客保管资金、记账、托收承付等等)的一部分,有时又被当作银行投入的一部分,因为这是银行资金的来源。

3. **消费者作用的计量。**消费者与许多服务的供给过程都有关系。这样的关系为服务生产率的测定至少设置了 3 个障碍:

第一,在有些服务中,消费者为服务的供给提供了劳动。这样就很难对消费者对服务产出的作用和机构对服务产出的作用加以区别。通常,消费者的参与并未计入劳动力投入中,从而造成了劳动力投入的低估和生产率的高估。可以认为,正因为有消费者参与其中,服务价格应会下降。从而使这些低估和高估的问题得到了某种程度的抵消。当然也要看到,缺乏经验的消费者也会对服务的供给效率产生不利的影响。[②]

第二,服务的产出有赖于服务对象的数量。比如,航空公司的产出可以按乘客航行小时数来测定。于是,在某一航班上的乘客航行小时数是和该航班上的乘客数量有关的。同样,若一个交响乐团在一个空无一人的大厅里演出,将没有一点产出,因为没有消费者去听它。

第三,对于服务的需求往往不尽一致,而且很难预计。但是服务机

[①] 见 M. K. Sherwood 著"测定服务产出的困难"(Difficulties in the Measurement of Service Outputs),载 *Monthly Labor Review* (March 1994), pp. 11 – 19。

[②] 见 D. I. Riddle 著《服务引导增长:服务行业对于全球发展的作用》(*Service-Led Growth:The Role of the Service Sector in World Development*)(New York, Praeger Publishers, 1986), p. 81。

构还是要严阵以待，有求必应。例如，零售店就算在一天最冷清的时段还是要开着门，而且对售货员在此时的无所事事要加以容忍。在这样一个非生产性的时段里，设备的运转和职工的参与都要计入商店的产出里，因为他们的存在是为了顾客的方便。如果不承认时间和设备空置的必要性，就可能导致错误的结论和决策。能否设想，一个消防队的生产率测定是按扑灭大火的次数来计算。如果那样，如何来做消防队的预算和人员配备呢？

4. **服务品质的认定**。服务产出的无形性和非标准性使得对服务品质的测定变得很困难。例如，律师所提供的法律服务是通过律师花费在某个案件上的时间来计算的。然而，对于这个服务的结果，也就是是否赢得这个案子，是靠律师的学识和在这方面的技能决定的，而非花费在这个案子上的时间。同样，一些服务的品质很难通过消费者来判定，因为他们并不具备专业的知识，就像我们在医疗保健和法律服务上所举的例子一样。加之许多服务要求事先付费，这就可能导致过高估计服务的生产率，因为品质差的服务成了总产出的一部分了。最后要说的是，一些服务的产出品质与消费者及其行为有关。例如，就算有一个非常称职的老师，如果学生课前不认真预习，课后不积极完成作业的话，他也学不到什么。

服务生产率增长缓慢

人们知道，要想在服务业中实现生产率的增长是困难的。正如本章的开始部分讨论过的，服务在国民生产总值（GNP）中所占的比重增加，已经成为生产率增长减缓的一个原因。然而，这样的一概而论是有误导作用的，因为并非所有的服务都会延缓生产率的增长。威廉·鲍莫尔（William J. Baumol）教授曾经指出，服务业过于庞大复杂，很难简单概括。他按照服务对生产率增长的贡献将服务分成 3 类：(1) 一成不变的个体服务（the stagnant personal services）；(2) 不断进步的非个体服务（the progressive impersonal services）；(3) 渐近停滞的非个体服务（asymptotically stagnant impersonal services）。[①]

一成不变的个体服务 此类服务的根本特征就是对生产率的增长的作用微乎其微。一个很好的例子就是莫扎特 4 重奏的演出，它需要的演奏人员和演奏时间与 200 年前毫无二致。在确保质量的前提下，任何改进生产率的举措都不可能导致投入需求的变化。也有一些不太极端的例子。例如，有些类似的服务是非标准化的，因而不能大量地供给。比如律师或是

[①] 本节的叙述摘自 William J. Baumol 著 "服务业与生产率对策"（Productivity Policy and the Service Sector），载 Inman, R. P. (ed.)，《服务经济的管理：前景与困难》（*Managing the Service Economy: Prospect and Problems*）(New York, Cambridge University Press, 1985), pp. 301－317。

内科医生的服务就属于这类。律师要处理的每个案子都有其独特性，医生面对的病人也是如此。一般说来，要么降低对品质的要求，否则在增加产出或减少投入上都不会出现什么变化。这类服务中的大部分，其品质是由为当事人或病人提供服务时间的多少来确定的。

不断进步的非个体服务　这一类服务属于渐次变化的服务种类的另一个极端。它们无需顾客的参与。由于有可能用资金来代替劳力，所以其中一些是可以实现自动化的。电信业就是一个很好的例子。在大约50年前，绝大部分的电话连接靠的是接线员的劳动，而如今的电话都靠的是自动交换机。除非客户需要与接线员联系，否则电话公司的职工无须提供此项服务。电信业的生产率增长是十分显著的。通话技术从无线传输突破，接着是微波传输、同轴电缆传输、卫星传输，其成本正在逐年下降。

渐近停滞的非个体服务　此类服务集前两个类型服务的特点于一身。它们最显著的特点是，在生命周期的开始阶段呈现出的生产率的快速增长和成本的快速下降。这类服务生产率的增长是自生自灭的。初期生产率增长得越快，其趋于衰退的日子也来得就越快。计算机数据处理服务就是一个很好的例子。这项服务需要两种主要的投入：计算机硬件和软件。计算机硬件可以归类于"不断进步的非个体服务"。众所周知，由于技术的发展以及计算机行业生产率的提高，计算机硬件的成本近几十年来持续下跌。而计算机软件则属于"一成不变的个体服务"一类，它的产品成本是逐年上升的。

另一个例子就是电视节目的制作，比如电视连续剧和肥皂剧。这样的产品包括两个要素：第一个要素是节目的制作，其中包括编写剧本、角色配备、排练、正式演出和录制。第二个要素是节目的播出。第一个要素属于"一成不变的个体服务"，在制作这些节目上生产率要得到提高是很困难的。第二个要素则会随着技术的进步而发展。由于多年来对广播技术的研究与开发，其生产率和品质都有了长足的进步。

可能在此类服务中最有意思的就是随着时间的推移，两个要素的成本的变化。通常，此类服务问世的时候是"不断进步"的部分成本比较高，而由于生产率的快速提高，它会变得越来越不值钱，同时一成不变的部分几乎并不伴随生产率的增长而增长，它就会变得越来越值钱。究其原因，可以归纳为两点。第一是通货膨胀，这对于多数商品和服务都有影响；第二是当"发展的非个体服务"的投入量因为生产率的提高而下降时，"一成不变的个体服务"投入的数量没有变化或变化很少。因此，这部分的价格变得相对较高。也正因为如此，即使没有通货膨胀，此类服务的价格也会变得相对较高。

另一个有趣的现象是发展的部分所带动的生产率的提高在整个成本构成中所占的比重会很快降低，由此而失去其重要性。最终，"一成不变"

部分的成本成为主流，而后该服务主要呈现出"停滞的个体服务"的特征。

提高服务生产率的途径

很清楚，提高生产率的努力并非对各种服务都毫无作用。其中主要是"一成不变的个体服务"以及最终会一成不变的"渐近停滞的个体服务"会成为管理者面临的挑战。然而，即使是这样的服务也可以从技术革新中（就像计算机和先进的电信系统）获益。在这一节中，我们将讨论提高服务生产率的方式。

正如本章前面所述，生产率的提高主要是有赖于管理层的决策和行为。出色的组织工作、有效的工作方法、管理层和普通职工间的良好沟通、员工培训、团队合作以及分级负责制等等，这些做法对管理者来说不仅在提高制造业生产率上有用，而且在提高服务业生产率上也同样是有用的。最近出版的《哈佛商业评论》（Harvard Business Review）载文提出了这种观点。文章认为，美国服务业生产率增长缓慢，其原因主要是管理者工作效率不高，以及服务业本身具有的复杂性。文章的作者范·比玛和格林沃尔德（Van Biema and Greenwald）表示，该论断的第一个有力的证明就是，由于外部竞争对制造业管理者的压力，使得生产率和品质都有了明显的增长。[1] 第二个证明就是成功的服务企业与其竞争对手之间所表现出来的广泛而明显的差异。第三，就是他们观察到许多公司生产率的增长无论在持续的时间上和波动的幅度上都很大。他们认为，这样短期内的波动难以用我们通常所引用的技术、资本和劳动力的因素来解释，这只能归结为管理者时而关注生产率，时而又疏忽生产率的提高。最后，"对于大多数通过杠杆并购而获得成功的公司（leveraged buyout firms）来说，主要是因为这样使得管理者能够集中精力去提高最根本的经营活动的效率。"

那么，管理者能为提高服务生产率做些什么呢？德鲁克从宏观的层面上去分析如何提高生产率，并且为管理者提出建议，以期帮助他们在大多数服务领域中提高生产率。[2] 他观察到，在制造业中，劳动力可以被资本或节省劳动力的技术所替代，因为资本和劳动力都是生产的要素，它们之间可以相互替代。然而在服务工作和脑力工作方面，资本和技术都成了生产的"工具"。它们有时可以替代劳动而有时却不能。能否熟练地运用这个"工具"，决定了能否利用它们来提高服务业的生产率。这就是制造业与服务业的重要区别。因此，我们不能仅凭投入资本与技术去提高服务工

---

[1] 见 M. van Biema，B. Greenwald 著 "改进管理方法，提高服务业生产率"（Managing Our Way to Higher Service-Sector Productivity），载 Harvard Business Review（July-August 1997），pp. 87–95。

[2] 见 Drucker 著 "生产率的新挑战"（The New Productivity Challenge），pp. 69–79。

作的生产率。重要的是要学会如何"精明地工作（working smarter）"，这就是工作的有效率，而不是工作的辛苦和长久。如何才能精明地工作呢？德鲁克提出如下几点：（1）明确任务；（2）集中精力完成该任务；（3）分类评估绩效；（4）与职工建立良好的合作关系；（5）让不断进取成为企业文化的一部分。

1. **明确任务**。首先要做的就是了解我们要做什么和为什么而做。也就是说，问一问"是什么任务？目标是什么？目的究竟是什么？"。通过这么一问，我们往往会发现任务可以简化，或是可以与其他任务合并完成，或是可以根本不去完成，这不会对结果（即客户满意度）产生任何不利的影响。仔细分析一下，我们会发现这些任务都是因以前的一些缘由而制定的，但是这些缘由都已不复存在了，而且情况也早已发生了变化，只是管理者忘了取消这样的任务。

2. **把工作集中在主要任务上**。服务业的职工常常被要求去做各种各样的工作，但是有些工作却是与企业的主要功能关系不甚密切的。护士的抱怨就是一个很好的例子。许多医院都要求护士去做一些文案工作，比如为医疗保险、公共医疗补助（Medicaid）、人寿保险、记账、医疗事故诉讼等等填写表格或做记录。这些工作对于护士来说费时费力，而且根本没有什么产出，使她们不能去完成照顾病人的本职工作。医院可以雇佣一个职员专门从事这种文秘工作，这样护士就能尽心尽力照顾病人了。这么一个小小的举措就能提高护士的生产率。对于许多服务企业来说，这是一个普遍存在的问题。为了避免这样的问题，管理者必须问问自己："我付他们工资究竟是为了什么？这个职位能增加怎样的价值？"

3. **分类评估绩效**。人们往往会把所有的服务混为一谈。其实服务的范围从创造新知识、发明新产品的研究与开发到在快餐店里翻翻汉堡包，各不相同。很明显，服务的范围广泛，对技能、知识和培训的要求也大相径庭。每个行业的标准都不同。用同样的方法去提高生产率，不可能在所有的服务行业都得到同样的结果。在某些服务行业，例如研究与开发机构，衡量工作的好坏不在于其产出的数量，而在于其质量。比如，一个研究实验室为企业在一年里开发出具有创新意义的一件新产品，这远比其只是开发了好几个与其他企业产品相似的产品来得有价值。也就是说，这类服务包含有"一成不变"的成分。在此类服务中，人们不清楚是否在其工作进程中能持续在品质上有突破。因此，只能去分析在某一特定的领域中"如何做才有效"。

在其他一些服务行业，产出的主要指标可能是数量。比如每小时清理多少个办公室就可以作为清洁工服务的衡量标准。这些服务很像制造产品，所以制造业如何提高生产率，它也可以效仿着去做。此类服务的大多数可以归入"不断进步的非个体服务"一类，因为资金的投入就能使其生产率有显著的提高。

第三类服务的结果是由质量与数量共同决定的。许多服务属于这一类，它们中的大多数可以归入"渐近停滞的非个体服务"一类。衡量一个银行出纳员的工作，既要看他当班时所处理的业务量，又要看他的工作质量（这可以从顾客对其服务质量的满意度来判断）。其工作量可以通过增加电脑，建立自动工作系统来提高。而客户的满意度则全凭出纳员的工作态度和其花费在客户身上的时间来决定。

在这些服务中，我们必须设法判断"如何做才有效"，同时对与制造业相似的部分则要应用传统经营管理的方法和工业工程的方法去提高生产率。

4. **与职工建立良好的合作关系。**由管理者决策，职工们去实施完成的日子已经一去不复返了。在弗雷德里克·泰勒提出其科学的管理方法之前，甚至在这以后很长一段时间，工人中受过教育和培训的极少；因此，要由管理者告诉他们做什么，并且进行严密的监督。如今的职工，特别是在工业化国家，他们受到过很好的教育，并且能从媒体中获取大量的信息。许多企业及其管理者都发现，职工能为提高产品质量和生产率提出极有价值的建议。前文中提到的团队合作、职工参与以及分级负责制等，其目的都是为了充分利用这种宝贵的资源，并且使得职员们感到愉悦和满足。最终目的是让人们了解，保证质量、提高客户满意度和生产率是职工与管理者共同的职责。20世纪80和90年代美国制造业许多成功的例子都表明，职工与管理者的合作是最终完成目标的最好途径。德鲁克还强调，对于脑力工作和服务工作来说，团队合作是**唯一**的方法。

5. **让不断进取成为企业文化的一部分。**由于科技发展步伐的加快，新产品的不断问世，产品生命周期的缩短，新产品及新服务项目的越来越复杂，使得管理者及职工都要不间断地研究学习。只有这样，才能生存。学习包括教育与培训，这无论对于技术的重大突破还是小步不停地提高生产率都是非常必要。有些服务项目从本质上来说就是知识型的，因此不断进取就成了天经地义的事情。但是，对于其他的服务领域来说，这一条也应该及早提到议事日程上来。

13.7 测定服务效率的数据汇总分析法

一个服务机构，只要能使顾客达到最高的满意度就是一个有效的机构。判断一个机构是否有效，就要看其能否用最少的资源来创造产出。一定要将效用和效率紧密结合起来。对于一个为获利而经营的企业来说，若仅有效用而没有效率，就会入不敷出，难以获得正常的利润，就会导致企业的破产。相反，仅注重效率而忽视了效用，就会失去顾客，最终企业自身只能被淘汰出局。自然地，公共服务机构和一些非营利机构要遵循不同的原则。不过可以认为，对于所有服务机构的管理者来说，生产运作的效率和效用都是其应该遵循的双重目标。

数据汇总分析法简介

在对改进生产率的努力进行衡量时，无论是对效率和生产率，还是绩效的各个方面做出评估，都是不可或缺的。这正如一句格言所讲："有管理就要有测量"。如前所述，生产率与效率是相关的、却又是不同的概念。生产率能通过对投入产出的比率来计量。一个普通的服务机构或许会反映出局部的、全局的各种各样的生产率。按照时间顺序观察，这些数据能够帮助一个机构判断生产率的发展趋势。然而，当人们想用这些数据来比较一个服务机构中的平行单位，例如一个大银行的几个分行时，这些数据可能就难以提供必要的信息了。

有时，管理者想知道的不仅仅是机构内各部门工作的绝对情况，他们还希望了解各部门工作的相对情况。有些管理者还将自己的机构与同行业的其他机构相比较。在这种情况下，要使用这些生产率数据就很困难。因为不是所有的机构都以相同的方法计算生产率，并且各机构是否愿意公开其数据也要打个问号。要比较同一机构的平行单位或同行业中相似的服务机构，可以通过测定它们相关的效率得以实现。数据汇总分析法（data envelopment analysis，DEA）是用线性规划来研究科学管理的方法，其目的就在进行上述比较。这一节中我们将简单介绍 DEA 方法不仅是用于衡量服务机构相互之间效率比较的有效工具，而且也使管理者明白本机构效率差距的程度和原因，以便有效地改进工作。

DEA 的技术由查尼斯、库珀和罗德斯（Charnes、Cooper and Rhodes）3 人共同提出，其目的是对非营利组织的效率进行评估，因为这些组织的投入和产出不能用货币计量，因此对于工作的测定通常是没有"底线"（bottom line）的。[1] DEA 技术首次应用是对教育机构的评估，[2] 但很快政府和私人机构都采用了这一技术。

经济学领域有各种关于效率的概念。例如技术效率、规模效率和配置效率等等。如果一个机构在其某些投入或产出得到了改善的同时，其他的

---

[1] 见 A. Charnes, W. W. Cooper, 和 E. Rhodes 著"决策部门效率的测定"（Measuring the Efficiency of Decision Making Units），载 European Journal of Operational Research, vol. 2, no. 6 (1978), pp. 429–444。

[2] 见 A. Charnes, W. W. Cooper, 和 E. Rhodes 著"决策方案与管理效率评估：将 DEA 技术应用于方案的贯彻执行"（Evaluating Program and Managerial Efficiency: An Application of Data Envelopment Analysis to Program Follow Through），载 Management Science, vol. 27 (1981), pp. 668–697。

投入或产出并未因此而恶化，则称之为**技术效率**（technical efficiency，原文此处为 technical inefficiency，本人判断原文有误。——译者注）。**规模效率**（scale efficiency）与生产的设备规模有关。如果一个企业扩大了投入量，它的平均产出（即每单位投入的产出）也增加了，那就可以认为企业从规模中增加了回报（increasing returns to scale）。相反，若是平均产出减少了，那就是企业因规模而减少了回报（increasing returns to scale）。如果投入增加后平均产出仍然不变，那就是企业从规模中的回报不变（constant returns to scale）。**配置效率**（allocative efficiency）指的是经济实体为创造产出对投入进行的合理配置，它的前提是成本最低。当然还需要考虑价格因素。

银行的支行、医院、学校的校区等等都称之为实体。它们的任务就是将投入转化为产出。这些经济实体在有关的 DEA 文献中被称为决策单位（decision-making units，DMUs）。每一个决策单位的管理者都能支配一定的生产资料（即投入），并要决定怎样合理地使用这些资料以便取得预想的产出。不同的 DEA 模型用于测定不同类型的效率以及整体效率。效率较高的决策单位能凭经验划出一条效率边界。在一些 DEA 模型中，这条边界是一条分段线性的折线，用以表示各有效决策单位的两点间线段，则显示为有效经营而供选择的投入产出组合。每一个 DEA 模型都根据决策单位通过分析给出一条效率边界。不在这条边界上的决策单位是低效率的，而那些在边界上的决策单位通常来讲是有效率的。

DEA 是一种以经验为依据的计量方法。它采用的是决策单位运作的实际数据，我们不需要像通常测定生产率那样将这些数据转换成一个统一的单位（比如美元）。所有的投入和产出都可以用其原始的自然单位来表示。比如，前不久有人对 MBA 课程计划的效率进行测定，这其中测定投入量的就有 GMAT（Graduate Management Admission Test 管理研究生课程入学考试）的成绩、学生所交纳的学费、有相关工作经历的学生所占的百分比、教职员著作的数量等等；而测定产出量的数据包括学生毕业后的起点薪水、毕业后就谋到就业职位的学生的百分比以及教学质量指数等等。[1]

我们用简单的一个产出对一个投入的例子来介绍关于 DEA 的基本思路。在这个例子里有 5 个决策单位，它们用不同数量的相同投入，制造生产不同数量的相同产出。（如图表 13—2 所示）。图中的实线就是效率边界，由决策单位 1、2、4、5 的相关数据绘出。图中的决策单位由 D1 到 D5 表示。

---

[1] 见 C. Haksever 和 Y. Muragishi 著 "MBA 课程价值测定"（Measuring Value in MBA Programmes），载《教育经济学》（*Education Economics*），vol. 6, no. 1 (1998), pp. 11-25。

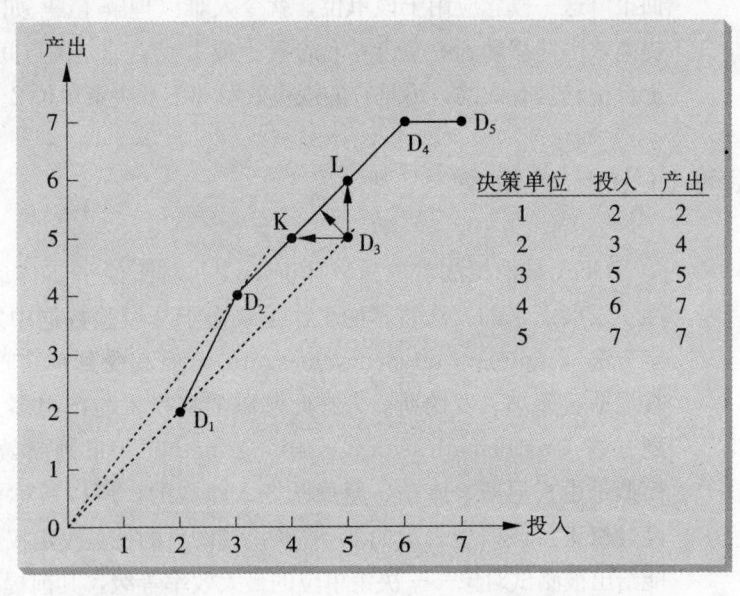

图表13—2 一个产出对一个投入实例的效率边界与评估

数据中的所有决策单位除了3和5都是有效率的。如图所示，决策单位5与决策单位4的产出数量是相同的，但其所用的投入比决策单位4多。因此，该单位并非完全有效率。由此可见，要有效率，必须要在这条效率边界上，但这并不充分。如果按照单位5的数据编制 DEA 模型，就会出现一节非零的"投入松弛"（a nonzero input "slack"）。从图中还能看出，决策单位3因为不在效率边界上，所以它缺乏效率。

在这么简单的例子中，生产率可以从计算产出量与投入量之比得出。然而，正如前文中所指出的，仅凭一个简单的生产率可能产生误导。图中决策单位1、3、5有着同样的投入产出比（即生产率），但是仅决策单位1有效率。如果要改变决策单位3低效率的状况，可以在不减少产出的情况下将投入由5个单位变成4个单位，也就是说移到K点；也可以在不增加投入的情况下将产出从5个单位增加到6个单位，也就是说移到L点。进一步说，只要决策单位3选择移到效率边界K和L之间的任意一点，它就有效率了。不管用上述哪一种方法，从技术上分析都可以使决策单位3变得有效率。

从图中也可以看到规模效率的影子。请观察连接原点到D_1点的斜虚线。从D_1移动到D_2增加了斜率，这表明每增加一个单位的投入就会加快平均产出的增加速度，这也意味着企业从规模扩大中增加了回报。规模效益最大的是在D_2点（由决策单位2实现）。从D_2到D_4这条边界斜率下降，表明每增加一个单位的投入平均产出增加速度的减缓，这就意味着企业因规模扩大而减少了回报。值得一提的是，规模与回报之间的变化只有在效率边界上移动才能表现出来。从技术上分析，决策单位3是低效的。但是如果将"规模—

回报"这一概念应用于该单位，就令人难以理解了。[1] 如果决策单位3可以提高效率并移动到效率边界上的K点或L点，或是两点间任意一点，从技术上分析它是有效的，可是它的规模效益却不及决策单位2。

DEA 的 CCR 比率模型

DEA 是根据法雷尔（M. J. Farrell）对于经济实体或决策单位的效率测定发展而来的。法雷尔的工作是致力于从经验数据中发展总体效率的测定方法（summary efficiency measure），但其受到单个产出案例的限制。[2] 查尼斯、库珀、罗德斯3人在此基础上将投入与产出多元化，使用数学规划方法（mathematical programming method）来判断效率。最初的 DEA 模型是由查尼斯、库珀、罗德斯3人建立的，所以被称作 CCR 比率模型。经过修正，该模型表示如下。[3] 该模型的目的就是决定权数 u_r 和 v_i，这样就能给出被测试对象——决策单位的最大效率等级，其前提条件是将同样的权数用于所有的决策单位，且没有一个决策单位的效率等级可以大于1。[4]

$$Max\ h_0 = \frac{\sum_{r=1}^{s} u_r y_{r0}}{\sum_{i=1}^{m} v_i x_{i0}} \tag{13.1}$$

其服从于：

$$\frac{\sum_{r=1}^{s} u_r y_{rj}}{\sum_{i=1}^{m} v_i x_{ij}} \leq 1 \qquad j=1,\cdots,n$$

$$(u_r / \sum_{i=1}^{m} v_i x_{i0}) \leq \varepsilon \qquad r=1,\cdots,s$$

$$(v_i / \sum_{i=1}^{m} v_i x_{i0}) \leq \varepsilon \qquad i=1,\cdots,m$$

这里，我们假设在这组数据中有 n 个决策单位，每个决策单位使用不同数量的 m 种不同的投入，产出数量不同的 s 种不同的产品；y_{rj} 表示的是第 j 个决策单位的第 r 种产出；x_{ij} 表示的是第 j 个决策单位的第 i 种投入；u_r 与 v_i 分别表示第 r 种产出和第 i 种投入的相关权数，用它们来得出数学模型的计算结果。也就是说，u_r 和 v_i 是模型中的变量。在最后两个约束条

---

[1] 见 R. Banker, A. Charnes, W. W. Cooper, J. Swarts 和 D. A. Thomas 著 "DEA 模型及其使用实例"（An Introduction to Data Envelopment Analysis with Some of Its Models and Their Uses），载《政府机构及非营利企业会计研究》（Research in Governmental and Nonprofit Accounting），vol. 5 (1989), pp. 125-163。

[2] 见 M. J. Farrell "生产效率的测定"，(The Measurement of Productive Efficiency)，载《皇家统计局杂志》（Journal of the Royal Statistical Society），Series A, Part III, vol. 120, no. 3 (1957), pp. 253-290。

[3] 见 Charnes, Cooper 和 Rhodes 合著的 "决策单位效率的测定"（Measuring the Efficiency of Decision Making Units），以及 A. Charnes, Z. M. Huang, J. Semple, T. Song 和 D. Thomas 合著的 "DEA 的起源与研究"（Origins and Research in Data Envelopment Analysis），载《阿拉伯科学与工程杂志》（The Arabian Journal for Science and Engineering），Vol. 19 (1990), pp. 617-625。

[4] DEA 的运用并非为了计划的目的，（例如为利润最大化而制定的生产计划）。DEA 模型的运用是为了按照决策单位调查获得的投入、产出值测定其过去工作的绩效。

件中的常数 ε 是个极小的数，这样就可以确信所有被观察到的投入和产出都将有一个正的权数分配给它们。下标 o 表示该决策单位的效率正在被测定。目标函数代表的是 DMUo（决策单位）的效率。这同样也是约束条件的一部分。

CCR 效率模型扩展了工程学，也可以说是科学上对经济效率的概念。它是通过在目标函数的分子上加上一个"虚拟的"产出量，在分母上加上一个"虚拟的"投入量来实现的。当然，这个模型的约束条件能确保所选的权数不会破坏效率的工程学原理，即没有一个决策单位的效率能够超过 1。因为模型的目的就是要找到 u_r 和 v_i，这样可以使 DMUo（决策单位）的效率最大化，DMUo 此时被认为是处于最好的状况。这个方法可以用于该组数据库中的任一决策单位。在实际的计算中，我们可能会用到以下被变形的线形方程（linear programming，LP）：[①]

$$Min\ h_0 = \theta_0 - \varepsilon(\sum_{i=1}^{m} s_i^- + \sum_{r=1}^{s} s_r^+) \tag{13.2.1}$$

其服从于：
$$\theta_0 x_{io} - \sum_{j=1}^{n} x_{ij}\lambda_j - s_i^- = 0 \qquad i=1,\ \cdots,\ m \tag{13.2.2}$$

$$\sum_{j=1}^{n} y_{rj}\lambda_j - s_r^+ = y_{ro} \qquad r=1,\ 2,\ \cdots,\ s \tag{13.2.3}$$

$$\lambda_j,\ s_i^-,\ s_r^+ \geq \qquad j=1,\ 2,\ \cdots,\ n \tag{13.2.4}$$

λ_{js} 是从每一个 DMUj（决策单位）中的变量 u_r 和 v_i 变形而来。s_i^- 是投入约束的松弛变量，s_r^+ 是产出约束的松弛变量。若是符合以下两个情况的话，DMUo 是有效率的。

1. $\theta_o^* = 1.0$
2. 所有的松弛变量（如 s_i^- 和 s_r^+）都为零

"＊"表示的是最佳数值，θ_o^* 表示的是 DMUo（决策单位）的相对技术效率（$0 \leq \theta_o \leq 1.0$）。然而要注意，$\theta_o^* = 1.0$ 并非意味着完全有效率。要使一个决策单位完全有效率，以上两项要同时满足。如果 $\theta_o^* < 1.0$，DMUo（决策单位）就不是完全有效率的。$\theta_o^* x_{io} \leq \sum x_{ij}\lambda_j$ 就意味着，要与其他决策单位有合并的可能，因为其他决策单位使用了相对较少的投入（$\theta_o^* x_{io} < x_{io}$），却有着相同的产出，这表示 DMUo 使用了超量的某一种或是几种投入。如果任何一个投入的松弛变量 s_i^{-*} 非零，这就表明第 i 种投入可以减少 s_i^{-*} 所示的量，而不会改变其他的投入和产出量。要保证 DMUo 有效，为判断投入与产出的数量，可以使用下列 CCR 的推算公式：

$$x_{io}^* = \theta_o^* x_{io} - s_i^{-*},\ i=1,\ \cdots m \quad 和 \quad y_{ro}^* = y_{ro}^* + s_r^{+*},\ r=1,\ \cdots,\ s$$

其中 x_{io}^* 和 y_{ro}^* 分别表示投入推算值（x_{io}^*）和产出推算值（y_{ro}^*）。这样的推算使 DMUo 在效率边界上。

[①] 见 Charnes、Cooper 和 Rhodes 著"决策单位效率的测定"（Measuring the Efficiency of Decision Making Units），了解模型变形的详细步骤。

举例说明: 纽约第一银行（First Bank of Gotham City）在全市有 6 个分行。银行的管理层希望评估一下这些分行的效率。[①] 这个评估的目的就是要给予在有效率的分行工作的职员和管理者以奖励,引导低效率的分行走向高效率。分行的管理者认同每月的业务量（例如支票的兑现和存入、现金存取、储户的开户和销户等等）可以算作各分行的合理产出。大家也都同意每个分行的房租和出纳员的工作时数可以算作两个重要的投入。选取房租作为投入量是因为它与办公面积是成正比的,而且它能很准确地反映机构的规模以及所用资源的多寡。由于出纳员所做的工作涉及到交易活动的大部分,所以用它来代表各机构劳动力的投入量也是合情合理的。

图表 13—3 (a) 显示的是各分行上年的经营数据。其中产出代表每个分行业务的数量（单位:千笔）。每年的租金单位是千美元,出纳员的工作时数是全日工作及临时工作时间的总和（单位:千工作时）。为了方便画出效率边界,我们将每个支行的租金及出纳员工时去除业务量。[②] 这使得我们能够表示出每单位产出（业务量）的投入量,并用二维平面表示出各分行的效率。参见图表 13—3 (b)。

图表 13—3   纽约第一银行 6 个分行的年投入和产出量

(a) 原始数据

分行（决策单位）	产出 业务数量（千笔）	投入 租金（千美元）	出纳员工作时（千）
1	30	6	1.5
2	40	8	1.6
3	70	28	2.1
4	50	20	1.0
5	60	36	1.2
6	40	24	0.4

(b) 变形后的数据

分行（决策单位）	y（业务数量）	x_1（每单位产出租金）	x_2（每单位产出出纳员工时）
1	1	0.2	0.05
2	1	0.2	0.04
3	1	0.4	0.03
4	1	0.4	0.02
5	1	0.6	0.02
6	1	0.6	0.01

---

① 对于 DEA 在银行领域的大范围使用,参看一下两个来源 C. Parkan 的"服务运作效率的测定:银行支行的一种应用"（Measuring the Efficiency of Service Operations: An Application to Bank Branches）,载《管理成本及产品经济》（*Engineering Costs and Production Economics*）,vol. 12（1984）,pp. 237 - 242;以及 M. Oral 和 R. Yolalan 的"对于测定运作效率及在银行支行应用的适合度的精确研究"（An Empirical Study on Measuring Operating Efficiency and Profitability of Bank Branches）,载《欧洲运作研究杂志》（*European Journal of Operational Research*）,vol. 46（1990）,pp. 282 - 294。

② 在这个例子中,DEA 模型的单位不变,这就是说,如果我们始终用一个正的常数除以或乘以数据,效率的估计值不会受到影响。

图表 13—4 显示的是 6 个分行的效率边界。图中的每一点都代表了一个决策单位完成一笔业务所要付出的出纳员工作时数及租金数量的总和。1、2、4、6 这 4 个分行在效率边界上，但是只有第 2、4、6 分行是有效率的。第 1、3、5 分行缺乏效率。

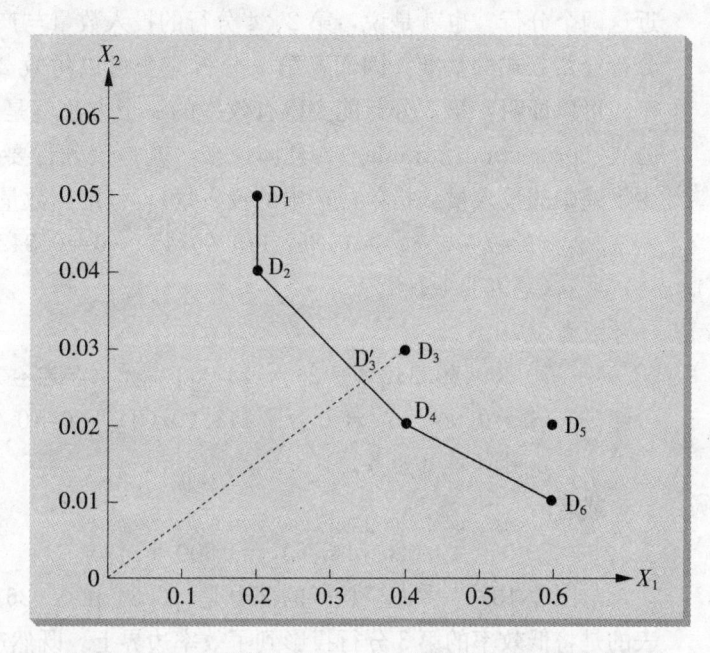

图表 13—4 纽约第一银行 6 个分行的效率测评与效率边界

我们要为每个分行建立一个直线方程（linear programming，LP）模型，并判断其效率。然而，在每个直线方程中只有几个系数不同。我们以决策单位 3 为例来建立一个模型加以说明：

$$Min\ h_0 = \theta_o - \varepsilon s_1^- - \varepsilon s_2^- - \varepsilon s_3^+$$

服从于：

$$0.4\theta_0 - 0.2\lambda_1 - 0.2\lambda_2 - 0.4\lambda_3 - 0.4\lambda_4 - 0.6\lambda_5 - 0.6\lambda_6 - s_1^- = 0$$
$$0.03\theta_0 - 0.05\lambda_1 - 0.04\lambda_2 - 0.03\lambda_3 - 0.02\lambda_4 - 0.02\lambda_5 - 0.01\lambda_6 - s_2^- = 0$$
$$\lambda_1 + \lambda_2 + \lambda_3 + \lambda_4 + \lambda_5 + \lambda_6 - S_3^+ = 1$$
$$s_1^-,\ s_2^-,\ s_3^+,\ \lambda_j \geq 0 \qquad j=1,\ 2,\ \cdots,\ 6$$

这个问题的前两个约束条件与直线方程模型的约束条件（13.2.2）一致。这些约束条件的系数是 $X_{ij}S$，这在图表 13—3（b）中已给出。θ_o 的系数就是 DMU3 的 $X_{ij}S$。第三个约束条件与直线方程模型中 13.2.3 的约束条件一致。因为决策单位只有一种产出（即交易量），对于这种类型只有一种约束。在第三个约束条件（y_{rj}）中系数是在图表 13—3（b）中的所有的数字。右边的约束数值即为 DMU3 的产出量。要解这个方程，使用目前

市场上的各种商用 LP 软件都能得到满意的结果：[1]

$$\theta_0^* = 0.857\,143 \cong 0.86, \lambda_2^* = 0.285\,7, \lambda_4^* = 0.714\,3,$$

其他的变量都为零。如我们预期的那样，第 3 分行只有 86% 的效率。最优方案还显示，第 3 分行与第 2、4 分行同处一组，因其综合投入量很接近这两个分行。也就是说，第 2、4 分行的投入数量与产出数量是衡量第 3 分行经营方式的基准。因而，第 3 分行完全可以仿效 2、4 分行变得有效率。可以证明，第 3 分行能变得有效率的一个方法就是前面提到过的投影公式（projection formulas）。具体说来，就是该分行要变得有效，就要减少下式中的投入量（指单位产出的投入量），且产出数量不变：

$$x_1^* = \theta_0^* x_1 - s_1^{-*} = 0.857\,143\,(0.4) - 0 = 0.342\,857\,2 \cong 0.34 \text{ 美元（单笔业务）}$$

或者

70 000 (0.342 857 2) = 24 000 美元（年租金）。

$$x_2^* = \theta_0^* x_2 - s_2^{-*} = 0.857\,143\,(0.03) - 0 = 0.025\,714\,29 \cong 0.026$$
小时（单笔业务）

或者

70 000 (0.025 714 29) = 1 800 小时/年。

与图表 13—4 中 D_3' 相应的部分是 (0.34 和 0.026)。就是说，D_3' 代表的是将低效率的第 3 分行投影到了效率边界上。既然产出松弛变量为零，对于产出的投影公式 $y_{r_0}^* = y_{r_0} + s_r^{+*}$ 将给我们这样一个结果：$y_{r_0}^* = y_{r_0}$，DMU3 产出不变，但是却变得有效率了。还需指出，第 3 分行的效率还可以表示为效率边界原点到 D_3' 的距离与原点到 D_3 的距离之比。

$$\theta_0^* = OD_3'/OD_3$$

若是按照经营情况相似的分行的投入绘出曲线的话，我们可以得到相同的结果。具体说来，就是设想第 3 分行将第 2 分行的 0.285 7 投入量与第 4 分行的 0.714 3 投入量进行组合，作为新的投入量：

$$x_{13}^* = x_{12}\lambda_2^* + x_{14}\lambda_4^* = 0.2\,(0.285\,7) + 0.4\,(0.714\,3)$$
$$= 0.057\,14 + 0.285\,72 = 0.342\,86;$$
$$x_{23}^* = x_{22}\lambda_2^* + x_{24}\lambda_4^* = 0.04\,(0.285\,7) + 0.02\,(0.714\,3)$$
$$= 0.011\,428 + 0.014\,246 = 0.025\,714$$

也就是说，D_3' 是代表第 2 和第 4 分行的点的凸点组合（convex combination）。

---

[1] 在解决这种数学模型中使用了 $\varepsilon\,(10^{-6})$，为得到精确的结果，这一常数应"足够小"。然而"足够小"是取决于所要解决问题的数据的。一般来说，若是在大的问题中用一个确切的值，会产生一定的风险，所以不提倡这样做。相关的方法请参阅 I. A. Ali 所著"DEA：计算问题"（Data Envelopment Analysis：Computational Issues），载《计算机、环境和城市系统》（*Computers, Environment, and Urban Systems*），vol. 14 (1990)，pp. 157 - 165；及 I. A. Ali 和 L. M. Seiford 著"计算的精准和 DEA 中的无穷小"（Computational Accuracy and Infinitesimals in Data Envelopment Analysis），载 INFOR，vol. 31, no. 4 (1993)，pp. 290 - 297。

我们可以建立起同样的直线方程模型用以判断其他分行的效率。在图表 13—5 中给出了结果。正如表中所示，第 1 分行并非有效率。尽管其效率等级为 1.0，但不是所有的松弛变量为零。因此，第 1 分行不完全符合有效率的条件。松弛变量值为 1.0 表示第 1 分行应减少一个单位的第 2 种投入（租金）使之变得有效率。

在该最优结果中的 λ 都为正值，这表明决策单位在同组中包含了每一个低效率的决策单位。若一个决策单位是有效率的，那么它自己独立为一组。辨别经营情况相似的一组具有实际意义，它有利于指导低效率决策单位，因为同组中的决策单位与被评估的分行很相似，可用来仿效。

图表 13—5　　　　　　　　　纽约第一银行各个分行的效率

支行（DMU）	最优方案中的变量	θ^*	是否有效率？	非完全有效单位的参照组
1	$\lambda_2^* = 1.00$	1.00	否	第 2 分行
	$s_2^{-*} = 1.00$			
2	$\lambda_2^* = 1.00$	1.00	是	
3	$\lambda_2^* = 0.2857$		否	第 2 分行
	$\lambda_4^* = 0.7143$	0.86		第 4 分行
4	$\lambda_4^* = 1.00$	1.00	是	
5	$\lambda_4^* = 0.60$	0.80	否	第 4 分行
	$\lambda_6^* = 0.40$			第 6 分行
6	$\lambda_6^* = 1.00$	1.00	是	

DEA 及其他服务效率测定方法回顾

对经济实体效率的测定，DEA 并非是唯一的方法。前文提到，许多机构采用测定生产率和效率的因素比率。比率分析方法可以用来判断一个决策单位的工作是否严重偏离标准（比如行业标准）。然而，当涉及到许多投入与产出时，一个产出对一个投入的单一的比率就难以用来对各个决策单位进行比较了。人们通常所面临的问题是，一个决策单位在一些比率上的记录很高，而在另一些比率上的记录却很低。要进行有效的比较，只有对不同的比率事前分配不同的权数。从另一方面说，选择权数也并非轻而易举，因为我们没有客观的方法来分配权数。也就是说，专家或管理者对相对的权数会有不同意见。另一个可以处理多个产出与投入的方法是将各种比率合成一个比率。这种方法同样需要权数来反映不同比率的相对重要性。所以，依然不容易。

另一个常用的分析法就是回归分析法。它可以处理多个投入与产出的问题。但是，它也有缺陷。首先，在回归分析法中用的最小平方法发现，对从有效率和低效率的决策单位采集的数据在产出和投入间有平均的关系。比如，在简单线性回归分析法（simple linear regression）中有一条笔直的线穿过 $\overline{X}$ 和 $\overline{Y}$ 点，分别对应自变量（如：投入）和因变量（如：产出）的平均值。这个平均关系并不能代表效率关系。回归法的另一个缺点就是并未体现规模效率。[①]

DEA 是对比率法和回归分析法的替代。它不仅克服了上述两种方法的缺陷，而且还有一些优势。DEA 的优势可归纳如下：[②]

1. DEA 方法可以处理多产出和多投入的问题，每一产出或投入的数量都可以用自然单位表示；

2. DEA 方法为一个单位的运作提供了一种合理的、能够被理解的测定方法；

3. 虽然一个决策单位不是完全有效的，但是它却能提供怎样使其变得有效率的资料。它告诉人们：要使一个决策单位有效率，应该增加何种产出，或是减少何种投入，增加或是减少的量是多少；

4. DEA 方法提供了一种公平、公正的方法来判断效率。在比率模型（13.1）中的权数是由被评估的决策单位的最大目标函数决定的。也就是说，每一个决策单位都给予了了一个可能是最高的效率等级；

5. 对于每一个低效率的决策单位，DEA 方法还提供了包括有效率决策单位在内的同组单位（或称最佳操作组），目的是提供参照系。也就是说，DEA 在测定效率的同时也做了参照研究。这样，一个决策者只要参考数量相对很少的效率单位就可以判断哪些属于效率单位的重要特征；

6. DEA 方法并不能表现任何生产关系的特别函数形式，例如科布—道格拉斯（Cobb-Douglas）的生产函数；

7. DEA 方法假设所有的产出和投入都有一定的"价值"，但它并不需要预先选定权数，或是投入的价格及产出的价值；

8. DEA 方法在测定效率时还涉及一些外部因素，例如天气和人口统计因素；

9. DEA 方法在需要时可以配以专家意见或评论；

10. 与回归分析不同，DEA 方法特别关注单个决策单位。它并不强调只有一种可以达到生产有效率的方法。它允许不同的投入和产出组合，目的就是达到有效率。

[①] 参看 H. D. Sherman 著"医院效率的测定与评估：一种新方法的验证"（Hospital Efficiency Measurement and Evaluation: Empirical Test of a New Technique），载《医疗护理》（Medical Care），vol. 2, no. 10 (October 1984), pp. 922-938，其中讨论了在医院效率测定中比率和回归法的使用。

[②] 见 A. Charnes, W. W. Cooper, A. Y. Lewin 和 L. M. Seiford (eds.) 著"DEA 的理论、方法和应用"（Data Envelopment Analysis: Theory, Methodology, and Applications）(Boston, Kluwer Academic Publishers, 1994), pp. 7-10；以及 M. K. Epstein 和 J. C. Henderson 著"为管理控制和调查而做的 DEA"（Data Envelopment Analysis for Managerial Control and Diagnosis），载《决策科学》（Decision Sciences），vol. 20 (1989), pp. 90-119。

正如其他的计量工具一样,DEA 也有其局限性。一个很重要的方面就是选择在分析中要测定的投入和产出。判断 DEA 模型要选择什么样的投入和产出非常重要。这里有两个原因。[1] 第一,即使在模型中新增一种投入或是产出,效率等级也不会下降。一些决策单位的效率等级提高了,但是另一些决策单位的效率等级依然保持不变。因此,如果计量对象太多,会降低模型的区分度(discriminatory power)。为了避免这一点,人们通常要确保决策单位的数量等于或大于投入和产出总量的 3 倍。选择投入和产出十分重要的第二个原因是,人们很难从计量结果去判断一个投入量或产出量在理论上是否正确。换句话说,人们得到的或许是一种虚假的关系,这一点与回归分析法相似。

DEA 允许决策单位使用不同的方法组合投入与产出以达到高效率,这是我们在前面就提到的它的一个优势。但是,如果在这个测定中混入了一个不重要的投入或产出对 DEA 就是不利了。因为这样,决策单位可能就会减少该投入或大量生产该种产出,然后声称是有效率的。而这并不符合该机构的原定目标,而且使其离目标越来越远。

另一个潜在的问题依然与此有关。前面已经提到,DEA 模型为投入与产出选择权数以使每一个决策单位的效率最大化。其结果会使得权数与机构的价值系统不尽一致。不过,这样的问题可以通过对权数的设限来解决。[2]

在测定效率时,DEA 方法对错误数据的处理并非十分有效。也就是说,DEA 对于数据的精准要求很高。错误的数据可以使有效率的决策单位成了低效率的决策单位,而没效率的又成了有效率的,这样就降低了这种测定方法的公正性。[3]

其他 DEA 模型

自从 CCR 模型问世以来,经济界又出现了许多 DEA 的模型。所有的 DEA 模型都致力于构造出一条可供实际操作的效率边界。希望这条边界能够在所有决策单位的数据中描绘出最佳表现。每个模型都试着认定适合这条边界的决策单位。一条效率边界汇集了一组决策单位,而所有的决策单

---

[1] 要了解 DEA 应用的程序,请参看 B. Golany 和 Y. Roll 所著的 "DEA 应用程序" (An Application Procedure for DEA),载 Omega, vol. 17 (1989), pp. 237-250。

[2] 参看 R. G. Dyson 和 E. Thanassoulis 著 "减少 DEA 中权数的任意性" (Reducing Weight Flexibility in Data Envelopment Analysis),载《经营性研究机构杂志》(Journal of the Operational Research Society), vol. 39, no. 6 (1988), pp. 563-576。

[3] 参看 A. Charnes, W. W. Cooper, A. Y. Lewin 和 L. M. Seiford 合著的《DEA 的理论、方法和应用》(Data Envelopment Analysis: Theory, Methodology, and Applications), chapter 21, pp. 425-435。其中涉及到 DEA 研究的一些重要问题,包括模型的选择、执行情况和结果说明。

位的效率都可以在这条边界上得到表示。不同的 DEA 模型会给出不同的效率边界，有些可能是分段线性式的（piecewise linear）、分段对数线性式的（piecewise loglinear），或是分段科布—道格拉斯式的（piecewise Cobb-Douglas）。在是否呈现常量或是变量对规模的回归方面，各种模型也存在着差异（models also differ with respect to whether they assume constant or variable returns to scale）。本章介绍的 CCR 模型是呈现出常量的规模回归的。DEA 模型的另一个不同点就是模型中的单位是否变化。最后要说的是，有些模型可能有两种形式：注重投入的形式（input oriented version）和注重产出的形式（output orientation version）。比如，我们已用过的例子（13.2）就是 CCR 模型中注重投入的形式。注重投入就是注重减少投入以达到有效率。相对地，注重产出的形式就致力于扩大产出，以使得决策单位从低效率走向高效率。通过特殊 DEA 模型建立的效率边界对于注重投入的形式和注重产出的形式可能是相似的。其不同之处是低效率决策单位在效率边界上的投影点。CCR 模型注重产出的形式是这样的：[1]

$$Max\ h_0 = \phi_0 + \varepsilon(\sum_{i=1}^{m} s_i^- + \sum_{r=1}^{s} s_r^+) \qquad (13.3)$$

服从于：
$$\phi_0 y_{r0} - \sum_{j=1}^{n} y_{rj}\lambda_j - s_r^+ = 0$$

$$\sum_{j=1}^{n} x_{ij}\lambda_j - s_i^- = x_{i0}$$

$$\lambda_j, s_i^-, s_r^+ \geq 0$$

$$i=1, 2, \cdots, m;\ r=1, 2, \cdots, s;\ j=1, 2, \cdots, n$$

其投影坐标为：
$$y_{r0}^* = \phi_0^* y_{r0} + s_r^{+*} \text{ 和 } x_{i0}^* = x_{i0} - s_i^{-*}$$

13.8 本章提要

本章主要叙述服务经营中的生产率和效率。首先，我们讨论了生产率的一些基本概念，并将生产率定义为产出与投入之比。生产率可以用单个产出对单个投入计算，也可以用多个产出与多个投入计算。大多数的机构都有多于一种的产出，并且使用多种投入。在国家的水平上，劳动生产率是生产率测定中最常用的量。劳动生产率的增长被认为是国家生活水平增长的一个标志。除了作为生活水平的标志以外，生产率的增长还影响了其

---

[1] 要了解基础的 DEA 模型，请参看 A. Charnes, W. W. Cooper, A. Y. Lewin 和 L. M. Seiford 合著的《数据汇集分析法的理论、方法和应用》(Data Envelopment Analysis: Theory, Methodology, and Applications), chapter 2, pp. 23-47. 若要从 "规模回归" 的角度去了解不同 DEA 模型，请参见 A. I. Ali 和 L. M. Seiford 合著的 "效率分析的建模方法" (The Mathematical Programming Approach to Efficiency Analysis), 载 Harold O. Fried, C. A. Knox Lovell 与 Shelton S. Schmidt 合著的《生产效率的测定：技术与应用》(The Measurement of Productive Efficiency: Techniques and Applications), pp. 120-159.

他重要的经济指标,如竞争力、失业率、通货膨胀率、社会福利水平以及资源保护水平等等。

不管从国家的角度,还是从机构的角度考虑,生产率的增长都是一个主要的目标。从长远看,在提高生产率的各要素中技术的开发始终处于主导的地位。人们发展技术以减少在商品和服务供给中劳动力的投入。另一个影响生产率提高的长期或短期因素是生产活动的组织与管理。很显然,企业水平上的生产率增长最终决定了国家水平上的增长。企业可以通过引进新技术及对现有技术的革新长久地提高生产率。它们同样可以通过改进工作方法和改进管理在短期内使生产率有显著提高。

在服务行业,对于生产率的提高有着更特别的挑战。这不仅是因为很难去提高服务生产率,更因为很难测定服务生产率,或说是准确地测定这种生产率。我们回顾了测定工作困难重重的一些原因,并且讨论了为什么服务业的生产率比制造业生产率增长缓慢的原因。有些服务行业被称为不断进步型的(progressive),它们对提高生产率的措施是敏感的。但是有些服务行业却不是这样,主要是因为这样的服务只有降低对品质的保证才能改变对劳动的需求。这就被叫作一成不变型的服务(stagnant services)。在本章的后半部分,我们就如何提高服务生产率提出了一些建议。管理层对提高生产率要负主要责任。生产率的提高在很大程度上取决于管理层的活动。德鲁克为提高服务生产率提出了5条"诀窍"(working smarter):(1)明确任务;(2)集中精力完成该任务;(3)分类评估绩效;(4)与职工建立良好的合作关系;(5)让不断进取成为企业文化的一部分。

本章最后讲的是数据汇总分析法(DEA),它是一种有效的科学管理工具,用以测定使用相同投入,得到相同产出的经济体的效率。我们将其中最常用的一个模型——比率模型(ratio model)作为讨论DEA应用问题的载体。我们举例说明了DEA的概念和优势。

讨论题

1. 什么是生产率?讨论不同类型的生产率。
2. 对于一个国家,生产率的重要性在哪里?
3. 对于一个服务机构,生产率的重要性在哪里?
4. 在服务机构中谁对生产率负主要责任?
5. 决定服务生产率的要素是什么?
6. 服务行业对于提高生产率的措施是否都不敏感?请说明理由。
7. 何谓不断进步型服务?请举例说明。

8. 何谓一成不变型服务？请举例说明。

9. 何谓渐近停滞型服务？请举例说明。

10. 一成不变型服务与渐近停滞型服务的区别在哪里？

11. 如何提高服务工作的生产率？

12. 请简要叙述数据汇总分析法的使用目的。

13. 服务机构的管理者如何利用 DEA 分析法？

14. DEA 分析法的优势在哪里？

15. DEA 分析法有何不足之处？

16. 除了数据汇总分析法，还有什么方法可以用来测定经济单位的效率？请讨论其利弊。

练习题

注意： 以下问题要求依靠有 DEA 模型的计算机辅助完成。若是你手头没有 DEA 软件的话，用一个适当的线性规划组件（LP package）也可。还要注意，使用的 ε 数值将在很大程度上影响目标函数的数值。为了解决这个问题，我们要用两步法。首先，设目标函数的松弛变量为零，且仅用 θ（或 φ）来解决目标函数中的问题。然后，在目标函数中引进我们在第一步中找到的 θ（或 φ）（例如，若是你的软件允许设上下限，在第一步里设置一个较为满意的 θ 的上下限），并将松弛变量应用在目标函数中，最后再解决问题。

13.1 根据纽约第一银行的原始数据建立注重投入的 CCR 模型（即模型 13.2），解决所有决策单位的问题。

    a. 将结果与图表 13—3 进行比较。有何不同？为什么？

    b. 解释第 3 分行的结果。第 3 分行应再增加多少投入以变得有效率？在有问题的函数中调换新的投入数据，然后再解决问题。第 3 分行是否变得有效率了？为什么？

13.2 根据纽约第一银行的原始数据建立注重产出的 CCR 模型（即模型 13.3），解决所有决策单位的问题。

    a. 解释第 3 分行的结果。

    b. 第 3 分行应再增加多少产出以变得有效率？

    c. 在有问题的函数中调换新的产出数据，然后再解决问题。第 3 分行是否变得有效率了？为什么？

13.3 医疗服务的效率影响了每一个人的医疗成本，因此受到大多数雇主和雇员的关注。医疗成本中有一部分取决于医生收费的多少。因而，医生的效率会影响到整个医疗服务的效率。本题使用了 1987 年对一所医院

12 名外科医生的效率进行 3 个月的测定资料。① 测定用到了两种投入，两种产出。一个投入量是病人的在院时间，另一个就是辅助服务的总费用。病人的在院时间是一个很好的投入量（或称投入资源），比如挂号、病历记录、治疗、3 餐供应、洗衣服务、供药和护理等等。目前医院的辅助服务各种各样，技术要求各异，但是在本题中归在一起算一个投入量。医生的产出之一是接治的病人数。然而，因为每一个病例都是不同的，且又需要付出不同类型和数量的资源，要评估一个医生的工作很复杂繁琐。所以在评估一个医生的工作时，通常是将所有的病例一并计算。在本题中，我们将医生的产出按简单病例和高难度病例来排列。12 位医生的投入和产出见图表 13—6。

a. 使用注重投入的 CCR 模型判断所有医生的工作效率。
b. 考虑第 4 个医师的情况。需要怎样改变其以前使用的投入以变得有效率？讨论这些变化的可行性。
c. 考虑第 11 个医生的情况。从投入数量和产出数量上考虑谁与第 11 位医生最接近？该医生的情况对第 11 位医生变得有效率有什么帮助？她如何改变工作方法才能变得有效率？

图表 13—6　　医生的投入和产出

医生	产出 简单病例	产出 高难度病例	投入 在医院总天数（日）	投入 总辅助服务（美元）
S1	47	11	232	126 244
S2	36	5	264	126 971
S3	45	9	307	289 560
S4	44	13	329	238 421
S5	76	21	433	304 763
S6	22	7	148	110 228
S7	30	9	240	187 134
S8	19	11	220	185 882
S9	70	16	497	357 646
S10	88	18	691	632 603
CS11	33	15	342	234 394
S12	45	21	430	290 343

资料来源：Jon A. Chilingerian "Exploring Why Some Physicians' Hospital Practices are More Efficient：taking DEA Inside the Hospital," in A. Charnes, W. W. Cooper, A. Y. Lewin, and L. M. Seiford (eds.), *Data Envelopment Analysis：Theory, Methodology, and Applications* (Boston, Kluwer Academic Publishers, 1994), pp. 167-193.

13.4　参考实务题 3 和图表 13—6 完成下列要求：
　　a. 利用注重产出的 CCR 模型判断所有外科医生的工作效率。
　　b. 第 4 位医生怎样改变产出才能变得有效率？讨论这些变化的可行性。

---

① 这道题选自 Jon A. Chilingerian 的"通过 DEA 方法探索某些医院工作高效的原因"（Exploring Why Some Physicians' Hospital Practices are More Efficient：Taking DEA Inside the Hospital），载 A. Charnes, W. W. Cooper, A. Y. Lewin 和 L. M. Seiford 编著的《数据汇集分析法的理论、方法和应用》（*Data Envelopment Analysis：Theory, Methodology, and Applications*）(Boston, Kluwer Academic Publishers, 1994), pp. 167-193.

c. 识别与第11位医生投入和产出相似的医生。这一群体与题3（c）中的群体有何区别？第11位医生在工作中如何改进才能变得有效率？

13.5 在研究医院效率时，有一位研究者将目光聚集到马萨诸塞州7家教学医院的外科手术上。① 外科领域十分重要，因其代表了在该州医院中独立核算的成本最大的一块。在图表13—7中，研究者用了3种投入和4种产出的测定以求得到7所教学医院的效率。

a. 以"65岁以上（含65岁）病人治疗日"数据为产出，以"全日制相当于非内科医生工作"及"病人住院日"数据为投入，使用CCR注重投入的模型来判断7家教学医院的效率。有几家医院是有效率的？

b. 添加"培训实习医生和住院实习医生数目"为产出量，判断7家教学医院的效率。哪几家是有效率的？

c. 添加"易耗品购入金额"作为投入量，判断7家教学医院的效率。哪几家是有效率的？

d. 添加"65岁以下病人治疗日"为产出量，判断7家教学医院的效率。哪几家是有效率的？

e. 从上述研究中可以得出什么结论？

f. 根据图表13—7中给出的所有投入、产出量判断7家教学医院的效率。现在有几家是有效率的？你能证明你在e小题的结论吗？请解释。

图表13—7　　7家教学医院外科投入与产出数据DEA方法测试

医院	全日制非内科医生	易耗品购入金额	住院日	65岁以上病人治疗日	65岁以下病人治疗日	见习护士数	培训中的实习医生、住院医生
A	310.0	134 600	116 000	55 310	49 520	291	47
B	278.5	114 300	106 800	37 640	55 630	156	3
C	165.6	131 300	65 520	32 910	25 770	141	26
D	250.0	316 000	94 400	33 530	41 990	160	21
E	206.4	151 200	102 100	32 480	55 300	157	82
F	384.6	217 000	153 700	48 780	81 920	285	92
G	530.4	770 800	215 000	58 410	119 700	144	89

资料来源：H. David Sherman, "Managing Productivity of Health Care Organizations," in R. H. Silkman (ed.), *Measuring Efficiency: An Assessment of Data Envelopment Analysis*, *New Directions for Program Evaluation*, no. 32 (San Francisco, Jossey-Bass, winter 1986), pp. 31–461.

---

① 这道题选自H. David Sherman著"医疗机构的生产率管理"（Managing Productivity of Health Care Organizations），载R. H. Silkman编著《效率测定：运作评估的新方向——DEA评估法》（*Measuring Efficiency: An Assessment of Data Envelopment Analysis, New Directions for Program Evaluation*），no. 32 (San Francisco, Jossey-Bass, winter 1986), pp. 31–46。

案例 13—1

黑兹尔公司

黑兹尔（Hazel）已经为这家属《财富》500强之一的企业工作了15个年头了。尽管公司遭遇了一度的萧条，但事物有轮回。客户订单又多了起来。由于公司在全公司范围内开展了提高质量的活动，公司的质量和生产率都比前两年有了显著的提高。所以，当公司新任首席执行官决定缩小公司规模，裁减黑兹尔和她的400多位同事时，他们都惊呆了。

从震惊中恢复过来，黑兹尔试着到别处找工作。尽管她非常努力，但在长达8个月的努力寻找后，她还是希望渺茫。她的存款已经快用尽了，她变得越来越失望。生活中只有一个亮点——她靠帮邻居平整草地赚点钱。这也是出于偶然，她听到邻居说孩子都各自独立了，身边没有人帮着割草。黑兹尔开玩笑地问邻居割草能给多少钱。很快，黑兹尔就为5家邻居割草了。其他的邻居也想让她为他们割草，但她想还得留出时间找工作。

然而，当求职拒绝信越堆越高时，黑兹尔知道，她要做一个人生的重要决定了。一个周二的早晨，下着雨，她决定一个人步入商海——专为邻居修剪草坪。她从寻找工作的重压中解脱出来，为自己即将成为老板而心情激动。虽说一个人干还有些令人担心，但是黑兹尔决定做下去。

起先，经营的步伐很缓慢，但一旦人们注意到黑兹尔可以提供帮助，许多人都愿意黑兹尔为他们修剪草坪。有些人是直接把这个活给她做，也有的是从专业的草坪护理服务机构把活儿转交给她。一年之后，黑兹尔认为她可以靠这个养活自己了。她还干诸如施肥、除草、修剪枝叶的工作。一切运作得很好，黑兹尔还雇了两个钟点工帮她。她觉得，只要愿意，她的规模在未来还可以扩大。

资料来源：William J. Stevenson, *Production/Operations Management*, 5th ed. (Chicago, Irwin, 1996), pp. 35 - 36.

案例思考题

1. 黑兹尔的顾客会用什么方法来判断她对草坪护理服务的质量？
2. 黑兹尔是自己事业运作的管理者。在其职责中包括预测、存货管理、日程安排、服务质量保证以及设备维修等等。

   a. 哪些工作需要预测？
   b. 黑兹尔会有哪些存货？举一例说明黑兹尔要对存货进行阶段性决策。
   c. 她要做什么日程安排？哪些因素会影响她的日程安排？如何调整？
   d. 对黑兹尔的工作质量保障的重要性何在？请说明理由。
   e. 为使经营的生产率不受影响，黑兹尔的企业要做哪些设备维修？

3. 黑兹尔想增加其利润，但从该州目前的经济情况来看，她认为提高价格并不明智。她考虑了一些措施去提高生产率。

   a. 不提高价格，如何依靠提高生产率来增加利润？

   b. 黑兹尔应该采取哪些措施来提高生产率？

案例 13—2

Marriott 公司的空中服务部

首都华盛顿6月温暖的一天，马弗·特龙贝里（Marv Throneberry）正努力思考着手头的问题，他已经难以顾及室内坏了的空调了。马弗是一位工商管理硕士，在 Marriott 公司的空中服务做暑期见习。他花了1个月的时间，刚完成了一个关于060号专柜（Shoppe#060）的研究。060号专柜是隶属于巴尔的摩—华盛顿国际机场（Baltimore—Washington International Airport，BWI）空中服务部经营的航空配餐处的。这个研究是最近空中服务部上层领导新创立的资源管理计划的一部分。马弗的上司，杰克·瓦伦蒂（Jack Valenti）是这个计划的主管。瓦伦蒂希望马弗在周末能交出一份060号专柜每日经营状况的报告，还要求马弗提出可以提高生产率的建议。

公司的历史

1927年，威拉德·马里奥特（J. Willard Marriott）和他的妻子艾丽斯（Alice）在华盛顿特区开办了一个名为"热卖专柜"（Hot Shoppe）的只有9个座位的小啤酒吧。就从这个小店起家，目前的 Marriott 公司已经发展到有3大经营项目——宾馆、餐厅和协议食品供应。1980年，这3项占了公司销售总额的92%。空中服务部就是"协议食品供应"的一部分。另外，公司还拥有并经营着两家游乐场和一个海上旅游航线。1980年，公司销售额达15亿美元，比前年增加了21%。

空中服务部

为航空公司供餐的服务起始于1937年。当时，威拉德·马里奥特与东方（Eastern）航空公司、美国（American）航空公司和首都（Capital）航空公司订约，为在华盛顿出发的乘客供应盒饭。后来，人们用一块烫的砖片为食品保温，热餐就这样出现了。空中餐饮服务由此开始。1980年，Marriott 的空中服务部就成了世界上独立提供空中餐饮的最大的公司。它为4个洲100多家航空公司服务，其中包括43家国内餐饮服务部和20家国外餐饮服务部。在美国国内，东方航空公司是最大的客户，紧随其后的是德尔塔（Delta）航空公司和美国航空公司。

这43家国内空中服务部各有一位总经理管理并作为利润中心来运作。在供餐时，他们要按照航空公司的菜单供餐，不出差错。每家航空公司都会有自己对正餐、点心的要求和风格，对质量和数量的要求也不一样。航空公司有自己的配餐清单，并且过一段时间就要更新。餐饮的质量由Marriott公司的监督员和航空公司的餐饮服务监察代表来控制。航空公司的餐饮服务监察代表还要负责处理乘客和空乘人员对伙食质量或是短斤缺两的投诉。若起飞是因交餐而延误了，航空公司可以要求餐饮服务部赔偿延误费，每小时可能高达几千美元。

为航空公司供餐的合同由空中服务部的营销部门负责，每位总经理则是负责尽量完美地保证食品质量，提高服务水平。因为航空公司只要提前30天就可以取消某一供餐点的合同。

每个总经理的表现是通过比较其年度预算和当年的财务状况来进行的。考虑管理的3个主要方面就是食品和人力成本（占所有成本的75%），以及其他非食品类可控制成本，例如汽油费、制服费和公用事业费等等。国内餐饮服务部分为7个区域，每个区域设一个副总裁负责监督。地区副总裁再向华盛顿负责空中服务部的副总裁报告。

资源管理计划（RMP）

1978年，由于食品和劳动力成本的迅速提高，导致了利润下降。空中服务部因此实行了资源管理计划。这个计划的目的就是通过分析每日工作情况，确定哪些闲置的时段可以被有效地利用，以及在不降低服务水平的基础上使运作更合理以提高生产率。所谓使运作更合理是指，如果一个人还可以承担另外的一项工作或用机器可以提高生产率，就可以减少工作岗位。马弗暑期见习集中关注的就是资源管理计划这方面的问题。

巴尔的摩—华盛顿国际机场的060号专柜

在巴尔的摩—华盛顿国际机场设立的060号专柜就是Marriott小型国内航线空中餐饮服务运作的一个典型单位。那里有100名全职员工，在空中厨房部1周工作7天（这里是不用临时工的）。1980年5月，一周要为300次航班提供餐饮。周销售额约是80 000美元（包括食品、饮料和送货上机的费用）。另外，对于清理食用后的餐具（如盘子等）也要收费。060号专柜按工作性质分成6个部门，由总经理和其助理（经营经理）来管理。这6个部门是：运输部、热餐部、冷餐部、卫生部、贮藏部和管理兼开票部。图表13—8显示的是060号专柜的组织管理结构。

由于在巴尔的摩—华盛顿国际机场只能做短时间的测试，马弗决定重点分析运输部和冷餐部。这两个部门的职工最多，而且最有希望改进工作。以下是对这两个部门的简单介绍。

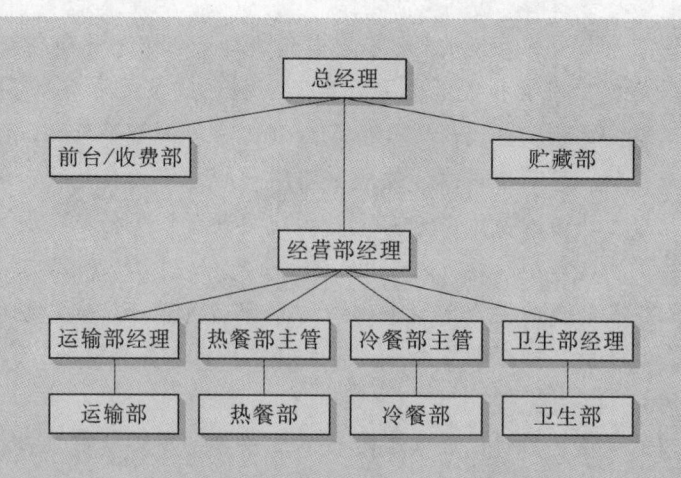

```
                    总经理
          ┌───────────┼───────────┐
     前台/收费部              贮藏部
                   经营部经理
       ┌─────────┬─────────┬─────────┐
   运输部经理  热餐部主管  冷餐部主管  卫生部经理
     运输部      热餐部      冷餐部      卫生部
```

图表 13—8　060 号专柜的组织结构

运输部门

运输部的责任就是为在巴尔的摩—华盛顿国际机场即将起飞的飞机装卸食品和快餐。在运输部主管的监督下，共有 7 个小组开展工作，每个小组由 1 名食品及设备操作员（food and equipment handler, FEH）和 1 名助手组成。每组工作 8.5 小时轮班，其中包括 45 分钟午餐时间，每个工人每班付给 8 小时的工钱。另外还有一个调度员保证各组准时出发去机场，并检查发放给各航班的食品数量是否准确。该部还有两个代表航空公司的协调员，一个负责东方航空公司，一个负责德尔塔航空公司，分别监督本公司餐饮供应的情况。图表 13—9 是运输部的组织结构表。

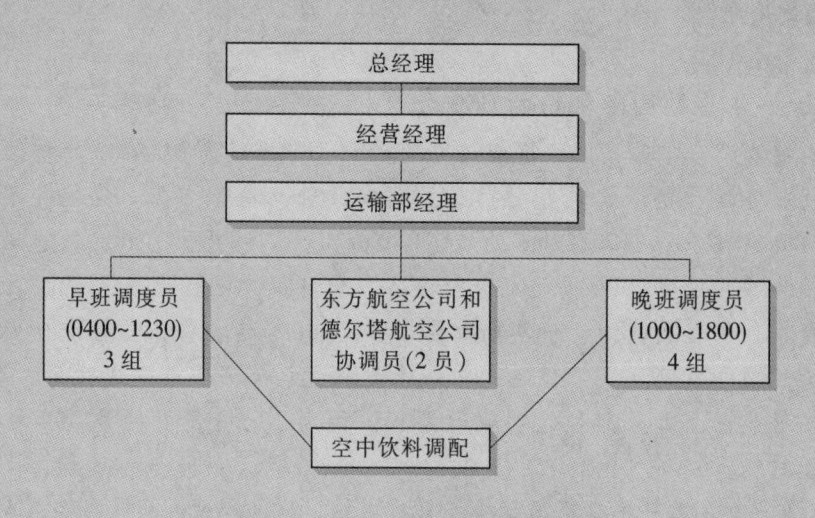

```
                总经理
                  │
                经营经理
                  │
                运输部经理
       ┌──────────┼──────────┐
  早班调度员   东方航空公司和   晚班调度员
  (0400~1230)  德尔塔航空公司   (1000~1800)
     3 组      协调员(2 员)       4 组
                  │
              空中饮料调配
```

图表 13—9　060 号专柜运输部组织结构图

FEH 及其助手的报酬是运输部中最高的（指每小时工资加津贴 7.51 美元），这是因为他们将运输车开到价值数百万美元的飞机的旁边要承担很大的责任（如

图表13—10所示）。为了通过通道将食品送入机舱，要用液压升降机将运输车提升到机舱门高度，然后食物才能被送进去。在离开厨房将餐饮送到指定的飞机之前，7个组都要为航班将食品按航班分装妥当。这包括冰块装袋，按数量准备啤酒、葡萄酒、咖啡、牛奶、橘子汁以及冰淇淋蛋筒。然后再确认一遍后装车。一般情况下，这些工作可以在30分钟内完成。如果是宽体客机（如DC—10、波音747）则需要长达1小时。通常FEH及其助手会同时为多架飞机备餐，然后一次运出。这样做带来了整体效率，减少了平均配餐时间，同时也减少了从厨房运至机场的时间。

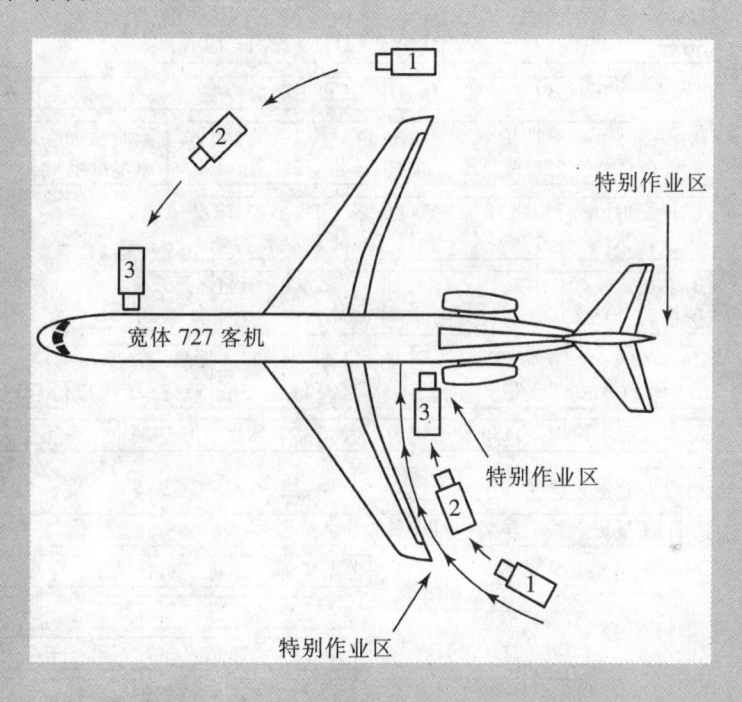

图表13—10

冷餐部

冷餐部的职责就是按航空公司提供的菜单准备冷食快餐、色拉、水果盘和餐后甜点，并且装袋。部门中大多是8小时或8.5小时换班。每班包括30分钟午餐和15分钟休息。职工按班次长短付给7.5小时或8小时工资。

图表13—11是每班工人在各自工作台上的工作图。如图表13—11所示，每班都有一些工人负责一条或多条包装流水线。流水线是条笔直的传送带，3~4个工人为一组，各自负责放上餐盘和杯子、银餐具、色拉、蛋卷、奶油和甜点。然后装入食品箱准备运出。4条流水线是为普通仓备餐的，另外一条流水线是单独为头等舱乘客备餐的。每班都有一个楼层主管，还有一个组长，他专门负责应急。

早班	4	5	6	7	8	9	10	11	12	13	14	15
银餐具1组	TXI-塑料 250套	AA- 300套	早餐	AA航班继续	DAL-FC 120套	TC 425套	帮助他人	休息	帮助他人	（最后的105分钟工作时间打杂）		
银餐具2组	EAL-FC60套	EAL-TC775套	早餐	EAL航班继续	休息	TWA航班	FC16套、TC120套					
色拉1组	EAL-FC 12份	EAL-TC60份加特供餐	早餐	AA-FC30份	TC250份	DAL-FC60份	休息	WORLD水果40份	色拉354份			
色拉2组	EAL-TC 125份	EAL-FC12份	TC80份	早餐	DAL-TC 260份	DAL-TC 125份	休息	DAL-TC 125份	帮助WORLD			
色拉3组	EAL-FC 36份	TC 450份	早餐	EAL继续	TX 120份	休息	TXI继续	TWA-FC12份	TC125份			
色拉4组		TXI-230份冷餐		休息	REP-109份冷餐		午餐	盘点	内务	清扫		
DAL快餐组	DAL-三明治套餐63份	三明治250份	早餐	DAL-FC快餐28份	TC快餐250份	休息	帮助色拉组和包机组					
TXI快餐组	TXI-230份冷餐	早餐	TXI-115份冷餐	TWA-FC16份	休息	TWA-TC127份冷餐						
REP/DAL快餐组	REP-115份快餐	早餐	REP继续	DAL-123快餐	休息	DAL继续	DAL-头等舱水果					
甜点组	EAL-125份	AA-FC30份	TC 250份	EAL头等舱及乘务员	早餐	EAL-TC 500份	TXI-125份	DAL 500份	休息	TWA-FC12份	TC 125份	WORLD蛋糕395份
备餐组	蔬菜洗切	切肉丝	早餐	切肉丝和奶酪	休息	切胡萝卜	萝卜	芹菜				
领班	顶岗	早餐	待命	休息	换班							
传送带1组	TXI早班航线	早餐	准备托盘	AA水果和面包	清洗	休息	EAL座套更换					
传送带2组				定点工作	休息	每日航班	午餐	非每日航班				
传送带3组				定点工作	休息	每日航班	午餐	非每日航班				
传送带4组				定点工作	休息	每日航班	午餐	非每日航班				
传送带5组	传送所有非每日航班头等舱饮食	传送面包	午餐	准备WORLD用托盘								
地勤人员			设备维护	休息	辅助托盘准备	午餐	辅助WORLD组					

午班	16	17	18	19	20	21	22	23	24	1
银餐具1组	REF-100套	AA-FC12套、TC125套	PAL-250套	晚餐	继续	EAL-FC36套、TC125套	TWA-FC16套	休息	TWA-FC125套	AA-505套	EAL-4盘
备餐组		削胡萝卜、芹菜等	晚餐	胡萝卜、芹菜切丁	切卷心菜	休息	切萝卜	削水果	最后135分钟从事必须的非装袋工作		
水果组	AA-FC19份	DAL-FC32份	TXI-119份	晚餐	REP-109份	TWA-FC16份、TC126份	休息	EAL-FC12份、TC125份	EAL-三明治125份		
传送带1组	EAL-苹果快餐103份	传送带操作	晚餐	每日及非每日航班操作	休息	为包机服务	传送带维护			
传送带2组	维护传送带,整理托盘	同1组	晚餐	同1组	休息	同1组	同1组			
替补组	准备三明治250份	晚餐	270份面包、黄油打包	休息	准备水果和甜点	食物装袋	帮助其它组	周五、周六休息		
领班	顶岗	晚餐	做辅助工作	休息	分班次成本核算	周五、周六休息				

图表 13—11

对060号专柜运作的分析

在马弗对运输的分析中,首先他编制了一张表,是关于一组FEH及其助手要用多长时间来完全6架停在巴尔的摩—华盛顿机场的不同的飞机送餐任务的(参见图表13—12)。这张表用了公司制定的标准时间,并且考虑了不同的停机坪和机舱通道。通过了解送餐时间和每一个组的日程表(参见图表13—13是一部分摘录),马弗接着对每组每日的工作建立了一个任务时间表(如图表13—14)。在表上,驾车从厨房到机场需10分钟;10分钟从一个停机坪到另一个停机坪并将食品装上飞机。表详细地列明了各组的工作时间。但马弗知道,航班时刻表每月做一次小的调整,每季度做一次大的调整。因此,他设计的时间表只会在很短的时间里有效。马弗在考虑,完成现在时间表的任务是否可以少用一两个小组,但又无需支付加班工资,还不能延误航班,还要能应付误点的航班。他并没有马上动手制定一张新的时间表,而是观察每个小组的工作,判断能否减少1或2个组。他利用每日工作任务时间表对每组按日编制一张空闲时间表(参见图表13—15)。他认为这些信息可以帮他来判断问题。经理们认为每班应该有30分钟的空闲时间,目的是应付航班的变动;而且目前的劳动合同规定每周的超时工作不能超过8小时。

图表13—12　060号专柜向飞机提供餐饮及从飞机上撤除器具所需时间(分钟)

	两者均承担	仅提供餐饮送货	仅提供撤除器具
DELTA 航空公司			
DC—9 飞机	25	15	15
727—S 飞机	25	15	15
EASTERN 航空公司			
DC—9 飞机	15	10	10
727 飞机	20	15	15
727—S 飞机	25	20	20
AMERICAN 航空公司			
707 飞机	45	25	25
TWA 航空公司			
707 飞机	40	25	25
727—S 飞机	30	20	20
REPUBLIC 航空公司			
DC—9 飞机	20		
OZARK 航空公司			
DC—9 飞机	20	15	15
TEXAS INTL. 航空公司			
DC—9 飞机	—		
WORLD 航空公司			
DC—10 飞机	50	40	40
AIR FLORIDA 航空公司			
727 飞机	25		
AMERICAN EAGLE 航空公司			
DC—8 飞机	50	—	—

图表 13—13　　060号专柜运输部各组日程安排

	航班	到达时间	起飞时间	班期	机型	承担工作
第一组						
0400—DELTA	152	0215	终点	每日班	727-S	撤除
DELTA	106	起点	0700	每日班	727-S	装载
DELTA	138	起点	0720	每日班	727-S	装载
EASTERN	631	起点	0800	每日班	DC-9	装载
REPUBLIC	367	0738	0820	每日班	DC-9	撤除及装载
DELTA	203	1010	1040	每日班	727-S	撤除及装载
DELTA	1717	起点	1159	每日班	DC-9	装载
第二组						
0500—EASTERN	385	起点	0645	每日班	727	装载
1330　EASTERN	983	0704	0735	周六	727-S	撤除及装载
TEXAS INTL	751	起点	0750	每日班	DC-9	机旁卸货
EASTERN	947	起点	0915	每日班	727-S	装载
AIR FLORIDA	包机	0940	1020	周六	727	撤除及装载
EASTERN	147	起点	1036	每日班	DC-9	装载
EASTERN	291	1259	1325	每日班	DC-9	撤除及装载
第三组						
0500—AMERICAN	207	起点	0745	每日班	707	装载
1330　TWA	025	起点	0800	周日除外	727-S	装载
WORLD	14	0735	0835	每日班	DC-10	撤除及装载
EASTERN	173	0936	1049	每日班	727-S	撤除及装载
AMERICAN EAGLE	包机	1005	1200	周三	DC-8	撤除及装载
DELTA	130	1052	1117	每日班	727-S	撤除及装载
EASTERN	809	1159	1224	每日班	727-S	撤除及装载
第四组						
1000—AMERICAN	605	起点	1120	每日班	707	撤除及装载
1830　OZARK	531	1345	1420	周六除外	DC-9	撤除及装载
DELTA	337	1412	1440	每日班	727-S	撤除及装载
EASTERN	169	1505	1553	每日班	DC-9	撤除及装载
TWA	393	起点	1630	每日班	707	机旁卸货
TEXAS INTL.	755	1622	1658	周六除外	DC-9	撤除及装载
EASTERN	131	1709	1739	每日班	727-S	撤除及装载
EASTERN	703	1746	1841	每日班	727-S	撤除及装载

续前表

	航班	到达时间	起飞时间	班期	机型	承担工作
第五组						
1330—EASTERN	817	1424	1500	周六周一	727	撤除及装载
2200 REPUBLIC	335	1528	1615	每日班	DC-9	撤除及装载
TEXAS INTL.	425	1525	1613	每日班	DC-9	机旁卸货
OZARK	520	1635	1705	周六除外	DC-9	撤除
DELTA	761	起点	1720	每日班	DC-9	撤除及装载
DELTA	237	1824	1850	每日班	727-S	撤除及装载
EASTERN	946	1953	2040	每日班	828-S	撤除及装载
EASTERN	439	2014	2120	每日班	DC-9	撤除及装载
DELTA	877	起点	2130	每日班	DC-9	撤除及装载
第六组						
1530—AMERICAN	361	起点	1820	每日班	707	撤除及装载
2400 AMERICAN						
EAGLE	包机	1640	1710	周三	DC-8	撤除及装载
REPUBLIC	305	1828	1915	每日班	DC-9	撤除及装载
TWA	843	1850	终点	每日班	707	撤除
EASTERN	172	1955	2030	每日班	727-S	撤除及装载
TWA	026	2120	终点	每日班	727-S	撤除
AMERICAN	414	2131	终点	每日班	707	撤除
EASTERN	394	2225	终点	每日班	DC-9	撤除
DELTA	834	2235	终点	每日班	717-S	撤除
EASTERN	126	2327	终点	每日班	DC-9	撤除
DELTA	560	2234	终点	每日班	727-S	撤除
第七组						
1330—DELTA	610	1644	1710	每日班	727-S	撤除及装载
2200 WORLD	33	1715	1830	每日班	DC-10	撤除及装载
EASTERN	696	1856	1925	每日班	DC-9	撤除及装载
EASTERN	982	1938	2010	周六	727-S	撤除及装载
EASTERN	816	1946	2015	周一	727	撤除及装载

帮助 4 组为 AA 605 航班服务
为 EASTERN 提供 32 套饮料

在评估每组的工作情况时，马弗意识到还要考虑外部因素。首先，他的任何动作都不能导致航班延误。按照目前为期 1 年的服务合同，运输部引起的任何飞机延误的成本最后都得由 Marriott 支付。飞机的延误赔偿费是每小时 5 000 美元。为了避免增加成本，马弗还要考虑劳工问题。060 号专柜目前还没有工会组织，但他听说在波士顿一家厨房部最近刚刚成立了工会。

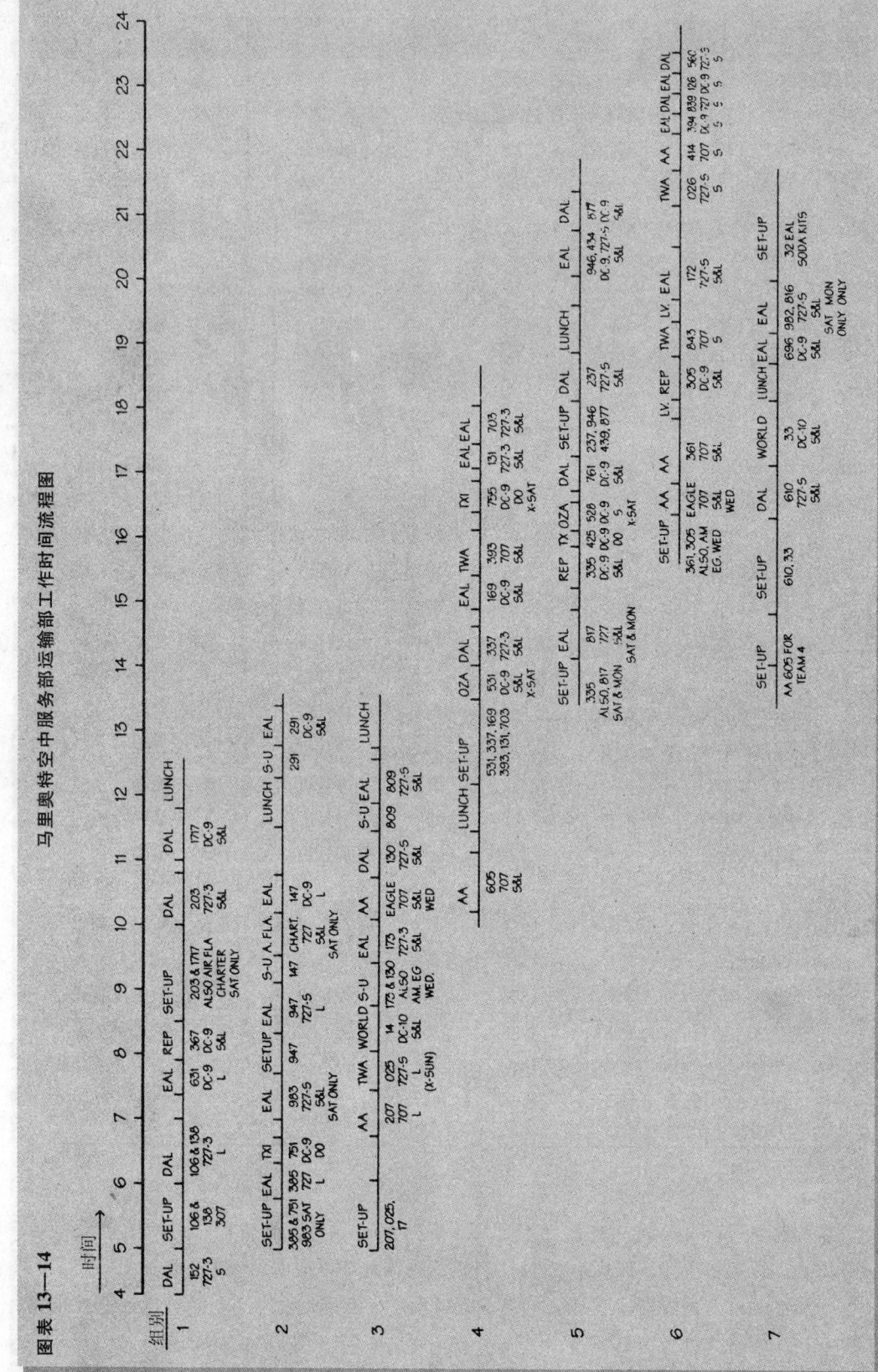

图表 13—14　马里奥特空中服务部运输部工作时间流程图

图表 13—15		Marriott 公司空中服务部运输部各组空闲时间统计						
	周日	周一	周二	周三	周四	周五	周六	合计
第1组	60	60	60	60	60	60	30	390
第2组	115	115	115	115	115	115	30	720
第3组	100	65	65	25	65	65	65	450
第4组	35	35	35	35	35	35	100	310
第5组	110	45	110	110	110	110	70	665
第6组	120	120	120	30	120	120	120	750
第7组	0	0	0	0	0	0	0	0
合计	540	440	505	375	505	505	415	3 285

注：统计的每日数据中已扣除30分钟，作为航班延误的应急。

在冷餐部，马弗特别关心的是银餐具的包装。如图表13—11所示，早班两个银餐具包装工分别包装了1 095套和971套，所使用的确切时间实际为330分钟和435分钟。午班包装了789套，用时330分钟。按这样计算，包装工人的生产率是大大低于每分钟包装4套的标准速度的。这个标准是几年前由人事部门根据时间测定及管理者的预期制定的。马弗想知道若是达到这个标准，总的劳动力能节省多少。他注意到冷餐部的平均每小时工资津贴是5.73美元。他同样注意到下午班的打包工人每天有135分钟未用在打包工作上（如图表13—11所示）。

另外，马弗了解到有一种半自动银餐具包装机成本是6 000美元。若使用这台机器，操作人员预计每分钟可以包装7套银餐具。按这种速度，若以早班打包工人435分钟的工作时间计算，一个工人一天就能完成3 045套的打包。但是，在那段时间里机器打包的数量只能是2 305套，因为还有一些要用亚麻布包装（包装速度相同）。考虑到这些约束条件，马弗心里盘算，若是减少1~2个银餐具打包的职位，每年可以减少多少劳动力。同样，还有一些问题要考虑，比如购入的机器是否可以达到每分钟包装7套的额定速度；若是希望2年内收回成本，机器应该达到怎样的速度等等。

总结

马弗要考虑为提高生产率，他究竟应该向杰克·瓦伦蒂提什么样的建议。他知道空中服务部关于投资生产资料的标准是，税后投资回报率至少为15%，投资回收期少于2年。有了这些第一手资料，马弗才擦了擦额头的汗水，松了松领带。他背靠座椅，再把思路理了一遍，然后就动手起草报告了。

资料来源：This case was prepared by John M. McCahon and revised by G. Steven Waters and R. D. Martin under the supervision of Professor Edward W. Davis. Copyright © 1982 by the Darden Graduate Business School Foundation, Charlottesville, Virginia. Rev. 8/86

案例思考题

1. 运输部能否在保证目前工作状态的前提下减少工作组?
2. 如果按银餐具包装的标准(即每分钟4套)进行操作,能节约多少劳动力?
3. 若购入银餐具包装机,可以节约多少劳动力?如果要在两年内收回投资,这台设备的生产能力应该达到多少?马弗应该建议购置银餐具包装机吗?

参考文献

1. Ali, Iqbal A., and Lawrence M. Seiford, "The Mathematical Programming Approach to Efficiency Analysis," in Harold O. Fried, C. A. Knox Lovell, and Shelton S. Schmidt (eds.), *The Measurement of Productive Efficiency: Techniques and Applications* (New York, Oxford University Press, 1993), pp. 120–159.

2. Ali, Iqbal A., "Data Envelopment Analysis: Computational Issues," *Computers, Environment, and Urban Systems*, vol. 14 (1990), pp. 157–165.

3. Ali, Iqbal A., and Lawrence M. Seiford, "Computational Accuracy and Infinitesimals in Data Envelopment Analysis," *INFOR*, vol. 31, no. 4 (1993), pp. 290–297.

4. Banker, Rajiv, Abraham Charnes, William W. Cooper, John Swarts, and D. A. Thomas, "An Introduction to Data Envelopment Analysis With Some of Its Models and Their Uses," *Research in Governmental and Nonprofit Accounting*, vol. 5 (1989), pp. 125–163.

5. Baumol, William J., Sue Anne Batey Blackman, and Edward N. Wolff, *Productivity and American Leadership: The Long View* (Cambridge, MA, MIT Press, 1989).

6. Baumol, William J., and Kenneth McLennan (eds.), *Productivity Growth and U. S. Competitiveness* (New York, Oxford University Press, 1985).

7. Baumol, William J., "Productivity Policy and the Service Sector," in Robert P. Inman (ed.), *Managing the Service Economy: Prospect and Problems* (New York, Cambridge University Press, 1985), pp. 301–317.

8. Charnes, Abraham, William W. Cooper, Arie Y. Lewin, and Lawrence M. Seiford (eds.), *Data Envelopment Analysis: Theory, Methodology, and Applications* (Boston, Kluwer Academic Publishers, 1994).

9. Charnes, Abraham, Z. M. Huang, John Semple, T. Song, and D. Thomas, "Origins and Research in Data Envelopment Analysis," *The Arabian Journal for Science and Engineering*, vol. 19 (1990), pp. 617-625.

10. Charnes, Abraham, William W. Cooper, and Edwardo Rhodes, "Evaluating Program and Managerial Efficiency: An Application of Data Envelopment Analysis to Program Follow Through," *Management Science*, vol. 27 (1981), pp. 668-697.

11. Chilingerian, Jon A., "Exploring Why Some Physicians' Hospital Practices Are More Efficient: Taking DEA Inside the Hospital," in A. Charnes, W. W. Cooper, A. Y. Lewin, and L. M. Seiford (eds.), *Data Envelopment Analysis: Theory, Methodology, and Applications* (Boston, Kluwer Academic Publishers, 1994), pp. 167-193.

12. Committee for Economic Development, *Productivity Policy: Key to the Nation's Economic Future* (New York, Committee for Economic Development, 1983).

13. Drucker, Peter F., "The New Productivity Challenge," *Harvard Business Review* (November-December, 1991), pp. 69-79.

14. Epstein, Michael K., and John C. Henderson, "Data Envelopment Analysis for Managerial Control and Diagnosis," *Decision Sciences*, vol. 20 (1989), pp. 90-119.

15. Farrell, M. J., "The Measurement of Productive Efficiency," *Journal of the Royal Statistical Society*, Series A, Part III, vol. 120, no. 3 (1957), pp. 253-290.

16. Fried, Harold O., C. A. Knox Lovell, and Shelton S. Schmidt (eds.), *The Measurement of Productive Efficiency: Techniques and Applications* (New York, Oxford University Press, 1993).

17. Golany, Boaz, and Yaakov Roll, "An Application Procedure for DEA," *Omega*, vol. 17 (1989), pp. 237-250.

18. Haksever, Cengiz, and Yuki Muragishi, "Measuring Value in MBA Programmes," *Education Economics*, vol. 6, no. 1 (1998), pp. 11-25.

19. Jurison, Jaak, "Reevaluating Productivity Measures," *Information Systems Management* (winter 1997), pp. 30-34.

20. Kendrick, John W., *Improving Company Productivity* (Baltimore, Johns Hopkins University Press, 1984).

21. Lovell, C. A. Knox, "Production Frontiers and Productive Effi-

ciency," in Harold O. Fried, C. A. Knox Lovell, and Shelton S. Schmidt (eds.), *The Measurement of Productive Efficiency: Techniques and Applications* (New York, Oxford University Press, 1993).

22. Oral, Muhittin, and Reha Yolalan, "An Empirical Study on Measuring Operating Efficiency and Profitability of Bank Branches," *European Journal of Operational Research*, vol. 46 (1990), pp. 282–294.

23. Parkan, Celik, "Measuring the Efficiency of Service Operations: An Application to Bank Branches," *Engineering Costs and Production Economics*, vol. 12 (1984), pp. 237–242.

24. Riddle, Dorothy I., *Service-Led Growth: The Role of the Service Sector in World Development* (New York, Praeger Publishers, 1986).

25. Sherman, H. David, "Hospital Efficiency Measurement and Evaluation: Empirical Test of a New Technique," *Medical Care*, vol. 22, no. 10 (October 1984), pp. 922–938.

26. Sherman, H. David, "Managing Productivity of Health Care Organizations," in Richard H. Silkman (ed.), *Measuring Efficiency: An Assessment of Data Envelopment Analysis, New Directions for Program Evaluation*, No. 32 (San Francisco, Jossey-Bass, winter 1986), pp. 31–46.

27. Sherwood, Mark K., "Difficulties in the Measurement of Service Outputs," *Monthly Labor Review* (March 1994), pp. 11–19.

28. Wolff, Edward N., "The Magnitude and Causes of the Recent Productivity Slowdown in the United States: A Survey of Recent Studies," in William J. Baumol and Kenneth McLennan (eds.), *Productivity Growth and U.S. Competitiveness* (New York, Oxford University Press, 1985), pp. 29–57.

29. van Biema, Michael, and Bruce Greenwald, "Managing Our Way to Higher Service-Sector Productivity," *Harvard Business Review* (July-August 1997), pp. 87–95.

第14章 政府与私营非营利服务机构管理

14.1 本章概述
14.2 政府与私营非营利机构的界定
14.3 政府与私营非营利机构的意义
14.4 政府机构的属性
14.5 私营非营利机构的属性
14.6 本章提要
讨论题
案例14—1 普雷斯克岛州立公园
案例14—2 温哥华公共水族馆
参考文献

14.1 本章概述

在美国，所有年龄层的人、各种身份的人，不论他们各自的嗜好如何，他们都乐意组建团体。人们并非只参加商业团体和工业团体，还有许多其他成千上万的团体涉及不同的类型。有宗教的，也有道德的；有严肃的，也有琐细的；有普通的，也有专业的；有大范围的，也有小范围的。美国人组织起来为的是迎接庆典、建立学校、建造教堂、分发书籍。如果是想宣传一个真理，传播对一个事件产生的感情，他们就组成一个社团。上述种种情形，只要是打算做一件事，在法国是由政府做，在英国是由当地的富豪做，而在美国，则一定是由一个社团去做。[①]

---

① 见 Alexis de Tocqueville 著《美国的民主》(Democracy in America)，由 J. P. Mayer 和 Lerner 编辑，George Lawrence 译，(New York, Harper & Row, 1966), p. 485.

亚历克西斯·托卡维利（Alexis de Tocqueville）是法国社会哲学家，1831年他在美国逗留了9个月。以上的这段话就来自他的那本大作《美国的民主》（*Democracy in America*），这本书的内容源自他在美国期间的所见所闻。托卡维利在一个半世纪前的观察到现在还是正确的。美国人至今还在为各自不同的目的建立和管理着不同的社团，但多半是为公共事务。

所有这些组织构成了所谓的**非营利组织**（nonprofit sector）。非营利组织的五花八门着实令人吃惊。他们可以是社区的教堂、本地的教师及家长联谊会，也可以是全国莱福枪协会、鲭鱼俱乐部，或是全美酒吧协会。非营利组织在美国社会生活和经济生活中扮演了非常重要的角色，因此有**第三领域**（the third sector）的美称（另两个领域是私营企业和政府机构）。

政府机构是由联邦政府、州政府或地方政府组建和管理的机构。从严格的意义上来讲，他们同样是非营利组织。出于这样的原因，他们有时被称为"公共非营利机构"，而其余的则被称为"私营非营利机构"（如图表14—1所示）。本书中提到的**公共**（public）一词都用于各级政府组建和管理的非营利机构，而私营非营利机构就简单地称为**非营利机构**（nonprofitel）。

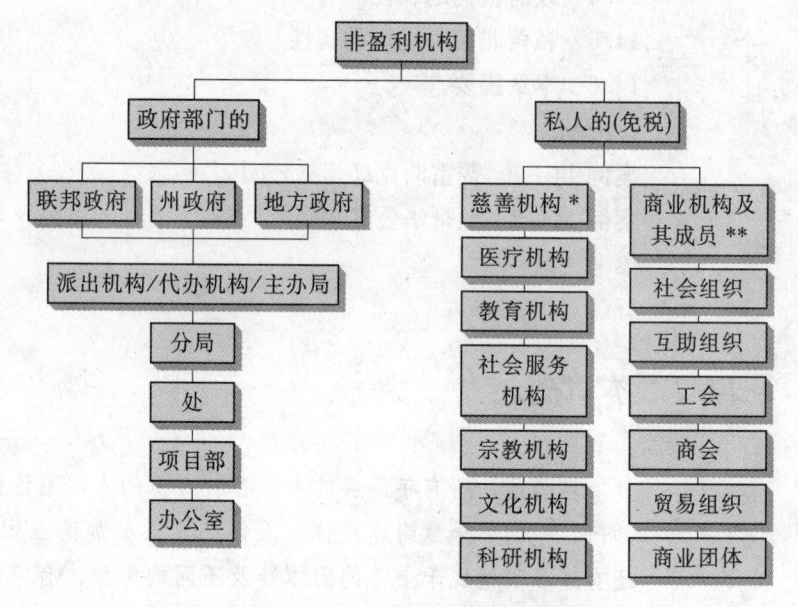

```
                          非盈利机构
                    ┌──────────┴──────────┐
                政府部门的              私人的(免税)
            ┌───────┼───────┐        ┌──────┴──────┐
         联邦政府 州政府 地方政府   慈善机构*    商业机构及
            │                         │          其成员**
      派出机构/代办机构/主办局      医疗机构      社会组织
            │                      教育机构      互助组织
           分局                    社会服务
            │                        机构        工会
            处                     宗教机构      商会
            │
          项目部                   文化机构      贸易组织
            │
          办公室                   科研机构      商业团体
```

图表 14—1 非营利机构的种类

* 捐助款免税

** 捐助款不可以免税

资料来源：Robert N. Anthony and David W. Young, *Management Control in Nonprofit Organizations*, 4th ed. (Homewood, IL, Irwin, 1984)。

本章着重讨论这两种服务机构，目的就是简要介绍政府和非营利机构的特征，以及这些机构的管理者们所面临的挑战。你将会发现，这两种机构的管理者面临的任务和挑战是相似的，但是与私营企业相比却又有着一些重要的差异。政府和非营利机构都需要管理者和管理的技能，这和私营企业是一样的。尽管在这两个领域的大多数管理者学的不是商务方面的知识，但是一些学商务的人却会到这些服务机构中去工作。因此对于服务管理者来说，有必要了解美国经济中这两个重要的领域。

14.2 政府与私营非营利机构的界定

正如前面所说的，公共的部分包括联邦政府、州政府和地方政府的组织和派出机构。他们是根据相应级别立法规定而成立的，所有的开支几乎都依靠税收收入，少许是靠收费作为补充。大多的政府组织处于垄断的状态。也就是说，他们在提供服务时是没有竞争对手的。很清楚，他们是不盈利的实体。事实上，对于政府组织没有"盈利"一说。[1] 他们可能会有"盈余"，但这个盈余绝非是盈利，并且一般会在一个财政度末返还给相应的财政机构。

非营利组织的一个最重要的特性就是他们建立的目的不是为了创造利润。所以也有人称其为"不为盈利"（not-for-profit）。[2] 这可能过于简单化了。但这是因为我们假定私营部分的主要目标就是获取利润。当然，有些私营企业还有其他的一些目的，但是若没有盈利，私营企业一定是支撑不了多久的。非营利机构则以无盈利目的为其主要特征。这并不是说他们在经营中不获取利润。他们确实有盈利，而且可以留下这些利润。事实上，有些机构（例如非营利医院）至少有部分是依靠他们在经营中获取的利润来维持的。

或许第二个用以界定非营利机构的重要特征就是对其"不能分配"（nondistribution）的限制。不能分配是非营利机构的所有收入、利润或是财产都不能分配给其所在的成员、领导或是官员。许多非营利机构都被免除了联邦的公司所得税，有些还免除联邦、州或地方的税项（比如财产税），因为它们是以为公众服务为目的的。在美国的税法中，有25类组织属于免税组织（参见图表14—2）。只有一类非营利机构[称为"501（c）（3）号慈善机构"]拥有另外的特权，即向这些机构捐助的个人和企业捐助款可以免税。除了公共服务的目的以外，允许其组建时还明确规定不可盈利，不可将利润、财产分配给其成员、官员或是领导。非营利机构可以

---

[1] 有时也有例外。例如美国邮政服务公司（U.S. Postal Service）和全美铁路客运公司（Amtrak）都是准政府机构，他们既不是营利组织也不是非营利组织。

[2] 某些人或许能在"非盈利"（nonprofit）和"不为盈利"（not-for-profit）之间看出细微的不同来。事实上，后者更精确地阐述了这些组织所建立的目的，因为他们并非为了盈利而组建。而"非盈利"指的是一个组织不可能去盈利。然而从实质上看，这两者在文献中的应用并没有什么差别。

从事盈利的活动，只要这些活动**符合**免税的规定，或虽然不符合规定但是**数额不大**，就可以享受免税的优惠。①

图表 14—2　　　　　　　　　　　免税机构

税号数	免税组织的类型
501（c）(1)	按照美国国会法案组建的机构
501（c）(2)	特批企业（title-holding companies）
501（c）(3)	宗教、慈善等机构*
501（c）(4)	社会福利机构
501（c）(5)	工人、农民组织
501（c）(6)	企业联盟
501（c）(7)	联谊、休闲俱乐部
501（c）(8)	互助机构
501（c）(9)	志愿者互助协会
501（c）(10)	国内互助机构
501（c）(11)	教师退休基金会
501（c）(12)	慈善人寿保险协会
501（c）(13)	墓地
501（c）(14)	信托联盟
501（c）(15)	互保公司（mutual insurance companies）
501（c）(16)	农作物生产融资公司
501（c）(17)	失业补充福利基金
501（c）(18)	职工养老金
501（c）(19)	退伍军人组织
501（c）(20)	法律援助机构
501（c）(21)	矽肺基金会
501（c）(23)	1880 年前组成的老兵协会
501（c）(24)	根据 ERISA 条款第 4049 款规定的基金
501（c）(25)	养老金控股企业
501（d）	宗教组织
501（e）	医院服务合作组织
501（f）	教育机构合作服务组织
521	农民合作社

*501（c）(3) 中的机构未全部列入，因为有些组织（如教堂）不必申请免税许可，申请裁决者除外。

资料来源：Internal Revenue Service, Annual Report。

---

① 见 Robert N. Anthony 和 David W. Young 著"非营利机构的特性"（Characteristics of Nonprofit Organizations），载 David L. Gies, J. Steven Ott 和 Jay M. Shafritz 编著的《非营利机构必读》（*The Nonprofit Organization: Essential Readings*）(Pacific Grove, CA, Brooks/Cole Publishing Company, 1990), pp. 216-235。

14.3 政府与私营非营利机构的意义

无论其是私营的还是公共的，非营利组织的本质就是服务，服务普通大众。但在大多数情况下是为下一级政府机构（subgroup of public）服务。政府部门或是非营利机构从事生产活动的情况少之又少。许多耳熟能详的联邦政府机构，比如美国海岸防卫队、联邦经济情报局、美国疾病预防与控制中心（CDCP）、国家气象服务中心（NWS）、联邦航空管理局（FAA）、美国林务局、联邦公路管理局、国家公园管理局以及社会保障局等等，都属于这样的机构。这些只是列举了美国政府机构中的一小部分，但他们都是服务组织，就像联邦政府、州政府或是地方政府建立的其他几千个服务机构一样。现在，让我们来观察一些非营利组织，例如美国网球协会、红十字会、基督教救世军、女童子军、男童子军、私立高等院校、高校中的兄弟会和女学生联谊会、职业协会、宗教组织（基督教堂、犹太教、清真寺等等）、联合路协、美国心脏病防治协会、美国癌肿协会、博物馆以及交响乐队等等。很明显，这些私营非营利组织就像政府机构一样，提供各种各样的服务。因此，政府部门和非营利组织都毫无疑问可以归入**服务**领域。

必须明确的是，三级政府机构所提供的服务是至关重要的，比如国防、法律和秩序、教育、医疗保健、金融管理（比如美联储、联邦存款保险公司）、空中安全、铁路、公路以及海上运输等等。因此，无论我们如何抱怨政府的机构庞杂，服务的质量不尽如人意，没有政府组织，我们的经济和社会生活将无从谈起。在美国，大约有 87 000 个政府机构。[①] 他们的活动为私营企业创造了许多的商机，而且为大众提供了许多的就业机会。私营企业是就业人数最多的，大约有 8 450 万人（占劳动力的 74%）受雇于私营企业。政府部门是第二大提供职位的部门。联邦政府是唯一一个最大的雇主。除了军队以外，联邦政府雇佣了大约 287 万公务员，占劳动力的 2.5%。州政府雇佣 456 万人，地方政府雇佣了 1 169 万人。因此，各级政府总共提供了 1 900 万个职位，占劳动力的 17%。

在美国，非营利机构同样是就职的主要渠道。目前大约有 140 万个非营利机构，有 1 000 多万人为之工作，占劳动力的 9%。另一个重要的因素是，有许多志愿者加入其中。比如，在 1994 年，志愿者劳动就相当于 600 万个全职人员的劳动。在非营利机构的运作中，有 37% 的工作是

[①] 除非专门注明，本章所给出的统计数据均来源于《1996—1997 年非营利机构年鉴》（*Nonprofit Almanac, 1996—1997*）（San Francisco, CA, Jossey-Bass Publishers, 1996）。其统计数据的最迟年限是 1994 年。但是所统计的政府和非营利机构每年的变化都不大。

由志愿者从事的。志愿者和有偿劳动者加起来大约有 1 600 万人为非营利组织工作。

14.4 政府机构的属性

正如前面已经提到的，美国的经济是由 3 个部分构成的：私营企业、政府部门和非营利性机构。主要的经济活动是由私营企业承担的。然而，正如前一节列出的数据所表明的，另外的两个部分对于美国人民也非常重要。这不仅仅是从经济意义上来讲的，从政治、社会、文化的角度考虑问题也是如此。在许多重要方面，这两个领域与私营企业也有许多差异。在这一节，我们将讨论政府机构存在的必要性，以及政府机构不同于私营企业的一些特征。

政府机构存在的必要性

政府机构之所以存在，可以归纳为 4 个主要原因：[1]

提供公共物品 所谓公共物品是指含有两个重要特性的商品和服务：(1) 个体对这些商品或服务的消费不会影响他人的消费，或是说不会减少他人从中获得的福利；(2) 一般情况下不能阻碍任何一个潜在的消费者享受这些商品或服务的福利。可以列举的例子有国防、洁净的空气、灯塔、公园、人行道和公路、电视与电台的广播等等。尽管经济学家们将其定义为"公共物品"（public goods），但是很明显，公共物品大多数都是服务。

私人物品指的是那些你必须先付费然后才能消费的东西。比如说，你想要听音乐，就要先买一台收音机，而电台广播则是公共物品，你从广播中受到了乐趣，但并不会影响他人去享受这样的乐趣。同样，一旦广播播出，有谁想听是绝对不会受到阻挠的。然而你买的这个收音机却是一个私人物品。你若使用收音机，就阻止了别人从收音机得到的福利，至少在短期来讲是这样的，因为资源是有限的。如果有大量的需求，电子设备制造商就会生产收音机，然后以市场价卖给那些愿意买的人。

但谁去付广播的费用呢？如果这是一个商业电台的话，很有可能就是由广告商出钱，而不是收听者。收听者不必为广播付任何的费用，因为其一旦播出，拥有收音机的人都可以收听。因此，一些人为广播付费，而大部分收听者是免费收听。换句话说，就是对于公共物品来说，有许多人都

---

[1] 见 Michael L. Vasu, Debra W. Stewart 和 G. David Garson《组织行为与政府管理》（*Organizational Behavior and Public Management*），2nd ed，(New York, Marcel Dekker, 1990)，pp. 8–11。

是"免费搭车者"。当然也存在一些广播台和电视台的费用是由收听者和收看者资助的。然而这样的例子却暴露出了公共物品面临的一个基本问题：那些不愿意付费的人不可能强迫他们付费，也不能阻止他们对公共物品的使用。另一方面，如果私营企业收不到钱，就没有刺激因素诱发其提供公共物品。很多人都愿意使用公共物品，但是如果没有人为其付款，私营企业就不会提供这些物品。因此，只有政府部门介入来提供大部分的公共物品，例如国防、治安以及道路。政府部门通过税收来实现这些服务。私营企业不愿意生产大量的公共物品，这一现象有时被称为"市场失灵"（market failure）。这是因为那些从事私人商品和服务的生产、流通、销售的市场机制在要求提供大量公共物品时会表现失灵。

控制外在性（controlling externalities） 所谓外在性是指经济活动的侧面影响。外在性即对第三方的影响。其影响可能是负面的，也有可能是正面的。负面的外在性即社会成本，正面的外在性就是社会福利。污染是众所周知的负面外在性。比如一个生产活动造成了空气污染，与这一经济行为毫无关系的人（比如那些并非是工厂主、雇员或顾客的人）也会深受其害。在一个街区，一幢修缮精美的房子就是正面的外在性，因为住在其周围的人尽管没有为修缮付费，却可以从它那里得到益处。一幢保养得很好的房子有优美的外观，这样在其周围的房子就会增值，房价也上升了。有人认为外在性也是"市场失灵"的一种形式。因为有些人从经济活动中获益，而市场机制无法完全从受益的活动中收回所有负面外在性的成本。同样，市场机制也不可能从正面外在性的受益者中收取费用。解决这个问题的有效途径就是政府对那些产生负面外在性的活动征税，同时贴补创造正面外在性的活动。有些政府机构（比如环境保护局、核工业管理委员会）的建立就是为了处理这些负面的外在性。

公平和平等（equity） 政府及政府机构存在的另一个原因是维护平等。这是基于人类必须拥有平等的权利这样的信念之上的。各种不平等或许都源于市场机制的无节制运作。比如说，一个私营企业会忽略员工的安全与健康，因为注意到了安全的预防就会减少收益。也有可能一家公司只愿意接受男性白人为员工。如果没有相关法律来限制这种行为，有些私营企业就会效仿，因为这样做在交易中就会有经济优势。这种做法如今会引起许多美国人的公愤，他们会要求政府采取行动加以制止。很明显，政府的这种职能是由其公民的价值体系而产生的。比如，平等就业委员会（the Equal Employment Opportunity Commission）在1964年的成立就是为了就业上的平等。具体说来，委员会是要推行平等的就业机会，防止在雇佣时对人种、肤色、宗教、性别及国籍的区别对待。

保障法律、秩序和经济稳定（providing a framework for law and order and economic stability) 政府的一个明显的职能就是维护法律和秩序，确保公民的安全。同样重要的是创造和维持一个稳定的经济环境，这对于自由的市场机制的运作是不可或缺的。美国宪法授权给联邦政府印制货币和规范商业行为。一些政府机构（比如联邦储备委员会、联邦贸易委员会以及证券交易委员会等等）都为实现这一目标做出了贡献。以联邦贸易委员会（Federal Trade Commission，FTC）为例，它的职责就是维持自由和公平的商业竞争，防止欺骗性广告的传播，规范商品的说明和包装，并贯彻反垄断法。而证券交易委员会（Securities and Exchange Commission，SEC）则监督公司证券的公开发行与交易，并规范美国的证券交易（纽约证券交易所，美国证券交易所和12个区域性的证券交易所）。

政府机构的特性及其管理者所面临的挑战

监管政府雇员和政府组织的活动的人称为政府管理者。他们有些人是通过选举产生的，有些则是直接任命的。在联邦政府中，美国总统是被选举出来的最高官员，在州政府，最高官员就是州长，在一个城市中就是市长。被选出的官员通常指定自己熟悉且信任的人担任高级行政职务。这就是所谓的行政任命，但是有些任命还需要立法部门批准。如果选举出的官员位置有空缺，也不可由行政任命的人员来替补。这些管理者可能来自政府组织的内部，也有可能是外部。他们的下级就是执行官员、中层官员和监管员，这些人一般都是从机构的职业雇员中任命的。本章关注的是管理者，是指行政任命的官员，不包括依法选举出来的官员。

政府管理者面临着巨大的挑战，这是因为他们中的大多数人不仅要完成私营企业相同岗位的管理者要做的工作，还要做许多其他的工作。他们要面对其他的由政府机构的属性和环境而产生的挑战，而这些通常是与管理无关的。为了了解这些挑战，接下来就要讨论他们在管理中遇到的政府机构的属性和环境。我们将对政府机构管理者遇到的挑战和私营企业管理者所遇到的挑战进行比较。从以下几个方面可以了解政府机构的特性。

存在的原因 创办私营服务企业就是为业主赚取利润。然而，建立一个政府机构却要由相应的立法机构通过立法才行。一般来说，一个政府机构要向公众提供一项或多项服务，以满足前一节中讨论过的政府部门的一个或多个目的。也就是说，该机构的任务是由立法组织决定的，且最终对公众或对建立该机构的立法组织负责。

资金来源 创办私营企业的资金是由其所有者提供的。如果要追加投资或是需要经营费用，可以向金融机构借贷。当然，通过提供商品或是服务获得收益,也是私营企业很重要的资金来源。但是对政府机构来说,其资本(例如房产、办公用具和其他设备等等)和运作资金,以及发给员工的薪水则都是来自于政府税收。绝大多数的政府机构是没有收入来源的。有些可能会收取一些费用,但这些费用不会作为政府机构资金的主要来源。在一个财政年度余下的资金是不可以转到下一个年度使用的,这些钱要返还到相应的财政库中去。

环境 私营企业在市场环境中追求盈利目标和其他一些目标,但必须遵守市场规则。市场机制决定了3个基本经济问题的答案:如何对商品和服务进行生产组合?如何去从事生产?为谁去进行生产?市场机制的运行是在一种商品服务的买卖双方进行交互活动,然后决定价格和数量的过程中产生的。政府价格不是这种环境中的一个成分,它们并不寻求利润,因此不必遵守市场规则,也不受市场的约束。它们不需要依照价格去决定提供什么服务以及为谁服务。这些决定都是由立法者去完成的。简而言之,政府机构是政府和政治系统的一部分,它不属于市场系统。它们需要服从政治系统的规则,而不必服从市场系统的规则。政治系统包括法律、法规,还包括被选举出的官员和立法者的意图。

目标[①] 私营企业的目标就是盈利,这非常清楚,也很容易理解。由于目标明确,因此要测定私营企业的效率是很容易的。有效的经营对于盈利是十分重要的。因此,有效的经营和提高工作效率是私营企业重要的目标。这两点对于政府机构也非常重要,但政府机构还有其他重要的目标,比如对公众要求的回应、对相关的立法机构的回应,以及对立法机构及执行官员在政治上的回报等等。通常,这些目标是互相冲突的。我们很容易想像出政府管理者的尴尬场面,一面要协调这些相互冲突的目标,一面要满足广大投资者的意愿。

公众压力 政府机构经常在公众的强大压力下工作,这是因为他们有时要处理一些有争议的事件。私营企业的经营有时也会面临来自于公众的、政界的以及新闻媒体的压力。然而政府机构遇到的问题通常更复杂,更强烈。有些政府管理者认为,他们自己像是生活在"鱼缸"里。他们生活在民众不断的审视中,因为这些机构属于政府,他们的存在为的就是满足公众的需求。

内部组织 政府机构有着正规的等级结构。然而他们的管理者却要在一个层层控制的管理机构中工作。这主要是因为联邦和州政府中都有行政、立法和司法的分支机构。在私营企业,一个管理者一般只有一个老板,而在政府部门,管理者却有许多领导:自己的顶头上司、相关部门以

---

① 这一提法以及接着的4个方面都参考了 James E. Swiss 著《政府管理系统:监督和管理政府工作》(*Public Management Systems: Monitoring and Managing Government Performance*)(Upper Saddle River, NJ, Prentice Hall, 1991), pp. 6 – 8。

及监察机构的成员。

政府管理者的背景　政府管理者一般不是专业的管理者。也就是说,他们学的专业不是企业管理这个领域。律师一般会开个律师事务所,医生会开个健康保健诊所,而职业政治活动家却会到各种各样的机构中去当领导,这一点也不足为奇。由于没有专业的管理经验,政府管理者在处理一些常规的管理事务时不如私营企业的老总们,这一点也就能理解了。

法律上的约束　政府机构在其对外的许多活动中都受到法律上的约束。他们只能做一些法律和法规允许他们做的一些事情,他们不能为了提高工作效率去违反这些约束。政府机构的内部运作同样还受到严格的程序、正式的条例以及各种各样的限制,因为他们要对纳税人负责,还要遵守法律和法规。由此看来,政府管理者比私营企业的管理者在内部运作上受到的约束还要多。私营企业的管理者要聘用、解雇、晋升或降级一个员工相对而言是比较容易的。他们可以增加一班工人来增加产出或减少一班工人来降低产出。一般来说,这种情况在政府机构中是不可能的。他们一般会受到"评价"系统("merit" systems)的制约,这种系统对雇员的管理方法有着严格的限制。有些动作需要得到顶层行政官员的批准,甚至要得到立法机构的批准。简而言之,政府管理者在决策的自由度与权力方面都要小得多。

14.5　私营非营利机构的属性

在这一节,我们将要讨论美国经济中的第三部分,即私营非营利机构的属性。首先需要考虑的问题是如何给非营利机构分类,接着讨论这个部分出现的经济原因,最后我们来归纳它与私营企业和政府机构在特性上的重要差异。在讨论这些特性的同时,我们会提及这些工作的管理者所面临的挑战。

非营利机构的类型

非营利机构按照它们建立的目的、服务的对象、资金的来源、服务的种类、使用志愿者的状况、服务对象的规模和性质等等可以分为许多种。如果能将它们进行有效的分门别类,对了解这些机构的多样性是会有帮助的。然而这并不是一个简单的任务,原因就是,不管按那一种标准分类,它们都会成一个序列,而不是相互之间有一个明确的分界。美国政府从税收的目的来为非营利机构进行分类,这在图表14—2中已经显示了。另一种分类方式是从两个方面考虑的:(1)收入的来源;(2)对它们进行管理的方法。① 按照收入来源,可以将非营利机构分成两类:捐赠性的和商业性的(如图表14—2所示)。"捐赠性的"非营利机构其相当一部分的收入来自捐赠,而"商业性的"非营利机构其收入主要或是完全依靠商品或服务的销售而来。如果从管理的角度看,存在着两种非营利机构:"共同管理式"和"企业管理式"。如果机构的最终控制权是在资助人的手里(也就是捐赠人、机构成员或顾客),那它就属第一类。如果非营利机构由董事会自身维持,那就属于第二类。当然,我们提到的这4种类型是不能明显区分开的,有些机构介乎于两者之间。比如,许多私立大学主要是靠资助和学费,而有些大学的理事会中既有教师代表成员,又有终身理事成员。

	共同管理式	企业管理式
捐赠性的	服务大众的机构 国家奥杜邦鸟类协会 政治俱乐部	美国援外合作署 March of Dimes 母婴救助中心 艺术博物馆
商业性的	美国汽车协会(AAA) 消费者联合会* 乡村俱乐部	国家地理协会** 教育测试服务 医院 疗养院

图表14—3　非营利机构的四种分类方法

*《消费者报告》(*Consumer Reports*)的出版机构;

**《国家地理杂志》(*National Geographic*)的出版机构。

资料来源:Henry Hansmann,"The Role of Nonprofit Enterprise," *Yale Law Journal*, vol. 89 (1980), pp. 835-901。

另一个对非营利机构进行分类的较常用的方法就是按以下4种标准:产品属性、市场属性、顾客的要求和是否使用志愿者。这种分类方法在图表14—4中都有列举。

非营利机构为何存在

前一节讨论的4个主要原因都是目前公认的政府机构存在的原因。但是当这些问题用于私营非营利机构时,答案就不是唯一的了。经济学家们一直在为此争论,并提出了各种各样的理论。这些理论可以归结为4类。②

---

① 见 Henry Hansmann 著:"非营利组织的经济理论"(Economic Theories of Nonprofit Organization),载 Walter W. Powell 编著的《非营利机构研究手册》(*The Nonprofit Sector: A Research Handbook*)(New Haven, CT, Yale University Press, 1987), pp. 27-42。

② 在以下这些书籍中,对这些理论有详细的论述:Henry Hansmann 著"非营利机构的经济理论"(Economic Theories of Nonprofit Organization);Estelle James 和 Susan Rose-Ackerman 著《市场经济中的非营利企业》(The Nonprofit Enterprise in Market Economics)(London, Harwood Academic Publishers, 1986);Lester M. Salamon 著《公共服务的合作者:现代福利国家中政府与非营利机构的关系》(*Partners in Public Service: Government-Nonprofit Relations in the Modern Welfare State*)(Baltimore, Johns Hopkins University Press, 1995)。

产品/服务属性	市场属性	顾客的要求	志愿者的使用	举例

非营利机构
- 集体的
  - 同类市场
    - 内部的
      - 很少：美国网球协会、牛仔竞技协会
      - 很多：美国古币协会、国家莱福枪协会
    - 外部的
      - 很少：城市消防署、城市警察署
      - 很多：莽原协会、乡村消防处
  - 异类市场
    - 内部的
      - 很少：医疗保险协会、消费者联合会
      - 很多：全国教堂协会、政治家联谊会
    - 外部的
      - 很少：Smithsonian 博物馆、摄影技术实验所
      - 很多：小型博物馆、英国动物保护协会

产品/服务属性	市场属性	顾客的要求	志愿者的使用	举例

- 个体的
  - 同类市场
    - 内部的
      - 很少：兄弟会、疗养院
      - 很多：教堂、童子军
    - 外部的
      - 很少：墓地、日间护理中心
      - 很多：劳军联合组织、罪犯改造协会
  - 异类市场
    - 内部的
      - 很少：私立初级学校、私立高等学校
      - 很多：美国奥林匹克运动队、后援团俱乐部
    - 外部的
      - 很少：医院、救护中心
      - 很多：〈基督教〉救世军、血库

产品/服务属性	市场属性	顾客的要求	志愿者的使用	举例

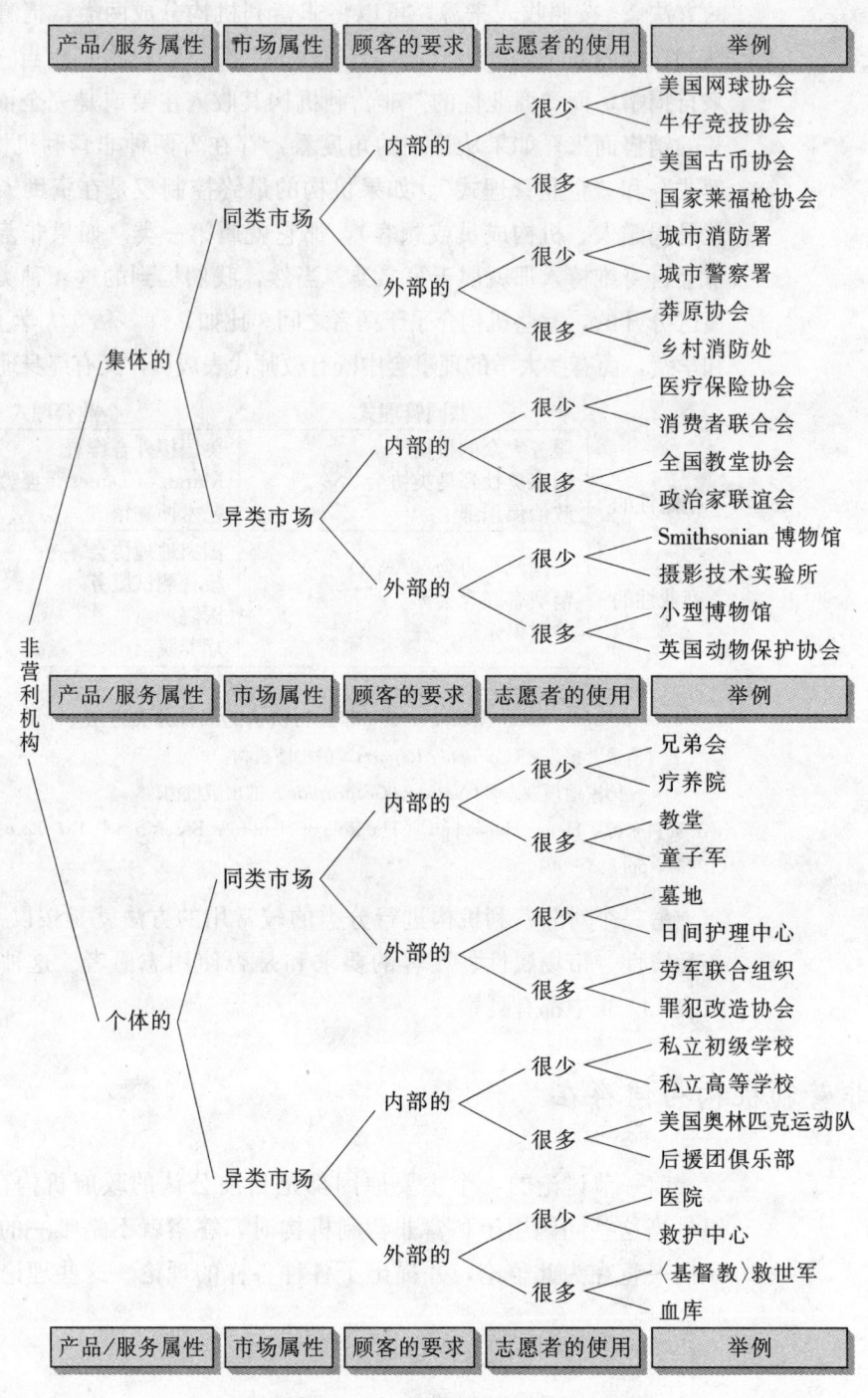

图表 14—4　非营利机构分类图解

资料来源：Robert D. Hay, *Strategic Management in Non-Profit Organizations* (New York, Quorum Books, 1990)。

公共货物理论　第 1 类理论将私营非营利机构的存在归结于市场和政

府提供公共物品中的缺位。[①] 我们在前面就提到了，私营企业如果不能从其工作中得到收益是不会制造公共物品的。因此，政府介入来提供这些服务，并向人们收税来填补提供服务的成本。然而，政府在提供这些服务时遇到了一些限制条件。最大的限制条件就是预算不足。因此政府要很仔细地选择所提供的服务的种类和数量。在一个民主国家，政府一般会选择大多数人都支持的服务。这就表明，对有些服务，有一部分群众有需求，但是真要提供这样的服务又得不到大众的全力支持。根据这样的理论，私营非营利机构的建立就是为了满足这样的需求。

定约失灵理论（the contract failure theory）　顾客很难评估有些服务的品质，特别是需要专业知识和技能的，或是由专家提供的服务更是如此。这样的服务一般认为是**绝对可靠的**（credence qualities）。[②] 如果服务的购买者和接受者不是同一个人，那么服务的数量和质量就更加难以估价了。这样的例子有保健服务、老年人护理服务和日间照顾服务等等。经济学家把这种现象称作服务提供者和顾客间的**信息不对称**（asymmetric information）。也就是说，服务提供者对于服务的质量和数量的了解比顾客要多。因此，当这些服务由为了获利而经营的私营企业来提供时，就有可能诱导欺骗的产生。按照这个理论，非营利机构的利润不可分配性以及不寻求利益性使得消费者更加信赖这些机构。也是出于这样的原因，捐赠者愿意把钱和时间投入到非营利机构上，因为它们更能把钱用在预定的目标上。

消费者控制理论　有些非营利机构是仅仅为其成员或赞助者提供服务的共同福利组织（例如乡村俱乐部），它们并不是为防止合约失灵而建立的。[③] 根据消费者控制理论，建立这些机构是为了在服务的成本和质量上为其成员提供更多的管理。这样的控制可以避免私营企业主对其成员的垄断。加入高级俱乐部的主要原因就是有机会接触那些有相同品味且联系广泛的人。因此，这些高级的俱乐部私营业主就会向成员收取费用，这不仅是充作经营的成本，更是一种介绍其成员和其他成员认识的价值。[④] 这个理论同样可以用来解释在一些社会服务中，不讲成本而注重品质，结果依然受到欢迎的原因，以及有时捐赠者还乐于去充当消费者的原因。比如，许多人是歌剧团、交响乐团以及博物馆董事会成员，他们却同样是这些服务的消费者，并且还愿意监督

[①] 见 Burton Weisbrod 著 "三方经济中志愿非营利机构的理论"（Toward a Theory of the Voluntary Nonprofit Sector in a Three-Sector Economy），载 Burton Weisbrod 编著《志愿非营利机构》（*The Voluntary Nonprofit Sector*）（Lexington, MA, D. C. Heath, 1977），pp. 51–76。

[②] 见第 3 章对于信誉品质，以及检索品质、经验品质的论述。

[③] 见 Henry Hansmann 著 "非营利企业的作用"（The Role of Nonprofit Enterprise），载 *Yale Law Journal*, vol. 89 (1980), pp. 835–901。

[④] 见 Hansmann 著《非营利机构的经济理论》（*Economic Theories of Nonprofit Organization*）。

服务的质量。①

补贴理论 非营利机构有 31% 的收入来自三级政府。政府的这种资助是以许可或是合同的形式同意对机构所提供的服务承担责任。政府资助的其他形式有贷款和贷款担保。除了这些以外，对于大多非营利机构的免税政策也是一种暗含的补贴。因此，补贴成了非营利机构的主要经济来源。这就是说，有了这些补贴，使非营利机构有了创建的积极性，特别是在一些行业中，非营利机构要与为获利而经营的私营企业相竞争，情况就更是如此了。② 一个很重要的问题就是：为什么政府不提供这样的服务而把这个任务授权给非营利机构呢？有一种观点认为，其主要原因是非营利机构可以为此而收取费用，这样可以使政府总成本下降。第二个重要的原因就是，非营利机构的成本可能比政府机构的成本低，特别是在劳动力成本方面。另一个相关的问题就是：既然已经存在着许多同类的私营企业，为什么还有人愿意从非营利机构中去获得这样的服务呢？毫无疑问，政府有时候会要求一些私营企业来提供某些服务。比如政府会把一些国防生产的大订单给予私营企业，有些私营企业甚至提供监狱管理的服务。但在另一些情况下，只能利用非营利机构来承担工作，或者说，政府如果要降低成本，就会考虑使用非营利机构。比如说，非营利机构为了提供社会需求的服务可以获得相应的捐赠。③

这些理论是从经济角度来讨论非营利机构的。然而，非营利机构的存在还有一个非常重要的非经济因素。正如我们在本章开头中用的托卡维利的话做引子，除了经济上的原因，美国人组建非营利机构是用来表达他们宗教的、政治的、社会的或艺术的意愿，或是推行一种事业，而这种事业有时是受欢迎的，有时不一定受欢迎。也就是说，通过非营利机构，美国人可以实践第一修正案（First Amendment）赋予他们的自由。美国人在宗教、民族和观念上都存在着明显的差异，非营利机构可以限制这种差异的政治影响，并缓解由这种差异造成的紧张关系。④

非营利机构的特性及其管理者所面临的挑战

私营非营利机构不仅构成了美国经济的第三方力量，而且表现出介乎

---

① 见 James 和 Rose-Ackerman 著《市场经济中的非营利机构》(*The Nonprofit Enterprise in Market Economics*), p. 23。

② 可参见 Eugene Fama 和 Michael Jensen 著 "代理问题及剩余权益" (Agency Problems and Residual Claims)，载《法律与经济杂志》(*Journal of Law and Economics*), vol. 26 (June 1983), pp. 327-350。

③ 见 James 和 Rose-Ackerman 著《市场经济中的非营利机构》(*The Nonprofit Enterprise in Market Economics*), p. 30。

④ 见 David C. Hammack 和 Dennis R. Young 著 "市场中的非营利机构面面观" (Perspectives on Nonprofits in the Marketplace)，载 David C. Hammack 和 Dennis R. Young (eds.)，编著的《市场经济中的非营利机构》(*Nonprofit Organizations in a Market Economy*) (San Francisco, Jossey-Bass Publishers, 1993), 1-19。

于私营企业和政府机构之间的特性和作用。一方面,它们的某些特性与私营企业有一些相似之处,因为它们都是由私人创办和管理的,而且受到了大部分市场规则和制约的影响。另一些方面,它们与政府机构又有些相似,因为它们的目的都是为公众服务。在这一节,我们要讨论私营非营利机构的一些特性以及这些特性对管理者们带来的一些挑战。

目的与任务 非营利机构的两个最重要的特性就是不以盈利为主要目的,以及严格的财产不可分配性。它们不能将收入、盈利或是财产的任何一部分给它们的成员、管理者和官员。机构建立时,在它们的章程里就注明是非盈利。[1] 非营利机构具有很广泛的服务范围,我们可以将其归纳为6个主要类型:健康护理、教育与研究、社会服务、艺术与文化、社区发展和宗教传播。一个非营利机构因各种原因会形成多元化的目的和任务。为了拓展现有的资金筹措渠道和服务递送系统,有时它们会增加一些机构的宗旨。为了修改现存的系统,就要满足一些其他的需求。[2] 多元化的目的会使管理者的任务异常艰巨,特别是当这个目的与机构的宗旨不相一致的时候就更是如此了。

意识形态 意识形态可能是许多非营利机构创建的一个主要原因。建立这样的机构的许多人都有强烈的信念。这些人都是受他们自己的意识的支配,愿意花时间和金钱去实现自己的理想。意识形态可能源自于一种宗教信仰或是一种夙愿,也可能是受政治信念、独特的艺术理念或是某个领域(例如教育、科学或儿童发展问题)的一种特殊理论的支配。[3]

所有权 非营利机构是没有业主的。私营企业属于股权持有人,政府机构属于政府或公民全体,但是非营利机构却没有所有者。这是因为所有权意味着对财产的支配权,而这与不可分配的约束是自相矛盾的。如果一个非营利机构解散的话,其财产会转移到另一个非营利机构或是其所在的州或市政府,但绝不会转移到个人手里。[4]

资本或资金的来源 所有者和股权持有人对私营企业提供资本或经营资金,因此业主拥有对企业财产和盈利的支配权。既然非营利机构没有所有者,那么资本和运作资金的一部分就要依靠捐赠了。筹措资金对许多非营利机构是一项十分重要的工作。然而,捐赠并不是非营利机构资金来源的唯一渠道,它们也可能从服务中收取一些费用。虽然这些费用不能完全弥补其成本,但这也是非营利机构收入的一个重要来源。比如,一个非营

---

[1] L. Howard Oleck 著《非营利公司、组织和协会》(*Nonprofit Corporations, Organizations, and Associations*), 5th ed. (Upper Saddle River, NJ, Prentice Hall, 1988), p.5。

[2] 见 David E. Mason 著《志愿非营利企业的管理》(*Voluntary Nonprofit Enterprise Management*), (New York, Plenum Press, 1984), p.128。

[3] 见 James 和 Rose-Ackerman 著《市场经济中的非营利企业》(*The Nonprofit Enterprise in Market Economics*), p.51。

[4] 见 Anthony 和 Young 著 "非营利机构的特性"(Characteristics of Nonprofit Organizations)。

利医院既可以接受捐赠，也可以向病人收取费用。同样，一家私立大学可能主要依靠向学生收取学费来维持运作。政府补贴和服务合同是非营利机构第三个重要的资金来源。正如前面提到的，对于大多数非营利机构的免税可以看成是政府给予的一种隐性补贴。

管理结构 一家私营企业是由代表股权持有人利益的董事会管理的。一个非营利机构则是由理事会来管理的。因为没有所有者，理事会的主要任务就是保证机构任务的完成。理事会的其他职责还包括制定目标和任务、制定政策、制定长远规划、制定财政政策和计划、任命首席执行官以及制定组织细则。[1] 大多数非营利机构的理事是不收取劳务报酬的。他们中的许多人还可能是捐赠人。选这些人当理事，可能是出于政治或财政方面的考虑，而不是因为具备对机构进行管理的才能或学识。

志愿者 非营利机构中的劳务投入有大约 37% 来自于志愿者的工作，因此志愿者是非常重要的资源。正因为如此，他们给管理者也带来了挑战。由于志愿者是不收报酬的，因此他们对机构在经济上没有依赖关系。有些志愿者甚至是主要捐助者，因此可能很难管理和控制。非营利机构也可能有计酬的员工。这两种员工的同时存在，使管理者的任务复杂化了。

内部组织 在政府机构中可以见到的等级森严的结构和泾渭分明的权限在非营利机构里是看不到的。特别是在大型的非营利机构中，那里机构复杂，但是却不严密。有些大型的非营利机构，比如大学、医院、歌剧团或是社会福利机构，都缺乏明确的等级制度。[2] 比如说，一个大学可能有一个等级结构，例如理事会、校长、教务长、院长和系主任，但是个体的教职工，特别是短期任教的教师，由于其工作的随意性，不便于像对私营企业中的员工那样管理和控制。大多数非营利机构的另一个独特之处就是，它们往往由两个明显的不同的系统组成。一个系统是筹措资金，而另一个系统则是提供服务（如图表 14—4 所示）。在私营企业，实施这两个功能的是同一个系统。[3] 例如，一个非营利机构要实施的是注射器更换计划，以防止艾滋病的传播。为完成这一计划的资金筹措可能是由这个机构的一个部门完成的，另一个部门则是负责将干净的注射器送到吸毒者那里。这种双重系统的存在主要是为了专业化而提高效率。很明显，有这类结构的非营利机构有两类外部顾客：（1）一类是提供资金的个人、私营企业或是政府；（2）另一类就是接受服务的人。非营利机构的这样一些特征同样增加了组织的复杂性，也使管理者的工作变得更加艰巨。

---

[1] 见 Thomas Wolf 著《非营利机构的管理》(*Managing a Nonprofit Organization*)，(New York, Fireside, Simon and Schuster, 1990)，p. 29。

[2] 见 James 和 Rose-Ackerman 著《市场经济中的非营利机构》(*The Nonprofit Enterprise in Market Economics*)，p. 75。

[3] 见 Mason 著《志愿非营利公司的管理》(*Voluntary Nonprofit Enterprise Management*)，p. 63。

第14章 政府与私营非营利服务机构管理

私营企业的单一系统

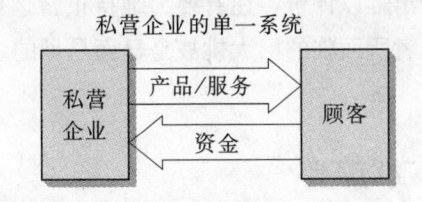

私营企业 —产品/服务→ 顾客
私营企业 ←资金— 顾客

非营利机构的双重系统

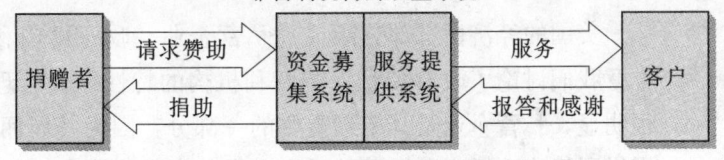

捐赠者 —请求赞助→ 资金募集系统 | 服务提供系统 —服务→ 客户
捐赠者 ←捐助— 资金募集系统 | 服务提供系统 ←报答和感谢— 客户

图表14—5 私营企业及非营利机构的内部系统

资料来源：Adapted from David E. Mason, *Voluntary Nonprofit Enterprise Management* (New York, Plenum Press, 1984), p.65。

目标 非营利机构的组织目标通常很多，而且不清晰，有时甚至是矛盾的。造成这种情况的一个原因就是有些机构追求多种目标，这在前文中已经提及。多元化的目的导致了多元化的、有时可能是相互矛盾的目标。比如说，一个非营利机构的目标是帮助患有顽疾的病人，该机构可能就会碰到相互冲突的目标，一方面要为医治这些受疾患的病人提供资金，另一方面又要投入资金来不断地研究治疗的方法。这样多元化的目标会导致管理者的精力和注意力的分散，并且不可能得到完美的结果。另一方面，不清晰的目标导致了测定的困难，这正是下一段中要讨论的。

测定困难 对私营企业的经营或管理的评估相对容易，只要看一看损益表的最终数据就一目了然了。也就是说，在私营企业中，盈利是工作绩效的可靠的总体反映。用盈利作为一种评价方式对私营企业有几个好处。例如，它可以被用来对变量进行定量分析，评估一项工作计划的完成情况；也可以用来评价管理工作的水平，并对不同类型部门的工作进行比较。[1] 如此有效的评价方式在非营利机构中有时却不合适，因此，在这样的机构里制定一个有效的测定方法和控制系统是很困难的。由于其目标通常不是以货币的形式表现的，对于机构和管理工作的测评就显得很困难。非营利机构中几乎从来没有生产型的，而服务型机构的评价本身就比较困难，所以，非营利机构所面临的困难实际上是双重的。

复杂性 复杂性是非营利机构管理人员面临的挑战的主要来源，因此要特别强调。我们已经提到过许多非营利机构可能存在双重的内部系统，可能有两类员工和两类顾客。另外，非营利机构一般有多重目标，它们的目标是抽象的，有时甚至是相互矛盾的。上述每一项都加深了非营利机构内部和外部关系的复杂性，并且增加了其控制和管理的变数。再加上对经

---

[1] 见 Anthony 和 Young《非营利机构的特性》(*Characteristics of Nonprofit Organizations*)。

营和产出难以评价，还有要为维持正常运作不断地筹措资金，非营利机构的管理者所面临的巨大挑战是显而易见的。

14.6 本章提要

美国的经济由三部分组成：私营企业、政府机构和私营非营利机构。本章我们讨论了政府和私人非营利机构的特性以及管理者所面临的挑战。很明显，私营企业是其中最重要的一部分，因为其雇佣的人数最多，而且提供了经济生活中所需要的绝大多数的商品和服务。然而，其他两个部分也非常重要，这不仅是因为经济原因，也是因为社会和政治原因。比如，如果没有政府机构就不会有国家防御、社区安全、空中飞行安全、人行街道、大众教育、公办的高等院校、国家公园、清洁的环境、自然灾害（比如飓风和洪水）的预警和防御系统、流行病和其他有碍健康的疾患的防治以及许多我们习以为常的服务。同样，如果没有私营非营利机构，许多博物馆、交响乐团或其他古典音乐演奏团体、私立高等院校、研究机构、宗教机构、慈善机构、互助机构、专业协作组织以及与绝症抗争的机构都将不复存在。简而言之，没有政府和私营的非营利机构，我们居住的这个社会将会变得与现在大相径庭，既不方便，也不会令人愉快。

政府机构和私营非营利机构在一些特性上有共同之处：它们的目的都不是为了盈利；它们服务大众或社会中的亚群体；它们都是服务机构。政府机构是依法建立的，可以是联邦的、州的或地方的政府机构。它们的主要任务就是提供公共物品、控制外在性、保证对公民的公平待遇，并且提供法律、秩序和经济稳定的框架。政府机构由相应一级的政府税收收入支持。它们在政治环境中运作，还要受限于法律和法规产生的内部和外部约束条件，并且还要时刻受到公众的监督。这些特征无疑对政府机构的管理者形成了特殊的挑战。高层政府管理者通常是选举出的，而低层的服务人员则一般是由机构内指定的。大多数政府机构的管理者所学的领域不是商务，这使他们面临的任务变得更加艰巨了。

非营利机构介于私营企业与政府机构之间。非营利机构不是由政府建立的，因而它们不是政府机构。然而一般而言，它们的目的却是为大众服务。它们不仅提供各类服务，而且为人们各种各样的信仰和意愿提供了一个宣泄的渠道。非营利机构是由公民个人建立的，然而它们没有所有者。它们可以、也确实在从运作中获取利润，但是它们不能将这些利润和机构拥有的资产分配给办事人员、机构成员或管理者。非营利机构资金的主要来源是接受捐赠、从服务中收取费用以及政府的资助和服务的契约。许多非营利机构有两套内部系统，一个是获取资源的系统；另一个就是提供服务的系统。它们同样还有两组外部客户,捐助者和接受其服务的客户。此外,许多非营利机构还有两套工作班子:志愿者和取酬员工。这些特性使非营利机构原本复杂的内部和外部关系更加多元化。非营利机构通常会追求多个目标,这些目标是抽象的,有时还是相互矛盾的。这些特性使得对于个人和机构工作的测定变得十分困难。最后要说的是,大多数非营利机构会为了生存而千方百计地筹集资金。我们可以清楚地认识到,非营利机构管理者所面临的挑战也是巨大的。

讨论题

1. 请解释"非营利机构"的含义。
2. 请解释何为"不可分配"约束。这种约束适用于政府机构吗?
3. 请比较和对照私营企业与政府机构的异同。
4. 请比较私营企业和私营非营利机构的异同。
5. 政府机构和私营非营利机构最重要的相似之处在哪里?
6. 政府机构和私营非营利机构最重要的相异之处在哪里?
7. 政府机构存在的合理性是什么?
8. 什么是"公共物品"? 试举例。
9. 什么是"外在性"? 试举例。
10. 简要说明非营利机构出现的理论。
11. 我们是否真的需要政府机构? 请解释。
12. 我们是否真的需要非营利机构? 请解释。
13. 请讨论政府机构管理者所面临的最重要的挑战。
14. 请讨论非营利机构管理者所面临的最重要的挑战。

案例 14—1

普雷斯克岛州立公园(这是鸟类栖息之地吗?)*

哈里·莱斯利(Harry Leslie)是一个打温莎式领结的好手,但是今晚他的手势却欠佳。当他正在卧室的镜子前整理自己的衣冠时,他的妻子在厨房提醒他今晚七点要参加会议。"哈里,你最好快一点,已经快六点十五了。你不是说要早些到达的吗?""行了,行了。"他低声嘀咕着,"我已经快准备好了。"在他跑出门时,妻子向他吻别。他心里很紧张,但是夫妻俩都心照不宣。今晚将是决定命运的时刻,但是他不把这个挂在嘴上。今晚社区的信息发布会或许将威胁到他的工作。而这又是哈

---

* 这个例子仅仅为了让班级进行讨论,而不是讨论执行者处理问题的有效或低效。所有权归属作者。若因转载需与 Prentice Hall Custom Case Program 联系,请注明 ISBN0-13-079953-X。

里梦想的工作：普雷斯克（Presque）岛州立公园的主管。

当走出家门时（这其实是一个灯塔），他小心翼翼地关上了门（如图表14—6所示）。这个灯塔的结构已经很老了（建于1892年），11月的一阵大风就能把这个厚重的门从铰链上吹下来。外面凉飕飕的，却显得格外清爽。海浪拍打灯塔边的海滩。当哈里弯着220磅的身躯钻进汽车时，他深深感受到了家的温暖。他们住的是一个尚在使用中的灯塔，它位于美丽的州立公园北岸。他的孩子住在一个奇特的地方：后门是海滩而前门便是树林。

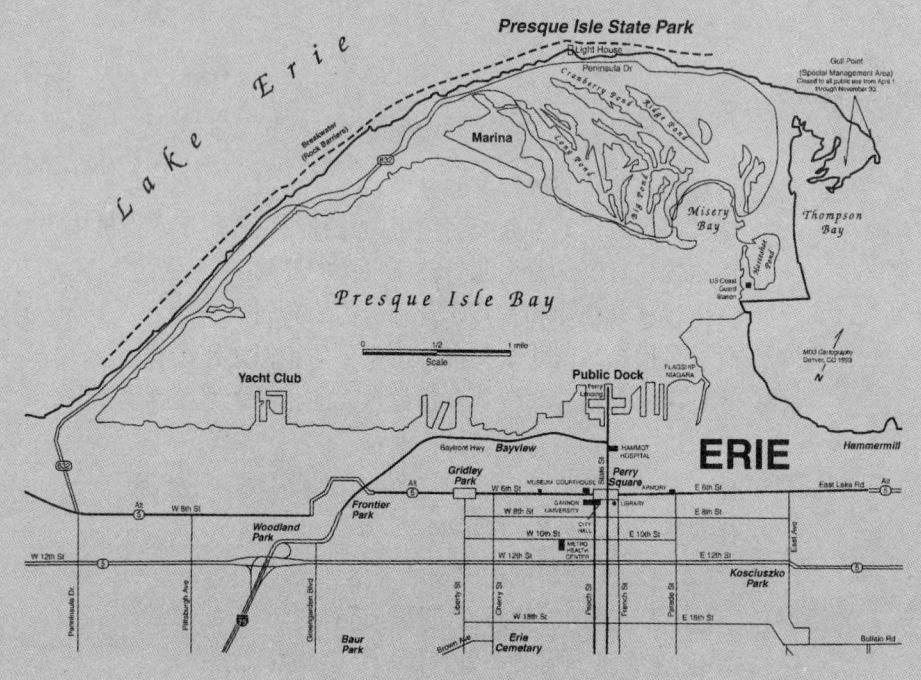

图表14—6　普雷斯克岛州立公园

当他驾车驶过已经废弃的七英里的海滩公路，出公园大门到市中心去的时候，公园的巡警正驶在他的后面。他们一边向他招手，一边指指车载对讲机对他说："祝你好运，头儿。你也将要用上这个了。""谢谢了，可我想事情不会那么糟，"哈里回答道："紧要关头大家都还是通情达理的。"

哈里离开了公园，径直开往将要举行公开答辩的一所大学。他希望刚才说的几句不是空话。他的前任对公园进行了一些自认为是"合理的"改造，结果却惹上了政治麻烦。令人意想不到的是，社区里由于改造而造成的混乱后来竟然帮助他走上了政坛，在宾州首府哈里斯堡的环境资源部（Department of Environmental Resources, DER）坐上了一席。对此，哈里倒并不关心。他是一个局外人，并不是什么高官或政治家。他喜欢住在公园里，关心日常的事务，做一些插得上手的事。如果一棵树被狂风刮倒了，哈里会第一个赶到现场，竖起告示牌，用锯子弄去树枝。与前任相比，他涉政不多，却更加务实，所以公园的工作人员都很喜欢他。

4个星期前就宣布将要召开一次公开会议，而且是个信息发布会。哈里和他的员工非常努力地去制定一个公园的管理计划，为的是既满足公园的多重需要，也满足其赞助者。这样左右为难的情况来自两个方面：一个是怎样在社区居民名目繁多的需求之间周旋；另一个是设法让这些需求与出资人能够接受的战略计划相一致，因为出资人所关心的是公园要符合"大众利益"。[1] 他同样也意识到，如果不能满足党派政治上的需要，他们就会发出一些"声响"。但他的计划是合理的。因为计划分别考虑了公园的商业利益和关注环保的群体的要求。[2]

哈里对会议抱有一种希望，希望与会者都是通情达理的人。这样他就可以从中协调找到和解的方法。他相信无论如何，参加会议的个人和团体都对一个问题非常关心，那就是普雷斯克岛居民们的幸福和安康。

当哈里驾着车驶入大学广场时已是六点三十五分了，窄窄的校园道路上，他在行人中绕行。他没想到会这么拥挤，有几百人在窄窄的道路上步行去停车场，有些车不识时务地停在了草坪上。到了停车处，哈里才明白发生了什么事，他的心跳都快停止了。停车场已经满了，人群正走向演讲大厅，也就是他将要开会的地方。

忽然人群中有些人认出了哈里开的汽车是属普雷斯克岛的。人群中就有喊声传了出来："这就是莱斯利，这个家伙想破坏我们的公园！""行啊，"他想，"看来我的职业生涯要被断送了。刚来就有人给我吃罚单。"

普雷斯克岛州立公园[3]

普雷斯克岛州立公园（如图表14—5所示）是一个沙石滩半岛，在伊利湖中延伸了大约7英里。半岛与宾夕法尼亚州伊利市的陆地相接，形成一个避风港，这是一个天然的美丽港湾。伊利市大约在伊利湖南岸的中心部位，而这个半岛自古以来就是地区发展的关键部位。伊利市人口一直稳定在11.5万左右，但其周边的郊区持续发展，两者人口加起来达到了25万人。

这个半岛是伊利湖两个主要沙石堆积口中的一个，是一个独特的地理和生态保护区。普雷斯克岛和湖北岸与其酷似的朗波因特（Long Point）岛一起产生了湖的水力效应，人们认为这种效应对整个湖的健康至关重要。从两个半岛的岛尖之间东流的湖水在流入伊利湖下盆地东部时会经过一个相对较深的水沟，这样就使

---

[1] 普雷斯克岛州立公园是在宾夕法尼亚州立公园管理局的管理下运作的。隶属于环境资源部，这一机构的职能就是为所有联邦的公园制定战略管理方案。普雷斯克岛的管理部门在其1993年制定的《战略管理计划》中已经融入了方案的精神。各具体实施部门的目标要体现在自己的计划书中。

[2] 普雷斯克岛州立公园的任务是，为当代人和后代保存其自然和历史资源，并提供教育和娱乐活动。普雷斯克岛的目标就是要完成公园的总体任务。这些目标就是在公园管理发展的同时要保持公园脆弱的生态系统，并保护其历史和自然资源。

《资源管理计划》(Resource Management Plan)是由公园管理部门编纂出版的，它详述了一些主要活动和战略任务，这为机构组织方向打下了基础。

[3] 宾夕法尼亚立法机构在1921年根据436号法案成立宾夕法尼亚州立公园和海港委员会。这个委员会拥有收回、开发和经营普雷斯克岛州立公园的权力。普雷斯克岛州立公园过去称作伊利市宾夕法尼亚州立公园。

水深增加，水流加速。在连接两个半岛的直线上，伊利湖的平均宽度从45英里变成了27英里。

普雷斯克岛是生物学家的梦想地，是森林分离的典型例子。这个分离的过程（这对于半岛的持续健康和结构很必要）是从东边的尖角开始的，就是在叫做海鸥站（Gull Point）的地方。分离是由自然力量形成的。在仲夏，水位降低，风势减弱。沙石由从西方吹来的风带来，由于正处于海鸥站的东面，沙石就在半岛的北侧停留了下来，形成了一块块的沙地。在秋季，那里总有几场来自东北方的风暴。风暴试图将沙石从海鸥站吹回西南处，这样就形成了平行的海岸线。这些海岸线在原始海滩以东三四十英尺处。

到了冬天，水位又退了下去。大自然对海岸的影响就是产生了两条海岸线（两个海滩）。在春天，白杨树这种普雷斯克岛上典型的树种就会长在淡水湖岸边，通过释放出有绒毛的、能被风吹动的球状种子来传播。当春风吹拂，水面上涨时，这些白杨树种子就落入湖中。这些种子又漂回到海鸥站，在去年形成的新的沙脊上扎下根。到了夏天，这些种子在条形沙地的外侧生了根，形成矮矮的灌木丛，从而又产生了新的海滩。

假设这新形成的海滩并不因下一年的水涨潮落而消逝（这种概率大约是30%），普雷斯克岛会因为这种新建起的海滩而向东扩展。就是这种分离（secession）现象，使普雷斯克岛慢慢地向东扩展。在直升飞机上鸟瞰普雷斯克岛的东边尖角可以看到一排排拱形的白杨树。从水的边界向西走去，就会发现一排排树的间隔大了，而且树变得越来越高。当白杨树成熟时，有机物就在其根基边形成，这弯弯的一排树就形成了沙滩线。分离线年代越久，树丛就越高。东边的树林与西边比起来就显得瘦弱了。那里有些池塘是由这些平行的树林圈起而成的。

当这些树林由东向西渐次成熟，而且长高时，夹在它们中间的池塘也发生了变化。东边池塘是由底部水源而来，清清的水中游着鱼（这些鱼是因分离现象而被圈入的），并且阻碍了树的成长。第二条池塘水系（向西）通常会形成一些海洋藻类以及其他植物。随着海鸥站年龄的增长，这些池塘水渐渐成了沼泽地，最后成了肥沃的土地，它们隔离并培育着成熟林间的有机物质。

从生物学家的角度来看，普雷斯克岛代表了一个稀有的环境，在一块坚实的土地上得以研究一个典型的森林分离现象。大自然的恩赐还不止这些。由于分离环境造成的结构的多样性，半岛为鸟类和哺乳类动物提供了一个美好的家园。普雷斯克岛和朗波因特为鸟类迁徙提供了休息处。此处也被列入国家自然保护区，植物的成长和动物的繁衍是研究和学习的资源。几十年来，从美国和加拿大来的学者、教授和学生都热衷在普雷斯克岛和朗波因特上对鸟类进行研究。

商业利益和地方利益

对于当地的娱乐业和商业界来说，半岛向东的延展和学术上的科学研究是一种威胁,而并非是盈利的机会。当地的经济是靠旅游而不是科技来支撑的。① 公园于 1921 年建立,后来就建起了一条通向海滩浴场和野餐林的道路,成百万的人蜂拥来到伊利市和普雷斯克岛。

自从当地工业从 20 世纪 70 年代开始消退后,旅游业成了本地的主要经济成分。② 到了 1990 年,数据表明,旅游(主要是普雷斯克岛)成了当地经济的第二大组成部分。去普雷斯克岛的游客始终比去黄石国家公园的人还要多。到 1990 年,在公园入口边已经建起了一系列的汽车旅馆、餐馆、渔具商店、自行车租赁中心和娱乐场所。地区商会估计夏日伊利地区的人口数是冬天的 160%。

因为旅游是经济的基础项目,所以任何一项对半岛利用有威胁的提案都有可能引起商业危机,而且许多年来已经有过许多次威胁了。在 20 世纪 50 年代,有人担心半岛西边狭长的臂湾会因为海水侵蚀而消逝。不断吹拂的海风和水流有可能将沙石从海滩的两侧带到海鸥站。因此,引起分离现象的自然力量威胁着半岛西边窄窄的臂湾、海滩和公园的入口。

在 20 世纪 50 年代以前,暴风雨带着水冲进西边臂湾是件很平常的事,它使得半岛成了岛屿。结果,游客要离开公园变得很不容易。通过美国陆军工程公司 (the U. S. Army Corps of Engineers) 在 20 世纪 50 年代后期的重建计划中解决了这个问题,即将海滩的沙子挖到半岛西边臂湾进行填补。与此同时,还改建了道路系统,为的是解决周末交通拥阻的现象。

工程公司早就提出,如果不采取措施,听之任之,普雷斯克岛最终还是会和大陆分离成为一个岛,而且它会继续向东发展远离伊利市。自从西臂湾的重建计划开始实施后,工程公司就不断地把沙石运到半岛以保护海滩浴场。

这个目前还在进行的恢复项目已耗资数百万美元。为了省钱,工程公司在 20 世纪 80 年代就决定用伊利市南部采石场的沙石来填充海滩。采石场的沙石比原先在海滩上采的沙石粗糙,而且不美观,但是成本低,而且可以更好地保持海滩。

在 20 世纪 80 年代中期,高水位和几场厉害的风暴严重破坏了海滩。在 20 世纪 50 年代,半岛上湖水溢出,封锁了道路,这使人们又想起了普雷斯克岛上脆弱的生态环境。因此,为了"一劳永逸"地稳固半岛,工程公司提出一项新的计划,就是用岩石在北面离开海滩约 500 码处平行堆砌一道壁垒。

---

① 伊利地区每年大约有 8 000 万美元的收入是来自旅游业,这主要是普雷斯克岛州立公园吸引了游客。自古以来,人们认为这是一种可再生的以资源为基础的产业。就因为这种想法,当地要求旅游者看看美景,而不是去消费美景。然而人们越来越注意到周边环境的脆弱性,而且自然资源也正在发生这样的变化。对于普雷斯克岛来说,人们认为旅游是在与稀缺的自然资源打争夺战。这个想法就是基于人们越来越注意到不同类型的旅游消费对于生态环境正产生着有害的影响。

② 20 世纪 70 年代后期和 80 年代初期,伊利市的工业就消退了,这对普雷斯克岛和旅游经济产生了重大影响。大量工人下岗,工厂关闭。这都是因为以前作为支柱产业的炼钢和船舶业发生了革命性的变革。不久,旅游就成了当地经济的主要组成部分。

对普雷斯克岛州立公园的数据分析表明,在经济衰退时期,人们倾向于去相对廉价的本地州立公园。旅游是受美国经济影响的,人们认为,到公园去旅游就可以代替去较远的比较贵的地方。在经济不景气的时候,对可自由支配的消费竞争加剧。这样一来,公园旅游对本地经济的财政收入就显得尤为重要了。

从理论上讲，这样的堤岸是可以缓解主要是来自西南方向的浪击和春秋季来自东北方向的浪击。把沙石从西边搬运到东边而且要加到海滩上，用以稳定半岛。整个工程耗资2300多万美元，用时超过了3.5年。

由于联邦及州的大量税收投入到了这个项目，在湖上，水面开始回落，这些迹象显示，普雷斯克岛和道路即将失去的威胁已不复存在了，工程公司的反应有点过头。又增加了对公园入口处设施的投资，有2个新酒吧、1家餐馆、1家滑板、滑水中心、几座商厦和1家销售潜水设备商店。

公园的经营管理

伊利市的第一批定居者就是受到了普雷斯克岛形成的天然港湾的吸引。他们一般是驾着帆船或小舟在18世纪时从海上来到这里的。他们住在小溪的入口处，那儿通向避风港海湾。小镇是从19世纪发展起来的，半岛成了海港的屏障，还被居民用来狩猎、捕鱼和娱乐。联邦政府（在与加拿大交恶和1812年的战争结束后其需求降低了）和伊利市都看到了获取这一大片土地的重要战略意义。

在1921年，联邦政府和伊利市之间就普雷斯克岛的归属问题进行争辩。宾夕法尼亚州对此进行了一场复杂的政治交易。交易的结果是，联邦政府可以使用该岛建立一个海岸防卫站，州政府则拥有半岛的所有权。同时，伊利市得到保证，要建立一座公园，提高当地居民的福利，且城市供水系统的基础设施（建在半岛上）将由伊利市来管辖。

由此开始了州政府的长期管辖以及后来产生的争辩。在初期的开发中，当局决定建设一个纵贯全岛的道路系统，这或许也是最重要的开发项目。在起初的几年里，从陆地到北海滩是一条几英里长的土路。州长费舍尔（Fisher）建议在普雷斯克岛的最东边建一条环行公路，并且提议可以驾车行驶。这样居民驱车就可以观赏周边的动植物和自然风景了。

然而从1938—1994年，道路使用的增长率超出了最初公园设计的预计。在周末，这个数字极为庞大，到了夏日延长开放的时段，围着普雷斯克岛14英里的道路系统的车流源源不断。

在公园开发的前几十年中，公园的管理当局几次要求增加人手。管理局目前对宾夕法尼亚州环境资源部负责。到了1982年，其员工由主任、行政管理员、维修保养人员、警察署、船坞员工以及救生队组成。（后来在对公园人事部门的检讨之后发现，应该还有一个全职的博物学家。要求他在现场评估和监督公园的环境保护工作）。在整个公园的开发期间，曾经有过好几任主任。但是公园发展最好的阶段是在1956—1986年期间，那时的主任是迈克尔·沃格（Michael Wargo），他的任期非常长。在沃格任职期间，公园初具规模。可停靠473艘船的船坞建成了，工程公司开工并完成了主要的改造工作。

沃格退休以后，已经感觉到了经济发展和政治争论之间的矛盾，州政府任命恩金·吉扎（Eugene Giza）来担任这个职位。吉扎年青且有抱负，他知道公园发展的潜力。他也很有政治头脑，知道公园使用和基金募集之间的关系。预算早在20世纪80年代就减少了，吉扎开展了一些活动以期增加游览人数，设法更加合理地募集资金。不幸的是，预算还是一再降低。①

在吉扎的管理下，公园有了许多发展事项：

1. 老式的户外"蹲坑"被新的卫生设备所取代。这是一个高于地面的沙堆过滤器（类似于一个毒物处理系统），且不必像以往那样排空；
2. 在公园南边海岸建一个多功能的高级赛道。人们可以徒步旅行、跑步、骑车、滑水；
3. 增加了冬日活动项目，例如狂欢会、嘉年华会等；
4. 建立了3条穿越乡村的滑雪道，并由一位企业人士拥有特许权；
5. 允许在公园举行跑步和骑车比赛；
6. 成立居民咨询委员会指导公园建设。

环境冲突

早在沃格的任期内就已经有环境保护论者抵触半岛的开发政策了。当地一些组织（比如美国鸟类保护协会、观鸟协会等）反对公园的建设项目。对持续的旅游开发打击最大的是普雷斯克岛当地的居民咨询组织倒向环境保护一边。

简而言之，环境保护人士认为，公园的许多决策都只关心对半岛的利用。这种利用会威胁到娇弱的环境、植物、动物和水的质量。一个例子就是早期决定建造环绕公园的公路并鼓励驾车。环境保护学家指出，这样软软的沙石沉积是经受不了大量的排放一氧化碳的汽油发动机的。出于环境的考虑，他们希望人们最好到了公园门口就走出汽车，徒步或是骑车到公园的东部，或是公园提供电瓶车服务让人们乘坐去东部海滩或野餐区。

同样是用这个早期的决定作为例子，热衷商业和旅游的人就会争辩说，这样的道路可以使不断的人流（观光者、游泳者、野餐人、徒步旅行者和钓鱼爱好者）游览公园。任何对进入公园的约束都是对商业的一种威胁。不断增加的来自环境保护论者的声音引用了驾车人使公园道路拥堵的例子。他们会污染环境，汽车乱停乱放影响了植物的生长。这样的情况还威胁到了动物，例如小鹿和狐狸。它们的自然生活习惯被打破了，晚上开车会惊扰它们，甚至会撞到它们。

有些环保人士的理由是比较充分的。他们明白那些旧的做法（比如允许汽车进入游览区）是不可能被保留的。他们认为，对公园环境产生的持续威胁使得公园管理者要负起特殊的责任，在举行新的决策时要考虑到对环境的影响。实际上，

---

① 普雷斯克岛是政府控制的实体，所以它与私营企业不一样，它若是面对威胁就会脆弱不堪。其经营资金仅仅来自环境资源部，该部要将不断缩减的预算分配给100多家公园。普雷斯克岛是不能花掉其所有收入的，它的收入要收归州政府以供所有州立公园的使用。

自从吉扎管理当局开始致力于增加对公园的开发利用（他们还希望能更多地获得宾州首府哈里斯堡下拨的预算），就已经埋下了最后将要产生冲突的种子。

吉扎主任向环境保护组织解释说，他加大开发利用的决定将是公园利益的最终所在。他还辩解道，增加的资金可以用来保护公园脆弱的地理和生态环境。有了更多的钱，他就可以雇佣全职的博物学家，并启动环境计划教育公众。他说他的许多想法（比如10公里的跑步和自行车赛道）对环境的压力很小。但是，当决策中的弊端暴露后，许多组织开始失去了信心，并发动群众来反对这个新计划。

这一系列被认为是对公园有威胁的新计划虽然实际上并不是吉扎发明的，但他却是主要的管理者。在他管理的最后几年里，以下几项措施开始引起了公众的注意：

1. **普雷斯克岛的船坞**（the Presque Isle Marina）始建于1962年，规模达到了473艘。同时增加了地下储油箱和污水处理设备；
2. 被沙洲堵塞而成的**浅水水系**（the Lagoon system）连接着海水湖，形成了一个适于航行的圈。这样一来就连接了先前分开的湿地和池塘，使得两地的植物相互侵入而毁坏；
3. **停车场和休息地建筑**（parking lot and pavilion construction）在整个20世纪80年代一直不断建造，并以损害成熟的树林为代价；
4. 1984年建立的**多功能赛道**（the all-purpose trail）方便了步行者和骑车人到南部水边，但湿地遭到破坏，并使一些本已**濒临灭绝**的树种受到牵连；
5. 公园中出现了**莱姆关节炎**（lyme disease）病例，人们认为这与对白尾鹿群的管理不善（数量太多）有关；
6. **沙滩厕所**（sand mound toilets）被建在整个公园的边上，代替了原有的沟式室外厕所。这种新设计或许对其他地区（主要是山区）合适，但对这种沙积的半岛是不适用的；
7. 在**海滩的再造**（beach replenishment）中，为了省钱，从挖伊利湖的沙子改成用采石场的沙子；
8. **岩石堆壁垒**（rock mound barrier reefs）的建造是在1989—1992年间，为的是解决由缓慢侵蚀造成的沙石流失。人们认为，这种不够美观而且使被阻断的死水受到了污染；
9. 因为粪便中的大肠杆菌和其他污染物曾经发生过**海滩关闭**（beach closings）。而海滩关闭是与沙堆厕所建立和海滩壁垒建成同时发生的。

对绝大多数的环境问题，商界和普通大众是充耳不闻的。可是一旦要关闭海滩，情形就有了变化。如果要关闭海滩，或者只是有人提及应该关闭海滩，这对旅游业、商业以及公园区的公众会有怎样的影响呢？出现了这一两难问题，就使得原先事不关己的问题变成了一个实实在在的问题。

对于海鸥站的争辩

争辩的起源就是因为海鸥站的问题。在半岛东部尖角占地319英亩的海鸥站是当地划船者夏日聚集的地方。那里自然形成的海岸曲线可以阻挡盛行的西南风。原始的海滩离公园海滩和公路都有几英里，成了划船者的避风港。一代又一代的当地人都习惯了在这个尖角处停靠、野餐和游泳。

伊利湖地区的划船季节从5月初就开始了，一直延续到10月。当然也有一些特别热衷的人会早早开始而迟迟不结束。随着夏季的临近，越来越多的人会到海鸥站停靠。海鸥站向东的水流以及沉积的沙石为人们遮风避雨（东向风时当然是个例外）。许多沙石沉积成的奇特形状的入口和分离形成的沙石池塘，这给了人们一种特别的感受，吸引了许多人，特别是那些浅底帆船的划船者。在普通7月的周末，会有几百艘帆船和机动船停靠在海鸥站。很快，这些划船者会再上岛去，进行一些看似无害的活动：野餐、日光浴、步行、探险和甩飞盘等等。

划船者都知道，在1957年，政府就宣布了普雷斯克岛地区是鸟类的庇护所，而且大多数的海鸥站的探访者都认为他们是很小心地在利用这片土地的。他们会对拿石头掷鸟的孩子大声叫喊；他们会小心翼翼地尽量避开有鸟巢的那篇沙滩。他们都认为自己是好公民。

鸟类庇护所刚建立的时候，公园警察不需要去为庇护鸟类执法。因为许多划船者都认为，海鸥站占地319英亩，我们仅是利用了海滩的边缘！这不会产生什么不利的影响。

到20世纪80年代末，环境保护组织刮起了抗议的浪潮。他们列举了一大串濒临灭绝的鸟类的名单，这些小鸟需要半岛。他们还进一步指出这片水域对迁徙的鸟类至关重要。许多小鸟飞抵海鸥站时已经筋疲力尽，它们很需要在海滨休息、进食以及补充体力以继续它们的迁徙。划船者即使是短暂的（周末）打扰，也可能改变这些鸟类的命运。① 其他的一些种类的鸟是在海鸥站上繁衍后代，而短暂的海上交通会影响鸟儿哺育后代。这些环境保护组织者要求划船者和步行者都远离海鸥站。

在伊利地区周围，尖厉地叫唤的鸻鸟（plover）成了海鸥站保护鸟类运动招贴的象征。这种指尖般大小的鸟在海鸥站已经难得一见，这种现象几乎与划船休闲业同时产生。在20世纪90年代初期，环保组织就指出，这种濒临灭绝的生物不会再在海鸥站上筑巢。他们责问，如果我们宽恕游船者的心血来潮，鸻鸟会不会是一系列鸟儿因此而灭绝的首当其冲者。

演讲台上的唇枪舌剑

当哈里走过演讲厅的门廊时，参与的人群都变得安静下来了。他们期待着。很明显，这是韦特·厄尔格（Wyatt Earq）（20世纪初美国西部的警官和著名枪手，常

---

① 1937年，公园及海港管理委员会受到立法机构的特别授权，给予委员会对普雷斯克岛沿海500英尺范围内的管辖权，包括神秘海滩（Misery Bay）水域。这项措施为的就是防止家用船只在那里的停泊。如今这项特权还可以使公园禁止在公园海域500英尺范围内的滑水冲浪。

被象征为传说故事中的主人公——译者注。）全身披挂的第二次造访，试图在正义和邪恶之间做出抉择。"伙计们，"他说道，"我叫哈里·莱斯特，我们要做的一件很重要的事情就是怎样为后代和普雷斯克岛做件好事！"在阐述公园新的管理计划的主要观点时，他开始意识到，在提问阶段是不会像他希望的那样很容易让他过关的。他的计划包括了很多项目：增加接待公园游客的设施；限制诱捕野鸭的场所；每年的4月1日到11月30日禁止登上海鸥站。同时提交了一份长达200页的详细报告，其中包括历史沿革、对某些提法的阐释以及计划清单等等。很明显，这是普雷斯克岛有史以来最详尽的一份计划。

但是听众还想要一些更进一步的说明："你的意思就是我和我的家人再也不能划着船去海鸥站了吗？"第二个人接着发难："谁让你成了半岛的国王的？""你是否会偿还我们买船的钱？"第三个人问。"你说要增加接待游客的设施，究竟是什么意思？"一个喜欢看鸟的人问，"现在公园里已经有很多人了！""为什么划船的人不可以惊扰海鸥，而狩猎的人还可以打鸭子？"一个行船人愤愤地问道。"典型的自由主义者。"一帮野鸭狩猎者反唇相讥。（他们都继承了父辈在海鸥站鸟类庇护所为诱捕野鸭放置诱饵的权利。）

在人群争吵和混乱局面下，哈里感到恶心。在这里的许多家伙都是有钱人，是社区中有影响的人物和精英分子。他们现在的样子就像是摔跤迷在看职业摔跤比赛一般。当他在努力回答问题，维持秩序，解释自己关于环境管理的想法时，他想到了自己的孩子正酣睡在那灯塔的屋子里。他是不是可以维持已经成为家庭生活重要组成部分的生活方式呢？或是自己的梦想很快就会成为一场噩梦呢？

资料来源：P. Wright, M. J. Kroll, and J. Parnell, *Strategic Management: Concepts and Cases*, 4th ed. (Upper Saddle River, NJ, Prentice Hall, 1998)。

案例思考题

1. 在这个案例中，谁是主要的资金管理者？基于他们的愿望，普雷斯克岛州立公园的首要目标应该是什么？
2. 讨论在吉扎的管理下，哪些管理工作卓有成效？
3. 假定战略评估应该提高人们对公园工作的理解，最终可以改进工作，节约开支，那你怎样来评估哈里·莱斯利目前所处的境况？
4. 请解释对普雷斯克岛州立公园管理在战略和政策上有何不同点？
5. 普雷斯克岛经营机构的总体战略是什么？什么是商业角度的战略？
6. 对于普雷斯克岛州立公园，政府法规会赞成什么，反对什么？

案例 14—2

温哥华公共水族馆

理查德·奈特（Richard Knight）是温哥华公共水族馆的公共关系部主任，他将水族馆教育计划协调员伊丽莎白·杜威（Elizabeth Dewey）的备忘录又读了一遍。杜威女士建议，从秋季开始，水族馆在非节假日上午10点到下午3点仅供教学参观，拒绝一般游客。

在一个教学年度，温哥华公共水族馆（Vancouver Public Aquarium，VPA）对来自从幼儿园到12年级的学生要提供5种正式的教育计划。水族馆培养了专业导游（教员）给孩子们做参观指导，其中还包括给公共观众看多种表演。尽管这些游览都是成功的，但有证据表明，个人游客和学校都认为水族馆应该更好地利用他们的设施。比如说，一些自愿付费进来参观的游客在欣赏时听到周围小孩的尖叫声使他们非常扫兴。同样，老师也觉得水族馆最好将喂食表演安排在工作日，而且是在以年幼儿童为主的参观活动中。因为学校是水族馆的主要市场，而且工作日付费参观的游客很少。奈特先生觉得在答复杜威女士之前要对这个建议做一个充分的调查。

背景介绍

温哥华公共水族馆是1956年6月3日在温哥华斯坦利（Stanley）公园开张的，它作为一个休闲娱乐区设在了与温哥华市区毗邻的地方。公园位于大温哥华区（Greater Vancouver Regional District，GVRD）的中心地带，坐车、开车都能到达。大温哥华区包括温哥华及相邻区域［Burnaby、北温哥华、里斯满（Richmond）、西温哥华及其他地区］。大温哥华地区的130万人口中大部分都住在离斯坦利公园10英里的范围之内。

水族馆中的设施在开张后的30年历史里也经历了多次修缮。1967年，B.C. Telephone公司出资建了一个海豚池，但水族馆却把杀人鲸（逆戟鲸）放在里面。很快，人们就发现这个水池可放不下这么大的哺乳动物，所以在1972年建成了杀人鲸水池。与这些户外景观改造相配套，水族馆也继续改进室内景观。可能能被称为奇迹的室内改造使他们又增加了亚马逊长廊，它重现了亚马逊河流域的环境。1983年，伊丽莎白女王二世为亚马逊长廊揭牌。长廊中有2 200种标本，是世界上仅有的室内展馆。其资金是由政府、水族馆会员以及个人出资者捐助而来的。1986年5月，Max Bell海洋哺乳动物中心建成开放，并且并入了世界上第一个杀人鲸栖息池。这个展地只供杀人鲸居住，这样的设计和建造就成了许多专家认可的展览和蓄养的国际标准。

1986年，温哥华举办世界博览会，又恰逢温哥华建市100周年和水族馆建馆30周年纪念，当年参观的人数达到了创记录的876 825人（参见图表14—7）。奈特先生所面临的挑战就是要使参观人数超过这一记录。

图表 14—7　　　　　每年参观人数（1982—1986 年）

参观人数	1982年	1983年	1984年	1985年	1986年
付费参观人数（人）					
成人	216 161	257 400	237 312	248 742	329 334
青少年和老人	76 123	84 276	70 713	79 285	
团体	43 465	45 665	46 605	34 983	55 280
教育计划安排	10 580	6 226	8 938	14 638	
家庭	166 696	181 107	166 736	120 409	196 481
老年人和儿童	——	——	——	——	86 186
青少年	——	——	——	——	22 784
	513 025	574 674	530 349	498 057	690 065
其他参观人数（人）					
会员	54 783	91 891	73 064	66 963	73 148
其他	70 399	89 003	99 614	87 162	113 612
总数	638 207	755 568	703 567	652 182	876 825
个人入场收费（美元）					
成人	4.25	4.50	4.50	5.00	5.25
老年人	2.00	2.25	2.25	2.50	2.75
青少年（5～18岁）	2.00	2.25	2.25		
青少年（12～18岁）				3.75	
青少年					4.00
儿童				2.50	2.75
团体入场收费（美元）					
家庭	10.00	11.00	11.00	13.00	13.25
成人，10～34人	3.00	3.25	3.25		
35人或以上	2.50	2.75	2.75		
成人，10人以上				3.75	4.00
青少年，10人以上	1.25	1.50	1.50	2.00	2.25

目前提供的服务

1987年，水族馆有7 100个海洋和淡水生物（669种）。其水獭繁殖计划进行得非常成功，保护了一种濒临绝种的种类。水族馆里还诞生了5只小海豹。在海洋研究、哺乳动物展示和北太平洋海洋动物品种保有量方面都处于世界的前沿。

水族馆主要给来访者提供观看其水族馆生物收藏的机会。相关的水生动物通常按地理区域放置在一个个"走廊"里。此外，水族馆还提供鲸的表演、电影、巡回展，特种水生动物展（比如"中国的鱼类"）等等，所有费用都包括在入场券中。在水族馆广场内是没有餐馆和餐饮服务的，不过在斯坦利公园附近有许多餐饮摊点。

水族馆也提供一些辅助的服务。它出租一些设施供社会活动使用，企业可以组织职工在不同的展馆中开联欢会、见面会、晚宴和舞会；对孩子来说可以开生日会，还可以附送蛋糕。水族馆还可以就水族生物开一些讲座，举行教学活动。其会员还可以优先参加观鲸游览、海滩漫步和一些特别的彩排。这些活动举办得都非常成功。

水族馆还有零售服务。在蚌壳礼品商店你可以买到和水族馆相关的书籍、动物图册、水生动物挂历和大量水族馆的纪念品。

任务

温哥华公共水族馆在阐明自身的任务时做了如下表述：

温哥华水族馆通过教育、娱乐和研究，致力于水生动物保护和开发。它是一个私人的非营利机构，实行完全的自给自足。

这样的任务陈述是推动水族馆前进的动力。每项计划都应符合陈述中的其中一个目标。所有的员工都要求遵循这样的指导方针。就像温哥华公共水族馆员工和一些文献所表述的，水族馆的主要任务就是教授大众水生动物的知识。水族馆通过一些展示和宣传活动来完成这些计划，特别是通过演讲、巡演以及海滩漫步来教育学生、青少年和成年人。

市场

在过去的两年里，水族馆在冬天的工作日里平均每天有550个参观者，周末就更忙一些。周六平均1 300人，周日平均2 100人。奈特先生认为周六的人还可以多一些，达到周日的水平。

在夏天，周末和工作日同样有差别，但一般的参观水平都比较高。事实上，平日的参观人数要比冬天翻一番。

水族馆至少有6个主要参观群体：学生、会员、一般参观者、捐助者、志愿者和科学工作者。奈特先生觉得前5个群体都会因为学校是否组织参观而受到影响。

会员

到1986年底，温哥华公共水族馆联合会共有39 360个会员，销售出去的会员卡有15 077张（1985年是11 850张）。这些会员卡是售给个人、夫妻和家庭的。在水族馆876 825个参观人次中，73 148个来自会员。

水族馆对会员提供了各种各样的服务，从特别教育到免费参观活动等等。教学活动包括到Johnstone Strait的鲸鱼生活实地观赏、特别展示的彩排、Galiano岛的海滩漫步以及团体探秘参观等等。会员购买礼品可以享受10%的折扣，而且可以收到名为《海洋之笔》（Sea Pen）的时事通讯，大约每月1次。

奈特先生非常明白会员对水族馆的财力支柱和信念支撑。他在考虑，如果取消会员可随意参观水族馆的规定后，会员会有什么反应。

普通参观者

普通参观者的门票收入达到总收入的60%。近日对夏日参观者的调查发现，97%的人感到他们的付出物有所值，且寓教于乐。水族馆提供了各种活动来教育和娱乐群众，比如喂食表演、讲座、电影、志愿者回答展览上的疑问等等。此外，水族馆在夏日还延长了开放时间。

温哥华水族馆的主要市场就在大温哥华区。夏日参观者有28%来自此地区，在淡季则有65%（参见图表14—8）。第二个市场就在大不列颠哥伦比亚郡，在大温哥华区以外。

图表 14—8　　　　　　　　　1987 年 1 月问卷调查的部分结果

问题	回答	平日	回答人数* 周末
1. 您是大温哥华地区的居民吗?	是	71	60
	否	51	20
2. 您目前是温哥华水族馆的会员吗?	是	26	34
	否	96	46
3. 您是第一次来水族馆吗?	是	47	23
	否	75	57
4. 您上次来馆是在近两年中吗?	是	23	46
	否	52	11
5. 一般来说,您在这里呆多长时间?	少于 0.5 小时	0	0
	0.5～1 小时	44	30
	1～3 小时	72	50
	超过 3 小时	6	0
6. 您是一个人来还是和别人一起来?	1 个人	9	4
	和其他人	113	76
7. 您第一次是从什么地方了解到水族馆的?	朋友/亲戚	29	15
	电视	9	0
	广播	2	0
	旅游杂志	2	0
	宣传册	8	4
	报纸	0	1
	杂志上的文章	2	0
	广告牌	0	0
	Discovered 节目	14	0
	Just knew 节目	40	40
	其他	16	10
8. 您觉得在这里花费物有所值吗?	是	122	78
	否	0	2
9. 请问您的性别?	男	85	47
	女	37	33
10. 您属于哪个年龄段?	18～25	22	4
	26～30	34	18
	31～35	14	18
	36～40	22	14
	41～50	10	10
	51～60	12	8
	61 以上	8	8

*回答总人数:平日 122 人;周末 80 人。

资料来源:Based on a survey conducted during two weeks in January 1987. Interviewers were stationed near the exit and asked visitors, as they were leaving, to answer a brief questionnaire.

其他接受服务的地区还包括从美国太平洋西北部地区到南部地区;从亚伯达省到东部地区。尽管没有一项活动是为这类市场预备的,但夏日从这些地方赶来的游客确实也对水族馆做出了贡献。

在夏天的几个月中,游客的泊车虽然是免费的,但也发生了问题。不幸的是,要缓解这样的问题,水族馆显得有些无能为力,因为毗邻的斯坦利公园的地块不适合停更多的车。

捐助者

捐助者这个市场对于水族馆似乎也非常重要。没有捐助者的支持,很多资金项目是完成不了的。比如说，建造 Max Bell 海洋哺乳动物中心的 430 万美元来自 17 000 位个人、130 家公司、4 个基金会和联邦政府的资助。水族馆用多种方式来回报这些捐赠，包括制作铭牌、展馆冠名（例如 H. R. MacMillan 热带水生物展览馆）、在水族馆的出版物上公布捐赠者的名单等等。

志愿者

水族馆有志愿者 180 名，由水族馆联合会成员及其家属担任。1986 年，志愿服务总共为 13 000 小时。他们监管着巡回教育展览，在蚌壳礼品商店工作。管理层认为，吸引志愿者的主要因素就是在水族馆工作的一种荣誉感以及对水族馆成功的关心。

学校

在最近一年中，参加水族馆教育计划的学生超过了 7 500 人。这些教育计划包括：

水的奇迹	幼儿园；一、二年级
生存的秘密	三、四年级
神秘的海洋哺乳动物	五、六、七年级
无脊椎动物的奇迹（实验室项目）	五、六、七年级
公元前的海洋无脊椎动物（实验室项目）	十一、十二年级
水族王国（Royaume Aquatique）	讲法语学生组
巡回老师	外出计划——水族馆教师访问学校

除了这些正式活动，还有水族馆导游、电影、专题研讨会等提供给各个年龄段的学生。为了照顾到法语班的学生，水族馆还有法语导游。水族馆还聘请了"巡回老师"。他们在全省巡回，告诉非城镇学校学生关于海洋生物的知识以及水族馆所做的工作。

为了使学校注意到水族馆的活动，温哥华当地的每个学校在开学之际就会收到一份介绍情况的说明书。在 9 月的第三个星期，水族馆有个对教育者开放周，欢迎教师参加专题研讨会，看一看将要举办的活动情况，并带回一些资料。其后，教师可以预定他们的班级参加活动和巡展。

这些活动非常受欢迎。一般在 10 月的第二个星期可供活动的场地就爆满了。在一个学年里，水族馆每天平均巡展 5 所学校。按照目前的配备，水族馆每天巡展不可能超出 6 所学校。尽管会给予学校入场券优惠，且有志愿者来带领巡展，但水族馆却提供不了更多的方便。

杜威女士的建议就是要求水族馆调整表演的安排（例如对杀人鲸的喂食），使其更适合学龄儿童。平时下午 3 点以前仅对学生开放。在对学校开放的同时对普通游客关闭展馆，对水族馆的运作会产生两大影响：其一，普通游客与学生团体的冲突将消除；普通参观者不必在学生堆里挤来挤去。然而对会员及一般游客的拒绝会使得他们对小孩的埋怨转移到水族馆不准其进入上来。其二，蚌壳礼品商店的营业时间可以减少，学生团体参观时商店不必营业。目前，水族馆除了志愿者外还用了两名付酬的全职员工和1名计时工作人员负责收门票,并管理和经营礼品商店。如果采用了这个建议,水族馆至少在学生团体参观时可以减少1名付酬的工作人员。

奈特先生坐下来要做一个初步分析,看一看这个建议在经济上是否具有可行性。在冬季,平时每天访问水族馆的人数平均是550人,其中70%是一般游客(385人)。一个"普通的"工作日组合是两个大人(每人5.5美元)和1个小孩(3美元)。奈特先生认为,如果这个学校计划实施的话,所增加的收入至少可以部分弥补一般游客的1 700美元的门票收入。当然,一部分工作日访客也会选择其他时候再来。这里还存在这样的可能,就是在3点以后接待一般的游客。但目前是冬天,在此时段参观的人很少。

学生门票是每个学生2.5美元,平均每个学校组团的人数是34个学生。奈特先生想了解水族馆,特别是志愿者是否有能力在学校团体参观时段增加接待能力。如果不能,水族馆是否可以另外招募新的志愿讲解员?对此他也比较有信心,水族馆大概不必花钱去雇佣更多的员工。

定价和推销

温哥华公共水族馆的票价将在1987年4月1日平均上涨10%(参见图表14—4)。成人的门票价是5.5美元,其中包括杀人鲸和白鲸的表演、导游、海豹喂食、电影和所有展示馆的入场券。

定价政策最终是由温哥华公共水族馆联合会成员组织的执行理事会决定的。虽然理事会有最终的决定权,但票价变动是由水族馆员工提出的。定价政策的基点是成本效益。水族馆为下年的经费做预算,然后制定票价和会员入会费等,来摊平这些费用。通常可以为水族馆的会员和10人以上的团队打折。

图表14—9   温哥华公共水族馆票价清单   单位:美元

一般游客	价格(美元)	入会费用价格	价格(美元)
个人:			
成人	5.50	成人	20.00
青少年和老年人	4.25	特别会员*	15.00
小孩	3.00	夫妻会员**	30.00
家庭	14.00	家庭会员	35.00
10人以上团体:			
成人	4.25		
小孩	2.50		
学生	2.50		

* 这组包括学生、非本省居民和老年人。

** 老年夫妻的入会价是15美元。

资料来源:Vancouver Public Aquarium's Annual Report.

水族馆有两个短期特价活动。两个都是在12月进行的，而且营销时对其的宣传都是说，它们是作为水族馆向城市献礼。在12月的第一个星期，普通参观者免费入馆。1986年，有6 906个人享受了这一待遇。每年还有几个免费日。比如在1987年的3月9日，水族馆免费1天，目的是感谢温哥华政府对于装备热带鱼类展示馆的大力支持。令人惊奇的是，那天有12 000人来参观。

第二个促销就是圣诞期间的小火车活动，水族馆第一次参加是在1986年。配合温哥华斯坦利公园的动物馆，水族馆在圣诞放假的那周晚上也破例开放。参加的人买了小火车票，然后就能坐上经过特别装饰的小火车。游客乘坐这小火车穿过斯坦利公园的一个个景点，这吸引了众多的家庭。在1年的大部分时间里，火车只在白天运行。在坐完火车后，水族馆把他们请到里面，而且只要付低价就可以看到杀人鲸的表演了。这个活动增加了人们对水族馆的关注，但是由于5天中有4天在下雨，参加者只有860人。

交流

水族馆交流的目的是为了引起人们对水族馆活动的注意。会员的信息是通过特别的信件和季度的《海洋之笔》杂志（前面说是月刊，这里说是季刊，不一致。——译者注。）来提供的。本地非会员群体则是通过电视和广播的PSA广告来了解信息。另外，还利用报纸广告宣传专项活动和展览。有关水族馆的小册子还可以在旅游中心、Grayline旅游宣传亭和温哥华旅游信息中心获得。夏日里，还利用户外广告牌。

每年的广告预算在前一年的12月制定。各项之间的比例每年变动不大。

水族馆与媒体的关系也非常好，有时候好得都有些过分。当地新闻媒体通常会报道一些水族馆的活动，特别促销期的版面还会再大一些。1986年杀人鲸休憩所的新开张，在温哥华巴哈合唱团以及温哥华交响乐团举办的"为鲸鱼而庆祝"音乐会上推出杀人鲸形象、两个小水獭的出生，以及"中国鱼类"展出等都在全国的报纸上有报道。在1986年年底，有人故意破坏整个热带海洋馆的收藏，全球的媒体很快就对此事件进行了报道。除了新闻报道以外，电视节目"日间"（Midday）、"芝麻大街"（Sesame Street）和"事物的本质"（The Nature of Things）等也都从不同的侧面报道了温哥华公共水族馆。1986年，加拿大广播公司（CBC）编播的迪斯尼系列节目"危险海湾"第三次在水族馆拍摄，这是对格兰特·罗伯特（Grant Roberts）及其家人冒险工作的延续。

水族馆目前对游客进行跟踪访问，询问他们是怎样了解水族馆的。比如1986年夏天的调查，受调查人中的24%说看过水族馆的宣传册。然而54%的人说根本没有看到过一份广告。1987年的调查结果列在图表14—8中。因为预算只有12万美元，奈特先生担心难以更有效地宣传自己。

对外开放时间

水族馆有3个不同的对外开放时间。在夏日，水族馆每天上午9点开门直到晚上9点，1周开放7天。水族馆的管理者认为延长了开放时间可以增加参观人数，也可以很好地利用白天时间长的优势。然而，在1982年的一个调查研究中发现，只有28%的人注意到了夏日开放时间的延长。在春季和秋季，水族馆在上午10点开门，到晚上6点结束。管理者认为在冬天的晚上不会有人来光顾水族馆，所以在冬天，开放的时间更是缩短为上午10点到下午5点。为了增加收入，水族馆从9月到次年5月还在冬天的晚上和白天设有设施租赁业务。一般的费用是，在水族馆借小房间开午餐会100美元，整个晚上租赁全部设施1 700美元（食物由馆外的供餐企业提供）。1986年，这样的租金收入达20多万美元。

虽然水族馆在过去是实行这样的开放时间，但奈特先生还听说过其他非营利机构为适应上班族而调整开放时间的。简言之，这些机构上午及午后不开放，而是在晚间开放来满足上班族的需要。

周末的时间也是如此安排，并延长到晚上。这样可以使水族馆保持现有周末的顾客。如果顾客知道水族馆每天晚上开放时间相同，知晓的人就会增加。如果管理层在整年都设置同样的开放时间，许多因改变时间而产生的误解也会减少。

决策

在2月份的理事会上，人们提出了许多关于提高水族馆设施使用效率的方案。如果开放时间若有很大变动，一定需要理事会的批准。而且，所有计划都要与水族馆的宗旨相一致。尽管水族馆在过去经营中很成功，但奈特先生认为新的营销方法可以增加水族馆的使用效率。

他发觉杜威女士的建议是有价值的，而且调查结果可以帮助水族馆更好地完成冬日的营销计划。

在奈特先生开车回家的时候，他在想："这些问题我能解决吗？"

资料来源：Christopher H. Lovelock, *Services Marketing*, 3rd ed. (Upper Saddle River, NJ, Prentice Hall, 1996). Copyright © 1988 by Charles B. Weinberg.

案例思考题

1. 温哥华公共水族馆的目标是什么？这个目标实现得怎样？
2. 奈特先生面临的主要问题是什么？
3. 温哥华公共水族馆的主要客户是谁？服务对象是谁？他们会受到这个建议的哪些影响？
4. 这项建议的主要利弊在哪儿？
5. 奈特先生应怎么做？

参考文献

1. Anthony, Robert N., and David W. Young, "Characteristics of Nonprofit Organizations," in David L. Gies, J. Steven Ott, and Jay M. Shafritz (eds.), *The Nonprofit Organization: Essential Readings* (Pacific Grove, CA, Brooks/Cole Publishing company, 1990), pp. 216-235.

2. Fama, Eugene, and Michael Jensen, "Agency Problems and Residual Claims," *Journal of Law an Economics*, vol. 26 (June 1983), pp. 327-350.

3. Carham, Cole Blease, and Steven M. Hays, *Managing the Public Organization* (Washington, DC, Congressional Quarterly, Inc., 1986).

4. Hammack, David C., and Dennis R. Yong, "Perspectives on Nonprofits in the Marketplace," in David C. Hammack and Dennis R. Young (eds.), *Nonprofit Organizations in a Market Economy* (San Francisco, Jossey-Bass Publishers, 1993), pp. 1-19.

5. Hansmann, Henry, "The Role of Nonprofit Enterprise," *Yale Law Journal*, vol. 89 (1980), pp. 835-901.

6. Hansann, Henry, "Economic Theories of Nonprofit Organization," in Walter W. Powell (ed.), *The Nonprofit Sector: A Research Handbook* (New Haven, CT, Yale University Press, 1987), pp. 27-42.

7. James, Estelle, and Susan Rose-Ackerman, *The Nonprofit Enterprise in Market Economics* (London, Harwood Academic Publishers, 1986).

8. Mason, David E., *Voluntary Nonprofit Enterprise Management* (New York, Plenum Press, 1984).

9. Oleck, L. Howard, *Nonprofit Corporations, Organizations, and Associations*, 5th ed. (Upper Saddle River, NJ, Prentice Hall, 1988).

10. Salamon, Lester M., *Partners in Public Service: Government-Nonprofit Relations in the Modern Welfare State* (Baltimore, Johns Hopkins University Press, 1995).

11. Swiss, James E., *Public Management Systems: Monitoring and Managing Government Performance* (Upper Saddle River, NJ, Prentice Hall, 1991).

12. Tocqueville, Alexis de, *Democracy in America*, J. P. Mayer and

Max Lerner (eds.), translated by George Lawrence (New York, Harper & Row, 1966).

13. Vasu, Michael L., Debra W. Stewart, and G. David Garson, *Organizational Behavior and Public Management*, 2nd ed. (New York, Marcel Dekker, 1990).

14. Wolf, Thomas, *Managing a Nonprofit Organization* (New York, Fireside, Simon and Schuster, 1990).

第Ⅳ篇

服务经营管理的技术与方法

第15章　服务需求预测
第16章　车辆的路线确定与时间安排
第17章　项目管理
第18章　线性规划与目标规划在服务业中的应用
第19章　服务存货管理

第15章
服务需求预测

15.1 本章概述
15.2 需求预测是制定经营规划的基础
15.3 服务预测的对象与形式
15.4 影响预测方法选择的因素
15.5 时间序列预测模型
15.6 因果预测：回归分析预测法
15.7 预测的一般方法
15.8 本章提要
讨论题
练习题
案例15—1 南北航空公司
参考文献

15.1 本章概述

　　管理人员每天都要做出决策，但是却不知道将来会发生什么。预测的主要目的在于做出准确的估计。本章将详细解释为何预测对于服务经营是如此重要；同时也会解释应对那些服务产出进行预测，以及影响我们选择预测方法的因素。在本章中，我们将提供各种预测模型，比如指数平滑法、移动平均法、时间数列外推法和线形回归法。
　　良好的预测是形成计划的基础，所以它对于各种生产系统来说是至关重要的投入。然而，如果没有经过精心的需求预测，许多服务的提供将会变得混乱无序。以下将简单介绍与制造企业几乎完全不同的几种情况。

生产能力固定，需求波动很大

如果一个服务机构提供服务的能力有限，而该种服务的需求波动却很大，那么该机构必须采取措施，以防需求比较低时的设施闲置。同样，需求超过企业的供给能力时，也要设法满足顾客。比如，夏天南佛罗里达州的网球俱乐部就很空，场地的利用率只有25%。这时就应该采取一些措施，如吸收夏季低价会员、举行网球"野营"、联欢性质的比赛、企业团体联赛以及短期培训班等来提高场地的利用率；相反，在冬季，需求超出了场地的能力，这时要采取的措施是提价来减少需求。另外，俱乐部里搞一些活动，如聚会、旅游、与设施富裕的俱乐部举办比赛等等，这样就可以把需求转移到其他的场地，避免会员流失。

难以保有库存的服务系统

制造业的一个特征就是它可以较长时间地保有库存，从而比较容易通过调整来应对需求的波动。虽然许多"嵌入式"服务（如录像带、图书、地图、供输血用的血浆等等）可以有库存，但大多数服务是无形的，边生产、边供给。如果服务的产出是无形的，那么服务的供给能力就必须和需求紧密匹配。延迟提供服务的时间，可能会导致销售机会的丧失，或是失去商誉。

共享能力

共享能力（sharing capacity）是服务业的一项新的创新。电力行业很早就开始在美国各州之间的发电厂中运用此种经营方式。再有一个例子，休斯敦国际服务公司是连锁的公墓和殡仪馆企业的业主。他们把一些城市的殡仪馆进行联网经营，这样各馆之间就可以互相利用人力资源和汽车了。他们的竞争者也效仿，形成了相似的非正式的经营方式。[1]很明显，对于殡仪馆来说，符合实际的预测对于规划群体的经营能力是十分必要的。

15.2 需求预测是制定经营规划的基础

需求预测（demand forecast）是企业所有规划的起点。对于一个企业

---

[1] 见 Jo Ellen Davis 著 "Bob Waltrip 在静悄悄的行业里做出了大响动"（Bob Waltrip Is Making Big Noises in a Quiet Industry），载 *Business Week*（August 25，1986）。

来说，如果某项产品或服务全新，那么就必须估计它是否应该生产这种产品。企业无需先行设计此项产品，然后再进行需求的先期预测。一开始企业只要判断新产品是否有潜在的需求，或者预测在现存的产品市场中企业能占有的合理份额。因此，预测中只需考虑产品理念即可。一旦产品或服务的详细设计完成，需求预测可能根据所设计产品的优点，或者与竞争对手所提供的产品的差异来进行修正。

需求预测帮助企业估计能够出售服务的单位数量，当然还需考虑对该种服务的需求和企业的生产潜力。还有，预测所出售服务的数量必须是基于一定的价格的。因此，所预测的需求决定了**全年的总收益**（total annual revenue）。收益预测相当重要，因为它可以帮助决断该项服务是否要上马，还可以帮助企业进行年度预算和统计分析。

初步的年度预算主要基于企业的产量和营销计划。图表15—1列出了（a）一家生产企业；（b）一家服务企业（航空公司）盈利规划的收入和支出项目。

15.3 服务预测的对象与形式

对于产成品而言，预测无疑是按产品的数量计算的。如果预测的是中间产品的需求，那么计量可能是吨（钢材），也可能是磅（化工制品），也可能是平方英尺（如纺织品、墙纸）或者其他相似的物理单位，也可能是产品数量（比如车辆、传动装置等）。所有这些产品很明显都是"可以计量的"。

那么，怎么预测服务呢？医院也许会统计对意外事故病人的急救手术的数量，但是这些急救手术的性质可能大不一样，手术需要的时间也有很大的差异。咨询公司希望预测服务的需求，但是各个项目在时间和复杂性上是有很大的差异的。虽然管理者对客户数量或许能够预测得很准，但是服务的内容和性质却会大相径庭。由此看来，服务预测的单位可以归纳为：

- 顾客的数量；
- 提供服务所需要的时间；
- 所提供服务的种类以及每种服务的数量（如餐饮、外科手术、制衣、房地产交易、银行服务和融资服务和修理工作等等）；
- 所提供产品的数量（如所出售汽油的加仑数、电话点歌的次数、所售报纸的份数等等）。

生产预测和服务预测有一个显著的区别。预测生产的净需求需要用已出售的商品的数量减去退回的商品的数量。在大多数的服务中（批发业和

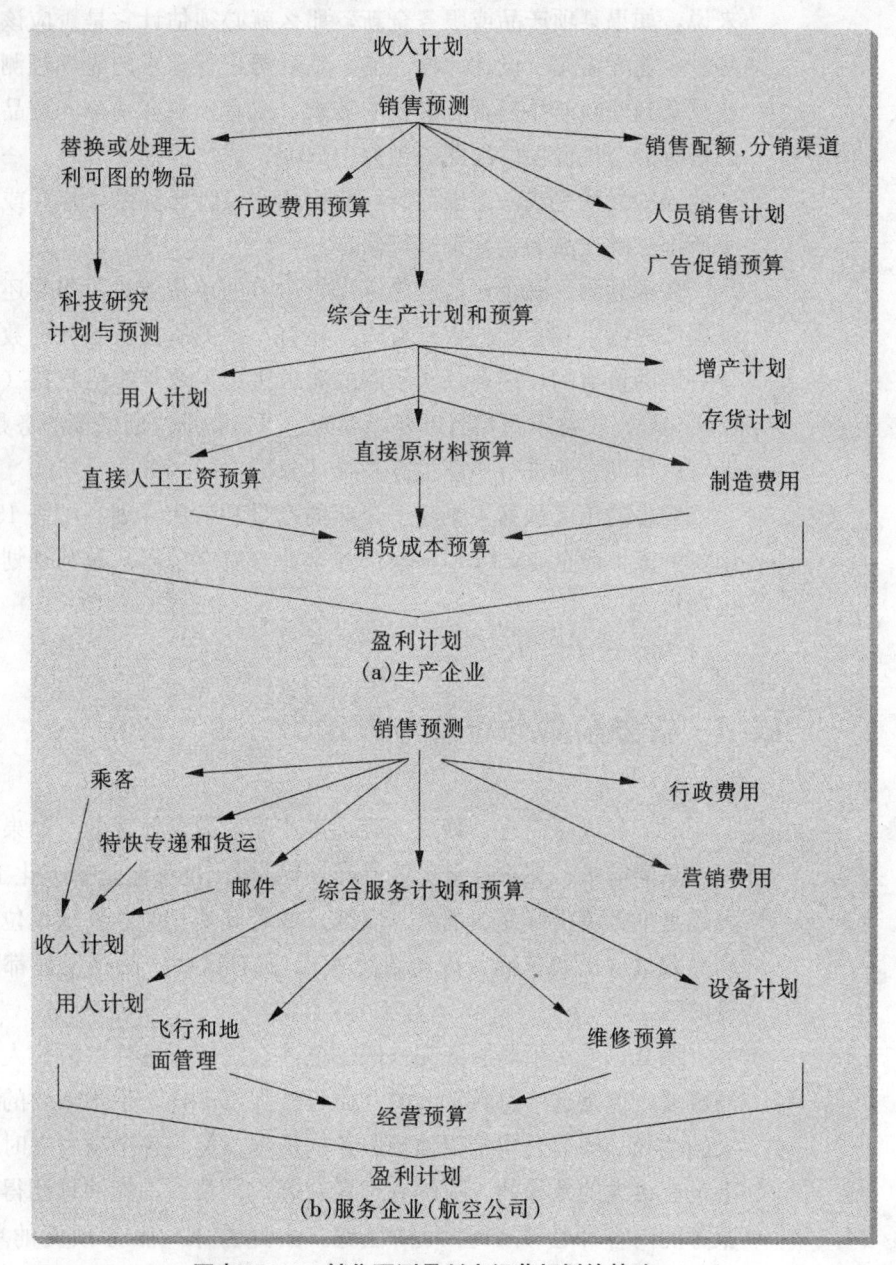

图表 15—1　销售预测是制定经营规划的基础

零售业除外），服务已经消失或被消耗，因此只有当顾客因不满意服务的质量而拒绝付款时，才会发生"双向"交流。

15.4　影响预测方法选择的因素

与大多数经营决策一样，预测方法的选择要从经济方面来考虑。因此，要从成本收益的角度来衡量每种方法。在预测中所需要考虑的因素如下：
1. 时间
   a. 预测所花费的时间
   b. 所需预测的紧急程度
   c. 更新预测的频率
2. 资源要求
   a. 公司能够利用的计算能力
   b. 计算机资源
   c. 财政资源
3. 输入数据的特点
   a. 前期数据的数量
   b. 数据变动范围、幅度和频率
   c. 数据外部稳定性
4. 所要求的输出数据的特点
   a. 深度和区分度
   b. 精确度

选择预测方法

许多服务业产出会因时间不同（一日中的某一时，一周中的某一日，一月中的某一周，一年中的某一月等等）而大幅波动。其他影响服务的需求的偶发因素有天气情况、突发消息、商品减价、经济不景气、名人轰动效应、医学研究新成果和法律解释变化（如对纳税服务行业）等等。节假日和节假日前后几天同样常常也会有很巨大的需求变动。

在很多情况下，服务预测既要进行综合预测，又要以小时、天来预测经济活动。在生产企业里，较多的是周预测、月预测和综合预测。这就意味着，在服务行业必须频繁进行短期预测。

一般来说，所有的预测技术方法可以归为以下4种：
- 判断法；
- 计数法；
- 时间序列法；
- 因果分析法。

所谓**判断方法**（judgment methods）预测，是指管理者们往往根据经验、对市场的主观判断、据直觉、个人的价值观、猜测以及专家意见来进行预测。

所谓**计数方法**（counting）就是计算将要购买或说要购买的人们的数量。**人口普查**就是清点被调查的整个人口的数量。**概率抽样**就是计算总体中的部分的规模来估计总体的某些特征。通过这种的调查，有时预测出的数据也有可能是错误的，因为调查后人们是会改变主意的，或是本来就没有如实地回答调查中所提出的问题。

时间序列方法（time series）是一种计量模型。这种预测方法是基于这样一种假设，即将来的数据集合是过去数集的一个函数。换言之，这些模型是观察过去一段时间所发生的情况，然后用过去的一系列数据来进行预测。这一方法的一个缺点就是将来新的因素会推翻原先的结论。

因果分析法（association or causal methods）（如线形回归法）也是一种数学模型。因果分析法结合了会影响需求的变量或因素。一个关于割草机销售量的模型就可能包括新建住宅、广告费用预算和竞争对手所提供的价格等因素。

虽然许多计量预测（即通过数学方法来预测）也有一些主观性，但研究人员还是认为，预测主要应该依靠定量预测所得的结果，而不是依靠主观判断。A. H. 阿什顿和 R. H. 阿什顿（A. H. Ashton and R. H. Ashton）两人已经得出结论，在许多情况下，即使是简单的计量分析法都比专家们无序的凭直觉估计要准确得多。另外，凭着判断来调整由计量分析得出的预测值会降低它的准确性。① 这是因为判断方法会出现偏差，管理者处理信息的能力以及持续追踪变量的能力都有限。②

一方面，每一种预测方法都有它的优缺点；另一方面，每一次预测情况都不一样，它会受到时间、资金、专业能力和数据等因素的限制。管理者既要比较预测方法的优点和缺点，又要考虑进行预测希望达到的目标和所受到的限制，这是一项非常重要而又艰巨的任务。

在选择预测方法的时候，许多预测人员使用技术领先的方法，它是按照"提出问题（Problem）→确定方法（Technique）→运用方法（Application）→得出结论（Result）"这样一个顺序进行的，也就是所谓的PTAR方法。但是默迪克（Murdick）和乔治奥夫（Georgoff）却提出结论领先的方法，也就是按照"提出问题（Problem）→推断结论（Result）→确定方法（Technique）→运用方法（Application）"的顺序，即PRTA方法。③ 按照这个顺序，由希望得到的结论来决定使用何种预测方法，而不

---

① 如果要了解与此相关的调查结果，请参阅 Essam Mahmoud 著"预测的精确性：一项调查"（Accuracy in Forecasting: A Survey），载 *Journal of Forecasting*, vol. 3, no. 2 (April—June 1984), p. 139; Robin M Hogarth 和 Spyros Makridakis 著"预测与规划：一项评价"（Forecasting and Planning: An Evaluation），载 *Management Science*, vol. 27, no. 2 (Feruary 1981), p. 115; 以及 A. H. Ashton 和 R. H. Ashton 著"主观预测的整合"（Aggregating Subjective Forecasts），载 *Management Science*, vol. 31, no. 12 (December 1985), pp. 1499-1508。

② 见 Lennard Sjoberg 著"辅助决策与非辅助决策对主观判断的影响比较"（Aided and Unaided Decision Making Improved Intuitive Judgment）载 *Journal of Forecasting*, vol. 1, no. 4 (October-December 1982), p. 349。

③ 见 Robert G. Murdick 和 David M. Georgoff 著"预测：一种系统的方法"（Forecasting: A Systems Approach），载 *Technological Forecasting and Social Change*, vol. 44 (1993), pp. 1-16。

是由选择的预测方法来决定结论。

15.5 时间序列预测模型

时间序列是指一组均匀分布的数据点（按小时、天、星期、月等排列）。例如，每月 IBM 公司所出售的个人计算机的数量，美国环球航空公司每季度乘客单位英里的收益、公立医院每月收治的病人数，还有每天在华盛顿特区搭乘地铁的乘客数等等。根据时间序列来预测，就是说将来的值都是从过去发生的值预测得出的，其他变量都已经融入到时间序列过去的数值中了。

分解时间序列

对时间序列进行分析，就是把过去的数据分解成几个因素，然后设想它们以后的变化。一般来说，时间序列由 4 个因素组成：长期趋势、季节变动、循环变动和不规则变动。

1. **长期趋势**（trend）就是指从长期来看数据向上或向下的整体变动（如图表 15—2 所示）；

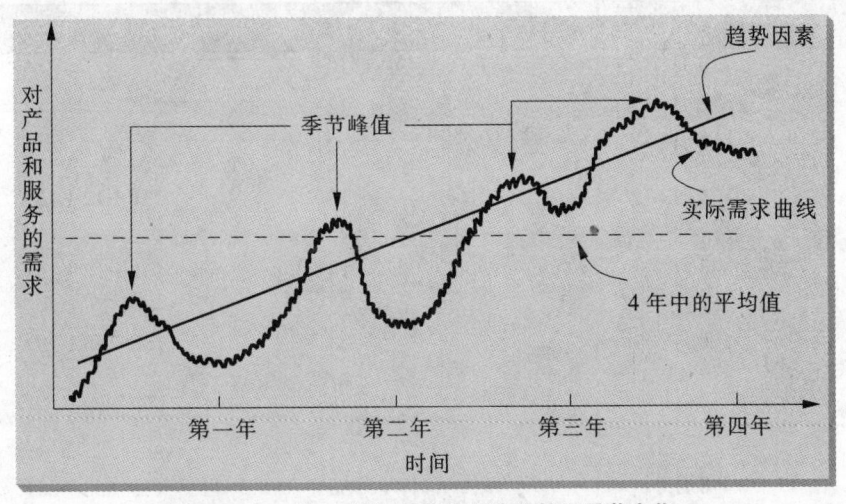

图表 15—2 4 年中服务需求的变动趋势和季节变化

资料来源：Jay Heizer and Barry Render, *Operations Management*, 5th ed. (Upper Saddle River, NJ, Prentice Hall, 1999), p. 148。

2. **季节变动**（seasonality）是指需求高于或低于年度走势而波动的模式；

3. **周期变动**（cycles）是指在数据中每隔几年就会发生的形式。周期变动总是和经济周期联系在一起的；

4. 不规则变动（random variations）是指在数据中偶然发生的或在不寻常条件下发生的"散点"，它们一般无规则可循。

在大多数模型中，预测人员都假设不规则变动从长期来看是平均的。所以，他们集中考虑季节变动和由长期趋势及周期性因素构成的综合变动。

移动平均法

如果能假设服务的需求在一段时间内保持稳定，那么**移动平均法**（moving average）是相当有用的。4个月的移动平均数是由过去4个月的需求简单相加除以4得到的。每过一个月，就把最近1个月的数据加到前3个月的数据之中，去掉最前面那个月的数据。这样就消除了数据列中的短期的不规则的数据。

从数学的角度来说，简单移动平均数（作为下一期的需求的估计）的公式是这样的：

$$\text{移动平均数} = (\text{前 n 期的需求总和})/n \tag{15.1}$$

等式中，n 是期数。比如4个月，5个月，或是6个月，得出的值相应地就是4个月、5个月和6个月的移动平均数。

下表中是唐娜园艺用品服务公司（Donna's Garden Supply）的顾客需求，右边是以 n 为3个月的移动平均数求出的预测值。

月份	屋棚实际销售额	3个月移动平均值
1月	10	
2月	12	
3月	13	
4月	16	$(10+12+13)/3 = 11\frac{2}{3}$
5月	19	$(12+13+16)/3 = 13\frac{2}{3}$
6月	23	$(13+16+19)/3 = 16$
7月	26	$(16+19+23)/3 = 19\frac{1}{3}$
8月	30	$(19+23+26)/3 = 22\frac{2}{3}$
9月	28	$(23+26+30)/3 = 26\frac{1}{3}$
10月	18	$(26+30+28)/3 = 28$
11月	16	$(30+28+18)/3 = 25\frac{1}{3}$
12月	14	$(28+18+16)/3 = 20\frac{2}{3}$

加权移动平均法

如果各期的统计数据呈一个总体的趋势,就可以利用权数来强调近期数据的作用。因为按其重要性更强调了近期的数据,这就使得移动平均法对变化反应更为灵敏。设定一个正确的加权系数需要有一定的经验,有时还要有一点运气。由于没有公式可以决定加权系数,所以选择权数有点武断。如果过于强调近期数据的重要性,预测值也许会反映出需求或是销售量变化太大。求加权移动平均数用数学公式可以表达为:

$$\text{加权移动平均数} = \sum (\text{第}i\text{期的权数})(\text{第}i\text{期的需求}) / \sum \text{权数} \quad (15.2)$$

例如,利用上表中的需求量,唐娜园艺用品服务公司决定对过去的 3 个月加权,来预测服务的需求量,最近 3 期值的权数如下:

权数	统计期
3	上个月
2	2 个月前
1	3 个月前

运用加权移动平均法,所得结果如下:

月份	屋棚实际销售额	3 个月加权移动平均值
1 月	10	
2 月	12	
3 月	13	
4 月	16	$[(3\times13)+(2\times12)+(10)]/6 = 12\frac{1}{6}$
5 月	19	$[(3\times16)+(2\times13)+(12)]/6 = 14\frac{1}{3}$
6 月	23	$[(3\times19)+(2\times16)+(13)]/6 = 17$
7 月	26	$[(3\times23)+(2\times19)+(16)]/6 = 20\frac{1}{2}$
8 月	30	$[(3\times26)+(2\times23)+(19)]/6 = 23\frac{5}{6}$
9 月	28	$[(3\times30)+(2\times26)+(23)]/6 = 27\frac{1}{2}$
10 月	18	$[(3\times28)+(2\times30)+(26)]/6 = 28\frac{1}{3}$
11 月	16	$[(3\times18)+(2\times28)+(30)]/6 = 23\frac{1}{3}$
12 月	14	$[(3\times16)+(2\times18)+(28)]/6 = 18\frac{2}{3}$

在这次预测中，近期统计数据的权数大一点，预测值变得更为准确一些。

简单移动平均法和加权移动平均法都非常有效，能消除统计数据中的大幅变动，从而使估计值比较稳定。然而，移动平均法并不是完美的。增大 n 的值（n 为期数）的确能较好地消除大幅波动，但同时也使得对统计数据中的**真实**变化反应不灵敏。另外，简单移动平均数不能很好地反映出它的变化趋势。由于它们所求的是平均数，总是和过去的值保持一致，不会预测到比过去更高或更低的水平。

图表 15—3 是以往数据的图解分析，它证明移动平均法具有滞后效应。

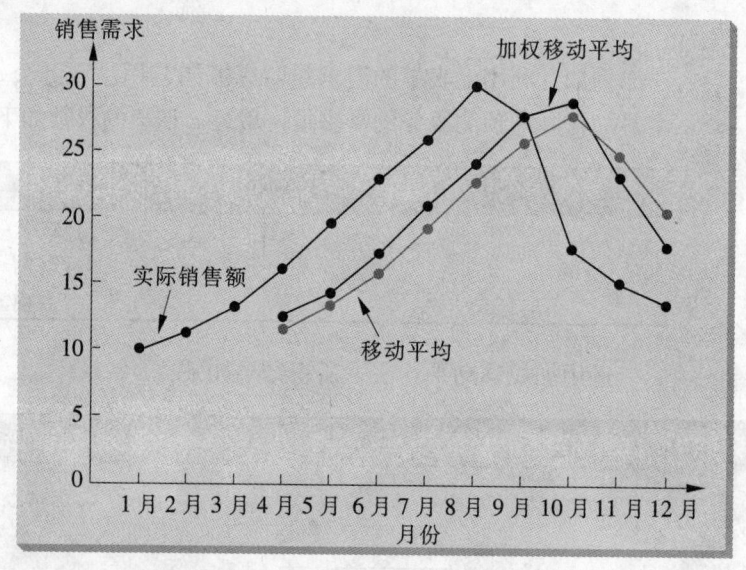

图表 15—3　唐娜园艺用品服务公司用移动平均法和加权移动平均法测得的数据与实际需求对照表

资料来源：Jav Heizer and Barry Render. *Operations Management*. 5th ed. （Upper Saddle River. NJ. Prentice Hall. 1999）. p. 151.

指数平滑法

指数平滑法（Exponential smoothing）也是一种移动平均法，使用很方便，能够有效地用计算机处理。指数平滑法公式如下：

新一期预测值＝上期的预测值＋α（上期的实际值－上期的预测值）

(15.3)

在公式中，α是权数，也可称作**平滑常数**（smoothing constant）。取值在 0 和 1 之间。公式也可以用数学式表达为：

$$F_t = F_{t-1} + \alpha (A_{t-1} - F_{t-1})$$

在公式中，F_t＝新一期预测值

F_{t-1}＝上期的预测值

α＝平滑常数（$0 \leqslant \alpha \leqslant 1$）

A_{t-1}＝上期的实际需求

这一概念并不复杂。最新的需求量估计值是在上期的预测值基础上，按一定百分比的预测误差调整后而得到的。预测误差是指上期的实际值与上期预测值之间的差。

再举一个例子。在1月份，一位汽车经销商预测2月份对福特·陶罗斯（Ford Tauruses）型轿车将有142辆的需求量。2月份实际的需求量为153辆。假设权数 α 为0.20，我们可以用指数平滑法来预测3月份的汽车需求量。

把数字代入公式，得：

3月份的需求量预测值＝142＋0.2（153－142）＝144.2

这样经四舍五入后，3月份福特·陶罗斯的汽车需求量预计为144辆。

我们可以调整 α 的值，对最近数据（如果它很高）增加权数，或对过去的数据（如果它很低）减少权数。α 越接近于0，预测值越接近上期的预测值。这和简单移动平均法形成鲜明的对照。用简单移动平均法预测下一期的需求量时，所有数据的权数是一样的。

选择加权系数　指数平滑法非常简单，并且已经成功地应用于许多服务行业。然而，α 的取值是否适当会影响到预测值的精确性。α 取值要适当，其目的是为了预测准确。通过比较所有的预测值与实际值，可以确定该预测值的整体的准确性。

预测误差（forecast error）可以定义为：

预测误差＝实际需求量－预测值　　　　　　　　　　　　　　(15.5)

测量整体预测误差的一种方法叫做**平均绝对偏差**（mean absolute deviation，MAD）。通过加总所有的预测误差的绝对值，然后除以数据的期数 n，求得整体预测误差。

$$\text{MAD} = \sum |预测误差|/n \tag{15.6}$$

我们运用这个概念，反复试验，检验 α 的两个值。

过去的8个季度，从巴尔的摩港口卸下了大量的谷物。港口的管理人员想检测一下指数平滑法的作用，看看这个方法是否能正确地预测港口的卸货量。他假设，第一季度从港口卸下的谷物的预测值为175吨，检验 α 的两个值，α 分别为0.1和0.5。图表15—4列出了实际的吨数，在 α 分别为0.10和0.50的情况下的所有的预测值（四舍五入到个位）以及两次预测值的 MAD。

图表15—4　　　　巴尔的摩港口指数平滑法的 MAD 计算

季度	实际卸货量	预测值($\alpha=0.1$)	绝对偏差($\alpha=0.1$)	预测值($\alpha=0.5$)	绝对偏差($\alpha=0.5$)
1	180	175	5	175	5
2	168	176	8	178	10
3	159	175	16	173	14
4	175	173	2	166	9
5	190	173	17	170	20
6	205	175	30	180	25
7	180	178	2	193	13
8	182	178	4	186	4
	绝对偏差总和		84		100
	MAD=$\sum$｜预测误差｜$/n=10.05$				MAD=12.50

资料来源：Jay Heizer and Barry Render，*Operations Management*，5th ed.（Upper Saddle River, NJ, Prentice Hall, 1999），pp. 153-154。

按照这个分析，加权系数 $\alpha=0.10$ 时要比 $\alpha=0.50$ 时更优，因为它的 MAD 比 $\alpha=0.50$ 时的 MAD 要小。事实上，一般来说，α 的取值范围是 $0.10\sim0.30$。一个很简单的计算机程序就能判断 α 的取值，并且能找到 α 的最佳取值。

除了 MAD，还有 3 种常用的方法来检验过去预测误差的程度。第一种是**均方误差法**（mean squared error，MSE），是预测值与实际值之差的平方的平均数。第二种是**平均绝对百分误差法**（mean absolute percent error，MAPE），此种方法是用百分数表示预测值与实际值之差的绝对值，加总后求得平均数。第三种是**偏差法**（bias），用它显示预测值过高还是过低；高，高多少，低，低多少。实际上，偏差法可以显示出整体误差的平均数和它的走向。

时间序列外推法和季度调整

时间序列外推法（time series extrapolation）适用于呈线性趋势的一系列的历史数据，把趋势线影射到将来，求得中期或长期的预测值。在这一节中，我们将只观察线性趋势（*linear* trends）。

如果我们要用精确的统计方法来绘制一条线性趋势图，可以运用**最小二乘方法**（least-squares method）。最小二乘方法在每一本统计学教科书总论中都有详尽的叙述。运用这个方法，可以得到一条直线，这条直线上每个点和实际值之差的平方和最小。直线方程如下：

$$\hat{y}=a+bx \tag{15.7}$$

在方程中，$\hat{y}=$服务需求计算所得的预测值〔也称**因变量**（dependent variable）〕

$a = y$ 轴截距

$b =$ 回归斜率（也称对给定的 x 值 y 的变化率）

$x =$ 自变量（这里是时间）

斜率 b 求解公式是：

$$b = (\sum xy - n\bar{x}\bar{y}) / (\sum x^2 - n\bar{x}^2) \tag{15.8}$$

y 轴上截距 a，计算公式是：

$$a = \bar{y} - b\bar{x} \tag{15.9}$$

下面是一个实例，演示一下是怎样运用上述方法的。下表就是 1992—1998 年间一个中西部软件零售商对 Lotus 1—2—3 软件的需求量。我们把直线趋势用于这些数据，预测 1999 年的需求量。

年份	Lotus 1—2—3 软件销量
1992 年	74
1993 年	79
1994 年	80
1995 年	90
1996 年	105
1997 年	142
1998 年	122

在一组连续的时间序列中，我们可以把 x 值（时间）转换成一些简单的值，减少计算量。这样，1992 转换成第 1 年，1993 转换成第 2 年，以此类推。

年份	时间段	Lotus 1—2—3 软件销量	x^2	xy
1992 年	1	74	1	74
1993 年	2	79	4	158
1994 年	3	80	9	240
1995 年	4	90	16	360
1996 年	5	105	25	525
1997 年	6	142	36	852
1998 年	7	122	49	854
	$\sum x = 28$	$\sum y = 692$	$\sum x^2 = 140$	$\sum xy = 3\,063$

$$\bar{x} = \frac{\sum x}{n} = \frac{28}{7} = 4 \quad \bar{y} = \frac{\sum y}{n} = \frac{692}{7} = 98.86$$

$$b = \frac{\sum xy - n\bar{x}\bar{y}}{\sum x^2 - n\bar{x}^2} = \frac{3\,063 - (7)(4)(98.86)}{140 - (7)(4^2)} = \frac{295}{28} = 10.54$$

$$a = \bar{y} - b\bar{x} = 98.86 - 10.54(4) = 56.70$$

这样可以得出一元线性回归方程：$\hat{y} = 56.70 + 10.54x$。计算 1999 年的预测值，根据我们的转换规则，1999 变成 x=8：

1999 年销售额 = 56.70 + 10.54（8）

= 141.02，软件的需求量为 141 套。

我们也可以预测 2000 年的需求量，把 x=9 代入同一方程：

2000 年销售额 = 56.70 + 10.54（9）

= 151.56，软件的需求量为 152 套。

我们把过去的需求量做成图，如图表 15—5 所示，同时把回归直线画在图上，来检验这一方法是否正确。在这个例子中，我们要谨慎，要了解 1997—1998 年需求量的波动。

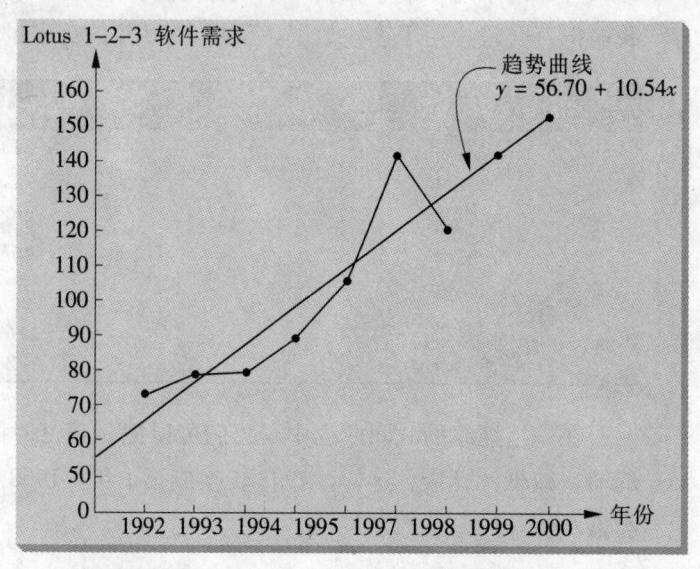

图表 15—5　Lotus 1—2—3 软件销量及趋势曲线

资料来源：Adapted from Jay Heizer and Barry Render, *Operations Management*, 5th ed. (Upper Saddle River, NJ, Prentice Hall, 1999), pp. 160.

在上例中运用的时间序列法需要长时间观察数据的趋势。但是，对某些季节中重复发生的变化，就有必要对预测做季度调整。比如，煤和燃油的需求量，通常总是在寒冷的冬季达到最高。而在夏季，对高尔夫俱乐部的服务以及防晒霜的需求量是最大的。分析每月或是每季度的统计数据，就很容易看出季节变动趋势。有几个常用的方法可以求得季节指数。在下一个例子中，演示了怎样处理历史数据中的季节变动因素。

图表 15—6 中列出了 *Plane Supplies* 公司一种品牌的电话机在 1998—1999 年的月销售量。假如我们预测 2000 年此种电话机的需求量为 1 200 部，根据季节指数，我们可以预测到 2000 年每月的销售量。

1 月　1200/12×0.957=96　　　7 月　1200/12×1.117=112

2 月　1200/12×0.851=85　　　8 月　1200/12×1.064=106

3 月　1200/12×0.904=90　　　9 月　1200/12×0.957=96

4月　1200/12×1.064=106　　10月　1200/12×0.851=85
5月　1200/12×1.309=131　　11月　1200/12×0.851=85
6月　1200/12×1.223=122　　12月　1200/12×0.851=85

为了简单起见，这里忽略了趋势计算。在下一个例子中，将会演示怎样把计算所得的季节指数运用到预测中，调整直线趋势的预测值。

图表 15—6　　　　　　　　　　两年来电话机的月销售量

月份	销售量 1998年	销售量 1999年	1998—1999年 平均销售量	月平均销售量*	季节指数**
1月	80	100	90	94	0.957
2月	75	85	80	94	0.851
3月	80	90	85	94	0.904
4月	90	110	100	94	1.064
5月	115	131	123	94	1.309
6月	110	120	115	94	1.223
7月	100	110	105	94	1.117
8月	90	110	100	94	1.064
9月	85	95	90	94	0.957
10月	75	85	80	94	0.851
11月	75	85	80	94	0.851
12月	80	80	80	94	0.851
			平均销售量总和＝1 128		

* 月平均销售量＝1 128/12 个月＝94
** 季节指数＝1998—1999 年平均销售量/月平均销售量

医院预测实例　为了再举一例说明预测线性趋势和季节变动调整的方法，我们摘取圣地亚哥（San Diego）一所医院的数据，使用 66 个月的成年住院病人的住院总天数，求得下面的方程：[1]

$\hat{y} = 8\,091 + 21.5x$

在方程中，$\hat{y}$＝住院天数

x＝时间（单位：月）

基于这一方程，医院预测下个月（$x=67$）的住院病人的总天数为

住院天数＝8 091＋21.5（67）＝9 532

从这一模型可以推算出住院病人的住院天数会略微上升，但它却未将医院管理部门了解的季节变动因素包括在内。图表 15—7 显示的是病人住

---

[1] 见 W. E. Sterk 和 E. G. Shryock 著"现代方法改进医院预测工作"（Modern Methods Improve Hospital Forecasting），载 *Healthcare Financial Management*，vol. 41, no. 3 (March 1987), pp. 96-98。

院天数的季节变动指数,在全国各个医院基本如此。我们看到1月份、3月份、7月份和8月份平均住院天数比较多,而2月、9月、11月、12月的平均住院天数则比较少。

图表 15—7　　医院病人住院天数的季节变动指数

月份	季节变动指数
1月	1.04
2月	0.97
3月	1.02
4月	1.00
5月	1.00
6月	1.00
7月	1.03
8月	1.04
9月	0.96
10月	1.00
11月	0.96
12月	0.98

为了纠正由季节变动引起时间序列外推法中的误差,应该把求得的该月的预测值再乘以适当的季节指数。这样,x=67(也就是1月份)

住院天数=9 532×1.04=9 913(按线性趋势和季节变动指数求得)

使用上述方法,可以求得1月份到6月份(x=76~72)的预测值,即住院天数分别为9 913、9 266、9 766、9 596、9 618 和 9 639。将季节变动因素考虑在内,可以更准确地预测住院天数,医院的预算也会更精确。

15.6　因果预测:回归分析预测法

因果预测模型(causal forecasting models)通常要考虑到与预测变量相关的几个变量。一旦找出相关的变量,就可以建立统计模型求出预测值。

在因果分析法中要考虑到许多因素。比如说,一种产品的销售量可能和公司的广告预算、产品的价格、竞争者所制定的价格、推销策略等相关,甚至和整个经济状况以及就业率的高低都有很大的关系。在这里,产品的销售量是**因变量**(dependent variable),其他变量都是**自变量**(independent variables)。管理者得找出销售量与其他变量之间的最优的统计关系。最常见的定量因果预测法就是**线性回归分析法**(linear regression analysis)。

我们可以运用在时间序列外推法中运用的最小平方法这个数学模型，来完成线性回归分析。需要预测的变量 $\hat{y}$ 是应变量 y，但现在自变量 x 不再是时间了。①

$$\hat{y}=a+bx$$

在上式中，$\hat{y}$＝应变量的值（这里是销售量）

a＝y 轴上的截距

b＝回归直线的斜率

x＝自变量

为了说明问题，我们以 Schatz 建筑公司为例。该公司在佛罗里达州冬园修缮旧屋。一段时间后，该公司发现它的房屋修缮工程的费用随冬园地区工资的变化而变化。下表中列出了 6 年来 Schatz 公司的收入和冬园地区按时取酬的职工工资总收入。

Schatz 公司的销售额（百万美元）y	地区工资总收入（十亿美元）x
2.0	1
3.0	3
2.5	4
2.0	2
2.0	1
3.5	7

根据最小平方法，得到：

$$\hat{y}=1.75+0.25x$$

即：

销售量＝1.75＋0.25×工资总收入

如果当地商会预测到冬园地区工资总收入明年为 6 亿美元，我们就可以根据线性回归方程估计出 Schatz 公司的销售收入为：

销售量（单位：百万美元）＝1.75＋0.25×6＝1.75＋1.50＝3.25

即：

销售量＝3 250 000 美元

在这个例子的最后说明因果预测法（如回归法）的一个主要缺陷。即使我们已经得出了回归方程，要估计下期因变量 y 的值，首先要知道自变量 x 的预测值。这里 x 为工资总收入。虽然这并不是所有预测都会遇到的问题，但也可以想像得出，确定一些常见的自变量的预期值也是很不容易的（如失业率、国民生产总值、价格指数等等）。

---

① 如果自变量有若干个，则多项回归的一般公式是

$\hat{y}=a+b_1x_1+b_2x_2+b_3x_3+\cdots+b_nx_n$

等式中，b_i 值表示相应的自变量 x 的斜率。

15.7 预测的一般方法

预测服务需求时一般有 3 种方法会用到上面讨论的预测法。

系统—子系统预测法（fundamental system-to-subsystem approach）

预测需求最基本的方法要采用本章中所述的综合技巧。首先预测整个经济形势，然后预测行业销售总量（这与经济状况相关），最后预测企业的销售量（这与行业总量相关）。由此可得：

经济形势预测——→行业总量预测——→企业需求量预测

比如说，预测明年行业总量为 122.2 万美元，而估计企业的市场份额为 2%，那么企业需求量的预测值为 2.4 万美元。

大多数企业自己并无力聘用一班子经济学家，因此，这些企业的营销部门在需要时购买经济总量和行业总量预测数据，或是使用出版刊物（比如《商业周刊》、《华尔街日报》、《福布斯》、政府部门出版刊物，或是市场预测服务公司的出版刊物）的经济总量和行业总量预测数据。

要预测行业需求总量，往往是在去年的行业总量的基础上，根据明年的经济预期形势做上、下调整。行业总量预测数据能在由美国商务部每年出版的《美国行业展望》（US. Industrial Outlook）中查找到，也能够在贸易出版刊物中找到。另外，许多行业都有商贸协会〔可参阅 Gale Research 公司出版的《协会大全》（Encyclopedia of Associations）〕，它们从事行业需求预测。俄亥俄州的克里夫兰 Predicasts 公司出版了许多关于一些行业的研究著作。

对于一个新办的企业来说，估计企业第一年的业务在市场中所占的份额，就能确定企业的预测需求。这取决于产品或服务的使用价值、差异性程度、新企业的竞争优势和它的营销策略。通常，企业初创时期的市场份额都比较小，估计时需要保守一点。

整体—局部预测法（aggregate-to-component forecasts）

餐厅经理需要预测顾客的总人数，然后再估计早餐、午餐和晚餐的人数。汽车修理店要估计全年的修理总量，然后再预测各种修理工作的数量。油漆公司需要预测下个月的整个工作量，然后预测居民区和商业区的工作量。如果预测了服务的总工作量，就有了一个大体的范围，使得每个小部分的预测相对容易些。

将整体分解成局部可以按下列步骤进行：
1. 服务分解
    a. 按服务门类来分
    b. 以提供服务的时间（一日中的某一时，一周中的某一天）来分
2. 市场分解
    a. 以地域来分
    b. 以行业、政府部门、消费者来分
    c. 以整个市场中的行业来分
3. 以服务完成人员来分——按提供服务的人员或商店来分

局部—整体预测法（component-to-aggregate forecasts）

需要预测一个整体的量，可以先预测好整体中每个局部的值，然后再把对各个局部的预测值相加，这样对整体的预测值就更为准确。上一节中已经介绍了整体中的各个局部。

利用 POM for Windows 程序来预测

POM for Windows 程序中的预测模块可以处理本章中我们刚刚讨论过的所有预测方法。图表15—8显示了唐娜园艺用品服务公司的例子中加权移动平均法求得的预测值和相关的统计数据。图表15—9列出了预测值和预测误差的详细信息。图表15—10和15—11利用 POM for Windows 程序，用相关的统计数据阐明 Lotus 软件公司的例子中时间序列直线趋势曲线的预测结果。

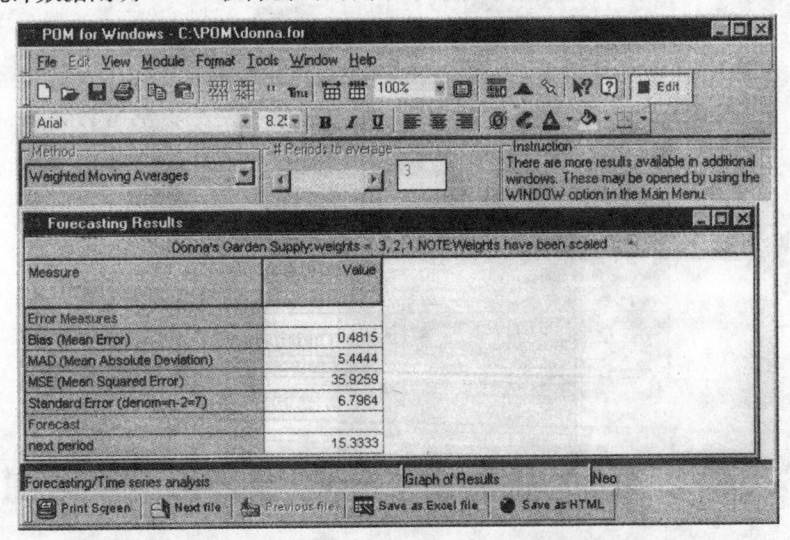

图表15—8　利用 POM for Windows 程序对唐娜公司进行预测

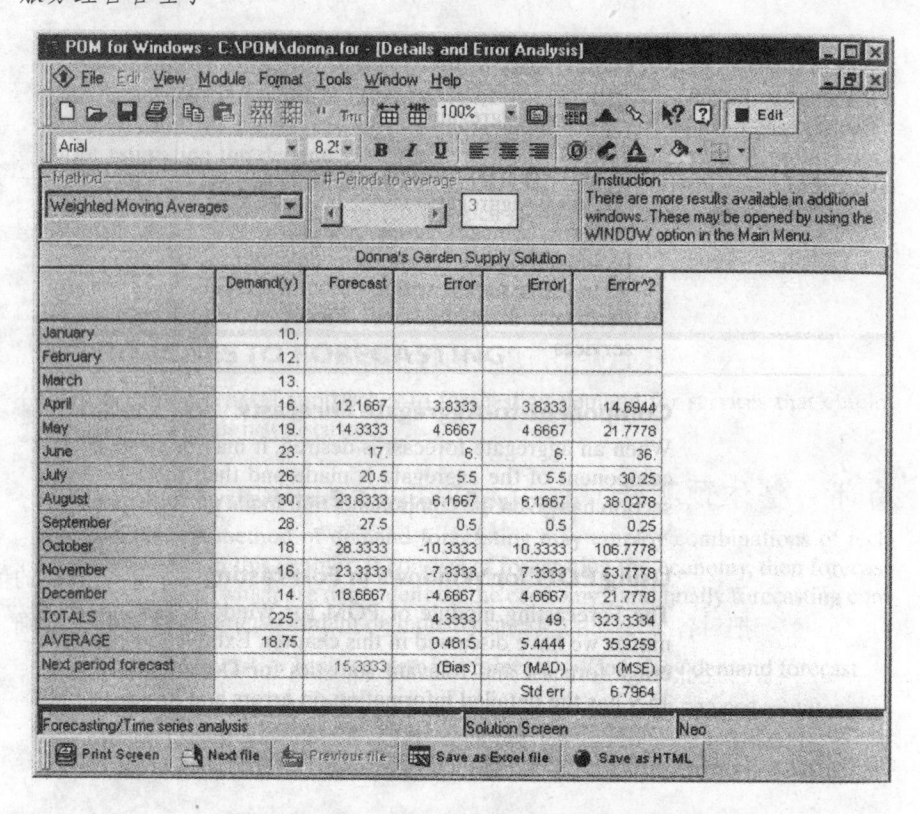

图表 15—9 加权移动平均法对唐娜公司进行预测

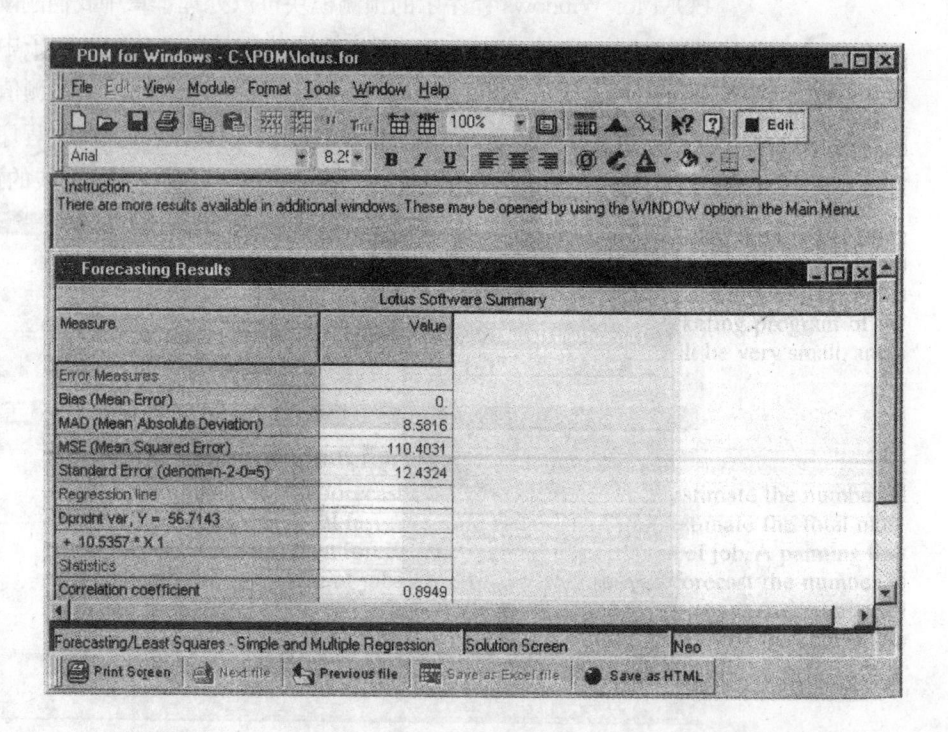

图表 15—10 利用 POM for Windows 程序对 Lotus 软件公司进行预测

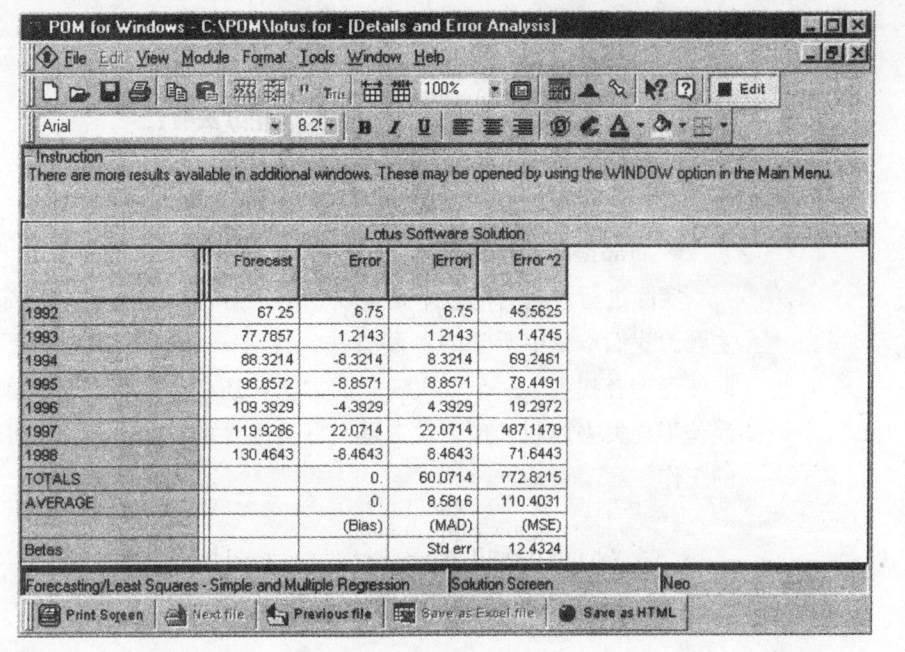

图表 15—11　时间序列趋势法对 Lotus 软件公司进行预测

15.8　本章提要

在大多数服务业中，预测服务需求都是非常重要的，这是因为通常不能靠库存来解决需求的波动问题。如果服务"蕴含"在产品中，预测以及应对需求的大幅波动与生产企业预测产品需求相类似。在这两种情况下，预测需求对于企业规划来说都起着关键的作用。

对生产企业需求进行预测，是预测具体的产品个数。而对于服务业，预测什么？哪些项目能够预测？这些问题并不总是很明朗的。也就是说，服务性企业的产出有不确定的门类。但是，预测服务基本上还是看两方面：（1）顾客的数量；（2）服务的数量和预期的服务提供量。

选择预测方法取决于 4 个基本因素：

1. 时间需求；
2. 资源需求；
3. 可以输入或需要输入的数据特征；
4. 需要输出的数据特征。

有 4 种基本的预测方法：

1. 判断法；
2. 计数法；
3. 时间序列法；

4. 因果分析法。

按照这几种基本方法，每种经过变化都会形成许多方法。预测中最有效的方法，就是综合运用这些方法。这些方法有：

- 经济系统到行业系统，再到企业系统；
- 整体预测到局部预测；
- 局部预测到整体预测。

实际进行预测时的技术是很复杂的。有许多书籍和期刊都在探讨这个主题。我们本章中所学的预测方法，没有一个是在任何情况下都完美的。即使管理者找到了一个令人满意的方法，还必须监督和控制预测，以保证误差不会失去控制。预测常常是很有挑战性的，同时也是管理中回报最高的工作。

讨论题

1. 什么是时间序列外推法模型？为什么这个模型能在服务机构中被如此广泛地运用？说出几种最适合使用时间序列法来进行预测的服务行业。
2. 时间序列模型和因果模型有什么区别？
3. 什么是判断性预测模型？举出一些适用判断性预测的服务机构的例子。
4. 在回归模型中，什么是最小二乘方法？在服务行业的例子中，可能会使用到的自变量有哪些？
5. 移动平均法预测模型有什么不足？
6. 在指数平滑法中，平滑系数的大小对过去预测值和过去统计数据的权数有什么影响？
7. 什么是 MAD？为什么它对选择和使用预测模型如此重要？
8. 在服务企业中为什么预测的准确性是非常重要的？

练习题

15.1 Judy Smith 建立了如下的预测模型：

$$\hat{y} = 36 + 4.3x$$

在上式中，$\hat{y}$ = 型号为 K10 的空调的需求量；

x = 室外的温度（°F）

a. 预测一下，当室外温度为 70°F 时 K10 空调的需求量。

b. 室外温度为 80°F 时，K10 空调的需求量是多少？

c. 室外温度为 90°F 时，K10 空调的需求量又是多少？

15.2 下表中列出了对 Rhonda's Garden Supply 公司每袋重量为 50 磅的化肥一年的需求量。用移动平均法（n＝3）来预测下一年的销售量。然后再用加权移动平均法（n＝3）来预测，最近一年的权数为 2，其他两年的权数都为 1。你认为哪种方法更好一些？

年份	化肥的需求量（千袋）
1	4
2	6
3	4
4	5
5	10
6	8
7	7
8	9
9	12
10	14
11	15

15.3 用移动平均法，分别以 $n=2$，$n=4$ 求题 15.2 中化肥的需求量。

15.4 在题 15.2 和 15.3 中，已经使用了 4 种不同的方法来预测化肥的需求量。它们分别是 $n=2$ 的移动平均法，$n=3$ 的移动平均法，加权移动平均法，$n=4$ 的移动平均法。您会采用哪一种预测数据？请解释原因。

15.5 用指数平滑法，加权系数 $\alpha=0.3$ 来预测题 15.2 中化肥的需求量。假设上期的预测值为 5 000 袋（$n=1$）。你会用指数平滑模型还是题 15.2 加权平均模型来预测？请解释原因。

15.6 Cool—Man 牌空调的销售量在过去的 5 年中稳步增长（见下表）。1994 年销售部经理预测，1995 年空调的销售量为 410 部。用指数平滑法，$\alpha=0.30$ 来预测 1996—2000 年的销售量。

年份	销售量（部）	预测值
1995 年	450	410
1996 年	495	
1997 年	518	
1998 年	563	
1999 年	584	
2000 年	?	

15.7 华盛顿 General 医院在过去的几年里，病人动手术数量逐年增加（见下表）。6 年前，医疗服务部主任预测第一年的手术数量为 410 次。

年份	门诊病人动手术数量
1	450
2	495
3	518
4	563
5	584
6	?

a. 用指数平滑法来预测第 2 年到第 6 年的手术数量，首先用加权系数 $\alpha=0.6$，然后再用 $\alpha=0.9$。

b. 用移动平均法（$n=3$）来预测第 4 年，第 5 年和第 6 年的手术数量。

c. 用时间序列外推法来预测第 1 年到第 6 年的手术数量。

d. 以 MAD 作为标准，上述 4 种方法中哪种最优？

15.8 下表中列出了 13 个月以来 R. Lowenthal Supply 公司的工业用吸尘器的销售量。

销售量（千台）	月份
11	1月
14	2月
16	3月
10	4月
15	5月
17	6月
11	7月
14	8月
17	9月
12	10月
14	11月
16	12月
11	1月

a. 用移动平均法（$n=3$）预测 2 月份吸尘器的需求量。

b. 使用加权移动平均法（$n=3$）预测 2 月份吸尘器的需求量，分别以 3，2，1 作为最后一个月，倒数第二个月，第三个月的权数。比如，预测 2 月份的需求量，那么上一年 11 月份的权数为 1，12 月份的权数为 2，接下来 1 月份的权数为 3。

c. 评价每种方法的准确性。

d. 在预测销售量时，R. Lowenthal 还会考虑哪些其他因素？

15.9 多伦多 Towers Plaza 宾馆记录了过去 9 年的订房数量。管理人员想用数学方法来算出客人订房数量的趋势，然后预测将来的客房率。这种预测有利于宾馆决定将来是否需要进行扩建。按照下列的时间序列，用最小平方法（least-squares equation）求得时间与订房数量的相关方程，然后预测 2002 年的订房数量。订房数量以千为单位。

1992：17	1995：21	1998：23
1993：16	1996：20	1999：25
1994：16	1997：20	2000：24

15.10 纽约一位汽车经销商 *Jaguar XJ*6 赛车的季度需求预测方程如下：

$$\hat{y}=10+3x$$

在方程中，$x=$季度（2000 年第 1 季度）$=0$
（2000 年第 2 季度）$=1$
（2000 年第 3 季度）$=2$
（2000 年第 4 季度）$=3$
（2001 年第 1 季度）$=4$
以此类推

$\hat{y}=$季度需求

赛车的需求量是有季节变动的，第一、二、三、四的季节指数分别为 0.80，1.00，1.30 和 0.90。预测 2002 年各季度的需求量，然后按季节变动来调整预测值。

15.11 一家乐器销售商店经营部经理认为，低音鼓的需求量可能和流行摇滚乐队 Green Shades 前一个月的电视演播次数有关。经理已经收集了下表中的数据。

低音鼓的需求量	Green Shades 乐队在电视上的演播次数
3	3
6	4
7	7
5	6
10	8
8	5

a. 把这些数据做成图，看看该乐队的电视演播次数和低音鼓销售量之间是否可以用直线方程来描述。
b. 用最小平方回归法来建立一个预测方程。
c. 如果 Green Shades 乐队上个月在电视中演播次数为 9 次，那你估计低音鼓的销售量是多少？

15.12 杰瑞林·罗斯（Jerilyn Ross）博士是纽约市的一位心理学家，专门从事于治疗那些有恐惧症、害怕离开家的病人。下表显示了过去 10 年来罗斯博士每年治疗过的病人的数量。同时，也列出了同一年纽约市的抢劫率。

年份	病人数	犯罪率（每一千人中抢劫数量）
1991	36	58.3
1992	33	61.1
1993	40	73.4
1994	41	75.7
1995	40	81.1
1996	55	89.0
1997	60	101.1
1998	54	94.8
1999	58	103.3
2000	61	116.2

经过趋势分析，你认为2001年，2002年和2003年Ross博士将要治疗多少病人？这一模型符合这些数据吗？

15.13 使用题15.12中的数据，运用直线回归法来研究犯罪率与Ross博士的病人数量间的关系。若2001年抢劫率增加到131.2，Ross博士将要治疗多少病人？若犯罪率下降到90.6，病人的数量为多少？

15.14 Davis百货商店的管理人员用时间序列外推法来预测接下来4个季度的零售额。估计4个季度的零售额分别为10万美元，12万美元，14万美元和16万美元。季节指数分别为1.30、0.90、0.70和1.15。计算出按季度调整的零售额。

15.15 东北航空公司是一家短途航空公司，服务于波士顿中心。下面列出了该公司过去12个星期的旅客总里程数。

星期	实际旅客总里程数（千英里）
1	17
2	21
3	19
4	23
5	18
6	16
7	20
8	18
9	22
10	20
11	15
12	22

a. 假设第一星期的预测值为17 000英里，使用指数平滑法来计算第2星期到第12星期的旅客总里程数，加权系数 $\alpha=0.2$。

b. 该模型的MAD是多少？

15.16 华盛顿特区夏天的巴士和地铁的乘客量和到该市的游客数量

密切相关。下表列出了12年来的数据。

年份	旅客数（百万）	乘客数（十万）
1989年	7	15
1990年	2	10
1991年	6	13
1992年	4	15
1993年	14	25
1994年	15	27
1995年	16	24
1996年	12	20
1997年	14	27
1998年	20	44
1999年	15	34
2000年	7	17

a. 把这些数据做成图，看一下线性模型是否恰当。
b. 建立一个回归关系。
c. 如果该市的游客量为1 000万，那么乘客量为多少。
d. 如果根本没有游客，请解释一下预测的乘客量。

15.17 下表中列出了过去24个星期佛罗里达州的冬园的911系统的紧急电话的数量。

星期	电话数	星期	电话数
1	50	13	55
2	35	14	35
3	25	15	25
4	40	16	55
5	45	17	55
6	35	18	40
7	20	19	35
8	30	20	60
9	35	21	75
10	20	22	50
11	15	23	40
12	40	24	65

a. 用指数平滑法预测每周的电话数量。假设第一星期的预测值为50个，$\alpha=0.1$。第25个星期的预测值为多少？
b. 用$\alpha=0.6$重新预测每个星期的电话数量。
c. 第25个星期的实际电话数量为85个。哪个加权系数的预测值更优？请解释测量误差。

案例 15—1

南北航空公司[①]

1997年，北方航空公司和东南航空公司合并，从而造就了美国第四大航空公司。新公司南北航空公司既承接一支超龄的波音737—200机群，也接纳了斯蒂芬·拉斯（Stephen Ruth）。拉斯曾经是一位强硬的海军部长，现在他身兼总裁和董事长两职。

为了创造一个财务状况良好的企业，斯蒂芬·拉斯首先关注的就是维修成本。通常人们都认为，在航空业维修成本随着飞机的老化而上升。他很快注意到，在B737—200维修成本的报告中，北方航空公司和东南航空公司的飞机机体和飞机引擎的维修成本有着巨大的差别，而东南航空公司的机群是新的。

1997年11月12日，经营维修部的副总经理佩格·杨（Peg Young）被叫到拉斯的办公室。拉斯要求她对这个问题进行研究。具体地说，拉斯想要知道：（1）机群平均年龄和机体直接维修成本是否有关系；（2）机群平均年龄和引擎直接维修成本是否有关系。

佩格·杨的第一步就是要求她的员工把北方航空公司和东南航空公司的飞机的平均机龄按季度求出。两家航空公司的飞机分别是在1988年底和1999年初开始运行的。平均机龄是这样计算的：截止到某一天，每架飞机服务总的天数乘以每组机群每天的平均使用时间。再将机群的总的飞行时间除以那时使用的飞机的数量，得到该组飞机的平均年龄。

计算平均使用率，要从北方航空公司和东南航空公司的数据中得到机组在1996年9月30日的飞行时间（小时），然后除以那时所有飞机的使用天数。东南航空公司的平均使用率为8.3小时/天，北方航空公司的平均使用率为8.7小时/天。由于每年成本数据是按第一季度来计算的，机群平均时间也是在同一点上计算的。

飞机的数据已列示在图表15—12中。机体成本数据和引擎成本数据以及平均飞行时间一并列出。

图表15—12　南北航空公司波音737—200喷气式飞机的相关数据

年份	北方航空公司数据			东南航空公司数据		
	单架飞机机体维修成本（美元）	单架飞机引擎维修成本（美元）	平均机龄（小时）	单架飞机机体维修成本（美元）	单架飞机引擎维修成本（美元）	平均机龄（小时）
1990年	51.80	43.49	6 512	13.29	18.86	5 107
1991年	54.92	38.58	8 404	25.15	34.55	8 145
1992年	69.70	51.48	11 077	32.18	40.43	7 360
1993年	68.90	58.72	11 717	31.78	22.10	5 773

---

① 在这一案例中，为了维护商业机密，所有的航空公司的名字和人员名字都作了修改。这里所讨论的问题和所用的数据是真实无误的。

续前表

年份	北方航空公司数据			东南航空公司数据		
	单架飞机机体维修成本（美元）	单架飞机引擎维修成本（美元）	平均机龄（小时）	单架飞机机体维修成本（美元）	单架飞机引擎维修成本（美元）	平均机龄（小时）
1994年	63.72	45.47	13 275	25.34	19.69	7 150
1995年	84.73	50.26	15 215	32.78	32.58	9 364
1996年	78.74	79.60	18 390	35.56	38.07	8 259

资料来源：Jay Heizer and Barry Render, *Operations Management*, 5th ed. (Upper Saddle River, NJ, Prentice Hall, 1999), p. 188.

案例思考题

请你为佩格·杨准备一份呈递给斯蒂芬·拉斯的报告。

参考文献

1. Ashley, R., and J. Guerard, "Applications of Time Series Analysis to Texas Financial Forecasting," *Interfaces*, vol. 13, no. 4 (August 1983), pp. 46–55.

2. Ashton, A. H., and R. H. Ashton, "Aggregating Subjective Forecasts," *Management Science*, vol. 31, no. 12 (December 1985), pp. 1499–1508.

3. Becker, B. C., and A. Sapienza, "Forecasting Hospital Reimbursement," *Hospital and Health Services Administration*, vol. 32 (November 1987), pp. 521–530.

4. Box, G. E. P., and G. Jenkins, *Time Series Analysis: Forecasting and Control* (San Franisco, Holden Day, 1970).

5. Brown, R. G., *Statistical Forecasting for Inventory Control* (New York, McGraw-Hill, 1959).

6. Brozovich, J. P., and D. Loftus, "Physician-Administrator Decision Making for High-Technology Purchases," *Health Care Management Review*, vol. 6, no. 3 (summer 1981), pp. 63–73.

7. Bunn, D. W., and J. P. Seigal, "Forecasting the Effects of Television Programming upon Electricity Loads," *Journal of the Operational Research Society*, vol. 34 (January 1983), pp. 17–25.

8. Chambers, J. C., C. Satinder, S. K. Mullick, and D. D. Smith,

"How to Choose the Right Forecasting Technique," *Harvard Business Review*, vol. 49, no. 4 (July-August 1971), pp. 45 - 74.

9. Claycombe, W. W., and W. G. Sullivan, "Current Forecasting Techniques," *Journal of System Management* (September 1978), pp. 18 - 20.

10. Gardner, E. S., "Exponential Smoothing: The State of the Art," *Journal of Forecasting*, vol. 4, no. 1 (March 1985).

11. Georgoff, D. M., and R. G. Murdick, "Managers Guide to Forecasting," *Harvard Business Review*, vol. 64, no. 1 (January-February 1986), pp. 110 - 120.

12. Gips, J., and B. Sullivan, "Sales Forecasting—Replacing Magic with Logic," *Production and Inventory Management Review*, vol. 2, no. 2 (February 1982).

13. Heizer, J., and B. Render, *Production and Operations Management*, 5th ed. (Upper Saddle River, NJ, Prentice Hall, 1999).

14. Holz, B. W., and J. M. Wroth, "Improving Strength Forecasts: Support for Army Manpower Management," *Interfaces*, vol. 10, no. 6 (December 1980), pp. 31 - 52.

15. Lane, D., et al., "Forecasting Demand for Long Term Care Services," *Health Services Research*, vol. 20, no. 4 (October 1985), pp. 435 - 459.

16. Lee, D. R., "A Forecast of Lodging Supply and Demand," The *Cornell HRA Quarterly*, vol. 25, no. 2 (August 1984), pp. 27 - 40.

17. Mabert, V. A., and R. L. Stocco, "Managing and Monitoring a Forecasting System: The Chemical Bank Experience," *Journal of Bank Research*, vol. 13, no. 3 (autumn 1982), pp. 195 - 201.

18. MacStravic, R. S., "An Early Warning Technique," *Hospital and Health Services Administration*, vol. 31, no. 1 (January-February 1986), pp. 86 - 98.

19. Mahmoud, E., "Accuracy in Forecasting: A Summary," *Journal of Forecasting*, vol. 3, no. 2 (April-June 1984).

20. Makridakis, S., S. C. Wheelright, and V. E. McGee, *Forecasting Methods and Applications*, 2nd ed. (New York, Wiley, 1983).

21. Murdick, R. G., and D. M. Georgoff, "Forecasting: A Systems Approach," *Technological Forecasting and Social Change*, vol. 44 (1993), pp. 1 - 16.

22. Nandola, K., M. Koshal, and R. K. Koshal, "Forecasting Restaurant Food Sales," *The Cornell HRA Quarterly*, vol. 23, no. 2 (Au-

gust 1982), pp. 92 - 96.

23. Parker, G. C., and E. L. Segura, "How to Get a Better Forecast," *Harvard Business Review*, vol. 49, no. 2 (March-April 1971), pp. 99 - 109.

24. Plossl, G. W., and O. W. Wight, *Production and Inventory Control* (Upper Saddle River, NJ, Prentice Hall, 1967).

25. Rao, P. S., "Forecasting the Demand for Railway Freight Services," *Journal of Transportation Economics and Policy*, vol. 12, no. 1 (January 1978), pp. 7 - 22.

26. Render, B., and R. M. Stair, *Quantitative Analysis for Management*, 7th ed. (Upper Saddle River, NJ, Prentice Hall, 2000).

27. Schnaars, S. P., and R. J. Bavuso, "Extrapolation Models on Very Short-Term Forecasts," *Journal of Business Research*, vol. 14 (1986), pp. 27 - 36.

28. Young, M. A., "Sources of Competitive Data for the Management Strategist," *Strategic Management Journal*, vol. 10, no. 4 (July-August 1989), pp. 285 - 293.

第16章 车辆的路线确定与时间安排

16.1 本章概述
16.2 解决路线确定与时间安排问题的目标
16.3 路线确定与时间安排问题的特点
16.4 规划服务车辆的路线
16.5 服务车辆的时间安排
16.6 路线确定与时间安排中的其他问题
16.7 本章提要
讨论题
练习题
案例16—1 抽血医生的路线确定与时间安排
参考文献

16.1 本章概述

顾客服务的时间安排和服务交通工具的路线确定是许多服务经营中至关重要的问题。对有些服务来说（如校车接送、公共医疗护理、安装、修理业务等等），服务递送是完成服务的关键。对于另外一些服务（比如客运汽车、出租车、运货卡车、美国邮政服务等等），所谓服务就是及时的递送。在上述两种情况中，服务运输工具的路线确定和时间安排对于所提供的服务的质量有着巨大的影响。

本章将介绍一些路线确定和时间安排的术语，对不同类型的路线确定和时间安排问题进行分类，提供不同的解决问题的方法。尽管我们已经尽力用简单明了的语言来描述路线确定和时间安排这个话题，使之简明易懂，但同时要注意到这是一个技术性的学科，在本书中是较多地涉及数学的问题之一。本章从一个服务递送例子开始，试图说明路线确定和时间安排中的一些实际问题。

服务递送实例：外送午餐

20 世纪 70 年代中期，在缅因州开始了一个私营的、非营利的"午餐送到家"计划（Meals-for-ME），是专为老年人而设的。[①] 这一计划是指，自周一到周五为那些 60 岁以上长期呆在家里的老人递送热午餐。对于那些合适的老人，该方案还为他们提供到聚餐地点的交通工具。一般来说，普通的一天，一个县有数百位老人接受这种服务。另外，还有人由于生病或生病刚刚恢复，也可以要求提供此项服务。这样，在某一天对该项服务的需求究竟有多少非常难预测。安排志愿者投递人员、车辆以及路线的工作都由地区管理人员来完成，有的按周安排，有的按月安排。他们的任务包括协调备餐，以及确定送货上门的顺序。除此以外，地区管理人员还必须安排参加"团体午餐"的人们的交通问题。

尽管这些任务看起来很明了，其实里面有许多投递午餐的时间安排和路线确定的实际问题。第一，外送车辆（以及接人车辆）是由志愿者来驾驶的，许多是大学生，在高峰期（如圣诞节）他们有空的不多。这样，人员的变动要求投递路线经常改变。第二，由于该计划是递送热餐，路线一般必须少于 90 分钟。一般情况下，按照顾客们的地理位置，一条路线投递 20~25 份午餐。第三，所有的这些必须在一定的时间内完成，在上午 11：30 到下午 1：00 之间。按照该计划，还需接送参加聚餐的人员，这同样有许多困难。在这些非常实际的问题面前，解决办法看上去却很复杂。很明显，需要一个解决方法和技巧，能允许决策者考虑到多个变量，能够迅速有效地适应变化。

16.2 解决路线确定与时间安排问题的目标

路线确定和时间安排问题的目标是设法使提供服务的总成本最小化。总成本包括车辆折旧成本，运输里程成本和人力资源成本。但是，其中也掺杂着其他的一些目标，特别是政府的目标。比如，校车的时间安排和路线确定，它的目标是使学生乘车的总时间最少。当然这一标准是和安全性以及学生家长们对学校工作的认可程度紧密相关的。[②] 对于残疾人或老年人的"打电话叫车"服务来说，一个重要的目标就是尽量减少所有顾客的

[①] 本节中所提供的相关信息见《午餐送到家》，(Gail Ward of Meals-for-ME)，一书。
[②] 见 Lawrence Bodin, Bruce Golden, Arjang Assad 和 Michael Ball 著 "车辆、人员的路线安排和时间安排：技术发展水平"(Routing and Scheduling of Vehicles and Crews: The State of the Art)，载 *Computers and Operations Research*, vol. 10, no. 2 (1983), pp. 70 – 71.

不方便。对于"外送午餐"计划,饭菜必须在白天的某一段时间送到。对于紧急救助服务,如救护、出警和消防,将对事件发生后的反应时间降到最小是至关重要的。有些企业承诺第二天上午10:30前送货上门。因此,在公共服务和非公共服务中,有时要更多地考虑它的适当的目标功能,而不仅仅是递送该服务的成本。也就是说,还必须同时考虑与未能向顾客提供足够的服务联系在一起的"相关"成本。

16.3 路线确定与时间安排问题的特点

人们常常用**网络**(networks)来研究路线确定和时间安排问题。用网络来描述这些问题很有利,决策者在考虑时能使问题明朗化。请看一下图表16—1这个例子。图中有5个圆圈,这些圆圈被称为**结点**(nodes)。其中4个结点(结点2到5)代表接应或递送点。结点1代表**库房结点**(depot node),车辆就从该节点出发和返回。库房结点是车辆或服务提供者的"基地"。

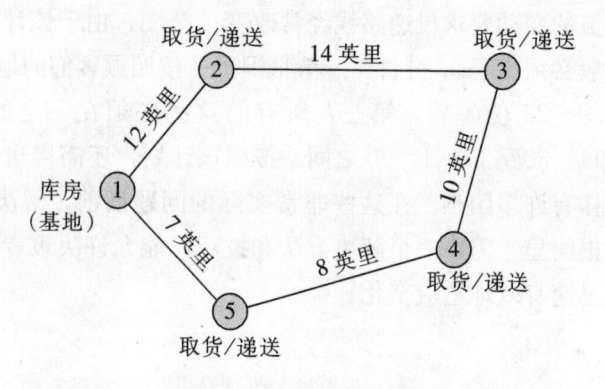

图表16—1 路线网络举例

结点之间的线段称为**弧**(arcs)。弧用来描述从一个结点到另一个结点之间所需的时间、成本或距离。图表16—1中的弧上的数字表示距离(以英里为单位)。如果车辆的平均速度一定,或是分送的时间一定,距离就很容易转换成时间。然而,在这种转换的过程中忽略了有形的屏障,比如高山,缺少进入通道,或是交通堵塞。如果尽量减少时间是路线确定和时间安排的主要目标,那么行驶时间的既往数据对于基于路程的计算是有用的。

弧可以是有向弧,也可以是无向弧。**无向弧**(undirected arcs)由一条线段来表示。**有向弧**(directed arcs)用箭头来表示。在路线确定中箭头代表着行驶方向(如单行道),在时间安排问题中它代表着先后顺序(某一个接收或投递任务要先于另一个完成)。

图表16—1中的网络可以看成单一交通工具的路线。交通工具的路线，也称作**巡回**（tour），是1→2→3→4→5→1；由于弧是无向弧，路线也可以是1→5→4→3→2→1。两种巡回的总距离都是51英里。

图表16—1中所描述的巡回就是一个简单路线确定问题的解决办法。它的目标是寻找成本最小的路线，或者其他适宜的标准（如距离，或行驶时间）。然而，成本最小化方案，要看该巡回是否**可行**（feasible）。是否可行取决于问题的种类，但总的来说，可行性要求做到：

1. 一次巡回必须包含所有结点；
2. 所有结点只到过一次；
3. 巡回必须是从库房结点开始和结束。

所有路线确定和时间安排系统的结果基本上是相同的。也就是说，为每一辆交通工具或服务提供者安排一条路线或一个时刻表。总的来说，**路线**（route）具体决定结点被访问的顺序，而**时刻**（schedule）表明访问每一结点的时间。

对路线确定与时间安排问题进行分类

路线确定与时间安排问题的分类取决于服务投递系统的某些特点，如投递队伍的大小、车队所在的位置、交通工具的载重量以及路线确定和时间安排的目标等等。

在最简单的情况下，可以是仅有一辆交通工具访问一组结点。访问结点的顺序可以是任意的，没有先后顺序，两结点间行驶成本和行驶方向无关，行驶成本都一样；也没有投递时间的限制。另外，也不需要考虑车辆的载重量。该问题的答案就是一条路线或是一个巡回，在这条路线或巡回上，每个结点只被访问一次，并且该路线始于库房结点，也终于库房结点（如图表16—1所示）。巡回的目标是使巡回总成本最小化。这一简单例子被称为**推销员路线问题**（traveling salesman problem，TSP）。

从推销员路线问题（TSP）扩展出去，还有一个被称为**多位推销员路线问题**（multiple traveling salesman problem，MTSP）。这是指要对一个车队规划路线，这个车队必须从同一库房结点出发。其目标是设计一组路线，每辆车一条路线。该问题的特点是，一个结点可能仅仅被一辆交通工具访问，而每一辆交通工具被分配到不止一个结点。对交通工具的载重量或载客量没有限制。该问题的解决方法就是寻找每一个交通工具访问被分配的结点的顺序。与单一交通工具的例子一样，其目标是形成一组使成本最小化的路线，在这里，成本可能是以美元计算的，也有可能是以距离、行驶时间计算的。

如果限制这些交通工具的载重量，与之相对应的是每个结点上的需求量有可能就是不同的。该问题归为**车辆路线问题**（vehicle routing problem，VRP）。

再稍微变化一下，如果服务的需求发生在弧上，而不是在结点上，或者需求量很大，有需求的结点太多而难以具体计数，这就是**中国邮递员问题**（Chinese postman problem，CPP）。对于这一问题有很多例子，包括打扫马路、扫雪、垃圾收集、送信和送报纸等等。中国邮递员问题很难解决，其解决步骤不在本篇的讨论范围之内。[①] 图表16—2概括了上述4种路线的特点。

图表16—2　　　　　　　　　　4种路线确定问题的特点

类型	需求	弧	库房数	车辆数	车辆载重
推销员路线问题（TSP）	在节点上	无向或单向	1	=1	不限制
多位推销员路线问题（MTSP）	在节点上	无向或单向	1	≥1	不限制
车辆路线问题（VRP）	在节点上	无向或单向	1	≥1	限制
中国邮递员问题（CPP）	在弧上	无向或单向	1	≥1	限制或不限制

最后，我们看一下**路线确定**（routing）和**时间安排**（scheduling）问题之间的区别。如果顾客接受服务没有时间限制，也没有先后顺序，该问题是一个纯路线确定问题。如果服务有具体的时间要求，那就是一个时间安排问题。其他则是路线确定和时间安排的综合问题。

路线确定与时间安排问题的解决

路线确定与时间安排问题中另外一个重要的方面是这些问题涉及的实际方面。比如，在某一地区从印刷厂把报纸送到各个分发点。各个点将报纸装上邮政车，再由投递员分送。每个点的报纸的需求量是不同的，邮政车的载重量也就各不相同。每一辆交通工具分配到一条路线，从印刷厂（库房结点）开始，到该点结束。如果有10个分发点，就会有2^{10}即1 024种可能的路线。如果有50个结点，就2^{50}，即大约超过1万亿条可能的路线。这种实际问题往往有1 000多个点！很明显，即使使用大型计算机，花费巨大，却依然很难完美地解决此类问题。幸运的是，人们已经摸索出了一些行之有效的直观判断试探法（heuristics），或称作"经验估计法"。即使不是完美无缺，它们也能够很好地解决这些问题。本章中将介绍人们比较熟知的一些探索方法。

[①] 若要更多地了解中国邮递员问题，请参见Lawrence Bodin et al.，著"车辆、人员的路线和时间安排：技术发展水平"（Routing and Scheduling of Vehicles and Crews：The State of the Art），载 *Computers and Operations Research*，vol. 10，no. 2 (1983)，pp. 111–112。此问题冠以"中国邮递员问题"是因为最初的论文见诸于 *Chinese Journal of Operations Research* 杂志。

16.4 规划服务车辆的路线

推销员路线问题

在管理科学中，推销员路线问题（TSP）是研究最多的一个问题。解决推销员路线问题的一个非常好的方法是数学编程（参见本书第 18 章）。但实际上，大多数推销员路线问题并不能得到完美的解决。如果问题很复杂，更难以得到完美的解决方法，或是问题本来就只需要一个大致的解决方法，此时就可以运用直观判断试探法。推销员路线确定问题的两个常用的直观判断试探法是**近邻程序法**（nearest neighbor procedure，NNP）和 **C&W 节约试探法**（Clark and Wright savings heuristic，C&W）。

NNP 法　近邻程序法考虑的仅仅是网络中的上一个访问的节点到最近的一个节点之间的运行距离或运行成本，以此来建立一个巡回。如果这样做，试探法就变得很简单。但是它也有一个不足之处，就是非常短视。我们将在下面的例子中进行分析。然而，试探法的确能通过一个距离矩阵形成"近乎完美"的解决方法。其一般步骤如下：

1. 巡回从库房结点开始；
2. 找出与最后结点最近的结点，把该结点加入到该巡回中；
3. 重复步骤 2，直到添加完所有的结点；
4. 连接第一个结点和最后一个结点，组成一个完整的巡回。[①]

近邻程序法（NNP）举例　近邻程序法的第一步是测算网络中从一个结点到所有其他节点的距离或成本数据。如果弧是无向弧，从结点 i 到结点 j 的距离和从结点 j 到结点 i 的距离是一样的。这样的无向弧的网络就是**对称**的。图表 16—3 给出了图表 16—4 中的 6 个对称结点的完整的距离矩阵。

图表 16—3　　　　　　　　　　对称距离矩阵

节点	到节点距离（英里）					
	1	2	3	4	5	6
1	—	5.4	2.8	10.5	8.2	4.1
2	5.4	—	5.0	9.5	5.0	8.5
3	2.8	5.0	—	7.8	6.0	3.6
4	10.5	9.5	7.8	—	5.0	9.5
5	8.2	5.0	6.0	5.0	—	9.2
6	4.1	8.5	3.6	9.5	9.2	—

[①] 上述近邻程序法步骤取自于 Lawrence Bodin et al.，著《车辆、人员的路线和时间安排：技术发展水平》(*Routing and Scheduling of Vehicles and Crews：The State of the Art*)，p. 87.

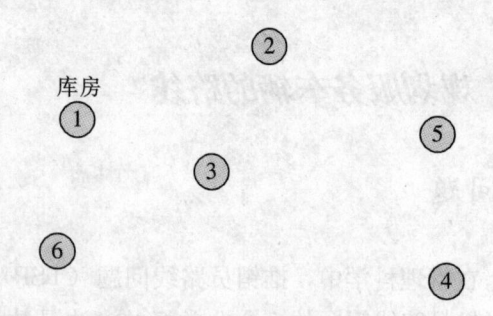

图表 16—4 推销员路线问题

参照图表 16—5，解决方案是按以下步骤确定的：

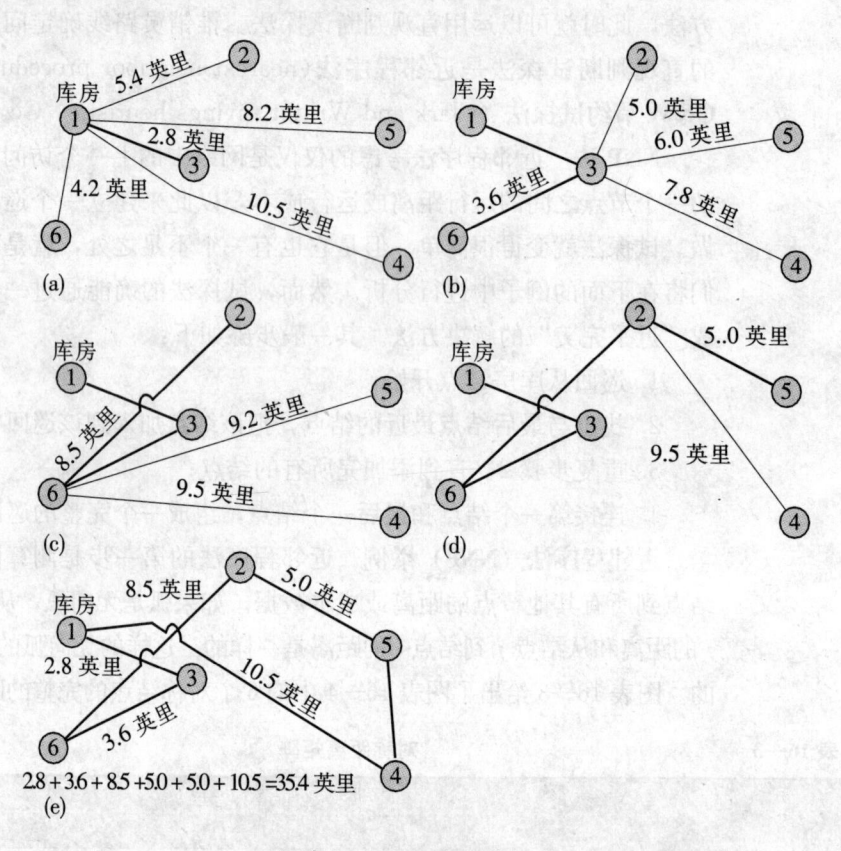

图表 16—5 近邻程序法

1. 从库房结点开始（节点 1）。查看一下结点 1 到其余每个结点间的距离。距结点 1 最近的结点是结点 3，这样就确定了**部分巡回**（partial tour）或称**路径**（path）1→3［如图表 16—5（a）所示。注意，这里符号"→"指结点间相连，并不是指弧是单向的］；

2. 找出最后添加的结点（结点 3）、但尚未包括在路径中的距离最近的结点。结点 3 到结点 6 是 3.6 英里，把结点 6 连接到路径上。这样就得到了 3 个结点的路径 1→3→6［如图表 16—5（b）所示］；

3. 找出尚未连接的与结点6最近的结点，就是结点2。结点6到结点2是8.5英里。把它连上去，可得路径1→3→6→2［如图表16—5（c）所示］；

4. 与结点2最近的结点是结点5。部分巡回现在变成了1→3→6→2→5［如图表16—5（d）所示］；

5. 把最后一个结点（结点4）连接到线路中去，然后把结点4和库房结点连起来。这样就组成了完整的巡回，结点1→3→6→5→4→1。该巡回的总长度为34.5英里［如图表16—5（e）所示］。

但是，这是最好的线路吗？重新检查一下该网络，看看能否想出一个更好的路线来。能否组成1→2→5→4→3→6→1这样的路径？这条线路的总长度为30.9英里，而刚刚那条用NNP法所得的路线的全长为34.5英里。此结果显示出试探法有其局限性；试探法并不能确保由它所得出的答案是最优的。对于该种小型网络，列举各种可能的路线是可能的。然而，对于一些大型问题，有100～200个结点，列举各种组合就不可能了。

在阐述完NNP法之前，我们应该提出，在实际工作中人们会反复运用试探法，假设每个结点都为库房结点解决路线问题，然后选出成本最低的路线作为最优答案。比如，我们再使用该试探法，把结点6作为库房结点，那么结果为6→3→1→2→5→4→6，该路线全长为31.3英里。

C&W节省试探法 C&W节省试探法是解决推销员路线问题的最著名的方法。C&W法先选择一个结点作为库房结点，标号为结点1。然后我们暂时假设，有$n-1$辆交通工具，n为所有的结点数。换言之，若网络中有6个结点，那么就有5辆可供支配的交通工具。每辆汽车从库房结点分别直接开往不同结点，然后返回库房。图表16—6是一个3结点的网络。在网络中，结点间的距离用英里标在弧上，弧都是无向弧。结点2到结点3的距离为5英里。在图表16—6中，两辆汽车所行驶的总路程为36英里；20英里是从库房结点至结点2，然后返回的距离；16英里是从库房结点至结点3，然后返回的距离。

但是这个方案是不可行的，因为推销员路线问题的目标是寻找一条路线，在该路线中所有结点只由一辆汽车访问，而不是图表16—6中由两辆汽车访问所有结点。为了减少所需汽车的数量，现在需要把按原先规定的$n-1$条路线结合在一起。

C&W试探法的关键是对节省进行计算。**节省**（savings）就是计算通过并接（hooking up）一组结点（在图表16—6的情况下，指并接结点2和3），形成1→2→3→1巡回并用1辆交通工具，能节省多少旅程或是成本。计算过程是这样的：并接结点2和3，旅程**增加**了5英里（结点2至结点3的距离），但是我们**节省**了18英里，因为不需要从结点2返回结点1的10英里,也不需要从结点3返回结点1的8英里。该完整巡回的总距离为23英里,巡回为结点1→2→3→1。如图表16—6所示,所节省的总旅程为13英里。对于由 n 个结点组成的网络,可以计算每种可能的两个结点所节省的旅程,然后从大到小排列,连接每两个结点,组成一个巡回,直到得到一条完整的路线。

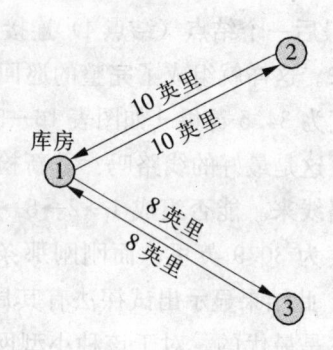

图表16—6 C&W法网络的初始结构：3节点问题

C&W节省试探法是这样计算的：

1. 任选一个结点作为库房结点（结点1）。
2. 计算连接结点 i 和结点 j 所节省的旅程，S_{ij}。

$$S_{ij} = C_{1i} + C_{1j} - C_{ij} \quad (i, j \text{ 为结点 } 2, 3, \cdots, n) \tag{16.1}$$

在上式中，C_{ij} 为结点 i 到结点 j 所需的成本。

3. 从大到小排列节省的旅程。

4. 从列出数据的最顶端开始，把结点 i 和结点 j 连接起来组成一个较大的**次巡回**（subtours），直到完成整个巡回。[①]

C&W节省试探法举例 为了演示C&W节省试探法怎样被用来解决推销员路线问题,我们来观察图表16—7中的网络。和图表16—6一样,我们假设网络中每一结点有一辆汽车（不包括库房结点）。实线表示运用C&W法开始的步骤中该弧已经被使用。虚线表示该弧可能会被使用到,但现在还未被使用。弧上标明的数字表示两点间的距离,以英里为单位。连接结点2和3所节省的路程为13英里。计算的方法是这样的：（10英里＋8英里）－（5英里）＝13英里。10英里和8英里分别是结点2和结点3返回库房结点的路程；5英里是从结点2到结点3的距离。同样,连接结点2和4所节省的距离为12英里：（5英里＋10英里）－（3英里）＝12英里。连接最后一对结点,结点4和3,所节省的路程为6英里：（5英里＋8英里）－（7英里）＝6英里。

接下来把连接每对结点所节省的路程从大到小排列。顺序是这样的,

[①] 上述C&W节省探索法取自于Lawrence Bodin et al.,著《车辆、人员的路线和时间安排：技术发展水平》(Routing and Scheduling of Vehicles and Crews: The State of the Art), p. 87。

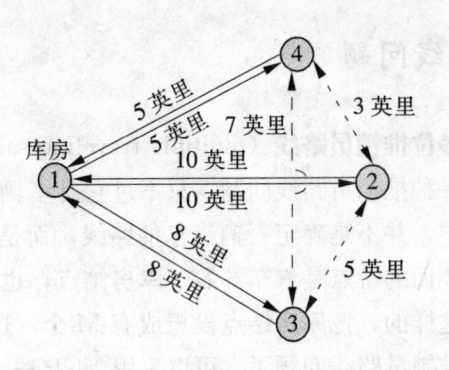

图表 16—7　C&W 法网络的初始结构：4 节点问题

[2，3]，[2，4]和 [3，4]。具体确定巡回的第一步，连接所节省路程最大的两个结点，即结点 2 和 3。图表 16—8（a）所表示的是所得的路径。接下来，连接结点 2 和结点 4 [如图表 16—8（b）所示]，所节省的路程排名第二。至此巡回已经结束，因为最后一对结点，结点 3 和 4 不能连接起来，否则会破坏整个巡回。完整的巡回是这样的，结点 1→4→2→3→1，全程为 21 英里。这要比图表 16—7 中使用"每一结点一辆汽车"的方法节省路程，所节省的总路程为 25 英里。

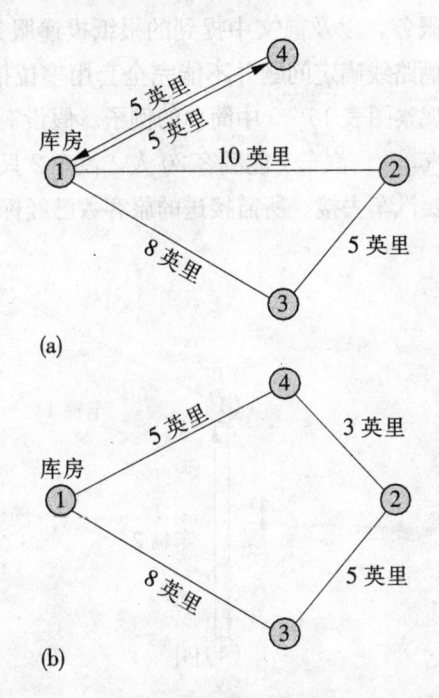

图表 16—8　第一和第二组节点并接：C&W 探索法

总体来说，由于 C&W 法考虑了建立巡回的成本，该方法得出的解决方案比 NNP 法要好。人们很容易对 C&W 法和 NNP 法进行调整来解决有向弧的路线问题。

多位推销员路线问题

多位推销员路线（multiple traveling salesman problem，MTSP）问题也是一种推销员路线问题，只不过它有多辆汽车和一个库房结点。在这一问题中，并不是确定一辆汽车的路线，而是要建立 M 辆汽车的巡回路线。这些巡回的特点是汽车开始于库房结点，也结束于库房结点。解决步骤大致是这样的，把库房结点设想成有 M 个，这样问题就变成了 M 个单一车辆的推销员路线问题了。可以采用 NNP 法，也可以采用 C&W 法来解决。

车辆路线确定问题

传统的车辆路线确定问题（the vehicle routing problem，VRP）扩展了多位推销员路线问题，它还考虑到各结点上服务需求量不同，车队中每辆汽车的载重量不同等因素。解决该问题的目标是要使各辆汽车的路线的总路程或总成本最小。车辆路线确定问题特征较为明显的例子有联合包裹邮递公司（United Parcel Service）的投递服务、公共交通公司"接送"残疾人的服务，以及前文中提到的报纸投递服务。

车辆路线确定问题并不能完全套用多位推销员路线问题的方法来解决。这可以观察图表 16—9 中简单的例子。假设有 1 个库房结点，两辆汽车，汽车 1 和汽车 2。汽车 1 能载客 20 人，汽车 2 只能载客 10 人。在 3 个结点上有旅客需要汽车去接。所需接送的旅客数已经标明在结点旁的括号中。

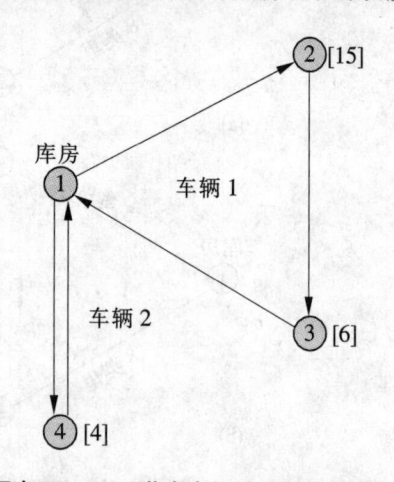

图表 16—9 4 节点车辆路线确定问题

如果暂时不考虑汽车的载客量和每一结点的需求量，用 C&W 法可以设计出每辆汽车的路线：

- 汽车 1 的路线：结点 1→2→3→1；
- 汽车 2 的路线：结点 1→4→1。

然而，如此分配，汽车 1 将载 21 人，这与该汽车只能载 20 人不符。所以，这类问题不能像解决多位推销员路线问题那样来解决。车辆路线问题的特点使得该类问题很难完美地解决。但是，我们可以用"先串接，后路线"探索法来很好地解决这一问题。[①]

"先串接，后路线"法

要了解怎样运用**先串接，后路线**（cluster first, route second approach）的方法，举一个例子就可以了。图表 16—10 中是一个 12 个结点的路线问题，两辆汽车把货物运到 11 个站，然后返回库房结点。每一个节点的旁边有用括号标明的需求量，用英里表示的距离标注在弧线上。首先把 12 个结点分成两组串起来，一辆汽车一串。结点 2 至 6 分配给汽车 1，结点 7 至 12 分配给汽车 2。结点 1 为库房结点。在实际操作中，串接节点时要考虑到一些天然屏障，如河流、高山、州际高速公路，还有能自然串接的城镇。在串接时，还要考虑运输能力所受到的限制。在这个例子中，汽车 1 和汽车 2 的载重量分别为 45 吨和 35 吨。

按照初步的串接，汽车 1 必须载重 40 吨，汽车 2 必须载重 34 吨。这样分配是可行的（即，需求量并没有超过各辆汽车的载重量）。用 C&W 试探法得出汽车 1 的巡回（路线 1），结点 1→2→3→4→5→6→1，全程长度为 330 英里。汽车 2 的巡回（路线 2）是结点 1→7→8→9→10→11→12→1。路程全长为 410 英里。

下一步是确定最长路程的巡回（路线 2）中的结点是否能够转到路线 1 中去，这样做的目的是既不超过汽车 1 的载重量，又缩短了两条路线的路程总长度。这一步称为**路线改进**（tour improvement）。先看一下在路线 2 中，哪些结点与路线 1 最为接近。结点 7 和结点 8 符合这一要求。结点 8 上的需求量为 6 吨，不能转到路线 1 中，否则会超过汽车 1 的载重量。但结点 7 上的需求量只有 3 吨，可以转到路线 1 中。如果我们想把结点 7 转到路线 1 中，应该考虑该结点在哪儿插入到路线 1 中，以及这样是否缩短了总路程。**最小插入成本法**（minimum cost of insertion technique）可以解决这两个问题。

最小插入成本法的计算方法与 C&W 试探法是一样的。如果所有的路线是对称的，插入成本 I_{ij} 按如下方法计算而得：

[①] 有些情况下，需求形成了各自独立的需求点"块块"，这时候，用"先串接，后路线"试探法是最合适的。但是，也有一些区域需求点是在整个区域内平均分布的。这时候就要用到一种称作先路线，后串接的方法。用这种方法的第一个步骤是利用 C&W 一类的方法，形成一个单一的巡回。但是这一巡回的可行性不大，因为有些车辆并没有投入使用。第二步是将此单一巡回分割成可行的小巡回，使得所有的车辆都能得到利用，而且尽量在自然区域的节点间进行小巡回。对此方法的描述请见 Lawrence Bodin et al.，著《车辆、人员的路线安排和时间安排：技术发展水平》(*Routing and Scheduling of Vehicles and Crews: The State of the Art*)，p. 98。

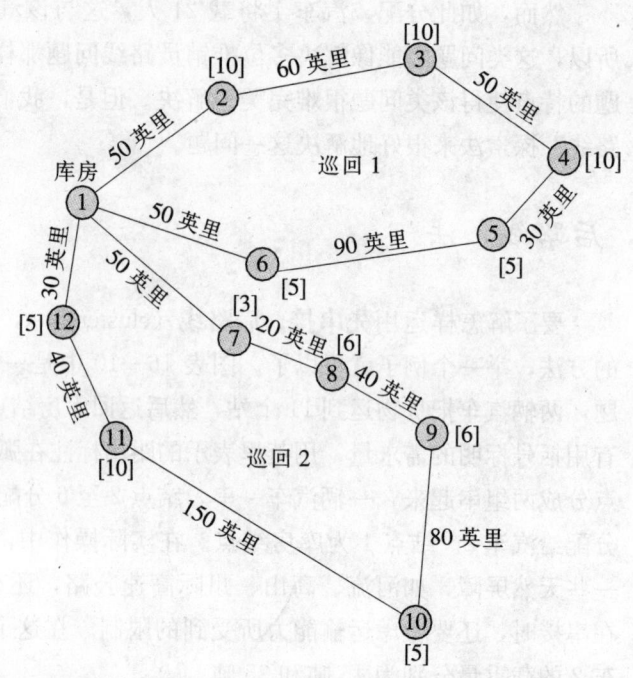

图表 16—10 车辆路线确定问题：初始解决方案

$$I_{ij}=C_{i,k}+C_{j,k}-C_{i,j}\text{（对于所有 }i\text{ 和 }j, i\neq j\text{）} \quad (16.2)$$

上式中，$C_{i,j}$ 为从结点 i 到结点 j 的行驶成本。结点 i 和节点 j 已经在巡回中了，结点 k 是我们想要插入的结点。看图表 16—10，由于结点 7 最靠近路线 1，是一个可能插入的结点。结点 7 可能插在结点 6 和结点 1 之间，或结点 5 和 6 之间。应该权衡这两种选择。为了计算出结点 7 插入路线 1 的插入成本，还需要下表中所列的路程信息。在实际操作中，每一对结点的相关信息都是现成的。

从…节点	到…节点	路程（英里）
1	7	50
6	7	30
5	7	60
1	5	130
1	8	60

结点 7 如果插入到结点 1 和 6 之间，其插入成本是 30 英里（30＋50－50），如果插入到结点 5 和 6 之间，插入成本为 0（60＋30－90＝0）。因此当结点 7 插入结点 5 和 6 之间时，插入成本最小，这样完整的路线为结点 1→2→3→4→5→7→6→1。图表 16—11 中画出了修正过的方案。路线 1 的全程现在为 330 英里，路线 2 为 400 英里。两辆汽车行驶的总路程从 410 英里减少到 400 英里。

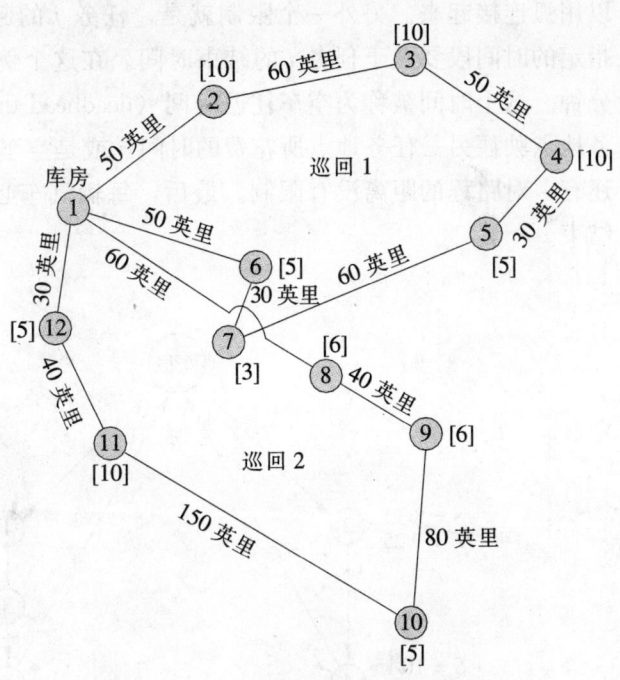

图表 16—11　车辆路线确定问题：修正方案

16.5　服务车辆的时间安排

提出时间安排问题是因为递送受到时间的限制。事先可能就确定了服务的开始和完成时间。地铁时刻表就属于这一类，因为乘客事先知道列车到站时间，所以列车必须按时刻表到站。这里的服务时间有具体的时间间隔。回忆一下前面提到的"午餐送到家"的服务。在该例子中，午餐必须在上午11：30 和下午1：30 之间送到。这是一个**两边限定的间隔**（two-sided window）的例子。还有一种是仅仅规定具体服务必须在某一特定时间前或后完成，这就是**单边限定的间隔**（one-sided time window）。比如，大多数报纸都要在早晨7：00 以前送到。送家具往往安排在上午9：00 以后，或者下午4：30 以前。其他使该种问题进一步复杂化的特征包括一星期内为同一顾客多次送货等等。

一般来说，时间安排问题中有一组任务，每项任务都有它的开始和结束时间，还有一组有向弧，每条弧都有自己的开始和结束地点。车辆可能位于一个或多个库房结点。

图表 16—12 中的网络有1个库房结点，5 项时间安排任务。结点上标明了任务。每项任务都有一个开始和完成时间。有向弧表示两项任务分配给同一辆汽车。虚线表示其他可能的连接，但还没有在时间安排中使用。若任务 j 的开始时间比任务 i 的结束时间要晚，结点 i 和结点 j 可

以用弧连接起来。另外一个限制就是，任务 j 的起始时间必须是，用户指定的时间段要晚于任务 i 的结束时间。在这个例子中，这一时间为 45 分钟。这个时间被称为**空车往返时间**（deadhead time），是汽车从一个任务地点驶往另一任务地点所花费的时间，或是空车返回库房结点的时间。还有，对路程的距离没有限制。最后，每辆汽车必须从库房节点开始和结束。

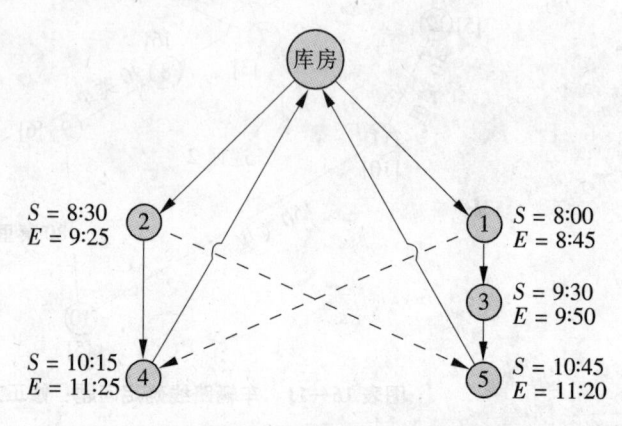

图表 16—12　5 项任务时间安排网络（S：起始时间，E：结束时间）

时刻表

	任务	起始时间
车辆 1	1	8：00
	3	9：30
	5	10：45
车辆 2	2	8：30
	4	10：15

要解决这一问题，必须把网络中的结点分成几条路线，每一辆汽车负责一条路线。若能确定所需路线的最少数目，就可以使所需要的汽车数量和运输成本最小。如果将载货量和每条弧联系起来，每条弧和行驶时间相等或成比例（也即空驶时间），我们可以使人力资源成本和汽车经营成本最小，并且使所需的时间最少。

同步调度法

这一问题可以看成一种特殊的**最小费用流问题**（minimal-cost-flow

problem）的网络问题。① 试探法也可用于这一问题。其中使用较方便的一种是**同步调度法**（concurrent scheduler approach）。同步调度法使用步骤如下：

1. 按起始时间排列所有的任务。把第一项任务分配给汽车 1；
2. 剩下的任务再按如下步骤处理：若还可以把下一任务分配给已有的汽车，就把它分配给对于该任务空车时间最少的汽车。否则，就重新安排汽车。②

图表 16—13 列出了 12 项任务的开始时间和结束时间。空车往返时间为 15 分钟。用同步调度法来解决这一问题。首先，把任务 1 分配给汽车 1。由于任务 2 的起始时间早于汽车 1 的完成任务时间，把该任务分配给第二辆汽车。汽车 2 及时完成任务 2 后，再去完成任务 3。同时，汽车 1 也完成了任务 1，可以去完成任务 4。处理任务 5 时需要第三辆汽车，因为此时汽车 1 和汽车 2 分别忙于完成任务 4 和任务 3。按此排列下去，汽车 1 的任务为 1→4→7→10→12，汽车 2 的任务为 2→3→6→9，最后，汽车 3 的安排为 5→8→11。

图表 16—13   同步调度法时间要求与调度举例

任务	起始时间	结束时间	车辆安排
1	8：10 A.M.	9：30 A.M.	1
2	8：15 A.M.	9：15 A.M.	2
3	9：30 A.M.	10：40 A.M.	2
4	9：45 A.M.	10：45 A.M.	1
5	10：00 A.M.	11：30 A.M.	3
6	11：00 A.M.	11：45 A.M.	2
7	1：00 P.M.	1：45 P.M.	1
8	1：15 P.M.	2：45 P.M.	3
9	1：45 P.M.	3：00 P.M.	2
10	2：00 P.M.	2：45 P.M.	1
11	3：00 P.M.	3：40 P.M.	3
12	3：30 P.M.	4：00 P.M.	1

---

① 最小费用流问题是一种特殊的网络问题。其中有一个库房节点，几个中间节点，几个需求节点。库房节点中有需求节点上所需要的物资。需求节点上的需求量是已知的。中间节点无需求。比如，中间节点可以是一个火车站，汽车无需在该站卸货。网络中还会有几段弧，弧上可以有限定的运载能力，也可以没有。比如弧上可以标明"载运能力"为 0～20 吨货物。此外，货物运输的单位成本是已知的。此问题的处理目标是设计出一个巡回，使得将货物从库房运到几个节点间所耗用的费用最低。若要了解相关的细节，可以参阅 A.C. Hax 和 T.L. Magnanti 著《实用数学编程法》（*Applied Mathematical Programming*）（Reading, MA, Addison-Wesley, 1977）。

② 此同步调度法的设计要领取自于 Lawrence Bodin et al., 著《车辆、人员的路线安排和时间安排：技术发展水平》（*Routing and Scheduling of Vehicles and Crews: The State of the Art*），p. 133。

日程安排		
	任务	起始时间
车辆1	1	8：10 A.M.
	4	9：45 A.M.
	7	1：00 P.M.
车辆2	2	8：15 A.M.
	3	9：30 A.M.
	6	11：00 A.M.
车辆3	5	10：00 A.M.
	8	1：15 P.M.

16.6 路线确定与时间安排中的其他问题

　　管理调度的人员常常要考虑如何安排运输所需要的人员。由于车辆调度限制了人员配备，人员配备也会影响车辆调度，所以两者缺一不可。总的来说，人们总是先安排车辆，再安排人员。这一方法对于一些服务业（如航空业）是非常适宜的，因为人力资源成本和飞机飞行成本相比较显得很小。然而，对于另一些服务业（公共交通系统）就并不太合适，这是因为它们的人力资源成本可能占到经营成本的80%。对于这样的系统，采用先安排人员，后安排车辆的方法显得更合理些。或者也可以采用同时安排人员和车辆的方法。

　　既要安排线路，又要安排时间的问题不计其数。这样的例子有：校车路线确定和时间安排、电话叫车服务、市政府交通车运输服务、"午餐送到家"服务以及其他的外卖服务。某些路线确定问题也具有综合问题的特征。比如，必须先打扫交通状况比较繁忙的大街上的积雪，然后再处理相对不太繁忙街道。另外，根据积雪速度的快慢，还要安排重新打扫。这些因素使得路线问题具有时间安排问题的某些方面的特点。考虑到这些问题几乎涉及到上万个变量，很明显，求得一个完美的解决方案几乎是不可能的。解决这类实际问题管理科学家们已经研究出了一些一流的解决方案。几乎所有方案都使用试探法，目的是能得出虽不算完美，但也非常不错的路线确定和时间安排的方案。

　　紧急救助服务（如救护车、警车、消防车等）通常并不考虑路线确定和时间安排问题。[①] 相反，紧急救助服务更注重资源分配（需要多少数量的服务单位）和设施定位（服务机构应该设置在何处）的问题。

---

① 关于紧急救助服务的详细讨论，请参阅 R. C. Larson 和 A. R. Odoni 著《城市管理研究》(*Urban Operations Research*) (Upper Saddle River, NJ, Prentice Hall, 1981)。

16.7 本章提要

服务的管理者最难处理的两个问题就是有效地安排服务车辆的路线和时间。规划不好是要付出巨大的代价的,决策者必须时时刻刻调整好递送系统,确保及时满足顾客的需求,而且还应考虑符合成本效益。用来衡量服务递送效果的标准因服务的性质而异。虽然使总成本最小化是个重要的标准,然而对于某些服务来说,尽量减少顾客的不便之处和缩短反应时间也同样重要。

解决路线确定和时间安排问题要从精心研究服务的特点开始。服务的特点(比如需求是发生在结点上,还是发生在弧上,是否有投递时间的限制,是否要考虑车辆的载重量等等)决定着被考虑问题的种类。问题的种类决定着决策者使用的解决方法。

本章详细讨论了路线确定问题、时间安排问题以及路线确定和时间安排的综合问题。解决这些问题最为有效的方法是数学编程。然而,在实际操作中,一个可取的方案(不一定是最优方案)就足够了。人们已经形成了几种试探法来解决这些问题。本章介绍了两种试探法来解决推销员路线问题,一个是 NNP 法;另一个是 C&W 法,还介绍了解决车辆路线问题的最小插入成本法。

讨论题

1. 试比较下列各种问题的特征:
    a. 路线确定问题
    b. 时间安排问题
    c. 路线确定和时间安排的综合问题
2. 描述一下以下各种问题之间的差异,并试举一例。
    a. 推销员路线问题
    b. 中国邮递员问题
    c. 车辆路线问题
3. 邮递员需要把信送到 Blacksburg 的 300 户人家,还必须从路途中的 5 个邮箱中取信。各个点每天规定的取信时间分别是上午 10 点,中午 12 点,下午 1 点,1 点 30 分和 3 点。根据图表 16—1 中的信息来描述该问题的特点。其中有何种服务时间限制?
4. 下列名词的定义是什么?

a. 空车往返时间

b. 库房结点

c. 无向弧

5. 下列术语的含义是什么？

a. 车辆路线问题的一个可行的巡回

b. 推销员路线问题的一个可行的巡回

c. 两边限定的间隔

d. 结点先后顺序

6. 用 NNP 法和 C&W 法设计巡回的步骤有何不同之处？

7. 在什么情况下，路线确定问题中距离或成本矩阵是不对称的？

8. 以下服务的路线确定和时间安排的目标分别是什么？

a. 学校交通车

b. 家具送货卡车

c. 救护车

9. 在以下各组服务中，影响路线确定和时间安排的实际问题有哪些？

a. 城市的公共交通运输系统

b. 面向全国的运货卡车车队

c. 扫雪车

10. 在 C&W 试探法中，"节省"指的是什么？

练习题

16.1 用 C&W 试探法及下面的数据，计算出串接以下各点所节省的路程 S。

a. 结点 2 和 3

b. 结点 3 和 4

c. 结点 2 和 5

从…节点	到…节点（距离：英里）			
	2	3	4	5
1	10	14	12	16
2	—	5	—	18
3	5	—	6	—

16.2 假设有一巡回为结点 1→3→5→1，全程为 23 英里。根据以下条件，使用最小插入成本法，确定结点 2 是否应该插入。

从…节点	到…节点	距离
1	3	6
1	5	9
3	5	8
1	2	5
2	3	7
2	6	5
2	5	8

16.3 一个车辆路线问题有 20 个结点，两辆汽车。该问题可以形成多少种不同的路线？

16.4 图表 16—14 中列出推销员路线问题中的距离矩阵

a. 假设结点 1 为库房结点，用 NNP 法求出巡回。

b. 假设结点 4 为库房结点，用 NNP 法求出巡回。

图表 16—14

从…节点	到…节点距离（英里）							
	1	2	3	4	5	6	7	8
1	—	2.2	5.8	4.0	5.0	8.5	3.6	3.6
2	2.2	—	4.1	3.6	5.8	9.4	5.0	5.8
3	5.8	4.1	—	3.2	6.1	9.0	6.7	9.2
4	4.0	3.6	3.2	—	3.0	6.3	3.6	6.7
5	5.0	5.8	6.1	3.0	—	3.6	2.0	6.0
6	8.5	9.4	9.0	6.3	3.6	—	3.6	8.5
7	3.6	5.0	6.7	3.6	2.0	3.6	—	4.0
8	3.6	5.8	9.2	6.7	6.0	8.5	4.0	—

16.5 用练习题 16.4 中的距离矩阵，假设结点 1 为库房结点，用 C&W 节省试探法求出巡回。

16.6 你被派去安排两辆汽车的巡回，这两辆汽车要访问 10 个结点。结点 1 为库房结点，结点 2 至结点 5 已经分配给汽车 1，结点 6~10 分配给汽车 2。网络的成本矩阵已在图表 16—15 中给出。

a. 用 NNP 法求出这两条路线，并且计算出路线的总成本。

b. 用 C&W 节省试探法求出这两条路线，并且计算出路线的总成本。

图表 16—15

从…节点	到…节点成本（美元）									
	1	2	3	4	5	6	7	8	9	10
1	—	22	22	32	32	14	45	56	51	35
2	22	—	32	22	54	36	67	78	67	41
3	22	32	—	22	36	41	42	67	70	64
4	32	22	22	—	56	51	71	86	83	63
5	32	54	36	56	—	32	10	32	45	54
6	14	36	41	51	32	—	40	45	32	32
7	45	67	42	71	10	40	—	20	42	71
8	56	78	67	86	32	45	20	—	32	71
9	51	67	70	83	45	32	42	32	—	45
10	35	41	64	63	54	32	71	71	45	—

16.7 参照练习题 16.6，假设汽车 1 能载客 35 人，汽车 2 能载客 55 人。下表是每一结点要接的旅客数。用练习题 16.6 中求得的路线，看看是否可以用最小插入成本法来降低总成本？

节点	乘客数
2	10
3	10
4	5
5	5
6	5
7	5
8	20
9	10
10	5

16.8 利用下列条件，把练习题 16.4 中的距离矩阵转化为成本矩阵。安排一辆汽车从节点 i 至另一结点 j，成本为 100 美元，这是在巡回中建立一个连接的固定成本。连接每两个结点的变动成本是这样计算的：起步费（5 英里）每英里 3.30 美元，接下来每英里 2 美元。计算完成本矩阵后，用 C&W 节省试探法解决这一问题。

16.9 根据下列条件，用"同步调度法"确定完成任务所需的车辆数和每辆汽车完成任务的顺序。空车往返时间为 30 分钟。

任务	起始时间	结束时间
1	8：00	8：30
2	8：15	9：15
3	9：00	9：30
4	9：40	10：20
5	10：10	11：00
6	10：45	11：30
7	12：15	12：40
8	13：30	13：50
9	14：00	14：40
10	14：15	15：30

案例 16—1

抽血医生的路线确定与时间安排

抽血医生实际上是临床实验室的技术员，专门负责为医院病人采集血样。他们的常规工作是为实验室采集血样，工作必须在白班开始前完成。一个有 500 个病床的医疗中心一般雇佣 5～7 名这样的医生。上午的采集是在 6：30～8：00 之间完成。

一般一个早晨可能要求采集120~150个病人的血样。采血要按医生的要求来完成，其时间取决于病人的年龄、身体状况以及要求病人所做的检测种类。比如，一位医师在90分钟内可以完成为20个孕妇采集血样的工作，这是因为大多数妇女很健康，不需要"特殊的"抽血工作。然而，同样也是一位医师，若是为重症患者抽血，或许只能完成8个病人的采血工作，因为这些病人通常需要较为复杂的检测。也有可能由于他们的身体状况比较差，因此需要更多的时间。对于婴幼儿，由于身体太小，要求特殊的采血方法，采血速度同样也受到了限制。

他们常规的抽血工作必须在白班开始前的90分钟内完成；还有其他的固定的血样采集，必须在特定的时间内完成，比如空腹抽血（如葡萄糖血样检测），抽血必须在病人未用餐的情况下完成。还有血液气体化验，必须要在病人呼吸治疗后半个小时才能抽血。这些检测可以有15分钟的"误差"时间。一般说来，在固定时间采血的同时还要进行许多常规采血。

医疗中心总共5层，每一层专门治疗一种特殊的病人。比如，有一层可能就是外科；另一层可能就是矫形科。另外，还有一些特殊的部门，包括育婴室、儿科、特护病房等等。由于呼吸设备和监控仪器的安放地点，所有每天需要做血液气体（blood gases）检测的病人都住在特护病房。

采血科的负责人的任务是估计每天所需要的采血医生的数量，把病人分配给医师。这样所有的常规采血工作可以在白班开始前完成，所有的特殊需求的采血也能在规定的15分钟内完成。

案例思考题

1. 在这一案例中，路线确定和时间安排问题的特点是什么？
2. 需要采集哪些数据才能更有效地调度好采血的医生？
3. 在这里，是否有空车往返的时间？如果有，在哪里？
4. 如果你把这个情况视为"先串接、后路线"的情况，你是基于什么标准来进行串接的？
5. 如果将常规采血工作和定时采血工作分开考虑，你认为该如何解决这一问题？

参考文献

1. Baker, J. R., M. A. McKnew, T. R. Gulledge, and J. R. Ringuest, "An Application of MAUT to the planning Emergency Medical Services," *Socio Economic Planning Sciences*, vol. 18, no. 4 (1984), pp. 273-280.

2. Baker, J. R., and R. T. Sumichrast, "A DSS for Ambulance Allocation and Scheduling," in *Proceedings of the Decision Sciences Institute* (Las Vegas, Decision Sciences Institute, November 1988), pp. 157–158.

3. Bodin, Lawrence, Bruce Golden, Arjang Assad, and Michael Ball, "Routing and Scheduling of Vehicles and Crews: The State of the Art," *Computers and Operations Research*, vol. 10, no. 2 (1983), pp. 63–211.

4. Bradley, S. P., A. C. Hax, and T. L. Magnanti, *Applied Mathematical Programming* (Reading, MA, Addison-Wesley, 1977).

5. "Emergency Medical Service Systems Act," *Federal Register*, vol. 39, no. 62, part 3 (March 29, 1974), pp. 11758–11766.

6. Fitzpatrick, K. E., "Predicting Demand for Emergency Transportation Services in South Catolina," in R. G. Flood (ed.), *Proceedings of the Southeast Decision Sciences Institute* (Williamsburg, VA, 1984), pp. 207–209.

7. Fitzsimmons, J. A., and R. S. Sullivan, "Service Vehicle Scheduling and Routing," in *Service Operations Management* (New York, McGraw-Hill, 1982), pp. 312–336.

8. Larson, R. C., and A. R. Odini, *Urban Operations Research* (Upper Saddle River, NJ, Prentice Hall, 1981).

9. Russell, R., and R. Morrel, "Routing Special Education School Buses," *Interfaces*, vol. 16 (September-October 1986), pp. 56–64.

第17章
项目管理

17.1 本章概述
17.2 项目计划
17.3 项目安排
17.4 项目控制
17.5 项目管理技术：PERT法与CPM法
17.6 PERT/成本分析法
17.7 PERT法在服务业中的应用
17.8 对PERT法与CPM法的评价
17.9 本章提要
讨论题
练习题
案例7—1 海湾社区医院
参考文献

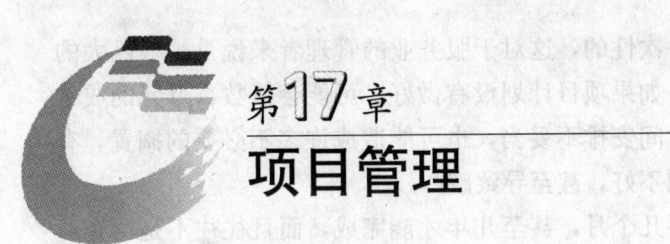

17.1 本章概述

大多数服务机构有时必须承担一些大型复杂的项目，比如，航空公司开设新的航线，或是一架大型喷气式客机由于维修需要而暂时不能运营等等。如果把这些项目耽搁了，不管是出于什么原因，公司都会面临巨大的损失。百货连锁店在安装新的存货控制系统时，如果时间没有安排好，就会面临销售量下降、订货成本上升的情况。政府机构安装、调试花费不菲的电脑时，必须花几个月的时间准备详细材料，以便顺利地转存到新的硬件中。国家航空航天局（National Aeronautics and Space Administration, NASA）在宇宙飞船每次飞行后，要花费几千个工作日对宇宙飞船进行彻底的全面检修。医院如果更新手术室，不仅会有许多不方便，而且如果所涉及到的技术步骤没有得到适当的控制，可能还会造成人员伤亡。

大型项目往往是一次性的，这对于服务业的管理者来说是一种巨大的挑战，危险系数很大。如果项目计划没有做好，可能会使数百万元的成本付诸东流。如果项目时间安排不妥当，也可能造成许多不必要的搁置。有许多公司由于项目控制不好，甚至导致破产。

一些特殊项目需要几个月，甚至几年才能完成，而且往往不是由企业的日常机构来负责。项目管理机构是临时设立的专门来负责这些工作的机构，在项目结束后就解散。大型项目的管理涉及到三个阶段（如图表17—1所示）：

- 项目计划；
- 项目安排；
- 项目控制。

本章首先简单介绍一下这三方面的作用。随后将较为详细地讨论管理人员常用的进行项目计划、安排和控制的两种方法：一种是方案评审法（PERT）；另一种是关键路线法（CPM）。

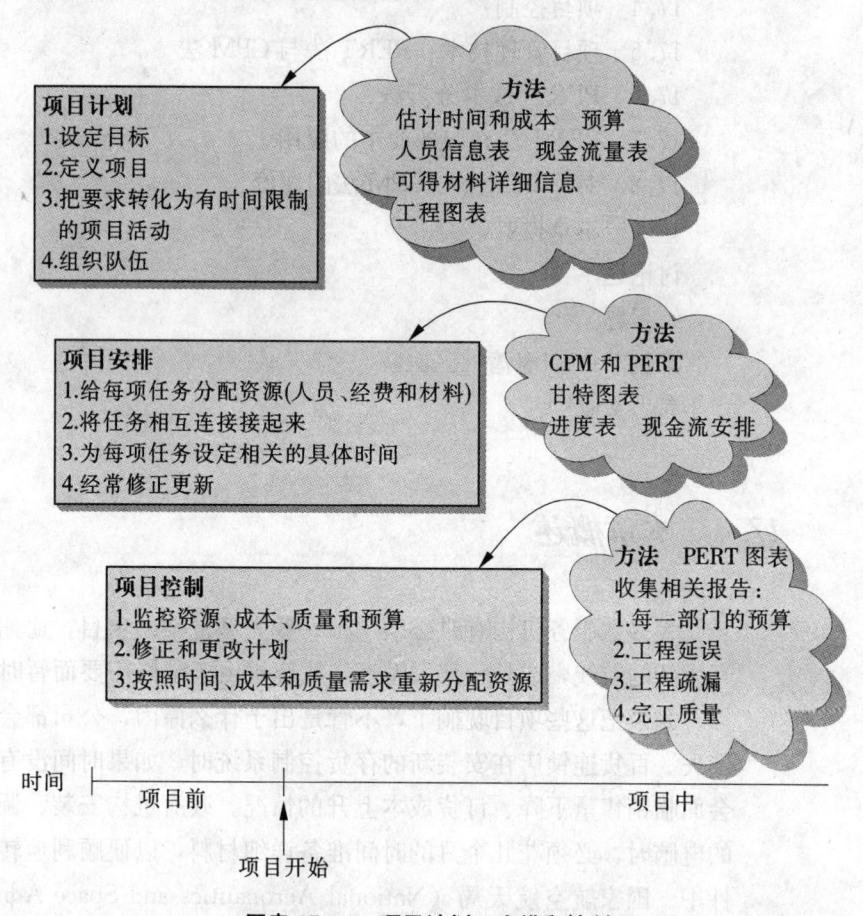

项目计划
1. 设定目标
2. 定义项目
3. 把要求转化为有时间限制的项目活动
4. 组织队伍

方法
估计时间和成本　预算
人员信息表　现金流量表
可得材料详细信息
工程图表

项目安排
1. 给每项任务分配资源（人员、经费和材料）
2. 将任务相互连接接起来
3. 为每项任务设定相关的具体时间
4. 经常修正更新

方法
CPM 和 PERT
甘特图表
进度表　现金流安排

项目控制
1. 监控资源、成本、质量和预算
2. 修正和更改计划
3. 按照时间、成本和质量需求重新分配资源

方法 PERT 图表
收集相关报告：
1. 每一部门的预算
2. 工程延误
3. 工程疏漏
4. 完工质量

时间　项目前　项目开始　项目中

图表 17—1　项目计划、安排和控制

17.2 项目计划

项目（projects）通常是指一组有着共同目标的相关任务。有一种新的机构形式，它的宗旨是确保已有工作计划每天都能正常进行，确保新项目顺利完成，这就是**项目机构**（project organization）。

建立项目机构是一种非常有效的方法，它能把所需人员和资源集中起来，在短期内完成具体项目或实现具体目标。项目机构一般来说是一个临时性机构，其目标是动用整个企业的专业人员来完成任务。许多年来，国家航空航天局成功地使用了项目管理的方法，达到了既定的目标。人们常常会提到双子星座计划（Gemini）、阿波罗计划（Apollo）。这些术语都是用来描述国家航空航天局组织的团队，他们的目标就是探索太空。

如果能满足以下条件，那么就应该成立项目机构：
1. 工作有具体的目标和完工的最后期限；
2. 工作有点不寻常，现有机构对该工作比较陌生；
3. 项目包含着复杂的且密切相关的任务，需要专业技术人员去完成；
4. 项目是临时性的，但对于企业却是至关重要的。

如果项目机构设置的时间比较长，人们就把它叫做**矩阵机构**（matrix organization）。当企业必须迅速对外界压力做出反应时，可以采用这种形式。企业也许会发现，矩阵机构在保持连续性、稳定性和公司的行业竞争力的同时，能够更快地对环境变化做出反应。有一些行业就采用"矩阵项目管理"，其中包括化工业、银行业和电子业。

项目管理小组早在项目前就开始了工作，目的是为了制定计划。第一步就是精心设定项目的目标，然后阐明该项目，把该项目分成一组组的工作并核算相关的成本。在项目计划阶段，也要大体估计一下所需的人员开始、物资和设备的数量。

17.3 项目安排

项目安排（project scheduling）决定着项目中各道工序完成的时间先后顺序。在这一阶段，还要计算出生产的每一阶段所需人员和物资，设定好每一工序所需的时间。

项目安排的一种常用的方法就是甘特（gantt）图表法（以亨利·甘特的名字命名）。图表17—2的**甘特图表**中显示了时间估计，比较容易理解。方框的长度表示每一道工序所需的时间，方框左边的字母表示，在完成那些工序后才可以开始该工序。

甘特图表法成本很小，能帮助管理人员确定：（1）计划好所有的工作；（2）考虑各道工序；（3）记录各道工序的估计时间；（4）确定完成项目的总时间。

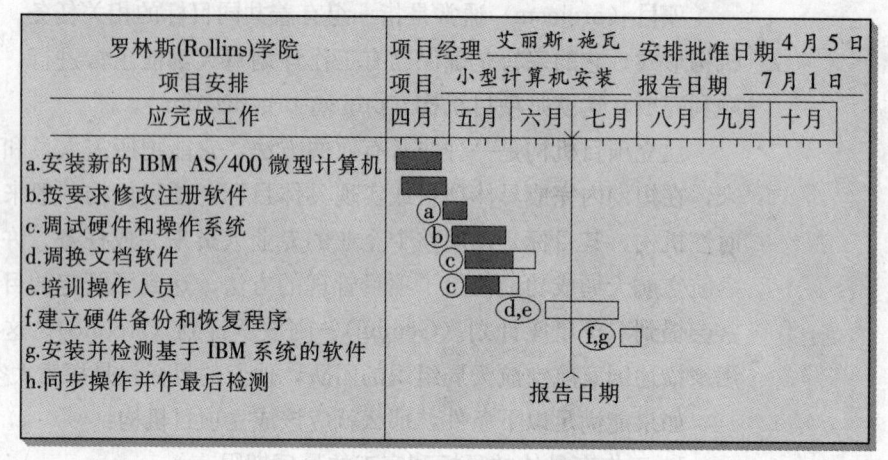

罗林斯(Rollins)学院 项目安排	项目经理 艾丽斯·施瓦	安排批准日期 4月5日
	项目 小型计算机安装	报告日期 7月1日
应完成工作	四月　五月　六月　七月　八月　九月　十月

a.安装新的 IBM AS/400 微型计算机
b.按要求修改注册软件
c.调试硬件和操作系统
d.调换文档软件
e.培训操作人员
f.建立硬件备份和恢复程序
g.安装并检测基于 IBM 系统的软件
h.同步操作并作最后检测

报告日期

图表 17—2　甘特图表应用举例

一旦项目开始，每一工序部分或全部完成时，就把方框涂黑，表示工作的进度。比如，图表 17—2 中，工序 a、b、c 和 d 已经完成，因为方框已经全部涂黑。报告日期线，这里是 7 月 1 日，是让参与者看看哪些任务已经按计划及时完成，哪些超前完成，还有哪些未能完成，有定位参照的作用。工序 e、f、g 都未能按计划完成，它们各自的方框都没有涂黑或者没有完全涂黑。

像这种甘特图表法可以用在一次性项目中，它能让管理人员看到每一工序的进度，发现和处理问题。当然，每天更新甘特图表并不是一件很容易的事。更重要的是，该方法不能清楚地表示工序和资源之间的相互关系。

图表 17—3 是运用甘特图表法的又一个例子。它以波音 747 在 50 分钟的短暂停留中的常规服务举例说明了甘特图表法同样可以用于重复性的工作安排中。在这里，图表能显示有可能出现的延误。

下文中将要讨论的 PERT 法和 CPM 法是两种使用非常广泛的网络技术。PERT 法和 CPM 法考虑到了工序间的前后顺序和相互间的依赖关系。对于复杂的项目，他们经常通过计算机来做安排，因此 PERT 法和 CPM 法比起简单的甘特图表是略胜一筹。但是，即使是大型项目，也可以使用甘特图表法来总览工程的进度情况。甘特图表法还可以作为其他网络技术的补充。

不管项目经理采用哪一种技术，项目安排总是有以下几个目的：

1. 表示每道工序与其他工序间的关系，以及每个工序与整个项目之间的关系；

2. 确定各道工序的先后顺序；

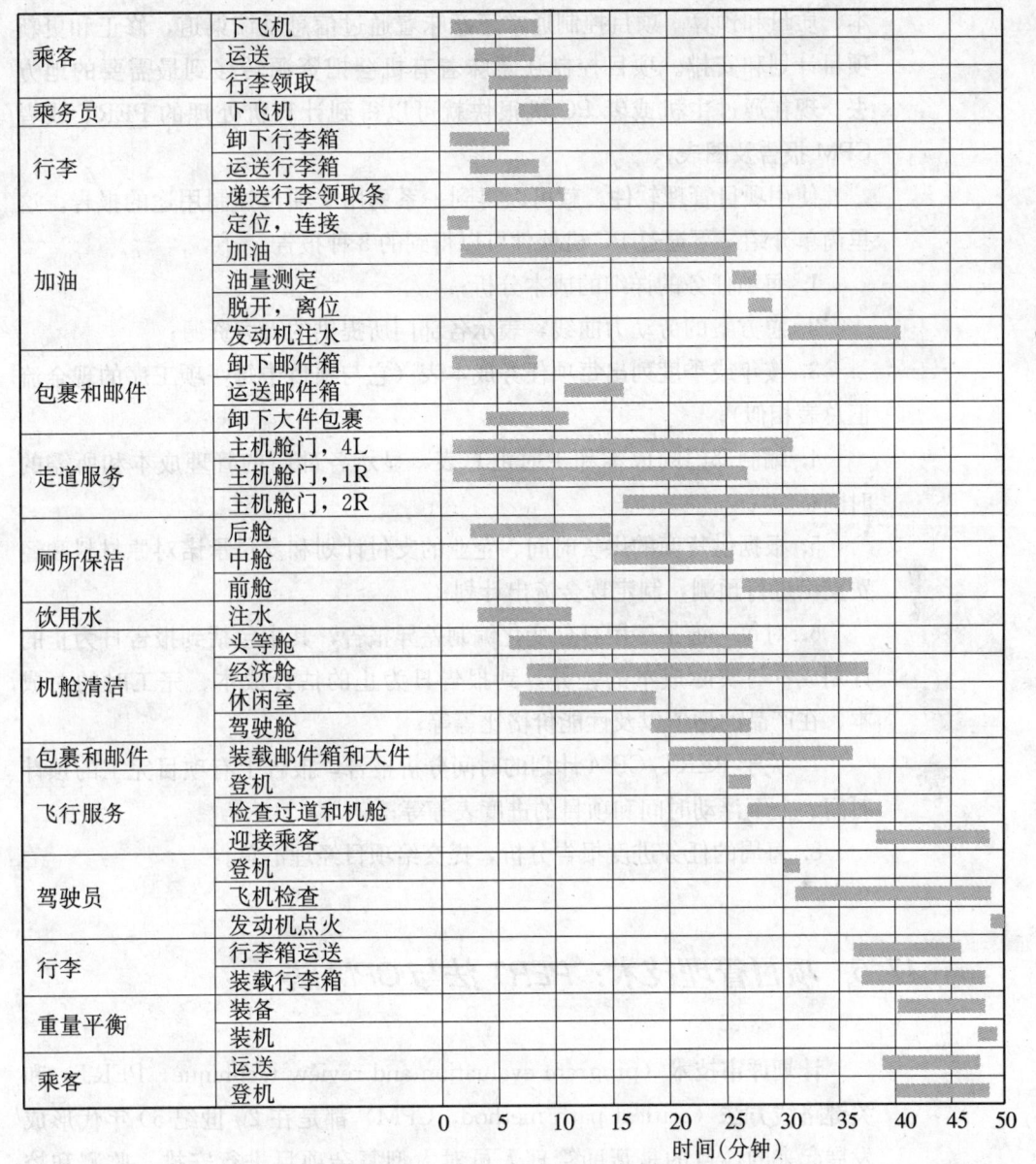

		0 5 10 15 20 25 30 35 40 45 50
乘客	下飞机	
	运送	
	行李领取	
乘务员	下飞机	
行李	卸下行李箱	
	运送行李箱	
	递送行李领取条	
加油	定位，连接	
	加油	
	油量测定	
	脱开，离位	
	发动机注水	
包裹和邮件	卸下邮件箱	
	运送邮件箱	
	卸下大件包裹	
走道服务	主机舱门，4L	
	主机舱门，1R	
	主机舱门，2R	
厕所保洁	后舱	
	中舱	
	前舱	
饮用水	注水	
机舱清洁	头等舱	
	经济舱	
	休闲室	
	驾驶舱	
包裹和邮件	装载邮件箱和大件	
飞行服务	登机	
	检查过道和机舱	
	迎接乘客	
驾驶员	登机	
	飞机检查	
	发动机点火	
行李	行李箱运送	
	装载行李箱	
重量平衡	装备	
	装机	
乘客	运送	
	登机	

时间（分钟）

图表 17—3 波音 747 喷气式客机的服务项目

资料来源：James Fitzsimmons and Robert Sullivan, *Service Operations Management* (New York: McGraw-Hill, 1982), p. 342. Copyright © 1982, McGraw-Hill Publishing Company. Used with permission.

3. 有助于设定每道工序的实际时间和估计成本；
4. 确定项目中的瓶颈问题，有利于更好地利用人员、经费和物资。

17.4 项目控制

与任何管理控制系统一样，大型项目的控制需要密切监控资源、成本、质量和预算。项目控制通常还意味着通过信息反馈渠道，修正和更新项目计划和安排。项目控制还意味着有机会把资源转移到最需要的地方去。现在通过主机或者 PC 机很快就可以得到计算机处理的 PERT 或者 CPM 报告及图表。

使用项目管理软件，就可以得到一系列用于项目控制用途的报告。这里简单介绍一下通过 PC 机软件可以得到的 8 种报告。

1. 每项任务的详细的成本分析；
2. 总方案的劳动力曲线，表示各部门所提供的人力资源；
3. 按年或季度列出每项任务成本表（它与项目中每一项工序的现金流汇总表相似）；
4. 编制部门的成本和工时汇总表，显示各部门的管理成本和所需的时间；
5. 根据供货商的供货时间、企业的支付计划和支付承诺对原材料和经费支出进行预测，制定现金流出计划；
6. 对每一道工序用百分变化编制差异报告，其中包括到报告日为止的计划成本与实际成本的差异，到报告日为止的估计成本、完工时的总成本、在产品的增值以及性能价格比等等；
7. 关于 PERT/CPM 计划的时间分析报告，报告上有项目完工的预计时间、上下浮动时间和项目的进度表等等；
8. 每周的任务进度报告分析，提交给项目经理汇总。

17.5　项目管理技术：PERT 法与 CPM 法

计划评审技术（program evaluation and review technique，PERT）和**关键路线方法**（critical path method，CPM）都是在 20 世纪 50 年代形成发展起来的，目的是帮助管理人员对大型复杂项目进行安排、监测和控制。1957 年，美国杜邦（DuPont）化学公司的沃克与兰德（M. R. Walker and Rand）通用电子计算机公司的凯利（J. E. Kelly）将 CPM 法用于杜邦化工厂的筹建和维修工作中。1958 年，美国海军特别规划局（Special Projects Office of the U. S. Navy）与布茨、艾伦和汉密尔顿（Booz、Allen and Hamilton）合作，独立创建了计划评审技术，用于计划和控制北极星导弹项目。参与该项目的签约厂商有几千家，这就需要协调它们之间的工作。PERT 方法在该项目中声誉鹊起，它使该工程提前 18 个月完成。现在许多政府合同安排仍然是使用 PERT 法。如果你走进国防部合同工程负责人的办公室，看到一面墙上贴着 20 英尺长的 PERT 打印资料，不必感到奇怪。

PERT 与 CPM 简介

PERT 法与 CPM 法都有如下 6 个步骤：
1. 说明该项目和所有重要的工序、任务；
2. 建立工序间的相互关系，确定工序间的前后顺序；
3. 画出连接各道工序的网络图；
4. 为每道工序估计时间及成本；
5. 计算网络中从起点到终点各条路线中最长的路线，即**关键路线**（critical path）的时间；
6. 利用网络图来进行项目计划、安排、监测和控制。

上述第 5 步"找出关键路线"是项目控制中的重要部分。因为在关键路线上的任务如果没有及时完成，将会使整个项目的完工时间推迟。管理者如果能判断哪些是非关键工作，就可以通过调整计划、重新分配人员、经费等措施，拥有一定的回旋余地。

虽然 PERT 与 CPM 在使用的术语和所构造的网络图方面有一定的区别，但是它们的目标是相同的。而且两种方法的分析过程也是非常相似的。主要的区别在于，PERT 采用 3 种时间估计值来确定每道工序。每种估计值和发生的概率相联系，反过来，再把发生的概率用于计算工序的时间的预期值和标准差。而 CPM 则假设工序的时间是已知的，因此每道工序只需要一个时间估计值。

这一节将主要通过举例来说明 PERT 与 PERT/成本分析法。**PERT/成本分析法**（PERT/Cost）是一种综合了 PERT 与 CPM 两种优势的技术。文章中所描述的大多数的评论和步骤对 CPM 也是适用的。

PERT、PERT/Cost 和 CPM 有利于帮助解决项目中（哪怕有几千道工序）出现的问题，因此非常重要。这些问题是：

- 整个项目什么时候完成？
- 哪些是项目中的关键工序或任务（若不能及时完成关键工序，将会耽搁整个项目）？
- 哪些是非关键工序（可以晚一点做，而不会影响整个项目的完成）？
- 项目在某一天完成的概率有多大？
- 在某一天，项目是否正按计划进行，还是落后于计划，或是超前于计划？
- 在某一天，已有的花费是等于预算，还是小于预算，或是超过预算？
- 是否有足够的资源保证按时完成项目？
- 若项目能够提前完成，怎样才能使成本最小化？

工序、事项与网络

PERT 的第一步就是把整个项目划分成事项和工序。**事项**（event）是指具体任务或工序的开始或结束；相反，**工序**（activity）则是指发生在两个事项之间的任务或子项目。图表 17—4 中给出了这些术语的定义，以及事项和工序的图解符号。

图表 17—4　　　　　　　　　　　事项及工序

术语	符号	解释
事项	○（一个节点）	一个时间点，通常是开工日或完工日。
工序	→（一个箭头）	一个时间段，通常是一项任务或是一个子项目。

任何可以用工序和事项来描述的项目，都可以用 PERT 网络图来分析。比如，根据以下信息，可以绘制成下面的网络图。

工序	前道工序
A	—
B	—
C	A
D	B

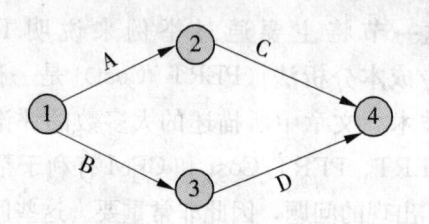

请注意，每一事项都标以一个数字。后文中我们会说明，这样就能够区分开工事项和完工事项，也可称之为开工节点和完工节点。比如，上面的工序 A，开工事项 1，完工事项 2。一般来说，从左到右给节点标号，整个项目的开始节点，或称事项，标号 1；整个项目中最后一个节点标号数字最大。这里是标号 4。

事项和事项间的工序可以用来详细确定网络图。下面就是一个例子，说明运用这种具体方案如何来形成网络图。利用下表，可以形成下表的网络图。

开工事项	完工事项	工序
1	2	1~2
1	3	1~3
2	4	2~4
3	4	3~4
3	5	3~5
4	6	4~6
5	6	5~6

可以用开工事项和完工事项来表示工序，而不需要用字母来表示工序和它们的前道工序。从始于事项 1 和结束于事项 2 的工序开始，可以形成下面的网络图。

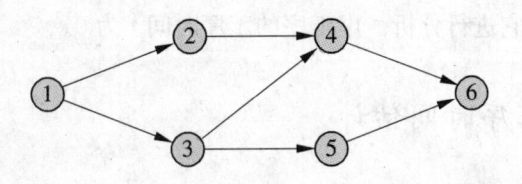

建立网络图时，只要明确每道工序的开工事项和完工事项就可以了。

虚工序与虚事项

你可能会碰到这样一个网络图，两道工序有着相同的开工事项和完工事项。可以通过插入一道**虚工序**（dummy activities）或**虚事项**（dummy events）来解决这一问题。当采用计算机程序来确定关键路线、项目完工时间和项目差异等工作时，使用虚工序和虚事项就显得特别重要。虚工序和虚事项还可以确保网络图能正确反映出正在考虑的项目。假设按下列信息建立起一个网络图：

工序	前道工序	工序	前道工序
A	—	E	C, D
B	—	F	D
C	A	G	E
D	B	H	F

根据这些数据，可以得出下面的网络图。

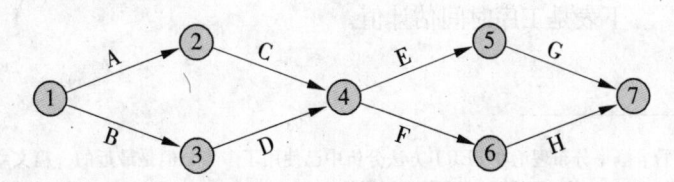

请观察工序 F。根据**网络图**，工序 C 和工序 D 必须在工序 F 开工前完成。但实际上，只有工序 D 必须完成（见上表）。所以这个网络图并不正确。添加虚工序和虚事项就能解决这一问题（如下图的所示）。

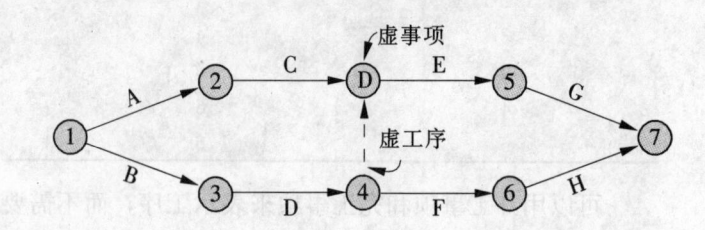

这样，网络图就正确地反应了所有的关系，可以像一般的网络图那样对它进行分析。虚工序的工序时间 t 为 0。

PERT 与工序时间估计

如前所述，PERT 和 CPM 的一个显著的区别就是，PERT 使用 3 种**时间估计值**（activity time estimates）。而在 CPM 中，每道工序只有一个时间要素。

用 PERT 法，必须确定每道工序的**乐观时间值**（optimistic time）、**最可能时间值**（most probable time）和**悲观时间值**（pessimistic time）。根据这 3 个时间估计值，计算出预期完工时间和每道工序的时间变化范围。许多研究人员会假设，工序时间适用概率论中的 **β 概率分布**（beta probability distribution）理论，由此可以得出计算公式：[1]

$$t=\frac{(a+4m+b)}{6} \text{ and } v=\left(\frac{b-a}{6}\right)^2 \tag{17.1}$$

在公式中，

a＝完成工序的乐观时间值；

b＝完成工序的悲观时间值；

m＝完成工序的最可能时间值；

t＝工序预期完工时间；

v＝工序完工的时间变化范围。

在画好网络图之后，计算出每道工序的预期时间及变化范围。比如，下表是工序时间估计值。

---

[1] 尽管 β 概率分布理论在 PERT 方法分析中已使用了多年，但是最近的一篇文章却对其适用性提出了异议。请参阅 M. W. Sasieni 著 "PERT 时间值分析质疑"（A Note on PERT Times），载 *Management Science*，vol. 32, no. 12（December 1986），pp. 1662–1663。

工序	a	m	b
1~2	3	4	5
1~3	1	3	5
2~4	5	6	7
3~4	6	7	8

在下表中,计算出了每道工序的完工的预期时间和变化范围。

工序	$a+4m+b$	t	$(b-a)/6$	v
1~2	24	4	2/6	4/36
1~3	18	3	4/6	16/36
2~4	36	6	2/6	4/36
3~4	42	7	2/6	4/36

关键路线分析

分析关键路线(critical path analysis)是为了确定每一道工序的以下几个数值。

ES=工序最早开工时间。在工序开工之前,所有的前道工序都必须完成。这就是工序的最早开工时间。

LS=工序的最迟开工时间。必须及时完成后道工序,否则会影响整个项目。工序最迟开工时间就是不能拖后的开工时间,否则会耽搁整个项目。

EF=工序最早完工时间

LF=工序最迟完工时间

S=工序的宽裕时间,S=LS−ES;或 S=LF−EF

对每一道工序,如果能计算出 ES 和 LS,那么其他 3 个时间也就可以得出。计算公式如下:

$$EF = ES + t \tag{17.2}$$

$$LF = LS + t \tag{17.3}$$

$$S = LS - ES \text{ 或 } S = LF - EF \tag{17.4}$$

一旦知道了所有工序的时间,就可以分析整个项目。一般来说,分析活动包括:

1. **关键路线**(critical path)——项目中所有工序的总时差为 0。这条路线被称为**关键路线**,这是因为一旦耽搁了关键路线中的任何一道工序,整个项目也会被推迟。

2. T——项目完成总时间,由关键路线中的预期时间值相加而得。

3. V——关键路线的时间变化范围。由关键路线中的每道工序的时间变化范围相加而得。

一般情况，分析关键路线从确定 ES 和 EF 开始。下面举一个例子。

实例计算　根据下面的图解，可以确定每道工序的 ES 和 EF。

工序	t
1~2	2
1~3	7
2~3	4
2~4	3
3~4	2

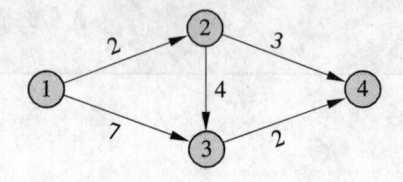

ES 可以从项目的首道工序移动到项目的末道工序而得。首道工序的 ES 或者是 0，或者是实际开始时间，比如说，8 月 1 日。对工序 1~2 和 1~3 来说，ES 都为 0（根据惯例，所有项目都从 0 开始）。

要记住一个基本规则：在一道工序开始前，它的**所有**的前道工序都必须完成。换言之，在判断 ES 时，要寻找到某一工序**最长**的路线。对工序 2~3 来说，ES 为 2，它只有一个前道工序，即工序 1~2，$t=2$。用同样的方法可以推导出，工序 2~4 的 ES 也是 2。然而，工序 3~4 的 ES 为 7。工序 3~4 有两条前道工序路线：工序 1~3（$t=7$）以及工序 1~2 和工序 2~3，预期总时间 $t=6$（也可以写成 2+4）。所以，工序 3~4 的 ES 为 7，这是由于必须先完成工序 1~3 后，才可以开始工序 3~4。EF 由每道工序的 ES 相加（时间 t）所得。见下表：

工序	*ES*	*EF*
1~2	0	2
1~3	0	7
2~3	2	6
2~4	2	5
3~4	7	9

再下一步就是计算 LS，即每道工序的最迟开工时间。从最后一道工序开始，然后向前推算至最前面的工序。步骤是从最后的工序算起，在不增加最早完工时间（EF）的情况下确定可能的最迟的开工时间（LS）。这看起来很困难，实际上并不太难。

假设根据下列数据可以判断每道工序的 LS、LF 和 S（宽限时间）。

工序	t	ES	EF
1～2	2	0	2
1～3	7	0	7
2～3	4	2	6
2～4	3	2	5
3～4	2	7	9

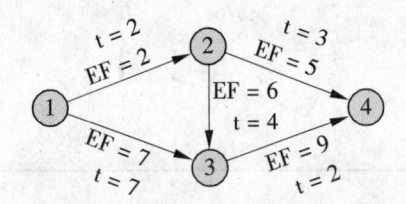

该项目的最早完工时间为 9，因为必须完成工序 2～4（EF=5）和工序 3～4（EF=9）。然后反过来从 9 中减去适当的时间值 t。

工序 3～4 的最迟开工时间为 7（9−2），这样仍然能够在 9 个时间单位完成整个项目。工序 3～4 的 LS 为 7。用同样的方法计算，工序 2～4 的 LS 为 6（9−3）。若工序 2～4 从 6 时开工，需 3 个时间单位完成该工序，仍能在 9 个时间单位内完成。工序 2～3 的最迟开工时间为 3（9−2−4）。若工序 2～3 从 3 开始，完成工序 2～3 和工序 3～4 分别需两个时间单位和 4 个时间单位，仍然能够准时完成项目。所以，工序 2～3 的 LS 为 3，同样，工序 1～3 的 LS 为 0（9−2−7）。分析工序 1～2 时稍微困难一点，因为有两条路线。两条路线都必须在 9 个时间单位内完成。

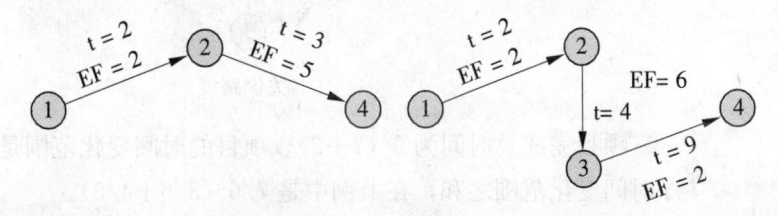

因为前面的路线都必须要完成，工序 1～2 的 LS 从最慢的那条路线计算而得。这样，工序 1～2 的 LS 为 1（9−2−4−2），而不是 4（9−3−2）。注意下面的关系，我们可以画出一张表，列出所有的结果。

$$LF = LS + t$$
$$S = LF - EF \quad 或 \quad S = LS - ES$$

工序	ES	EF	LS	LF	S
1～2	0	2	1	3	1
1～3	0	7	0	7	0
2～3	2	6	3	7	1
2～4	2	5	6	9	4
3～4	7	9	7	9	0

一旦计算出 ES、EF、LS、LF 和 S 的值，就可以分析整个项目。分析包括确定关键路线、项目完工时间和项目时间变化范围。看下面的例子。

项目分析　我们要求画出下面网络的关键路线、项目完工时间 T 和项目时间变化范围 V。

工序	t	v	ES	EF	LS	LF	S
1~2	2	2/6	0	2	1	3	1
1~3	7	3/6	0	7	0	7	0
2~3	4	1/6	2	6	3	7	1
2~4	3	2/6	2	5	6	9	4
3~4	2	4/6	7	9	7	9	0

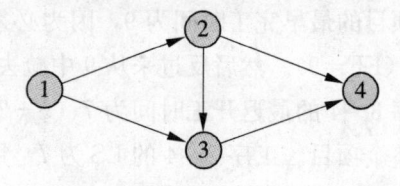

关键路线由时差总和为 0 的工序组成。在上例中是工序 1~3 和工序 3~4。

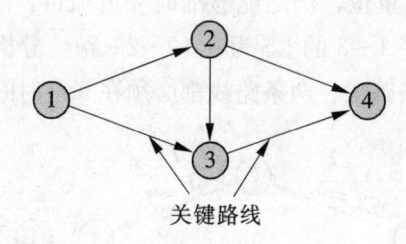

关键路线

项目完成总时间为 9（7+2）。项目的时间变化范围是关键路线上的工序时间变化范围之和，在上例中是 7/6（3/6+4/6）。

了解了网络中每一工序的时间估计值和变化范围（t 和 v），就可以进行完整的关键路线分析了，包括确定每道工序的 ES、EF、LS、LF 和 S、关键路线以及整个项目的 T 和 V。

项目完成的概率

完成了对项目预期完成时间 T 和完成时间变化范围 V 的计算以后，我们就可以确定项目在具体某一天完成的概率。假设完成日期按正态分布，我们可以按下面的例子求出它的概率。

如果项目预期完成时间 T 为 20 周，项目变化范围 V 为 100。那么，项目在 25 周或 25 周以内完成的概率是多少？

$T=20$

$V=100$

$\sigma=$标准差$=\sqrt{\text{项目变化范围}}=\sqrt{V}$
$=\sqrt{100}=10$

$C=$期望的完工日期
$=25$ 周

以下是呈正态分布的曲线：

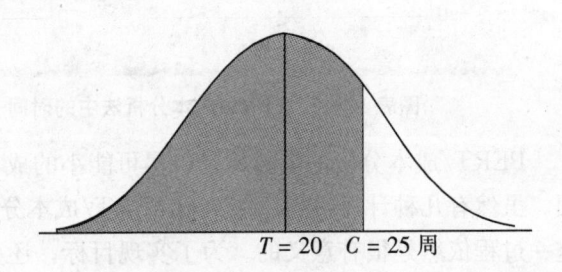

$T=20\quad C=25$ 周

$$Z=(C-T)/\sigma=(25-20)/10=0.5 \qquad (17.5)$$

在上式中，Z 等于与中值的标准差。曲线下方这一部分为 0.691 5，$Z=0.5$。（参见附录中的正态曲线表。）这样，项目 25 周完成的概率约为 0.69，即 69%。

17.6 PERT/成本分析法

在前文中，我们一直都假设不可以缩短每道工序的时间。不过，实际情况常常与此相悖。也许增加资源可以缩短项目中某些工序的时间估计值。所谓新增资源可以是劳动力，也可以是设备等等。虽然缩短工序花费不少，但它可能还是值得的。如果一家企业延迟交工会被迫支付巨额违约金，那么增加资源使项目按时完成，从经济上来讲是划算的。项目在建时，每天都有固定成本方面的开支。所以，依靠增加资源来缩短项目的完工日期，节省一些固定开支，可能是有利的。但是，应该缩短哪道工序呢？这样做成本是多少？缩短某一道工序的时间会缩短整个项目所需的时间吗？最理想的做法是找到成本最小而能使整个项目工期缩短的方法。计划评审技术/成本法（PERT/Cost）就是一个很好的方法。

除了时间以外，服务业的管理者通常还非常关注项目成本。一般来说，增加资源的投入总能缩短工序时间。图表 17—5 是两个工序的时间—成本曲线。对工序 5～6 来说，8 周完成需要成本 300 美元，7 周完成需要

400美元，6周完成600美元。工序2~4在12周内完成需要追加的资源成本达3 000美元，若14周完成则只要1 000美元。对网络中所有的工序都能绘制出相似的时间—成本曲线。

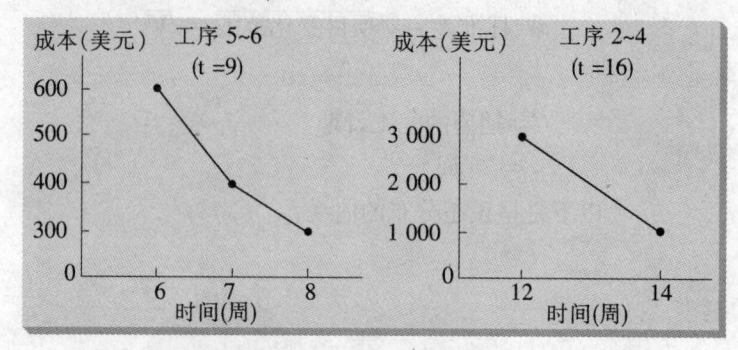

图表17—5　PERT/成本分析法中的时间—成本曲线

PERT/成本分析法的目标是以尽可能小的成本缩短整个项目的完工时间。虽然有几种计算机程序能执行PERT/成本分析，理解如何动手来完成这一过程依然是很有意义的。为了实现目标，还必须引进几个变量。每一工序都有工序时间的减少量和相应的发生成本。我们假设：

M_i＝工序i缩短时间的最大值；

C_i＝缩短工序i的相关额外成本；

K_i＝缩短工序i一个时间单位的成本；

$K_i = C_i / M_i$。

根据以上信息，就可以确定缩短项目完工时间的最小成本。

缩短完工时间举例　以下是判断缩短项目完工时间1周所需的最小成本的相关信息。

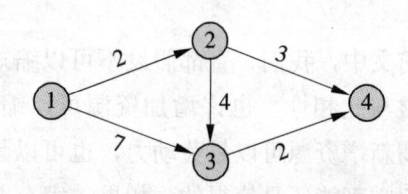

工序	t（周）	M（周）	C（美元）
1~2	2	1	300
1~3	7	4	2 000
2~3	4	2	2 000
2~4	3	2	4 000
3~4	2	1	2 000

工序	ES	EF	LS	LF	S
1~2	0	2	1	3	1
1~3	0	7	0	7	0
2~3	2	6	3	7	1
2~4	2	5	6	9	4
3~4	7	9	7	9	0

第一步求出每道工序的K。

工序	M	C（美元）	K（美元）	关键路线
1~2	1	300	300	否
1~3	4	2 000	500	是
2~3	2	2 000	1 000	否
2~4	2	4 000	2 000	否
3~4	1	2 000	2 000	是

第二步找出关键路线中 K_i 的最小值。关键路线由工序 1~3 和 3~4 组成。由于工序 1~3 的 K_i 值比较小，项目可以缩短 1 周，项目完成时间为 8 周，相应的额外费用为 500 美元。

使用这一方法时须十分谨慎。进一步缩短关键路线中工序的时间，会使得工序 1~2、2~3、3~4 也成为关键路线。换句话说，如果有两条关键路线，就需要同时压缩这两条路线，来缩短项目完工时间。

17.7 PERT 法在服务业中的应用

为了进一步证明项目管理方法在服务业中应用的潜力，这一节中将以两个更深入的例子来说明：第一个是医院的搬迁；第二个是会计师事务所对一项审计工作的计划和控制。

用项目网络图来安排医院搬迁

圣文森特医院和医疗中心（St. Vincent's Hospital and Medical Center）从俄勒冈州波特兰市拥有 373 个床位的院址搬迁到 5 英里外郊区的一幢有 403 个床位的大楼里，这项工作就要考虑到规划的方方面面。必须用部队汽车和救护车把病人送到那里，需要警车开道，还要考虑到当地商店可能会受到的影响，如此等等的问题。为了协调这些工作，在搬迁前 8 个月就建立了项目网络图，把它作为计划的基础。虽然实际的网络图包含了上百道工序，但在图表 17—6 中只列出了部分工序，以此证明在计划执行复杂项目时项目管理工具的价值。

用 PERT 分析法进行审计计划和控制

第二个例子是用 PERT 法进行审计工作。在审计员安排审计工作、分配人力资源、预测事务完成时间、预测工作中的瓶颈以及把握审计工作进程等方面都具有实际价值。图表 17—7 列出了一家会计事务所的工作网络

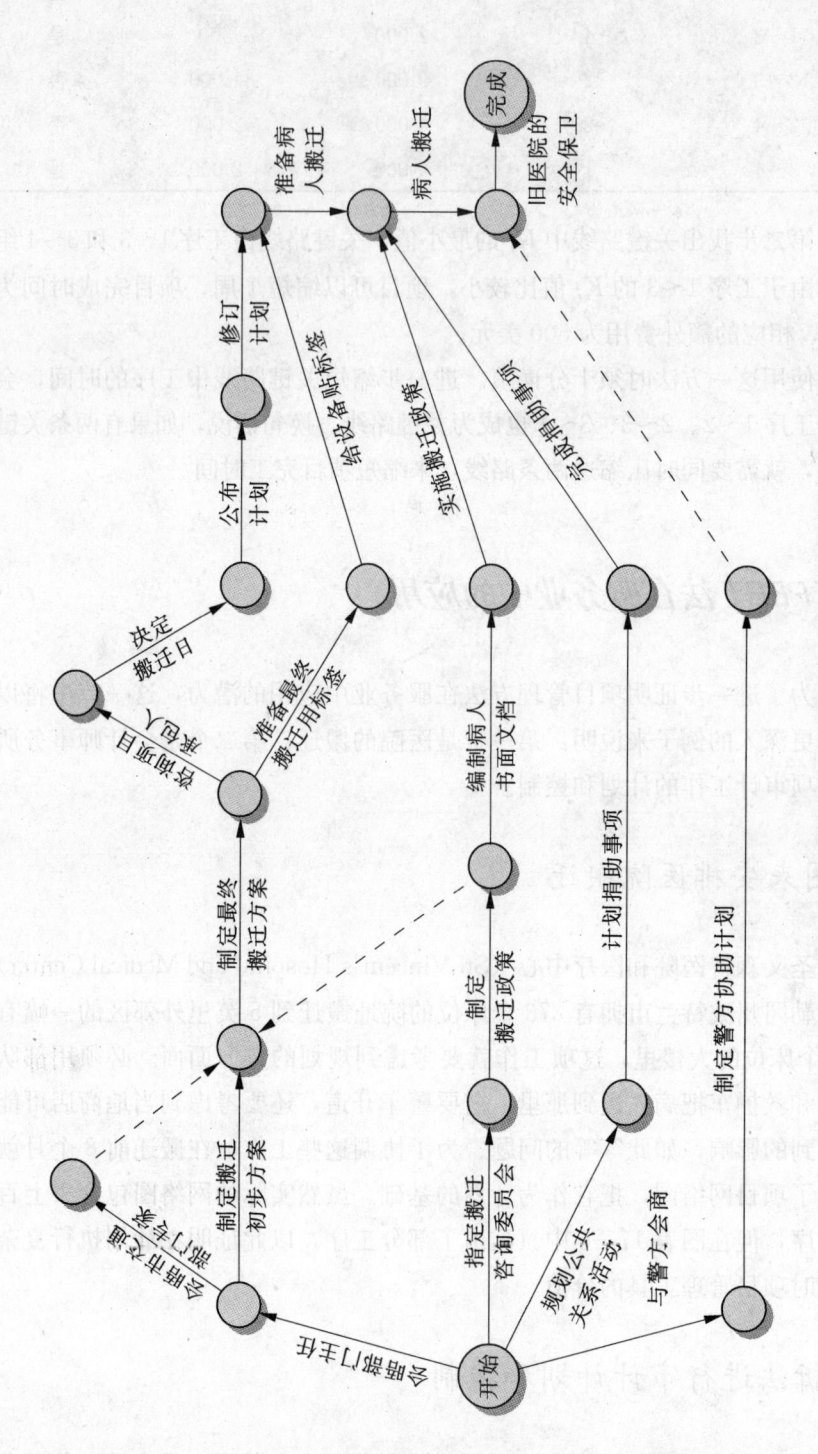

图表17—6 圣文森特医院项目网络：关键工序

资料来源：Adapted from R.S.Hanson, "Moving the Hospital to a New Location," *Industrial Engineering* (November 1982). Copyright Institute of Industrial Engineers, 25 Technology Park/Atlanta, Norcross, GA 30092.

第 17 章 项目管理

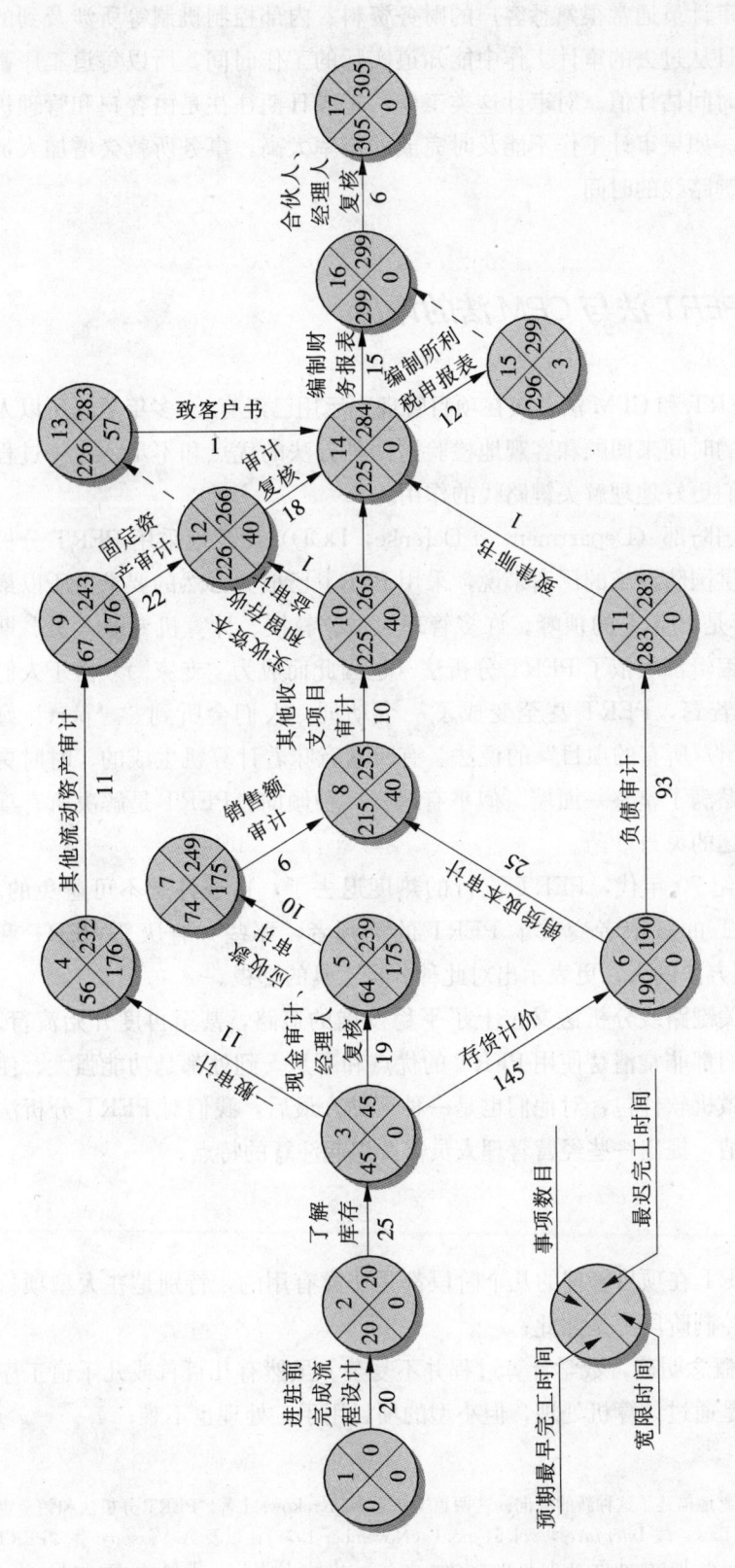

图表 17—7 审计工作安排举例

资料来源：J.L.Krogstad, G.Grudnitski, and D.W.Bryant, "PERT and PERT/Cost for Audit Planning and Control," *Journal of Accounting*, vol.144, no.5 (1977), pp.82—91. Reprinted with permission from The Journal of Accountancy, copyright© 1977 by the American Institute of CPAs. Opinions of the authors are their own and do not necessarily reflect policies of the AICPA.

图。因为审计员通常很熟悉客户的财务资料、内部控制机制等所涉及到的问题，而且从过去的审计工作中能知道实际的工作时间，所以每道工序都有合适的时间估计值。对审计这类工作，完成日期往往是由客户和管理机构决定的。如果审计工作不能及时完成的概率太高，事务所就会增加人员来缩短关键路线的时间。

17.8 对 PERT 法与 CPM 法的评价

自 PERT 和 CPM 法首次在项目管理中运用已经有 40 多年了。所以人们有充分的时间来回顾和客观地检验这两种方法的优点和不足。这一过程能帮助我们更好地理解关键路线的作用。

由于国防部（Department of Defense，DOD）广泛地采用 PERT 分析法，对提供国防设施的厂商来说，采用 PERT 已成为必然的要求。所以最初的 10 年是 PERT 的顶峰。许多管理人员、教授、计算机专业人员、期刊杂志的编辑都皈依了 PERT 分析法（也因此而成为"专家"）。由于人们对此趋之若鹜，PERT 甚至变成了一个动词，人们会听到"'pert'好（perted out）所有的项目"的说法。有时这意味着计算机生成的、时时更新的图表贴满了整整一面墙。似乎有这样一种倾向，PERT 是解决所有项目管理问题的灵丹妙药。

20 世纪 70 年代，PERT 流行的热度退去了，这或许是不可避免的。有些 PERT 的皈依者变成了 PERT 的批判者，那些一直厌恶 PERT 和 CPM 繁琐方法的人，更表示出对此种分析工具的鄙视。[1]

现在关键路线分析法又走上了平稳发展的道路，甚至再度开始流行。项目经理们都非常清楚使用 PERT 的优点和不足。到处都是功能强大、使用简单的微机软件包，对他们也是一种帮助。最后，我们对 PERT 分析法做一些归纳，提出一些经营管理人员需要引起注意的特点。

优点：

1. PERT 在项目管理的几个阶段都是非常有用的，特别是在大型项目的安排和控制阶段更是如此；

2. 它概念明确，数学计算过程并不复杂。虽然有几百首或几千道工序的项目总是通过计算机处理，但小型的项目用手工处理也不难；

---

[1] 有两篇文章坦率、幽默地描述了这种新的倾向。这两篇文章是 M. Krakowski 著"PERT 分析法和帕金森定律"PERT and Parkinson's Law，载 *Interfaces*，vol. 5，no. 1（November 1974）；以及 A. Vazsonyi 著"PERT 分析法的盛衰史"（L'Historie de la grandeur et de la decadence de la methode PERT），载 *Management Science*，vol. 16，no. 8（April 1970）。两篇文章读来都很有趣，且两篇文章都是用英语撰写的。

3. 使用网络图表很容易弄清工序间的关系;

4. 进行关键路线和时差分析有助于准确找出需要紧密观察的工序。当项目工期需要缩短时,这为资源再分配创造了条件一目了然;

5. 所形成的网络图成为许多有价值的项目记录。从网络图上就能表明谁负责哪道工序;

6. PERT 的应用范围很广,可用在许多服务项目和行业之中;

7. 这种方法不仅有助于监测进度,而且能帮助分析成本。这有助于防止成本浪费,有利于"提前完工",获得奖金。

缺点:

1. 必须明确定义项目工序,各道工序必须界限分明、关系稳定。虽然我们集中讲述项目管理技术,但一般来说这一步是最为困难的;

2. 必须具体确定工序的前后顺序,并在网络图上标出。有时前后顺序很难确定,不能正确地表示;

3. 在 PERT 中假设工序时间是适用概率分布理论的。但是使用者很难确定这对于每一道工序是否适用。对于此假设的正确性存有疑问;

4. 时间估计值有主观性,管理人员由于担心过于乐观或过于悲观会不负责任地估计时间;

5. 有种不好的势头,就是人们把太多的注意力放在最长的路线,或称关键路线上。其实,对次关键路线也应该紧密监控。

利用 POM for Windows 软件进行项目管理

POM for Windows 软件项目安排模型可用于判断 CPM 或 PERT 网络图中预期的项目完成时间。这个时间可以是 1 个时间估计值,也可以是 3 个时间估计值。另外,该软件可以计算出每道工序的 ES、EF、LS、LF 和 S 值。图表 17—8 是使用 POM for Windows 软件得出的审计计划例子中的结果。

17.9 本章提要

PERT 分析法、CPM 分析法和其他工序安排技术在控制大型、复杂的项目方面已被证明是非常有价值的方法。使用这些方法,管理人员可以了解到每道工序的进度,能知道哪些工序是关键的,哪些工序可以有宽限期;另外,还可以知道在哪里缩短路线最为明智。项目被分成独立的工序,要确定它们间的先后顺序,还要了解所需要的资源。这使得项目管理

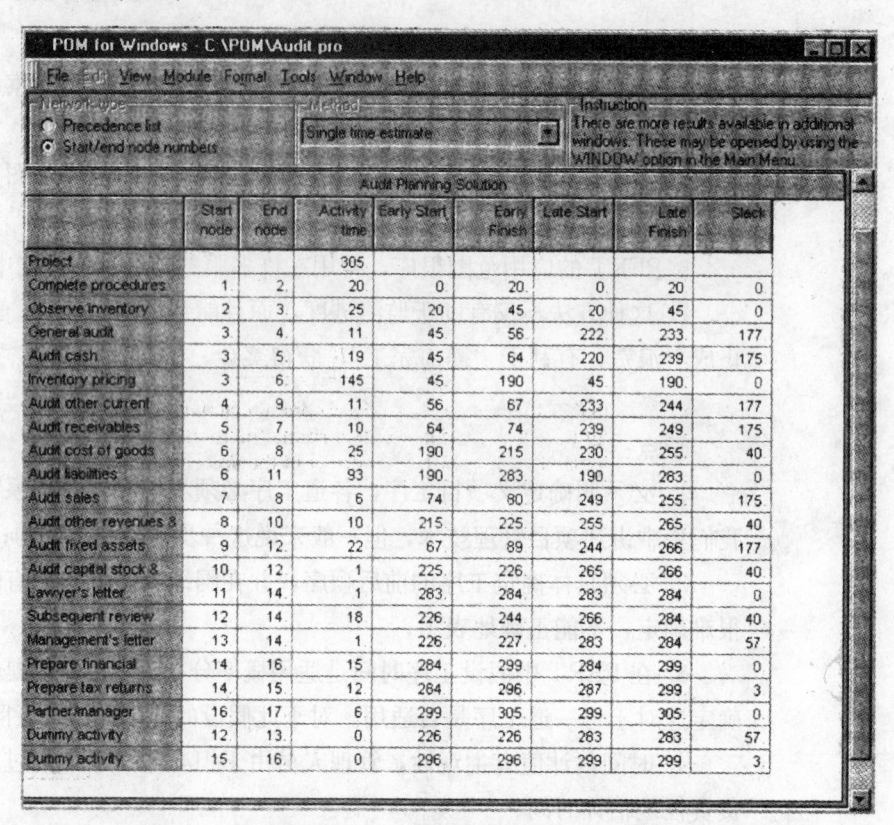

图表 17—8　用 POM for Windows 软件处理审计计划项目

人员面对大型复杂的项目时能做出迅速的反应。有效的项目管理同样能使企业为全球市场创造产品和提供服务。现在有许多软件包能帮助管理人员处理网络模型的建立问题。

但是，PERT 和 CPM 并不能解决服务机构的所有项目安排和管理的问题。管理中还需要有良好的实践经验，明确每项任务的职责，并且真实、迅速地提供报告。本章中所讨论的几种模型仅仅能帮助管理人员更好地进行决策，记住这一点是至关重要的。

讨论题

1. PERT 和 CPM 分析法可以回答哪些问题？
2. 什么是工序，什么是事项，什么是前道工序？
3. 请解释 PERT 网络图中的工序时间估计值和时间变化范围是如何计算的？
4. 请简单叙述关键路线分析的含义。什么是关键路线工序？它们的重要性在哪里？
5. 工序的最早开工时间和最迟开工时间的含义是什么？如何计算？

6. 什么是宽限期？如何确定宽限期？

7. 怎样确定项目在某一具体日期完工的概率？在计算中有什么假设条件？

8. 简述 PERT/Cost 分析法以及它的运用。

9. 什么是缩短项目的完工时间？如果不借助于计算机，如何缩短项目完工时间？

10. 选择你熟悉的一个服务行业，描述一下怎样运用甘特图表法或 PERT 来改善它的运作？

练习题

17.1　Babson and Willcount 是一家专门从事咨询研究工作的公司，萨莉·赖德（Sally Rider）是该公司人事部主任。萨莉正在考虑一个培训公司中层管理人员的方案，这个方案是培训领导才能的。萨莉列出了一些工序，这些工作必须在此类培训计划实施前完成。下表中列出了所有工序及前道工序。请画一网络图。

工序	前道工序	工序	前道工序
A	—	E	A、D
B	—	F	C
C	—	G	E、F
D	B		

17.2　萨莉·赖德确定了领导才能培训方案的工序时间估计值。她想求出项目完成总时间和关键路线。下表中列出了工序的时间估计值。（参见实务题 17.1）

工序	时间（日）
A	2
B	5
C	1
D	10
E	3
F	6
G	8
合计: 35 日	

17.3　请在下图中添加虚工序和虚事项，以改正网络图。

```
    ┌──→ 3 ──┐
1 ⇄ 2        5
    └──→ 4 ──┘
```

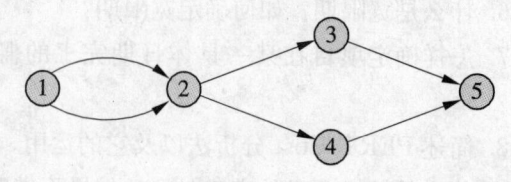

17.4 根据下列条件求出关键路线、项目完工时间 T 以及项目时间变化范围 V。

工序	t	v
1~2	2	2/6
1~3	3	2/6
2~4	2	4/6
3~5	4	4/6
4~5	4	2/6
4~6	3	1/6
5~6	5	1/6

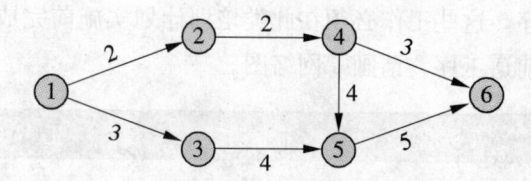

```
       2       2
   1 ──→ 2 ──→ 4 ──3──┐
   │              │4   6
   └──3──→ 3 ──4──→ 5 ─5─┘
```

17.5 根据下列条件进行关键路线分析。

工序	t	v	工序	t	v
1~2	2	1/6	4~5	4	4/6
1~3	2	1/6	4~6	3	2/6
2~4	1	2/6	5~7	5	1/6
3~4	3	2/6	6~7	2	2/6

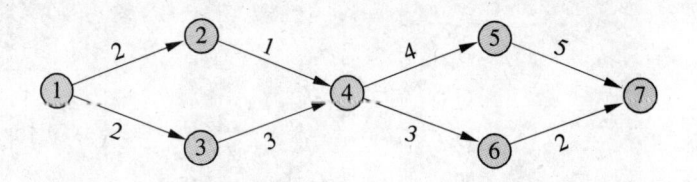

```
     2      1        4      5
  1 ─→ 2 ─→ 4 ─────→ 5 ─────→ 7
    2    3     3       2
     └→ 3 ─→       ─→ 6 ─→
```

17.6 Zuckerman 计算机公司为企业和政府机构提供计算机服务。公司投标争取主机系统更换项目。公司确定了以下的工序和组成项目工序的时间估计值（单位：小时）。求出每道工序预期工时和变化范围。

工序	a	m	b	前道工序
A	3	6	8	
B	2	4	4	
C	1	2	3	
D	6	7	8	C
E	2	4	6	B、D
F	6	10	14	A、E
G	1	2	4	A、E
H	3	6	9	F
I	10	11	12	G
J	14	16	20	C
K	2	8	10	H、I

17.7 Jane Zuckerman 想求出更新计算机系统项目完工总时间和关键路线。详见练习题 17.6。另外，求出每道工序的 ES、EF、LS、LF 和宽限期 S。

17.8 练习题 17.6 和 17.7 中所述的 Zuckerman 计算机公司在 40 小时内完成该项目的概率是多少？

17.9 使用 PERT 分析法，简·罗斯（Jan Ross）确定了彻底检修游艇项目的预期完工时间为 21 周，项目变化范围为 4 周。

a. 17 周内完成该项目的概率是多少？

b. 20 周内完成该项目的概率是多少？

c. 23 周内完成该项目的概率是多少？

d. 25 周内完成该项目的概率是多少？

17.10 已知某一项目的下列资料：

$T=62$ 周

$V=81$

项目在预期完工时间前 18 周完工的概率是多少？

17.11 根据下列条件，求出使项目完工时间缩短 3 个月的最小成本。

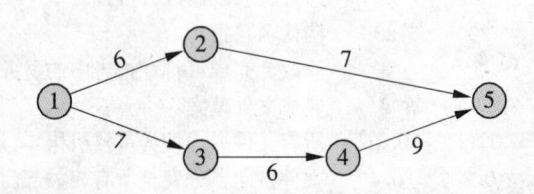

工序	T（月）	M（月）	C（美元）
1~2	6	2	400
1~3	7	2	500
2~5	7	1	300
3~4	6	2	600
4~5	9	1	200

17.12 从大学毕业获得学位需要很长时间，这不是一件容易的事。修完某些课程之后，才能修其他课程。请你画一张网络图，其中每一道工序为一门课程，修完之后才能拿到学位。前道工序为课程的前导课。不要遗漏了所有必修的学校课程、学院课程和系课程。然后根据你的学校按学期或季度对这些课程进行分组。你认为需要多长时间才能毕业？如果没有按次序修读课程，哪些课程会推迟毕业？

17.3 Bender 建筑公司从事的是市政大楼以及其他基本上是由市政府或州政府使用的大楼建造。这要求公司准备好法律文件，提供可行性研究报告，筹集资金报告等等。前不久，Bender 公司被要求提供一份建造市政大楼的计划书。第一步是准备好法律文件以及完成项目的必要的步骤，然后签订建筑合同。大约有 20 道独立的工序必须要完成。图表 17—9 列出了这些工序、前道工序以及时间要求。在该表中你可以看到每道工序的乐观时间估计值（a）、适当时间估计值（m）和悲观时间估计值（b）。根据这些数据，第一步确定项目完工总时间，然后求出关键路线，最后计算所有工序的宽限期 S。

图表 17—9　　　　　　　　　　为 Bender 建筑公司编制各类文件

工序	a	m	b	摘要	前道工序
1	1	4	5	起草法律文件	—
2	2	3	4	编制财务报表	—
3	3	4	5	编写公司简介	—
4	7	8	9	起草可行性报告中的需求项目	—
5	4	4	5	法律文件的修改、报批	1
6	1	2	4	公司简介的修改、报批	3
7	4	5	6	修改可行性报告	4
8	1	2	4	起草可行性报告中的财务决算	7
9	3	4	4	起草发放公司债券的相关事项	5
10	1	2	2	财务报表的修改、报批	2
11	18	20	26	确认项目报价	—
12	1	2	3	修改、完成可行性报告中的财务部分	8
13	1	1	2	完成文件草案	6、9、10、11
14	0.10	0.14	0.16	所有文件递送债券审核机构	13
15	0.2	0.3	0.4	文件打印、分发至所有相关部门	14
16	1	1	2	参加债券审核机构答辩	14
17	1	2	3	索取债券审核批准文本	16
18	3	5	7	债券销售	15、17
19	0.1	0.9	0.2	准备购货合同	16
20	0.1	0.14	0.16	完成、批准最后文件	19
21	2	3	6	签订购货合同	19
22	0.1	0.1	0.2	获得债券销售款	20
23	0.0	0.2	0.2	签订建筑合同	21、22

案例 17—1

海湾社区医院

海湾社区医院（Bay Community Hospital）的医护人员决定引进新的诊断流程。该诊断流程需要经过购买、安装、推行一种新的医疗设备这几个步骤。埃德·温莎（Ed Windsor）博士被委以重任，确保尽快、平稳地完成该医疗设备的推行工作。

温莎博士设计了一系列工序，必须在新服务项目开始前完成。首先要做3件事：(1) 拟定说明和步骤；(2) 选择操作设备的方法；(3) 购买设备。在培训开始前，必须完成撰写指示说明和选择操作员的工作。温莎博士还认为，必须先选择好操作员，评估他们的资格，然后才能向当地的医务界正式宣布该种新服务项目。这一点也是必要的。在设备到达、安装以及操作员培训结束以后，埃德·温莎想花一段时间检查流程、操作员和设备，然后宣布成功完成该项目。图表17—10列出了工序及时间估计值。

杰克·沃思（Jack Worth）也是海湾社区医院的一名职工，他报告说可以多给一些酬金，使某些工序比图表17—10所列的正常进度提前完成。具体说来，若设备用汽车快运，可以节省1周的时间。若空运，则可以节省2周时间。但是用汽车快运的额外费用为200美元，空运的额外费用为750美元。如果让接受培训的操作员加班，培训操作员的期限也可以缩短1周。但这会增加额外费用600美元。完成指示说明的时间也可以缩短1周，需额外费用400美元。但是，若允许此道工序在3周内完成，可以节省300美元。

资料来源：From W. Earl Sasser, Jr., R. Paul Olsen, and D. Daryl Wyckoft, *Management Service Operations*, pp. 97-98. Copyright©1978 by Allyn and Bacon. Reprinted with permission.

图表 17—10　　海湾社区医院推行一项新的诊断流程的必要工序

工序	持续时间（周）	前道工序	后道工序
A. 撰写说明	2	开始	C
B. 挑选操作员	4	开始	C、D
C. 培训操作员	3	A、B	F
D. 宣布启动新服务项目	4	B	结束
E. 设备购置、运输、验收	8	开始	F
F. 新操作员操作测试	2	C、E	结束

案例思考题

1. 根据图表17—10所列的时间估计值，项目完成的最短时间是多少？
2. 可以达到的项目完成的最短时间是多少？
3. 要使项目完成时间最短，这时的最低成本为多少？

参考文献

1. Ameiss, A. P., and W. A. Thompson, "PERT for Monthly Financial Closing," *Management Advisor* (January-February 1974).

2. Clayton, E. R., and L. J. Moore, "PERT vs. GERT," *Journal of Systems Management*, vol. 23 (February 1972), pp. 11–19.

3. Cleland, D. I., and W. R. King, *Project Management Handbook* (New York, Von Nostrand Reinhold, 1984).

4. Dusenbury, W., "CPM for New Product Introductions," *Harvard Business Review*, vol. 45, no. 4 (July-August 1967).

5. Heizer, J., and B. Render, *Operations Management*, 5th ed. (Upper Saddle River, NJ, Prentice Hall, 1999).

6. Kefalas, A. G., "PERT Applied to Environmental Impact Statements," *Industrial Engineering*, vol. 8, no. 10 (October 1976), pp. 38–42.

7. Kerzner, H., and H. Thamhain, *Project Management for Small and Medium Size Business* (New York, Van Nostrand Reinhold, 1984).

8. Krogstad, J. L., G. Grudnitski, and D. W. Bryand, "PERT and PERT/Cost for Audit Planning and Control," *The Journal of Accountancy* (November 1977).

9. Levy, F., A. Thompson, and J. Weist, "The ABC's of Critical Path Method," *Harvard Business Review*, vol. 41, no. 5 (September-October 1963), pp. 98–108.

10. Moder, J., and C. Phillips, *Project Management with CPM and PERT* (New York, Van Nostrand Reinhold, 1970).

11. Render, B., and R. M. Stair, *Quantitative Analysis for Management*, 7th ed. (Upper Saddle River, NJ, Prentice Hall, 2000).

12. Ryan, W. G., "Management Practice and Research—Poles Apert," *Business Horizons* (June 1977).

第18章
线性规划与目标规划在服务业中的应用

18.1　本章概述
18.2　线性规划的一般介绍
18.3　线性规划问题的图解
18.4　线性规划问题的计算机求解
18.5　线性规划问题的建模
18.6　目标规划
18.7　本章提要
讨论题
练习题
案例 18—1　西北综合医院
案例 18—2　尚克市场调查公司
参考文献

18.1　本章概述

服务业的许多经营管理决策都涉及如何最有效地利用企业资源的问题。所谓资源，一般是指劳动力、资金、库存空间/设施和物资等等。这些资源可能被用来提供服务，比如制定运输时间表、安排生产进度、宣传企业方针政策、制定投资决策以及安排医院中的用餐计划等等。**线性规划**（linear programming，LP）和**目标规划**（goal programming，GP）是被广泛应用的数学方法，它们可以帮助经营管理者做出合理的安排和决策，权衡资源配置。

以下便是 LP 和 GP 被成功应用到服务管理中的典范：

- 俄亥俄银行（Banc Ohio）改进业务安排；[1]
- 为犯罪率高的地区配备巡警；[2]
- 美国陆军（U. S. Army）制定长期人力资源规划；[3]
- 康涅狄格州 New Haven 学校的校车安排；[4]
- 北美货运公司（North American Van Lines）调度一支拥有 3 300 辆卡车的车队；[5]
- 切萨皮克（Chesapeake）和俄亥俄铁路停车场的货车车厢维修安排。[6]

本章将侧重强调如何为线性规划问题建模，至于解决此类问题的具体的数学方法请参阅有关管理科学的书籍。[7] 由于计算机程序已能执行 LP 中的一些步骤（本章中有计算机运算的图解），大多数经营管理者并不需要亲自进行 LP 和 GP 中的复杂的运算。本章大部分讨论的是较为常见的线性规划模型，也就是一个服务机构仅有一个期望目标（如劳动力成本最小化）。此外，本章还对线性规划稍加扩展，介绍了所谓的**目标规划**（goal programming GP）。GP 能够用来处理多目标的决策问题，即使有些问题的目标可能是相互对立的。

18.2 线性规划的一般介绍

所有的线性规划问题都有 4 个共性。

1. 所有问题都是为了寻求某些量（通常为利润或者成本）的**最大化**或**最小化**。我们把这一性质称作 LP 问题的**目标函数**（objective function）。一般企业的主要目标都是要使长期利润最大化。在货车或飞机的调度系统中，目标则可能是使运输成本最小化；

---

[1] 见 V. A. Mabert 和 J. P. McKenzie 著"改进银行业务：俄亥俄银行/俄亥俄州国家银行案例分析"（Improving Bank Operations: A Case Study at Banc Ohio/Ohio National Bank），载 *Omega*, vol. 8, no. 3 (1980), pp. 345-354。

[2] 见 K. Chelst 著"针对犯罪配置巡警的方法"（An Algorithm for Deploying a Crime Directed Patrol Force），载 *Management Science*, vol. 24, no. 12 (August 1978), pp. 1314-1327。

[3] 见 S. Gass et al, 著"陆军长期人力资源规划系统"（The Army Manpower Long-Range Planning System），载 *Operations Research*, vol. 36, no. 1 (January-February 1988), pp. 5-17。

[4] 见 A. J. Swersey 和 W. Ballard 著"校车安排"（Scheduling School Buses），载 *Management Science*, vol. 30, no. 7 (July 1984), pp. 844-853。

[5] 见 D. Avramovich et al. 著"车队管理的决策支持系统"（A Decision Support System for Fleet Management），载 *Interfaces*, vol. 12, no. 3 (June 1984), pp. 1-6。

[6] 见 L, C. Brosch et al., 著"货车车厢、线性规划和熟睡的小猫"（Boxcars, Linear Programming, and the Sleeping Kitten），载 *Interfaces*, vol. 10, no. 6 (December, 1980), pp. 53-61。

[7] 参阅 B. Render 和 R. M. Stair 著《管理中的定量分析》（*Quantitative Analysis for Management*），7th ed, (Upper Saddle River, NJ, Prentice Hall, 2000)。

2. 限制，或者说**约束条件**（constraints），会影响我们所取得的目标的最优值。比如，当一个零售企业在决定仓库中每种产品的库存量时，就会受到库存空间、可使用的劳动力以及预算的限制。因此，我们便想要在满足资源限制（约束条件）的前提下，使一个量（目标函数）最大化或是最小化；

3. 在线性规划问题中一定存在多个**可供选择的可行方案**。例如，如果一家商店存有3种不同的商品，那么管理时就可以通过线性规划来决定如何在3者中分配有限的陈列空间和广告预算。倘若问题中没有多个方案可供选择，我们也就无须使用**线性**规划了；

4. 线性规划问题中的目标函数和约束条件一定是以**线性**方程或不等式来表述的。

若要阐明这些性质，对如何为LP问题建模进行详细的描述，最好的方法就是通过实例。接下来，就让我们来看一个家具零售商的案例。

Dixon家具店

Dixon家具店正在筹划劳动节周末的一次特卖活动。折叠桌和折叠椅由于销售时节的关系，已被选作为两种促销商品。这两种产品都是庭院聚会的理想用具。商店目前仅有100平方英尺的空间可用于陈列和存储这些商品。一张桌子的批发价是4美元，零售价是11美元，要占用2平方英尺空间。而椅子的批发价是3美元，零售价是8美元，要占用1平方英尺。经理预计，椅子的销售量可能不足60把，但是11美元的桌子的需求量却是无限的。最终，Dixon家具店决定用于购进桌子和椅子的预算共为240美元。商店经理目前所面临的问题就是如何来安排桌子和椅子的库存以使利润最大化。

我们把这个案例作为LP问题来进行研究，首先在目标函数和约束方程中引入几个简单的符号。设：

X_1＝桌子的库存量

X_2＝椅子的库存量

现在我们可以建立关于X_1和X_2的LP目标函数：

净利润最大化＝零售价－批发成本＝（$11X_1$美元＋$8X_2$美元）－（$4X_1$美元＋$3X_2$美元）

$$=7X_1\text{美元}+5X_2\text{美元}$$

下一步就是用数学关系来描述问题中的3个约束条件。这3个关系可以概括为：资源的使用量要小于或等于资源的总量。

约束条件1：预算使用额 ≤ 预算总金额

$4X_1+3X_2 \leqslant 240$美元（购货预算）

约束条件2：空间使用量 ≤ 总空间

$2X_1 + X_2 \leq 100$ 平方英尺

约束条件3：椅子的定购量 ≤ 椅子的预期需求量

$X_2 \leq 60$ 把（估计可售出的椅子）

所有这3个约束条件均是对库存的限制，当然也就会影响到总利润。例如，Dixon家具店不可以订购70张桌子进行销售，因为如果 $X_1=70$，前两个约束条件就会被破坏。同样原理，商店也不可以订购50张桌子（$X_1=50$）和10把椅子（$X_2=10$）。于是，我们注意到了线性规划的一个重要特点，即在各个变量之间存在某种相互制约。如果商店订购某种产品的数量越多，那么它能订购其他产品的数量就越少。

18.3 线性规划问题的图解

要解决像Dixon家具店这样比较简单的LP问题，最好的方法就是用图解法。但是，图解法仅适用于只有两个决策变量（比如订购桌子的数量 X_1 和订购椅子的数量 X_2）的问题。当问题中有两个以上的变量时，我们就不能从二维图上找出最优方案，于是必须借助更为复杂的方法或使用计算机（稍后将做介绍）。不过图解法还是能帮助我们理解其他方法的运算原理，而且能起到相当大的作用。

约束条件的图形表示

要求出线性规划的最优解，我们必须先找出一个可行解所组成的集合，或者说是可行域（region）。第一步，就是在图上标出问题中的各个约束条件。

通常把变量 X_1（此例中的桌子数）作为直角坐标系中的横轴，而把变量 X_2（此例中的椅子数）作为纵轴。于是整个问题可以表述成：

利润最大化 $= 7X_1$ 美元 $+ 5X_2$ 美元

满足约束条件：

$4X_1 + 3X_2 \leq 240$（预算约束）

$2X_1 + X_2 \leq 100$（空间约束）

$X_2 \leq 60$（椅子需求约束）

$X_1 \geq 0$（桌子的订购量应大于或等于0）

$X_2 \geq 0$（椅子的订购量应大于或等于0）

要把约束条件用图形表示，首先就要将约束条件的不等式转化成等式（或方程）；即，

约束条件 1：$4X_1+3X_2=240$

约束条件 2：$2X_1+X_2=100$

约束条件 3：$X_2=60$

约束条件 1 的方程已在图表 18—1 上标出了。

要在图表 18—1 上标出直线方程 $4X_1+3X_2=240$，就要找出该直线方程与 X_1 轴和 X_2 轴的交点。当 $X_1=0$（直线与 X_2 轴的交点处）时，就意味着 $3X_2=240$，或者说 $X_2=80$。同样，当 $X_2=0$ 时，我们发现 $4X_1=240$，即 $X_1=60$。于是，点（$X_1=0$，$X_2=80$）和点（$X_1=60$，$X_2=0$）之间的连线就成了约束条件 1 的边界。图中的阴影部分表示所有满足原**不等式**的点。

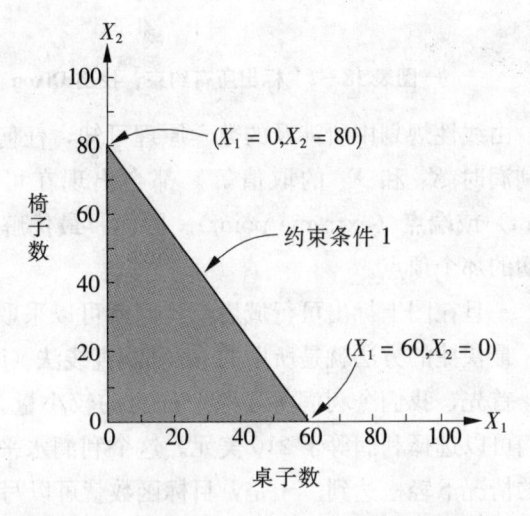

图表 18—1 在图上标出 Dixon 问题的预算约束

约束条件 2 和 3 也可以用同样方法处理。图表 18—2 上同时标有这 3 个约束条件。注意，第三个约束方程在图上仅为一条直线，它与 X_1 的取值无关。

图表 18—2 中的阴影区域是满足所有 3 个限制条件的解的范围。我们称之为可行解范围，或简称为**可行域**（feasible region）。可行域必须满足规划中**所有**的限制条件，因此它就是所有约束条件在图中的重叠部分。此区域中的任意一点均是 Dixon 家具店问题中的可行解（feasible solution）。阴影区域外的任意点则为非**可行解**（infeasible solution）。所以，当要订购 30 张桌子和 20 把椅子（$X_1=30$，$X_2=20$）时，方案可行；而当要订购 70 张桌子和 40 把椅子时，就不能满足问题中的约束条件了。只需把这两点标示在图表 18—2 上，结论便显而易见。

Iso 利润直线法

既然可行域已经在图上标出，那我们就可以进一步寻求问题的最优

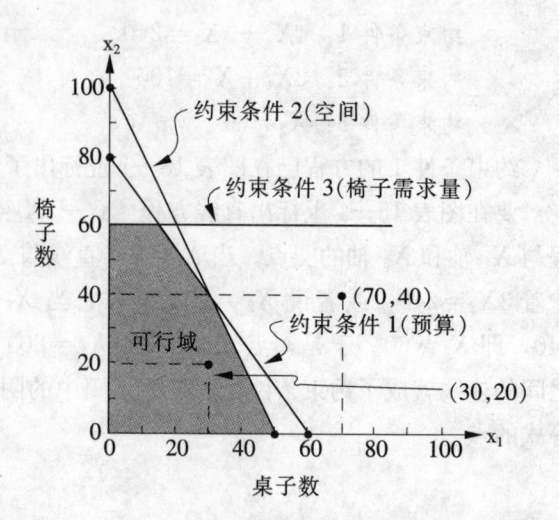

图表 18—2 标出所有约束，找出 Dixon 问题的可行域

解。由线性规划中所涉及的数学原理可知，任何问题的最优解（如取得最大利润时 X_1 和 X_2 的取值等）都会出现在可行域的某个**顶点**（corner point）或**端点**（extreme point）。因而，最优解就是可行域中能取得最大利润的那个顶点。

一旦在图上标出可行域后，我们就可以采取多种方法来求最优解。其中，最快捷的方法就是所谓的 **iso 利润直线法**（iso—profit line method）。

首先，我们令利润等于某个任意的较小量。对于 Dixon 家具店问题，我们可以选择利润等于 210 美元。这个利润水平可以在不破坏 3 个约束条件的情况下轻松达到。于是，目标函数就可以写成 210 美元 $=7X_1+5X_2$。

这个表达式恰好是一个直线方程，所以我们称它为 **iso 利润直线**（iso—profit line）。它代表了所有能获得 210 美元利润的（X_1，X_2）的组合。利润直线的画法与约束直线的画法完全一致的。首先，令 $X_1=0$，解出该直线与 X_2 轴的交点。

210 美元 $=7(0)$ 美元 $+5X_2$ 美元

$X_2=42$ 把椅子

然后，令 $X_2=0$ 并解出 X_1。

210 美元 $=7X_1$ 美元 $+5(0)$ 美元

$X_1=30$ 张桌子

现在我们用一条直线把这两点连接起来。图表 18—3 上已做出了该直线。直线上的每一点都是一个能获得 210 美元利润的可行解。

显然，210 美元的利润直线并不是 Dixon 能取得的最大利润。我们不妨试着在图表 18—4 上做一条利润更高的新直线。注意，新直线离原直线距离越远，它所代表的利润值就越高。此外还要注意的是，所有利润直线都是相互平行的。现在我们可以利用这两个特点来求原问题的最优解。小心地将尺子从原直线向外移动，做出一簇相互平行的利润直线。最优解就

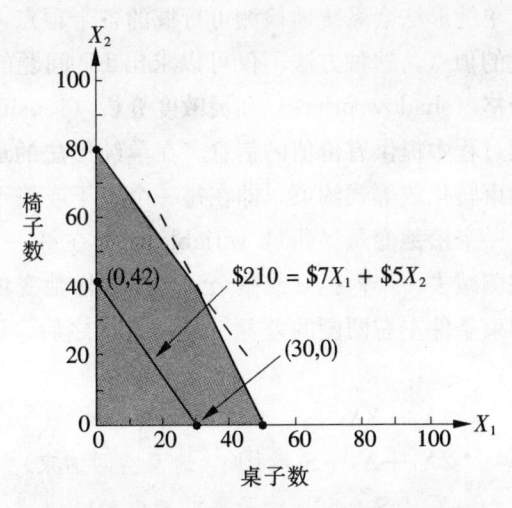

图表 18—3 Dixon 获得 210 美元时的利润直线

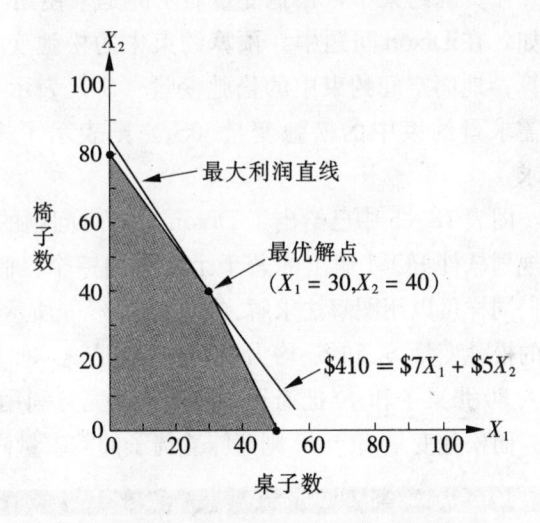

图表 18—4 Dixon 家具店问题的最优解

在那条与可行域相交且利润最高的直线上。

能取得最高利润的可行利润直线与图表 18—4 相交于顶点（$X_1=30$，$X_2=40$），利润值为 410 美元。

18.4 线性规划问题的计算机求解

正如前面所提到的，用图解法来解决含两个以上变量的线性规划问题是不合适的。幸亏，我们有许多线性规划软件包可以用于解决较为复杂的问题。这一节将举例说明如何解读 POM for Windows 软件计算出的结果。POM 和其他许多商业 LP 软件一样，都是通过代数方法，也就是所谓的**单纯形法**（simplex algorithm）来实现的。

单纯形法会系统地检测可行域的各个顶点，以寻求能使目标函数取值更优的顶点。这种方法不仅可以求出 LP 问题的最优解，同时也能通过**影子价格**（shadow prices）和**灵敏度分析**（sensitivity analysis）为管理者在决策过程中提供有价值的信息。在单纯形法的运算过程中，首先要将不等式约束转化成等式约束，即在每一个小于或等于（≤）的不等式约束左侧加上一个**松弛变量**（slack variable），而在每一个大于或等于（≥）的不等式左侧减去一个松弛（或剩余）变量。松弛变量和剩余变量表示的就是每个约束条件左右两侧的差额。经过变换之后，Dixon 家具店问题的约束条件为：

$4X_1+3X_2+S_1=240$（预算约束）

$2X_1+X_2+S_2=100$（地面空间约束）

$X_2+S_3=60$（椅子需求量约束）

在资源约束中，松弛变量表示的是未使用（unused）的那部分资源。比如，在 Dixon 问题中，预算约束中的松弛变量（S_1）表示了未使用的预算；地面空间约束中的松弛变量（S_2）表示了未使用的地面空间；椅子需求量约束中的松弛变量（S_3）则表示了未能满足的那部分椅子的需求。

图表 18—5 中已给出了 Dixon 家具店问题的解。但是，这个解仅是线性规划软件 POM 输出的若干个解中的一个。假如问题中只有两个变量，我们同样可以用图解法求解（如图表 18—6 所示）。在图表 18—5 中，最优解的松弛变量 S_1 和 S_2 均为 0。这也就是说，如果我们采取这个最优方案，购入 30 张桌子和 40 把椅子，那么就能充分利用预算和地面空间这两项资源。而松弛变量 $S_3=20$ 则意味着椅子的需求量尚未满足。

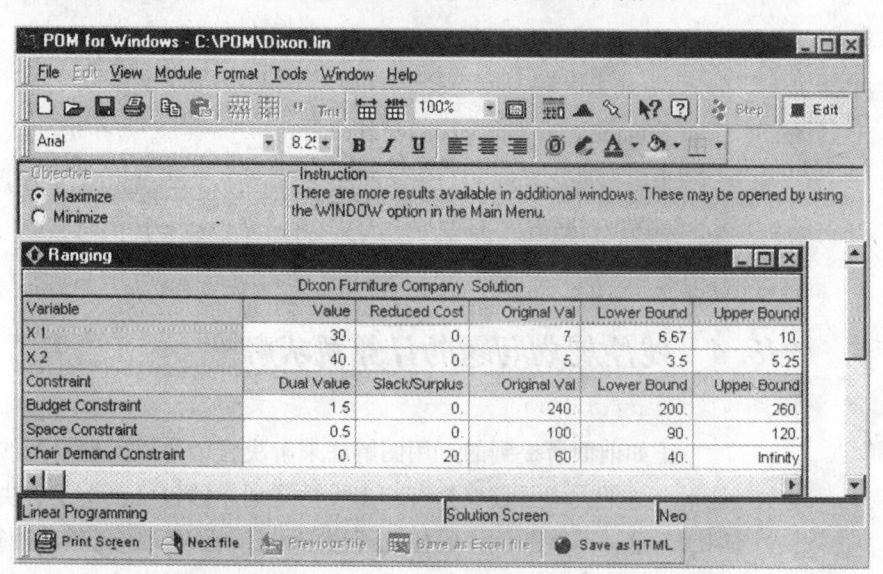

图表 18—5　POM for Windows 软件关于 Dixon 家具店问题的解

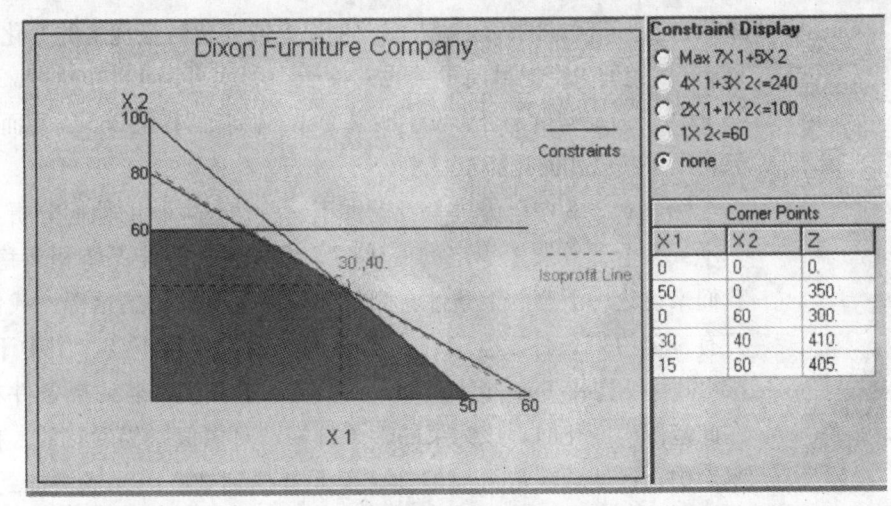

图表 18—6 POM for Windows 软件关于 Dixon 家具店问题的图形解

影子价格

图表 18—5 中的结果引出了另一重要课题——影子价格。影子价格被表示为电脑输出结果中的**对偶值**（dual values）。**影子价格**（shadow price）（或称对偶值）代表了在约束条件右侧每**增加**（increase）一个单位所引起的目标函数值（即 Dixon 家具店的利润）的**变化量**（change）。比如，Dixon 家具店愿意支付多少钱来换取一个单位的额外资源（即在每个约束条件的右侧增加 1）呢？如果 Dixon 多租用 1 平方英尺的空间，利润是否会增加 1 美元或 5 美元，还是 25 美分？增加 1 美元的预算是否能带来多于 1 美元的额外利润，还是根本没必要为此次特卖增加拨款？进行一次广告宣传来增加椅子的需求量是否值得？

图表 18—5 告诉我们，当第一种资源（即预算）增加一个单位时，总利润就会增长 1.5 美元。**影子价格**对于经营管理者而言是一个非常有价值的信息。另外，如果增加 1 平方英尺的展示空间（在目前已充分利用的 100 平方英尺的基础上），总利润将在 410 美元的基础上再增加 0.5 美元。然而，增加椅子的需求量显然是没有意义的。由该影子价格为 0 可知，即使把椅子的需求量从 60 增加到 61，其利润也不会有所增加。这正是因为最优解中椅子的定购数量尚未满足 60 把椅子的需求量，因此去增加一个我们还不能满足的需求量自然是没有意义的。由松弛变量 $S_3 = 20$ 可知，最优方案中尚有 20 把椅子的需求不能被满足。如果约束条件中相应的松弛变量不等于 0，那么它的影子价格将一直为 0。

灵敏度分析

影子价格实际是**灵敏度分析**（sensitivity analysis）中的一种形式，是用来研究当 LP 问题的各项输入值发生误差或变化时最优解的变化。例如，若 Dixon 的经理决定把目前 7 美元的椅子净利润下调 10%，那么 30 张桌子和 40 把椅子的定购量是否会发生明显变化？倘若预算是 265 美元而不是 240 美元，结果又会如何呢？

图表 18—5 中已为决策者提供了一些信息，帮助他们分析当问题中的一个或多个参数发生一定的变化时，最优解是否能保持相对稳定。首先，我们来讨论一下当约束条件右侧的数值发生变化时的情况。我们假设一次只有一个约束条件发生变化，其余两个数值保持不变。图中**下限**（lower bound）和**上限**（upper bound）的数值告诉我们，若约束条件右侧的数值在此范围内变化时，该约束的影子价格（对偶值）仍然有效。在 Dixon 的案例中，即使预算从目前的 240 美元减少到 200 美元或增加到 260 美元，这个预算约束的影子价格仍然适用。

在灵敏度分析中有一点十分重要，即约束条件右侧数值的变化范围会影响影子价格。假设 Dixon 家具店能够以较影子价格更低的成本获得额外的拨款，那么图中的上限则告诉了我们应该增加多少预算，也就是可以在原来 240 美元的基础上增加 20 美元。

接下来，让我们看看当目标函数的某个系数（在 Dixon 问题中是椅子和桌子的单位利润）发生变化时的情况。通过灵敏度分析我们可以得知，若要使最优解保持不变，目标函数中每个决策变量的系数都要在所允许的变化范围内变动。例如，目标函数中每张桌子（X_1）的净利润为 7 美元，但是当利润在 6.67 美元到 10 美元的范围内变化时，最优解 $X_1=30$，$X_2=40$ 并不发生变化。当然，只要利润系数发生变化，那么即使最优解 X_1 和 X_2 的数值不变，总利润 410 美元还是会改变的。

18.5 线性规划问题的建模

这一节旨在介绍如何利用 LP 来解决现实生活中的大量问题。我们将通过 LP 在材料搭配、交通运输、员工安排、人力资源规划和广告媒介组合等方面的应用来说明。其中有些问题虽然数量相对较小，但是从中总结出的规律却能运用于更复杂的问题。

材料搭配问题的应用：食谱问题

食谱问题（diet problem）是最早运用线性规划的一种问题，它以前是医院用以为病人们制定最经济的食谱。当应用到农业上时，则被称作**饲料搭配问题**（feed mix problem）。食谱问题要求制定出一个食物或饲料的搭配组合,从而能以最低的成本来满足所规定的营养需求。

全天然食品营养中心(the Whole Food Nutrition Center, Whole Food)要用3种散装谷物调配1种天然谷类食物,然后按磅出售。该中心称,每天食用2盎司该谷物和半杯全脂牛奶就能满足一个普通成年人一天的蛋白质、核黄素、磷和镁的基本需求。图表18—7中已列出了每种谷物的成本以及其每磅中的蛋白质、核黄素、磷和镁的含量。

图表 18—7　　　　　　　　　　**Whole Food 中心谷类成分**

谷物	每磅成本	蛋白质 (单位/磅)	核黄素 (单位/磅)	磷 (单位/磅)	镁 (单位/磅)
A	33 美分	22	16	8	5
B	47 美分	28	14	7	0
C	38 美分	21	25	9	6

根据成人的每日基本营养需求(即美国日推荐营养所需量,称作 USRDA),一个成年人每天需要蛋白质 3 个单位;核黄素两个单位;磷 1 个单位;镁 0.425 个单位。全天然食品营养中心想要选择一个成本最低而且能达到 USRDA 标准的谷物组合。

我们令:

X_A = 每两盎司该谷类食物中 A 谷物的含量

X_B = 每两盎司该谷类食物中 B 谷物的含量

X_C = 每两盎司该谷类食物中 C 谷物的含量

目标函数为:

最小化每两盎司该混合物的成本 = $0.33X_A$ 美元 + $0.47X_B$ 美元 + $0.38X_C$ 美元

满足约束条件:

$22X_A + 28X_B + 21X_C \geq 3$ (蛋白质含量)

$16X_A + 14X_B + 25X_C \geq 2$ (核黄素含量)

$8X_A + 7X_B + 9X_C \geq 1$ (磷含量)

$5X_A + 0X_B + 6X_C \geq 0.425$ (镁含量)

$X_A + X_B + X_C = 1/8$ (每份重量为 2 盎司或 1/8 磅)

$X_A, X_B, X_C \geq 0$

该问题的最优解是将 0.025 磅 A 谷物,0.050 磅 B 谷物和 0.050 磅 C 谷物进行混合。如果以每种谷物在 2 盎司中所占的比重来表述,则每份中含谷物 A 2/5 盎司,谷物 B 4/5 盎司,谷物 C 4/5 盎司。每份的成本略高于 0.05 美元,为 0.050 75 美元。

运输问题中的应用:货运问题

运输问题或者说货运问题(shipping problem),就是用来决定从若干个起运地送往若干个目的地的货物或商品的数量。此类问题的目标通常是要求运输成本或运输距离最小化，而约束条件则是每个起运地货物的存储量和每个目的地货物的需求量。运输问题是线性规划问题中非常特殊的一种类型。

Top Speed 自行车公司正在全国范围内销售一款 10 级调速的自行车。该公司在新奥尔良和奥马哈均有仓库，另外还有 3 个零售店，分别位于纽约、芝加哥和洛杉矶的 3 个大销售中心附近。

明年这 3 地的销售需求分别为：纽约店 10 000 辆，芝加哥店 8 000 辆，洛杉矶店 15 000 辆。但是，公司两个仓库的存储量是有限的：新奥尔良仓库每年可存储和运输20 000辆自行车，而奥马哈仓库每年只能存储15 000辆。

从不同的仓库运送到不同的零售店需要花费不同的运输成本。下表便是不同情况下每辆自行车的运输成本：

始发地	目的地		
	纽约	芝加哥	洛杉矶
新奥尔良	2 美元	3 美元	5 美元
奥马哈	3 美元	1 美元	4 美元

公司希望制定出一个使年运输成本最小化的运输方案。

若要用 LP 为此问题建模，我们就要先引入双下标变量的概念。例如，我们可以令 X_{11}＝从新奥尔良运往纽约的自行车数量。我们设第一个下标代表起运地（即仓库），而第二个下标代表目的地（即零售店）。因此，任意 X_{ij} 就代表了从第 i 个起运地运往第 j 个目的地的自行车数量。当然我们也可以用变量 X_6 来表示从第 2 个起运点运往第 3 个目的点的自行车数量，但是，你会发现用双下标变量会更方便、更清晰。所以我们令

X_{12}＝从新奥尔良运往芝加哥的自行车数量

X_{13}＝从新奥尔良运往洛杉矶的自行车数量

X_{21}＝从奥马哈运往纽约的自行车数量

X_{22}＝从奥马哈运往芝加哥的自行车数量

X_{23}＝从奥马哈运往洛杉矶的自行车数量

目标函数和约束条件分别为：

最小化运输总成本＝$2X_{11}+3X_{12}+5X_{13}+3X_{21}+1X_{22}+4X_{23}$

满足约束条件：

$X_{11}+X_{21}$＝10 000（纽约店的需求量）

$X_{12}+X_{22}$＝8 000（芝加哥店的需求量）

$X_{13}+X_{23}$＝15 000（洛杉矶店的需求量）

$X_{11}+X_{12}+X_{13}$≤20 000（新奥尔良仓库的供应量）

$X_{21}+X_{22}+X_{23}$≤15 000（奥马哈仓库的供应量）

为什么说运输问题是线性规划问题中比较特殊的一种问题呢？原因就

在于这类问题约束条件中的每一个变量系数总为1。另一类特殊的LP问题——分配问题中也有同样的特点。

下表是计算机给出的关于Top Speed公司运输问题的解，其运输总成本为9 600美元。

始发地	目的地		
	纽约	芝加哥	洛杉矶
新奥尔良	10 000	0	8 000
奥马哈	0	8 000	7 000

员工安排上的应用：分配问题

所谓**分配问题**（assignment problems），就是决定如何最有效地将人员分配到不同的岗位上；将机器分配到不同的工作中；将警车分配到不同的城区内；将营销员分配到不同的地段等。此类问题的目标可能是要使用在路程上的时间和费用最小化，也可能是要使分配效益最大化。由于在分配问题中，不仅约束条件中每个变量的系数均为1，而且每个约束条件右侧的数值也恒等于1。因此它在各类LP问题中也属于相当特殊的一种。在用LP解此题时，模型中的每个变量只可取0或1。请看下例。

Ivan-Ivan法律事务所拥有一批具备初级律师资格的年轻律师。为了有效使用已有的人力资源，Ivan决定采用一些客观的方法来把律师分配给当事人。

3月1日，有4个新客户到Ivan法律事务所来要求法律援助。虽然公司的各位律师已是公务繁忙，但是Ivan依然想接受这几位新客户的请求。于是他重新了解了一下各位律师目前所接受的案子，并发现有4位初级律师虽然很忙但仍有可能接受新案。这几位年轻律师每人最多只能受理一个新案，而且他们各自也有不同的专长和喜好。

为了使新工作分配后的总体效益最佳，Ivan绘制了下表，并就不同的案子按预计的收效为各位律师打分（从1分到9分）。

律师	客户的案件			
	离婚案	企业兼并案	贪污案	内幕交易案
Adams	6	2	8	5
Brooks	9	3	5	8
Carter	4	8	3	4
Darwin	6	7	6	4

在用LP解题时，我们需要再次使用双下标变量。

令 $X_{ij} = \begin{cases} 1 & \text{把第}j\text{个案件分配给第}i\text{个律师} \\ 0 & \text{反之} \end{cases}$

其中 $i=1,2,3,4$ 分别代表 Adams，Brooks，Carter 和 Darwin；

$j=1,2,3,4$ 分别代表离婚案、企业兼并案、贪污案和内幕交易案

该 LP 模型如下：

$$最佳效益 = 6X_{11}+2X_{12}+8X_{13}+5X_{14}$$
$$+9X_{21}+3X_{22}+5X_{23}+8X_{24}$$
$$+4X_{31}+8X_{32}+3X_{33}+4X_{34}$$
$$+6X_{41}+7X_{42}+6X_{43}+4X_{44}$$

满足约束条件：

$X_{11}+X_{21}+X_{31}+X_{41}=1$（离婚案）

$X_{12}+X_{22}+X_{32}+X_{42}=1$（企业兼并案）

$X_{13}+X_{23}+X_{33}+X_{43}=1$（贪污案）

$X_{14}+X_{24}+X_{34}+X_{44}=1$（内幕交易案）

$X_{11}+X_{12}+X_{13}+X_{14}=1$（分配给 Adams 的案件）

$X_{21}+X_{22}+X_{23}+X_{24}=1$（分配给 Brooks 的案件）

$X_{31}+X_{32}+X_{33}+X_{34}=1$（分配给 Carter 的案件）

$X_{41}+X_{42}+X_{43}+X_{44}=1$（分配给 Darwin 的案件）

当 $X_{13}=1$，$X_{24}=1$，$X_{32}=1$ 和 $X_{41}=1$ 时，法律事务所的效益最佳，总分为 30 分，而此时其他变量的值均为 0。

人力资源规划

人力资源规划问题（labor planning problems）是用来处理一段特定时间内的人员需求的。管理者在安排一些可以交错、且需要多种技能的岗位人员时，倘若有选择的余地，那么这种方法就尤为有效。大型银行就经常使用 LP 来安排职员的工作时间。

阿灵顿（Arlington）工商银行的业务比较繁忙，根据每天不同的时间段，它需要 10~18 名出纳员。在午餐时间，即 12 点到下午 2 点，需要的出纳员通常最多。图表 18—8 列出了在该行营业时段内，每个小时所需的出纳员的人数。

图表 18—8   Arlington 工商银行

时间段	需要的出纳员人数
09：00~10：00	10
10：00~11：00	12
11：00~12：00	14
12：00~13：00	16
13：00~14：00	18
14：00~15：00	17
15：00~16：00	15
16：00~17：00	10

第18章 线性规划与目标规划在服务业中的应用

目前，该行已雇有12名全职出纳员，但还有许多女性愿意做兼职。每位兼职雇员一天工作4个小时，不过可以从上午9点至下午1点的任意一个整点开始工作。由于银行无需为兼职雇员提供退休金和午餐补贴，因此兼职雇员是一种相当廉价的劳动力。全职雇员必须从上午9点工作到下午5点，但中间有1个小时的午餐休息时间（其中一半的人在上午11点用餐，另一半人在中午12点用餐。）。所以，全职雇员每周的实际工作时间为35小时。

根据该行的规定，每天兼职雇员的工作时间最多只能占所有雇员工作时间的50%。

兼职雇员的收入为平均每小时4美元（或每天16美元），而全职雇员平均每天的工资和福利则为50美元。该行想要制定出一张职工工作时间表以使劳动力成本最小化。如果能提高效益，该行甚至愿意解雇1名或者多名全职出纳员。

我们可以令：

F：全职出纳员的人数
P_1：09：00 开始工作的兼职出纳员人数（13：00 下班）
P_2：10：00 开始工作的兼职出纳员人数（14：00 下班）
P_3：11：00 开始工作的兼职出纳员人数（15：00 下班）
P_4：12：00 开始工作的兼职出纳员人数（16：00 下班）
P_5：13：00 开始工作的兼职出纳员人数（17：00 下班）

目标函数为：

最小化日劳动力总成本 $=50F$ 美元 $+16(P_1+P_2+P_3+P_4+P_5)$ 美元

约束条件：每小时安排的员工数必须至少等于所需要的员工数。

$F+P_1 \geqslant 10$（09：00～10：00所需的人数）
$F+P_1+P_2 \geqslant 12$（10：00～11：00所需的人数）
$1/2F+P_1+P_2+P_3 \geqslant 14$（11：00～12：00所需的人数）
$1/2F+P_1+P_2+P_3+P_4 \geqslant 16$（12：00～13：00所需的人数）
$F+P_2+P_3+P_4+P_5 \geqslant 18$（13：00～14：00所需的人数）
$F\quad +P_3+P_4+P_5 \geqslant 17$（14：00～15：00所需的人数）
$F\quad\quad +P_4+P_5 \geqslant 15$（15：00～16：00所需的人数）
$F\quad\quad\quad +P_5 \geqslant 10$（16：00～17：00所需的人数）

因为只有12位全职出纳员，所以

$F \leqslant 12$

每天兼职雇员的工作时数不可超过全体雇员总工作时的50%，而总工作时等于每小时所需出纳员的人数之和。

$4(P_1+P_2+P_3+P_4+P_5) \leqslant 0.50\ (10+12+14+16+18+17+15+10)$

或者：

$$4P_1+4P_2+4P_3+4P_4+4P_5 \leqslant 0.50 \quad (112)$$

$$F, P_1, P_2, P_3, P_4, P_5 \geqslant 0$$

阿灵顿银行最终有两套最优方案可以选择。其一，聘用10位全职出纳员（$F=10$），而在所聘用的兼职出纳员中安排2位从上午10点开始工作（$P_2=2$），7位从上午11点开始工作（$P_3=7$），5位从中午12点开始工作（$P_4=5$）。不安排上午9点和下午1点开始工作的兼职雇员。

其二，同样也聘用10位全职出纳员，不同的是，在所聘的兼职出纳员中安排6位从上午9点开始工作（$P_1=6$），1位从上午10点开始工作（$P_2=1$），2位从上午11点开始工作（$P_3=2$），2位从中午12点开始工作（$P_4=2$），3位从下午1点开始工作（$P_5=3$）。无论是这两种方案中的哪一种，它们的劳动力成本均为每天724美元。

营销方面的应用：广告媒介选择

在广告领域中，线性规划一直是作为一种辅助决策方法来帮助人们选择有效的媒介组合。有时候，我们会用这种方法把有限的或固定的预算分配到不同的广告媒介上，如电台、电视广告、报纸广告、直邮广告、杂志广告等。还有些时候，我们的目的是要使广告的受众最大化。各种可能的媒介组合也会受到合同要求、有限的媒体以及公司决策的限制。请看下例。

Win Big 博彩俱乐部（Win Big Gambling Club）准备组织一次博彩旅行，地点是从中西部的一个大城市到巴哈马群岛的赌场。俱乐部决定以每周8 000美元的预算在当地进行宣传，宣传将通过4个促销媒介，分别为电视广告、报纸广告和两种电台广告。俱乐部宣传的目的就是尽可能扩大此次活动在大众中的知名度。下表中列出了4种广告媒介各自的受众数、广告费用以及每周允许的最多次数。

媒介	每则广告的受众人数（人）	每则广告的费用（美元）	每周广告的最大次数
电视广告（1分钟）	5 000	800	12
日报（整页广告）	8 500	925	5
电台广告（30秒，黄金时段）	2 400	290	25
电台广告（1分钟，下午时段）	2 800	380	20

俱乐部在合同中规定每周至少要在电台做5次广告。但为了保证宣传面，同时又要求每周用于电台广告的费用不得超过1 800美元。

现在，我们可以把这个问题用数学方法表示如下。令：

X_1：每周在电视台做1分钟广告的次数；

X_2：每周在日报上做整页广告的次数；

X_3：每周在电台做 30 秒黄金时段广告的次数；

X_4：每周在电台做 1 分钟下午时段广告的次数。

目标函数为：

$$\text{受众最大化} = 5\,000X_1 + 8\,500X_2 + 2\,400X_3 + 2\,800X_4$$

满足约束条件：

$X_1 \leqslant 12$（每周电视广告的最大次数）

$X_2 \leqslant 5$（每周报纸广告的最大次数）

$X_3 \leqslant 25$（每周 30 秒电台广告的最大次数）

$X_4 \leqslant 20$（每周 1 分钟电台广告的最大次数）

$800X_1 + 925X_2 + 290X_3 + 380X_4 \leqslant 8\,000$（每周的广告预算）

$X_3 + X_4 \geqslant 5$（合同规定的电台广告最少次数）

$290X_3 + 380X_4 \leqslant 1\,800$（电台广告可使用的最大金额）

使用电脑软件后，我们可以得出该 LP 问题的解为：

$X_1 = 1.9$ 电视广告

$X_2 = 5$ 报纸广告

$X_3 = 6.2$ 30 秒电台广告

$X_4 = 0$ 1 分钟电台广告

这一媒介组合的广告受众人数为 67 240 人。由于解中的 X_1 和 X_3 是小数，所以俱乐部可能会将其分别四舍五入为 2 和 6。诸如此类要求整数解的问题，在大多数管理科学教材中都有详述。

18.6 目标规划

在当今的商业界，利润最大化或成本最小化已不再是一个服务企业所始终追求的唯一目标了。通常，总利润最大化仅仅是企业众多目标中的一个，这些目标有时甚至会自相矛盾，如市场份额最大化、保持充分就业、质量管理的生态化、减少对周边环境的噪音影响以及其他种种非经济目标。

线性规划的不足就在于它只能把目标函数局限在某一个方面。当问题中有多个目标时，线性规划就不再适用了，除非这些目标都可用同一种单位来表示（比如美元），但这是相当特殊的一种情况。于是，为了弥补线性规划的不足，又出现了另一种重要的方法，就是所谓的**目标规划**(goal programming)。

在决策过程中我们经常会遇到此类情况：即只有放弃其他一些目标才能达到经营管理所期望的目标。所以我们有必要对目标进行分级，仅当优先级较高的目标被满足时才考虑优先级较低的目标。由于决策者难以按希望的那样实现每一个目标，因此目标规划旨在找到一个能权衡考虑各个目标的满意解。当然，这就会与线性规划有所不同，因为线性规划是针对**单个**目标来求出它的最优解。

那么，目标规划和线性规划的区别究竟在哪里呢？其实，两者最主要的区别就在于目标函数。目标规划并不像线性规划那样直接使目标函数最大化或最小化，而是要尽量减小在约束条件下的实际取值与既定目标之间的偏差（deviations）。**在 LP 问题所使用的单纯形法中，这种偏差量被称为松弛变量**（slack variables），而且只是作为一种形式变量（或称虚变量）。但是，在目标规划中，这些松弛变量可能为正，也可能为负，它们不仅是实际变量，而且目标函数也仅以这种变量来表达。目标规划问题就是要使这些偏差量最小化。

一旦建立了目标规划的模型，其后的运算方法就基本与解 LP 问题的单纯形法一致了。

目标规划举例：重新审视 Dixon 家具店

在本章前几节中，Dixon 家具店曾被作为 LP 问题中的一个例题，现在我们再度用这个案例来解释如何为 GP 问题建模。让我们先来回顾一下原规划模型。

净利润最大化 $= 7X_1$ 美元 $+ 5X_2$ 美元

满足约束条件：

$4X_1 + 3X_2 \leqslant 240$ （预算约束）

$2X_1 + 1X_2 \leqslant 100$ （空间约束）

$X_2 \leqslant 60$ （椅子需求量约束）

$X_1, X_2 \geqslant 0$

其中

X_1：订购的桌子数；

X_2：订购的椅子数。

倘若 Dixon 的管理者只有一个目标（比如是利润最大化），我们自然可以用线性规划来求出最优解。但是，如果我们现在假设该店要在"五一"周末培训一批新的销售人员，那么要使利润最大化已经不太现实。经理已制定了一个 380 美元的目标利润，在培训期内，这个利润水平尚能令人满意。现在，我们已经有了一个目标规划的问题，我们要在有限的预算和空间条件下找出一个桌子和椅子订购量的组合，并使利润尽量接近目标利润。这个简单的例题将为我们今后处理更为复杂的目标规划问题打下基础。

我们先来定义两个偏差变量：

d_1^-：低于目标利润的差额；

d_1^+：高于目标利润的差额。

现在，我们就可以把 Dixon 家具店问题表述成一个单目标规划模型了。

最小化与目标利润间的偏差量 $=d_1^- + d_1^+$

满足约束条件：

$7X_1 + 5X_2 + d_1^- - d_1^+ = 380$　　（利润目标约束）

$4X_1 + 3X_2 \leqslant 240$　　　　　　　（预算约束）

$2X_1 + 1X_2 \leqslant 100$　　　　　　　（空间约束）

$X_2 \leqslant 60$　　　　　　　　　　　（椅子需求量约束）

$X_1,\ X_2,\ d_1^-,\ d_1^+ \geqslant 0$

注意，在第一个约束条件中，实际利润（即 $\$7X_1 + \$5X_2$）加上未达目标利润的部分或减去超过目标利润的部分后，必须等于 380 美元的目标利润。例如，若 $X_1=10$ 张桌子，$X_2=60$ 把椅子，那么实际利润就是 370 美元。这个利润水平与目标利润 380 美元相差 10 美元，所以 d_1^- 就必须等于 10。由于尚未达到目标利润，所以 Dixon 并没有额外的利润，d_1^+ 自然就等于 0 了。接下来我们就可以通过目标规划的运算方法来求出该问题的解了。

如果该店能恰好达到 380 美元的目标利润，我们发现此时的 d_1^+ 和 d_1^- 均为 0，目标函数也达到了最小值 0。但是，如果 Dixon 家具店的经理只想考虑低于目标利润的差额，那么目标函数又会发生怎样的变化呢？此时，目标函数将变成

最小化低于目标利润的差额 $=d_1^-$

这个目标函数同样也是合理的。因为如果能获得超过目标利润的额外利润，该店自然会非常乐意。

一般而言，一个问题的目标函数和约束条件一经确定，管理人员就要针对每个目标分析低于或超过该目标值是否可以接受。如果超过目标值的解可行，那么目标函数中就可以不再考虑变量 d^+；同样，如果低于目标值的解可行，那么变量 d^- 就可以不用考虑。如果管理者要求无偏差地达到目标值，那么目标函数中就必须同时出现 d^- 和 d^+。

同优先级的多目标规划

现在，再让我们研究一下 Dixon 家具店问题的另一种情况：Dixon 的经理希望达到几个同优先级的目标。

目标 1　使劳动节特卖的利润不少于 380 美元；

目标 2　充分利用所提供的 240 美元预算；

目标3 使用的面积不超过现有面积；

目标4 椅子的库存量不超过预计的需求量。

我们可以定义如下的偏差变量：

d_1^-：低于目标利润的差额；

d_1^+：高于目标利润的差额；

d_2^-：低于预算的差额（未充分使用）；

d_2^+：超过预算的差额（超额使用）；

d_3^-：未使用的面积（未充分使用）；

d_3^+：多用的面积（超额使用）；

d_4^-：未满足的椅子需求；

d_4^+：超过椅子需求的量。

Dixon不予考虑的问题是：是否有超额利润、超额使用预算、非充分使用空间以及椅子的定购量是否小于60把。因此，在目标函数中可以不考虑 d_1^+，d_2^+，d_3^- 和 d_4^- 这几个变量。新的目标函数和约束条件为：

总偏差量最小化＝$d_1^- + d_2^- + d_3^+ + d_4^+$

满足约束条件：

$7X_1 + 5X_2 + d_1^- - d_1^+ = 380$ （利润约束）

$4X_1 + 3X_2 + d_2^- - d_2^+ = 240$ （预算约束）

$2X_1 + 1X_2 + d_3^- - d_3^+ = 100$ （空间约束）

$X_2 + d_4^- - d_4^+ = 60$ （椅子需求量约束）

所有 X_i，d_i 变量≥ 0

图表18—9所示的是本目标规划问题的模型结构及它的解。图表18—10所示的则为灵敏度分析的结果。根据这个最优解，Dixon应该购入15张桌子和60把椅子。这个方案将会使Dixon家具店获得25美元的目标外超额利润（$d_1^+ = 25$ 美元），但同时也会使Dixon家具店放弃10平方英尺的展示空间（$d_3^- = 10$）。而其余两个目标都恰好能被满足（$d_2^+ = d_2^- = d_4^+ = d_4^- = 0$）。

为目标分级 在大多数的目标规划问题中，经常会有一个目标比另一个目标更重要，而这另一个目标又比第三个目标更重要。于是，我们便可以根据管理者对每个目标的重视程度对各个目标进行分级。只有当优先级较高的目标得到满足之后，才考虑优先级较低的目标。我们用 P_i 来表示不同的优先级——首要目标为 P_1，其次为 P_2，P_3，依此类推。

我们假设Dixon家具店已为各个目标排列了优先级，如下表所示：

目标	优先级
利润应高于380美元，多多益善	P_1
充分使用预算金额	P_2
不超额使用空间	P_3
椅子的订购量不超过60	P_4

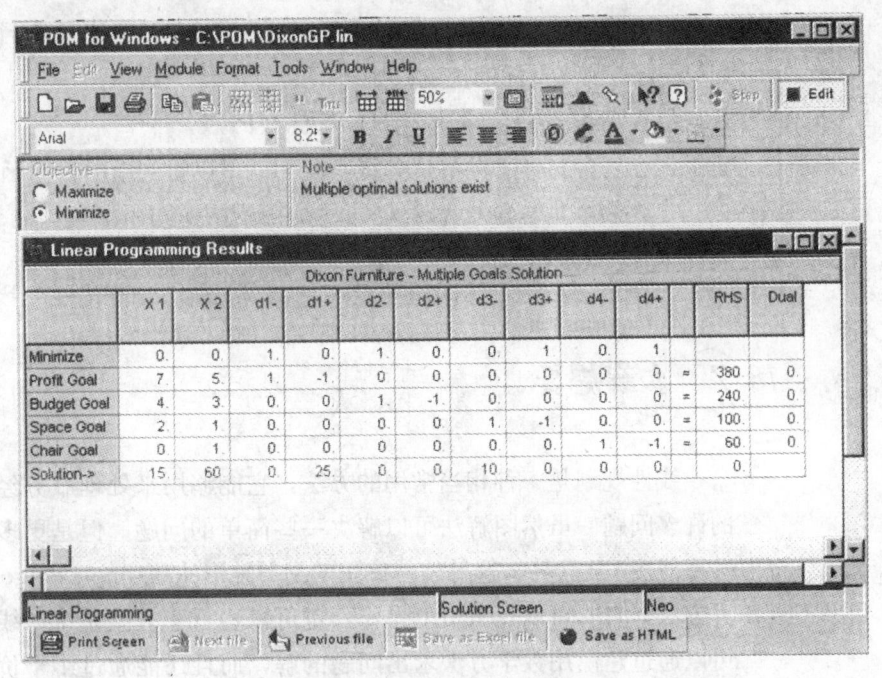

第18章 线性规划与目标规划在服务业中的应用

Linear Programming Results — Dixon Furniture - Multiple Goals Solution

	X1	X2	d1-	d1+	d2-	d2+	d3-	d3+	d4-	d4+		RHS	Dual
Minimize	0.	0.	1.	0.	1.	0.	0.	1	0.	1.			
Profit Goal	7.	5.	1.	-1.	0.	0.	0.	0.	0.	0.	=	380	0.
Budget Goal	4.	3.	0.	0.	1.	-1.	0.	0.	0.	0.	=	240	0.
Space Goal	2.	1.	0.	0.	0.	0.	1.	-1.	0.	0.	=	100.	0.
Chair Goal	0.	1.	0.	0.	0.	0.	0.	0.	1.	-1.	=	60	0.
Solution->	15.	60.	0.	25.	0.	0.	10.	0.	0.	0.			

图表18—9　Dixon家具店的多目标规划在POM for Windows软件中表示出的模型结构及解

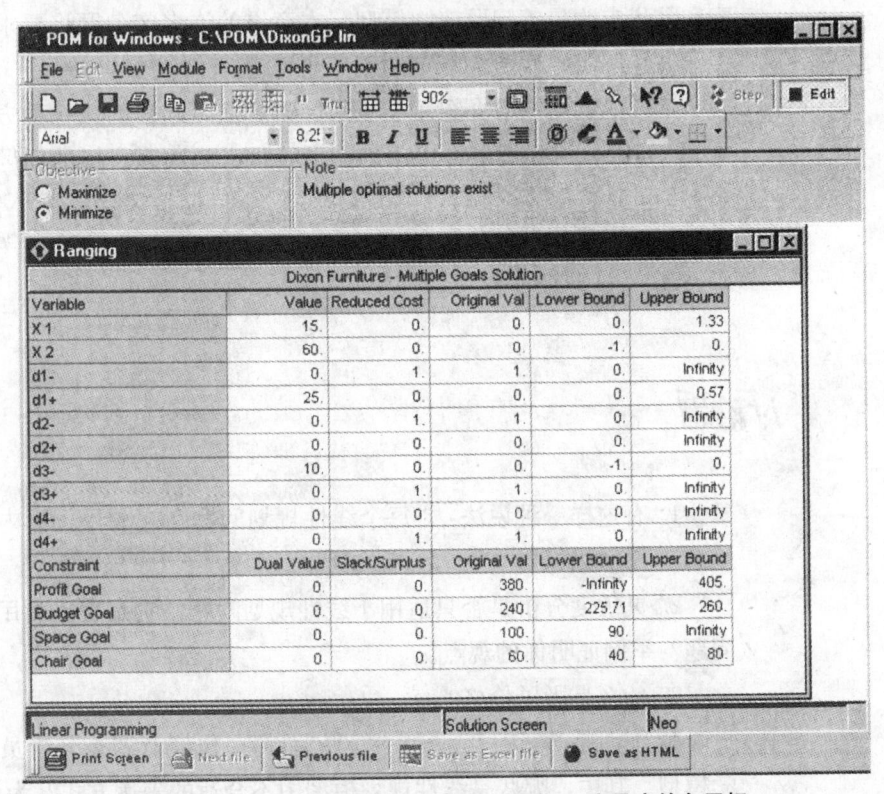

Ranging — Dixon Furniture - Multiple Goals Solution

Variable	Value	Reduced Cost	Original Val	Lower Bound	Upper Bound
X 1	15.	0.	0.	0.	1.33
X 2	60.	0.	0.	-1.	0.
d1-	0.	1.	1.	0.	Infinity
d1+	25.	0.	0.	0.	0.57
d2-	0.	1.	1.	0.	Infinity
d2+	0.	0.	0.	0.	Infinity
d3-	10.	0.	0.	-1.	0.
d3+	0.	1.	1.	0.	Infinity
d4-	0.	0.	0.	0.	Infinity
d4+	0.	1.	1.	0.	Infinity

Constraint	Dual Value	Slack/Surplus	Original Val	Lower Bound	Upper Bound
Profit Goal	0.	0.	380	-Infinity	405.
Budget Goal	0.	0.	240	225.71	260.
Space Goal	0.	0.	100.	90.	Infinity
Chair Goal	0.	0.	60	40.	80.

图表18—10　POM for Windows软件为Dixon家具店的多目标规划所做的灵敏度分析

事实上，这就意味着利润目标的优先级（P_1）比预算目标的优先级（P_2）高；预算目标的优先级比空间目标的优先级（P_3）高；空间目标的优先级又高于 60 把椅子订购量的目标（P_4）。

根据每个目标不同的优先级，我们就可以得到新的目标函数：

$$最小化总偏差 = P_1 d_1^- + P_2 d_2^- + P_3 d_3^+ + P_4 d_4^+$$

其约束条件依然不变。

18.7 本章提要

线性规划是一种相当常用的方法，它能够用来处理服务经营和管理中的许多问题。虽然图解法可以解决一些简单的问题，但是更多的企业还是选择使用 LP 软件。这种软件使用的是**单纯形法**（simplex algorithm）的运算方法，它既可以在微机上操作，也可以运行于大型系统。线性规划不仅可以通过建模用数学方法求出问题的解，而且还能通过影子价格和灵敏度分析提供有价值的管理信息。

本章中，我们已了解了如何为营销、运输、工作安排、分配、材料搭配和零售定购量等问题建立模型。本章末的许多实务题将要求你运用所掌握的方法解决一些更为复杂的服务业问题。

本章的最后一节介绍了在 LP 基础上发展起来的另一种方法——目标规划（GP）。目标规划可以用来帮助管理者解决多目标的问题。它是按各个目标的优先级逐个满足，而不是使单个目标最大化或最小化。LP 问题中的单纯形法同样也可以用于处理目标规划问题，当然也有专门为 GP 而开发的专业软件。

讨论题

1. 有这样一种说法："每个线性规划问题在它的可行域内都有无数多组解"，请解释。

2. 灵敏度分析是否只适用于线性规划问题？它是否也可用于分析其他问题？举例证明你的观点。

3. 什么是影子价格？

4. 下面是 Smith-Lawton 医药公司的一位经营调查分析员所建立的数学模型。其中，哪些是线性规划模型中不合适的表达方式？为什么？

$$利润最大化 = 4X_1 + 3X_1 X_2 + 8X_2 + 5X_3$$

满足约束条件：

$2X_1+X_2+2X_3 \leqslant 50$

$8X_1-4X_2 \geqslant 6$

$1.5X_1+6X_2+3X_3 \geqslant 21$

$19X_2-1/3X_3=17$

$5X_1+4X_2+3\sqrt{X_3} \leqslant 80$

$-X_1-X_2+X_3=5$

5. 如今，计算机在处理线性规划问题上有哪些贡献？

6. 比较线性规划和目标规划之间的异同点。

7. 什么是偏差变量？它与一般线性规划问题中的决策变量有何区别？

8. 如果你是一所在大学的校长，而且你准备用目标规划来帮助决策，那么你会提出哪些目标？你又会在你的模型中加入哪些约束条件？

9. 在目标规划中，为各个目标分级有什么意义？分级后会对原问题的解产生什么影响？

练习题

18.1 用图解法解以下线性规划问题。

利润最大化 $=4X_1+4X_2$

满足约束条件：

$3X_1+5X_2 \leqslant 150$

$X_1-2X_2 \leqslant 10$

$5X_1+3X_2 \leqslant 150$

$X_1,X_2 \geqslant 0$

18.2 思考以下线性规划模型：

成本最小化 $=1X_1$ 美元 $+2X_2$ 美元

满足约束条件：

$X_1+3X_2 \geqslant 90$

$8X_1+2X_2 \geqslant 160$

$3X_1+2X_2 \geqslant 120$

$X_2 \leqslant 70$

在图上标出它的可行域。指出在哪个顶点能取到最优解。最优解的成本又是多少？

18.3 著名的 Y.S. Chang 餐厅是 24 小时连续营业的。它的服务员和勤杂工 8 小时轮一班，分别要在凌晨 3 点、早晨 7 点、上午 11 点、下午 3 点、晚上 7 点和深夜 11 点上岗工作。下表已列出了一天 6 个时段中每个时段所需的最少员工数。

时间段	时间	所需服务员和打杂工的人数
1	03：00—07：00	3
2	07：00—11：00	12
3	11：00—15：00	16
4	15：00—19：00	9
5	19：00—23：00	11
6	23：00—03：00	4

餐厅现在所面临的问题是，每个时段的起始应该各安排多少服务员和勤杂工上岗才能既满足一天的所需，又能使劳动力成本最小化（提示：令 X_i 等于在时段 i 开始工作的服务员和勤杂工人数，其中 $i=1, 2, 3, 4, 5, 6$）。

18.4 Diversey Paint and Supply 公司在芝加哥北部有 4 个连锁零售店。它的广告部主任正在考虑通过 2 种广告媒介为公司做宣传：一种是在周日的《芝加哥论坛》（*Chicago Tribune*）报上刊登一系列半页的广告；另一种是在芝加哥电视台做广告。由于公司正在推广自助式油漆工具，所以广告部主任希望广告宣传面能达到市区的 40% 和西北部郊区的 60%。

目前所考虑的电视广告每时段的宣传面可达到 5% 的市区家庭和 3% 的西北郊区家庭。而周日的报纸广告，每次相应的宣传面则为 4% 和 3%。此外，论坛报上每则半页广告的费用为 925 美元；每则电视广告的费用为 2 000 美元。

公司想要以最低的广告费用来达到预期的宣传效果。请你用 LP 为其建模。

18.5 Krampf 铁路运输公司是一个专业运煤公司。如下表所示，4 月 13 日星期五，Krampf 公司在下列城镇有若干空车。

城镇	可供使用的车辆（辆）
摩尔根	35
扬斯敦	60
匹兹堡	25

4 月 16 日星期一之前，下列城镇需要使用煤车。

城镇	需要使用的车辆（辆）
Coal Valley	30
Coaltown	45
Coal Junction	25
Coalsburg	20

调度员已根据铁路线的城镇距离表，建立了一张关于上述各城镇之间的里程表（参见图表 18—11）。

a. 建立一个线性规划模型，使车辆因调度从原地点行驶到新地点的总距离最小。

b. 使用一个线性规划的计算机程序，计算出煤车的最佳调度方案

图表 18—11

始发地	目的地			
	Coal Valley	Coaltown	Coal Junction	Coalsburg
摩尔根	50	30	60	70
扬斯敦	20	80	10	90
匹兹堡	100	40	80	30

18.6 密苏里州有 3 个主要发电厂（A、B 和 C）。在用电高峰期，密苏里州电力局允许这 3 家发电厂将剩余的供电量集中起来，分配给一些小型的发电厂，因为这些厂缺乏应对大量用电需求的大型发电机。

剩余供电量是根据每度电的传输费用来分配的。图表 18—12 中已列明了用电的需求量和供给量（百万度），以及每度电传输到 W、X、Y 和 Z 4 家发电厂的费用。

a. 为此题建立一个 LP 模型。

b. 用 LP 计算机程序求出费用最低的传输方案。

图表 18—12

始发地	目的地				
	W	X	Y	Z	剩余供电量
A	12 美分	4 美分	9 美分	5 美分	55
B	8 美分	1 美分	6 美分	6 美分	45
C	1 美分	12 美分	4 美分	7 美分	30
为满足的用电需求	40	20	50	20	

18.7 圣查尔斯综合医院的院长要为泌尿科、心脏科、整形外科和妇产科这 4 个新成立的部门指派护士长。为此，他已雇佣了 4 位护士：*Hawkins*、*Condriac*、*Bardot* 和 *Hoolihan*。由于院长倾向于用数学分析法来解决问题，于是他对每位护士都进行了面试，并在综合考虑她们各自的背景资料、个性和才能后列出了用人成本，其数值为 0 至 100。如果，把 *Bardot* 护士分配到心脏科的成本为 0，那就意味着 *Bardot* 非常适合做该科的护士长。反之，若成本接近 100，则说明她根本不适合这份工作。图表 18—13 是院长列出的每种组合的用人成本，它包括了所有可能的分配情况。究竟应该把哪位护士分配到哪个部门呢？

图表 18—13

护士	部门			
	泌尿科	心脏科	整形外科	妇产科
Hawkins	28	18	15	75
Condriac	32	48	23	38
Bardot	51	36	24	36
Hoolihan	25	38	55	12

18.8 Gleaming 公司刚开发出一种新型洗碗液,并准备在全国范围内做一次广告宣传。由于每天下午 1:00~5:00 是家庭主妇收看电视的高峰时段,所以公司想在这个时段做一系列 1 分钟的广告。为了使广告影响面最大,Gleaming 公司预备在 4 个不同的电视台各做一则广告,播放时间为 1 小时 1 则。下表是不同时段、每 1 000 美元广告投入能换来的观众数。怎样在各个电视台间安排广告才能使广告的影响面最大?

	电视台			
	A	B	C	私营
1~2 P.M.	27.1	18.1	11.3	9.5
2~3 P.M.	18.9	15.5	17.1	10.6
3~4 P.M.	19.2	18.5	9.9	7.7
4~5 P.M.	11.5	21.4	16.8	12.8

18.9 马里兰州阿尔丁郡的教育局长要负责将学生分配到郡中的 3 所高中去。由于郡中有些地方的学生离学校路途较远,难以步行上学,所以他认为有必要安排校车接送这些学生。于是,他把整个郡分成了 5 块,准备建立一个规划使所有学生的总车程最短。此外,他还发现,如果一个学生的家和学校恰巧在同一地区,他就可以直接步行上学而不需要搭乘校车。这三所高中分别位于 B 区、C 区和 E 区。

图表 18—6 中列示的是每个地区的高中适龄学生数和各地到三所学校的距离(英里)。

每所高中可以接纳 900 名学生。用线性规划为该问题建立目标函数和约束条件,使所有学生的总车程最短。

图表 18—14

地区	离学校的距离			学生数
	B 区的学校	C 区的学校	E 区的学校	
A	5	8	6	700
B	0	4	12	500
C	4	0	7	100
D	7	2	5	800
E	12	7	0	400
			合计	2 500

18.10 中北电力公司的市场部主任哈里斯·西格尔(Harris Segal)正准备搞一次节约用电的广告宣传活动。他打算把预算金额分配给电视广告和报纸广告,而且还按重要性依次订立了以下目标:

1. 广告总预算不得超过 12 万美元;
2. 必须兼有电视广告和报纸广告,而且电视广告不少于 10 则(费用是每则 5 000 美元),报纸广告不少于 20 则(费用是每则 2 000 美元);
3. 广告的读者或观众总人数不少于 900 万人。

每则电视台广告的观众约有 30 万人,而每则报纸广告的读者约有 15 万人。为西格尔的这个目标规划建立模型,并确定电视广告和报纸广告的数量。

18.11 陆军学校要举办新一期 6 个月的陆军武官训练课程。少校比尔·布莱(Bill Bligh)是此项课程的教官,他正在考虑如何让受训的 20 位军官在他的训练期内安排好他们宝贵的时间。布莱少校发现一周共 168 个小时,但他的学员们并没有有效地利用。于是他令:

X_1:每周所需的睡眠时间;

X_2:私人时间(包括用餐、个人卫生工作、洗熨衣服等等);

X_3:上课学习时间;

X_4:基地外的社交时间(包括约会、运动、探亲等等)。

他认为第一个目标是要让学员们每周有 30 个小时的充足时间来接受素质训练。其二,他认为学员平均每晚的睡眠时间不应超过 7 小时。第三个目标,他认为应该让学员每周有至少 20 个小时的社交时间。请为此目标规划问题建立模型。

18.12 新奥尔良的西奈山医院是一家大型的私人医院。院内有 600 张床位,并备有化验室、手术室和 X 光仪器等全部设备。为了增加营业额,医院的管理层决定动用医院边上现作为职工停车场的一块地,增添 90 张床位。管理层认为目前的化验室、手术室和 X 光透视室均未充分使用,所以无须为新增病人进行扩建。但是,他们必须决定如何在外科(给手术病人用)和内科(给内科病人用)之间分配这 90 张床位。

医院的财务部和病历室已提供了下列相关信息:首先,每位内科病人的平均住院期为 8 天,平均每人支付的住院费为 2 280 美元;而每位外科病人的平均住院期为 5 天,平均每人支付的住院费为 1 515 美元。其次,化验室能够在已有基础上每年再多做 1.5 万个化验。而每位内科病人平均要做 3.1 次化验,每位外科病人平均需要做 2.6 次化验。第三,每位内科病人平均需要做 1 次 x 光透视,每位外科病人平均要做 2 次 x 光透视。若增加 90 张床位,则 x 光透视室可以在几乎不增加成本的情况下多完成 7 000 次透视任务。最后,管理者还估计目前的手术室尚可以再多完成 2 800 次手术。外科病人一般每人做一次手术,而内科病人则不需要做手术。

为这个问题建立一个模型,决定应该为内科和外科各增加多少床位以使医院的年收入最大。假设医院每年工作 365 天。

18.13 中南公用事业公司前不久刚宣布它的第二台核发电机将于 8 月 1 日在路易斯安那州的 Baton Rouge 核电厂正式投入运行。公司要求人事部拟定出至年底所需聘用和培训的核技术人员数。

该厂目前已聘用了 350 名训练有素的技术人员,而且计划需要如下人员数:

月份	人员需求（工时数）
8月	40 000
9月	45 000
10月	35 000
11月	50 000
12月	45 000

根据路易斯安那州的法律，反应堆的工作人员每人每月实际工作时间不得超过130小时（每天有1个多小时是用于出入登记和每日的放射线健康扫描）。而且公司也规定，在核电厂工作人员过剩时期，也不能解雇员工。所以说，如果在某个月，技术人员的人数比实际所需的多，那么即使工作不满130个小时，公司也必须支付全额工资。培训新技术人员是一项重要的工作，而且花费也很大。每位新技术人员在单独进入反应堆工作之前，必须接受1个月的一对一训练。因此，公司必须要在正式使用这些员工之前提早1个月聘用他们。每位新员工将和一位老技术人员组成一组，并会花费老技术人员90个小时，也就是说，老技术员该月的实际工作时间将减少90个小时。

人事部的记录显示，每月熟练工的变动率是5%，即月初熟练技术工人数的5%将在月末离职。

一位熟练技术工每月的收入是2 000美元（正如前面所提及的，与其实际工作时数无关）。新员工在一个月的培训期内也能获得900美元的收入。

a. 用LP为这个员工安排问题建模。
b. 解出该问题。每个月必须各聘用多少名新员工？

案例 18—1

西北综合医院

西北综合医院是罗德岛普多维登斯的一家大型医院。医院为确保病人们能趁热用餐，现已采用了一种新的做法。医院的食堂仍然照旧准备食物，不过他们现在不再是将食物分成1人份，而是把大量食物一起运往医院的3个新服务站点。在服务站点，食物将被再次加热，并分成1人份装盘，然后放入推车中送往医院的各个楼层。这3个新服务点均能方便地通往医院的各条走廊。每个站点可供应的餐数如下：

地点	数量（餐数）
5A站点	200
3G站点	225
1S站点	275

该医院须为其6栋裙楼中的病人供应食物。每栋楼的病人数如下：

楼号	病人数
1	80
2	120
3	150
4	210
5	60
6	80

这种新做法的目的是为了替病人将饭菜保温。因此，应根据每个站点到各裙楼的送餐时间来决定如何安排食物的运送路线。图表18—15是各种可能的送餐路线所要耗费的时间（以分钟计）。

图表18—15

始发地	目的地					
	1号楼	2号楼	3号楼	4号楼	5号楼	6号楼
5A站点	12	11	8	9	6	6
3G站点	6	12	7	7	5	8
1S站点	8	9	6	6	7	9

资料来源：From Barry Render and Ralph M. Stair, *Quantitative Analysis for Management*, 7th ed. (Upper Saddle River, NJ, Prentice Hall, 2000). Reprinted with permission.

案例思考题

如何在3个服务站点间分配送餐量？您有什么建议？

案例 18—2

尚克市场调查公司

尚克（Schank）市场调查公司已签署合同，要为4家客户做市场调查。现在，有3位项目经理正等待分配任务。虽然这3位中的每一位都可以完成任何一项调研工作，但是鉴于个人的经验和知识面不同，他们所需要花费的时间和成本也不同。于是，公司总裁约翰·尚克（John Schank）根据自己的判断，列出了每一种分配情况下的成本。这个成本事实上就是每位经理担任不同调研任务所能获得的薪水，如下表所示：

项目经理	客户			
	Hines公司（美元）	NASA（美元）	General铸造厂（美元）	CBT电视台（美元）
Gardener	3 200	3 000	2 800	2 900
Ruth	2 700	3 200	3 000	3 100
Hardgraves	1 900	2 100	3 300	2 100

NASA 向来是公司的一位重要客户，所以尚克非常重视 NASA（NASA 要求尚克市场调查公司为其就公众对航天飞机和航空站计划的看法做一次调查。）。此外，尚克还曾为 Ruth 许诺，将在下一次工作中给他 3 000 美元的薪水。从以往的工作情况来看，尚克又发现 Gardener 和 CBT 电视台管理人员的关系不太融洽，因此，他想避免把 CBT 的调查工作分配给 Gardener。最后，鉴于 Hines 公司也是一个重要的老客户，尚克认为把一位项目经理分配给 Hines 公司比分配给 General 铸造厂要更重要，因为后者是新客户。尚克希望在上述目标的基础上使所有项目的总成本达到最小。尽管他认为这几个目标都很重要，但是如果非得划分主次的话，他会首先考虑 NASA 的项目，然后是 Gardener 的问题，再者是要使 Hines 公司满意，第四是要实现对 Ruth 的承诺，最后是使总成本最小化。

每一位项目经理能且只能为一个客户服务。

资料来源：From Barry Render and Ralph M. Stair, *Quantitative Analysis for Management*, 7th ed. （Upper Saddle River, NJ, Prentice Hall, 2000）. Reprinted with permission.

案例思考题

1. 如果尚克不考虑那些非成本目标，那么他会如何建立模型以通过数学方法来解决问题？
2. 建立一个兼顾所有 5 个目标的数学模型。

参考文献

1. Anderson, A. M., and Earle, M. D., "Diet Planning in the Third World by Linear and Goal Programming," *Journal of Operations Research Society*, vol. 34 (1983), pp. 9-16.

2. Balbirer, Sheldon D., and David Shaw, "An Application of Linear Programming to Bank Financial Planning," *Interfaces*, vol. 11, no. 5 (October 1981), pp. 77-82.

3. Bres, E. S., D. Burns, A. Charnes, and W. W. Cooper, "A Goal Programming Model for Planning Officer Accessions," *Management Science*, vol. 26, no. 8 (August 1980), pp, 773-781.

4. Brosch, Lee C., Richard J. Buck, William H. Sparrow, and James R. White, "Boxcars, Linear Programming and the Sleeping Kitten,"

Interfaces, vol. 10, no. 6 (December 1980), pp. 53-61.

5. Buffa, Frank P., and Wade M. Jackson, "A Goal Programming Model for Purchasing Planning," *Journal of Purchasing and Material Management* (fall 1983), pp. 27-34.

6. DeKluyver, Cornelis A., and Herbert Moskowitz, "Assessing Scenario Probabilities Via Interactive Goal Programming," *Management Science*, vol. 30, no. 3 (March 1984), pp. 273-278.

7. Holloran, Thomas, and Judson Byrn, "United Airlines Stationed Manpower Planning System," *Interfaces*, vol. 16, no. 1 (January-February 1986), pp. 39-50.

8. Ignizio, J. P., *Goal Programming and Extensions*. Lexington, MA, D. C. Heath, 1976.

9. Jackson, Bruce L., and John M. Brown, "Using LP for Crude Oil Sales at Elk Hills," *Interfaces*, vol. 10, no. 3 (June 1980), pp. 65-70.

10. Jones, Lawrence, and N. K. Kwak, "A Goal Programming Model for Allocation of Human Resources for the Good Laboratory Practice Regulation," *Decision Sciences*, vol. 13, no. 1 (1982), pp. 156-166.

11. Lee, S. M., *Good Programming for Decision Analysis* (Philadelphia, Auerbach Publishers, 1972).

12. Lee, Sang M., and Marc J. Schniederjans, "A Multicriterial Assignment Problem: A Goal Programming Approach," *Interfaces*, vol. 13, no. 4 (August 1983), pp. 75-79.

13. Leff, H. Stephen, Maqbool Dada, and Stephen C. Graves, "An LP Planning Model for a Mental Health Community Support System," *Management Science*, vol. 32, no. 2 (February 1986), pp. 139-155.

14. Marsten, Roy E., and Michael R. Muller, "A Mixed Integer Programming Approach to Air Cargo Fleet Planning," *Management Science*, vol. 26, no. 11 (November 1980), pp. 1096-1107.

15. Render, Barry, and Ralph M. Stair, *Quantitative Analysis for Mangement*, 7th ed. (Upper Saddle River, NJ, Prentice Hall, 2000).

16. Ruth, R. Jean, "A Mixed Integer Programming Model for Regional Planning of a Hospital Inpatient Service," *Management Science*, vol. 27, no. 5 (May 1981), pp. 521-533.

17. Schniederjans, Marc J., N. K. Kwak, and Mark C. Helmer, "An Application of Goal Programming to Resolve a Site Location Problem," *Interfaces*, vol. 12, no. 3 (June 1982), pp. 65-72.

18. Taylor, B. W., et al., "An Integer Nonlinear Goal Programming

Model for the Development of State Highway Patrol Units," *Management Science*, vol. 31, no. 11 (November 1985), pp. 1335-1347.

19. Tingley, Kim M., and Judith S. Liebmen, "A Goal Programming Example in Public Health Resource Allocation," *Management Science*, vol. 30, no. 3 (March 1984), pp. 279-289.

第19章
服务存货管理

19.1 本章概述
19.2 服务业存货的特点
19.3 物料输入的决策问题
19.4 服务业的存货控制系统
19.5 独立需求商品的存货控制系统
19.6 存货规划
19.7 非独立需求商品的需求计划
19.8 本章提要
讨论题
练习题
案例19—1　Western Ranchman 服装店
案例19—2　Touro 医院
参考文献

19.1 本章概述

迄今为止，从事经营管理的实践者和理论研究者都把存货控制系统的理论和规划局限于制造业。而在本章中，我们将把这个理论扩展到服务业的存货管理上。

一些作者定义服务时认为，服务只是一种行为、一种运作或者是一种劳务，那么我们又为什么要研究它的存货问题呢？其实，关注服务业的存货有诸多必要。

首先，所有的服务业在实际中都要使用一些存货中的购入物料。其次，许多服务企业除了提供一些劳务外，还提供实物产品。第三，高质量的服务也不应该因为材料或相关产品的短缺而延迟服务。

服务业的物料输入是为了使服务能满足需求。与制造业一样，它也是服务业系统中的经营成本。但是由于顾客们希望得到的是及时的服务,所以服务业的缺货成本通常要高得多。在制造业中,存货把生产与顾客相隔离;但在服务业中,存货中的输入物料却是用于为顾客服务,或在服务过程中提供给顾客,也可以通过使用产生服务。

许多服务行业被划分为所谓的**知识产业**(knowledge industry)。这些服务行业通常提供的是可存储信息而非口述信息,并将含有信息的存储介质(如图书、光碟、磁带或文件报告)作为其出售单位。服务被装入那些可以存储的廉价载体。还有些服务行业,诸如零售业、批发业和餐饮业,通常则需要在存货中备有一些输出产品。如图表 19—1 所示,我们列举了各种服务业的输入物料和输出产品。

图表 19—1   各种服务业的输入物料和输出产品

服务业种类	输入物料(加工品)	输出产品(出售品)
零售商、批发商	消费品、零配件	消费品、零配件
餐厅	食物原料、熟食、饮料	加工好的食物、饮料
出版商	纸张、油墨	图书、杂志、报纸
银行	货币、黄金	纸币、硬币、黄金、单证
咨询公司	表格、纸张、墨水或打字色带	报告
律师事务所	表格、纸张	法律文件、报告
航空、汽车、铁路公司	汽油或燃油、食物和饮料、车票	车票、食物和饮料
电影院	电影票、零食	电影票、食物
房地产公司	表格、房地产	法律文件、报告、房地产

19.2 服务业存货的特点

物料的输入与输出

输入物料在制造业中会改变其原有形态,但在许多服务业中却能保持原有形态。比如在零售业和批发业中,商品的形态就通常不会发生任何变化。房地产公司也经常会购入业主出售的房地产。即使是在餐厅,它们所提供的有些食物也是未经加工的。银行因为是处理货币业务的,它的输入和输出自然也是一样的。

在服务业中,物料输入一般只是业务中一笔很小的开支。这是因为许多服务行业只是把空白纸张或表格作为物料投入,而此类存货商品通常只涉及经营中的一小笔费用。

服务业的输出品,像美容院的化妆品、外科手术线、麻醉剂以及加工好的食物,都是直接用于顾客的。顾客不可能将其存储备用。不过在制造业中,客户却能够长期存储所需的商品并从事连续生产。倘若一个服务企业原材料短缺,那么它就不能提供服务,还可能会失去它的顾客。

保存期

零售业的时尚品、餐厅的食物原料和成品,以及报纸都属于服务业中保存期很短的存货。图表19—2所示的就是不同投入品和产出品的保存期(perishability)。(许多服务业存货具有保存期很短的特点,这也称之为服务业存货的易逝性——译者注。)

图表 19—2 服务业存货的保存期

保存期	商品
很短	某些移植器官、当天活动的票
短	新鲜水果、某些移植器官、庆典活动的纪念品
较长	某些零售商品、医院的药品、零售业的季节性商品、信用卡
长	邮票、书籍、某些零售和批发商品

有时候,一些商品作为投入品时可以长期保存,但当它们作为产出品时保存期却很短。比如,报纸上登载了关于当今一位名人的报道。这些信息是可以长期保存的。然而,当把这些信息引用到一份报纸的文章中时,这个新的产出品(报纸)就只能保存很短时间了。相反,如果是演员在戏中的表演,那么它的投入时间很短,但是完成后的影片却可以长期保存。

由这些不同产品的保存期可见,不仅服务业中的各种存货期限各不相同,而且也与制造业中的大相径庭。在许多服务业中,保存期是决定存货采购的主要因素。这也就说明,如果短期商品的保存期超过一定的时间,那么它的存货成本就会相当高。

输入物料的采购量

所谓**采购量**(lumpiness)是指一次采购的数量,也可称之为"批量"。由于输入物料自身的特点、订货提前期(the lead time)以及从供货商处小批量购入的高难度和高成本,较制造业而言,服务业中物料输入的采购量普遍较小,而且相对平稳。许多小型服务企业更是根据需要直接在当地进行采购。图表19—3列举了具有不同采购量特点的物料。服务业的这一特点也恰好说明其输入物料的存货成本往往可以忽略不计。

图表 19—3 服务业中输入物料的采购量

采购量	举例
持续不断	煤气公司为烧煮/取暖而供应的煤气
少量	办公用品、油漆、食物原料以及其他可以当地采购的商品
普通	办公用表格、邮购商品、纺织品或木材
大量	订货提前期长达几个月的办公用表格、服装、化妆品和药品

19.3 物料输入的决策问题

采购次数与采购量之间有着密切的关系。采购频率越高，每一次的采购量就越小。

此外，我们还需要决定是每隔固定时间采购不同的量，或是根据不同时间间隔采购相同的量，或是每隔固定时间间隔采购相同的量。

由于服务需求量和送货提前期的变化是不确定的，因而要确定订购量和采购时间就有一定的困难。如图表19—4所示，就是因订购量和采购时间不当而导致的不良后果。其中包括增加存储费用、降低服务质量、增加订单处理和采购的费用等等。

图表19—4　　　　　因采购时间和订购量不当而导致的不良后果

影响	生产和采购计划			
	时间不当		数量不当	
	延迟采购	提前采购	数量太大	数量太小
服务质量	降低	—	—	降低
存储费用	—	增加	增加	—
订单处理费用	增加	—	—	增加
存储能力控制	降低	—	降低	降低

资料来源：Richard J. Schonberger, *Operations Management* (Homewood, IL, BPI/Irwin, 1981), p.166. Used with permission.

在输入物料的决策问题中，我们不得不时常考虑物料流通过程中所涉及到的各个环节的存货情况。由图表19—5可知，服务业也有自己的存货。为了补充存货，服务企业要联系卖主或供应商。相应地，卖主就会寻找生产商的批发部门，而批发部门又会要求生产部门来补充存货的空缺。如果这一供应链的任何一个环节脱节，那么服务企业的存货补充就会受到影响。分销需求计划模型所模拟的就是这样一个带有信息流的系统。①

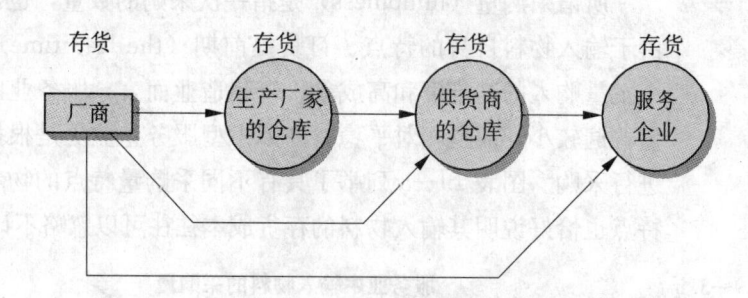

图表19—5　几种供货渠道的货物存储点

---

① 有关分销需求计划（distribution requirements planning, DRP）的详情，请参阅 Andre Martin 著《DRP：分销资源计划》(*DRP: Distribution Resource Planning*) (Essex Junction, VT, Oliver Wight Limited Publications, 1983)。

19.4 服务业的存货控制系统

服务企业的经理可以通过建立控制系统来管理存货。建立该系统的第一步就是用 ABC 分类法对存货进行分类。

ABC 分析法（ABC analysis）是根据每年的资金投入量把现有存货商品分为 3 类。它是**帕累托原理**（Pareto principle）在存货管理中的应用。帕累托原理认为，存在关键的少数和次要的多数（critical few and trivial many）。[①] 这一思想就是希望把资源集中用于数量不大但至关重要的方面，而不是用于数量虽大却无关紧要的方面。

在 ABC 分析法中，我们通过将存货商品的**年**需求量乘以它的**单位成本**来确定年资金投入量。A 类商品的年资金投入量最高。这类商品可能只占存货总量的 15% 左右，但它们却占用了 70%~80% 的资金。B 类商品是指那些年资金投入量居中的商品。这类商品一般占存货总量的 30% 和资金总量的 15%。而那些年资金投入量较少的商品则为 C 类，虽然它们占商品总量的 55%，但只占年资金投入总额的 5%。

如图表 19—6 所示，许多企业的存货情况可以通过图形表示。

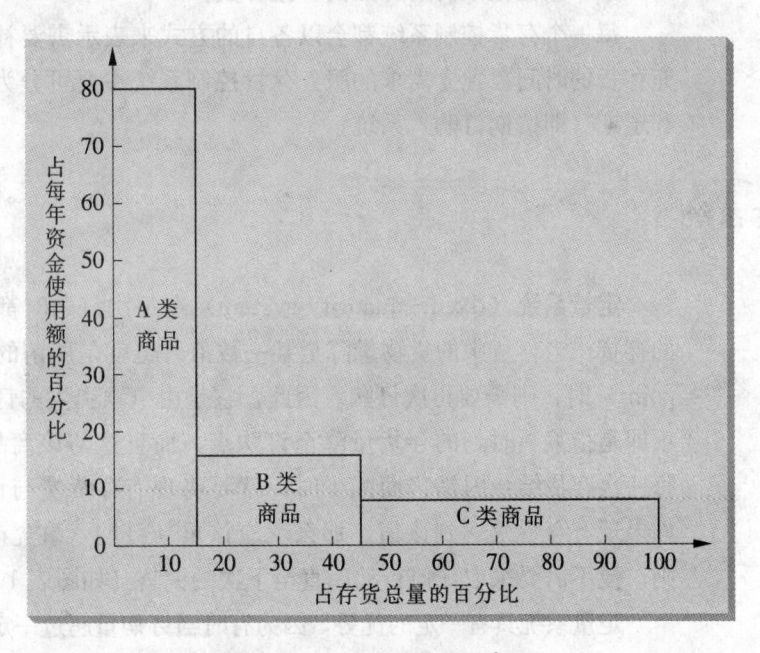

图表 19—6　ABC 法的图形表示

[①] Villefredo Pareto，18 世纪的意大利经济学家。

19.5 独立需求商品的存货控制系统

本节中所探讨的存货模型是基于这样的假设，即对一种服务或服务产品的需求与其他服务或服务产品的需求量**无关**。这些服务（或服务产品）是消费者的直接需求，通常是一种完整的服务（或服务产品），也就是我们所说的**最终服务**（end service）或**最终产品**（end item）。比如，看牙科大夫的需求就和看心脏科大夫的需求无关。在你的报亭中，对《今日美国》（USA Today）报纸的需求与对《微机世界》（PC World）杂志的需求也无关。本节中所要讲述的是经典存货模型和系统在独立服务需求中的应用，而本章在 7 节中将会讨论非独立服务需求的存货模型。所谓非独立服务需求，即是指一种服务的需求要**依赖于**另一种服务的需求，这也就意味着这种服务的需求是与其他最终服务的需求是直接相关的，或是来源于其他最终服务的需求的。

由于独立需求服务是直接根据消费者来确定其需求量的，因而具有不确定性，需要在事先进行预测。所以，我们就有必要预计需要看牙科大夫的人数，以及报亭需要订购的日报份数。

每一个存货控制系统都会以各自的方式来表示需要补充的存货量和补充存货的时间。独立需求的服务存货控制系统主要可分为两类：定量系统和定期（即按期订购）系统。

定量系统

定量系统（fixed—quantity system）在每次订购时都会补充相同数量的存货。当存货中的货物量降至某一数值，也就是所谓的**订购点**（reorder point）时，则需要再次订购。因此，它是由事项引发的订购行为，其中事项即是指某一时刻的存货量降至订购点，而且这与该商品的需求量有关。每一次存货结余因销售而减少时，就要将现有存货量与订购点进行比较。如果现有存货量达到该值，那么就应该重新订购（事先确定的数量）。否则，便不需要采取任何行动，直至下次的销售（如图表 19—7 所示）。

定量系统具有一定的优势，因为有时当订购量超过一定的数量时，可获得数量折扣。而且，采购有时会受到一些客观条件的限制，这种方法就很适用。比如，需要采购一卡车的货物，卡车的载重量就会限制采购的数量。

定量系统的另一个优势在于，与定期系统相比，它所需要的安全存货量更少。这是因为它只须为下订单和货物运到目的地这段时间内的未知需求承担风险。

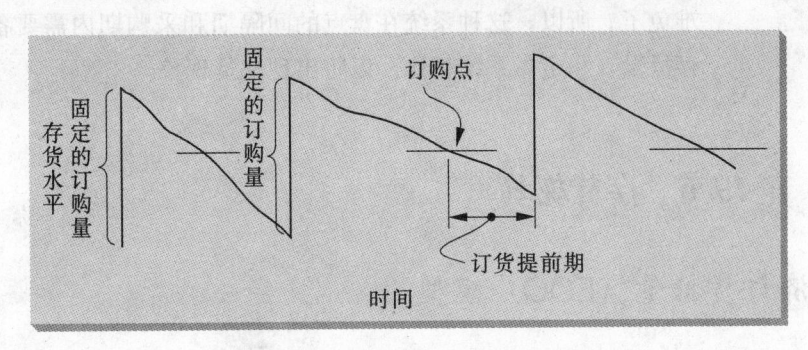

图表 19—7 定量系统的存货水平

定期系统

定期系统（fixed—period system）是指每隔固定时段对存货进行一次盘点。它是由时间引发的订购行为，即每隔固定时间就补充一次存货。因此，我们不需要在每次商品出售后都统计现有存货量，而只需在订购那天进行盘点即可。其订购的数量就是使存货恢复到事先确定的目标水平所需的量。图表 19—8 正是对该系统的描述。

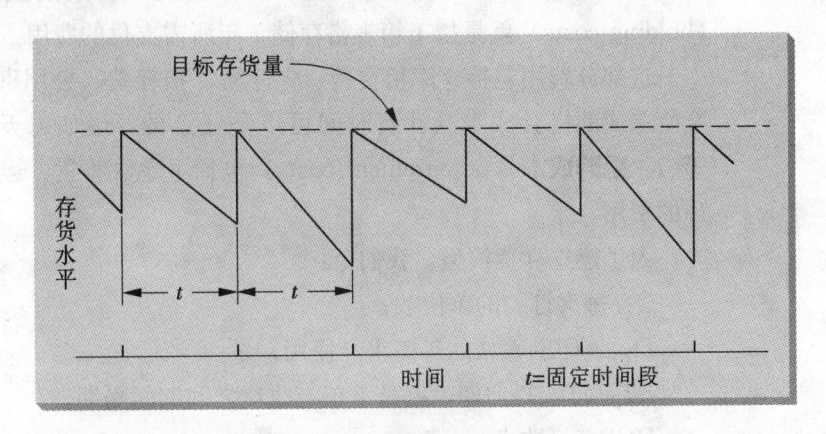

图表 19—8 定期系统的存货水平

定期系统的优势在于，它无需在每次提货后都进行实际盘点，而只要在下一次盘点期到了才进行。这种方法在管理上也十分方便，尤其是当存货管理员身兼多职的时候。

这种存货控制系统和定期采购的方法适合卖方定期（即每隔固定时间段）去客户处收取新订单，或适合买方进行集中采购以节约采购费用和运输费用（那么，就可以以相同的时间间隔对类似的存货产品进行统计）。

不过这种控制系统也有其自身的不足。由于它在每次盘点的间隔期中都不对存货进行统计，所以这段时间内有可能会出现缺货的情况。如果恰巧在一次采购后有一笔大额订单用完了全部的存货，那么这种情况就在所难免了。所以，这种系统在盘点的间隔期和采购期内需要备有较多的安全存货量（和定量系统相比）以防出现缺货现象。

19.6 存货规划

经济订货批量（EOQ）模型

服务企业会采购并存储诸如印刷表格、各种办公室用品、（美容院的）化妆品、医疗用具、（零售或批发企业的）消费品、（餐厅的）食物和（俱乐部的）运动器械等物资。这些企业进行存货控制管理的目的就在于使入库物资的存货费用最小。

我们将为一种商业用表格制定一个定量模型，并确定它的**经济订货批量**（economic order quantity）。这种商业用表格既可零卖，也可整本卖，或整箱卖。在计算时，我们必须确定一种计量单位。此例中，我们假设该表格的计量单位为1箱24本。

存货成本是由两部分构成的：即存储成本和采购成本。**存储成本**（holding costs）就是指1箱表格存储1年所需支付的费用。

这部分费用包括仓库租赁费、保险费、损耗费、公用事业费和占压资金所造成的机会成本（计费时间可以是任意的，诸如每天、每周、每月等）。**采购成本**（procurement costs）包括下单、收货、运货入库以及处理的费用。

为了建立存货模型，我们令：

Q：每次订购的单位数；

D：该印刷表格的年需求（使用）量；

LT：订购提前期，就是下单与收货之间的间隔期；

ROP：订购点。

模型的第一部分如图表19—9所示。订购量 Q 以速度 D 在消耗，当存货量为 0 时，新的存货正好入库。因为我们是在存货降至 ROP 时发出订单的，所以就有足够的订购提前期（LP）来收取货物。

模型的第二部分是关于成本的。在决定订购量的过程中，我们发现订购量越大，年平均存货量就越大；进而，订购量为 Q 时的年存储成本就高于订购量较小时的存储成本。但从另一个角度来看，当 Q 增加时，年订购次数便会减少，采购成本也会随之减少。

我们令：

H：1箱表格的年存储成本；

S：每次的订购成本；

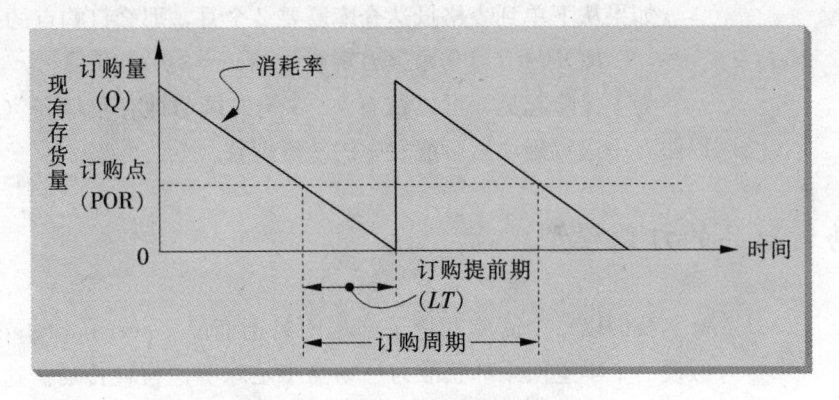

图表 19—9　存货消耗周期

那么

$Q/2$：平均存货量（假设需求稳定）；

D/Q：年订购次数。

于是，总成本 TC 就为：

$$TC=S\left(\frac{D}{Q}\right)+H\left(\frac{Q}{2}\right) \tag{19.1}$$

图表 19—10 已大致画出了存储成本、采购成本和总成本的图形。经济订货规模 Q^* 就是存储成本等于采购成本时的订购量。

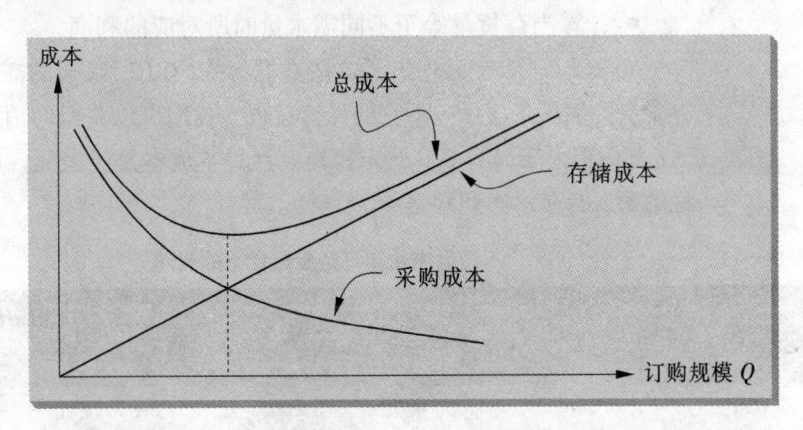

图表 19—10　成本构成

$$S\left(\frac{D}{Q}\right)=H\left(\frac{Q}{2}\right)$$

因此，

$$Q^*=\sqrt{\frac{2DS}{H}} \tag{19.2}$$

举个例子来说，假设每次商业用表格的订购成本 $S=20$ 美元，每箱的年存储成本 $H=3.6$ 美元，表格的年需求量 $D=36$ 箱。则，

$$Q^*=\sqrt{\frac{2\times 20\text{ 美元}\times 36}{3.6\text{ 美元}}}=20\text{ 箱}$$

如果从下单到表格抵达仓库需要 2 个月，那么订购点的存货量则为：

$$ROP = （月需求 \times 订购提前期）= 3 \times 2 = 6 箱 \tag{19.3}$$

为了保险起见，可以留有 2~3 箱的**调节性存货储备**（buffer stock），以防万一送货延误后可能发生的缺货现象。

易逝商品的订购模型

我们以一个简单的例子来说明**易逝商品**（perishable goods）的模型。假设一个学生俱乐部获准为一场高中足球赛销售宣传册。这些册子中介绍了双方的球员、学校的特色以及一些有趣的照片。一些当地的广告商赞助了宣传册的印刷费用。

每本册子可以 1 美元的价格从当地承印商处订购，然后再以 3 美元的价格出售。俱乐部现在所面临的问题是，应该从承印商那里订购多少宣传册，因为销售不出的宣传册是一文不值的。而且，这部分费用还必须从销售利润中扣除。

这些学生们首先：

- 估计了宣传册的几种可能的需求量；
- 估计了每种需求量的出现概率；
- 计算当存货量等于不同需求量时所对应的利润。

图表 19—11 中已列出了这些数据。我们以 2 100 册的需求量和 2 300 的存货量为例，来演示一下它的计算过程。我们可以获得的销售利润是 2 美元 $\times$ 2 100，但由于尚有 200 册未售出，且每本成本是 1 美元，所以表格最右一栏的第二行显示净利润是 4 000 美元。

图表 19—11　　　　　　　　　不同需求量和订购量组合下的利润

可能的需求量	概率	订购量 2 000	2 100	2 200	2 300
2 000	0.10	4 000 美元	3 900 美元	3 800 美元	3 700 美元
2 100	0.30	4 000 美元	4 200 美元	4 100 美元	4 000 美元[a]
2 200	0.40	4 000 美元	4 200 美元	4 400 美元	4 300 美元
2 300	0.20	4 000 美元	4 200 美元	4 400 美元	4 600 美元

[a]（2 美元 $\times$ 2 100）$-$ [1 美元 $\times$（2 300 $-$ 2 100）] = 4 000 美元

图表 19—12 中计算出了各种订购量的预计值。每种订购量下的预计值（利润）是由不同需求下的利润值乘以对应的图表 19—11 中的概率，然后再将该订购量下所有的可能值相加而得的。由图表 19—12 可知，订购 2 200 本宣传册能带来最大的预计利润，即 4 225 美元。因此，俱乐部应该订购并尽可能售完 2 200 本宣传册。

图表 19—12　　　　　　　　　不同订购量的预计值　　　　　　　　　（单位：美元）

可能的需求量	订购量			
	2 000	2 100	2 200	2 300
2 000	400	390	380	370
2 100	1 200	1 260	1 230	1 200
2 200	1 600	1 680	1 760	1 720
2 300	800	840	880	920
预计利润	4 000	4 170	4 225	4 210

19.7 非独立需求商品的需求计划

许多服务或服务产品的需求可以被划为非独立需求，它们所需要的存货控制系统将不同于我们前面讨论的。当一种服务的需求与另一种服务（最终服务或最终产品）的需求直接相关或可以从中导出时，那么我们就认为它是一种**非独立**（dependent）需求。比如，一家餐厅中的每份餐都会点面包和蔬菜，所以面包和蔬菜的需求量就**依赖**于用餐的需求量。用餐的需求量是可以预测的。因而我们就可以根据它来计算或**推导**对面包和蔬菜的需求量。其中，每一餐都是**最终**产品，而面包和蔬菜则是它的**子**产品。

我们可以为饭菜等最终产品或服务建立一张物料清单（bill of materials, BOM），清单上列示了提供该项最终服务所需的物料及数量，并按需排列。图表 19—13 是一家新奥尔良餐厅的热销菜——皮肯特牛肉（veal picante）的物料清单和产品结构树。注意，皮肯特牛肉的各个组成部分（即牛肉、佐料和意大利面）是由不同的厨师（主厨、副厨和帮手）来准备的。这些准备工作需要花费不同的时间来完成。图表 19—14 是制作皮肯特牛肉的一张**劳力清单**（bill of labor, BOL），其中列出了这道菜的各个工序、步骤以及每道工序所要耗费的劳动（劳动类型和劳动时间）。

简单地说，**需求计划系统**（requirements planning system）就是为最终产品或服务进行安排或预测，并根据物料清单和劳力清单决定在何时需要何种子产品或子服务。此外，它还需要确定一道工序应在何时开始才能按时完成，或一种物料应在何时采购才能及时到货。因此，需求计划系统既是一个存货控制系统（决定订购时间和订购量），又是一个工作安排系统（决定开工时间）。

在制造业中，需求计划系统最初被称作物料需求计划，即 MRP（material requirements planning）。顾名思义，这种系统是用来安排生产

654　服务经营管理学

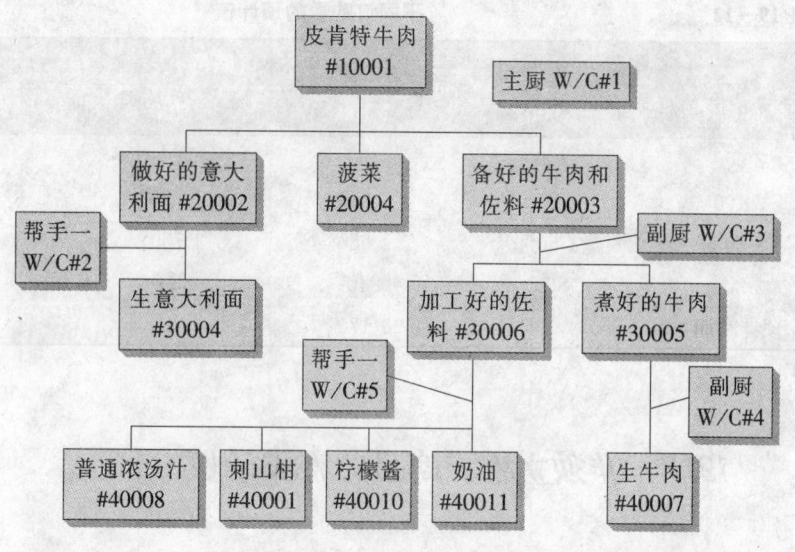

(a) 产品结构树

```
皮肯特牛肉 #10001
├── 做好的意大利面 #20002
│   └── 生意大利面 #30004
├── 菠菜 #20004
└── 备好的牛肉和佐料 #20003
    ├── 加工好的佐料 #30006
    │   ├── 普通浓汤汁 #40008
    │   ├── 刺山柑 #40001
    │   ├── 柠檬酱 #40010
    │   └── 奶油 #40011
    └── 煮好的牛肉 #30005
        └── 生牛肉 #40007
```

主厨 W/C#1　帮手一 W/C#2　副厨 W/C#3　帮手一 W/C#5　副厨 W/C#4

物料代码	说明	数量	计量单位	单位成本
10001	皮肯特牛肉	1	份	—
20002	做好的意大利面	1	份	—
20003	备好的牛肉和佐料	1	份	—
20004	菠菜	0.1	包	0.94
30004	生意大利面	0.5	磅	—
30005	煮好的牛肉	1	份	—
30006	加工好的佐料	1	份	—
40007	生牛肉	0.25	磅	2.15
40008	普通浓汤汁	1	份	0.42
40009	刺山柑	0.20	盒	0.80
40010	柠檬酱	0.050	瓶	1.15
40011	奶油	0.066	品脱	1.30

(b) 物料清单

图表 19—13　皮肯特牛肉的产品结构树和物料清单

资料来源：John G. Wacker, "Effective Planning and Cost Control for Restaurants," Production and Inventory Management Journal (first quarter 1985), pp. 55–69. Reprinted with permission, APICS (美国生产与存货管理协会)—The Educational Society for Resource Management.

图表 19—14　皮肯特牛肉的劳力清单

工作中心	工序	劳动力类型	准备时间	作业时间
1	装盘	主厨	.0069	.0041
2	煮意大利面	帮手一	.0005	.0022
3	将牛肉和佐料一起烧	副厨	.0125	.0500
4	煮牛肉	副厨	.0125	.0833
5	加工佐料	帮手二	.0166	.0833

劳动时间

资料来源：Adapted from John G. Wacker, "Effective Planning and Cost Control for Restaurants," Production and Inventory Management Journal (first quarter 1985), p. 60. Reprinted with permission. APICS—The Educational Society for Resource Management.

产品所要使用的**物料**的。后来，这种系统进一步发展成为 MRP—Ⅱ 系统，即制造资源计划（manufacturing resource planning），除了物料外，它还要安排和管理劳动时间、机器运转时间、设备安装和资金。图表 19—15 中列出了 MRP 系统中一些常用术语的定义。你会发现其中的许多术语不仅能用于制造业，同样也能用于服务业。下一节，我们就会进一步介绍 MRP—Ⅱ 系统在服务业中的应用。

图表 19—15   MRP 系统中常用术语的定义

总生产计划（aggregate production planning） 确定总产出水平的计划函数。它通常以一些概略的术语（如产品组合、产品系列）来表达，主要目的是为了确定符合经营目标（如存货水平、订单数、劳动力水平等）的生产率。

劳力清单（BOL）或资源清单（bill of resource） 生产产品或提供服务所需关键资源的一张列表。它可用于预测主服务（或生产）计划中某项服务（或产品）所具有的影响力。

物料清单（bill of material，BOM） 生产一种最终产品或主流水线所需要的所有零配件、原材料的清单及数量。

非独立需求 对某种产品或服务的需求与对其他产品或服务的需求直接相关，或可由对其他产品或服务的需求推导得出。非独立需求可以根据主产品的生产计划计算得出。

最终产品 作为成品（即已完工产品）或维修件销售的产品。任何与顾客订单或销售预测直接相关的产品均为最终产品。

最终服务 与顾客订单或销售预测直接相关的服务。通常，这些服务是直接提供给消费者的。

独立需求 与其他产品或服务的需求无关的某种产品或服务的需求。独立需求是直接从消费者那里产生的，而且需要预测。

MRP（物料需求计划） 利用物料清单、存货数据和主生产计划计算物料需求的一组技术。它可用于对独立需求的存货商品进行及时订购和安排有效的生产。

MRP—Ⅱ（制造资源计划） 对一个制造企业中的所有资源（和能力）进行有效规划的一组技术。在 MRP—Ⅱ 中，它将好几个函数联系在一起：经营计划、总生产计划、主生产计划、物料需求计划（MRP）、能力需求计划、车间作业和生产活动管理等等。从 MRP—Ⅱ 中得出的结果可以与财务报告、运输预算和存货计划一起以货币计量。

主生产计划（master production schedule，MPS） 用以表示企业预备生产的最终产品和服务主体的计划。计划中制定了明确的生产数量和生产时间。

服务领域中的 MRP—Ⅱ

图表 19—16 是 MRP—Ⅱ 理论在服务计划中的应用形式。[1] 图中方框表示不同层次的具体计划或安排，菱形表示为确保每个计划或安排执行时都有足够资源而进行的能力检测。服务企业的需求计划会在数量和层次上有很大差异（这一点与制造业相似）。然而，我们将对图表 19—16 中的各个计划层次进行一一说明。

经营计划 在这一计划层要兼顾长期资源（如设备需求）和短期资源（如经营资本需求、存货成本、工资等），以及它们相应的预算。为保持经

---

[1] 这部分改编自 B. M. Khumawala，C. Hixon 和 J. S. Law 著"服务业中的 MRP—Ⅱ"（MRP—Ⅱ in the Service Industries），载 *Production and Inventory Management Journal*（third quarter 1986），pp. 57 – 63。

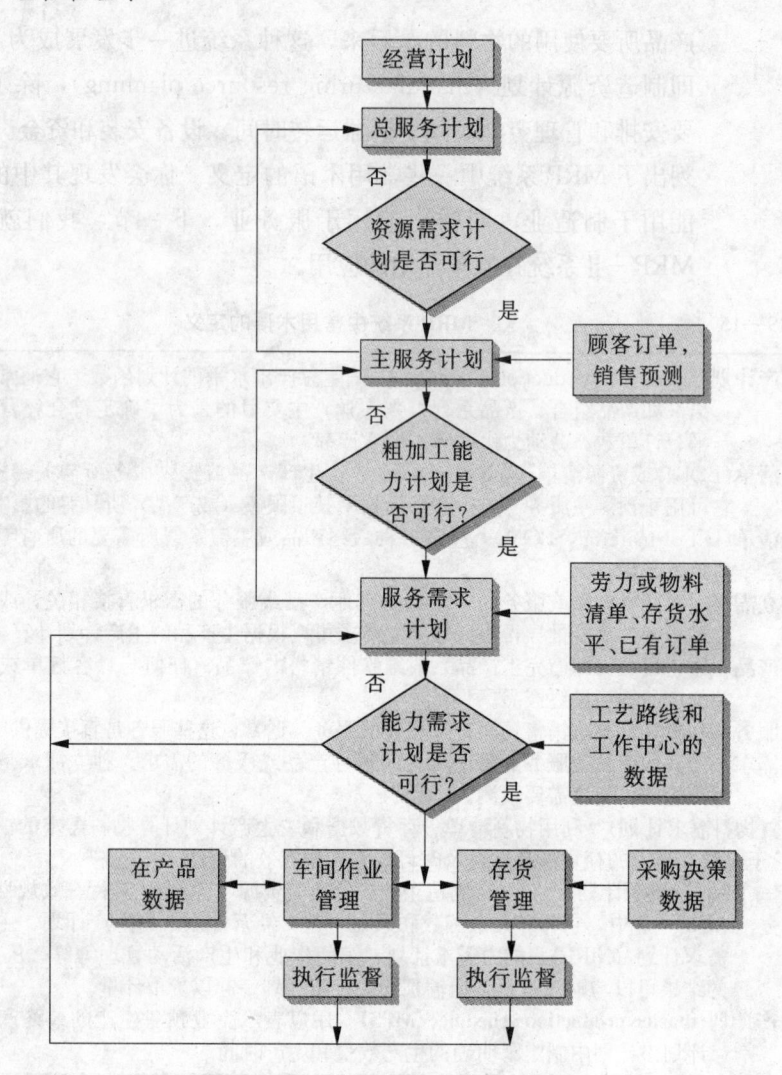

```
                    ┌──────────┐
                    │ 经营计划 │
                    └────┬─────┘
                         ↓
              ┌──→ ┌──────────┐
              │    │总服务计划│
              │    └────┬─────┘
              │   否    ↓
              │    ╱──────────╲
              │   ╱ 资源需求计 ╲
              └──╲ 划是否可行? ╱
                  ╲──────────╱
                       │是
                       ↓
              ┌──→ ┌──────────┐    ┌──────────┐
              │    │主服务计划│←───│顾客订单，│
              │    └────┬─────┘    │销售预测  │
              │   否    ↓          └──────────┘
              │    ╱──────────╲
              │   ╱ 粗加工能   ╲
              └──╲ 力计划是    ╱
                  ╲ 否可行?   ╱
                   ╲────────╱
                       │是
                       ↓
              ┌──→ ┌──────────┐    ┌──────────┐
              │    │服务需求  │←───│劳力或物料│
              │    │计划      │    │清单、存货│
              │    └────┬─────┘    │水平、已有│
              │    否   ↓          │订单      │
              │    ╱──────────╲    └──────────┘
              │   ╱ 能力需求   ╲   ┌──────────┐
              └──╲ 计划是否    ╱←──│工艺路线和│
                  ╲ 可行?      ╱   │工作中心的│
                   ╲──────────╱    │数据      │
                       │是          └──────────┘
        ┌──────────────┼──────────────┐
        ↓              ↓              ↓
   ┌────────┐    ┌────────┐     ┌────────┐    ┌────────┐
   │在产品  │←──→│车间作业│     │存货    │←───│采购决策│
   │数据    │    │管理    │     │管理    │    │数据    │
   └────────┘    └────┬───┘     └────┬───┘    └────────┘
                      ↓               ↓
                 ┌────────┐      ┌────────┐
                 │执行监督│      │执行监督│
                 └────────┘      └────────┘
```

图表 19—16　服务领域中的 MRP—Ⅱ

资料来源：B. M. Khumawala, C. Hixon and J. S. Law, "MRP—Ⅱ in the Service Industries," Production and Inventory Management Journal（third quarter 1986），pp. 57 - 63. Reprinted with permission，APICS—The Educational Society for Resource Management.

营计划的时效性，服务的计量单位要转化为货币形式，同时还要将其与财务报告整合起来。此外，在编制经营计划时还应加入营销战略，综合考虑行业差异、竞争对手情况以及服务组合等。

总服务计划　总服务计划是一份关于服务组织如何应对预计需求的总计划。它把财务、营销和经营有机结合，解决了何时提供何种服务及服务数量的问题。这一工作应该按月或按季度进行，而且要将目前的经营条件和近来的公司业绩综合起来考虑。在总服务计划中还须确定资源服务比率，使其和公司的所有目标相一致，进而符合经营计划。如何应对需求变动也是公司的目标之一。图表 19—17 中列出了一些通过调整需求或控制供给来应对需求变动的措施。

图表 19—17　　　　　　　　应对需求变动的措施

调整需求	控制供给
差别价格——季节价	在需求高峰期集中工作力量
在高峰期和低谷期提供差别服务	改变顾客参与度
提供机动服务缓解高峰期压力	调整在职员工人数
通过预订来平衡需求	缩短/延长工作时间
	多聘/解雇职员
	分包

资源需求计划　资源需求计划需要确定长期范围内各个层次的能力。其目的是在实施前，对总服务计划进行评估。为了查看总服务计划对关键资源的影响，我们可以运用操作负载情况（service load profiles）和资源清单将总服务计划以标准计费单位、工时或机器运转时数来表示。确定、评估并调整能力水平，使其与总服务计划相一致。

主服务计划　主服务计划（master service schedule，MSS）是一份切实、详尽的服务企业的工作计划，其中包括何时、为顾客提供何种服务以及所提供的服务的数量。在时间计算（小时或天）和服务种类（尤其是顾客的需求）方面，它比总服务计划更为详尽。

针对不同的服务类型，主服务计划也不尽相同。如果一项服务可以提前准备，那么它的主服务计划就可以根据顾客的订单来制定。但是，如果服务的需求是即时的，则必须在主服务计划中对它进行预测。譬如，内科医生把预约时间表当作他的主服务计划。该主服务计划中包括顾客的订单数（即提前预约，如常规检查或非急救诊治）和预测的需求量（为临时前来就诊的病人和急救病人预留的时间）。美容师的主服务计划也是预约的时间表，但餐厅的主服务计划可能是只根据顾客的预约来制定（如果餐厅要求预订），也可能只根据需求的预测来制定（如果餐厅不接受预订），或者是两者的结合。

粗加工能力计划　在粗加工能力计划（rough-cut capacity planning，RCCP）中需要考虑受需求变动影响的短期能力。其中有适当使用人员、机器以及轮班的基本要求。

关键服务或资源的能力清单和劳力清单是决定粗加工能力计划的主要信息来源。根据这些清单可以列出并评估各主要工作中心的能力需求。如果一个工作中心由于能力制约而不能在规定期限内完成任务，则必须对其采取措施进行调整。这些措施包括提高能力，尽可能将工作分配到其他工作中心，或者重新制定服务计划。倘若 RCCP 是可行的，那么主服务计划中的数据就将成为"驱动"服务需求计划的一组计划数据。

服务需求计划　服务需求计划（service requirements planning，SRP）决定了各项服务间的相对重要性：在何时提供何种服务。服务需求计划通过利用劳力清单、物料清单和现有订单上的数据，把主服务计划转化成对其子服务的需求。和MRP相似，如果不能按期完成工作，SRP就会建议减少服务量或重新计划。具体地说，就是服务需求计划用物料清单和劳力清单来决定满足主服务计划中的物料和劳力的种类、数量。SRP还会考虑物料需求的时间以及下单和收货的时间。SRP将研究完成工序的最后期限以及实际耗费时间，然后为具体的服务工序制定计划。

能力需求计划 虽然SRP为满足主服务计划的需求生成了足够的订单和工作计划，但是它并不考虑企业是否有足够的能力（如人工、空间、资金）来实施计划。能力需求计划（capacity requirements plan，CRP）衡量了企业是否有劳力等资源来完成服务需求计划。它确定、评估并调整各个层次的能力水平，使之与服务计划相一致。对于那些用预约时间表来安排工作的服务企业而言，能力被事先定义为时间表上的"预留时间（slots）"，一般不允许超工作量。而当有紧急情况发生时，则可以通过加班或重新安排预约来解决。

订购提前期对CRP相当重要。在服务业，订购提前期的5要素（即准备时间、开始时间、处理时间、运送时间和排队时间）中，排队时间的变动最大。一般而言，服务业比制造业对排队更为敏感。因此，大多数服务企业都设有最长排队时间，超过该时间则认为排队时间过长。而像工人中的多面手，这类机动能力则可以在不同的资源间相互转化，以减少排队时间。

车间作业管理 它保存、评估和传送各种数据信息，诸如在产品数量、实际服务需求与计划服务需求之比等等。理想的车间作业管理的关键在于较高层次实事求是的计划（比如主服务计划）。

车间作业管理是基于对在产品档案的了解基础之上的。当一项服务计划开始实施时，便产生了这个档案。顾客在接受服务时，它会为已预订的服务提供服务计划的各个步骤。从服务需求计划中，我们可以得到计划的完工时间。通常，**预约时间表**被视作发放单，从而显示顾客及服务的种类、开始时间、服务持续时间、服务重点和预计的完成时间。顾客不满意的服务可以要求重做（即重新提供服务）。如果在计划中没有考虑这部分服务就会产生新的能力问题。

不确定性和MRP—II

服务企业必须经常面对不确定的采购提前期和不明确的物料清单。虽然有些服务可以有固定的时间标准（如每小时的工作量），但是许多服务的完成时间是很难预测的。原因之一便是某项服务的上级服务可能具有不确定性。服务提供者根据顾客的描述决定所需要的服务（即最终服务）。如果顾客的描述不够完整、精确，或者服务提供者没有全面考虑每一种可能的解决方法，就会得出错误的劳力清单，而提供的服务也不能得到预期的效果。比如，一位病人被误诊或尚未接受正确的诊断，那么治疗所需要的物料清单或劳力清单就难以确定。如果该病人还有其他并发症，那么BOM/BOL（劳力清单和物料清单）必须做相应变化。

缓解这一问题的方法之一，就是把所需的服务分为普通服务和特殊服务。普通服务是指那些经常出现在最终服务组合中的服务，其需求量可方便地从需求计划中找出；而特殊服务则是因人而异的，必须进行预测。例如，一家机动车维修店提供发动机调整服务。所有的修理步骤构成了普通服务，而修理中需要的更换零件（零部件和劳力）则属于特殊服务，因为事先并不能知晓哪个部件需要更换。

MRP—Ⅱ的应用

即使一项服务的结构不规则，服务需求计划也能使其提高服务效率、加强责任制。现在需求计划系统已被越来越多地用于许多服务业，包括医疗、教育和餐饮等。[①]

使用 POM for Windows 软件解决存货问题

POM for Windows 软件的存货模块不仅可以用于解决本章所讨论的ABC存货模型和经济订货批量模型，还可用于解决其他本章中没有介绍的问题。前面我们曾讨论过关于商业表格的案例，图表19—18 是 POM 软件针对该案例的运算结果。

19.8 本章提要

在服务业中，存货往往并不重要，这是因为：
1. 通常没有产成品存货；
2. 办公室用品等购入品存货通常数量也较小；
3. 所需的物料可以及时地从本地购买到，所以提前期很短（比如机动车的零部件、食物、汽油等等）。

---

① 见 J. G. Wacker 著"餐厅的有效规划和成本控制：对资源需求计划的应用"（Effective Planning and Cost Control for Restaurants: Making Resource Requirements Planning Work），载 *Production and Inventory Management Journal* (first quarter 1985), pp. 55–69; 以及 M. J. Showalter, M. S. Froseth 和 M. J. Maxwell 著"医院、餐饮服务的生产—存货系统"（Production-Inventory Systems Design for Hospital Food Service Operations,）载 *Production and Inventory Management Journal* (second quarter 1984), pp. 67–81.

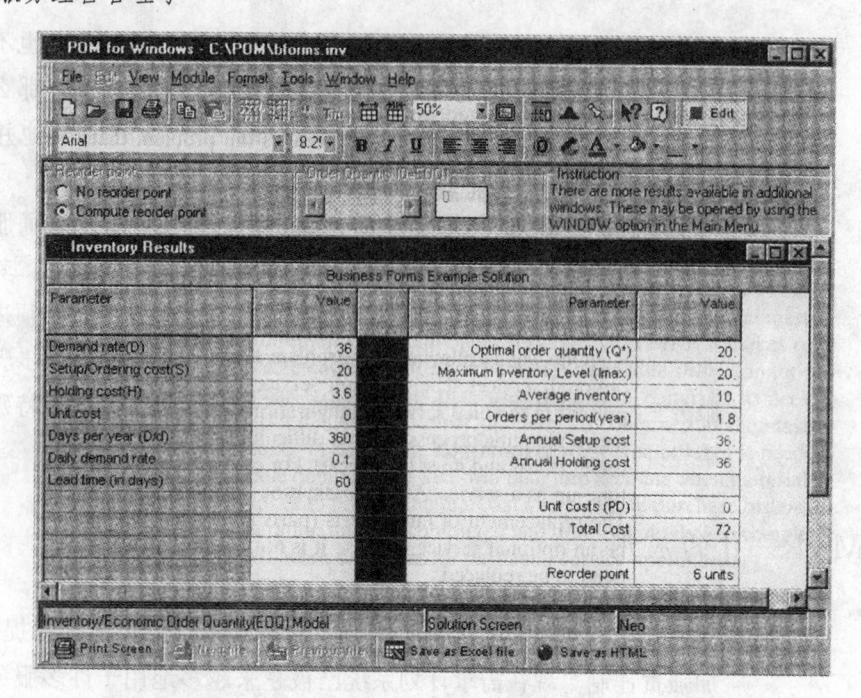

图表 19—18 POM for Windows 软件关于商业表格一例的解

不过，有时候我们还是要备有一些重要材料的存货。

服务业通过使用购入品和出售品的存货来达到预定的服务水平。这些存货就是一个需要管理和控制的成本系统。服务业的存货控制系统可分为两种：独立需求和非独立需求存货控制系统。

我们已讨论过两种独立需求控制系统，它们分别是定期系统和定量系统。此外，我们还介绍了 ABC 分析法、EOQ 模型和短期商品模型。

在服务业中，由于非独立需求变动、即时生产、工序不连续、需求量小、采购提前期不确定和劳动力清单不明确的特点，所以要对其进行管理尤为困难。在制造业中对非独立需求采用的是制造资源计划（MRP—Ⅱ）系统，我们同样也可以把这种思想沿用到服务业中的非独立需求的存货商品上。如果 MRP—Ⅱ 的理论可以得到有效实施，它就会减少服务业中的存货，提高服务质量。

讨论题

1. 随着计算成本的降低，你认为 ABC 分析法在服务业的存货管理上还有没有优势？
2. 服务企业需要存货的主要原因是什么？
3. 独立需求和非独立需求的区别是什么？
4. 请说出与订货和存货保管相关的成本。

5. 如何把 MRP—Ⅱ 应用于服务业的存货管理中？
6. 主服务计划有哪些作用？
7. 服务业中的存货计划会遇到哪些问题？

练习题

19.1 利用本章中介绍的符号，按下列步骤建立方程以求出每年的最佳订货量。

   a. 决定年存储成本。
   b. 决定年采购成本。
   c. 使年订货成本等于年存储成本。
   d. 求出年最佳订货量。

19.2 运用本章中的变量，按下列步骤建立方程，求出两次订购间的最优间隔天数。

   a. 决定年存储成本。
   b. 决定年采购成本。
   c. 使年存储成本等于年采购成本。
   d. 求出两次订购间的最优天数。

19.3 莱拉·巴特尔（Lila Battle）认为 6 号螺钉的年需求量是 10 万只。莱拉在她哥哥的五金店里主管采购，她估计每次订货需要花费 10 美元，其中包括她的工资、订货时填写的表格成本等等。此外，她还估计每个螺钉一年的存储费用是 0.5 美分。莱拉应该每次订购多少个螺钉？

19.4 每次对 6 号螺钉下订单后，大约要过两周左右才能到货。（已知条件与练习题 19.3 一样）顾客对 6 号螺钉的需求是相当连续、均衡的，而且莱拉发现她哥哥的五金店每天销售量是 500 只。由于需求量是连续的，所以莱拉相信，如果在恰当的时候订购就可以完全避免断货现象的出现。那么订购点应是多少？

19.5 莱拉的哥哥认为她每年对螺钉的订购次数过多，他认为每年应该只订购两次。如果莱拉采纳了她哥哥的意见，那么每年会比她在练习题 19.3 中的订购方案多花费多少钱？如果每年只订购两次会对订购点（ROP）产生什么影响？

19.6 在练习题 19.3 中你已帮助莱拉·巴特尔决定了 6 号螺钉的最佳订货量。当时她估计的订货费用是每次 10 美元，但是现在她认为那个估计太低了。虽然她仍然不清楚确切的订货费用，但她觉得订货费用很可能会达到每次 40 美元。当订货费用分别是每次 20 美元、30 美元或 40 美元时，最佳定货量会发生什么变化？

19.7 Shoe Shine 是位于森特维尔（Centerville）北部的一家本地鞋店。该店一种时尚凉鞋的年需求量是 500 双，店主约翰·德克（John Dirk）习惯于一次订购 100 双。约翰估计每次的订货费用是 10 美元，而每双凉鞋的价格是 5 美元。如果约翰的订货方案是正确的，那么单位存储费用应为单价的百分之几？如果存储费用是成本的 10%，最优订货量应为多少？

19.8 Pampered 宠物公司是位于 Eastwood 购物中心的一家大型宠物店。该店专营养狗用具，同时也出售一些养鱼、乌龟和鸟的用具。Everlast Leader 是一种皮制的系狗绳，Pampered 宠物店的购入成本是每根 7 美元，每年对其的需求量是 6 000 根。Pampered 宠物店经理判断订货费用为每次 10 美元，存储费用为单位成本的 15%。现在该店正在考虑向一个新的供应商购买 Everlast Leader，其每根售价为 6.65 美元，但是必须每次订购 3 000 根才能获得这个优惠。Pampered 宠物店是否应该选择这家供应商，并通过大批量采购来获取折扣？

19.9 Eck 文具店的笔记本活页夹年需求量是 1 万个。玛丽·埃克（Mary Eck）每年开业 300 天，她发现她的供应商每次送货要花费 5 个工作日。请计算她店中笔记本活页夹的订购点。

19.10 假设你的服务公司采用的是定量系统，每笔交易后都会重新计算存货量。公司每年营业 52 周。其中对于某种商品有如下信息：

需求量 D：19 500 个/年；

订购费用 S：25 美元/批；

存储费用 H：4 美元/个/年；

订购提前期 L：2 周。

  a. 计算该商品的 EOQ。

  b. 如果采用这一采购方案，那么 1 年的存储成本和订购成本各为多少？

19.11 假设其他条件如同练习题 19.10 不变，但是你的服务公司采用的是定期系统。请计算当 1 年的订购次数与 EOQ 的大致相同时，订购期的时间间隔。把结果四舍五入到周。

19.12 布兰克（Blank）兄弟殡仪馆的地下仓库有 5 种规格的棺木。商品量，即存货单元（stock keeping unit，SKU），年需求量以及每个棺木的成本如下：

SKU	年需求量	价格
234	50	200 美元
179	10	200 美元
222	100	800 美元
410	50	100 美元
160	15	200 美元

经理艾尔弗雷德·布兰克（Alfred Blank）的儿子里德（Reid）刚刚拿到了他的 MBA 学位。于是，布兰克让他的儿子对存货进行一次 ABC 分析。里德应该交给他父亲一份怎样的报告呢？

19.13 McKenzie 服务公司正准备通过 ABC 分析法把精力集中于那些关键的存货上。公司随机抽样后取出 20 件样品，它们各自所占用的资金如下表所示。对这些商品进行重新排列，并分为 A、B、C 类。就此题而言，你认为 ABC 分析法是否能帮助管理者辨认出那些少量的重要商品？

商品	占用资金（美元）	商品	占用资金（美元）
1	9 200	11	300
2	400	12	10 400
3	33 400	13	70 800
4	8 100	14	6 800
5	1 100	15	57 900
6	600	16	3 900
7	44 000	17	700
8	900	18	4 800
9	100	19	19 000
10	700	20	15 500

案例 19—1

Western Ranchman 时装店

Western Ranchman 时装店（Western Ranchman Outfitters，WRO）位于怀俄明州的夏安，是一个家族经营的邮购零售企业。它自称拥有高质量的牛仔服和马具，是"全国最棒的牛仔服装店"。它将商品目录寄往世界各地。《财富》杂志曾简短报道过该店及其总经理约翰·维塔（John Veta）；1980 年 8 月的《小姐》（*Mademoiselle*）杂志也曾为 WRO 的服装设过专栏。

WRO 主要的商品之一便是 Levi Strauss 制作的紧身、前扣蓝色牛仔裤（货号为501）。这最初是以铆钉固定的斜纹粗布裤，牛仔们将其放在热水中让裤子缩水。它非常耐穿，也非常合身，所以仍是一种流行的牛仔裤。当别人问维塔先生是如何看待这种牛仔裤的断档问题时，他回答到，"你会不会到药店去问'阿斯匹灵有吗'这样的问题？"而且，在维塔先生经营的这些年中，他与 Levi Strauss 一直保持着良好的关系。

商品部主任唐·兰德尔（Don Randell）每个月都要对该商品进行实地盘存。从他每个月所做的记录可以得知商品的年销售量、现有存货量、已订购量和到货量（除了 1~3 月的平均值为 150 条外，其余每月平均为 185 条）。由于供应商的问题以及商店频繁接到大订单，所以商店需要能够供应 60 天的存货量以确保货源充足。

当兰德尔先生谈到订购问题时说，"这家破企业（人们都这么称呼它）是我所接触过的最没有组织的一个企业。我实在没办法和它合作共事。"在兰德尔看来，这家企业的问题是缺乏确定的送货时间，没有解释延误送货的确切理由，总体生产力低下，而且还要有长达 6 个月的提前期。

兰德尔将此种情况与他在打包业的经历相比较。在打包业中，信用就是品质标志，即使是一天的延误也会给客户留下不良印象。

我们通过最近 8 个月的数据来看看 WRO 的订货问题。虽然图表 19—19 中给出的数据看上去有些奇怪，但那是因为 WRO 希望供应全部尺寸的裤子。兰德尔先生为了使商店收到的货物数量尽可能接近需求量，对 Levi Strauss 的送货方式进行了预测。比如，在过去 8 个月中虽然无人购买 27×36 的尺码，但是 WRO 仍然订购而且收到了 6 条，这样如果有顾客需要购买这个尺码的裤子，商店也可以满足他的需求。27×34 的裤子虽然订购了 33 条，却只收到了 21 条，不过这还是与去年 8 个月中的 18 条销售量非常接近。表中列出的 27 英寸和 28 英寸腰围的尺码仅是众多尺码中的两种，当然对 60 英寸腰围的裤子也有生产和销售。

为了使商店有足够的存货量来满足顾客的需求，兰德尔每个月都下单购买 Levi 的蓝色牛仔裤。一般而言，当 WRO 的顾客要求购买 Levi 501 时，WRO 都不会让他们失望。不过在上两个月中，Wyoming Game and Fish 百货店要求加量购买这种牛仔裤，而 WRO 不是经常有剩余的存货。幸好，另有 4 种其他规格的牛仔裤也能满足他们的需求，所以 WRO 通常用其他规格或其他品牌的牛仔裤来解决此类问题。

WRO 中 Levi 501 的年需求量是 2 000 条。每次的订货费用是 10 美元左右，存货费用是单价的 12%，Levi 给 WRO 的单价是 10.05 美元。

图表 19—19　　Levi 501 几种规格的销售量和订货量

规格（英寸）腰围×长度	销售量	订购量	到货量
27×28	11	—	—
27×29	1	—	—
27×30	6	—	—
27×31	0	—	—
27×32	4	—	—
27×33	—	—	—
27×34	18	33	21
27×36	—	6	6
28×28	—	—	—
28×29	—	—	—
28×30	—	—	—
28×31	—	3	3
28×32	4	—	—
28×33	7	—	—
28×34	8	21	12
28×36	27	30	18
	86	93	60[a]

[a] 订货量的 65% 左右已到货。

资料来源：Sharon Veta Synder, in Barry Render and Ralph M. Stair, Cases and Readings in Management Science, 2nd ed. (Boston: Allyn and Bacon, 1990). Used with permission.

案例思考题

评估一下 Randell 的订购策略。它与正式的数学解法有什么不同？

案例 19—2

Touro 医院

医院是一家位于新奥尔良的中型教学医院。它的餐饮部需要供应不同的食物以满足医院内病人、职工和访客的需求。医院中病人的营养需求各不相同，因此菜单十分复杂。其中包括钠含量少、刺激性小、热量低的食物以及许多其他养生食谱。

医院共有 500 张床位，也就是说，每天最多要供应约 1 500 份食物。由于医院中有很多病人是犹太人，他们的饮食要求比较特殊，通常是要符合犹太教戒律的食物。这些食物必须按照严格的宗教规定来制作和食用。例如，这些食物首先要经由拉比颂经，然后再要用专用的犹太教食物的器具来制作。此外，犹太教中对食物的组合也有所限制，有些肉类和鱼类是不能吃的。

医院在 1 年内大约为它的病人们提供了 1 825 份犹太教食物。因为医院自己的厨房中无法做这些食物，所以，所有的犹太教食物都是从纽约的 Schreiber 餐厅订购并空运而来的。每一份食物的价格为 3.50 美元，但如果一次订购 150 份以上的话，单价可以减为 3.25 美元。食物可以通过电话预定，而且能在 3 个工作日内送到。每次订购的费用是 10 美元，而预计的存储费用是单价的 25%；之所以有如此高的费用，其中一部分就是因为教规中的特殊规定造成的，诸如需要使用特制的银器。

如果有病人要点犹太教食物而医院又恰好缺货，就会遇到麻烦。虽然新奥尔良当地也供应这种食物的餐厅，但它的价格要比 Schreiber 餐厅的多出 10 美元。还有一个特别的问题就是存储问题。医院必须特别准备一台冰柜来存储犹太教食物。目前医院的这台冰柜可以存储 75 份食物。而 Patton 制造厂生产了一款容量为 225 份食物的商业冰柜，其价格为 1 800 美元，使用寿命为 10 年。

医院要求餐饮部的主管凯西·费度克（Kathy Fedorko）女士对存货情况进行分析，目的是决定如何控制存货才能使成本最小化。

资料来源：John J. Fedorko, in Barry Render and Ralph M. Stair, *Cases and Readings in Management Science*, 2nd ed. (Boston: Allyn and Bacon, 1990). Used with permission.

案例思考题

1. 最佳订货量和订货周期各为多少？哪一点是医院的订购点？
2. 除了用数学方法来进行适当的存货控制外，还应考虑哪些问题？有没有一种方案能够使成本最小？

3. 医院是否应该采购那台大型冰柜？

参考文献

1. Aft, L. S., *Production and Inventory Control* (Orlando, FL, Harcourt, 1987).

2. Chase, R. B., N. J. Aquilano, and F. R. Jacobs, *Production and Operations Management*, 8th ed. (Irwin McGraw Hill, 1998).

3. Fogarty, D. W., and T. R. Hoffman, *Production and Inventory Management* (West Chicago, South Western Publishing Company, 1983).

4. Heizer, J., and B. Render, *Operations Management*, 5th ed. (Upper Saddle River, NJ, Prentice Hall, 1999).

5. Khumawala, B. M., C. Hixon and J. S. Law, "MRP-II in the Service Industries," *Production and Inventory Management* (third quarter 1986), pp. 57–63.

6. Krajewski, L. J., and L. P. Ritzman, *Operations Management: Strategy and Analysis*, 5th ed. (Reading, MA, Addison-Wesley, 1999).

7. Orlicky, J. *Material Requirements Planning* (New York, McGraw-Hill, 1975).

8. Showalter, M. J., M. S. Froseth, and M. J. Maxwell, "Production-Inventory Systems Design for Hospital Food Service Operations," *Production and Inventory Management* (second quarter 1984), pp. 67–81.

9. Steinberg, E., B. Khumawala, and R. Scamell, "Requirements Planning Systems in the Health Care Environment," *Journal of Operations Management*, vol. 2, no. 4 (August 1982), pp. 251–259.

10. Vollmann, T. E., W. L. Berry, and D. C. Whybark, *Manufacturing Planning and Control Systems* (Homewood, IL, Irwin, 1988).

11. Wacker, J. G., "Effective Planning and Cost Control for Restaurants: Making Resource Requirements Planning Work," *Production and Inventory Management* (first quarter 1985), pp. 55–69.

12. Wallace, T. V. (ed.), *APICS Dictionary*, 5th ed. (Falls Church, VA, American Production and Inventory Control Society, 1986).